Le Rou

Corse

Directeur de collection et auteur
Philippe GLOAGUEN

Cofondateurs
Philippe GLOAGUEN
et Michel DUVAL

Rédacteur en chef
Pierre JOSSE

Rédacteurs en chef adjoints
Amanda KERAVEL
et Benoît LUCCHINI

Directrice de la coordination
Florence CHARMETANT

Directrice administrative
Bénédicte GLOAGUEN

Direction éditoriale
Catherine JULHE

Rédaction
Isabelle AL SUBAIHI
Mathilde de BOISGROLLIER
Thierry BROUARD
Marie BURIN des ROZIERS
Véronique de CHARDON
Gavin's CLEMENTE-RUÏZ
Fiona DEBRABANDER
Anne-Caroline DUMAS
Géraldine LEMAUF-BEAUVOIS
Olivier PAGE
Alain PALLIER
Anne POINSOT
André PONCELET

Administration
Carole BORDES
Éléonore FRIESS

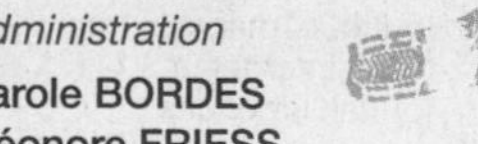

2015

hachette

Remarque importante aux hôteliers et restaurateurs

Les enquêteurs du *Routard* travaillent dans le plus strict anonymat. Aucune réduction, aucun avantage quelconque, aucune rétribution n'est jamais demandé en contrepartie. Face aux aigrefins, la loi autorise les hôteliers et restaurateurs à porter plainte.

Avis aux lecteurs

Le Routard, ce n'est pas comme le bon vin, il vieillit mal. On ne veut pas pousser à la consommation, mais évitez de partir avec une édition ancienne. Les modifications sont souvent importantes.

Les réductions accordées à nos lecteurs ne sont jamais demandées par nos rédacteurs afin de préserver leur indépendance. Les hôteliers et restaurateurs sont sollicités par une société de mailing, totalement indépendante de la rédaction, qui reste donc libre de ses choix. De même pour les autocollants et plaques émaillées.

Avec routard.com, choisissez, organisez, réservez et partagez vos voyages!

✓ Rejoignez la plus grande communauté francophone de voyageurs: plus de **2 millions** de visiteurs!

✓ Échangez avec les routarnautes: forums, photos, avis d'hôtels.

✓ Retrouvez aussi toutes les informations actualisées pour choisir et préparer vos voyages: plus de 200 fiches pays, une centaine de dossiers pratiques et un magazine en ligne pour découvrir tous les secrets de votre destination.

✓ Enfin, comparez les offres pour organiser et réserver votre voyage au meilleur prix.

Pictogrammes du *Routard*

Établissements

- Hôtel, auberge, chambres d'hôtes
- Camping
- Restaurant
- Boulangerie, sandwicherie
- Glacier
- Café, salon de thé
- Café, bar
- Bar musical
- Club, boîte de nuit
- Salle de spectacle
- Office de tourisme
- Poste
- Boutique, magasin, marché
- Accès internet
- Hôpital, urgences

Sites

- Plage
- Site de plongée
- Piste cyclable, parcours à vélo

Transports

- Aéroport
- Gare ferroviaire
- Gare routière, arrêt de bus
- Station de métro
- Station de tramway
- Parking
- Taxi
- Taxi collectif
- Bateau
- Bateau fluvial

Attraits et équipements

- Présente un intérêt touristique
- Recommandé pour les enfants
- Adapté aux personnes handicapées
- Ordinateur à disposition
- Connexion wifi
- Inscrit au Patrimoine mondial de l'Unesco

Le *Routard* est imprimé sur un papier issu de forêts gérées.

I.S.B.N. 978-2-01-002749-9

TABLE DES MATIÈRES

COMMENT Y ALLER ?

CORSE UTILE

HOMMES, CULTURE, ENVIRONNEMENT

BASTIA ET LE CAP CORSE

LA BALAGNE

LA CÔTE OUEST ENTRE CALVI ET AJACCIO

L'ARRIÈRE-PAYS DE PORTO

LA CÔTE, DE PIANA À AJACCIO

AJACCIO ET SA RÉGION

LE GOLFE D'AJACCIO

L'ARRIÈRE-PAYS D'AJACCIO

La vallée de la Gravona

La vallée du Prunelli

Le haut Taravo

LE GOLFE DU VALINCO ET LE SARTENAIS

LE GRAND SUD CORSE

L'ALTA ROCCA

LA CORSE INTÉRIEURE

LA CÔTE ORIENTALE (COSTA SERENA)

LA COSTA VERDE

LA CASTAGNICCIA ET LA CASINCA

LA CASTAGNICCIA

LA CASINCA

IMPORTANT : DERNIÈRE MINUTE

Sauf rare exception, le *Routard* bénéficie d'une parution annuelle à date fixe. Entre deux dates, des événements fortuits (formalités, taux de change, catastrophes naturelles, conditions d'accès aux sites, fermetures inopinées...) peuvent modifier vos projets de voyage. Pour éviter les déconvenues, nous vous recommandons de consulter la rubrique « Guide » par pays de notre site • ***routard.com*** • et plus particulièrement les dernières ***Actus voyageurs.***

Recommandation à ceux qui souhaitent profiter des réductions et avantages proposés dans le *Routard* par les hôteliers et les restaurateurs.

À l'hôtel, pensez à les demander au moment de la réservation ou, si vous n'avez pas réservé, **à l'arrivée.** Ils ne sont valables que pour les réservations en direct et non cumulables avec d'autres offres promotionnelles (notamment sur Internet). Au restaurant, parlez-en **au moment** de la commande et surtout **avant** que l'addition ne soit établie. Poser votre Routard sur la table ne suffit pas : le personnel de salle n'est pas toujours au courant et une fois le ticket de caisse imprimé, il est difficile de modifier le total. En cas de doute, montrez la notice relative à l'établissement dans le *Routard* de l'année, bien sûr, et ne manquez pas de nous faire part de toute difficulté rencontrée.

NOS NOUVEAUTÉS

CANARIES (paru)

Un air de perpétuel printemps, du sable blond et des criques anthracite, quatre parcs nationaux somptueux... Voici à peine les hors-d'œuvre qu'offrent les sept îles des Canaries. Du soleil (même en hiver) et, bien plus encore, une riche palette de couleurs, d'odeurs et de paysages, née de l'activité volcanique. La nature se pare ici de tous les visages : aridité sauvage et dunes solaires de Fuerteventura, forêts humides alimentées par les alizés sur La Palma et La Gomera, majestueux sommet du Teide à Ténérife, côtes déchiquetées et profonds ravins à Gran Canaria, délires de couleurs sur El Hierro... La main de l'homme a parsemé le tout de multiples sentiers, de villes coloniales et d'églises baroques. Sans compter les étonnantes fantaisies architecturales de César Manrique à Lanzarote. Loin des clichés et si proche de nous, un univers à part entière, à la croisée de l'Europe et de l'Afrique, où le farniente se savoure entre randonnées et plongées.

MADÈRE (mai 2015)

Madère réunit, au milieu de l'océan, un climat à la douceur légendaire et une flore exubérante – bougainvillées, mimosas, amaryllis, oiseaux de paradis (symboles de l'île), flamboyants, jacarandas – qui lui vaut son surnom bien mérité d'« île aux fleurs ». Et aussi des montagnes volcaniques déchirées par l'érosion et de vertigineux à-pics. Le paradis des randonneurs, le long de l'ingénieux système d'irrigation des *levadas,* ces canaux récupérant les eaux de pluie. L'île de Madère est une citadelle entaillée de toutes parts, avec ses parcelles de vigne indomptables accrochées aux pentes et travaillées à la main. À Funchal, capitale anglophile, on se rue dans les églises et les musées, entre deux arrivées de paquebots venus goûter aux tropiques et aux barriques. Au-delà des vagues s'ancre le reste de l'archipel : la petite Porto Santo, réputée pour sa longue plage de sable clair. L'avènement du tourisme, puis l'entrée du Portugal dans l'Union européenne ont toutefois modifié bien des choses et, surtout, inversé la tendance à l'émigration. On vient désormais de toute l'Europe à la recherche d'une vie aussi douce que l'air.

LES COUPS DE CŒUR DU ROUTARD

- Faire le tour du cap Corse en 2 jours en égrenant les marines et tout particulièrement le croquignolet port de Centuri. Un autre visage de la Corse.......... p. 116
- Découvrir les Agriate ou l'extrême nord du cap Corse en suivant le sentier des Douaniers .... p. 135, 137
- Se laisser envoûter par la splendeur de l'église pisane polychrome San Michele de Murato .... p. 135
- Parcourir à pied ou à dos d'âne les ruelles de Sant'Antonino, petit village perché de Balagne........................ p. 150
- Dans le Giussani, partir en randonnée pendant la journée en empruntant l'un des sentiers de pays et, le soir, assister à une représentation dans le cadre des Rencontres internationales de théâtre .. p. 157
- Effectuer depuis Porto une excursion en bateau vers la merveilleuse réserve naturelle de Scandola, inscrite au Patrimoine mondial de l'Unesco .... p. 191
- Admirer – soit en les traversant par la route, soit, encore mieux, lors d'une sortie en mer – les paysages somptueux des *calanche* rouge-orangé de Piana... p. 197
- Ne pas manquer, le matin, le marché d'Ajaccio, riche de couleurs et d'odeurs .... p. 223
- Éprouver le mystère insondable des statues-menhirs de Filitosa .... p. 249
- De Campomoro, au sud du golfe du Valinco, suivre le sentier qui mène, en quelques heures de marche, au phare de Senetosa .... p. 262
- Faire l'ascension de la montagne de Cagna dans le Sud corse, avec un guide. Vue époustouflante........... p. 275
- Explorer la ville haute de Bonifacio tôt le matin, avant tout le monde, et se balader le long de la falaise jusqu'au phare de Pertusato .... p. 292
- Passer une journée en mer au large de Bonifacio, dans les Lavezzi, îles paradisiaques du parc marin international........................... p. 295
- Se balader sur le site de Cucuruzzu, si romantique et plein de douceur ... p. 332
- Contempler les aiguilles de Bavella qui se découpent, le matin, sur un ciel sans nuages................................. p. 333
- De village en village, d'une église baroque à une autre, parcourir les routes étroites et les sentiers ombragés de la Castagniccia .... p. 378
- À Corte, marcher dans la ville haute sur les traces de Pasquale Paoli, qui y avait établi son gouvernement..... p. 347
- Randonner dans le Niolu, fier et sauvage, jusqu'au lac de Nino........... p. 339
- Pour les randonneurs confirmés (uniquement !), traverser la Corse par le mythique GR 20..................... p. 37, 356
- Se livrer aux plaisirs de l'oursinade, c'est-à-dire déguster des oursins, avec du pain et un bon vin blanc : l'une des joies du tourisme hors saison (de décembre à mars seulement).
- Pratiquer la plongée dans l'un des multiples sites enchanteurs qu'offre la Corse .... p. 33

Nous tenons à remercier tout particulièrement Loup-Maëlle Besançon, Thierry Bessou, Gérard Bouchu, François Chauvin, Grégory Dalex, Stéphanie Déro, Fabrice Doumergue, Cédric Fischer, Carole Fouque, Michelle Georget, David Giason, Claude Hervé-Bazin, Emmanuel Juste, Dimitri Lefèvre, Fabrice de Lestang, Romain Meynier, Éric Milet, Pierre Mitrano, Jean-Sébastien Petitdemange, Thomas Rivallain et Dominique Roland pour leur collaboration régulière.

Emmanuelle Bauquis
Mathilde Blanchard
Jean-Jacques Bordier-Chêne
Michèle Boucher
Mathilde Bouron
Sophie Cachard
Jeanne Cochin
Agnès Debiage
Jérôme Denoix
Joséphine Desfougères
Tovi et Ahmet Diler
Clélie Dudon
Sophie Duval
Alain Fisch
Cécile Gastaldo
Bérénice Glanger
Adrien et Clément Gloaguen
Bernard Hilaire
Sébastien Jauffret
Blanche-Flore Laizo
Virginie Leibel
Jacques Lemoine
Julien Léopold
Jacques Muller
Caroline Ollion
Martine Partrat
Odile Paugam et Didier Jehanno
Julia Pouyet
Émile Pujol
Maud Régent
Anaïs Rougale
Prakit Saiporn
Jean-Luc et Antigone Schilling
Alicia Tawil
Caroline Vallano
Juliana Verdier

Direction : Nathalie Bloch-Pujo
Contrôle de gestion : Jérôme Boulingre et Alexis Bonnefond
Secrétariat : Catherine Maîtrepierre
Direction éditoriale : Catherine Julhe
Édition : Matthieu Devaux, Géraldine Péron, Olga Krokhina, Gia-Quy Tran, Julie Dupré, Pauline Fiot, Camille Loiseau, Béatrice Macé de Lépinay, Emmanuelle Michon, Martine Schmitt et Marion Sergent
Préparation-lecture : Hélène Meurice
Cartographie : Frédéric Clémençon et Aurélie Huot
Fabrication : Nathalie Lautout et Audrey Detournay
Relations presse France : COM'PROD, Fred Papet. ☎ 01-70-69-04-69.
● *info@comprod.fr* ●
Direction marketing : Adrien de Bizemont, Lydie Firmin et Laure Illand
Contacts partenariats : André Magniez (EMD). ● *andremagniez@gmail.com* ●
Édition des partenariats : Élise Ernest
Informatique éditoriale : Lionel Barth
Couverture : Clément Gloaguen et Seenk
Maquette intérieure : le-bureau-des-affaires-graphiques.com, Thibault Reumaux et npeg.fr
Relations presse : Martine Levens (Belgique) et Maureen Browne (Suisse)
Régie publicitaire : Florence Brunel-Jars

Remerciements

Pour ce guide nous remercions tout particulièrement :

– La Maison du parc naturel régional et en particulier José Mortini, qui aide chaque année aux remises à jour de nos pages « rando ».
– À Ajaccio, notre ami Lætitia, spécialiste de la rando également.
– À Bastia, l'office de tourisme et son patron, le bon (au sens performant) Josian Calloni.
– La souriante et dynamique équipe de l'office de tourisme de Porto-Vecchio.
– Les OT d'Ajaccio, de Calvi, Sartène, Proprano, Levie, Corte, ceux de la Costa Serena – et les autres que nous oublions.
– Bernard Pazzoni et Jean-Claude Rogliano pour leurs lumières et leur participation (musique, littérature).
– Mathilde Chautard pour son efficace collaboration.
– Et tant d'autres insulaires rencontrés au hasard de nos routardesques enquêtes en l'île de Beauté.
– Enfin vous, chers lecteurs, pour votre abondant courrier, dans lequel nous trouvons plein d'infos, les bons plans, les moins bons – et des critiques qui nous permettent d'avancer. Allez roule, petit *Routard,* toujours plus loin, toujours plus haut, jusqu'au monte Cinto !

COMMENT Y ALLER ?

EN BATEAU

Il y a deux façons de gagner la Corse en ferry : par la France ou par l'Italie. En France, la *SNCM* (Société nationale Corse Méditerranée) et *La Méridionale* (Compagnie méridionale de navigation) sont les plus anciennes sur le marché (départs de Marseille, Nice). La compagnie *Corsica Ferries* assure aussi depuis plusieurs années des liaisons entre le continent (Nice, Toulon) et la Corse.
Mais la concurrence est rude : *Corsica Ferries* et *Moby Lines*, au départ des ports italiens, sont moins chères (l'Italie est bien plus proche de la Corse que la France). Dans tous les cas, réserver longtemps à l'avance, si possible.
Attention, au moment de boucler ce guide, on apprenait qu'une procédure de redressement judiciaire de la SNCM était lancée, courant jusqu'à fin mai 2015. La SNCM continuait néanmoins son activité. Consulter ● *routard.com* ● pour les dernières infos à ce sujet.

Conseils pratiques

– N'oubliez pas de noter l'emplacement de votre véhicule (numéro de pont et secteur : bâbord arrière, par exemple), pour ne pas errer dans la pénombre d'un étage à l'autre et parmi d'interminables files de voitures, au moment du débarquement, à la recherche de votre carrosse.

Les compagnies maritimes

▲ **CORSICA FERRIES**
Central téléphonique (rens et résas) : ☎ 0825-095-095 (0,15 €/mn). ● corsica-ferries.fr ●
– Marseille : 7, rue Beauvau, 13001.
– Nice : comptoir de vente et embarquement au port de commerce, quai Amiral-Infernet, 06300.
– Toulon : 2, av. de l'Infanterie-Marine, 83000.
– Ajaccio : gare maritime, 20000.
– Bastia : palais de la Mer, 5 bis, rue Chanoine-Leschi, BP 275, 20296.
– Calvi : port de commerce, 20260.
– L'Île-Rousse : port de commerce, 20220.
– Livourne (Italie) : embarquement, calata Carrara, stazione Maritima, 57123 Livorno.
– Savone (Italie) : Porto Vado, 17047. Embarquement, calata Nord.
➢ Présente tte l'année, Corsica Ferries propose des départs tlj vers la Corse en hte saison (jusqu'à 20 départs/j. ; 5 *méga express*) et des ferries classiques (3 *cruise ferries*, dont le navire amiral *Mega Smeralda*, et 3 *day ferries*) au départ de France et d'Italie. Ses navires desservent les ports de Calvi, L'Île-Rousse, Ajaccio et Bastia au départ de Nice, Toulon, Savone et Livourne.
Corsica Ferries dessert également l'île d'Elbe d'avril à fin septembre au départ de Piombino-Porto Ferraio (Italie) et depuis la Corse (de juillet à mi-septembre).

▲ **SNCM (SOCIÉTÉ NATIONALE MARITIME CORSE MÉDITERRANÉE)**
Rens et résas : ☎ 32-60 et dites « SNCM » (0,15 €/mn). ● sncm.fr ●
➢ La SNCM, compagnie maritime historique, propose des traversées régulières, toute l'année, au départ du continent vers les ports de Bastia,

Ajaccio, L'Île-Rousse, Propriano et Porto-Vecchio, ainsi que vers la Sardaigne.
Pour les groupes : à partir de 10 personnes, contacter ☎ *08-1000-35-59* ou ● *groupes@sncm.fr* ●

▲ LA MÉRIDIONALE
Rens et résas : ☎ 0810-201-320 (prix d'un appel local) ou ● lameridionale.fr ● temoignages.lameridionale.fr ●
– Marseille : 4, quai d'Arenc, CS 62345, 13213 Cedex 02.
– Ajaccio : port de commerce, bd Sampiero, 20000.
– Bastia : port de commerce, BP 283, 20296 Cedex.
– Propriano : agence maritime Sorba, quai du Commandant-L'Herminier, 20110. ☎ 04-95-76-04-36.
Avec pour signature « la traversée zen », La Méridionale est la compagnie maritime historique à destination de la Corse. Composée de trois navires à taille humaine (*Girolata, Kalliste* et *Piana*), La Méridionale assure un service quotidien au départ de Marseille vers les ports de Bastia, Ajaccio, Propriano, exclusivement par des traversées de nuit.

▲ MOBY
● mobylines.fr ●
– Paris : Viamare, 4, rue de Clichy, 75009. ☎ 01-42-80-94-87. ● viamare.fr ● Représente Moby Lines en France.
– Bastia : agence Colonna d'Istria, 4, rue du Commandant-Luce-de-Casabianca, 20200. ☎ 04-95-34-84-94. ● mobycorse.com ●
➢ Assure des liaisons maritimes, avr-sept, au départ des ports italiens de Gênes et de Livourne. Également des liaisons Bonifacio-Santa Teresa di Gallura, en Sardaigne.

▲ EURO-MER
– Résas : ☎ 04-67-65-95-12 ou ● euromer.com ● (devis gratuit). Groupes : ● groupes@euromer.com ●
Spécialiste depuis plus de 15 ans des traversées maritimes (ferries rapides ou classiques), Euro-Mer représente toutes les compagnies desservant la Corse : Mobylines, SNCM, Corsica Ferries, CMN, ce qui fait la différence, car Euro-Mer vous conseille pour trouver le meilleur des tarifs ! Pour la période estivale, s'y prendre dès janvier ou février pour obtenir des tarifs attractifs. Les plus d'Euro-Mer : des tarifs compétitifs, des promotions ponctuelles à l'année pour certains départs en semaine et des réductions jeunes, familles, seniors, étudiants, camping-cars.

EN AVION

Attention, les dessertes aériennes changent souvent d'une année sur l'autre, notamment en ce qui concerne les lignes saisonnières. Les indications ci-dessous sont basées sur les liaisons existant en 2014.
– Pour tout renseignement auprès des aéroports corses :
✈ ***Ajaccio :** aéroport de Campo-del-Oro. ☎ 04-95-23-56-56. ● 2a.cci.fr/Aeroport-Napoleon-Bonaparte-Ajaccio.html ●*
✈ ***Bastia :** aéroport de Bastia-Poretta. ☎ 04-95-54-54-54. ● bastia.aeroport.fr ●*
✈ ***Calvi :** aéroport Sainte-Catherine. ☎ 04-95-65-88-88. ● calvi.aeroport.fr ●*
✈ ***Figari :** aéroport Figari-Corse-Sud. ☎ 04-95-71-10-10. ● 2a.cci.fr/Aeroport-Figari-Sud-Corte.html ●*

▲ AIR FRANCE
– Rens et résas au ☎ 36-54 (0,34 €/mn, tlj 6h30-22h), sur ● airfrance.fr ●, dans les agences Air France (fermées dim) et dans ttes les agences de voyages.
➢ Air France assure des liaisons Orly-Bastia, Orly-Ajaccio, Orly-Figari et Orly-Calvi. Certains vols sont assurés par *Air Corsica* (ex-*CCM*). Également des liaisons directes de Nice, Marseille et Lyon tte l'année ; et liaisons directes, en été seulement, depuis de nombreux aéroports de province.
Air France propose à tous des tarifs attractifs toute l'année. Vous avez la possibilité de consulter les meilleurs tarifs du moment sur Internet, directement sur la page « Meilleures offres et promotions ».
Le programme de fidélisation Air France-KLM permet de cumuler des *miles* à son rythme et de profiter d'un

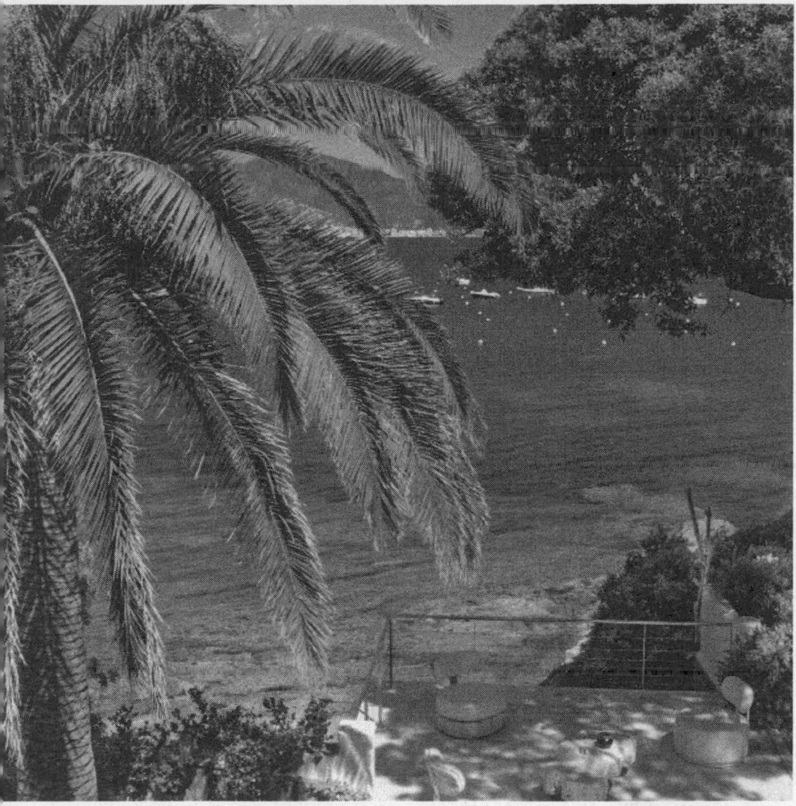

large choix de primes. Avec votre carte *Flying Blue,* vous êtes immédiatement identifié comme client privilégié lorsque vous voyagez avec tous les partenaires.
Air France propose également des réductions Jeunes. La carte *Flying Blue Jeune* est réservée aux jeunes âgés de 2 à 24 ans résidant en France métropolitaine, dans les départements d'outre-mer, au Maroc, en Tunisie ou en Algérie. Avec plus de 1 000 destinations et plus de 100 partenaires, *Flying Blue Jeune* offre autant d'occasions de cumuler des *miles* partout dans le monde.

▲ HOP !

Rens et résas sur • hop.com • via les canaux de vente Air France, dans ttes les agences de voyages et au centre d'appel : ☎ 0825-30-22-22 (0,15 €/mn, tlj, 365 j./an).

➢ Vers Ajaccio, vols saisonniers directs d'Agen, Bordeaux, Brive, Castres, La Rochelle, Lille, Limoges, Metz-Nancy, Poitiers, Rodez et Strasbourg.

➢ Vers Bastia, vols saisonniers directs de Lille, Lyon et Pau.

➢ Vers Calvi, vols de Lille, Metz-Nancy, Bâle-Mulhouse, Nantes, Strasbourg, Toulouse et Genève.

➢ Vers Figari, vols de Bordeaux, Caen, Clermont-Ferrand, Lille, Bâle-Mulhouse, Nantes, Quimper, Rennes, Strasbourg et Toulouse.

HOP ! propose des tarifs attractifs toute l'année. Possibilité de consulter les meilleurs tarifs du moment sur *• hop.com •*

Les compagnies *low-cost*

Ce sont des compagnies dites « à bas prix ». Elles desservent les capitales européennes ainsi que de nombreuses villes de province. Plus vous réserverez vos billets à l'avance, plus vous aurez de chances d'avoir des tarifs avantageux, mais il ne faut pas trop espérer trouver facilement des billets à prix plancher lors des périodes les plus fréquentées (vacances scolaires, w-e...). N'hésitez pas à combiner les offres, d'autant plus que les compagnies *low-cost* permettent des vols simples. La résa se fait souvent par Internet, et parfois par téléphone (pas d'agence, juste un numéro de réservation et un billet à imprimer soi-même). Des frais de dossier ainsi que des frais pour le paiement par carte bancaire peuvent vous être facturés. En outre, les pénalités en cas de changement d'horaires sont assez importantes. Afin de réduire les files d'attente dans les aéroports, certaines compagnies font même payer l'enregistrement aux comptoirs d'aéroport. Pour l'éviter, vous avez intérêt à vous enregistrer directement sur Internet, où le service est gratuit. Il faut aussi rappeler que plusieurs compagnies facturent maintenant les bagages en soute ou limitent leur poids. En cabine également, le nombre de bagages est strictement limité (attention, même le plus petit sac à main est compté comme un bagage à part entière). À bord, c'est service minimal et tous les services sont payants (boissons, journaux...). Ne pas oublier non plus d'ajouter le prix du bus pour se rendre à ces aéroports, souvent assez éloignés du centre-ville, ou dans des aéroports secondaires quand il s'agit des capitales. Attention également, au moment de la résa par Internet, à décocher certaines options qui sont automatiquement cochées (assurances, etc.). Au final, même si les prix de base restent très attractifs, il convient de prendre en compte tous ces frais annexes pour calculer le plus justement son budget.

▲ EASYJET

• easyjet.com/fr •

➢ Dessert Bastia, Ajaccio et Figari au départ de Paris-CDG. Également des vols Bâle/Mulhouse-Ajaccio, Bâle/Mulhouse-Bastia, Lyon-Bastia, Lyon-Figari, Toulouse-Bastia, Lyon-Ajaccio, Genève-Ajaccio et Genève-Bastia (en saison).

▲ TRANSAVIA

– Rens et résas : ☎ 0892-058-888 (0,34 €/mn). • transavia.com •

➢ Dessert Ajaccio au départ de Nantes et Lille 3 fois/sem d'avr à oct.

▲ RYANAIR

Infos et résas : en France, ☎ 0892-562-150 (0,34 €/mn) ; en Belgique, ☎ 0902-33-660 (1 €/mn). • ryanair.

com ● Lun-ven 9h-19h, sam-dim 10h (11h dim)-17h (attention, pas de bureau).
Les meilleurs tarifs sont accessibles slt sur Internet (promotions ponctuelles).
➢ Dessert, tte l'année, Figari au départ de Paris-Beauvais et de Bruxelles-Charleroi.

▲ **VOLOTEA**
Rens : ☎ 0821-610-752 (0,15 €/mn).
● volotea.com ●
➢ La compagnie assure des liaisonsentre les aéroports d'Ajaccio et Bastia et les aéroports de Nantes, Bordeaux, Brest, Caen, Strasbourg, Lille, Toulouse et Montpellier. Également des vols Bordeaux-Calvi, Bordeaux-Figari et Nantes-Calvi, ainsi que Lille-Figari, Strasbourg-Figari et Toulouse-Figari.

▲ **XL AIRWAYS**
Rens : ☎ 0892-69-21-23 (0,34 €/mn).
● xl.com ●
➢ En saison, vols Paris-CDG/Figari et Paris-CDG/Ajaccio ainsi que Paris-CDG/Bastia.

EN TRAIN

Au départ de Paris

🚂 ***Gare de Lyon :*** pour les trains de jour.
🚂 ***Gare d'Austerlitz :*** pour les trains de nuit.
➢ ***Paris-Marseille :*** compter 3h de trajet.
➢ ***Paris-Nice :*** env 5h30 de trajet. Également 1 train de nuit au départ de la gare d'Austerlitz.
➢ ***Paris-Toulon :*** près de 4h de trajet. Également 1 train de nuit au départ de la gare d'Austerlitz.

Au départ de la province

➢ ***Bordeaux-Marseille :*** prévoir près de 6h de voyage.
➢ ***Lyon-Marseille :*** 1h30 de trajet.
➢ Depuis ***Lille,*** TGV directs à destination de Marseille (en 4h30), Toulon (en 5h30), Nice (en 7h25). 1 train de nuit également.
Ces trains sont en correspondance avec des bateaux à destination de Bastia, Ajaccio, Calvi, L'Île-Rousse, Propriano et Porto-Vecchio.

Pour préparer votre voyage

– ***e-billet :*** réservez, achetez et imprimez votre e-billet sur Internet.
– ***m-billet :*** plus besoin de support papier, vous pouvez télécharger le code-barres de votre voyage correspondant à votre réservation directement dans votre smartphone, à l'aide de l'application *SNCF Direct.*
– ***Billet à domicile :*** commandez votre billet par Internet ou par téléphone au ☎ *36-35 (0,34 €/mn, hors surcoût éventuel de votre opérateur)* ; la SNCF vous l'envoie gratuitement à domicile sous 48h, en France.

Pour voyager au meilleur prix

La SNCF propose des tarifs adaptés à chacun de vos voyages.
➢ ***Prem's :*** des petits prix disponibles toute l'année, jusqu'à 90 jours avant le départ. Billets non échangeables et non remboursables (offres soumises à conditions). Impossible de poser des options de réservation sur ces billets : il faut les payer immédiatement.
➢ ***Les IDTGV :*** des prix mini, à saisir sur Internet uniquement.
➢ ***Les tarifs Loisirs***
Une offre pour programmer votre voyage tout en gardant des billets modifiables : ils sont échangeables et remboursables. Pour bénéficier des meilleures réductions, pensez à réserver vos billets à l'avance (les réservations sont ouvertes jusqu'à 90 jours avant le départ) ou à voyager en période de faible affluence.
➢ ***Les cartes de réduction***
Pour ceux qui voyagent régulièrement, profitez de réductions garanties tout le temps avec les cartes Enfant +, Jeune 12-17, Jeune 18-27, Week-end ou Senior + (valables 1 an).

Renseignements et réservations

– ***Internet :*** *● voyages-sncf.com ●*
– ***Téléphone :*** ☎ *36-35 (0,34 € TTC/mn).*

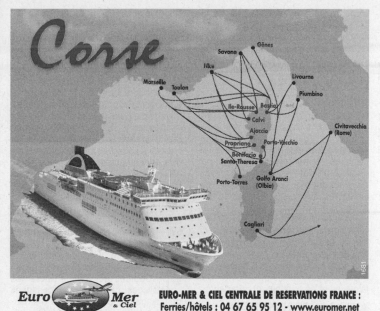

NOUVEAUTÉ

LA LOIRE À VÉLO (février 2015)

Eh oui, 800 km de voies aménagées pour les vélos de la région Centre à la côte Atlantique ; l'occasion de pédaler le long des berges d'un fleuve encore sauvage, au rythme de la petite reine. Découvrez, le nez au vent, les richesses des régions Centre et Pays de la Loire : lavoirs anciens, îles éphémères, villages troglodytiques, châteaux Renaissance, mais aussi réserves naturelles abritant toute une faune et une flore spécifiquement ligériennes. Le fleuve royal ne ménage pas ses effets pour vous séduire d'étapes en étapes. Un trajet qui serpente aussi à travers des vignobles réputés et permet ainsi de goûter aux richesses d'un terroir béni des dieux.

Un guide pratique : à chaque étape sa carte en couleurs et les sites à visiter. Accompagné d'un carnet d'adresses pour se loger, se restaurer, louer des vélos et bichonner sa monture à deux-roues.

– Également dans les gares, les boutiques SNCF et les agences de voyages agréées.

LES ORGANISMES DE VOYAGES

Ne pas croire que les vols à tarif réduit sont tous au même prix pour une même destination à une même époque : loin de là. On a déjà vu, dans un même avion partagé par deux organismes, des passagers qui avaient payé 40 % plus cher que les autres. De plus, une agence bon marché ne l'est pas forcément toute l'année (elle peut n'être compétitive qu'à certaines dates bien précises). Donc, contactez tous les organismes et jugez vous-même.
Les organismes cités sont classés par ordre alphabétique, pour éviter les jalousies et les grincements de dents.

▲ NOUVELLES FRONTIÈRES

Rens et résas au ☎ 0825-000-747 (0,15€/mn), sur • nouvelles-frontieres.fr •, dans les agences de voyages, et agences Nouvelles Frontières et Marmara.
Depuis plus de 45 ans, Nouvelles Frontières fait découvrir le monde au plus grand nombre au travers de séjours aussi merveilleux qu'insoupçonnés, à la découverte de nouveaux paysages et de nouveaux visages ainsi que de rencontres riches en émotions. Selon votre budget ou vos désirs, plus de 100 destinations à choisir parmi 240 circuits ou bien en séjours et voyages à la carte à personnaliser selon vos envies. Rendez-vous sur le Web ou en agence où les conseillers Nouvelles Frontières seront à votre écoute pour mettre le voyage d'exception à votre portée et composer votre voyage selon vos souhaits.

▲ TERRES D'AVENTURE

N° Indigo : ☎ 0825-700-825 (0,15 €/mn). • terdav.com •
– Paris : 30, rue Saint-Augustin, 75002. Ⓜ Opéra ou Quatre-Septembre. Lun-sam 9h30-19h.
– Agences également à Bordeaux, Chamonix, Grenoble, Lille, Lyon, Marseille, Nantes, Rennes, Rouen, Strasbourg et Toulouse.
Depuis 1976, Terres d'Aventure, spécialiste du voyage à pied, propose aux voyageurs passionnés de marche et de rencontres des randonnées hors des sentiers battus à la découverte des grands espaces de notre planète. Voyages à pied, à cheval, en bateau, à raquettes... Sur tous les continents, des aventures en petits groupes ou en individuel encadrés par des professionnels expérimentés. Les hébergements dépendent des sites explorés : camps d'altitude, bivouacs, refuges ou petits hôtels. Les voyages sont conçus par niveaux de difficulté : de la simple balade en plaine à l'expédition sportive en passant par la course en haute montagne.
En province, certaines de leurs agences sont de véritables *Cités des Voyageurs* dédiées au voyage : librairies spécialisées, boutiques d'accessoires de voyage, expositions-vente d'artisanat et cocktails-conférences. Consultez le programme des manifestations sur leur site internet.

▲ UCPA (UNION NATIONALE DES CENTRES SPORTIFS DE PLEIN AIR)

Infos et résas : ☎ 32-60, dites « UCPA » (0,15 €/mn). • ucpa.com •
– Bureaux de vente à Paris, Lyon, Nantes et Strasbourg.
L'UCPA propose des vacances libres, mais avec l'assurance de pratiquer l'activité de son choix dans de bonnes conditions. Débutants ou sportifs confirmés, tous les jeunes de 6 à 17 ans et de 18 à 39 ans sont les bienvenus. L'UCPA s'occupe de tout : transport (en option), hébergement, restauration, encadrement sportif par des professionnels, matériel sportif... pour des vacances l'esprit libre. Sur place, pas de contraintes, chacun choisit son rythme. 140 sites UCPA en France ou à l'étranger, tous parfaitement adaptés à la pratique sportive. Une quarantaine de croisières en voilier sont également proposées et plus de 300 voyages itinérants à pied, à cheval, à VTT, en kayak ou en canoë sont organisés dans 60 destinations.

▲ **VOYAGES-SNCF.COM**

– Infos et résas depuis la France : • voyages-sncf.com • et sur tablette et mobile avec les applis V. (trains) et V. Hôtel (hôtels).

– Réserver un vol, un hôtel, une voiture : ☎ 0899-500-500 (1,35 € l'appel, puis 0,34 €/mn).

– Une question ? Rubrique Contact ou au ☎ 09-70-60-99-60 (nº non surtaxé).

Voyages-sncf.com, distributeur de voyages en ligne de la SNCF, vous propose ses meilleurs prix de train, d'avion, d'hôtel et de location de voitures en France et en Europe. Accédez aussi à ses services exclusifs : billets à domicile (en France), Alerte Résa, calendrier des prix, offres de dernière minute...

CORSE UTILE

ABC DE LA CORSE

- *Divisions administratives :* une collectivité territoriale et deux départements, la Corse-du-Sud (préfecture Ajaccio) et la Haute-Corse (Bastia). Cette division est effective depuis le 1er janvier 1976 et a été pérennisée en juillet 2003 à la suite du refus, par référendum, de la réforme institutionnelle.
- *Superficie :* 8 680 km². 183 km du nord au sud et 83 km de largeur maximale. C'est la quatrième île de la Méditerranée après la Sicile, la Sardaigne et Chypre.
- *Point culminant :* le monte Cinto (2 706 m).
- *Population :* env 300 000 habitants. Densité : env 35 hab./km².
- *Diaspora :* on estime que 2 millions de Corses vivent hors de l'île (ce qui comprend les Corses nés en Corse et leurs enfants ayant gardé un lien avec l'île). Marseille serait la première ville corse au monde, avec environ 300 000 Corses.
- *Population active :* 37 % de l'ensemble de la population.
- *Tourisme :* il contribue à hauteur de 12-15 % au PIB régional.
- *Littoral :* 1 034 km de côtes, dont 202 km protégés par le Conservatoire du littoral.
- *Forêts :* elles couvrent 46 % de la superficie de la Corse.
- *Plaine orientale :* 10 % du territoire, 80 % de la richesse agricole de la Corse.
- *Produits exportés :* à 80 % ce sont des produits viticoles et des fruits, dont des agrumes (citrons, oranges, clémentines).

AVANT LE DÉPART

Adresses utiles

i ***Agence de tourisme de la Corse :*** *17, bd du Roi-Jérôme, BP 19, 20181* ***Ajaccio*** *Cedex 01.* ☎ *04-95-51-00-00.* ● *visit-corsica.com* ● Pour toutes les infos générales sur la Corse.

■ ***Relais régional des Gîtes de France :*** *77, cours Napoléon, BP 10, 20000* ***Ajaccio.*** ☎ *04-95-10-54-33 (infos générales) ou 04-95-10-54-30 (résas).* ● *gites-corsica.com* ● *chambres-d-hotes-en-corse.com* ● Propose la liste des gîtes ruraux, des chambres d'hôtes et des campings à la ferme dans toute l'île.

■ ***Parc naturel régional de la Corse :*** *2, rue du Sergent-Casalonga, 20000* ***Ajaccio.*** ☎ *04-95-51-79-00.* ● *parc-corse.org* ● Toutes infos sur le parc, le GR 20 et les prestataires de services.

Carte internationale d'étudiant (carte ISIC)

Elle prouve le statut d'étudiant dans le monde entier et permet de bénéficier de tous les avantages, services et réductions dans les domaines du transport, de l'hébergement, de la culture, des loisirs, du shopping... C'est la clé de la mobilité étudiante !
La carte ISIC permet aussi d'accéder à des avantages exclusifs sur le voyage (billets d'avion spécial étudiants, hôtels et auberges de jeunesse, assurances, cartes SIM internationales, location de voitures, navette aéroport...).

Pour l'obtenir en France

– ***Commandez-la en ligne :*** *● isic.fr ●*
– ***Rendez-vous dans la boutique ISIC*** *(2, rue de Cicé, 75006 Paris ; ☎ 01-40-49-01-01)* muni de votre certificat de scolarité, d'une photo d'identité et de 13 € (12 € + 1 € de frais de traitement).

En Belgique

Elle coûte 12 € (+ 1 € de frais d'envoi) et s'obtient sur présentation de la carte d'identité et de la carte d'étudiant auprès de l'agence ***Connections*** : *rens au ☎ 070-23-33-13 ou en ligne ● isic.be ●*

En Suisse

Dans toutes les agences ***S.T.A. Travel*** *(☎ 058-450-40-00 ou 49-49),* sur présentation de la carte d'étudiant, d'une photo et de 20 Fs. Commande de la carte en ligne : *● isic.ch ● statravel.ch ●*

Au Canada

La carte coûte 20 $Ca (+1,50 $Ca de frais d'envoi). Disponible dans les agences ***Travel Cuts/Voyages Campus,*** mais aussi dans les bureaux d'associations étudiantes. Pour plus d'infos : *● voyagescampus.com ●*

Formalités, douanes

Formalités administratives

Aucun visa n'est demandé aux ressortissants de l'Union européenne qui se rendent en Corse pour une durée maximale de 90 jours. Une pièce d'identité suffit (carte d'identité ou passeport). Au-delà de 90 jours, faire une demande de carte de séjour auprès de la ***préfecture d'Ajaccio*** *(par courrier : préfecture de Corse-du-Sud, BP 401, 20188 Ajaccio ; ☎ 04-95-11-12-13).* Nos amis suisses sont soumis aux mêmes conditions.
Les personnes étrangères à l'UE sont soumises aux conditions établies entre leur pays d'origine et la France.
Nos amis canadiens n'ont donc pas besoin de visa, mais devront se munir de leur passeport. Par ailleurs, la durée du séjour est limitée à deux fois 90 jours par an (avec demande de carte de séjour auprès de la préfecture d'Ajaccio pour la prolongation). Pour rester plus longtemps, la demande se fait au Canada (y penser avant de venir en Corse), auprès d'un consulat de France.

Douanes

La Corse est soumise aux mêmes limitations d'importation et d'exportation que la France continentale. Pour plus d'informations : *● douane.gouv.fr ●*

BUDGET

Recommandation à ceux qui souhaitent profiter des réductions et avantages proposés dans le *Routard* par les hôteliers et les restaurateurs.

À l'hôtel, pensez à les demander au moment de la réservation ou, si vous n'avez pas réservé, à l'arrivée. Ils ne sont valables que pour les réservations en direct et non cumulables avec d'autres offres promotionnelles (notamment sur Internet). Au restaurant, parlez-en au moment de la commande et surtout avant que l'addition ne soit établie. Poser votre Routard sur la table ne suffit pas : le personnel de salle n'est pas toujours au courant et une fois le ticket de caisse imprimé, il est difficile de modifier le total. En cas de doute, montrez la notice relative à l'établissement dans le *Routard* de l'année, bien sûr, et ne manquez pas de nous faire part de toute difficulté rencontrée.

La Corse n'est pas vraiment une destination bon marché.

– ***Le transport :*** il est difficile de donner des chiffres précis concernant les moyens de transport pour se rendre en Corse, tant les prix varient selon la période choisie, les promotions et compagnies de transport (aérien ou maritime). Si on choisit l'avion, le budget en prend déjà un bon coup : selon la saison, de 170 à 350 € l'aller-retour Paris-Ajaccio sur une compagnie régulière. En jonglant avec les offres, et grâce à l'arrivée de compagnies *low-cost,* de plus en plus nombreuses, on peut réduire ce poste de dépenses : environ 100 € l'aller-retour. En s'y prenant au dernier moment, ce sera bien plus cher... En ferry, on s'en tire mieux : compter de 60 à 90 € l'aller-retour selon confort et saison. Certes, il existe aussi des offres à partir de prix très bas, mais, soumises à conditions, elles ne sont pas proposées à tous. Notez qu'il est également toujours très avantageux de prendre son billet longtemps à l'avance. De même, les indications de prix données plus haut s'entendent par personne et ne tiennent pas compte des réductions accordées aux familles, par exemple.

– ***La voiture :*** une fois sur place, la plupart du temps on loue une voiture, environ 350 € par semaine (pour une voiture convenant à un couple). À moins qu'on n'ait passé la sienne avec le ferry : de 100 à 250 € environ selon la saison.

– ***Le coût de la vie en Corse :*** élevé ! Au moins deux raisons à cela : en premier lieu, comme dans toute île, il faut faire venir la plupart des produits et matières premières du continent. Ensuite, le caractère saisonnier de certaines activités et, bien évidemment, le tourisme amènent à pratiquer des prix plus élevés. Ensuite, la Corse est, à bien des égards, une île d'exception : par exemple, l'essence ne s'y vend pas en hypermarché. Certes, le réseau des stations-service est dense sur l'île, mais l'essence se paie le plus souvent à des tarifs approchant ceux pratiqués dans les stations d'autoroute sur le continent... et ce malgré une TVA réduite !

Pour les visiteurs, la Corse est surtout chère en saison. En juillet et plus encore en août, les prix d'un hébergement peuvent passer du simple au triple, voire davantage... Et certains restaurants proposent, en été, des « menus touristiques » spécial *pinzuti* (continentaux), évidemment moins bon marché que leurs menus habituels. Quant aux produits de consommation courante, alimentaires notamment, c'est idem, avec des variations considérables d'un lieu à l'autre : à Porto-Vecchio, vers les plages, dans les boutiques de bord de route, la bouteille d'eau réfrigérée est à 2,50 € et les fruits et légumes atteignent des records ; mais allez quelques kilomètres plus loin et c'est deux fois moins cher – tout en restant hors de prix, c'est dire ! Bien sûr, on limitera les frais en s'approvisionnant dans les grandes surfaces. Des lecteurs ont aussi fait remarquer que certains produits corses (les mêmes) se retrouvaient mis en vente moins cher sur le continent que sur l'île ! Une étude récente de l'Insee a estimé à 10 % le « surcoût » de la vie en Corse, par comparaison avec le Languedoc-Roussillon, par exemple.

Cependant, malgré les tarifs exorbitants affichés en été, on peut quand même découvrir l'île en routard, à des prix (presque) routards : en choisissant la formule du camping, en couchant dans les gîtes en montagne, enfin en se rabattant sur les pizzerias, les paninis et les sandwichs. La solution des gîtes ruraux à la semaine est également abordable et intéressante dès qu'on voyage en famille. L'île de Beauté, heureusement, n'est pas réservée qu'aux riches !

En résumé, le séjour en Corse peut, si l'on sait se montrer raisonnable, s'avérer pas trop ruineux : en gîte rural, par exemple, et en ayant passé sa voiture avec le ferry, cela revient, selon la saison et avec un resto de temps en temps, de 1 500 à 2 500 € la quinzaine pour deux personnes.

Hébergement

D'une manière générale, nous indiquons des fourchettes de prix allant de la chambre double la moins chère en basse saison à celle la plus chère en haute saison. Ce qui implique parfois d'importantes fourchettes de prix, pas toujours

en adéquation avec la rubrique dans laquelle l'établissement est cité. Le classement retenu est donc celui du prix de la majorité des chambres et de leur rapport qualité-prix.
À noter que lorsque les lieux d'hébergement sont équipés d'un accès ***Internet*** et/ou ***wifi,*** nous le mentionnons sans autre précision.
– Les tarifs des ***campings*** sont calculés sur la base d'un emplacement pour deux avec voiture et tente en haute saison. Ils sont classés en tête de rubrique « Où dormir ? ».
– Les ***gîtes d'étape*** pratiquent en règle générale des tarifs « Bon marché » pour une nuitée en dortoir (avec ou sans les draps). Le tarif indiqué est celui du lit en dortoir et/ou parfois de la chambre double, quand il y en a.
– En ***chambres d'hôtes,*** les prix sont donnés sur la base d'une chambre double. Ils incluent le petit déjeuner (c'est normalement la loi...). Les cartes de paiement sont rarement acceptées.
– Concernant les ***hôtels,*** la base reste celle d'une nuit en chambre double (sans petit déjeuner), sauf exception, notamment pour les chambres familiales.
À savoir : la plupart des municipalités ont voté la taxe de séjour. Celle-ci se paie directement à l'hébergeur (hôtel, chambre d'hôtes, gîte...), elle ne peut être incluse dans votre forfait vacances remis par votre agence. Compter entre 0,50 et 1,50 € par jour et par personne.
– ***Bon marché :*** jusqu'à 60 €.
– ***Prix moyens :*** de 60 à 80 €.
– ***Chic :*** de 80 à 120 €.
– ***Plus chic :*** de 120 à 160 €.
– ***Beaucoup plus chic :*** au-delà de 160 €.

Restos

Au restaurant, notre critère de classement est le prix du premier menu servi le soir (hors boissons). Les notions de « Prix moyens » ou « Plus chic » n'engagent donc que les prix. Autrement dit, certains restos chic proposant parfois d'intéressantes formules, notamment au déjeuner, pourront malgré tout être classés dans la rubrique « Plus chic ».
– ***Très bon marché :*** moins de 12 €.
– ***Bon marché :*** de 12 à 20 €.
– ***Prix moyens :*** de 20 à 30 €.
– ***Chic :*** de 30 à 40 €.
– ***Plus chic :*** plus de 40 €.

Quelques conseils

– Attention : les distributeurs de billets n'étant pas légion et les cartes de paiement pas toujours acceptées (loin de là), pensez à vous munir de votre chéquier et à prévoir suffisamment de liquide.
– Les prix que nous indiquons sont, sauf erreur, ceux que nous ont communiqués les hôteliers et restaurateurs. Il arrive toutefois que certains nous indiquent leurs tarifs de l'année en cours (et non ceux de l'année suivante) et que, pendant l'hiver, ils augmentent leurs prix. Bien sûr, en France, les prix sont libres, mais nous ne sommes pas là pour recommander les services d'hôteliers ou de restaurateurs qui nous racontent des histoires, nous annonçant des chambres à 50 € pour les louer 20 € de plus. D'autant que c'est nous qui en faisons les frais, les lecteurs nous reprochant ensuite de ne pas bien réactualiser les guides. Aussi, merci de nous signaler, quand elles sont excessives, ces différences entre les prix annoncés et ceux pratiqués. Idem pour les offres et réductions consenties à nos lecteurs quand les engagements ne sont pas respectés.

Cartes de paiement

Quelle que soit la carte que vous possédez, chaque banque gère elle-même le processus d'opposition et le numéro de téléphone correspondant ! Avant de partir, notez donc bien le numéro d'opposition propre à votre banque (il figure souvent sur votre contrat, au dos des tickets de retrait ou à côté des distributeurs de billets), ainsi que le numéro à 16 chiffres de votre carte. Bien entendu, conservez ces informations en lieu sûr, et séparément de votre carte. Par ailleurs, l'assistance médicale se limite aux 90 premiers jours du voyage.
– ***Carte Bleue Visa :*** *assistance médicale ; numéro d'urgence (Europe Assistance) : ☎ (00-33) 1-41-85-85-85. • visa.fr • Pour faire opposition, contactez le numéro communiqué par votre banque.*
– ***Carte MasterCard :*** *numéro d'urgence assistance médicale, ☎ 01-45-16-65-65 (0,34 €/mn). • mastercardfrance.com • En cas de perte ou de vol, composer le numéro communiqué par votre banque pour faire opposition.*
– ***Carte American Express :*** *en cas de pépin, ☎ 01-47-77-72-00. Numéro accessible tlj 24h/24, PCV accepté en cas de perte ou de vol. • americanexpress.fr •*
– *Pour ttes les cartes émises par* **La Banque postale,** *composer le ☎ 0825-809-803 (0,15 €/mn) ; pour les DOM-TOM : ☎ 05-55-42-51-96.*
– Également un numéro d'appel valable ***pour faire opposition quelle que soit votre carte de paiement :*** *☎ 0892-705-705 (serveur vocal 0,34 €/mn). Ne fonctionne ni en PCV ni depuis l'étranger.*
Petite mesure de précaution : si vous retirez de l'argent dans un distributeur, utilisez de préférence les distributeurs attenants à une agence bancaire. En cas de pépin avec votre carte (carte avalée, erreur de numéro...), vous aurez un interlocuteur dans l'agence, pendant les heures ouvrables du moins. Et pensez bien, avant le départ, à VÉRIFIER LA DATE D'EXPIRATION DE VOTRE CARTE DE PAIEMENT !

CLIMAT

Les continentaux (surtout ceux de la partie nord) sont jaloux de la Corse : quand Madame Météo vous montre une carte de France pleine de gros nuages et qu'un petit soleil résiste dans un coin, il est collé à tous les coups sur l'île !
Le climat en Corse est facile à décrire : de juin à mi-septembre, grand beau temps assuré. Mais il existe des nuances. Il fait généralement plus chaud au cap Corse qu'à Bonifacio. Bien sûr, l'air est toujours plus frais en montagne (au-dessus de 500 m) qu'en bord de mer. N'oubliez pas de prévoir une petite laine dans l'intérieur du pays. Attention aussi aux orages, brefs mais violents, qui éclatent dans l'intérieur souvent en période estivale, entraînant des inondations parfois ravageuses. Malgré tout, les pluies sont vraiment rares : pas plus de 50 jours par an ! Certains jours, le vent souffle très fort. Le vent dominant ici est le *libecciu,* venu du sud-ouest, sec et chaud. Le mistral est plus violent. Les Corses ne l'aiment pas (il favorise les incendies).
Et puis il y a de la neige (eh oui, la Corse est une île montagneuse, on a tendance à l'oublier !) : en altitude, elle peut persister jusqu'à mi-juin, voire début juillet... Si vous visitez la Corse à Pâques, ne soyez pas étonné de trouver des routes fermées (généralement parmi les plus belles, comme celle du col de Davella) ou des sentiers de randonnée impraticables. En gros, les meilleures périodes pour aller en Corse et éviter canicule et flots de touristes sont avril, mai (mais curieusement, ce mois de mai est parfois pluvieux en Corse), juin, septembre et octobre. Et au printemps, le maquis est en fleurs !
Enfin, détail important : la température de la mer (sur les côtes) est en moyenne de 15 °C en hiver et de 25 °C en été.

FEUX DE FORÊT

De curieux nuages gris s'étendent et s'amoncellent au-dessus de la route qui rejoint Corte. Pourtant, le ciel est bleu. Les touristes s'étonnent et poursuivent leur chemin. Mais voilà un barrage de police : « Demi-tour messieurs dames, le feu est à quelques kilomètres. » Campings et maisons évacués, camions rouges des pompiers qui occupent le terrain, Canadair jaunes qui passent à basse altitude... Les touristes qui ont choisi la Corse pour leurs vacances connaissent la musique. Toujours la même tragédie du feu, suivie le lendemain par autant de déclarations tonitruantes et vengeresses de la part des élus locaux dans les journaux. On parle de pyromanes, d'accidents dus à la négligence et d'éleveurs indélicats. Car la première cause des feux de forêt est celle appelée pudiquement « cause pastorale » : certains éleveurs (une toute petite minorité), pour démaquiser et donner ainsi de l'espace et du (maigre) pâturage aux (maigres) bestiaux, déclenchent des feux ravageurs. Cette technique de fertilisation des terres par brûlis, l'écobuage, est très ancienne ; mais elle était autrefois pratiquée en hiver, les jours sans vent et sur une terre largement cultivée, moins inflammable donc que cette friche qui l'a, peu à peu, remplacée.

Des résultats encourageants

Alors tout le monde râle, les Corses en premier. Toutefois, des mesures répressives – bien difficiles à appliquer (il est presque impossible de prendre ces incendiaires sur le fait) – et des programmes de prévention (démaquisage, surveillance accrue des départs de feu) ont permis de réduire sensiblement les feux de forêt, même s'il y a des années à « rechute ».
En 2007, 27 355 ha ont brûlé, en 2008, année exceptionnelle, seulement... 370 ha ! Comme quoi, quand on veut... 2009 a été une mauvaise année, mais les cinq dernières années ont été plutôt tranquilles. Quelques chiffres encore pour rappeler chacun à ses responsabilités : entre 1994 et 2004, 9 936 incendies se sont produits en Corse ; 45 à 50 % de ces feux étaient d'origine humaine volontaire en Corse-du-Sud, et en Haute-Corse, où les incendies sont toujours plus nombreux, 90 %...

Consignes

En forêt

– Ne pas allumer de feux entre le 1er juillet et le 30 septembre.
– Éviter la fréquentation des forêts lorsque les bulletins météo indiquent des risques évidents de propagation rapide d'incendie (vents forts et forte chaleur).
– En cas d'incendie, regagner des zones signalées comme sécurisées si elles existent (routes ou sentiers). Dans le cas contraire, se réfugier dans le lit d'une rivière ou sur un point haut dégagé le plus proche, afin d'être repéré par les secours.
– Ce choix doit être effectué en fonction des capacités physiques de chacun et en tenant compte qu'en relief accidenté, le feu peut aller plus vite que l'homme.

L'alerte

– Vous êtes témoin d'un départ de feu : composez le ☎ *18* ou le ☎ *112*, en essayant de préciser l'ampleur et le lieu d'éclosion, s'il y a des habitations ou des points sensibles (campings, etc.) menacés directement. Laissez vos coordonnées.

En règle générale

– Sur la route, même si le feu peut constituer un spectacle, évitez de rester sur place (sauf contrordre de la part des secours).

– Si vous louez une maison, vérifiez que le débroussaillement légal est bien réalisé (50 m autour de l'habitation). En cas de sinistre, si cette condition est respectée, préférez le confinement en fermant les volets et les portes et en les aspergeant d'eau si possible.
– Dans tous les cas, il faut savoir que le feu passe très vite et que le confinement – en ayant fermé et protégé tous les accès – constitue la solution préconisée.
– N'oubliez pas de signaler au préalable votre présence aux secours.

HÉBERGEMENT

Gîtes d'étape

Très bien pour les randonneurs, car on y trouve le plus souvent un dortoir ou des chambres de quatre lits, un coin cuisine, de quoi se réchauffer le soir. Ils proposent pratiquement toujours aussi la demi-pension. Situés près des sentiers du parc régional (Mare a Mare, Mare e Monti), en montagne ou sur le littoral. Liste complète disponible auprès du bureau du parc régional à Ajaccio *(ou consulter • gites-refuges.com •).* ATTENTION : pas de gite d'étape sur le GR 20, uniquement des refuges.

Auberges de jeunesse

Il n'y en a plus...

Hébergement en couvent

Une façon de voir la Corse sous un angle plus spirituel que d'ordinaire. Cela dit, on n'est pas obligé de suivre toutes les règles monastiques en vigueur ; il suffit d'observer un minimum de silence pour ne pas troubler la vie des moines. Hébergement simple et à prix raisonnables. Téléphoner avant, demander le frère hôtelier.
– *Couvent de Corbara : ☎ 04-95-60-06-73.*
– *Couvent de Vico : ☎ 04-95-26-83-83.*
– *Maison Saint-Hyacinthe : ☎ 04-95-33-28-29.*

Campings

L'île est plutôt bien pourvue : 200 campings, qui ouvrent en général de mai à octobre, parfois un peu plus longtemps, et parfois même – mais c'est rare – restent ouverts à l'année. Choisir en priorité les campings ombragés (pins, eucalyptus – ça sent bon ! –, oliviers...). La nuit pour deux avec tente et voiture coûte en moyenne de 15 à 26 € (voire davantage dans les campings très étoilés) en pleine saison. C'est évidemment l'hébergement le moins coûteux, et souvent le seul à la portée de bien des gens – les jeunes surtout. Attention, de nombreux campings ne prennent pas de réservations.
À l'intérieur de la Corse, on trouve des campings situés dans des endroits de rêve, sous les châtaigniers ou au bord de torrents de montagne. Il y a aussi les campings à la ferme, où l'on est assuré de camper en pleine campagne et de bénéficier des produits de la ferme. Sur la côte, les campings sont souvent plus grands, mais ça ne veut pas dire qu'ils ne sont pas bien : il y en a d'excellents, où l'ambiance est bonne. Et avec la plage en direct. Il n'est pas rare qu'en très haute saison on se retrouve à trois ou quatre tentes sur le même emplacement...
Enfin, deux conseils : le sol est souvent très sec et dur en été, prévoyez de quoi bien planter les piquets (perceuse, marteau-piqueur...). Et si vous êtes en camping-car, assurez-vous que le camping dans lequel vous comptez faire halte (il n'est pas conseillé de faire du « camping-car sauvage » en Corse) est bien adapté à ce genre de véhicule.
Rappelons enfin que LE CAMPING SAUVAGE EST STRICTEMENT INTERDIT.

Chambres d'hôtes

La formule se développe de plus en plus. Celles que nous citons sont très chouettes. Comme sur le continent, la formule est intéressante pour un couple qui ne souhaite pas rester trop longtemps dans le même endroit (sinon, louer un gîte rural). On y dort et on peut y prendre le petit déj, en général à des prix raisonnables (de 60 à 80 € en moyenne, parfois bien plus), puis on continue son chemin (on peut assez souvent prendre le repas du soir à la table d'hôtes, sur réservation)...
Beaucoup sont affiliées aux Gîtes de France (voir ci-après), qui ont créé un site spécialement dédié aux chambres d'hôtes : • *chambres-d-hotes-en-corse.com* •

Gîtes de France

À l'évidence la meilleure solution pour séjourner en Corse. Surtout en famille. Car, même en haute saison, on trouve des gîtes tout équipés pour quatre à six personnes à partir de 400 € environ la semaine, et presque deux fois moins chers hors saison : un tarif imbattable. Mais il y en a environ 1 200 dans l'île, comment choisir ? Pour vous aider à répondre à cette importante question (vos vacances en dépendent, et les vacances, en Corse, c'est le bonheur !), nous avons sélectionné environ 60 adresses. Nous avons privilégié la qualité des prestations (literie, équipement cuisine correct, bon entretien des lieux) et le calme (ou alors on signale quand il y a, par exemple, une route proche). De plus, l'accueil des propriétaires, quand ils habitent sur place, est un élément important. L'autre avantage de ces gîtes est leur situation, bien souvent retirée dans l'arrière-pays, la Corse profonde. Ajoutons enfin que les animaux sont souvent acceptés dans les gîtes ruraux (on le précise quand c'est le cas). Rappelons que, comme partout ailleurs en France, les locations de gîtes se font à la semaine et non à la journée, et du samedi au samedi.

■ ***Relais régional des Gîtes de France :*** *77, cours Napoléon, 20000 Ajaccio. Service de résas (envoi de courriers) : BP 10, 20181 Ajaccio Cedex 01.* ☎ *04-95-10-54-30. Fax : 04-95-10-54-38.* • *infos@gites.corsica.com* • *gites-corsica.com* •

Hôtels

L'avantage des hôtels est la grande liberté qui est laissée : deux nuits ici, deux là, trois ailleurs... Parfait pour un tour de Corse. Mais attention, mieux vaut préparer son circuit et réserver, surtout de juin à mi-septembre. En y allant au petit bonheur en haute saison, vous risquez fort de passer la nuit dehors ou, au mieux, de ne plus trouver de chambres que dans les hôtels les moins demandés, c'est-à-dire les moins bons.
Il y a près de 400 hôtels en Corse. Beaucoup sont des petites affaires familiales, de 10 à 20 chambres toutes simples, façon corse, c'est-à-dire assez dépouillées et pas toujours entretenues comme il le faudrait, et ils paraissent parfois un peu chers pour les prestations proposées. On relève aussi quelques hôtels de charme, trop peu nombreux et installés dans d'anciens *palazzi.* Très peu d'hôtels de chaîne. Avec ça, quelques établissements de prestige. Notons que beaucoup de ces hôtels ont une activité uniquement saisonnière.
Un conseil pratique : demandez si la demi-pension est obligatoire ou pas en saison ; si oui, ça peut être intéressant... à condition de bien manger, et ça, ça dépend beaucoup des établissements.

LIVRES DE ROUTE

Il n'y a pas à proprement parler de littérature corse avant une époque récente. Car dans cette île, ce qui, ailleurs, a été transmis par l'écrit a été véhiculé au fil des siècles par la tradition orale. Ce fut longtemps le pays des hommes-livres : bergers qui récitaient la *Divina Commedia* ou l'*Orlando Furioso* par cœur, paysans illettrés qui, dans une syntaxe rigoureuse, suivant une rime précise et avec un pouvoir d'évocation

surprenant, improvisaient des poèmes superbes... Seuls demeurent aujourd'hui quelques survivants d'une civilisation de la mémoire supplantée par celle de l'écrit.
Prenant naissance au début des années 1970, le renouveau culturel suscite un désir de création littéraire qui entraînera de nombreuses publications, où s'exprimeront des écrivains corses de langue française – mais aussi quelques-uns utilisant la langue corse, parmi lesquels il faut citer Rinatu Coti –, dont certains font figure aujourd'hui de grands auteurs insulaires.
Mais le terme d'« écrivain corse » peut être considéré sous divers angles. En effet, si les romans d'***Angelo Rinaldi,*** par exemple, ont pour cadre la Corse, les caractères et les situations qu'il représente participent d'une société pas forcément insulaire. L'œuvre de cet écrivain – considéré parfois comme le meilleur écrivain corse (son roman *La Maison des Atlantes* a obtenu le populaire prix Femina en 1972) –, de par son style et ses thèmes, s'adresse plutôt à une certaine élite intellectuelle. Idem pour ***Marie Susini,*** qui touche un même type de lectorat. Les sentiments contradictoires d'amour et de rejet qu'elle éprouve pour l'île imprègnent ses romans, ainsi que la sensation d'enfermement que reconnaissent certainement certains Corses (les femmes surtout). À lire, *La Fiera* et *La Renfermée, la Corse.* D'une femme également, ***Marie Ferranti,*** *La Fuite aux Agriates* (Gallimard, coll. « Folio » n° 3713), un roman qui n'est pas sans évoquer une certaine histoire, puisque l'un des personnages est un berger en fuite après un assassinat. Mais le roman est centré avant tout sur une histoire d'amour vouée au drame. Autre écrivain corse contemporain de premier plan, ***Jean-Claude Rogliano,*** plus engagé sans doute par son insularité, sa « corsitude ». Son *Mal'Concilio* (France-Empire, 2001) est l'une des œuvres marquantes du renouveau culturel corse, mais on peut aussi apprécier son travail dans *Visa pour un miroir* (Rocher, 1998), par exemple, qui relate en la romançant l'extraordinaire aventure du convoi humanitaire corse parti pour la Roumanie en 1989 – avec un intéressant parallèle entre Corse et Roumanie. Les *Contes et Légendes de Corse* (France-Empire, 1999), qu'il a écrits avec sa fille Agnès, se lisent aussi avec plaisir. Dans une autre veine, *Justice en Corse* (Stock, 2002) raconte ses démêlés avec l'institution judiciaire à propos d'une maison.
Les amateurs de polars seront ravis d'apprendre qu'un éditeur corse, les éditions Albiana, a lancé en 2004, sous le label Nera, une collection de polars 100 % corses.
Rappelons enfin que les premiers « romans corses » ont été écrits au XIXe s... par des Parisiens ! ***Prosper Mérimée*** en est le plus bel exemple : *Colomba* est un modèle du genre et une grande réussite littéraire et commerciale (c'est là certainement l'histoire corse la plus diffusée et la plus lue au monde). Même si cette nouvelle a largement contribué à favoriser la récurrence de clichés d'une Corse figée au XIXe s, Mérimée y a tout de même finement saisi les traits du caractère insulaire, tant des hommes que du paysage. Dans le même genre et à la même époque, ***Alexandre Dumas*** a écrit *Les Frères corses* (1844 ; Gallimard, coll. « Folio », 2007), roman ayant également pour cadre l'île alors exotique et très à la mode, avec aussi un fond de vendetta, une dose de fantastique en plus. ***Maupassant*** enfin, qui avait lui aussi fait le voyage dans l'île de Beauté, avait été vivement impressionné par la nature, il est vrai spectaculaire et splendide, des *calanche* de Piana – entre autres sites corses qu'il évoque avec force dans son roman *Une vie.* On a récemment republié certains de ces romans classiques en un seul volume, sous le titre *Le Roman de la Corse* (Omnibus, 2004, 960 p.).
Parmi les ouvrages historiques contemporains, on peut citer *La Tragique Histoire des Corses,* de **Don Jean-Baptiste Gaï,** *L'Histoire de la Corse* (France-Empire, 2001) de ***Robert Colonna d'Istria*** et celle de ***Pierre Antonetti*** (Robert Laffont, 1990). On peut d'ailleurs regretter que *La Nouvelle Histoire de la Corse* (Jérôme Martineau, 1967), de ***Jacques Grégory,*** n'ait jamais été rééditée, elle qui, sans avoir la rigueur des ouvrages précédents, se lit avec un réel bonheur.
La Corse pour les Nuls (First Editions, 2010), de Thierry Ottaviani, embrasse tous les domaines et se révèle une étonnante mine d'informations sur l'île.
Coup de cœur pour une autre historienne, ***Dorothy Carrington,*** dont *La Corse, île de granit* (intitulée aussi tout simplement *La Corse,* Arthaud, 2003) est un

chef-d'œuvre de recherche sans doute, historique, bibliographique et archéologique, mais aussi de sensibilité. Quels magnifiques portraits dans cet ouvrage qui relate la découverte de la Corse des années 1950 par cette Anglaise venue visiter les sites archéologiques – et tombée amoureuse de l'île, qu'elle ne quittera quasiment plus jusqu'à sa mort à Ajaccio, en janvier 2002. Dorothy Carrington, qui se présentait comme une « ethno-historiographe autodidacte », a certainement été l'une des meilleures spécialistes de la Corse et de ses mystères. Coup de cœur également pour les « beaux livres » du journaliste Pierre-Jean Luccioni, consacrés au patrimoine rural et aux savoirs anciens qui disparaissent : ***Tempi fa*** (Albiana, 2007 et 2009). Un troisième volume, consacré aux fêtes religieuses, rites et croyances populaires, est sorti aux mêmes éditions en 2010.
Pour un regard d'ensemble, brassant histoire, économie et politique, lire *Comprendre la Corse* (Gallimard, coll. « Folio Actuel » n° 70, 1999 ; réédition 2004) de ***Jean-Louis Andreani.***
Ceux qui voudraient se plonger dans la nébuleuse nationaliste peuvent lire les entretiens, sans complaisance, réalisés par Guy Benhamou, dans lesquels Jean-Michel Rossi et François Santoni, tous deux assassinés depuis, font le bilan de 25 ans de nationalisme (*Pour solde de tout compte,* Flammarion, coll. « J'ai Lu », n° 5898, 2001).
Deux mots sur les bouquins de gastronomie. Citons *Carnet de Cucina corsa,* écrit par l'équipe de Cucina Corsa, présidée par ***Vincent Tabarani*** ; et, de ***François Poli,*** *Tutta a Cucina corsa* – ouvrage honteusement plagié récemment ; gare aux contrefaçons !
Terminons ce petit tour de la littérature corse par les traits de crayon et d'esprit de ***Batti,*** dont les dessins de presse et les savoureux albums bilingues de B.D., en particulier *E in più di què so Corsu* (« Et en plus de ça je suis corse »), reflètent l'humour, la tendresse, l'autodérision et le génie (au sens large) de tout un peuple.
Une mention spéciale pour une B.D. à succès, *L'Enquête corse,* de ***Pétillon*** (Albin Michel, 2000), ou l'histoire d'un détective continental qui débarque sur l'île à la recherche d'un certain Ange Léoni pour lui remettre un titre de propriété d'une défunte parente. Description ironique et mordante des rapports du continental avec les locaux, des rivalités et des dérives, des nombreux clans nationalistes et des différentes polices, des rapports des clans entre eux et avec les polices. Dans chaque dessin, un détail explosif, une phrase qui vise juste. Un vrai régal. La B.D. a même été traduite en corse ! Et adaptée au cinéma, bien sûr...

PERSONNES HANDICAPÉES

Le label Tourisme et Handicap

Ce label national, créé par le secrétariat d'État à la Consommation et au Tourisme en partenariat avec les professionnels du tourisme et les associations représentant les personnes handicapées, permet d'identifier les lieux de vacances (hôtels, campings, sites naturels, etc.), de loisirs (parcs d'attractions, etc.) ou de culture (musées, monuments, etc.) accessibles aux personnes handicapées. Il apporte aux touristes en situation de handicap une information fiable sur l'accessibilité des lieux. Cette accessibilité, visualisée par un pictogramme correspondant aux quatre types de handicaps (moteur, visuel, auditif et mental), garantit un accueil et une utilisation des services proposés avec un maximum d'autonomie dans un environnement sécurisant. Pour connaître la liste des sites labellisés : • ***rendezvousenfrance.com*** • (rubrique « Tourisme et Handicap »).

Par ailleurs, dans notre guide, nous indiquons par le logo ♿ les établissements qui possèdent un accès ou des chambres pouvant accueillir des personnes handicapées. Certaines adresses sont parfaitement équipées selon les critères les plus modernes. D'autres, plus simples, plus anciennes aussi, sans répondre aux normes les plus récentes, favorisent l'accueil des personnes handicapées en facilitant l'accès à leur établissement, tant sur le plan matériel que sur le plan humain. Évidemment, les handicaps étant très divers, des lieux accessibles à certaines personnes ne le seront pas pour d'autres. Appelez donc auparavant pour savoir si l'équipement de l'hôtel ou du resto est compatible avec votre niveau de mobilité.
Malgré les combats menés par les nombreuses associations, l'intégration des personnes handicapées à la vie de tous les jours est encore balbutiante en France. Il tient à chacun de nous de faire changer les choses. Une prise de conscience est nécessaire, nous sommes tous concernés.
Une association corse peut également permettre d'en savoir plus sur la situation sur place : ***Handicap Tourisme et Loisirs.*** *Contact : Fabrice Albertini, • handi20.com •*

PLONGÉE SOUS-MARINE

Jetez-vous à l'eau !

Pourquoi ne pas profiter de votre escapade dans ces régions maritimes pour vous initier à la plongée sous-marine ? Quel bonheur de virevolter librement en compagnie des poissons, animaux les plus chatoyants de notre planète, de s'extasier devant les couleurs vives de cette vie insoupçonnée...
Pour faire vos premières bulles, pas besoin d'être sportif ni bon nageur. Il suffit d'avoir plus de 8 ans et d'être en bonne santé. Sachez que l'usage des médicaments est incompatible avec la plongée. De même, les femmes enceintes s'abstiendront formellement de toute incursion sous-marine. Enfin, vérifiez l'état de vos dents : il est toujours désagréable de se retrouver avec un plombage qui saute pendant les vacances. Sauf pour le baptême, un certificat médical vous est demandé, et c'est dans votre intérêt. L'initiation des enfants requiert un encadrement qualifié dans un environnement adapté (eaux tempérées, sans courant, matériel adéquat).
Non, la plongée ne fait pas mal aux oreilles ! Il suffit de souffler gentiment en se bouchant le nez. Il ne faut pas forcer dans cet étrange « détendeur » que l'on met dans votre bouche, au contraire. Et le fait d'avoir une expiration active est décontractant, puisque c'est la base de toute relaxation. Sachez aussi qu'être dans l'eau modifie l'état de conscience, car les paramètres du temps et de l'espace sont changés : on se sent (à juste titre) ailleurs. En contrepartie de cet émerveillement, respectez impérativement les règles de sécurité, expliquées au fur et à mesure par votre moniteur. En vacances, c'est le moment ou jamais de vous jeter à l'eau... de jour comme de nuit !
ATTENTION : pensez à respecter un intervalle de 12 à 24h avant de prendre l'avion ou d'entreprendre une excursion en montagne, afin de ne pas modifier le déroulement de la désaturation.

Les centres de plongée

En France, la majorité des clubs de plongée sont affiliés à la *Fédération française d'études et de sports sous-marins (FFESSM).* Les autres sont rattachés à l'*Association nationale des moniteurs de plongée (ANMP),* ou encore au *Syndicat national des moniteurs de plongée (SNMP).* L'encadrement – équivalent quelle que soit la structure – est assuré par des moniteurs – véritables professionnels de la

mer – qui maîtrisent le cadre des plongées et connaissent tous les spots « sur le bout des palmes ».
Un bon centre de plongée respecte toutes les règles de sécurité, sans négliger le plaisir. Méfiez-vous d'un club qui vous embarque sans aucune question préalable sur votre niveau ; il n'est pas « sympa », il est dangereux. Regardez si le centre est bien entretenu (rouille, propreté...), si le matériel de sécurité – obligatoire – (oxygène, trousse de secours, téléphone portable ou radio...) est à bord. Les diplômes des moniteurs doivent être affichés. N'hésitez pas à vous renseigner, car vous payez pour plonger. En échange, vous devez obtenir les meilleures prestations...
Enfin, à vous de voir si vous préférez un club genre « usine bien huilée » ou une petite structure souple pratiquant la plongée à la carte ou en petit comité.
Un site répertorie les centres de plongée en Corse membres de la FFESSM : ● *gjl.pagesperso-orange.fr/crc/* ●

C'est la première fois ?

Alors, l'histoire commence par un baptême : une petite demi-heure pendant laquelle le moniteur s'occupe de tout et vous tient par la main. Laissez-vous aller au plaisir ! Même si vous vous sentez harnaché comme un sapin de Noël déraciné hors saison, tout cet équipement s'oublie complètement une fois dans l'eau. Vous ne descendrez pas au-delà de 5 m de profondeur. Attention : lors d'un baptême, demandez toujours – comme l'exigent les règlements – un moniteur particulier pour vous seul. En Corse, de trop nombreux centres de plongée bafouent, chaque année, cette règle de sécurité élémentaire.
Puis l'histoire se poursuit par un apprentissage progressif...

Formation et niveaux

Les clubs délivrent des formations graduées par niveaux.
Avec le ***niveau I,*** vous descendez à 20 m accompagné d'un moniteur.
Avec le ***niveau II,*** vous êtes autonome dans la zone des 20 m mais encadré jusqu'à la profondeur max de 40 m.
Ensuite, en passant le ***niveau III,*** vous serez totalement autonome dans la limite des tables de plongée (65 m).
Enfin, le ***niveau IV*** prépare les futurs moniteurs à l'encadrement...
Le passage de tous ces brevets doit être étalé dans le temps, afin de pouvoir acquérir l'expérience indispensable. Demandez conseil à votre moniteur (il y est passé avant vous !). Enfin, tous les clubs délivrent un « carnet de plongée » indiquant l'expérience du plongeur, ainsi qu'un « passeport » mentionnant ses brevets.

Reconnaissance internationale

Indispensable si vous envisagez ensuite de plonger à l'étranger. Chaque brevet passé en France est délivré avec une équivalence internationale ***CMAS*** *(Confédération mondiale des activités subaquatiques),* en accord avec la FFESSM ou ***CEDIP*** *(European Committee of Professional Diving Instructions),* partenaire de l'ANMP. Le meilleur plan consiste à choisir un club où les moniteurs sont aussi instructeurs ***PADI*** (*Professional Association of Diving Instructors,* d'origine américaine) pour obtenir les brevets les mieux reconnus au monde. En France, de plus en plus de centres ont cette double casquette, profitez-en.
À l'inverse, si vous avez fait vos premières bulles à l'étranger, vos aptitudes à la plongée seront jaugées – en France – par un moniteur qui – souvent après quelques exercices supplémentaires – vous délivrera un niveau correspondant...

En Corse

Bercée par son climat velouté, la Corse est une destination incontournable dans la vie d'un plongeur... ou futur plongeur. Ses eaux chaudes et cristallines livrent un univers étonnant, où les roches aux formes exubérantes abritent une vie sous-marine riche et colorée. L'absence de grosses industries y est pour beaucoup, et puis l'eau de l'île de Beauté est sans cesse brassée, renouvelée et rechargée en plancton... Combien de routards plongeurs ayant trimbalé leurs palmes autour du globe ont connu en Corse quelques-unes de leurs plus belles aventures sous-marines ? Vous le constaterez à votre tour : cette île est un pur joyau surgi de la Grande Bleue... À découvrir ou à redécouvrir sans modération !

CORAILLEUR : UN MÉTIER À RISQUES

En Corse, le corail rouge est synonyme de protection : en pendentif, il protège du mauvais œil les nourrissons. Mais le métier de ces plongeurs particuliers que sont les corailleurs est difficile : l'or rouge de Méditerranée se raréfie, et il faut descendre toujours plus bas pour en trouver, avec le risque d'accident de plongée. Les corailleurs ne sont d'ailleurs plus qu'une dizaine...

– ***Avertissement :*** les côtes françaises de la Méditerranée sont aujourd'hui colonisées par la *Caulerpa taxifolia* – algue mutante d'origine tropicale – introduite accidentellement voilà plus de 15 ans. Si la Corse est encore épargnée, il faut savoir que l'algue peut être transportée involontairement vers des zones encore saines, simplement par les ancres des bateaux, et même par les sacs et équipements de plongée, qu'il convient de vérifier avant toute nouvelle immersion. Si vous la rencontrez en Corse, contactez le *Laboratoire Environnement marin littoral* de l'université de Nice-Sophia-Antipolis *(☎ 04-92-07-68-46).*

– ***La météo :*** le beau temps améliore la qualité de la plongée. Période idéale : entre juin et septembre, avec des températures très confortables de 18 à 25 °C en surface (au fond, l'eau est plus froide). Attention, le vent peut compromettre la plongée sur les côtes nord et sud – très exposées – de l'île. Quand le *libecciu* (vent du sud-ouest) souffle sur le littoral ouest, pas mal de belles plongées abritées restent quand même accessibles.

■ ***Répondeur Météo France :*** *☎ 0899-71-02-20 (1,35 € l'appel, puis 0,34 €/mn).*

– ***La profondeur :*** un handicap, car très rapidement importante. Malgré tout, la grande majorité des épaves – assez près de la côte – restent facilement accessibles. Et l'exploration des roches permet très souvent de se maintenir à petites profondeurs (ce n'est pas une raison pour faire n'importe quoi !).

– ***La visibilité :*** excellente et légendaire ! 25 m en moyenne. À certaines périodes, elle peut atteindre 30 à 40 m ! Sachez que cette eau cristalline peut se troubler sur les épaves.

– ***Les courants :*** ils sont bien localisés (caps, pointes), mais peuvent être violents et conduire à l'annulation de la plongée. Danger !

– ***La vie sous-marine :*** particulièrement riche et largement préservée de la pollution. On peut même, avec un peu de chance, apercevoir dauphins et baleines en se rendant sur les spots. Certaines espèces affichent une présence systématique : posidonies, gorgones, anémones, éponges, mérous, girelles, murènes, sars, castagnoles, saupes, loups, rascasses, corbs, dentis...

– ***Règle d'or :*** respectez cet environnement fragile. Ne cueillez surtout pas le très précieux corail rouge pour l'offrir à Madame ! Ne nourrissez pas les poissons, même si vous trouvez cela spectaculaire. Outre les raisons écologiques évidentes, certains « bestiaux » – trop habitués – risqueraient de se retourner contre vous (imaginez donc un bisou de murène !). Enfin, ne prélevez rien, et attention où vous mettez vos palmes !

– ***Derniers conseils :*** en plongée, restez absolument en contact visuel avec vos équipiers (ici, c'est plutôt facile !). Attention aux filets abandonnés sur les roches ou les épaves. Sachez enfin qu'en cas de pépin (il faut bien en parler !), votre bateau de plongée dispose d'oxygène (c'est obligatoire !) et qu'il existe un caisson de décompression au *centre hospitalier d'Ajaccio (27, av. de l'Impératrice-Eugénie ; ☎ 04-95-29-90-90).* Enfin, on le répète, n'enchaînez jamais dans la même journée plongée et escapade en altitude (qu'il s'agisse du simple passage d'un col en montagne ou, bien évidemment, d'un voyage en avion) ; laissez s'écouler au moins 12h entre les deux.

Quelques lectures

– ***La Corse sous-marine,*** par Georges Antoni (D.C.L.).
– ***50 Épaves en Corse,*** par Anne et Jean-Pierre Joncheray (Gap).
– ***Découvrir la Méditerranée,*** par Steven Weinberg (Nathan).
– ***Code Vagnon, Plongée niveau 1, 2, 3,*** par Denis Jeant (éditions du Plaisancier).
– ***Plongée Plaisir, niveau 2,*** par Alain Foret (Gap).
– ***La Plongée expliquée aux enfants,*** par Caroline Hardy (Amphora).
– En kiosque, le magazine **Plongeurs International.** • *plongeursinternational.com* •

Voyagiste spécialiste de la plongée en Corse

■ ***Voyageurs du Monde – Plongée :*** *55, rue Sainte-Anne, 75002 Paris. ☎ 0892-23-56-56 (0,34 €/mn).*

RANDONNÉES ET ACTIVITÉS DE PLEIN AIR

Avertissement

Randonneurs, attention ! Nous vous mettons en garde contre les dangers de la randonnée en Corse. Outre le fait que le GR 20 est l'un des sentiers de grande randonnée les plus éprouvants qui soient (les sentiers de pays seront davantage à la portée des marcheurs non confirmés) et que les rigueurs du climat (canicule ou violents orages subits) peuvent causer des problèmes, évitez absolument de quitter les sentiers balisés. Cela vaut également pour les Mare a Mare et les Mare e Monti. En effet, on déplore chaque année des accidents, parfois mortels, dus à cette imprudence. L'entorse tourne vite au drame lorsqu'on se trouve isolé dans le maquis... Pensez-y.

Le parc naturel régional

Le *parc naturel régional de Corse* a été créé en 1972, et trois missions principales lui sont assignées : la préservation du patrimoine naturel, la revitalisation de la Corse intérieure grâce au tourisme de pleine nature (1 500 km d'itinéraires pédestres, avec gîtes d'étape ou refuges), l'information et la sensibilisation du public au milieu naturel et culturel insulaire.
Il recouvre aujourd'hui plus du tiers de l'île, avec une superficie de 350 500 ha, et regroupe 145 communes sur les départements de Haute-Corse et de Corse-du-Sud. Il englobe notamment le golfe de Porto et la réserve naturelle de Scandola, façade maritime classée au Patrimoine mondial de l'humanité par l'Unesco, ainsi que les hauts massifs : la « Grande Barrière » s'étire du monte Cinto, au nord-ouest, aux aiguilles de Bavella, au sud-est. Une merveille pour les visiteurs et une

chance pour de nombreuses espèces menacées (mouflons, cerfs corses, aigles royaux, gypaètes...).
Le très fameux GR 20 le traverse de part en part. Attention aux changements brutaux de conditions climatiques. **Il y a danger de mort.** ***Répondeur Météo France :*** *☎ 0899-71-02-20 (1,35 € l'appel, puis 0,34 €/mn).* ***Autre numéro utile :*** *☎ 112 (secours depuis un portable).* L'équipe du parc a mis en place de nombreux itinéraires de marche locaux (voir carte), traversées de mer à mer (Mare a Mare), sentiers (Mare e Monti), ainsi que des sentiers à thème. Chacun d'eux sera traité en lieu et place. Les gîtes qui s'inscrivent dans le cadre de ces randonnées sont aujourd'hui plus confortables.

■ Pour plus de détails concernant le parc, les sentiers et les gîtes, contactez le ***service infos du parc*** *(☎ 04-95-51-79-00), à* ***Ajaccio.*** Et pour préparer votre séjour, consultez le « randoblog » du parc ● *randoblogpnrc.blogspot.com* ● Des topoguides de ces randonnées sont en vente. Il en existe une dizaine, sans parler des livres consacrés à la flore, la faune ou à l'architecture...

Le GR 20

C'est un mythe et un sacré morceau, réservé aux randonneurs confirmés : 200 km entre *Calenzana* (à 12 km de Calvi) et *Conca* (à 22 km de Porto-Vecchio). À voir en cours de route, outre les paysages de rêve : alpages, bergeries, mouflons, chèvres, cabris... et plusieurs espèces de chauves-souris ! Les bons marcheurs peuvent le faire en 12 à 13 jours, mais prévoir 16 jours est plus raisonnable. Les mauvais marcheurs feraient mieux de rester sur la plage. C'est du sport ! Le slogan de la FFRP (Fédération française de randonnée pédestre), « 1 jour de sentier = 8 jours de santé », c'est bien beau, encore faut-il arriver entier !
Équipements « pro » indispensables (bonnes chaussures, vêtements chauds et légers, des protections contre le soleil et la pluie, de l'eau, des aliments pour 2 à 3 jours – à renouveler à chaque possibilité, les refuges ont un peu de ravitaillement). Être en bonne forme physique, ne pas se lancer seul dans l'aventure, ne pas quitter le sentier (balisé en rouge et blanc, les balises orange sont celles des sentiers intervillages dont on croise les chemins à diverses reprises). Bien entendu, ne pas jeter de détritus. Seulement 50 % des randonneurs qui l'empruntent font le GR 20 en entier ! La partie nord est la plus dure, avec des passages à plus de 2 000 m d'altitude. Préférez le sens sud-nord si vous partez relativement tôt en saison, cela laissera un peu plus de temps aux neiges des sommets de Haute-Corse pour fondre.
À noter qu'un nouveau refuge a été construit à Matalza, entre ceux d'Asinao et d'Usciolu, afin de scinder une étape jugée trop longue. En conséquence, le tracé du GR 20 a été légèrement modifié, ce qui n'a pas été sans susciter des réactions... parfois même violentes !
En dehors de l'été, le GR devrait être réservé aux spécialistes de la montagne. Danger ! Notons aussi qu'il se fait à skis sur l'Alta Strada, sa version hivernale (voir le topoguide *La Haute Route à ski,* édité par le parc naturel régional).
Début juillet, la neige peut encore être présente dans les montées, sur les névés orientés nord. C'est une difficulté et un danger supplémentaires. Du 15 juillet au 1er septembre, le GR est très fréquenté et les refuges sont souvent complets (depuis peu, le parc a mis en place un système de réservation, avec vente en ligne sur le site ● *parc-corse.org* ●). Signalons aussi que les refuges, ouverts toute l'année, ne sont gardés que de juin à octobre : il vous faut donc emporter du matériel de camping. Le camping sauvage est interdit (mais le bivouac est autorisé autour des refuges). Les chiens ne sont pas admis dans les refuges, ni sur le parcours (problème de cohabitation avec les animaux en liberté). Ceux qui n'ont pas assez de temps (ou de courage) peuvent diminuer les trajets en attaquant le GR 20 par tronçons, avec une partie en car (correspondances dans certains des

villages traversés). Ne vous prenez pas pour Jean-François Luciani ou Pierrot Santucci qui, à l'issue d'une préparation intense, sont capables de parcourir le GR 20 en 37h environ (le record masculin est actuellement détenu par l'Espagnol Kilian Jornet Burgalat en 32h, 54 mn et 24 s... Quant au record féminin, il a été établi en juin 2012 par la Française Émilie Lecomte (41h, 22 mn et 10 s !).
Pensez à vous équiper en cartes (IGN, série Top 25, ou Globe Rando, moins précise mais centrée sur le GR 20). Le parc a aussi publié, aux éditions Albiana, plusieurs ouvrages, dont *Le Grand Chemin* et, aux éditions FFRP/PNRC, *À travers la montagne corse* (éd. 2005).
Enfin, dernier conseil : si vous voulez éviter la foule (le GR 20 est très fréquenté, surtout l'été), essayez de partir en milieu de semaine. En effet, la majorité des randonneurs commencent le parcours le samedi, le dimanche ou le lundi ; en partant 2 ou 3 jours plus tôt (ou plus tard), on est plus tranquille.

➢ Pour atteindre ***Calenzana,*** 2 bus/j. de Calvi début juil-début sept, à 14h30 et à 19h30 *(Transports **Corsicar-Beaux Voyages,** ☎ 04-95-65-11-35).* Le reste de l'année, les lun, mar, jeu et ven en période scolaire, 1 départ dans l'ap-m (15h40).
➢ Pour ***Conca,*** rejoindre Santa-Lucia-di-Porto-Vecchio en bus en venant de Bastia ou de Porto-Vecchio. Là, navette pour Conca *(☎ 04-95-71-46-55),* mais on peut aussi y aller à pied (6 km).

■ Rappelons les ***Services infos du parc.*** *Tte l'année, à **Ajaccio** : ☎ 04-95-51-79-00. À **Moltifao** : ☎ 04-95-47-85-03 ; à **Calenzana** (à côté du gîte d'étape, mai-sept) : ☎ 04-95-62-87-78. Également à **Conca,** tte l'année (☎ 04-95-27-03-36). Enfin, le dernier point info a ouvert à **Rezza** et à **Cozzano** : ☎ 04-95-24-49-16 ;* ● *parc-corse.org* ●

Sentiers Mare a Mare

Balisés en orange, ces itinéraires permettent de traverser la Corse d'ouest en est, de « mer à mer ». Ce sont des itinéraires de moyenne montagne, évidemment moins difficiles que le GR 20. Les parcours sont tous très beaux, traversant des régions variées comme tout. En revanche, question hébergement, le confort pèche parfois, surtout pour le Mare a Mare Nord.
➢ ***Le Mare a Mare Nord*** relie *Moriani* à *Cargèse,* via Corte, en 7 ou 10 jours. On en parle de façon détaillée dans les parties consacrées à Moriani et à Corte, mais c'est certainement le parcours où le paysage change le plus souvent : le randonneur y passe de la Castagniccia schisteuse au Niolo, un pays de montagnes où la Corse a réuni ses plus célèbres sommets (monte Cinto, Paglia Orba, capu Tafunatu...), sans oublier enfin les gorges du Tavignano, les hauteurs de Porto et le panorama final sur la presqu'île d'Omigna, paysages emblématiques de la Corse granitique et colorée.
➢ ***Le Mare a Mare Centre*** chemine, lui, de *Ghisonaccia* à *Porticcio,* tout près d'Ajaccio, en 7 jours. On vous suggère les lieux d'étape dans la partie « Ghisonaccia », mais retenez qu'il s'agit là du parcours traversant les régions parmi les moins visitées de Corse. Pourtant, le Fium'Orbu et le Taravo plairont sûrement aux amateurs de nature sauvage : châtaigneraies, yeuseraies, pinèdes d'altitude ou maquis arborescent, le couvert végétal est dans ces régions un privilège généreux et général. Les villages sont aussi sympathiques, nichant leurs maisons et leurs murs de granit dans les rares éclaircies que libère cette jungle de verdure.
➢ ***Le Mare a Mare Sud*** relie, quant à lui, *Porto-Vecchio* à *Propriano* en 5 ou 6 jours. Un itinéraire qui traverse l'une de nos régions préférées, l'Alta Rocca. Un petit regret, ce chemin effleure le massif de Bavella et la montagne de Cagna, authentiques merveilles des montagnes de Corse, sans leur rendre la visite qu'ils mériteraient. Alors, s'il vous reste 1 ou 2 journées à employer, vous savez où aller...

Sentiers Mare e Monti

Balisés en orange eux aussi.

➢ Le plus long, le plus ancien et le plus célèbre ***Mare e Monti*** part de *Calenzana* et se termine à *Cargèse*. Les étapes sont superbes : pour le plus beau site visité, on hésite entre la baie de Girolata, le sommet du San Petru (étape Serriera Ota) et son belvédère fantastique sur tout le golfe de Porto, ou le défilé de la Spelunca avec son mignon pont génois de Zaglia.

➢ L'autre, ***Mare e Monti Sud,*** va de *Porticcio* à *Propriano* en une petite semaine (étapes à Bisinao, Coti-Chiavari, Porto-Pollo, Olmeto et Burgo). On y constatera avec stupéfaction combien la solitude sait, en Corse, être proche des stations balnéaires les plus tapageuses, et qu'il subsiste dans ces parages quelques immensités de sable blanc encore peu fréquentées (par exemple, la baie de Cupabia, non loin de Porto-Pollo). Attention, ce sentier est situé hors parc et l'hébergement s'y fait principalement en hôtel.

Quelques infos et conseils pour les sentiers Mare a Mare et Mare e Monti

– Budget : compter de 38 à 45 €, voire un peu plus dans certains cas, pour une nuitée dans un gîte en demi-pension (dîner, nuit et petit déj), 15 à 25 € pour la nuit en dortoir et 5 à 8 € pour le petit déj. Demi-pension la plupart du temps imposée, cela dit, car il n'y a pas de cuisine dans les gîtes. Certains gîtes préparent sur demande des paniers pour votre étape du lendemain (compter 8 à 12 € ; formule d'autant plus intéressante que certaines étapes ne vous font traverser aucun village).

– Tous ces sentiers de randonnée ne sont pas praticables toute l'année, essentiellement à cause de la neige. Renseignez-vous auprès du parc régional de Corse (voir coordonnées plus haut).

– Idéalement, réservez vos places dans tous les gîtes du circuit avant votre départ ; inutile de prendre le risque de ne pas avoir de lit. D'autant que si certains gîtes sont ouverts toute l'année, ce n'est pas le cas pour tous (la plupart ouvrent d'avril à fin octobre).

– Levez-vous tôt pour éviter d'être incommodé par la chaleur quand vous marchez. Soyez tout aussi prudent hors saison, mais pour une autre raison : c'est que la nuit tombe plus tôt. Ça semble évident, mais on a vu des randonneurs se faire rattraper par la nuit.

– On a préféré n'emporter qu'un sac à viande plutôt que de trimbaler notre bon vieux sac de couchage (là, on ne s'adresse pas à ceux qui vont passer quelques nuits sous la tente). En plein été, ça tombe sous le sens, mais aucun problème hors saison non plus. Il y a des couvertures partout. Bien vérifier que les gîtes sont ouverts, sinon...

– Pour ce qui est de l'eau, ne négligez pas d'emporter plusieurs litres par personne, surtout pour les étapes pour lesquelles vous ne traversez aucun village. Idéalement, on trouve aujourd'hui des poches à eau isothermes que l'on glisse dans son sac à dos. Elles sont munies d'un tuyau avec tétine, que l'on accroche à portée de main. (Astuce : emportez un citron avec vous, que vous presserez dans la poche chaque matin avant de partir. On n'a rien trouvé de mieux pour éliminer le petit arrière-goût de plastique persistant.)

– Côté vestimentaire, vous pouvez prévoir un pantalon qui se transforme en short en deux coups de fermeture Éclair. On n'a pas trouvé plus pratique, d'autant que, rarement en coton pur, il sèche vite si vous êtes trempé ou si vous le lavez (à ce propos, il existe de petits tubes de lessive). Avoir une cape de pluie (certaines sous forme de poncho) qui protège aussi votre sac à dos.

– Aux pieds, mettez de vraies chaussures de randonnée, ce qui vous évitera bien des désagréments. Mais ça ne vous dispense pas d'être prudent : mieux vaut emporter des pansements « double peau », du fil et une aiguille, et éventuellement une crème pour masser les muscles après l'effort.

– Ne vous laissez pas suivre par des chiens d'une étape à l'autre, ils seraient mal accueillis dans les gîtes, et c'est souvent un vrai casse-tête de retrouver le propriétaire.

Le sentier de la Transhumance

Un sentier sportif, qui se parcourt en 6 jours. Le sentier emprunte le Mare e Monti, de Calenzana au gîte de Tuarelli. Là, il continue en suivant le Fango, vers Manso. Montée assez rude vers le col de Capronale (1 329 m). C'est l'ancienne voie de passage pour aller de Galéria au Niolo, appelée le « chemin des Élections » car, raconte-t-on, autrefois, le jour d'une consultation électorale, on votait deux fois, le matin à Manso et l'après-midi dans le Niolo ! Ensuite, descente au refuge de Puscaghja, réhabilité, puis passage du col de Guagnerola, descente du vallon de Tulla, et on rejoint la vallée du Niolo et le sentier de la Scala Regina. Ce sentier a été réhabilité à l'identique par le parc-sentier thématique sur le thème de la transhumance.

Sentiers de pays

Ce sont des balades de moyenne montagne, allant de village en village et balisées le plus souvent en orange. Des itinéraires sans obstacle technique particulier, à la journée (de 2 à 5h) et accessibles en famille.
Depuis quelques années, ces réseaux ont poussé comme des champignons. Le parc régional avait commencé avec sept réalisations différentes : *Alta Rocca* (à proximité de Zonza et de Levie dans le Sud, au cœur de l'amphithéâtre boisé où coulent le Rizzanese et ses nombreux affluents), *Bozio* (microrégion quasi désertifiée, coincée entre Castagniccia et Corte), *Fium'Orbu* (une région de villages - nids d'aigle dominant Ghisonaccia), *Niolo* (la région la plus montagneuse de Corse, entre le monte Cinto et le lac de Nino), *Taravo* (vallée qui descend du col de Verde à Porto-Pollo), *Venacais* (région de Venaco, située au centre de la Corse entre Corte et le col de Vizzavona) et, enfin, *Giussani* (en haute Balagne, un îlot de verdure bordant trois villages du bout du monde plus leur chef-lieu, Olmi-Cappella).
Depuis, d'autres initiatives ont suivi : *Castagniccia* (pays du châtaignier et des toits en lauzes), *vallée du Liamone* (entre Vico et le lac de Creno), *Cap Corse, haute vallée de la Gravona.* Bref, il y en a maintenant presque partout ! N'hésitez donc pas à vous promener sur ces sentiers ancestraux, agréables même en été (à condition de choisir son heure) et... peu fréquentés (décevant lorsque l'on connaît le coût de leur réhabilitation).

Via ferrata

Qu'est-ce donc ? L'histoire commence dans les Dolomites italiennes en 1914, des parois rocheuses ayant été aménagées pour faciliter l'avancée des militaires. Il s'agit donc d'itinéraires rocheux sécurisés par un câble et, dans les passages raides, de marches métalliques. Ainsi des parois réservées aux alpinistes chevronnés deviennent accessibles, peut-être pas à tous mais à un plus large public. En Corse, la première, *Dia Manicella,* a été aménagée dans la vallée d'Asco, à Moltifao. Longue de 350 m, de niveau difficile, on peut la faire libre ou accompagné. Une deuxième via ferrata a été aménagée dans le Fium'Orbu à Chisa (*U Calanconi*, arrière-pays de Solenzara), une troisième dans les environs de Bavella *(Tafunatu di Paliri)* et une quatrième *(Buccarona)* entre Solenzara et Bavella. La cinquième a vu le jour en 2004 à côté de Tolla (vallée du Prunelli). Enfin, celle de *Peri* demande à passer par le sommet du *monte Falcunaccia.* Une bonne formule pour s'initier aux frissons de l'escalade.

Randonnées pédestres accompagnées

Plusieurs associations ou sociétés proposent ce type de découvertes. Prix variables selon la saison. Les mêmes organisent généralement d'autres activités (canyoning, par exemple).

■ ***Couleur Corse :*** *6, bd Fred-Scamaroni, 20000* ***Ajaccio.*** *☎ 04-95-10-52-83.* • *couleur-corse.com* • Lætitia et son équipe dynamique proposent des séjours «nature» fort bien organisés. Rando (par exemple, le GR 20 complet ou allégé), trekking, canyoning (canyon de Zoicu, près de Soccia), escalade (à la journée). De bonnes prestations, vraiment.

■ ***Association sportive du Niolu :*** *route de Cuccia, 20224* ***Calacuccia.*** *☎ 04-95-48-05-22.* • *hautemontagne-corse.com* • Propose randonnées pédestres, escalade, canyoning, VTT, etc. Nombreuses prestations de la rando à la journée au « raid » GR 20.

■ ***A Montagnola :*** *20122* ***Quenza.*** *☎ 04-95-78-65-19.* • *a-montagnola.com* • Membre du réseau Vagabondages. Le GR 20, le sentier Mare e Monti, l'Alta Rocca... Différentes formules (randos liberté ou randos accompagnées).

■ ***Alti Piani :*** *2, pl. Paoli, 20250* ***Corte.*** *☎ 09-60-37-08-42. 📱 06-86-16-67-91.* • *altipiani-corse.com* • Randos accompagnées (individuels et groupes), canyoning et escalade.

■ ***Corse Odyssée :*** *20122* ***Quenza.*** *☎ 04-95-78-64-05. Fax : 04-95-78-61-91.* • *gite-corse-odyssee.com* • Canyoning, randonnées pédestres ou aquatiques dans l'Alta Rocca.

■ ***Christophe Pigeault :*** *quartier Insorito, 20170* ***Levie.*** *☎ 04-95-78-58-25. 📱 06-20-61-76-81.* • *aqa-canyon.com* • Accompagnateur en moyenne montagne, spécialisé dans le canyoning.

■ ***In Terra Corsa :*** *route de Calvi, BP 39, 20218* ***Ponte-Leccia.*** *☎ 04-95-47-69-48.* • *interracorsa.fr* • Propose rando, canyoning, via ferrata, tyrotrekking et escalade dans la vallée de l'Asco surtout, mais pas seulement.

■ ***Objectif Nature :*** *3, rue Notre-Dame-de-Lourdes, 20200* ***Bastia.*** *☎ 04-95-32-54-34.* • *objectif-naturecorse.com* • Randos accompagnées sur le GR 20, dans les Agriate. Propose aussi l'ascension (avec guide accompagnateur) du monte Cinto, point culminant de l'île. Compter 2 jours et 1 nuit sans sac.

■ ***Vallecime :*** *Poggio, 20212* ***Sant'Andrea-di-Bozio*** *(dans le Bozio à l'est de Corte). ☎ 04-95-48-69-33.* • *vallecime.com* • Une jeune société qui propose randonnées sportives ou plus relax, avec haltes gastronomiques. Séjour à la carte ou package. Hébergement possible dans 2 maisons d'hôtes gérées par *Vallecime* (dans le Bozio et le Niolo). Prise en charge dès votre arrivée en Corse.

■ ***Corsica Natura :*** *quartier Moraschi, 20136 Bocognano. ☎ 04-95-10-83-16.* • *corsicanatura.fr* • *corsicanatura-activites.fr* • Canyoning, randos (de la rando sur 2 ou 3 jours au GR 20), parc aventure (au col de Vizzavona) et un parcours de *via cordata* (le seul en Corse) sur le site du Voile de la Mariée, à côté de Bocognano. Propose également de la spéléologie.

■ ***Cors' Aventure :*** *Corri Bianchi (route de Sartène), 20117* ***Eccica-Suarella.*** *☎ 04-95-25-91-19.* • *corse-aventure.com* • *Cors' Aventure* propose des activités pleine nature : kayak de mer, canyoning, rafting ou VTT. Du sérieux.

Courses et trails

Même si cela n'a rien à voir avec la rando, signalons tout de même, pour les mordus d'efforts physiques à grande vitesse, que la Corse est devenue l'un des endroits en France où sont organisées le plus de courses pédestres de montagne. Près d'une quarantaine chaque année, dont l'*Oriente* (• *santamariaccia.com* •), le *Trail Napoléon* (• *corsica-run.com* •), entre Ajaccio et le bout de la route des Sanguinaires, le Restonica Trail *(33 et 68 km, sans parler de l'Ultra trail de 105 km ;*

• *restonicatrail.fr* •) ou le *Trail Via Romana* (• *trail-viaromana.com* •) dans le Bozio ou en Castagniccia (3 courses de 21, 40 et 62 km) ou encore, en hiver, le *Trail Blanc* (en janvier dans la vallée de la Restonica). Il ne faudrait pas oublier le *Corsica Raid,* qui voit s'enchaîner, sur 5 jours, des épreuves épuisantes comme le VTT, la course en montagne (diurne ou nocturne), la course d'orientation, le canyoning, le parcours de cordes et on en oublie, comme le *coastering* (comprendre la course à pied sur la plage)... Cette compétition s'adresse à des équipes et se déroule, en 2015, du 6 au 10 juin. *Pour tt rens, consulter* • *corsicaraid.com* •

SANTÉ

Aucun vaccin particulier n'est nécessaire. Pas de vipères. Enfin, comme ailleurs, les MST sévissent : faut-il rappeler que le préservatif est le seul moyen d'éviter le virus HIV (sida) ?
En 2014, des cas de bilharziose ont été recensés suite à des baignades dans le Cavu (en Corse-du-Sud, sur les communes de Zonza et Vonca).

SITES INTERNET

Quelques sites à consulter chez soi avant son départ :
• ***routard.com*** • Tout pour préparer votre périple. Des fiches pratiques sur plus de 180 destinations, de nombreuses informations et des services : photos, cartes, météo, dossiers, agenda, itinéraires, billets d'avion, réservation d'hôtels, location de voitures, visas... Et aussi un espace communautaire pour échanger ses bons plans, partager ses photos ou trouver son compagnon de voyage. Sans oublier *Routard mag,* ses reportages, ses carnets de route et ses infos pour bien voyager. La boîte à outils indispensable du routard.
• ***visit-corsica.com*** • Le site de l'agence de tourisme de la Corse.
• ***outil-culturel.corse.fr*** • Site de la collectivité territoriale de Corse, avec, entre autres, l'agenda des manifestations culturelles.
• ***adecec.net*** • Site de l'association culturelle basée à Cervione (voir, pour l'explication du sigle, le texte consacré au musée dans ce village). Pour entrer de plain-pied dans une culture corse bien vivante.
• ***parc-corse.org*** • Site institutionnel très riche (et encore enrichi, depuis peu, par un « randoblog »).
• ***pointeducapcorse.org*** • Site consacré au nord de « l'île dans l'île », par des amoureux de la nature. Journal du cap Corse à télécharger.
• ***corsemusique.com*** • Le portail pour la musique en Corse, les manifestations et les personnalités (avec un annuaire des groupes corses). Également intéressants, les sites • ***cguelfucci.free.fr*** • et • ***nostrecanzone.free.fr*** •
• ***corsematin.com*** • Le site du journal régional pour suivre l'actu en ligne. Autre source d'infos : • ***corsenetinfos.fr*** •
• ***gustidicorsica.com*** • Pour tout connaître des producteurs et artisans membres du réseau « La Route des sens authentiques », mis en place par l'Office du développement agricole de Corse.
• ***casgiucasanu.fr*** • Un site qui fait la promo du *casgiu* (fromage) corse sous toutes ses formes, à condition qu'il soit fermier. Il ne manque que l'odeur.
• ***vinsdecorse.com*** • Un site créé par Christian Imbert, à l'origine du domaine de Torracia, au nord de Porto-Vecchio. Bonne présentation du patrimoine viticole corse.
• ***oursjeancaporossi.perso.neuf.fr*** • Pour les passionnés d'histoire. C'est un répertoire de tous les personnages qui ont compté dans l'histoire de l'île. Une somme d'érudition.

• *corsica-isula.com* • Un site en anglais qui propose, entre autres, un impressionnant répertoire de sites corses.
• *liguecorsedevoile.org* • Le site très complet de la ligue régionale. La Corse, en effet, ce n'est pas que la rando et la plongée, c'est aussi de nombreux clubs de voile pour s'éclater sur la grande bleue.
Et d'autres sites « généralistes » comme • *corsica-guide.com* •, le portail • *corsicamania.com* • ou les annuaires • *allerencorse.com* • *best-of-corse.com* • ou encore • *villagecorse.com* •

TOUR DE CORSE DU *ROUTARD*

À pied ou à cheval, à bicyclette ou à moto, en automobile ou à dos d'âne, la Corse se déguste lentement, au rythme voluptueux du maquis et de ses senteurs enivrantes. Bref, ce n'est pas une île pour touristes pressés ni pour voyageurs du style « y'a-pas-de-steak-frites-chez-vous ? ». Bon, notre tour de Corse à nous commence à Bastia (une méconnue à découvrir), passe par le cap Corse (une merveille !), Saint-Florent et le Nebbio, traverse les Agriate et continue ainsi jusqu'à Ajaccio, Bonifacio, Porto-Vecchio... Un conseil : surtout ne pas se cantonner au littoral, même en été, car l'intérieur est d'une beauté époustouflante et on y trouve plus d'espace que sur les plages (souvent noires de monde). C'est là, dans ce « noyau dur » de la Corse, que l'on a fait nos plus étonnantes découvertes, rencontré des gens hospitaliers et attachants, admiré une kyrielle de villages perchés. Autre avantage très agréable de l'altitude : il y fait bon, la température y étant moins élevée qu'en bord de mer. En plein mois d'août, les montagnes corses sont des refuges de douceur. Et les prix y sont plus abordables !
Quinze jours, c'est un minimum pour faire le tour de l'île. En un mois, on a le temps de traîner dans des coins perdus de l'intérieur...

TRANSPORTS INTÉRIEURS

Auto-stop

Ici comme ailleurs, ça ne fonctionne pas trop mal (en été surtout, avec les Allemands et les Italiens).

Moto

De nombreux routards découvrent la Corse à moto. La prudence est de rigueur (voir plus loin nos conseils « Voiture », ils valent aussi pour la moto).

Bus et autocar

Le littoral est desservi, certes, mais les fréquences sont faibles et ce n'est vraiment pas pratique, notamment pour la liaison Calvi-Ajaccio. Quant à l'intérieur des terres, les communications ne sont pas formidables. Pas facile, donc, pour les campeurs, les campings étant souvent éloignés du littoral et des arrêts de bus. Il faut cependant noter que le car reste (après le stop) le moyen de transport le plus économique (bien que les billets soient relativement chers), et que le confort des cars s'améliore chaque année. Pour s'informer, un excellent site : • *corsicabus.org* •
Quelques exemples de prix (2014) :
– Ajaccio-Bastia : 19 à 21 €.
– Ajaccio-Bonifacio : 22 €.
– Ajaccio/Porto-Vecchio : 22 €.

– Ajaccio-Zonza : 15,25 à 16,50 €.
– Ajaccio-Porto : 11 €.
– Ajaccio-Corte : 12 €.
– Bastia/Porto-Vecchio : 22 €.
– Bastia-Calvi : 16 €.
– Bastia-Corte : 11,50 €.
– Bastia-Macinaggio : 8 €.
– Porto-Calvi : 16 €.
– Corte – col de Vergio : 20 €.
– Bonifacio/Porto-Vecchio : 8 €.

Pas de réductions (sauf pour les jeunes enfants), et prévoir un supplément pour les bagages (en général, 1 € par bagage et souvent 8 € pour un vélo).
Voici les principales compagnies :

■ ***Eurocorse Voyages :*** *BP 47 20146* ***Sotta.*** *☎ 04-95-71-24-04. • euro corse.com •*
■ ***S.A.S.A.I.B. / Ceccaldi Voyages :*** *20000* ***Ajaccio.*** *☎ 04-95-22-41-99.*
■ ***Corsicar – Beaux Voyages :*** *20260* ***Calvi.*** *☎ 04-95-65-11-35. • corsicar.com •*
■ ***Les Rapides Bleus :*** *1, av. Maréchal-Sebastiani, 20200* ***Bastia.*** *☎ 04-95-20-20-20. • rapides-bleus. com •*
■ ***Alta Rocca Voyages :*** *20112 Sainte-Lucie-de-Tallano. ☎ 04-95-78-86-30. • altarocca-voyages.com •*

Pour le détail des liaisons, voir « Arriver – Quitter » en début de rubrique de chaque ville. Bien garder à l'esprit que les fréquences et horaires donnés correspondent à la situation existant en 2014 : des changements peuvent toujours se produire après le bouclage du guide. En règle générale, les cars s'arrêtent dans tous les villages situés sur le parcours.

Train

Les lignes Ajaccio-Bastia via Corte et Ajaccio-Calvi (changement à Ponte-Leccia) sont le nec plus ultra des voyages ferroviaires. Elles traversent des paysages grandioses. À ne pas louper ! Pour le trajet Bastia-Ajaccio, on recommande de s'installer dans le sens de la marche et à droite du wagon, on profitera mieux de la vue (d'Ajaccio, c'est évidemment le contraire, on s'installera à gauche). Ne pas rater le passage du viaduc de Vecchio (entre Venaco et Vivario), construit par Gustave Eiffel, panorama superbe ! Il est préférable d'arriver en avance l'été, car les places sont prises d'assaut par les randonneurs (d'ailleurs, mieux vaut éviter la très haute saison si vous le pouvez).

Construite dans les années 1880 et 1890, la ligne est longue de 232 km et compte 98 ouvrages d'art et une trentaine de tunnels totalisant 14 km. Près de 1 million de voyageurs, dont la moitié de touristes, empruntaient le *trinighellu* (voir encadré) chaque année. Pour l'histoire de ce train, consulter • *train-corse. com* • De nouveaux autorails, AMG 800, sont entrés en service au printemps 2009... avant d'être retirés de la circulation un an plus tard. Des problèmes de freins, un défaut de conception entraînant une usure prématurée, quelques autres dysfonctionnements, et voilà des rames qui retournent chez le

LE TGV À LA MODE CORSE

Les Corses appelaient couramment leur vieille micheline trinighellu, *ce qui peut se traduire par « petit train ballottant, tremblotant ». Mais des esprits facétieux avaient également trouvé TGV, c'est-à-dire « Train à Grandes Vibrations » ! Le* trinighellu *avait fait valoir ses droits à la retraite, mais, le nouveau train mis en service en 2009 n'ayant pas donné satisfaction, les anciennes rames avaient – provisoirement – repris du service... Aujourd'hui, les nouvelles rames fonctionnent.*

DISTANCE EN KM / DISTANCE EN TEMPS	AJACCIO	BASTIA	BONIFACIO	CALVI	CORTE	PORTO	PORTO-VECCHIO	PROPRIANO	SAINT-FLORENT	SARTENE
AJACCIO		3h	3h	3h	1h40	1h30	3h30	1h40	3h	2h
BASTIA	153		3h30	2h	1h15	3h15	3h	4h30	35 mn	
BONIFACIO	140	170		4h	2h	4h	25 mn	1h30	4h15	1h45
CALVI	159	96	223		1h30	1h45	2h40	4h	1h	4h30
CORTE	83	70	148	96		2h	1h30	3h30	1h	3h30
PORTO	83	135	207	76	86		3h30	3h15	3h30	4h
PORTO-VECCHIO	131	143	27	217	121	215		2h15	3h30	2h
PROPRIANO	73	191	67	236	138	140	76		4h30	45 mn
SAINT-FLORENT	176	23	190	70	93	146	154	202		4h
SARTENE	86	178	54	249	141	153	63	13	189	

constructeur... Il faut dire que ces nouvelles rames, construites en France, étaient des prototypes... On a donc remis en service les bonnes vieilles rames mais, pendant l'été 2010, la ligne Ajaccio-Bastia a fonctionné à 50 % seulement de sa capacité. En 2011, rebelote, car les tests sur les nouveaux autorails n'étaient pas terminés. Toutefois, fin 2011, trois rames AMG, rectifiées sur le Continent (aux frais du constructeur !), étaient de retour sur l'île et enfin mises en service dans de bonnes conditions. Les dernières rames AMG n'ont été livrées qu'à l'automne 2012. Comme si cela ne suffisait pas, la Communauté territoriale de Corse a partiellement privatisé les lignes : la SNCF n'exploite plus les lignes, laissant la place à une SAEM (Société anonyme d'économie mixte)... La SNCF n'y participe plus qu'à hauteur de 15 %.
Pour donner une idée des prix, en 2014, un aller Ajaccio-Bastia (plein tarif) coûtait 24,70 €, un Bastia-Calvi 18,80 € et un Bastia-Corte 11,60 €. Ces prix correspondent aux tarifs en haute saison (juillet-août), ils sont 15 % (en principe) moins élevés le reste de l'année.
Notez qu'il est proposé 25 % de réduction (billet touristique) sur les trajets de 200 km minimum, à condition que l'aller-retour soit effectué dans la journée ou le lendemain. Intéressant quand on veut faire l'aller-retour Ajaccio-Bastia. Intéressante également, la carte *Zoom,* valable 7 jours consécutifs, qui permet de circuler sur tout le réseau pour 49 € (tarif 2014). *Rens : ☎ 04-95-32-80-57 (lun-jeu 8h30-12h, 13h30-17h ; ven 8h30-12h) ou 0800-000-080 (nº Vert). • cf-corse.fr • ter-sncf.com •*

Voiture

Vous devez vous en douter, la circulation est assez difficile en saison, surtout dans les villes les plus importantes et dans leur périphérie, et donc, trouver une place de parking devient parfois compliqué. Cependant, les continentaux qui habitent de grosses agglomérations, rompus aux embouteillages monstres et aux prunes, relativiseront largement ces problèmes.
À la campagne, en raison de l'étroitesse des routes et des nombreux virages (dangereux), ne comptez pas battre des records de vitesse en Corse. La moyenne se situe plus autour de 40 km/h que de 90 km/h, sauf entre Solenzara et Bastia, où les routes sont droites et faciles, ou sur la *Balanina.* D'ailleurs, en Corse, plutôt que de compter les trajets en kilomètres, on les estime en temps passé sur la route, selon la moyenne horaire escomptée.
Un conseil : le klaxon dans les virages. Ça paraît ringard, mais cette pratique peut éviter des rencontres du troisième type entre votre petite deux-portes-toit-ouvrant et des cars trop larges et pleins à craquer... Prudence accrue aussi à cause des animaux (vaches, cochons, chèvres) qui investissent souvent la chaussée.
Un petit conseil encore : laissez-vous doubler par les insulaires qui, eux, ne sont pas en vacances, mais se rendent au travail ou chez eux, et s'énervent derrière les touristes peu pressés. Il suffit de ralentir un peu et de mettre son clignotant sur la droite pour se laisser dépasser. Enfin, sachez qu'en général, le jeune Corse fougueux au volant tout l'hiver parce qu'il se croit seul sur la route (et qu'il l'est presque) ne modifie pas, malheureusement, sa conduite durant l'été. Ici, c'est un berger qui montait ses bêtes à la montagne qui a été tristement fauché, là, un couple de touristes... la liste est longue. La région est l'une de celles où la route tue le plus en France et les dernières statistiques ne font que confirmer cette tendance (attention en particulier à la RN 198, sur la côte est, où se produit un tiers des accidents mortels sur l'île). Prudence, prudence.
Ceux qui, au volant, sont mal à l'aise sur les routes de corniche penseront à faire leur tour de Corse dans le sens des aiguilles d'une montre.
– N'oubliez pas de vous munir d'une bonne ***carte routière.*** C'est toujours utile, en Corse comme ailleurs, mais ici, compte tenu des panneaux souvent bombés ou qui ne précisent pas les kilométrages, ça l'est encore plus. La Michelin nº 528 est parfaite (au 1/200 000), tout comme la R19 (IGN, au 1/250 000).

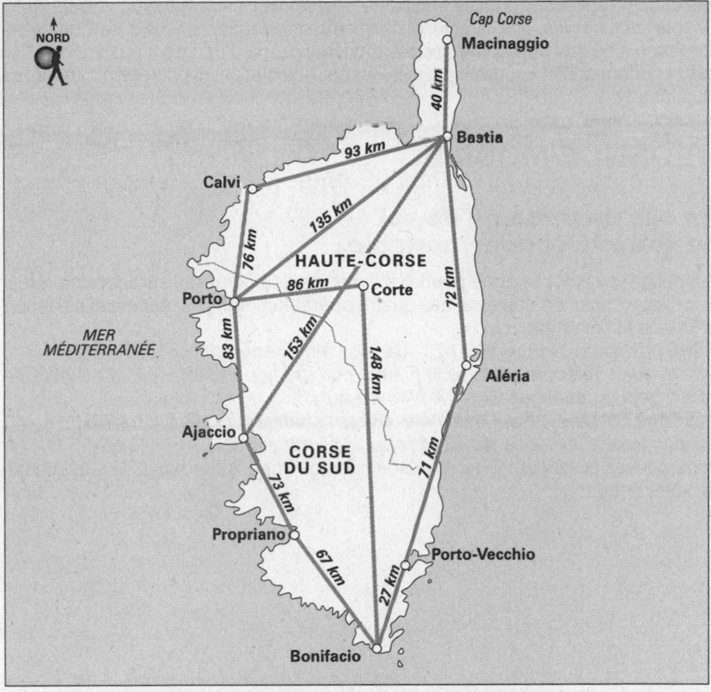

DISTANCES PAR LA ROUTE

■ ***Auto Escape :*** ☎ *0892-46-46-10 (0,34 €/mn).* ● *autoescape.com* ● *Vous trouverez également les services* d'Auto Escape *sur* ● *routard.com* ● Auto Escape *offre 5 % de remise sur la location de voiture aux lecteurs du* Routard *pour toute réservation par Internet avec le code de réduction « GDR15 ». Résa à l'avance conseillée.* L'agence *Auto Escape* réserve auprès des loueurs de véhicules de gros volumes d'affaires, ce qui garantit des tarifs très compétitifs.

■ ***BSP Auto :*** ☎ *01-43-46-20-74 (tlj 9h-21h30).* ● *bsp-auto.com* ● Les prix proposés sont attractifs et comprennent le kilométrage illimité et les assurances. *BSP Auto* vous propose exclusivement les grandes compagnies de location sur place, vous assurant un très bon niveau de services. Les plus : vous ne payez votre location que 5 jours avant le départ + réduction spéciale aux lecteurs de ce guide avec le code « routard ».

■ ***Budget :*** ● *budget.fr* ● Quatre agences dans l'île.

■ ***Hertz :*** ● *hertzcorse.com* ● Une petite dizaine d'agences dans l'île.

Camping-car

Aucune recommandation particulière pour la conduite, mais sachez, amis camping-caristes, que vous ne serez pas toujours très bien accueillis en Corse. Certaines communes interdisent le stationnement des camping-cars, l'eau est parfois difficile à trouver (même dans les stations-service) et, de temps en temps, une certaine animosité peut se manifester : invectives, caillassage du véhicule, etc. Oh, bien sûr, ce n'est pas la règle, et c'est même exceptionnel, mais les Corses ont tendance à ne pas trop apprécier ces touristes qui ne s'intègrent pas vraiment au tissu économique et voudraient s'installer où ils veulent, sans rien payer. Et qui, de plus, roulent à 20 km/h...

URGENCE MOBILE

En cas de perte ou de vol de votre téléphone portable

Suspendre aussitôt sa ligne permet d'éviter de douloureuses surprises au retour du voyage ! Voici les numéros des quatre opérateurs français, accessibles depuis la France et l'étranger :

– ***SFR :*** *depuis la France, ☎ 1023 ; depuis l'étranger, 📱 + 33-6-1000-1023.*
– ***Bouygues Télécom :*** *depuis la France comme depuis l'étranger, ☎ 0-800-29-1000 ; depuis l'étranger, ☎ + 33-1-46-10-86-86.*
– ***Orange :*** *depuis la France comme depuis l'étranger, 📱 + 33-6-07-62-64-64.*
– ***Free :*** *depuis la France, ☎ 3244 ; depuis l'étranger, ☎ + 33-1-78-56-95-60.*

Vous pouvez aussi demander la suspension de votre ligne depuis le site internet de votre opérateur.

HOMMES, CULTURE, ENVIRONNEMENT

« **Le soleil a tant fait l'amour à la mer
qu'ils ont fini
par enfanter la Corse.** »

A. de Saint-Exupéry, *Essais*.

Petit coup en plein plexus solaire, un souffle de *libecciu* dans les cheveux, un soleil pour lunettes noires, on se croirait dans un autre monde. Ça tombe bien, nous y sommes !

Un monde rempli de lieux pas communs du tout, un petit rocher balancé là dans un univers coupé en deux. En haut, le passé et ses souvenirs (vendetta, maquis, malheur et noir du deuil) ; en bas, la mer par tous les temps.

Les dieux de la Méditerranée auraient pu s'y installer en villégiature. C'est aussi le berceau d'une communauté humaine, les Corses, longtemps malmenée par l'Histoire. Un peuple de la Méditerranée qui a souffert des envahisseurs, des convoitises, de l'isolement. C'est peut-être pour cela que les Corses se montrent parfois un peu réservés à l'égard des touristes. Mais ne vous laissez pas aller aux clichés les plus éculés. Ces fils de bergers ont du cœur et du caractère. Ils ont l'esprit vif. Et ils ont le plaisir de la parole : l'éloquence. Mais à bas les généralités ! Le premier devoir du voyageur en Corse est de se faire des amis parmi les Corses.

Comme toutes les îles, immenses ou perdues, la Corse se mérite. Et il vous faudra du temps, une vraie curiosité et un authentique amour pour la percer à jour. Sachez qu'il lui faudra le même temps pour s'habituer à vous et vous faire passer de l'autre côté de la carte postale.

Fille de la « mère » Méditerranée, la Corse a su tirer bénéfice de toutes les influences du Bassin. « Métisse » mentale et culturelle – c'est bien sûr un compliment –, la Corse ne renie aucunement tous les emprunts qu'elle a faits. « Miracle », le mot n'est pas trop fort. Dure et tragique, secrète et sauvage, la Corse ne sera jamais seulement une région de plus sur la carte de la France. Rien qui soit rationnel ici : ni le relief, ni le climat, ni les passions, ni les maisons, ni, bien entendu, les Corses eux-mêmes.

Cela dit, toute tentative de description du paysage corse crée elle-même ses propres limites. Les plages y sont bien sûr paradisiaques, les criques ultra-secrètes et les montagnes (sans lesquelles cette mer ne serait ni aussi bleue, ni aussi belle, ni aussi troublante) « forcément » abruptes, accidentées, rudes et l'on en passe.

Cette île est grisante, enivrante : un mélange de rocaille et de volupté, d'austérité et de parfums d'île lointaine. Voilà un pays où les villages de l'intérieur semblent échapper à la loi de la pesanteur. Accrochées à la montagne, suspendues au-dessus du vide, isolées dans le maquis, les maisons de pierre et d'ardoise abritent autant de secrets de famille que de souvenirs de vendetta. Le maquis : c'est la Corse profonde ! Celle des cochons sauvages et des vaches en liberté, des fontaines au bord des routes, des longs hivers où l'on fabrique, loin du tohu-bohu de l'été, la coppa, le *figatellu* et la farine de

châtaigne. Arbousiers, lentisques, myrtes, lavandes et bien d'autres délices encore peuplent ce monde difficilement pénétrable. Mais cette mer verte a aussi ses démons : les incendies. C'est alors un voile noir de deuil qui couvre des hectares de terres ravagées par les flammes.
Pourtant, ce ne sont pas des idées tristes qui vous viennent à l'esprit en la sillonnant. Regardez : même les tombeaux isolés ont l'air gai. Éparpillés, plantés dans le maquis sous un bouquet de cyprès ou d'oliviers, regroupés dans des cimetières marins du bout du monde, ils semblent vouloir faire descendre le ciel sur la terre.

ARCHITECTURE

Un des aspects les plus immédiatement séduisants de la Corse est son architecture, riche et variée, et qui contribue largement à son identité.
Les constructions corses les plus anciennes dont nous ayons connaissance ont été bâties vers 2000 av. J.-C., surtout dans le sud de l'île. Les magnifiques ***sites archéologiques*** de *Cucurruzu* ou de *Tappa* en témoignent, avec des fortifications circulaires impressionnantes, faites de rocs grossièrement taillés (appareil « cyclopéen »).
Bien plus tard, au XVIe s, l'occupation génoise apporte un patrimoine bâti remarquable, à usage militaire. D'abord la centaine de ***tours génoises*** qui ceinturaient l'île, dressées sur chaque cap, chaque pointe côtière. Il en reste 67 (sur 85 dénombrées au XVIIIe s), plus ou moins bien conservées. On peut en visiter quelques-unes à *Porto* ou à *Campomoro* par exemple, et l'une d'elles a même été restaurée pour être louée (à Porto-Pollo). Puis, toujours avec Gênes, ce sont les premières ***citadelles,*** murailles gigantesques, bien conservées pour la plupart, couronnant les villes hautes, à *Bastia, Calvi, Bonifacio...*

TOURS DE GARDE

Les tours génoises avaient pour mission principale d'assurer, autant que possible, la sécurité de l'île. En cas d'alerte, par exemple quand un navire hostile était repéré, la garnison, composée d'habitants des villages environnants, allumait un feu, et chaque tour pouvait communiquer visuellement avec ses voisines et faire ainsi circuler toute information d'un bout à l'autre de la Corse en peu de temps. Mais les Génois n'ont été que les initiateurs et les constructeurs de ce cordon de tours littorales : les tours, une fois construites, étaient à la charge des habitants !

L'architecture religieuse est un autre aspect majeur du patrimoine insulaire. Là encore, c'est d'Italie que vient le style, ou plutôt les styles : d'abord pisan avec, du XIe au XIIIe s, une floraison d'***églises romanes,*** parfois de pierre polychrome : magnifique cathédrale de la *Canonica,* près de Bastia, mais aussi d'autres moins connues, des petites chapelles rurales perdues, dans le Bozio par exemple, ou la si belle église préromane de *Sainte-Lucie-di-Moriani,* de pierre nue, superbement isolée dans son site de verdure... L'***art baroque,*** plus tardif, marque ensuite l'architecture religieuse corse : cathédrales et églises, à *Bastia* par exemple, et tous ces campaniles dressés d'un bout à l'autre de l'île, en *Balagne,* en *Castagniccia,* dans le *Nebbio...*
On ne pourrait fermer ce chapitre sans évoquer l'***habitat corse.*** Ah ! le caractère unique de ces villages, de ces maisons de granit d'une exquise sobriété, hautes, austères, aux fenêtres étroites, de crainte du soleil comme de l'ennemi – en temps de vendetta, c'étaient des meurtrières... Selon la classe sociale des propriétaires, on distingue trois grands types de maison : la maison paysanne, la maison de notable *(casone),* souvent haute comme une tour ou massive, et enfin les *palazzi,*

à la manière italienne, entourés d'un jardin, qu'on rencontre surtout en Balagne ou au Cap. Et ces couleurs, toute la gamme des ocres, et des gris plus durs sous le grand ciel bleu, et ce fond permanent de montagne, de maquis, cet arrière-fond de mer : comment voulez-vous ne pas aimer la Corse ?

CORSES

Voici donc une île. Avec des « îliens » dessus. Autrefois, tout semblait éloigner les Corses de leur littoral. Jadis repliés dans leurs nids d'aigle, ils avaient de la plage une conception particulière. Le littoral, c'était l'ennemi, l'envahisseur, et la malaria. Toutefois, les villageois descendaient y passer une partie de l'année, avec famille et troupeaux. Puis ils retournaient dans leurs perchoirs dès que l'été apportait sa première vague de chaleur. Entre les Corses et la mer persiste une relation d'amour et de crainte. Ce n'est pas un peuple de marins, à l'exception des Cap-Corsins. Et pourtant, aujourd'hui, près de 80 % de la population corse se concentre sur le littoral, activité économique oblige...

Les Corses inaccessibles, renfermés, farouches ? Non, plutôt les gardiens de la terre des ancêtres, devenus prudents et réservés après des siècles d'invasions. On les décrit souvent comme corsetés (gag facile) sous leur carapace d'orgueil et de fierté. Allons donc ! Vous n'avez rien compris. Ce sont, depuis toujours, à la fois des insulaires et des montagnards. Ombrageux et susceptibles ? Pas plus que d'autres peuples de la Méditerranée.

Alors, corsés les Corses ? Est corse bien souvent, en réalité, qui a un ancêtre ayant connu les Barbaresques, une arrière-grand-mère génoise et un cousin fonctionnaire à Paris. Car, ne l'oubliez pas, les Corses s'expatrient. Aujourd'hui, 600 000 Corses vivent sur le continent et ils seraient 2 millions à être disséminés un peu partout dans le monde... Aux États-Unis, par exemple, et en Amérique du Sud (un ancien président du Venezuela était d'origine corse), ainsi que dans les Caraïbes (Porto-Rico, première destination des émigrants cap-corsins au XIXe s, compterait aujourd'hui plus de 350 000 descendants de Corses, soit près de 10 % de la population totale ! Étonnant peut-être, mais pas tant que cela puisqu'on estime à 20 000 le nombre de Corses qui ont émigré à Porto-Rico et ont fait souche là-bas pour la plupart). D'autres s'expatrient mais reviennent couler une retraite tranquille sur l'île (la part des plus de 60 ans est de 25 %, soit 4 % plus élevée que dans le reste de la France, ce qui explique que l'on parle d'une Corse vieillissante). La population, certes, continue de progresser, mais le solde naturel est quasi nul (seulement 1,58 enfant par femme). On prévoit en 2030, pour un retraité, 4,4 actifs (contre 6,1 dans le reste du pays).

La Corse n'est pas qu'une terre d'émigration : elle accueille également, puisque environ 26 000 étrangers, dont de nombreux Marocains, vivent aujourd'hui sur l'île. Sur les murs, il n'est pas rare de lire « Arabi Fora » (« Arabes dehors »), inscription concurrençant d'ailleurs « IFF » (« I Francesi Fora » : « Français dehors »), et les dernières années ont été marquées par une augmentation significative, en nombre et en

EN CORSE, ON NE DÉNONCE PAS !

On a souvent critiqué l'omerta corse dans les affaires de terrorisme. En revanche, on a oublié que ce mutisme a aussi fonctionné à plein pendant la dernière guerre. Aucun juif n'a été dénoncé quand l'île fut occupée par les fascistes italiens et les nazis. Le préfet de Corse Balley, bien que très pétainiste, fut un des seuls de France à cacher les juifs, notamment à Canari. Le consul de Turquie à Marseille leur donna des cartes d'identité... turques ; la Turquie étant restée neutre pendant la guerre, leurs ressortissants ne furent jamais inquiétés.

intensité, des agressions envers la minorité maghrébine, accusée de nombreux maux. Le rejet, qui est essentiellement le fait d'une autre minorité « ultra », ne doit pas faire oublier la traditionnelle hospitalité insulaire.
Bref, on les dessine en noir, méfiants. Et alors, pourquoi sauteraient-ils au cou de gens qu'ils ne connaissent pas ? Ici, le fromage est corse, le vin est corse et la charcuterie est corse. Bref, ils sont corses et prétendent le rester. On ne peut pas vraiment leur en vouloir !

CUISINE

En vérité, la cuisine corse à elle seule justifie la venue dans l'île.
Un soir, on arrive dans une ferme-auberge comme l'île en compte tant, une jeune femme vous accueille, vous installe et vous sert. Jamais vous n'avez consommé meilleure soupe, jamais ! Les cannellonis aux herbes et au *brocciu* sont énormes, vous doutez de pouvoir les finir, mais déjà vous en êtes à saucer le plat... Et voici le cabri rôti, tout fumant, sentant la sauge et l'origan... Cela vous comble et vous enivre, le vin avec. Puis il faut saluer les fromages, chèvre et brebis, que la camarade laisse à votre table. On les déguste avec la confiture de figues – quelle union parfaite, quel kif ! Le flan à la châtaigne, quant à lui, vous paraît divin. Enfin, comme la jeune fée vous offre une liqueur de myrte et que vous êtes au ciel, vous lui demandez qui cuisine ainsi : « Ma mère »... Paraît alors une femme vêtue de noir, au regard et aux cheveux noirs aussi, belle comme une héroïne de tragédie antique. Telle est la cuisine corse, certes mythifiée ici pour les besoins de la cause, mais dans plus d'une ferme-auberge vous sentirez passer le frisson... Beaucoup de « menus corses » de restaurants standard, avec l'inévitable veau corse, ne méritent pas les mêmes éloges...

Les herbes

Il faut commencer par elles, car elles donnent son caractère à la cuisine corse, du moins y sont-elles pour beaucoup. Trois herbes aromatiques dominent la cuisine corse : l'origan, la marjolaine et la menthe. On retrouve ensuite toutes les plantes méditerranéennes habituelles : thym, laurier, sauge, etc.

La charcuterie

Il faut absolument goûter la charcuterie corse, au goût subtil et parfumé. Les éleveurs de l'intérieur du pays produisent le *prisuttu,* la *coppa,* le *lonzu* et le fameux *figatellu,* succulente saucisse de foie.

Avertissement

Sachez que la quantité de charcuterie artisanale produite en Corse ne peut en aucun cas satisfaire à l'énorme demande estivale. En fin de saison, et même avant, bien des magasins n'ont plus de véritable charcuterie corse, car tout a été réservé très tôt. Quant aux restaurants, seules les meilleures tables en proposent. Quant aux autres charcuteries vendues ou servies, elles sont industrielles ou semi-industrielles (on joue sur les mots), c'est-à-dire produites à partir de porcs bon marché importés, puis abattus ici, ce qui met en colère les éleveurs qui se décarcassent pour proposer des produits de qualité. Les charcuteries des salaisonniers corses représentent 75-80 % de la production de l'île.

Le mythe des cochons sauvages

Sous cette dénomination se glisse une erreur. Sous prétexte qu'ils se promènent en liberté dans les montagnes et se baladent parfois en bord de route, pour le plus grand plaisir des enfants et des photographes amateurs, on les qualifie de

NOS NOUVEAUTÉS

MONTPELLIER AGGLOMÉRATION (paru)

Le dynamisme culturel et urbanistique de Montpellier et son agglomération n'est plus à prouver ! Un centre-ville de toute beauté, remarquablement rénové et entièrement dédié aux piétons, le musée Fabre (exceptionnel musée d'art, parmi les plus riches de France), deux opéras, des festivals de haute volée, des tables généreuses et pour tous les budgets, un réseau de transport de qualité, des nouveaux quartiers étonnants sur le plan architectural (comme celui de Port Marianne), une population jeune… et un taux d'ensoleillement attractif. Il fait décidément bon vivre à Montpellier. Il faut aussi compter avec les 30 autres communes de l'agglo, qui forment un tissu urbain aussi varié qu'accueillant, dévoilant quelques merveilles méconnues. Il faut aller baguenauder vers le port antique de Lattes, visiter les vestiges de l'oppidum romain de Murviel-lès-Montpellier, flâner dans les ruelles pentues au pied du château de Castries, admirer la cathédrale Saint-Pierre à Villeneuve-lès-Maguelone, arpenter le petit centre médiéval de Montferrier-sur-Lez ou celui de Pignan. Et puis, pour reprendre des forces, rien de tel que de faire halte chez l'un des cinquante viticulteurs que compte l'agglo, en quête de quelques jolies découvertes.

sauvages. En réalité, ils ne le sont nullement et ont un propriétaire qui sait parfaitement où ils se trouvent. Ces cochons se nourrissent principalement de glands et de châtaignes.

Le long chemin vers une AOC

La race porcine corse a été reconnue en 2006 par le ministère de l'Agriculture, et l'AOC si longtemps attendue a été mise en place très officiellement, avec son cahier des charges, en 2012, avec les premières ventes en 2013 (ça ne change rien aux dates auxquelles on tue le cochon !). Elle concerne la *coppa*, le *prisuttu* et le *lonzu*. Dans la foulée, en mai 2014, les mêmes se sont vu décerner l'AOP (équivalent européen de l'AOC). Pour le *figatellu* et le *saucisson,* il faudra encore attendre. Pour info, la charcuterie industrielle coûte environ 16 € le kg ; l'artisanale double ou triple le prix pour la meilleure. Quelques chiffres encore : pour la campagne 2012-2013, la production s'est élevée à 9 000 kg pour le *prisuttu*, 1 380 kg pour le *lonzu* et 1 080 kg pour la *coppa*. C'est peu...
Voici quelques infos pour faire la différence et savoir ce que vous achetez. Pour cela, des éleveurs (moins d'une centaine) se sont regroupés au sein d'une association régionale afin d'obtenir cette fameuse AOC.

Une race unique de porc, le Nustrale

C'est un porc rustique, solide, de gabarit réduit, à dominante noire, parfois tacheté de blanc sur la tête et/ou aux pieds. Ses oreilles sont tombantes. Sa croissance lente et le persillé de sa viande sont également des critères dominants.

Élevage traditionnel

C'est en plein air et durant au moins 12 mois (souvent 2 ans) que les porcs sont élevés, parcourant les forêts de chênes, les châtaigneraies et le maquis, étapes complétées par une phase d'alimentation d'origine végétale avant abattage (soit châtaignes et glands, soit de l'orge). Certains pèsent alors 70 ou 80 kg. Après l'abattage, les produits sont transformés par enfouissage dans le sel de mer, sans aucun additif ni conservateur. Les trois produits phares de la charcuterie corse, les premiers à avoir obtenu l'AOC, sont le *prisuttu,* la *coppa* et le *lonzu.* Pas étonnant que leur chair soit à ce point un régal !

> **SAUCISSON D'ÂNE**
>
> *On en parle beaucoup, on en voit peu. Les Corses respectent bien trop leurs ânes pour les manger. On peut en trouver dans quelques boutiques pour touristes, histoire d'entretenir la légende, inventée par...* Goscinny *dans* Astérix en Corse *en 1973 ! Dans ce cas, l'animal vient... d'Amérique du Sud !*

– ***Le prisuttu :*** jambon maigre traditionnel séché 8 mois au minimum et affiné 4 mois. Son gras doit être supérieur à 3 cm d'épaisseur. À manger cru ou grillé, c'est un régal. Certaines pièces pèsent entre 8 et 10 kg et on peut les conserver jusqu'à 2 ou 3 ans. Ils acquièrent alors un subtil goût de noisette.
– ***La coppa :*** échine de porc taillée dans la poitrine et entrelardée, salée et séchée dans un boyau naturel. Il est poivré en surface après salage. À la coupe, on découvre un beau veinage de gras. Son goût est subtil.
– ***Le lonzu :*** filet de porc qui conserve sa couche de gras tout autour. 2 mois de séchage et 1 mois d'affinage. C'est un cylindre moelleux pesant entre 600 g et 1,2 kg.
– ***Le figatellu :*** c'est une saucisse à base de foie de porc (et autres abats), que l'on peut manger crue ou que l'on sert généralement grillée, accompagnée de *pulenta* (de châtaignes, tant qu'à faire). Attention : les *figatelli* doivent être consommés peu de temps après leur fabrication, comme le boudin *(i sangui),* le fromage de porc *(u casgiu di porcu)* et la poitrine de porc *(a panzetta).* Si on vous en sert en été, ce

sera obligatoirement du congelé car les artisans n'en produisent pas après avril ou mai !
– Et encore le ***salamu*** (saucisse fumée), le ***salsiccia*** (saucisson épicé).

Le gibier

Maquis et forêts de l'île en recèlent en abondance, principalement du sanglier, comme vous l'avez appris dans *Astérix en Corse* (« Groink Groink »)... Vous aurez plus de chances d'en manger en automne et en hiver, bien que tout le monde en ait dans son congélateur (mais il est moins bon en dehors de cette période). Délicieux en daube, mais aussi en pâté ou en saucisson. Pas mal d'oisillons parmi le gibier : pigeons, grives, perdrix... En principe, plus de merles rôtis ni de pâté de merle (remplacé par le pâté de sansonnet), puisqu'on ne peut plus les chasser (heureusement).

Les viandes

Outre celles déjà citées, quelques préparations traditionnelles : le cabri *(cabrettu)* au four ou en rôti, le ragoût de porc ou autre *(tianu)*, l'agneau ou le chevreau rôti ou en daube *(stuffatu)*, les tripettes à la sartenaise, etc. On accompagne ces plats de pâtes ou de *pulenta* (farine de châtaigne).
Vous verrez aussi partout du « veau corse ». Car il existe une vache corse, bien typée, rustique et petite, sèche, généralement marron clair ou foncé. Mais cette vache n'a qu'un faible rendement de boucherie, et les éleveurs l'abandonnent de plus en plus pour la charolaise, la limousine ou la salers. Ces dernières sont parquées, tandis qu'on rencontre la vache corse le long des routes, en divagation. Donc, vous avez peu de chances de manger du veau de race corse. Cela dit, les races d'importation sont les meilleures qui soient, et donc le « veau corse » reste goûteux.
À Serra-di-Ferro (aux environs de Porto-Pollo), peut-être verrez-vous le troupeau, unique en Corse, de *vache tigre,* à la robe rayée, qui est une authentique vache corse.

DIVAGATION ANIMALE

Tous ces animaux qui se baladent en liberté sur les routes corses font partie du folklore pour les touristes. En réalité, les voitures embouties par des cochons ou, pire, des vaches, prouvent un réel danger. En liberté, les animaux dévorent les cultures, abîment les clôtures. Sans compter les coups de fusil entre éleveurs et agriculteurs. Bien que ce soit illégal, les politiques laissent faire.

Les soupes

Autre plat traditionnel servi en entrée. On en trouve de toutes sortes : aux légumes (soupe paysanne), à l'ail, aux oignons, etc. Mais la soupe corse traditionnelle est celle aux gros haricots blancs (soissons) et aux herbes, épaisse, et qui a longtemps mijoté avec du lard et des morceaux de viande (porc ou veau, os à moelle), qui en relèvent le goût. Elle est rustique et, bien préparée, contente son homme.

Les pâtes

Héritage évident de la présence italienne, la *pasta* est un autre élément indissociable de la cuisine corse. Servie sous toutes ses formes et à toutes les sauces : raviolis (au *brocciu*), cannellonis (aussi au *brocciu*), lasagnes (au sanglier), *pasta sciutta* (à la langouste), etc. Le tout relevé d'huile d'olive et de tomates.

Les poissons et fruits de mer

Sur la côte, on conseille évidemment le poisson et les fruits de mer : quelques bons souvenirs, surtout quand le patron du resto est aussi pêcheur. Rougets grillés, loups (bars) au fenouil, sardines farcies, mais aussi plein de poissons des différents golfes, si méditerranéens (le sar et le denti, des cousins de la daurade, la mostelle ou mustelle, à la chair évoquant celle de la lotte), sans oublier l'*aziminu* (bouillabaisse corse).

La Corse produit de bonnes huîtres et des moules succulentes, dans les étangs d'Urbino et de Diana, sur la côte orientale. Mention spéciale pour les moules. Car, si on trouve ailleurs des huîtres aussi bonnes et peut-être meilleures, les moules font partie du gratin mytilicole. C'est de la grande moule, de la Moule avec un « M » majuscule, et bien des « bouchots » normands ou belges ne lui arrivent pas à la cheville. Charnue, d'un orange assez soutenu, elle est proprement délicieuse. Mais attention, à certaines saisons, à partir de mi-juillet environ, la moule corse perd en volume et en goût.

Pour ceux qui ont les moyens, les langoustes sont souvent proposées sur la côte : en bouillabaisse, mais aussi avec des spaghettis, plat traditionnel des pêcheurs. Mais la langouste se raréfie : sa pêche a été interdite de septembre à mars, puis l'interdiction levée en 2005, mais la profession est inquiète devant la baisse des prises.

En montagne, la truite peut se retrouver inscrite au menu des restos. Il faut savoir que la vente de truites de rivière pêchées est interdite. Celles qu'on trouve sont donc d'élevage, et peuvent, disons-le, être banales, avec un goût de poisson d'élevage.

Les fromages

Une fameuse réputation, surtout depuis que celui oublié par Ocatarinetabelatchitchix a fait sauter un bateau ! On trouve des fromages de chèvre ou de brebis partout en Corse, avec cinq types principaux qui sont les fleurons des fromages fermiers. Parmi les plus connus, citons le chèvre de Sartène, à pâte dure, et les brebis à pâte plus ou moins molle – question d'affinage – du Niolo ou de l'Alta Rocca, mais il serait injuste d'oublier le venachese, le calinzana ou le bastilicacciu.

Petite, rustique, à laine fournie et colorée, et assez cornue, la brebis corse produit peu de lait (moins de 1 l par jour), mais quel lait !

Pour en revenir aux fromages, ils sont conservés parfois 6 ou 8 mois, voire plus, et certains Corses les aiment véreux. On parle alors de « fromage qui marche ».

Les fromages fermiers ont leur fête annuelle *(a fiera di u casgiu)* début mai à Venaco.

Le *brocciu* (ou *brucciu*)

Le *brocciu* (prononcez « broutch » avec un « ou » à peine audible en finale), on en voit partout, les Corses en mettent dans presque tous les plats ! Mais « le roi des fromages corses » n'est pas un vrai fromage ! Il s'agit en réalité d'un fromage blanc frais, très onctueux, préparé avec du petit-lait de brebis et/ou de chèvre (appelé aussi plus

HALTE AUX FAUSSAIRES !

La saison du brocciu *s'arrête généralement autour de fin juin (même si certaines techniques de conservation sous vide permettent de gagner quelques semaines) et ne reprend qu'en octobre ou novembre. Pour l'AOC, les troupeaux de brebis ou de chèvres doivent être de race corse. L'été, il est remplacé par de la brousse, qui est exactement la même chose – du petit-lait mêlé à du lait –, mais ce n'est plus le lait des bêtes locales. Provenant du continent, n'importe quel animal l'aura produit (y compris et surtout des vaches laitières). Et ça n'a pas du tout le même goût !*

techniquement « lactosérum de lait », qui est ce que l'on récupère lors de la fabrication du fromage après avoir retiré celui-ci), additionné de lait entier. Il se mange frais hors saison (de l'automne au printemps), comme un dessert. Sinon, on le conserve avec du sel pour en farcir ensuite toutes sortes de plats : omelettes, raviolis, beignets, tartes, artichauts, poissons, etc.

Les desserts

En Corse, le repas se termine généralement par un fruit. Ceux de l'île sont souvent excellents, notamment les oranges. Sinon, pas mal de pâtisseries : délicieux beignets *(fritelli)*, tartes aux noisettes ou autres *(torta)*, gâteaux secs *(canistrelli)*. Les gâteaux à la farine de châtaigne sont un véritable régal (on attend l'AOC pour la châtaigne corse). Le *pastizzu*, parfumé au citron, est un petit gâteau de semoule (à l'origine, on le faisait avec du pain rassis). Mais, en matière de desserts, la grande spécialité corse reste le *fiadone*, sorte de tarte au *brocciu* et au citron, parfois imbibée d'alcool.

Les miels

Depuis l'Antiquité, le miel corse est reconnu pour ses qualités gustatives. Est-ce un hasard ? Napoléon Ier choisit l'abeille comme un symbole (parmi d'autres) de l'Empire, des abeilles d'or figurant sur le manteau de son couronnement en 1804. Et la production de miel a toujours été importante en Corse, où autrefois, dans les campagnes, chacun possédait sa ruche, ses ruches. Celles-ci étaient parfois même intégrées aux murs des maisons, et on peut encore voir, à Venaco, un rare rucher-mur. C'est que, avec son extraordinaire richesse botanique (2 800 espèces de plantes, dont 127 exclusivement corses) et son climat, la Corse possède les conditions idéales à l'apiculture. S'étant adaptée à la faune locale, l'abeille corse a le corps plus petit mais la trompe plus grande que l'abeille continentale (pour les spécialistes : *Apis mellifera mellifera* insulaire, qui est une espèce protégée). On peut en sourire, mais l'importation d'abeilles en Corse est interdite ! Il existe six variétés de miels corses : le *miel de printemps,* doux et délicat, récolté à partir de mai dans les basses vallées, où prédominent le clémentinier et l'asphodèle ; le *miel de maquis d'été* et le *miel de maquis d'automne,* le premier aromatique et fruité, récolté en août dans les hautes vallées et marqué par le thym, l'immortelle et le genêt, le second beaucoup plus amer, long en bouche, notamment grâce à l'arbousier. Ne pas oublier le *miel de maquis* de printemps ni le *miellat du maquis,* tous deux ambrés. Citons aussi le *miel de la châtaigneraie,* tannique, qui se récolte de juillet à septembre. Notons enfin que le miel corse bénéficie d'une AOC/AOP « Mele di Corsica », qu'il a obtenue en 1998-2000. 70 apiculteurs environ sont concernés par cette AOC (200 des 300 t produites annuellement relèvent de cette appellation). Pour en savoir plus : ● *mieldecorse.com* ●

LE MIEL ? GROS BOULOT

L'apiculteur récupère dans les ruches la provision des abeilles pour l'hiver. Pour transformer le nectar sucré des fleurs en 500 g de miel, elles doivent travailler 3 500 heures. Elles butineront 4 300 000 fleurs, ce qui correspond à 8 000 voyages. Heureusement que, pour l'instant, les abeilles ne sont pas payées.

Les olives

Depuis 2004, l'huile d'olive corse *(oliu di Corsica)* a son AOC. En réalité, l'île possède un grand nombre de variétés différentes d'olives, en raison des nombreuses occupations de l'île : la *ghjermana* remonte aux Gênois, alors que la *picholine* (la variété la plus commune en Provence) n'est arrivée qu'à la fin des années 1950. Leur point commun : leur récolte se fait à maturité avancée. Si la *curtinese* ou la *zinzala* (dans le Sud) se récoltent à partir de novembre ou décembre, la *sabina* peut être récoltée jusqu'au printemps ! Pour en savoir plus : ● *oliudicorsica.fr* ●

OLIVES. VERTES OU NOIRES ?

D'abord, sachez que c'est le même fruit qui vient du même arbre. La verte est cueillie avant sa maturité (mais c'est bien sûr !) en novembre et conservée dans la saumure. La noire, en revanche, est récoltée plus tard et donc parfaitement mûre. Alors, on la sèche et on la met dans l'huile. Le reste est une question de goût.

La clémentine

La quasi-totalité des clémentines françaises (17 000 à 20 000 t selon les années) vient de Corse, essentiellement de la plaine orientale, où l'on dénombre 130 producteurs : le petit village d'Antisanti, au nord-ouest d'Aléria, produit à lui seul 40 % des clémentines corses ! On les trouve sur les étals (insulaires et continentaux) en novembre-décembre. Depuis 2007, le fruit dispose de son IGP (indication géographie protégée).

LA CLÉMENTINE CORSE

Elle est née en 1902, en Algérie, du croisement naturel entre l'orange et la mandarine, grâce au frère Clément, d'où son nom. Très vite, elle s'acclimata parfaitement à la Corse, du fait de la température exceptionnelle et des pluies régulières en altitude. Un fruit idéal pour les enfants et les personnes âgées, car il ne possède pas de pépins et s'épluche facilement. La mandarine est plus grosse et d'origine chinoise, comme son nom l'indique.

Les eaux

Il y a trois eaux corses vendues en bouteilles : en eaux plates, *Saint-Georges* et *Zilia,* qui sont distribuées partout dans l'île. L'eau gazeuse d'*Orezza,* produite en Castagniccia, est une grande eau de table, dont la réputation a franchi les frontières de l'île.

ÉCONOMIE

Dans son livre *Comprendre la Corse* (Gallimard, coll. « Folio Actuel »), Jean-Louis Andreani intitule l'un de ses chapitres « L'introuvable économie corse ». Cette formule vaut ce qu'elle vaut, mais il est vrai que la région se distingue de la plupart des autres régions françaises par son économie. Il suffit de citer quelques données : un PIB par habitant inférieur d'environ 20 % à la moyenne nationale, un pourcentage d'emplois publics élevé (31 %, bien plus que la moyenne nationale), soulignant la faiblesse de l'emploi industriel, par exemple.
L'un des enjeux de feu le processus de Matignon en 2000-2001 était le « décollage de l'économie corse ». Mais à quel prix ? Les élus (enfin, certains d'entre eux) souhaitaient qu'on leur donne les moyens de créer des emplois, déplorant la volonté de l'État de « sanctuariser » le littoral qui les privait des retombées juteuses. Là, on s'aperçoit évidemment combien économie et environnement sont liés : la Corse possède, avec sa nature généreuse, un capital inestimable (façon de parler, les promoteurs immobiliers doivent avoir leur idée sur la question...), rien d'étonnant à ce que certains veuillent le faire fructifier.
D'un autre côté, si la Corse est toujours ce paradis naturel si recherché, c'est aussi parce que l'industrie n'a pas débarqué sur l'île avec ses lourds sabots pour y faire

les ravages que l'on connaît ailleurs. Ici, l'unité de production la plus importante de l'île, une société aéronautique dans les environs d'Ajaccio, compte environ 180 employés. Le secteur industriel progresse, mais il n'emploie guère plus de 7 % de la population active (contre 18,5 % sur le reste du territoire). La Corse a en fait raté son développement industriel à la fin du XIXe s (les fonderies qu'on avait installées à la hâte ont vite périclité). Il n'y a évidemment pas à s'en réjouir trop non plus : si tant de Corses ont dû quitter leur île, c'est bien qu'ils n'y trouvaient pas de travail. Beaucoup pensent que le développement économique doit être l'affaire de la société civile et non le résultat d'une politique venue d'en haut. Sinon, impossible de se sortir, à long terme, de l'assistance économique. Les agriculteurs se plaignent ainsi d'être surendettés et de subir des contraintes imposées par l'Union européenne. Bruxelles a dénoncé (tardivement) l'octroi de primes et subventions qui avaient été décidées par... Bruxelles ! Mais il existe des perspectives : on produit certes moins d'huile d'olive en Balagne aujourd'hui qu'au XIXe s, mais le marché est bien là, et il est possible d'allier qualité et quantité. Encore faut-il faire savoir que l'huile d'olive corse est meilleure que son homologue espagnole, de même pour la clémentine corse, qui n'est pas suffisamment diffusée sur le marché continental. L'attribution des AOC aux produits phares des filières corses est un élément fondamental, mais les productions insulaires n'en restent pas moins limitées en quantité... Les touristes sont évidemment vus comme « l'or bleu », mais encore faudrait-il qu'ils se répartissent un peu mieux, afin de faire vivre aussi l'arrière-pays et pas seulement la frange littorale, car ils risquent de constituer un autre facteur de déséquilibre. Problème insoluble ? Certainement pas. Des villages de l'arrière-pays revivent, les écoles parfois menacées accueillent davantage d'enfants aujourd'hui, signe d'une revitalisation certaine. Mais tout cela est fragile : il suffit d'une année médiocre pour qu'aussitôt les lamentations se fassent entendre.

Les dernières statistiques semblent prometteuses et incitent à un optimisme relatif, malgré certaines pesanteurs et difficultés. Des secteurs d'activité prometteurs existent : l'aquaculture marine, la nouvelle économie (par exemple, le parc Futura Corse Technopole, créé à Bastia, avec une dizaine de sociétés high-tech) ; mais pour toute création d'entreprise, les handicaps sont nombreux : insuffisance des sources de financement non dépendantes de l'État ou de Bruxelles, insuffisance de formation sur l'île même. Reste aussi à voir si les politiques sont prêts à accompagner les initiatives intéressantes...

Quant à l'instrument miraculeux qui allait sortir la Corse de son sous-développement chronique, le PEI (Programme exceptionnel d'investissement), commencé en 2002, le scepticisme à son sujet a longtemps été de mise. Le démarrage a été laborieux : en 2007, après 6 années de mise en œuvre, seuls 10 % de la somme allouée avaient été dépensés sous forme de grands travaux. Pour la seconde convention (années 2007-2013), on a mis un coup d'accélérateur. La troisième et dernière convention a été signée en juin 2013 : 536 millions d'euros financeront des projets qui seront exécutés jusqu'en 2022.

Le chômage n'en reste pas moins élevé (grosso modo le même taux que celui établi pour la France métropolitaine), sa progression de 2010 à 2014 étant même plus rapide que dans le reste de la France (augmentation de 12 % de mi-2013 à mi-2014).

ENVIRONNEMENT (ET COUP DE GUEULE)

La Corse est la région française la mieux préservée écologiquement. Rien d'étonnant à cela : l'absence quasi totale d'industries lui a permis de conserver une atmosphère et des eaux incroyablement saines. C'est aussi, paradoxalement, la région qui investit financièrement le plus dans la protection de l'environnement : la faune est protégée, de nombreuses essences sont préservées, des dizaines de sites sont classés, sans parler des réserves naturelles (les deux départements qui

constituent la Corse comptent 99 sites classés Natura 2000). Bravo ! La Corse est restée vierge, enfin presque ! Car on ne peut passer sous silence l'existence de décharges sauvages (il en resterait encore une cinquantaine... mais qu'on mesure un peu le chemin parcouru : en 2003, il en existait environ 800 !).
Enfin, tout de même, les plages ne sont pas toujours complètement clean – à ce propos, quand cessera-t-on de prendre le domaine public pour un cendrier ? Est-ce que, lorsqu'on rend visite à un ami, on écrase sa clope sur le parquet ?
Dans l'ensemble, cependant, le bilan est très largement positif, d'autant que l'on voit se développer de plus en plus de bonnes initiatives, restauration et mise en valeur du patrimoine bâti, ou nettoyage des plages par les habitants. Des actions bien souvent bénévoles, qu'on salue. Signalons aussi que les Corses ont été les tout premiers en France à bannir les sacs en plastique des supermarchés, par référendum, pour les remplacer par des cabas ou des sacs biodégradables en papier kraft. La preuve que la Corse peut montrer la voie au reste du pays (l'Assemblée nationale a voté la même mesure en octobre 2014).
Il y a quelques années, une polémique est née dans le cap Corse, autour du parc d'éoliennes d'Ersa et de Rogliano. Énergie propre, certes, mais pollution du paysage et nuisances sonores... Les pour et les contre se sont affrontés... verbalement. Et ce n'est pas fini, car d'autres parcs ont été construits (celui de Calenzana, intelligemment installé dans un site non urbanisé, visible de la route littorale entre Calvi et Galeria) ou sont en projet ! Le cap Corse a doublé la mise avec une ferme solaire et éolienne mise en service en 2013 à Méria, huit éoliennes venant donner un coup de main aux panneaux photovoltaïques, les jours où le soleil manque.
Non, sérieusement, ça va plutôt bien pour la Corse côté environnement. Mais il y a danger. Ce littoral si beau est l'objet de nombreuses convoitises. Les constructions illégales se sont multipliées. Et nous ne parlons pas des paillotes, dans l'ensemble pas si vilaines et utiles (on y trouve des toilettes, et parfois les proprios entretiennent la plage, sans parler du plaisir d'y prendre un verre ou de s'y taper une grillade). Non, nous parlons de ces résidences privées qui fleurissent dans des sites remarquables, en principe interdits à la construction : selon le *Collectif pour la loi Littoral*, il y en aurait 340. Et nous parlons de ce droit que s'arrogent certains propriétaires de privatiser la plage, de ces permis de construire contraires à la loi Littoral et accordés aux milliardaires – ainsi de la villa d'un milliardaire du pétrole. Et on connaît aussi, sur une portion pourtant protégée du littoral, dans le Sud, un élu du peuple qui possède des terres et qui emploie des sbires menaçants pour éloigner quiconque de « sa » plage, et tend un filin dans la baie pour en empêcher l'accès par mer ! Quel scandale ! Oui, tout cela inquiète.
On a craint, au moment des accords de Matignon, que le littoral corse ne soit en danger. Il faut dire que le président de l'Assemblée de Corse avait plaidé en faveur d'une « désanctuarisation » du littoral et pour un passage du domaine constructible de 12 à 20 %, ravivant aussitôt les inquiétudes... Sans encadrement, l'appât du gain ferait la loi sur l'île. Et non seulement il l'endommagerait, mais il en ferait aussi une destination pour touristes riches – à l'exclusion des « sac-à-dos », par exemple, qui « polluent la beauté de l'île », et du tourisme bas de gamme, qui « torpille l'économie et l'écologie » insulaire. Des mots d'André Guelfi, alias Dédé la Sardine, qui envisageait la construction d'un énorme complexe hôtelier haut de gamme à Bonifacio... en défonçant la falaise ! Tout cela en protégeant le site (dixit Dédé !).

Un littoral toujours plus convoité

Nouvelle menace qui a pointé le bout de son nez : le Padduc. Comprendre, d'une part, le « Plan d'aménagement et de développement durable de la Corse », appelé à remplacer le plan actuel de développement de la Corse (finalement caduc car retiré en 2009), et d'autre part, les « Plans locaux d'urbanisme » qui découlent de ce Padduc. En clair, on peut craindre que les maires aient la possibilité de « contourner » la loi Littoral et de disposer de terrains jusqu'alors décrétés

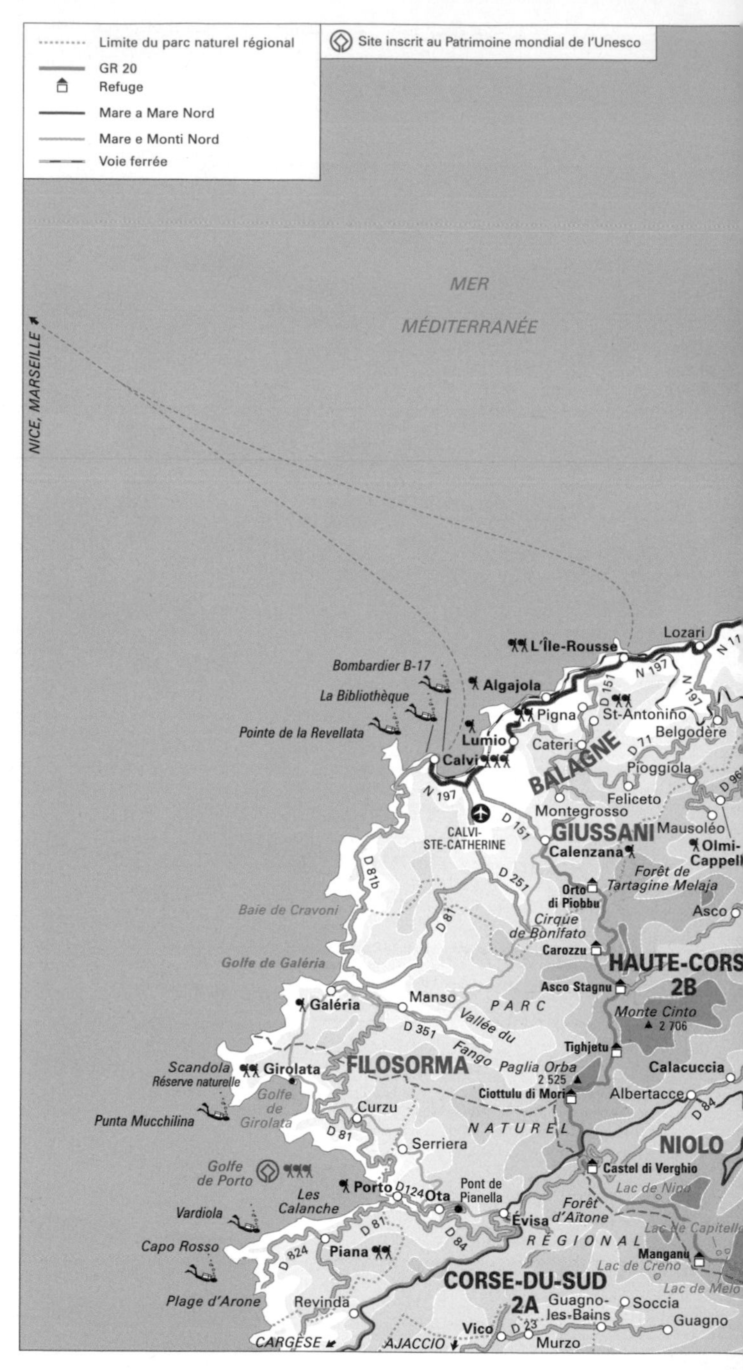

Limite du parc naturel régional
GR 20
Refuge
Mare a Mare Nord
Mare e Monti Nord
Voie ferrée
Site inscrit au Patrimoine mondial de l'Unesco
MER
MÉDITERRANÉE
NICE, MARSEILLE
L'Île-Rousse
Lozari
Bombardier B-17
Algajola
La Bibliothèque
Pigna
St-Antonino
Pointe de la Revellata
Lumio
Cateri
Belgodère
Calvi
BALAGNE
Pioggiola
N 197
Feliceto
Montegrosso
CALVI-STE-CATHERINE
GIUSSANI
Mausoléo
Calenzana
Olmi-Cappell
Forêt de Tartagine Melaja
Orto di Piobbu
Baie de Cravoni
Asco
Cirque de Bonifato
Carozzu
Golfe de Galéria
HAUTE-CORS
2B
Asco Stagnu
Galéria
Manso
PARC
Vallée du Fango
Monte Cinto
2 706
Tighjetu
Scandola
Réserve naturelle
Girolata
FILOSORMA
Paglia Orba
2 525
Calacuccia
Ciottulu di Mori
Albertacce
Golfe de Girolata
Curzu
Punta Mucchilina
NATUREL
NIOLO
Serriera
Golfe de Porto
Castel di Verghio
Les Calanche
Porto
Ota
Pont de Pianella
Lac de Nino
Vardiola
Évisa
Forêt d'Aïtone
Lac de Capitello
RÉGIONAL
Capo Rosso
Piana
Manganu
Lac de Creno
CORSE-DU-SUD
2A
Lac de Melo
Plage d'Arone
Revinda
Guagno-les-Bains
Soccia
Guagno
Vico
Murzo
CARGESE
AJACCIO
N 11
D 151
D 71
D 96
D 251
D 81
D 81b
D 351
D 124
D 84
D 824
D 23

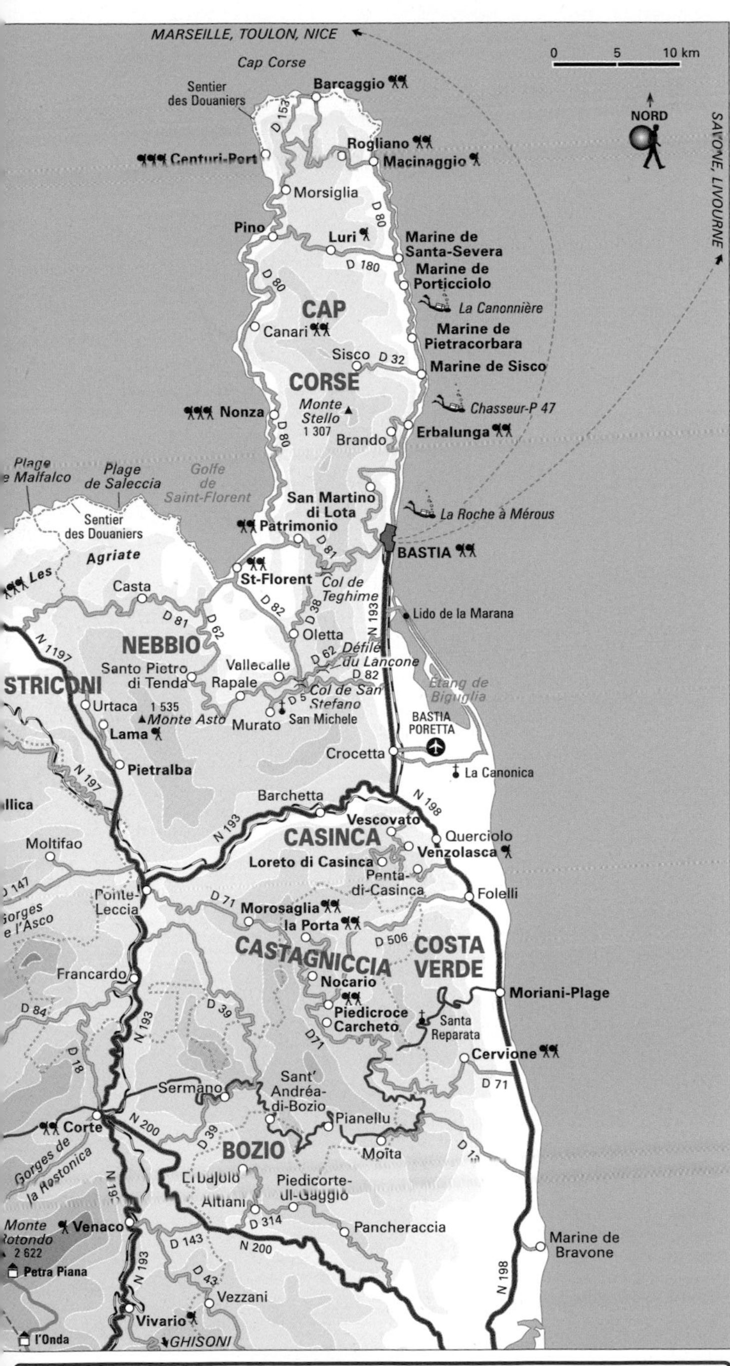

LA CORSE DU NORD

LA CORSE DU SUD

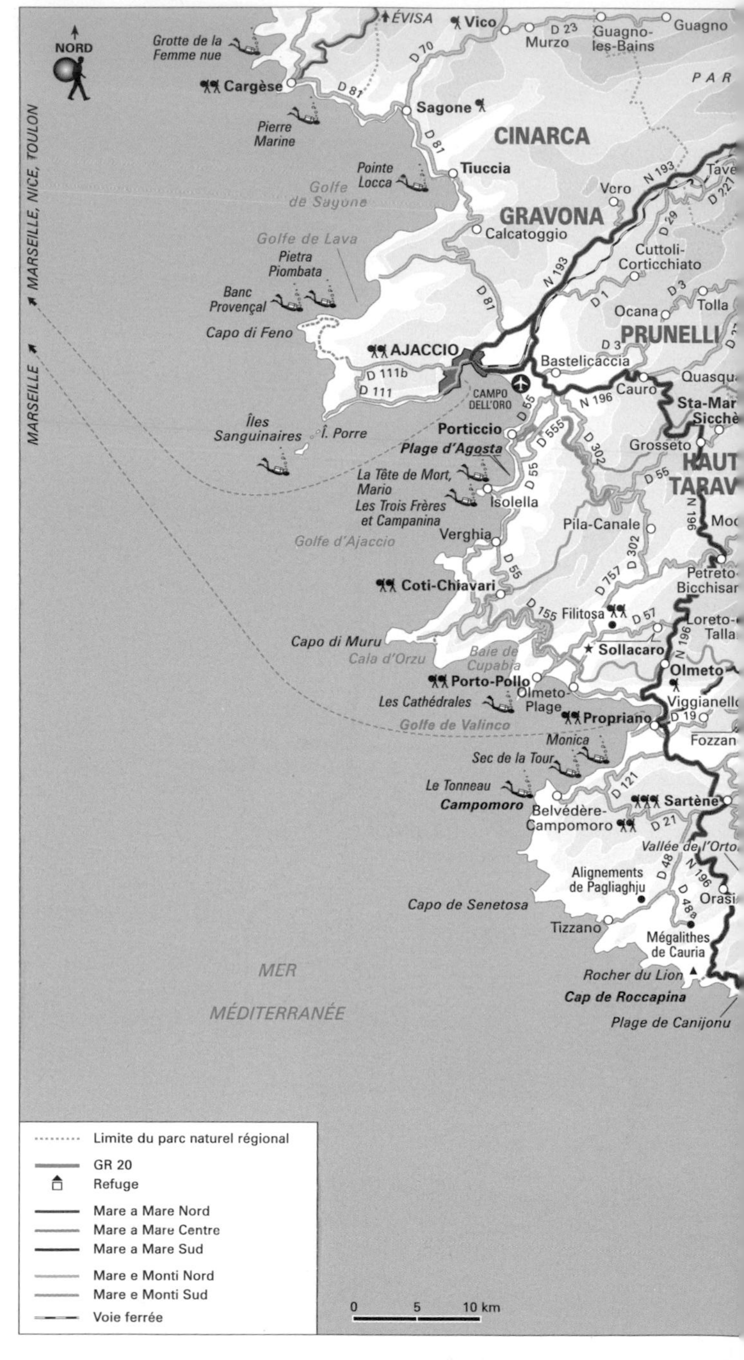
NORD
MARSEILLE, NICE, TOULON
MARSEILLE
ÉVISA
Vico
Murzo
D 23
Guagno-les-Bains
Guagno
Grotte de la Femme nue
Cargèse
D 70
D 81
Sagone
Pierre Marine
CINARCA
Tiuccia
Pointe Locca
Golfe de Sagone
GRAVONA
Vero
N 193
D 229
Calcatoggio
Golfe de Lava
Pietra Piombata
Banc Provençal
Cuttoli-Corticchiato
D 1
D 3
Tolla
Ocana
Capo di Feno
PRUNELLI
AJACCIO
Bastelicaccia
D 111b
D 111
CAMPO DELL'ORO
D 55
N 196
Cauro
Îles Sanguinaires
Î. Porre
Porticcio
D 555
D 302
Grosseto
Plage d'Agosta
La Tête de Mort, Mario
Les Trois Frères et Campanina
Isolella
Pila-Canale
Verghia
Golfe d'Ajaccio
D 757
Coti-Chiavari
D 155
Filitosa
D 57
Capo di Muru
Cala d'Orzu
Baie de Cupabia
Sollacaro
Olmeto
Porto-Pollo
Olmeto-Plage
Les Cathédrales
Propriano
D 19
Golfe de Valinco
Monica
Sec de la Tour
Le Tonneau
Campomoro
Belvédère-Campomoro
D 121
Sartène
D 21
Alignements de Pagliaghju
D 48
D 48a
Capo de Senetosa
Tizzano
Mégalithes de Cauria
Rocher du Lion
Cap de Roccapina
Plage de Canijonu
MER MÉDITERRANÉE
Limite du parc naturel régional
GR 20
Refuge
Mare a Mare Nord
Mare a Mare Centre
Mare a Mare Sud
Mare e Monti Nord
Mare e Monti Sud
Voie ferrée
0
5
10 km

HAUTE-CORSE
2B
N 200
Ét. de Diane
Cateraggio
Plage de Padulone
Aléria
D 343
Monte d'Oro
2 389
Vizzavona
D 69
D 344
Ghisoni
Défilé de l'Inzecca
Lugo-di-Nazza
Capanelle
Bocognano
Poggio di Nazza
Étang d'Urbino
Monte Renoso
2 352
NATUREL
Prunelli-di-Fium'Orbu
D 204
Ghisonaccia
Plage de Pinia
Bastelica
D 27a
Prati
Serra di Fium'Orbu
D 345
N 198
Plage de Quercioni
Tasso
COSTA SERENA
Usciolu
Cozzano
D 757
Zicavo
D 83
Bains-de-Guitera
Matalza
RÉGIONAL
Monte Incudine
2 136
Solenzara
D 268
Olivese
Asinao
Col de Larone
CORSE-DU-SUD
2A
Paliri
MARSEILLE
Col de Bavella
1 218
Aullène
Quenza
Favone
Serra-di-Scopamène
D 420
Zonza
Conca
Castellu de Cucuruzzu
San-Gavino di-Carbini
Levie
Pinarellu
Golfe de Pinarellu
Sainte-Lucie-de-Tallano
Carbini
D 368
D 468
D 59
l'Ospédale
Forêt de l'Ospédale
Castellu d'Arragio
Baie de San Ciprianu
Plage de Cala Rossa
Golfe de Porto-Vecchio
La Pecorella
ALTA ROCCA
Porto-Vecchio
Montagne de Cagna
D 859
Site de Tappa
Le Danger du Toro
Plage de Palombaggia
Sotta
Golfe de Santa Giulia
Étang de Santo Giulia
FIGARI CORSE SUD
N 196
Figari
Baie de Rondinara
Golfe de Santa-Manza
D 58
Plage de Calalonga
D 258
Bonifacio
Île Cavallo
Capo Pertusato
Îles Lavezzi Rés. naturelle
BONIFACIO
Archipel des Lavezzi
DE
BOUCHES
SARDAIGNE
Isola Maddalena
Santa-Teresa-di-Gallura

LA CORSE DU SUD

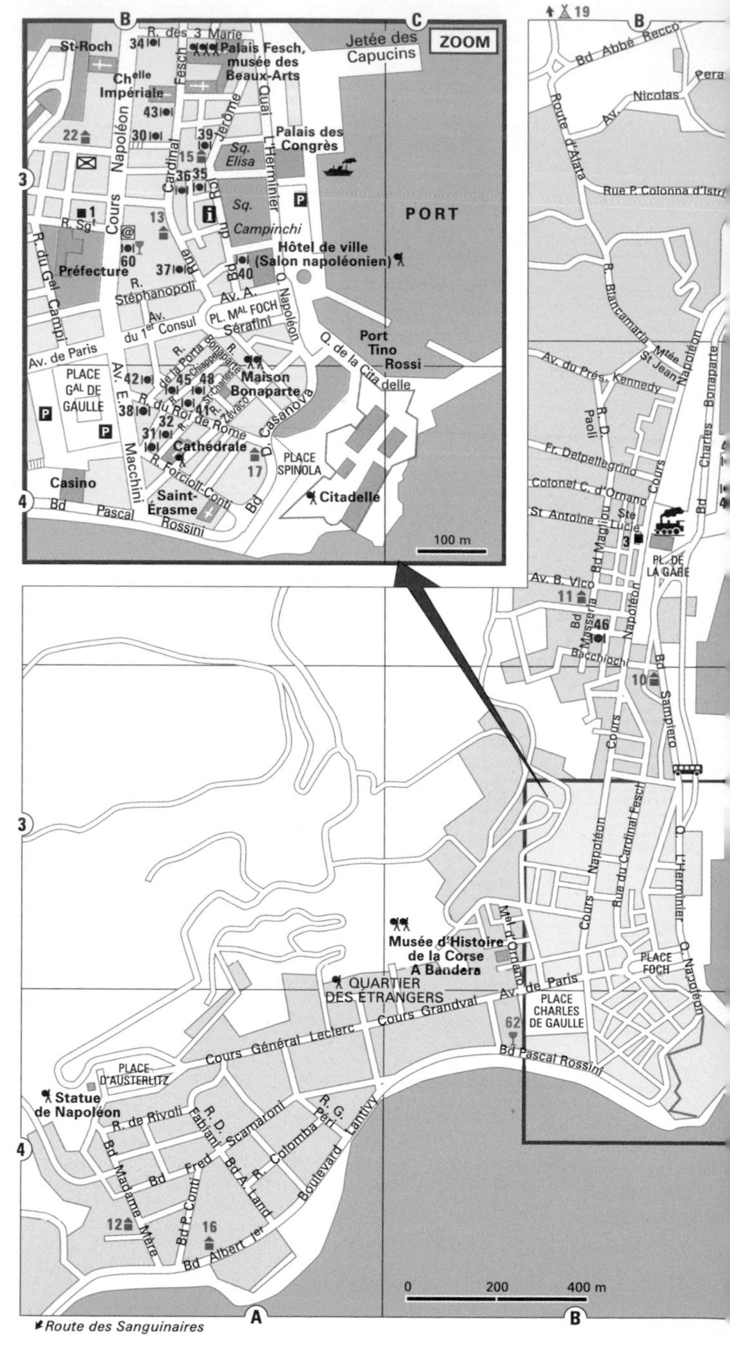
ZOOM
St-Roch
Chelle Impériale
Palais Fesch, musée des Beaux-Arts
R. des 3 Marie
Jetée des Capucins
Palais des Congrès
Sq. Elisa
Sq. Campinchi
Quai L'Herminier
Cours Napoléon
Cardinal Fesch
R. Sgt
PORT
Hôtel de ville (Salon napoléonien)
Préfecture
R. Stéphanopoli
R. du Gal Campi
Av. du 1er Consul
PL. Mal FOCH
Av. A. Sérafini
Bd du Roi Jérôme
Q. Napoléon
Port Tino Rossi
Q. de la Citadelle
Av. de Paris
PLACE GAL DE GAULLE
Av. E. Macchini
R. de la Porta
R. Bonaparte
Maison Bonaparte
R. du Roi de Rome
R. Zévaco
Bd D. Casanova
Cathédrale
R. Forcioli-Conti
PLACE SPINOLA
Casino
Saint-Érasme
Citadelle
Bd Pascal Rossini
100 m
19
Bd Abbé Recco
Av. Nicolas
Pera
Route d'Alata
Rue P. Colonna d'Istri
R. Blancamaria
Mtée St Jean
Av. du Prés. Kennedy
R. D. Paoli
Cours Napoléon
Bd Charles Bonaparte
Fr. Delpellegrino
Colonel C. d'Ornano
St Antoine
Ste Lucie
Bd Maglioli
PL. DE LA GARE
Av. B. Vico
Bd Masseria
Bacchiochi
Bd Sampiero
Cours Napoléon
Rue du Cardinal Fesch
Q. L'Herminier
Mal d'Ornano
Musée d'Histoire de la Corse A Bandera
QUARTIER DES ÉTRANGERS
Av. de Paris
PLACE FOCH
Q. Napoléon
PLACE CHARLES DE GAULLE
Cours Grandval
Cours Général Leclerc
Bd Pascal Rossini
PLACE D'AUSTERLITZ
Statue de Napoléon
R. de Rivoli
R. Fabiani
R. D. Scamaroni
R. G. Péri
Boulevard Lantivy
Bd Fred
Bd A. Landry
R. Colomba
Bd Madame Mère
Bd P. Conti
Bd Albert Ier
0
200
400 m
Route des Sanguinaires
A
B
C
3
4

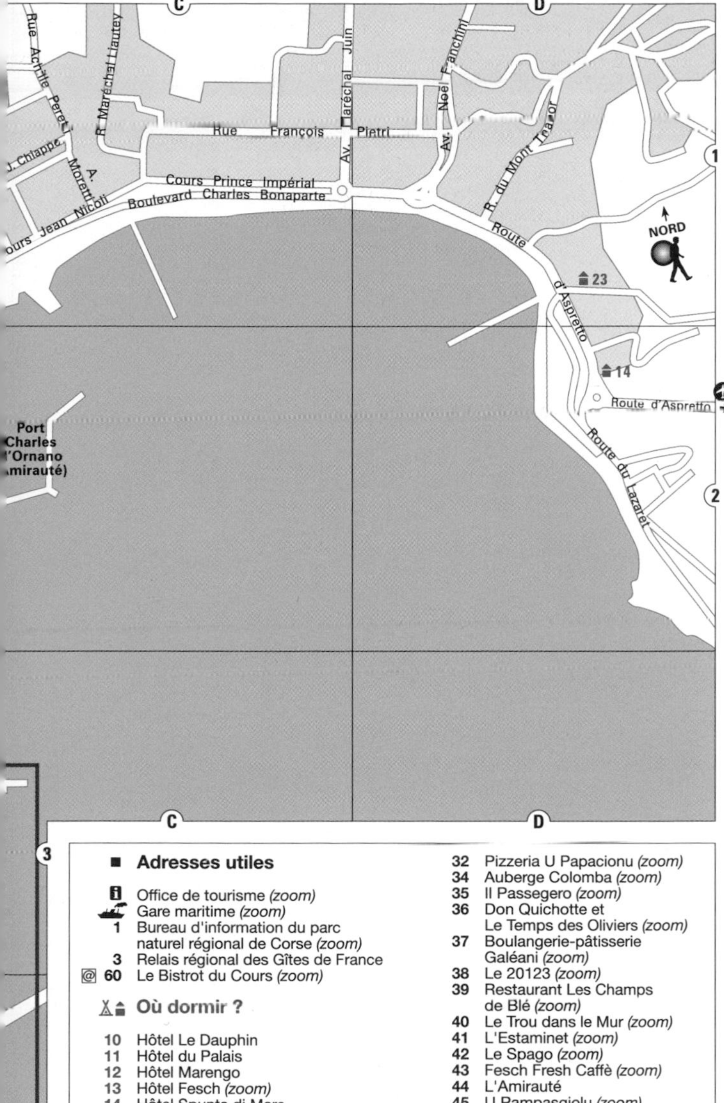

■ **Adresses utiles**

- Office de tourisme *(zoom)*
- Gare maritime *(zoom)*
- 1 Bureau d'information du parc naturel régional de Corse *(zoom)*
- 3 Relais régional des Gîtes de France
- @ 60 Le Bistrot du Cours *(zoom)*

Où dormir ?

- 10 Hôtel Le Dauphin
- 11 Hôtel du Palais
- 12 Hôtel Marengo
- 13 Hôtel Fesch *(zoom)*
- 14 Hôtel Spunta di Mare
- 15 Hôtel du Golfe *(zoom)*
- 16 Hôtel Impérial
- 17 Hôtel San Carlu *(zoom)*
- 19 Camping Les Mimosas
- 22 Hôtel Napoléon *(zoom)*
- 23 Hôtel Best Western Ajaccio Amirauté

Où manger ?

- 30 Da Mamma *(zoom)*
- 31 Ind'é Zézé *(zoom)*
- 32 Pizzeria U Papacionu *(zoom)*
- 34 Auberge Colomba *(zoom)*
- 35 Il Passegero *(zoom)*
- 36 Don Quichotte et Le Temps des Oliviers *(zoom)*
- 37 Boulangerie-pâtisserie Galéani *(zoom)*
- 38 Le 20123 *(zoom)*
- 39 Restaurant Les Champs de Blé *(zoom)*
- 40 Le Trou dans le Mur *(zoom)*
- 41 L'Estaminet *(zoom)*
- 42 Le Spago *(zoom)*
- 43 Fesch Fresh Caffè *(zoom)*
- 44 L'Amirauté
- 45 U Pampasgiolu *(zoom)*
- 46 A Nepita
- 47 Restaurant Côté Port
- 48 A Merendella Citadina *(zoom)*
- 60 Le Grand Café Napoléon *(zoom)*

Où boire un verre ?

- 60 Le Grand Café Napoléon *(zoom)*
- 62 La Part des Anges

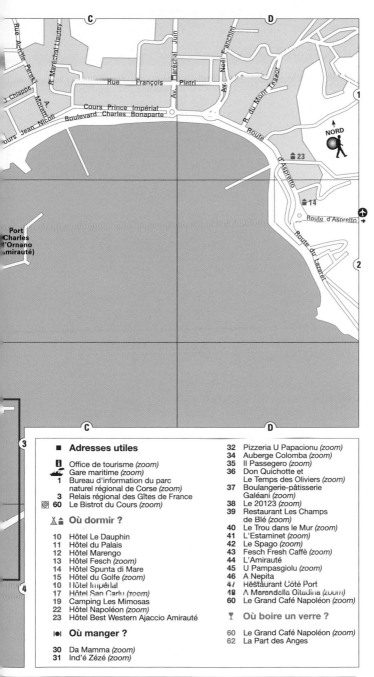

AJACCIO

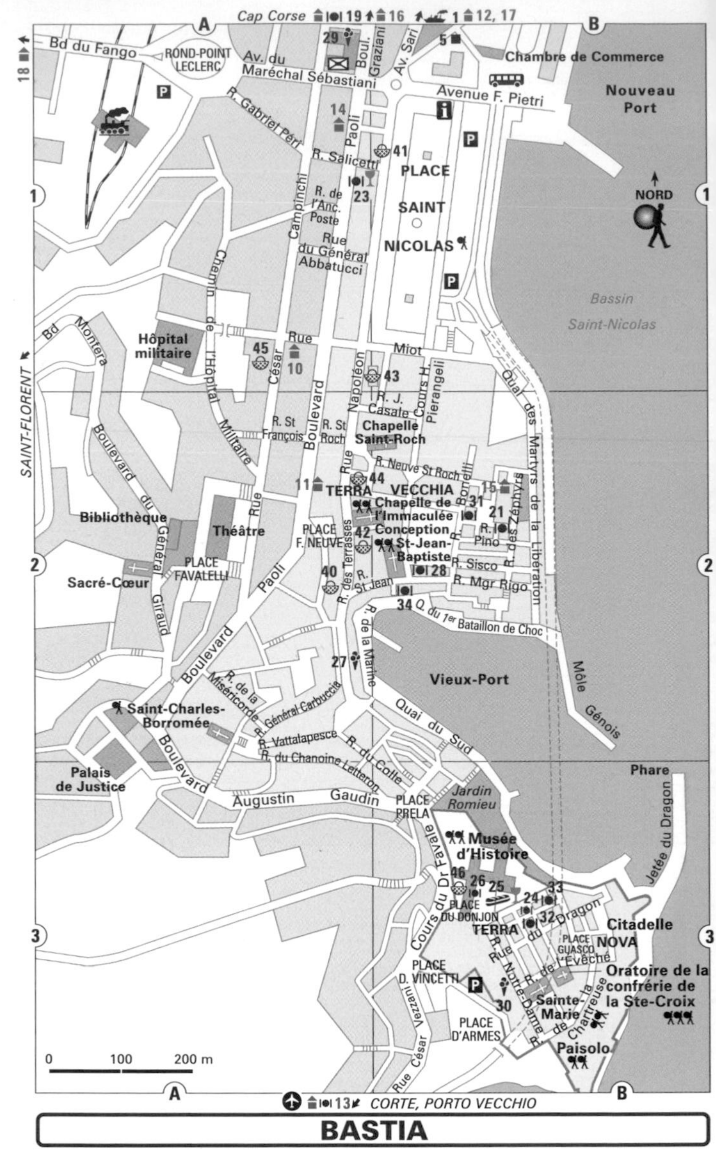

Adresses utiles

- Office de tourisme de l'agglomération de Bastia
- 1 Gare maritime
- 5 Nouvelles Frontières

Où dormir ?

- 10 Hôtel Central
- 11 Hôtel Le Forum
- 12 Hôtel Pietracap
- 13 Chez Walter
- 14 Hôtel Napoléon
- 15 Hôtel Posta Vecchia
- 16 Hôtel Cyrnéa
- 17 L'Alivi
- 18 Best Western Corsica Hôtels
- 19 Chambres d'hôtes Casa Paterna

Où manger ?

- 19 La Litorne
- 21 A Tana
- 23 Le Palais des Glaces
- 24 A Casarella
- 25 Bar de la Citadelle
- 26 Museum Cafe
- 28 La Table du Marché
- 31 Grazie Mille
- 32 Guasco
- 33 Chez Vincent
- 34 Côté Marine

Où déguster de bonnes glaces ?

- 27 Gelateria du Vieux Port
- 29 Chez Serge Raugi
- 30 Cosa Hè

Où acheter des produits corses ?

- 40 Chez Mireille
- 41 Cap Corse Mattei
- 42 Santa Catalina
- 43 A Volta
- 44 U Paese
- 45 U Muntagnolu
- 46 Corsica Colis

inconstructibles, car classés comme « espaces remarquables ». Dans le Grand Sud en particulier, les promoteurs sont sur les rangs, et on parle déjà de grands projets immobiliers tout autour de Bonifacio, au grand désespoir des associations de défense de l'environnement. Parfois, ce sont des personnalités qui, relations aidant, reussissent à obtenir leur permis de construire là où, en principe, c'est impossible... Même si, finalement, la justice a fait respecter la loi (ce qui semble être un truisme...) dans le cas du permis de construire, on ne peut s'empêcher de penser qu'à force d'essayer, certains réussiront...

Le titre du livre de la journaliste (corse) Hélène Constanty, *Razzia sur la Corse* (Fayard, 2012), n'est pas pour rassurer... Bref, il y a un danger réel, et la menace de suppression de protection de certains sites remarquables a mobilisé les associations au printemps 2013. Un an plus tard, les inquiétudes n'étaient toujours pas levées autour de la définition des Znieff (« Zones naturelles d'intérêt écologique faunistique et floristique ») de type 1, dont l'inconstructibilité était apparemment menacée, selon le collectif Loi Littoral. Et, fin 2014, alors qu'était abordée la phase finale de l'élaboration du Padduc, avec le schéma d'aménagement territorial, le flou entretenu autour de la délimitation de certains « espaces remarquables » laissait craindre de belles empoignades à venir entre investisseurs et défenseurs de l'environnement. Espérons que les Corses sauront concilier développement touristique et beauté de l'île. L'un ne va pas sans l'autre, et c'est précisément parce qu'elle est préservée que la Corse plaît autant. Qu'on ne l'oublie pas. Et que l'on n'oublie pas non plus le travail obstiné du Conservatoire du littoral en Corse qui, année après année, se porte acquéreur de parts importantes du littoral (à ce jour, une soixantaine de sites, environ 19 000 ha, 23 % des 1 034 km de linéaire côtier en zone protégée : à ceux qui trouveront que c'est encore trop peu, rappelons que, dans les Alpes-Maritimes, le conservatoire possède en tout et pour tout 500 m de côtes...). Et ce n'est pas fini : d'ici à 2050, le conservatoire espère bien avoir acquis 40 % du linéaire côtier !

Pour plus d'infos, quelques sites : celui, très riche, de l'Observatoire de l'environnement de la Corse • *oec.fr* •, celui de l'Observatoire du développement durable de la Corse • *observatoire.oec.fr* •, celui du Conservatoire du littoral • *conservatoire-du-littoral.fr* • et celui d'une association militante très active et pas toujours d'accord avec le conservatoire (U Levante) • *levante.fr* • Voir aussi • *cen-corse.org* •, le site du Conservatoire des espaces naturels, ou encore • *corseornitho.canalblog.com* • pour les passionnés d'ornithologie.

FAUNE ET FLORE

La faune

La Corse conserve une faune intéressante mais finalement pas très riche (du moins pour le profane, car les spécialistes savent, par exemple, l'importance de deux espèces endémiques à la Corse, la sittelle et l'euprocte corses, respectivement un petit oiseau et une salamandre d'eau, cette dernière respirant avec la peau, n'ayant pas de poumons).

UN PIAF RENVERSANT !

La sittelle corse, un passereau de petite taille, endémique à la Corse (on ne le trouve nulle part ailleurs en France), qui vit dans les forêts de pins laricio, présente cette capacité particulière de se promener sur les troncs d'arbres morts, la tête en bas ! Bien sûr, ce n'est pas pour cela qu'elle est une espèce menacée, mais parce que l'exploitation forestière réduit son territoire.

– En montagne, l'aigle royal règne dans les cieux. Le gypaète barbu (en corse : l'*altore,* guère plus d'une quinzaine d'individus), l'épervier et le faucon pèlerin se rencontrent aussi. Près des côtes, dans la réserve de Scandola, un autre rapace encore a été réintroduit dans les années 1970, le balbuzard pêcheur ou l'*alpana* en corse (quatre couples en 1974, une trentaine aujourd'hui).

– Parmi les mammifères, le mouflon fait figure d'emblème de la Corse intérieure. Les deux tiers du cheptel sont dans le massif du Cinto (le reste dans la région de Bavella). Mais le sanglier est bien plus présent. Récemment, dans les années 1980, le cerf de Corse, disparu dans les années 1960, a été réintroduit à partir de bêtes sardes, qui sont de la même espèce. Ce cerf corse est plus petit que les cerfs du continent. Il en va de même pour les vaches et les moutons de race corse, assez secs, petits et résistants. Les « cochons sauvages », des porcs élevés en semi-liberté, sont également de gabarit réduit par rapports à ceux du continent.

– Tortue d'Hermann (qui n'existe plus guère qu'en Provence, dans le Var et en Corse) et couleuvre sont les principaux reptiles corses. Rien de bien méchant, donc (pas de vipères en Corse).

– La faune aquatique est celle habituelle de la Méditerranée (rascasse, loup, rouget, sardine...), mais les plongeurs ont la chance de pouvoir observer des espèces plus rares : mérous, dentis, murènes et liches. Aux dernières nouvelles, on commence même à voir des barracudas, à cause du réchauffement des eaux de surface en Méditerranée ou des balistes (poissons de la mer Rouge), voire des raies mantas ! Notons aussi les anguilles de l'étang de Biguglia, les moules charnues de l'étang de Diana et les huîtres d'Urbino. La langouste passe rapidement de la mer à l'assiette (trop rapidement, d'ailleurs, la ressource se raréfie).

La flore

Contrairement à certaines autres îles de la Méditerranée, beaucoup plus arides et pelées, la Corse est une île verdoyante, la plus boisée même du monde méditerranéen environ 46 % de sa surface couverte de forêts (contre 27 % au niveau national), et ce malgré les incendies. Heureusement, le maquis repousse très vite : en 2 ou 3 ans, il renaît de ses cendres. On est frappé en Corse par la richesse et la variété de la flore : 2 835 espèces différentes ont été recensées. Et, conséquence de l'insularité, on compte 121 espèces ou sous-espèces de plantes sauvages que l'on ne trouve qu'en Corse !

Pour comprendre la flore corse, il faut raisonner par étages. Commençons par le rez-de-chaussée et montons.

– ***L'étage méditerranéen maritime*** *(jusqu'à 600 m)* **:** le royaume du maquis, rempli de parfums et de senteurs enivrantes. Arbousier, lentisque, ciste, bruyère, asphodèle, myrte, mais également chêne vert, le seul véritable arbre du maquis, appelé aussi « chêne faux-houx » ou « yeuse ». Il ressemble souvent à un gros buisson au tronc noueux. L'une des deux plantes les plus exotiques du bord de mer est l'agave, doté d'une tige élancée pouvant atteindre 10 m de haut ! L'autre est le figuier de Barbarie.

Enfin, il y a beaucoup d'eucalyptus plantés au bord des routes, le long des rivières, à flanc de colline. Arbre exotique dégageant un parfum délicieux, il sert à chasser les moustiques.

– ***L'étage méditerranéen supérieur*** *(de 600 à 900 m)* **:** le châtaignier y règne en maître. La châtaigneraie corse couvre environ 25 000 ha, dont une grande partie se trouve en Castagniccia (voir ce chapitre). On l'appelle aussi l'arbre à pain, car à partir de

GUERRE LARVÉE

La magnifique châtaigneraie corse est malade depuis qu'en 2010, le cynips, un parasite arrivé de Chine, s'attaque aux arbres. La parade est étonnante : on importe massivement de toutes petites guêpes, originaires de... Chine (!), qui sont les seuls prédateurs connus du parasite. Elles pondent des larves qui se nourrissent des larves du cynips. Et il paraît que ça marche !

1550, les Gênois l'introduisirent massivement et il servit à nourrir les habitants. Les châtaignes, après avoir été stockées dans la *chjosta* (un enclos de pierre), étaient grillées au feu de bois *(fasgioli)* ou consommées bouillies (*balotte* ou *pilate* selon qu'elles sont avec ou sans leur peau), et le plus souvent broyées pour faire de la farine *(pulenta, falculella...)*. Mais aujourd'hui, la châtaigneraie corse est en grand danger (voir l'encadré).

– ***L'étage montagnard*** *(jusqu'à 1 800 m)* **:** le domaine des pins laricio, rares en dehors de la Corse. On les remarque immédiatement à leurs hauts troncs droits, pouvant dépasser 40 m. Des géants ! Le plus vieux pin de ce type en Corse aurait, dit-on, 800 ans. Leur écorce craquelée est presque blanche. Leur bois est très recherché en ébénisterie et c'est d'ailleurs la première essence commercialisée en Corse. Plusieurs forêts plantées de pins laricio couvrent les flancs des montagnes, mais les plus majestueuses sont celles d'Aïtone et de Valdo-Niello (entre Porto et Calacuccia), ainsi que Vizzavona (route Ajaccio-Bastia).

– ***L'étage subalpin*** *(de 1 800 à 2 100 m)* **:** quelques plantes intéressantes comme l'aulne odorant, appelé aussi *bassu* en Corse. Cousin de l'aulne vert des Alpes, il apparaît à partir de 1 500 m d'altitude. Il dégage un parfum entêtant, rappelant celui des résineux.

Visites en forêt

Pour mieux connaître la forêt corse, l'Office national des forêts organise en juillet-août des visites en partenariat avec les chemins de fer de la Corse (CFC) et la Compagnie régionale des accompagnateurs de montagne dans les forêts de Bonifatu, Aïtone, Coti-Chiavari, Vizzavona et Bavella. *Rens : ☎ 04-95-32-80-57 (CFC) ou 04-95-23-78-20 (ONF).* ● *onf.fr/corse* ● Pour groupes seulement, en juillet et août. Compter, par exemple, 2h à 2h30 de visite guidée au départ de la forêt de Vizzavona, que l'on rejoint en train, le matin (en principe, le mardi ou le jeudi). Après-midi libre.

GÉOGRAPHIE

Avec des paysages pareils, difficile de parler froidement de la Corse. Les férus de géologie vous expliqueront savamment qu'on distingue une Corse occidentale granitique (mais attention, un granit haut en couleurs vives grâce à la présence de minéraux genre quartz ou mica) et une Corse nord-orientale schisteuse, plus sombre, la ligne de partage suivant une ligne L'Île-Rousse/Corte/Solenzara. Mais cette distinction est un peu réductrice et ne rend pas compte de l'extraordinaire richesse géologique de l'île (par exemple, la diorite orbiculaire du côté de Sainte-Lucie-de-Tallano, dans l'Alta Rocca, ou le granit rouge de Roccapina, ou encore le calcaire à Bonifacio). Un livre passionnant raconte cette histoire géologique : *Des roches, des paysages et des hommes. Géologie de la Corse,* par Alain Gauthier (éditions Albiana, 2006).

La possibilité d'une île

La Corse et sa grande cousine la Sardaigne formaient autrefois un seul ensemble avec les Maures et l'Esterel, autres massifs cousins. Il y a plus de 20 millions d'années s'est créé un phénomène de rift, une fracture, si vous préférez. Et c'est ainsi que, liées par un nouveau destin commun, Corse et Sardaigne sont parties à la dérive, jusqu'à se positionner sur un axe nord-sud alors que le reste de la famille restait sagement en Provence. On comprend mieux alors pourquoi, selon le cliché rebattu mais ô combien vrai, la Corse est une « montagne dans la mer », longue de 182 km de la pointe nord à la pointe sud : 19 % de la superficie de l'île dépassent les 1 000 m d'altitude et les sommets franchissant la barre des 2 000 m sont au nombre de 120. Avec ses 568 m d'altitude moyenne (c'est la plus montagneuse des îles de Méditerranée occidentale), la Corse réussit d'ailleurs à avoir davantage d'eau que les autres îles, sa richesse hydrographique constituant un atout important (et ce ne sont pas les amateurs de canyoning qui nous contrediront). L'île compte aussi 40 lacs d'altitude (lacs glaciaires), dont certains se transforment petit à petit en pozzines (grandes pelouses spongieuses qui sont une spécificité corse). Mais l'unité géographique de base, au sens de la géographie humaine, c'est bien la « microrégion ». Combien y en a-t-il ? 20 ? 30 ? D'une source à l'autre, le nombre varie, mais après tout, c'est sans grande importance. La Costa Verde est présentée comme une microrégion mais elle est constituée d'unités beaucoup plus petites (le Campoloro, le Moriani et la Tavagna). Et la petite Castagniccia est elle-même composée de trois *pieve* (autre unité historique, correspondant en gros aux paroisses et créée au Moyen Âge par les Pisans), l'Alesani, l'Orezza et l'Ampugnani. Il serait fastidieux de se lancer dans une énumération des microrégions, mais il est intéressant, quand on parcourt l'île, d'avoir en tête cette notion à laquelle les Corses attachent une grande importance, en tant que repère historique et culturel. Elle permet de comprendre, par exemple, pourquoi telle commune de montagne s'étend jusqu'à la mer en suivant la vallée (les bergers utilisaient la plage ou les terres basses pour les troupeaux, d'octobre à mai). Cela explique aussi les variations de vocabulaire dans la langue corse : pour désigner un même objet, on va par exemple avoir deux termes différents dans deux villages de montagne distants de 15 km à vol d'oiseau mais situés dans deux microrégions différentes... Pour un peu, on ne parlerait plus de la Corse mais des Corses, tant est grande la variété et la diversité de ces microrégions. Et pourtant, miracle : tout cela tient dans une seule et même île de 183 km de long et, à son maximum, de 84 km de large. Presque rien à l'échelle de la planète, et pourtant, tout un monde...

HISTOIRE

Plantée dans le grand lac civilisateur de Méditerranée, la Corse a eu sa part de vagues. Avec quand même un décalage, insularité oblige. On ne sait pas très bien quand l'homme a posé le pied sur la Corse : les traces les plus anciennes d'habitat remontent à 8500 av. J.-C. et le vestige humain le plus ancien remonte, lui, à 6570 av. J.-C. (squelette d'Araguina-Sennola, trouvé près de Bonifacio : c'est la « Dame de Bonifacio », jeune grand-mère des Corses puisqu'on estime qu'elle mourut à l'âge de 35 ans...). Certains pensent que l'homme aurait pu arriver à pied (presque) sec par le cap Corse vers 60000 av. J.-C., à une époque où le niveau de la mer était bien plus bas que de nos jours. Mais aujourd'hui, les archéologues, qui ont connaissance de huit sites, penchent plutôt pour une occupation saisonnière, qui aurait commencé au Mésolithique, vers 10000 av. J.-C., par des pêcheurs venant du continent. Lesquels se nourrissaient au début de lapin-rat (le fameux *prolagus,* disparu de l'île depuis 2 000 ans et dont on voit des spécimens au musée de Levie) et de coquillages, l'île étant très pauvre en gibier. Pour une occupation permanente, il faudra attendre quelques millénaires encore : sans doute vers 5750 av. J.-C., lorsque les premiers « colons », agriculteurs-éleveurs arrivant de Provence ou d'Italie avec leurs animaux domestiques (transportés par mer !) et important les céréales, s'installent sur l'île. Vers 4000 av. J.-C., la démographie de l'île explose, toutes proportions gardées, et une véritable société insulaire se constitue.

Les outils se façonnent dans l'obsidienne importée de Sardaigne. On célèbre des dieux : le Soleil, sans doute, et l'indispensable déesse mère obèse. Mégalithes, dolmens et autres assemblages de grosses dalles sont les manifestations de cultes restés assez mystérieux. Avec près de 260 monolithes, l'alignement de Pagliaghju (entre Sartène et Tizzano) est le mieux fourni en Méditerranée de l'Ouest.

On a pensé que les populations autochtones, qui avaient poussé l'art mégalithique assez loin, pendant 2 000 ans et sans rien demander à personne, avaient dû faire face à des invasions, dont celle des « Torréens » qui seraient venus traîner leurs guêtres au début du IIe millénaire av. J.-C. Aujourd'hui, on en est moins sûr. Ce qui semble certain, c'est qu'une nouvelle civilisation est alors apparue, caractérisée par les *torre* surtout présents dans le Sud (qui ont des équivalents en Sardaigne et aux Baléares) et par des *castelli,* des ensembles fortifiés.
Au VIe s, les Grecs de Phocée, ville d'Asie Mineure, traversent la mer pour fuir les Perses. Ils fondent Massilia (actuelle Marseille), puis Alalia, que les Romains appelleront Aléria. Les Phocéens exploitent les mines et les salines, plantent la vigne et l'olivier. Peu concernés, les Corsi font paître leurs troupeaux dans les montagnes. L'avenir justifiera leur neutralité : en 535, les flottes étrusque et carthaginoise vainquent les Phocéens (bataille navale d'Aléria), et les Phocéens vont voir ailleurs.
Le nom de l'île n'est alors pas encore fixé. Les Grecs l'appellent *Kallistè* (la Belle) ou *Cyrnos,* du nom d'un fils d'Hercule qui, selon la légende, s'y serait imposé. On parle des *Corsi* pour désigner ce peuple au langage incompréhensible, qui fuit dans les montagnes pour éviter les contacts avec l'envahisseur. Mais l'origine de ce nom reste mystérieuse : un supposé Corso, compagnon d'Énée à Troie, y aurait enlevé la princesse Sica, sœur du prince Sardo ! Ou bien un hypothétique Corsus, conquérant venu de Rome. À vrai dire, on n'en sait rien, et cette étymologie est très fantaisiste !
Viennent ensuite les Romains, vers 225 av. J.-C. Ils mettent près d'un siècle à soumettre la Corse, y réussissant après la bagatelle de 10 expéditions militaires. L'île y perd une partie de sa population, qui est remplacée par des colons romains. L'occupant peut toujours développer Aléria ou Mariana (grosse ville de garnison fondée par Marius près de l'étang de Biguglia, au sud de Bastia), les montagnes restent indomptées. Libres, les Corses tendent des embuscades aux voyageurs. Esclaves, aucun châtiment ne les effraie, pas plus que la mort. « Ils fatiguent leurs maîtres, dit le grand historien Strabon, et font regretter la somme, si petite qu'elle soit, qu'ils ont coûtée. »

Corses contre Corses

Les Romains restent 700 ans. Pendant qu'Aléria et Mariana se développent, la montagne reste inchangée. À l'origine, le christianisme ne perce guère au-delà des côtes, mais il se rattrape vite (la Corse, entre le IVe et le Xe s, est un haut lieu du christianisme, comme en témoignent les nombreux vestiges paléochrétiens présents dans l'île). Les grandes invasions glissent sur l'île. Vandales en 456, grands persécuteurs (huit martyrs à leur actif), Goths un siècle plus tard, suivis de près par les Byzantins. En 725, les Lombards débarquent... pour être chassés par les Francs. Bref, au VIIIe s et après toute une série de razzias terrifiantes, les Maures, appelés Sarrasins ou Barbaresques, ramassent la mise. Ou, plutôt, ils tentent leur chance. Ugo Colonna (héros légendaire qui n'aurait jamais existé), envoyé par le pape, conduit la reconquête et chasse les Sarrasins. En 754, Pépin le Bref promet la Corse au Saint-Siège (en échange d'être le premier roi de France sacré par le pape). Son fils Charlemagne tient la promesse, mais les Sarrasins reprennent pied en Corse. La flotte de l'un de ses fils, Pépin d'Italie, boutera définitivement les Maures hors de ces eaux. Après quoi, les Corses pourront enfin se battre entre eux.
Les féodaux, classe en vogue, décident de se partager l'île. C'est contraire aux vieilles coutumes des clans. De plus, les prétendus seigneurs sont souvent des étrangers de Ligurie ou de Toscane. Le choc des ambitions exaspère les armes. La mêlée est générale. Les insulaires, cette fois, s'offrent au pape. L'île devient fief de l'évêché de Pise. On s'en réjouit : Pise est loin, son administration, paternelle. La Corse peut s'organiser, établir ses paroisses, bâtir des églises – dans le superbe style du roman pisan. Un âge d'or...

Gênes persiste…

Au XIIe s, Gênes, qui monte, cherche à blackbouler Pise. Dans l'île, les deux villes de mer ont chacune leurs partisans : le sang corse coule. En 1284, Gênes détruit une fois pour toutes la flotte pisane. Ceux qui se sont endormis corses se réveillent génois. Durant 5 siècles, ils chercheront par tous les moyens à retrouver leur indépendance. En 1358, une révolte antinobiliaire marquera les esprits, menée par un simple homme libre, courageux : Sambucuccio d'Alando. Elle aboutit à un système de communautés villageoises autogérées. Une partie de l'île est alors débarrassée des seigneurs féodaux. Mais à sa mort, l'île est de nouveau exposée aux luttes intestines.

En 1453, péripétie curieuse : Gênes loue la Corse à ses créanciers. C'est l'opulente banque de Saint-Georges qui régente alors. Elle ramènera dans l'île la paix et la prospérité. Aux vieilles cités fortifiées (Calvi, Bastia, Bonifacio…) s'ajoutent de nouveaux châteaux, des ponts juchés sur une arche unique. Et, surtout, les fameuses tours génoises. Rondes, à bases évasées, hautes de 15 m, occupées par deux ou trois hommes, elles ceinturent les 1 000 km de la côte corse à intervalles réguliers. Si quelque galère barbaresque pointe ses voiles – et Astérix sait quelle plaie c'était, les pirates d'Afrique ! –, un feu s'y allume, permettant de donner l'alerte de tour en tour.

Mais Gênes, port déclinant d'une Italie qui s'émiette, est-elle encore Gênes ? Alliée de Charles Quint, elle subira les assauts du principal adversaire de celui-ci, le roi de France Henri II. Soutenues par un corsaire turc, les troupes françaises conquièrent l'île à l'instigation d'un noble corse, Sampiero. Hélas, Henri II va restituer la Corse dans le cadre d'un marchandage. Les insulaires sont abandonnés. Mais Sampiero a ses partisans. Pendant 2 ans, il va contrer les Génois. Pour avoir sa peau, il faudra lui tendre une embuscade.

LE SEUL ROI DE CORSE ÉTAIT… ALLEMAND !

Theodor von Neuhoff, un baron allemand aventurier, vole au secours des Corses et en profite, en 1736, pour se faire couronner roi de Corse, sous le nom de Théodore Ier. Mais la France s'allie aux Génois. Théodore ne trouve pas les appuis et les ressources nécessaires pour mener à bien ses projets de royaume ; il doit se réfugier en Angleterre. Gênes rétablit sa domination.

De nouveau puissante sur l'île, Gênes durcit sa poigne. Elle exploite l'île à outrance. Les Corses ne l'oublieront pas. En 1729, une famine exaspère la population. On prend les armes. Pour les Génois commencent 40 ans d'échecs. En 1735, les Corses vont jusqu'à proclamer l'indépendance. Gênes répond par le blocus de l'île.

Un leader sans couronne

En 1755, Pasquale Paoli est élu chef de la Résistance. C'est un général talentueux, un progressiste. Ce fils de la Castagniccia, né à Morosaglia dans le Nord-Est de la Corse, rêve d'une île indépendante. En 13 ans, de 1755 à 1767, Paoli, « le Père de la Patrie » *(u Babbu di a Patria)*, s'efforcera de faire entrer la Corse dans le concert des nations, mais les grandes puissances ne la reconnaîtront pas.

LE MAURE DANS L'ÂME

En 1762, Paoli choisit cette fameuse tête de Maure comme emblème officiel de la Corse, remplaçant, sur un même fond blanc, la Sainte Vierge !… La Corse, tout comme la Sardaigne, qui, elle, a quatre têtes de Maures sur son drapeau, avait été l'une des possessions du roi d'Aragon : sur les étendards aragonais, la tête représentait sans doute un chef sarrasin vaincu.

Au traité de Versailles, habilement négocié par Choiseul en 1768, Gênes, qui est ruinée, demande au roi de France de rétablir l'ordre en Corse pour son compte. L'île est cédée pour 4 ans, mais Gênes, qui n'a plus un sou en caisse, ne reverra jamais son ancienne possession, Louis XV annexant purement et simplement l'île, ce qui explique qu'aujourd'hui encore, plus d'un Corse considère que les Français se sont illégalement approprié l'île. Celle-ci entre en effervescence. La Corse cédée comme une vulgaire marchandise : on allait voir ! Un an plus tard, l'armée française défait les troupes corses à Ponte Novo. Les soldats du roi portent de grands chapeaux pointus, d'où le sobriquet utilisé pour les désigner (*pinzutu* : « pointu », terme toujours utilisé pour désigner les continentaux). Paoli doit fuir en Angleterre. Suite à une amnistie, il reviendra sur l'île ès qualités en 1791 après un bref séjour à Paris. Arrivé au cap Corse, « il se prosterne et embrasse en versant des larmes le sol de sa chère patrie ». Paoli ne pense qu'à la Corse. Scandalisé par les excès antireligieux de la Terreur, il se retourne et proclame un royaume anglo-corse indépendant sous protection britannique. Mais les Anglais ne le désignent pas comme vice-roi, ils lui préfèrent Sir Gilbert Elliott, aidé par Pozzo Di Borgo. Amer, Paoli repart en Angleterre en 1795, pour y mourir en 1807.

Le « Petit Corse »

Un certain Carlo-Maria Buonaparte a lancé un appel aux armes contre « les derniers envahisseurs » venus de France. De noble origine toscane, les Buonaparte étaient corses depuis le XVIe s et faisaient partie de l'élite ! Assez vite, pourtant, le paoliste flamboyant se transforme en « collabo » des Français, contre un titre de noblesse. Puis Charles-Marie cherche à faire financer par le roi l'éducation de ses fils. Notamment son deuxième fils, né en 1769, « Nabulione », dont la grosse tête fait merveille en mathématiques. Ayant décroché sa bourse, l'enfant rejoint le collège d'Autun. Son père l'y conduit : il est député de la noblesse à Versailles. Bientôt, les intrigues paternelles propulseront « Nabulione » à l'École militaire... Le garçon au teint jaune s'y montre irascible, d'une sensibilité à fleur de peau. Et brillant...

ET BONAPARTE CHERCHA UN JOB

À 16 ans, deux pistes avaient attiré son attention. Soit partir à bord d'un bateau de la marine britannique (!), soit embarquer comme astronome pour l'expédition La Pérouse *(qui sombra corps et biens sur une île lointaine). Deux destinées qui auraient changé l'histoire de l'Europe.*

En 1789, il a 20 ans et il est lieutenant. La Corse est alors partagée entre les paolistes et les « populaires », qui veulent propager la Révolution. Napoleone en est. Sur sa façade, il a inscrit : « Vive la Nation ! Vive Paoli ! Vive Mirabeau ! » Le clan Buonaparte a le vent en poupe. Paoli revenu, « Nabulione » le sert. Mais bientôt, sa fougue patriote les oppose. Il fomente des troubles et le fossé se creuse. Bien plus tard, elle n'empêchera pas le vieux chef, dans son exil à Londres, d'illuminer son appartement pour fêter l'accession au trône de son rival en 1804. « C'est un enfant de la Corse », s'excusera-t-il.

LE PREMIER GRAND ÉCHEC DE BONAPARTE

En 1793, Bonaparte choisit l'alliance avec la France contre le grand chef corse Pasquale Paoli. Il tenta de prendre la citadelle d'Ajaccio. Sans succès. On brûla sa maison. Il dut quitter la Corse avec toute sa famille pour la France. Humilié, il n'y reviendra qu'une seule fois, au retour d'Égypte.

Ensuite, l'histoire est connue. Bonaparte cède la place à Napoléon (en version française, cette fois), et pour ce dernier, même s'il s'entoure de nombreux insulaires, la Corse n'est pas la préoccupation première : l'île sera maintenue sous un régime d'exception pendant plusieurs années et l'Empereur n'y reviendra qu'une seule fois, pour une semaine !

La Corse française

En regard de sa longue histoire de troubles, la Corse a vécu les 2 derniers siècles dans une paix relative. Après son annexion, la France n'est pas restée inerte. Un gouvernement modéré mais ferme accroît la population et développe l'économie. En 1790, la Corse est organisée sur le modèle des départements français. Les fléaux insulaires (vendetta, divisions, banditisme...) déclinent au début du siècle suivant.

En 1840, la Corse est – déjà ! – à la mode. Avec sa *Colomba,* Prosper Mérimée impose l'image d'une terre ardente et sombre. Avec le décalage de rigueur, l'île profitera des progrès techniques (routes, chemins de fer...), notamment sous Napoléon III, qui fera davantage pour l'île que son illustre oncle.

Cependant, bientôt, au tournant du XXe s, la Corse s'essouffle. Les activités traditionnelles – production d'huile d'olive, culture de la châtaigne – périclitent, mises à mal par les prémices de ce qu'on appelle aujourd'hui la mondialisation. Puis la Grande Guerre décime les Corses, recrutés en masse : 12 000 hommes sont tués sur les 45 000 mobilisés. Or ces hommes sont les dépositaires du savoir-faire agricole et d'une grande part de la culture corse... Cette richesse meurt au champ d'honneur. Et la Corse, fatiguée, économiquement sur la touche (aucune industrie, une agriculture traditionnelle exsangue), se cherche, n'ayant d'autre choix que l'émigration : vers l'Amérique du Sud (Venezuela, Porto-Rico) et, surtout, la France continentale, d'où de nombreux insulaires partiront vers les colonies (on estime que 20 % de la « coloniale » était d'origine corse au début du XXe s). Ceux qui monteront sur Paris réussiront souvent dans les sphères politiques et... le banditisme : il n'est pas si loin, le temps où Pigalle était « tenu » par les Corses.

La Corse libérée par les Corses !

La Seconde Guerre mondiale plonge la Corse dans la tourmente. Pressé de « rendre » l'île à l'Italie, Mussolini l'occupe sans coup férir, au mépris des accords d'armistice, en y envoyant 85 000 hommes, aidés par 15 000 Allemands. La Résistance corse s'organise. Le sous-marin *Casabianca* surmontera mille dangers pour maintenir la liaison avec Alger. L'année 1943 sera particulièrement coûteuse pour la Résistance, mais le 24 juillet, enfin, Mussolini chute ! Une brigade SS épaule des Italiens démoralisés. Le 8 septembre, la capitulation de l'Italie donne le signal de l'insurrection, organisée par les résistants corses. 3 000 soldats marocains débarquent à Ajaccio le 23 septembre, suite à l'appel de leur sultan (et futur roi) Mohammed V. Ce soutien des armées d'Afrique est souvent oublié. Le *Casabianca* débarque 109 hommes, suivi par deux contre-torpilleurs. Ajaccio se libère aussitôt, ce que l'on oublie encore trop souvent sur le continent (jusque dans la plupart des manuels scolaires !), où Bayeux est généralement présentée comme la première ville française libérée, ce qui est faux. Le

USS CORSICA

Après sa libération en 1943, la Corse acquit un surnom : USS Corsica, qui assimilait l'île à un gigantesque porte-avions (USS = United States Ships). En effet, plus de 50 000 soldats américains furent stationnés sur pas moins de 17 bases aériennes pour préparer le débarquement de Provence.

4 octobre, Bastia, dévastée par les combats et les bombardements alliés, est également libérée.

« Le fusil ou la canne à pêche »

L'indépendantisme corse ne date pas d'hier, et nous avons vu avec Sampiero Corso ou Pasquale Paoli qu'il a souvent mené l'histoire insulaire. Cependant, depuis Paoli, pas grand-chose à l'horizon... Mais l'histoire se réveille dans les années 1960, quand la Corse s'ouvre, après une longue torpeur, au bouillonnement régionaliste. Un mouvement surtout incarne cette génération qui veut vivre au pays : l'ARC, l'Action régionaliste corse des frères Siméoni, des médecins revenus s'installer à Bastia. Avec le raidissement des années 1970, l'ARC devient franchement autonomiste, et les jeunes poussent le très charismatique Edmond Siméoni à se mouiller davantage. Un beau matin, il découvre cette inscription bombée sur le bâtiment du siège du mouvement : « Edmond, choisis : le fusil ou la canne à pêche. » Et le 17 août 1975, Siméoni se jette à l'eau. Il promet, dans un discours fleuve à Corte, de « se battre à visage découvert », d'offrir, « au service d'une cause sacrée, la liberté et le sang de ses militants ». Stupeur de ses troupes, d'autant que le médecin conclut, martial : « Un révolutionnaire, ou il gagne, ou il meurt. »

Le tournant d'Aléria

Du coup, le 21 août, un commando d'une vingtaine d'hommes armés de fusils de chasse s'en va, Edmond en tête, occuper la cave viticole d'un riche rapatrié d'Aléria : les pieds-noirs sont accusés de profiter largement des subventions et de trafiquer le vin dans la plaine orientale – 600 petits agriculteurs corses sont justement sur la paille après la faillite d'une coopérative viticole. C'est l'été, Giscard est en vacances, comme tout le monde, et c'est son ministre de l'Intérieur, Michel Poniatowski, qui tient la maison. D'une main très ferme. Il envoie à Aléria 1 200 hommes et quatre automitrailleuses régler le problème : deux gendarmes sont tués. Siméoni s'est constitué prisonnier et la Corse le soutient comme un seul homme, mais une semaine plus tard, 10 autres militants sont arrêtés. Les affrontements à Bastia tournent au combat de rue, un CRS est tué, 18 personnes blessées.

UNE RÉGION UNIQUE

La Corse n'est détachée de la région Provence-Apes-Côte d'Azur que depuis 1975. Elle bénéficie d'un régime particulier appelé « Collectivité territoriale de Corse » avec une assemblée élue au suffrage universel, siégeant à Ajaccio.

Les nuits bleues du FLNC

Plus rien ne sera comme avant. L'autonomisme est enterré, la lutte est désormais nationaliste. Et les radicaux fondent le FLNC (Front de libération nationale de la Corse) le 5 mai 1976, après une nuit bleue. Les symboles de l'État, les postes, les perceptions, les gendarmeries sautent régulièrement, comme les constructions du littoral. Les plasticages oscillent entre 400 et 600 par an, 800 les « bonnes » années (1982).

L'hydre à bras armés

Mais le « conflit » s'enlise. Les gouvernements successifs échouent dans leurs tentatives de règlement de ce qu'il est désormais convenu d'appeler le « problème corse ». La création de la région Corse en 1970, l'ouverture d'une université à Corte, l'élaboration de nouveaux statuts pour l'île en 1982, celle d'une assemblée territoriale, les avantages fiscaux, les primes diverses et même les amnisties, rien n'y fait, la surenchère continue, les attentats aussi. Et manier le bâton reste sans effet, les arrestations, les incarcérations attisent le feu plus qu'elles ne l'éteignent. Puis c'est une inflation de groupes nationalistes : MPA, ANC, Presenza naziunale, A Cuncolta, etc. Pas moins d'une quinzaine de courants coexistent, s'éteignent, se créent ou s'affrontent... Avec tous ces groupuscules incontrôlables, il n'y a, en fait, aucun leader capable de parler au nom de tous et de négocier sérieusement avec l'État, qui accumule les bourdes depuis 30 ans, un jour « autorisant » une réunion de plusieurs centaines d'hommes armés, sans intervenir, un autre en achetant, cela se chuchote, une paix éphémère à coups de millions de francs, ou, par exemple, en ordonnant aux gendarmes d'incendier une paillote *(Chez Francis)*, usant de la violence qu'il combat... Le préfet Bonnet y perd sa place (mai 1999).

Tontons flingueurs : ça se corse !

Désormais, le mouvement indépendantiste n'est plus celui des origines. Les luttes intestines, les rivalités personnelles, l'usage de plus en plus fréquent des armes, la collusion mafieuse et la levée de « l'impôt révolutionnaire » – ni plus ni moins que du racket –, tout cela nourrit des méthodes crapuleuses, dans une ambiance de tontons flingueurs. La dérive atteint des sommets : assassinat du préfet Érignac en 1998, règlements de comptes en série...

Les accords de Matignon

Jospin décide, en 1999, de réunir autour d'une table tous les partis. Le gouvernement, les nationalistes, qui se font représenter par Jean-Guy Talamoni et semblent, enfin, parler d'une seule voix, et les élus corses des partis traditionnels, droite ou gauche, tout le monde participe. Chacun expose son point de vue, défend sa position, et enfin, l'été 2000, Jospin sort un consensus de son chapeau. Un coup de maître de grand illusionniste : tout le monde applaudit, tout le monde est content ! C'est que, en réalité, les grandes décisions – étendue exacte du pouvoir législatif accordé à la Corse, obligation ou non de l'apprentissage de la langue corse, fiscalité, contrôle des permis de construire –, tout cela est évoqué, certes, mais pas dans le détail. Chacun y voit donc ce qui lui plaît : les affairistes, une perspective d'affaires immobilières juteuses, les nationalistes, le gage d'une autonomie largement accrue, et les rêveurs, un grand espoir de paix. Que nenni ! Bientôt, la légalité des accords de Matignon est contestée, et Chevènement, ministre de l'Intérieur, démissionne pour ne pas les cautionner. Puis, dans le camp adverse, c'est la zizanie : Talamoni ne contrôle plus les troupes, les attentats reprennent, un par semaine en 2001, et aussi les assassinats (une trentaine en 2001), dont ceux retentissants de Rossi (été 2000) et Santoni (été 2001), les deux leaders historiques de Presenza naziunale et sans doute d'Armata Corsa, le bras armé.

Et maintenant ?

Le changement de donne politique, en mai 2002, a enterré ces accords. Le gouvernement Raffarin a voulu montrer rapidement ses « bonnes intentions » vis-à-vis de la Corse, avec, en particulier, de nombreuses visites du ministre de l'Intérieur de l'époque... Mais voilà, l'embellie des relations gouvernement-nationalistes n'aura pas survécu à un été 2003 riche en rebondissements : l'arrestation d'Yvan Colonna, la victoire du « non » au référendum sur l'évolution du statut de l'île et le verdict à l'encontre des accusés dans le procès de l'assassinat du préfet Érignac ont conduit le camp nationaliste à durcir sa position. Et les attentats, qui n'avaient jamais vraiment cessé, ont repris à un rythme accéléré... avant qu'une nouvelle trêve soit annoncée (novembre 2003) et l'union des nationalistes proclamée, en

vue des régionales de 2004. Mais ces dernières n'ont pas réussi aux nationalistes : ils n'ont plus que 8 sièges sur 51 à l'Assemblée territoriale et la confusion qui a suivi les élections (gauche majoritaire dans les urnes mais incapable de s'entendre, d'où une victoire de la droite UMP, avec Camille de Rocca Serra à la tête de l'Assemblée et Ange Santini, maire de Calvi, à la tête de l'exécutif régional) n'a pas aidé à calmer les esprits. Dans la foulée, l'arrivée place Beauvau (ministère de l'Intérieur) de Dominique de Villepin, un jacobin pur sucre, admirateur de Napoléon, n'a pas non plus contribué à détendre l'atmosphère. Sa désignation ensuite comme Premier ministre n'aura pas changé grand-chose, l'Intérieur revenant à Nicolas Sarkozy, qui, depuis l'échec de son référendum de 2003, n'est plus animé des mêmes intentions vis-à-vis de la Corse. Fin 2004, le camp nationaliste et le gouvernement campaient chacun sur sa position dans une sorte de paix armée, rythmée par les plasticages. Pendant ce temps, l'argent du PEI (Plan exceptionnel d'investissement) voté en 2002 continuait à être versé (2 milliards d'euros sur 15 ans pour rattraper le retard d'infrastructure et d'équipement).
Le procès Pieri, début 2005, a permis de mettre au jour les pratiques affairistes d'un chef de clan, condamné à 10 ans de prison, et a débouché sur le discrédit apparent, même au sein de la mouvance nationaliste, du FNLC Union Nationale. Fin 2005, on disait que le FNLC-22 octobre, plus radical, avait le vent en poupe chez les militants nationalistes... Cela s'est traduit par un nombre de plasticages plus important, en 2006, dans les secteurs contrôlés par ce dernier. Corse éternelle... Mais le camp nationaliste n'arrive plus à masquer ses divisions : les rencontres de Corte, en août 2007, ont marqué une nette fracture entre « indépendantistes » et « autonomistes ».

L'année 2014 en Corse

Au printemps, l'Assemblée territoriale vote une mesure qui fait couler beaucoup d'encre : seuls les résidents permanents depuis 5 ans minimum pourront acheter un bien sur l'île. L'argument mis en avant est que c'est là le meilleur moyen pour contenir la frénésie immobilière et faire en sorte que « les Corses ne soient plus exclus de leur terre ». Sans grande surprise, le gouvernement rejette la délibération, la déclarant anticonstitutionnelle.
Mais la grande nouvelle de l'année, bien sûr, est l'annonce faite en juin par le FNLC, qui dépose les armes. L'organisation était depuis un certain temps en perte de vitesse face à la nouvelle génération des autonomistes qui refusent la violence du type de celle des « encagoulés », le meilleur exemple étant la victoire aux municipales de la liste Gilles Siméoni, le fils d'Edmond Siméoni (leader historique qui a participé aux événements d'Aléria en 1976). Le FNLC, pour ne pas perdre la face, a tenté de faire valoir qu'il avait gagné le combat des « idées », les revendications portées depuis la création du mouvement ayant fait leur chemin dans les esprits, parfois au-delà même des rangs nationalistes, la mesure votée par l'Assemblée territoriale à propos des résidents permanents en étant une illustration. Bilan de 38 années de violence : 10 500 attentats ont été commis sur l'île (moins de la moitié revendiqués). Cela ne signifie pas l'arrêt définitif de toute violence dans l'île, le FLNC n'étant plus qu'une composante du mouvement nationaliste qui s'est progressivement affaibli à la suite de dissidences successives.
Juin a également vu le énième conflit à la SNCM, qui n'a pas été loin de faire sombrer définitivement la compagnie : à l'automne, son avenir était toujours bien incertain. Un plan de 800 à 1 000 suppressions d'emplois a été proposé par les actionnaires et fin novembre, une procédure de redressement judiciaire était lancée pour six mois.
Autre affaire qui a suscité une vive émotion dans l'île : la mise en examen, en octobre, du bâtonnier d'Ajaccio Dominique Ferrari, déféré au pôle de lutte antiterroriste de Paris pour être mis en examen dans le cadre d'une enquête sur des attentats commis contre des gendarmeries en 2013 (des armes ont été retrouvées

dans un box appartenant à sa sœur). La lutte menée contre la criminalité en Corse semble être plus déterminée et mieux coordonnée, quitte à donner dans le spectaculaire, et il est vrai que l'année 2014 a été moins « riche » en assassinats que les années précédentes.

LANGUE CORSE

Pour un *pinzutu* (terme désignant un continental), la langue corse, c'est d'abord cette liste, de plus en plus longue, d'hôtels, de restos, de campings qui revendiquent leur corsitude. Une ribambelle d'enseignes commerciales les indiquent sur les trottoirs ou sur le bord des routes. Ce sont aussi ces panneaux routiers portant le nom des villages : la dernière lettre du nom du lieu – un *o* le plus souvent – a été barrée d'un coup de pinceau et remplacée par le *u* final (voir plus loin « Toponymes »). Les intégristes de la pureté linguistique sont passés par là. À moins que ce ne soit une autre façon pour les autonomistes de manifester leur présence !
Et puis un jour, à l'heure du pastis, on surprend une conversation entre un jeune et un ancien. Ou bien c'est un répondeur téléphonique qui laisse le message d'un ami en langue corse. Mais d'où vient-elle, cette langue, « patois de l'île des Seigneurs », que l'on dit sans cesse menacée ?
Selon un fils du pays, Pascal Marchetti, linguiste érudit et auteur de *La Corsophonie, un idiome à la mer* (Albatros, 1990), ainsi que de la méthode Assimil, *Le Corse sans peine* (et *Le Corse de poche,* également chez Assimil, c'est encore lui !), il y a d'abord eu un parler prélatin dans l'île. Puis un néolatin populaire, base du parler corse actuel. Pendant la période de domination pisane, puis génoise, la langue corse a été en contact et en symbiose avec la langue toscane. Résultat des influences syntaxiques : le corse serait « un faisceau de parlers du groupe italien ». Si Dante revenait ici-bas, il pourrait s'entendre avec le plus rustre des bergers du Niolo. Aujourd'hui, les flots de touristes italiens écoutent avec ravissement les gens de l'île.
Combattue par la IIIe République, presque anéantie par la télévision et le monde moderne, la langue corse n'est régulièrement parlée que par les vieux et une poignée de jeunes. Pourtant, on estime à 70 % le nombre d'habitants sachant la parler ! Depuis que le gouvernement lui a accordé en 1974 le statut de langue régionale, elle est enseignée. Mais les puristes préfèrent fabriquer des néologismes néocorsiens à base de français, en oubliant les affinités anciennes avec l'Italie.

UNE LANGUE BIEN VIVANTE

La quasi-totalité des petits Corses reçoivent un enseignement de la langue corse en primaire. Une sacrée performance quand on connaît le peu d'enthousiasme de l'État pour les langues régionales : il n'y a pas d'exemples similaires en France.

Il faut aussi signaler la difficulté à « fixer » cette langue. Longtemps, elle n'a dépendu que de la tradition orale, et le problème pour l'enseigner est de se mettre d'accord sur un corse « généraliste » qui soit accepté par tous.

Quelques (rapides) notions de corse

Le corse, langue latine affichant clairement sa filiation avec sa langue mère, utilise quatre voyelles distinctes pour marquer le genre et le nombre (au masculin, *u* correspond à notre article « le », au féminin, c'est *a,* leur pluriel étant respectivement *i* et *e*). Chose pratique, les mêmes voyelles finales indiquent également genre et nombre (*u mulinu / i mulini,* par exemple). Comme en latin, *u* se prononce « ou ».
Les choses se compliquent avec la prononciation. Une bonne partie des consonnes se prononcent différemment selon la place qu'elles occupent. Ainsi, *in Corsica*

(en Corse) se prononce « inn Corsiga » alors que *a Corsica* (la Corse) s'entend comme « a Gorsiga ». L'explication est que la consonne *c* devient (phonétiquement) un « g » dur après une consonne (ou un accent tonique, ou un point) et entre deux voyelles. On arrête là cette petite leçon, on n'est pas un manuel de corse !

Quelques mots corses

Castagnu	châtaignier
Liccetu	forêt de chênes verts
Pinetu	forêt de pins
Bocca	col de montagne ou détroit
Capu	cap
Monte	mont
Serra	chaîne de montagnes
Lavu (lagu)	lac
Piscia	cascade
Pace è salute !	paix et santé ! (formule de salutation très usitée)

Toponymes

La plupart des noms de lieux corses utilisés en français datent en fait de la période (honnie) de l'occupation génoise, les maîtres de la Corse parlant le toscan. Résultat : ce qui ressemble, pour les continentaux, à du corse n'en est pas et se retrouve combattu par les corsophones. Quelques exemples :
- *Sartè :* Sartène.
- *Bucugnà :* Bocognano.
- *Pruprià :* Propriano.
- *Auddè :* Aullène.

Dans la plupart des cas, la différence porte sur les voyelles finales en particulier (le plus souvent *o* en toscan et *u* en corse) et ne pose pas de problème de compréhension (*Córti* et *Cervioni* pour Corte et Cervione). La double consonne *lle* se transforme en *dd* dans le Sud. N'en soyez pas surpris et ne faites pas comme ce vacancier qui, arrivé devant un panneau marquant *Bavedda,* téléphona au parc naturel pour demander comment faire pour se rendre à Bavella ! Parfois, le toponyme utilisé couramment provient carrément d'une erreur (*Isula Rossa* signifie littéralement « île rouge » et non « rousse »). Quoi qu'il en soit, les cartes routières (Michelin, IGN) reprennent les noms en usage, même si cela déplaît à certains qui, sur les panneaux indicateurs, « corrigent » les noms de villages.

Prononciation

Vous remarquerez vite, en Corse, que les habitants « avalent » généralement les terminaisons des noms. Ainsi, Bonifacio se prononce « Bounifatch' » ; Porto-Vecchio, « Porto-Vèk ». De même, le *i* qui termine généralement les noms propres est presque effacé, comme prononcé dans un souffle. Pour certains, cette manière de prononcer est excessive et relève d'une forme de snobisme, passée dans l'usage. Il faudrait plutôt prononcer respectivement « Bounivadziou » et « Pourtivetiou », le groupement de consonnes *chj* (dans l'orthographe corse Purtivechju) se prononçant ici comme dans « tiens ». Quoi qu'il en soit, l'accent tonique, en corse, tombant le plus souvent sur l'avant-dernière syllabe, la voyelle finale reste souvent en bouche, ce qui n'est pas un problème pour les noms de lieux, invariables, mais en serait un dans la conversation courante en corse, puisque la voyelle finale sert à marquer le genre et le nombre (voir plus haut).
Quelques règles courantes : le *e* n'est jamais muet, le *ci* se prononce « tchi », le *che* donne « ké », les *r* sont roulés (légèrement, pas comme en espagnol) et les voyelles qui se suivent sont prononcées séparément (forêt d'« A-ï-tone »).

MAQUIS

La Corse sans son maquis, c'est la Bretagne sans sa lande. C'est l'un de ses signes distinctifs, une parcelle non négligeable de sa physionomie et, disons-le, de son âme. Cette végétation typiquement méditerranéenne, regorgeant de plantes et d'arbustes, forme un grand manteau, le plus souvent vert (à cause de l'eau de pluie qu'il retient) ou tirant sur le jaune dans certains coins arides et surchauffés, mais il est parfois tout noirci par les incendies (mieux vaut ne pas traîner dans le maquis ce jour-là !). Un formidable tapis, plein d'odeurs enivrantes, qui permettait à Napoléon de reconnaître son île les yeux fermés, « grâce à son odeur » justement.

Le maquis ne pousse qu'entre le niveau de la mer et 600 m, dans ce qu'on appelle l'« étage méditerranéen ». Résultat : il prend toute la Corse en écharpe, le long de la mer. On est à peine sorti de l'eau bleue et limpide que l'on entre dans le maquis « bas ». Là poussent des plantes aux noms magiques, comme le myrte, dont les fleurs blanches dégagent un parfum sucré et captivant, le ciste de Montpellier et celui de Crète, la bruyère arborescente (la *scopa,* qui fleurit mais ne donne pas de fruits, c'est pour ça que les Corses disent : *bacciardu cume a scopa,* « menteur comme la bruyère »...). Puis on trouve un autre maquis plus touffu, plus dense, monde impénétrable formé par des arbustes et des épineux (attention : ne pas s'y promener en maillot de bain) pouvant atteindre 5, 6, parfois 7 m de haut. C'est le royaume des arbousiers, qui produisent leurs fruits rouges (les arbouses) en automne. Les vaches et les cochons sauvages s'en régalent. On en fait aussi des liqueurs (pas pour les cochons). L'autre arbuste couramment répandu dans le maquis dit « élevé », c'est le chêne vert. Vert toute l'année, quand il ne brûle pas, le maquis corse se couvre de fleurs au printemps : le moment idéal pour s'y balader. Et il donne ses fruits en hiver.

Prévoyez au moins une journée de balade dans le maquis pendant votre voyage, emportez une gourde d'eau et, surtout, partez tôt le matin car en plein mois d'août dans l'après-midi, il y fait très, très chaud ! Essayez de suivre un sentier déjà balisé, comme ces boucles à la journée balisées par le parc régional. Ça évite de se perdre (ne riez pas, ça arrive souvent, et des randonneurs égarés sont même morts d'insolation). Détail important : pas de vipères dans l'île, mais beaucoup d'insectes virevoltants, et ces merveilleuses cigales constamment en train de chanter...

MUSIQUE CORSE

Chants profonds : les archétypes

La musique corse est certainement avant tout une affaire de voix, de chant. De chants profonds, sans âge, transmis de mère en fille, de père en fils depuis toujours. Cette tradition orale se perd en effet dans la nuit des temps, comme on dit, et chaque vallée, chaque village ou presque, a développé un patrimoine musical propre, ce qui fait de l'île un véritable conservatoire des traditions musicales.

L'HYMNE CORSE

Il a pour particularité d'être d'origine religieuse puisqu'il est dédié à la Vierge. Ce chant, le Salve Regina, *fut créé au XI*e *s, lors de la première croisade. Il devint l'hymne corse en 1735, lorsque les insulaires se révoltèrent contre la domination génoise. L'île se mit sous la protection de la Vierge Marie. D'ailleurs, à l'époque, le drapeau corse ne représentait pas une tête de Maure mais la Sainte Vierge.*

On retrouve cependant de grands types musicaux, construits à partir de quelques modes archétypaux de quatre à six notes *(i versi)* et que les Corses jouent et chantent à certaines occasions.
Citons *u chjam'e rispondi,* joutes poétiques où deux chanteurs improvisent un duel précisément rimé, sur à peu près n'importe quel thème (ça peut être une affaire de bétail ou de gloriole, n'importe quoi : l'important est la forme, et le vainqueur sera celui qui aura le mieux chanté et composé les vers les meilleurs, les plus percutants) ; *u brinchisu,* couplet pour célébrer un événement heureux ; *a palatina,* chant guerrier ; *a tribbiera,* chant paysan ; *a nanna,* berceuse ; *u sirinatu* pour les jeunes mariés ; *u lamentu* pour les défunts (*u voceru* en cas de mort violente, si bien décrit par Mérimée dans *Colomba*). Tous avaient leur place dans la vie sociale, en des circonstances précises.
Enfin, les chants polyphoniques lors des sérénades et fêtes de villages ou lors de processions religieuses... Ces chants polyphoniques regroupent jusqu'à une dizaine de chanteurs, mais trois voix suffisent : *bassa* (la basse), *seconda* (la seconde) et *terza* (la tierce), la basse donnant la mesure et le ton.

Les instruments derrière la voix

La *cetera,* instrument à huit cordes doublées à l'unisson, appartenant à la grande famille des mandolines (à rapprocher du cistre, très commun pendant la Renaissance), a disparu de la circulation dans les années 1930. Ce n'est qu'assez récemment que des luthiers en ont retrouvé la trace – avec notamment la découverte, en 1974, d'un rare exemplaire à Morosaglia, le village de Pasquale Paoli – et l'ont sauvé de l'oubli. Aujourd'hui, l'instrument revit et se porte comme un charme.
Les chants polyphoniques étaient souvent accompagnés ; il existe même une musique corse proprement instrumentale, mais le genre reste secondaire. Le mode de vie insulaire ayant été longtemps rustique et autarcique, les instruments étaient produits sur place : flûtes en os ou en corne de chèvre percée de trois à cinq trous *(e pivane, e pirule),* trompes d'appel des troupeaux en écorce ou en corne de vache *(e curnette),* clarinettes rudimentaires, pierres frappées ou plaquettes de bois pour les percussions (ainsi que triangles et clochettes) et, plus élaborés, violons à trois ou quatre cordes et mandoline populaire *(a cetera).* Et tous ces instruments servaient aux sérénades et aux danses lors des mariages, baptêmes et fêtes diverses.
Puis certains instruments ont été importés : accordéons, guitares (*e ghitare,* celle-ci ayant pris une importance prépondérante, la guitare, volontiers jazzy, accompagnant souvent le chant dans la musique corse populaire), harmonicas ou orgues. Enfin, au cours du XXe s, tous les instruments répandus sur le continent ont fini par être associés un jour ou l'autre à la musique corse, par tel ou tel artiste : piano, cuivres, batteries ou, plus récemment, synthétiseurs et guitares électriques.

MERCI MAMAN !

Au début de sa carrière, Tino Rossi, sans le sou, enchaîne les petits boulots. À Marseille, il tombe sur une publicité annonçant : « Enregistrez votre disque pour 5 francs. » Il voulait offrir l'enregistrement à sa mère. Dans le studio, par hasard, un technicien de Parlophone *entend sa voix et lui demande de monter à Paris. Le contrat sera signé. Ce sera exactement la même histoire, bien plus tard, pour un jeune camionneur qui voulait faire un cadeau à sa mère. Il s'appelait Elvis Presley.*

La fin du chant traditionnel

Cependant, la transformation de la société corse, qui a vu son économie et son organisation sociale changer radicalement au cours du XXe s, passant du mode pastoral et autarcique à une émigration massive vers la France continentale (sans toutefois couper le lien), ainsi que l'avènement du tourisme de masse et des moyens de communication actuels, ont eu raison du chant corse. Du moins ont bien failli en avoir raison. Il y avait bien, avant guerre, ***Tino Rossi.*** Mais quel rapport entre lui et la musique corse ? Ce rossignol d'opérette avait une voix exceptionnelle mais il n'a pas du tout chanté l'âme corse. Il ne chantait d'ailleurs pas en corse, sa musique ne l'était pas davantage, et finalement, il aura surtout contribué à donner une image quelque peu réductrice et caricaturale de l'île. À sa suite, d'autres roucouleurs de charme creuseront la même veine. Un ***Charles Rocchi*** ou un ***Antoine Ciosi*** (ce dernier ayant fêté en 2012 ses 50 ans de chanson) relevaient le niveau, mais tout de même, la chanson corse paraissait moribonde quand...

Renaissance et reconnaissance

Au début des années 1970, parallèlement au mouvement nationaliste – et ce n'est pas un hasard – survint ***Canta u Populu corsu,*** bousculant les idées reçues grâce à ses polyphonies immémoriales et aux chansons de ***Jean-Paul Poletti.*** Composé d'individus d'origines sociales diverses et venant de toute la Corse, ce groupe rendait au chant l'une des fonctions qui en Corse était sienne : faire redécouvrir son histoire, sa culture, son âme à ce peuple – lui faire redécouvrir qu'il était un peuple. Au fil d'aventures souvent épiques et de festivals internationaux, « Canta » est donc en grande partie à l'origine du renouveau du chant corse et de son actuel succès. Le groupe a disparu au milieu des années 1980, avant de se reformer une dizaine d'années plus tard. Directement ou non, la plupart des chanteurs et des groupes insulaires qui se produisent aujourd'hui en sont issus. Avant d'obtenir un grand succès au Canada, ***Petru Guelfucci*** fut avec Poletti l'un des fondateurs du groupe (il est aujourd'hui « apiculteur-chanteur », selon ses propos, à Sermano, dans le Bozio). ***I Muvrini,*** qui est certainement aujourd'hui le plus connu des groupes de musique corse, capable de remplir le Zénith à Paris, par exemple, est également un descendant naturel de « Canta ». La forte personnalité de ***Jean-François Bernardini,*** qui occupe volontiers le devant de la scène et aime communiquer avec le public, y est pour beaucoup. La formation, avec son album *Umani,* s'ouvre d'ailleurs sur le monde, sans renier ses origines (collaboration avec MC Solaar, deux chanteuses afghanes...). Mais il faut d'abord rendre hommage à son père, ***Ghjuliu Bernardini,*** qui avait travaillé au sein de « Canta » et qui est l'un des initiateurs du renouveau musical corse.

Mais à côté d'I Muvrini, d'autres groupes, moins en vue, ne sont pas moins bons. C'est notamment le cas de ***Madrigale,*** qui refuse de vendre son âme au diable en passant par les fourches caudines du show-biz. Puis, au milieu de groupes merveilleux comme ***I Chjami Aghjalesi, I Surghjenti, Cinqui So*** (plus tendance *world music*) ou ***I Palatini,*** cinq formations au moins se distinguent, accédant de succès en succès à la place qu'ils méritent :

– ***Caramusa,*** dont les chants, les airs de violon et de cornemuse corse *(caramusa)* restituent les éléments épars d'une mémoire retrouvée. Ce n'est pas seulement « folklorique », c'est aussi et surtout très bon musicalement. Ils ont sorti trois albums.

– ***Diana di l'Alba*** qui, avec des instruments d'aujourd'hui ou tirés de la nuit des temps, font renaître toute la magie de la Corse qui chante et qui danse. Ce groupe de neuf artistes formé en 1978, reparti sur de nouvelles bases en 1993, donne généralement des concerts de juin à septembre. Leur dernier album, *Indiature,* est sorti en 2013. À noter qu'ils ont créé une école de chant et de musique *(Scola di u populu).*

– ***Soledonna,*** le trio féminin des *Nouvelles Polyphonies corses,* trois jeunes femmes qui ont ouvert une brèche dans un monde de la polyphonie réservé aux hommes, et grâce auxquelles, aux Jeux olympiques d'Albertville, le chant corse a été reconnu dans le monde entier.

– ***A Filetta,*** la formation de Lumio, pour laquelle nous avons un goût particulier, tant l'excellent ***Jean-Claude Acquaviva,*** chanteur et meneur du groupe, est un artiste expressif, d'une grande sensibilité. Leurs collaborations avec le compositeur Bruno Coulais pour des musiques de film (*Dom Juan* de Jacques Weber ou *Himalaya*) ont contribué à les faire connaître sur le continent. Sans blaguer, leur disque *Una Tarra chi é* est vraiment de premier ordre. C'est le genre de galette qu'on peut réécouter sans jamais se lasser, bonne de bout en bout. Du grand art ! Et leur album *Medea* vaut aussi le déplacement, ainsi que *Bracana* (2008) et *Mistico mediterraneo* (2011), avec Paolo Fresu et Daniele Di Bonaventura.
– ***Jean-Paul Poletti,*** bien sûr, et les ***Chœurs de Sartène,*** qu'il dirige maintenant après avoir animé *Canta u Populu Corsu* et les *Nouvelles Polyphonies corses.* Le bonhomme est vraiment au-dessus de la mêlée, vrai poète-musicien. Ses textes sont des merveilles. Beaucoup plus tourné aujourd'hui vers le chant polyphonique pur et sacré, Jean-Paul Poletti semble trouver là matière à exprimer son art humble et beau, soucieux de perfection. Il a dernièrement composé la musique d'un film hollywoodien consacré à Théodore de Neuhoff.

Le village de Pigna, investi dans la musique comme on sait, a vu à lui seul la naissance de trois formations : ***A Cumpagnia, Zamballarana*** et l'ensemble féminin ***Madrigalesca.***

Rien n'est figé : de nouveaux groupes continuent à se constituer ; citons ***Barbara Furtuna,*** groupe polyphonique masculin formé en 2004 autour d'anciens de *Giramondu* et d'*A Filetta,* défenseur (entre autres) des chants traditionnels sacrés. Leur nouvel album, *Si Vita Si,* est sorti en 2013.

Où écouter de la musique corse ?

À la radio. C'est idiot mais c'est vrai : chopez une station locale (Alta ou Bleu RCFM), vous aurez droit à de la musique corse – si toutefois les gros émetteurs italiens vous laissent tranquille. Sans ça, vous en entendrez dans moult lieux publics, cafés ou restaurants... Il est aussi conseillé d'entrer chez un disquaire.

Pour les concerts, il y a les festivals (*Estivoce* à Pigna, les *Rencontres polyphoniques* de Calvi) ou les tournées estivales. Les fêtes patronales et les cérémonies religieuses sont aussi l'occasion, parfois, de chants et musiques. C'est à l'occasion de la fête patronale de Sant'Alesiu, à Sermano, que *Canta U Populu Corsu* s'est formé un certain 17 juillet 1973. Enfin, vous trouverez quelques lieux, bars ou petites salles de concerts (on en indique quelques-uns) spécialement dédiés à la musique corse : s'y produisent de petites formations, un ou deux guitaristes, une voix, et ça peut être magique. Mais là, c'est une question de moment, de chance... Signalons enfin les associations *(E Cetera, Canta u Populu Corsu, E Voce di u Comune, le Centre de musiques traditionnelles...)* et autres « ethnomusicologues » acharnés (*Isabelle Casanova, Félix Quilici, Bernard Pazzoni* – que nous remercions au passage – et d'autres...) qui accomplissent un travail remarquable, permettant largement la sauvegarde et la diffusion du patrimoine musical corse.

Petite discographie

En attendant, voici quelques CD disponibles chez les distributeurs spécialisés dans le domaine culturel. Certains disquaires de l'île ont aussi un bon choix *(**Musica Vostra,** à Corte, 28 bis, cours Paoli).* On trouve également quantité d'enregistrements, qu'on pourra écouter à la ***phonothèque du musée de la Corse,*** à Corte. On peut aussi consulter ● *ricordu.com* ● Sans oublier que la plupart des groupes corses ont leur site internet (voir plus haut les sites spécialisés dans la musique dans la rubrique « Sites internet » de « Corse utile »).
– *Chants et Danses de Corse,* A Cirnea (Le Chant du Monde LDX 74388).
– *Canti e strumenti antichi e d'oghje,* A Cumpagnia, E Voce di u Comune (Ricordu).

– *Violons corses d'hier,* Filice Antone Guelfucci, le père de Pedru Guelfucci (Ricordu, 1984, Bastelicaccia).
– *A Cetera,* Mighele Raffaelli (Cismonti e Pumonti, 1983).
– *Eri, oghje, dumane,* Canta u Populu Corsu (Ricordu, 1975).
– *Sintineddi,* Canta u Populu Corsu (Albiana, 1995).
– *Rinvivisce,* Canta u Populu Corsu (Ricordu, 2002).
– *Corse éternelle, voix et guitare,* A Mannela de Corte (Arion 30 u 149).
– *Una Tarra ci hé,* A Filetta (Olivi Music/Sony, 1994).
– *Passione,* A Filetta (Olivi Music/Sony, 1997).
– *Polyphonies corses,* le chœur d'hommes de Sartène, avec Jean-Paul Poletti (Auvidis Ethnic, 1996).
– *Leia,* I Muvrini (EMI Music, 1998).
– *Curagiu,* I Muvrini (EMI Music, 1996).
– *Pueta,* Diana di l'Alba (CDR/Ricordu). De ce même groupe, *Sumenti d'Acqua* (Ricordu) est bien aussi.
– *Canti e musica di l'isula di Corsica,* Caramusa (Ricordu).
– *Marine,* Soledonna (Universal).
– *A nostra accolta,* Giramondu (Inca Productions, distribution EMI France, 2003).
– *Per Tè,* Antoine Ciosi (Ricordu, 2000).
– *Les Vents du silence,* Jean-Paul Poletti (Ricordu, 1998).
– *Umani,* I Muvrini (Capitol Records/EMI, 2002).
– *Intantu,* A Filetta (Virgin Records, 2002).
– *Une raison de plus,* Tsutone (Clam Music, 2003). Rap corse.
– *In paghjella,* A Cumpagnia (Casa/Melodie, 2004).
– *Luna,* Zamballarana (Casa Éditions, 2004).
– *Donna Dea,* Diana di l'Alba (Ricordu, 2004).
– *A Voce Piena,* Antoine Ciosi (ZBR, 2008).
– *Viaghju,* Caramusa (Dischi Ricordi, 2008).
– *Gioia,* I Muvrini (Sony Music, 2010).
– *Imaginà,* I Muvrini (Sony Music, 2012).

PERSONNAGES

C'est fou le nombre de personnalités que cette petite île a pu produire, proportionnellement à sa population, au cours de son histoire... Nous en avons sélectionné quelques-unes, de manière totalement subjective, par manque de place. ***Napoléon*** est traité à part, comme il se doit (voir plus haut « Histoire »).

– ***Sampiero Corso :*** né en 1498 à Bastelica, ce redoutable guerrier demeure le premier héros national pour avoir combattu les Génois toute sa vie. Après des études militaires à Florence, Sampiero devient une sorte de chef des généraux de l'infanterie corse, au service de la France. Sampiero débarque dans l'île avec l'expédition franco-turque de 1553. En ralliant à sa cause les chefs de clans, il provoque le premier vrai soulèvement des Corses contre la domination génoise. Mais ses troupes s'enlisent et la Couronne l'abandonne. Revenu en France en tant que gouverneur d'Aix-en-Provence, il poursuit néanmoins son rêve. Dans un dernier sursaut d'orgueil, il débarque en 1564 dans le golfe de Valinco, soutenu uniquement par une petite troupe de fidèles ! N'ayant plus rien à perdre (il vient de tuer sa femme, soupçonnée de trahison), Sampiero traverse l'île, guerroie dans le Nord, assiège Sartène mais échoue aux portes de Porto-Vecchio. Il est finalement tué dans une embuscade en 1567 par des mercenaires génois... aidés des cousins de sa femme.

– ***Pasquale Paoli :*** ce natif de Morosaglia en Castagniccia (1725) s'est fait piquer la vedette par son grand rival, Napoléon Ier ! Pourtant, Paoli fait bien plus l'unanimité en Corse que l'Empereur : le vrai nationaliste, c'est lui. Fils d'un notable corse en lutte contre les Génois, Pasquale passe son enfance en exil à Naples. Admirateur des philosophes en vogue à l'époque, il rêve d'un grand destin pour la Corse. Les insurrections dans l'île lui permettent de se faire élire général de la nation corse en 1755. Paoli s'attache alors à créer le noyau d'un État indépendant, fondé sur une Constitution qu'il rédige avec l'aide de Jean-Jacques Rousseau. Constitution dont s'inspireront les États-Unis 32 ans plus tard, puis la France révolutionnaire. Imaginez, elle donnait le droit de vote aux femmes, cette Constitution ! Puis Paoli fait de Corte une capitale, crée une armée, une flotte, une monnaie, une université, une imprimerie, un journal... Mais il se bat presque seul contre tout le monde : les Français, les Génois et... le clan bonapartiste (profrançais). Son armée est battue et il retrouve l'exil en Angleterre. Le « Père de la Patrie », après un bref retour sur son île, mourra en 1807 à Londres, où son buste occupe l'aile sud de la nef de l'abbaye de Westminster.

LA CONSTITUTION AMÉRICAINE INSPIRÉE PAR LA CORSE

On le sait peu, mais la Constitution corse de 1755, fondée sur la séparation des pouvoirs et le suffrage universel, inspira directement les rédacteurs rassemblés autour de Jefferson. En 1776, les insurgés américains montaient à l'assaut en criant « Viva Paoli ! ». Plusieurs villes américaines portent le nom de Paoli ou de Corsica en souvenir de cette Constitution novatrice inspirée des Lumières.

– ***Theodor von Neuhoff :*** né en 1694, ce baron allemand n'a rien de corse, mais se retrouva par un hasard de l'histoire couronné « souverain du royaume corse » en 1736 ! Il rencontra des exilés corses en Italie et eut l'idée géniale de profiter de la confusion politique qui régnait alors sur l'île. Aidé par les Anglais et quelques insurgés, l'aventurier se retrouve avec une couronne de lauriers sur la tête, fait frapper une monnaie à ses initiales, tente de ramener l'ordre dans le pays. Mais, chassé par les Génois, il doit quitter son royaume au bout de 8 mois et meurt dans la misère après avoir fait de la prison pour dettes...

– ***Le cardinal Fesch :*** oncle de Napoléon Ier, fils d'un Bâlois protestant, il exerce d'abord à Ajaccio en tant qu'archidiacre, mais s'enrôle dans l'armée italienne sous la Révolution. Nommé ensuite cardinal de Lyon, Joseph Fesch peut alors retourner en Italie (dont il admire les peintres) comme ambassadeur de France auprès du pape. Avoir un neveu empereur rend bien des services ! Pour remercier ce dernier, il convainc Pie VII de venir sacrer Napoléon à Paris. Il finit tout de même par se brouiller avec son neveu, mais se console de ses soucis en admirant sa collection de quelque 16 000 œuvres d'art réunies au cours de sa vie. Il meurt à Rome en 1839, dans la disgrâce, après avoir légué sa fabuleuse collection à la Ville d'Ajaccio.

– ***Ocatarinetabelatchitchix :*** le plus célèbre des Corses pour ceux qui ne connaissent l'île qu'à travers Astérix. Goscinny et Uderzo ont réussi l'exploit d'incarner les vertus (et les petits travers) du caractère corse en un seul portrait : celui de ce chef de clan fier et courageux, susceptible mais généreux. Ce qu'on sait moins, c'est qu'Ocatarinetabelatchitchix existe : les papas d'Astérix ont pris pour modèle un certain Mimi Pugliesi, serveur-chanteur-animateur de la région de Bonifacio, décédé en octobre 2004.

– ***Tino Rossi :*** né en 1907 à Ajaccio, le petit Constantin (surnommé Tintin !) exerce déjà sa voix à l'âge de 7 ans en chantant des berceuses à ses sœurs ! Quand il s'éteint en 1983, on compte cette fois-ci ses admiratrices par millions ! Après des débuts difficiles à Marseille, la coqueluche de ces dames explose dans une revue du *Casino de Paris.* Il enchaînera avec une vingtaine de films, quatre opérettes et surtout des dizaines de disques à succès qui ont fait de lui le Français qui a vendu le plus. On espère d'ailleurs que le Petit Papa Noël touche des royalties : il pourrait transporter les jouets en Rolls. Sacha Guitry lui dédicaça son livre sur Napoléon : « Au plus célèbre des Corses moins un ! »

– ***Danielle Casanova :*** née à Ajaccio en 1909, cette jeune fille déterminée est rapidement à la tête de l'Union des jeunes filles de France (organisation communiste) et, pendant la Seconde Guerre mondiale, se lance activement dans la Résistance. Arrêtée en 1942, elle est déportée et meurt du typhus à Auschwitz. Les résistants corses ont été nombreux à payer de leur vie leur engagement : on peut citer le Bastiais ***Jean Nicoli*** et l'Ajaccien ***Fred Scamaroni,*** tous deux exécutés par les nazis en 1943.

– ***Marie-José Nat :*** cette comédienne connue, bien que discrète, est la petite-fille d'un berger de Corse-du-Sud. Sa mère vendait des fruits à Bonifacio. Mais pour faire carrière dans la voie qu'elle s'est choisie, la brune aux yeux noisette doit monter à Paris. D'abord cover-girl, elle se fait remarquer dans *Élise ou la vraie vie* et obtient un prix à Cannes en 1974. Devenue célèbre, elle n'en renie pas pour autant sa terre natale : ravie de la voir revenir au pays, la commune de Bonifacio lui a cédé une belle maison perchée sur la falaise.

– ***Laetitia Casta :*** balanine par son père, originaire de Lumio, en Balagne, le top model au top qui n'en finit pas de monter est devenue actrice et même modèle en 2000 pour la très officielle Marianne de la République française (!). Il faut dire que c'est une vraie bombe, une fusée !

– ***Jean-Cyril Spinetta :*** le P.-D.G. d'Air France, originaire de Bastelica, n'a pas toujours la tête dans les nuages, il vient dès qu'il peut se ressourcer au pays.

Chanteurs et chanteuses

Tino Rossi bien sûr, mais aussi *César Vezzani,* ténor de la première moitié du XXe s, qui a été l'un des rares Français à chanter à la Scala de Milan.

Quelques écrivains

Angelo Rinaldi, Gisèle Poli, Philippe Franchini, Jean-Claude Rogliano, l'auteur de *Mal'Concilio,* le baroudeur-écrivain *Patrice Franceschi,* le routard *Benoît Lucchini* (génial !), le poète *Pascal Bonetti* et *Marie Susini.* Et *Paul Valéry,* sétois, mais dont le père était cap-corsin (notons au passage qu'il s'appelait *Valerj,* le *j* est devenu *y,* l'état civil français étant passé par là).

On s'en voudrait aussi de ne pas mentionner l'acteur Robin Renucci, qui a écrit et a réalisé son premier long métrage de cinéma, *Sempre Vivu* (*Qui a dit que nous étions morts !* en v.f.), sorti en 2007.

Parmi les hôtes célèbres

Marina Vlady, Serge Lama, Jacques Dutronc, à Monticello ; *Yves Duteil, Jacques Higelin, Jacques Séguéla, Laurent Fabius, Victor Lanoux, Sylvain Augier* (Feliceto), *Christine Ockrent* et *Bernard Kouchner* passent toutes leurs vacances dans le Sud ; *Alain Decaux, Jean-Marie Rouart, Stéphanie de Monaco* à l'île Cavallo ; *Michel Fugain,* installé près de L'Île-Rousse ; *Michel Sardou,* qui s'est offert une p'tite cabane vers Porto-Vecchio ; *Daniel Auteuil, Françoise Xenakis,* qui aime se faire le tour de Corse en kayak de mer ; *Nicolas Hulot...*

SITES INSCRITS AU PATRIMOINE MONDIAL DE L'UNESCO

En coopération avec
le centre du patrimoine mondial de l'UNESCO

Pour figurer sur la liste du Patrimoine mondial, les sites doivent avoir une valeur universelle et satisfaire à au moins un des 10 critères de sélection. La protection, la gestion, l'authenticité et l'intégrité des biens sont également des considérations

importantes. Le patrimoine est l'héritage du passé dont nous profitons aujourd'hui et que nous transmettons aux générations à venir. Nos patrimoines naturel et culturel sont deux sources irremplaçables de vie et d'inspiration. Ces sites appartiennent à tous les peuples du monde, sans tenir compte du territoire sur lequel ils sont situés. Pour plus d'informations : ● *whc.unesco.org* ●
En Corse, le ***golfe de Porto*** (*calanche* de Piana, golfe de Girolata et réserve naturelle de Scandola) figure sur la liste du Patrimoine mondial.

SOUVENIRS DE CORSE

– De nombreux ***produits du terroir,*** miels, confitures, charcuteries, fromages, vins, liqueurs, farine de châtaigne, etc., sont vendus au bord des routes et dans les nombreux magasins. On a parfois de très bonnes surprises. Allez plutôt directement chez le producteur et essayez d'établir un contact personnel. Les brochures des *Routes des sens authentiques* ou de *Bienvenue à la ferme* donnent beaucoup de bonnes adresses.
– Dans la Castagniccia, autour de Piedicroce, des artisans fabriquent de très beaux ***objets en bois*** d'aulne, d'olivier ou de bruyère.
– On trouve encore des ***couteaux traditionnels*** corses avec lames en acier et manches en bois de l'île. Tout est fait en Corse, y compris le métal ! Des objets rares, qui ont d'ailleurs un certain prix.
– ***Potiers et verriers*** sont également assez nombreux sur l'île. Ça vaut parfois la peine de s'arrêter chez eux ; ils peuvent proposer de véritables œuvres d'art, notamment les verriers. Dans la poterie, différentes qualités, et certaines pièces sont vraiment belles.
– La fabrication de ***bijoux en corail*** est une autre spécialité corse (même si le corail est aujourd'hui protégé en Méditerranée). On trouve des boutiques et des ateliers de taille de corail dans les stations balnéaires : Saint-Florent, Porto-Vecchio, etc. Joli mais coûteux. Les pêcheurs de corail ne sont plus qu'une douzaine à exercer, et on sait combien l'exercice de leur métier est périlleux (pour trouver le corail rouge, de plus en plus rare, il faut descendre désormais à 70 m de profondeur).

TOURISME EN CORSE

Plus de 1 milliard d'euros de chiffre d'affaires, 2,5 millions de visiteurs par an : le tourisme constitue l'une des sources de revenus les plus importantes de l'île. La moitié des visiteurs viennent en juillet et août, où les deux tiers du chiffre d'affaires sont réalisés. Environ 70 % de ces touristes sont français, les autres étant surtout des Italiens et des Allemands.
Quelques précisions concernant les rapports qu'entretiennent les Corses avec les touristes... D'abord, contrairement à une idée répandue, la majorité des habitants de l'île savent recevoir les continentaux. Vous serez généralement accueilli cordialement, puis chaleureusement après un certain temps d'adaptation, et non à coups de fusil, à moins d'aller saccager le maquis avec un 4x4 ! Bien sûr, au plus fort du mois d'août, l'afflux touristique peut entrainer quelques crispations. Mais avant tout, la Corse a un besoin vital du tourisme, principale ressource de l'île. Et les Corses sont toujours flattés de constater combien leur beau pays peut plaire... La conversation s'engage facilement quand on vante les merveilles de l'île.
Pour des raisons faciles à comprendre, l'accueil peut paraître plus ouvert sur le littoral, plus habitué au passage de touristes (un visiteur sur cinq seulement séjourne à l'intérieur de l'île). En revanche, les rapports avec les habitants de l'intérieur, s'ils sont moins évidents ou moins spontanés de prime abord, sont peut-être plus sincères. Une fois la glace rompue, vous découvrirez des gens vraiment

formidables, pour qui l'hospitalité n'est pas un vain mot. Les touristes qui peuvent rencontrer quelque agressivité sont souvent ceux qui ne prennent pas le temps de comprendre les Corses et qui débarquent en « pays conquis ». Mais ceux-là, s'ils ont des problèmes, on n'ira pas les plaindre. Ici, d'une façon générale, la fierté et le désir légitime de respect passent avant l'argent du touriste, c'est assez rare dans les régions à vocation touristique, et c'est tant mieux.

La Corse hors saison

Certes, 31 °C à l'ombre et la mer à 27 °C, c'est agréable, mais la Corse en août, ça coûte cher et ce n'est pas forcément la meilleure période pour découvrir l'île et ses habitants.
Mai, juin, septembre sont des mois préférables. Il y fait beau, et l'eau est suffisamment chaude pour les bains de mer. Cela, on le sait. Mais on ne pense pas toujours à la Corse hors saison vraiment – en octobre, à Noël, à Pâques. Pourtant, cette Corse à peu près désertée par les vacanciers révèle sa nature et son charme profonds. Le *figatellu,* par exemple, quand donc croyez-vous qu'on le mange ? Il faut venir en tout début d'année pour apprécier cette charcuterie. Le *brocciu* aussi est meilleur au printemps... Sans parler des fêtes rurales, celle du Marron, à Évisa, en novembre, ou la *festa di l'olivu novu,* grand marché de l'huile d'olive nouvelle, à Sainte-Lucie-de-Tallano, en mars. Splendeur des paysages, des villages, perfection des produits... Et ces Corses, alors authentiques, sans pression, qui voient en vous l'hôte, l'étranger qu'il convient de bien recevoir, selon l'usage.
Une chose est sûre : un petit break d'un week-end ou d'une semaine en Corse hors saison, c'est la détente et le plaisir assurés – et le meilleur moyen de tomber amoureux de l'île de Beauté.

VENDETTA

Ce phénomène a été un véritable fléau des siècles durant, dans le sens où pas mal de monde restait sur le carreau : ainsi, à la fin du XVIIe s, on estime que la vendetta faisait chaque année en Corse plus de 900 victimes ! Les derniers cas en date remontent à l'après-guerre, puis le phénomène a disparu. Mais n'y a-t-il pas un fond de vendetta dans les règlements de comptes observés au sein des mouvements nationalistes ces dernières années ?
En tout cas, les villages qui en ont été le théâtre s'en souviennent. Comme à Parata, dans la Castagniccia, où toute une famille fut exterminée au XXe s parce qu'un grand-père avait osé réprimander une gamine ! À Venzolasca, dans la Casinca, deux familles, les Sanguinetti et les Paoli, s'entretuèrent pendant 36 ans pour une simple histoire de cadastre et de châtaigniers ! Des histoires incroyables comme celles-là, en grattant bien l'écorce de la mémoire, on en trouve partout en Corse. Selon une vieille coutume corse, comme dans une grande partie de la Méditerranée, un meurtre ou une offense grave (grave pour l'offensé, mais qui, vue de l'extérieur, et surtout d'un non-insulaire, peut sembler dérisoire, insignifiante) engageait aussitôt l'honneur de la famille de la victime. Parents, frères, sœurs se devaient alors de faire justice eux-mêmes en poursuivant la vengeance jusqu'au meurtre du coupable. Cela déclenchait une sorte de guérilla impitoyable entre deux clans ennemis d'un même village. La vendetta durait le temps qu'il fallait, mais elle s'achevait souvent par l'extermination de l'une des familles ou par la fuite dans le maquis du principal justicier. Celui-ci devenait alors un « bandit d'honneur » : après avoir fait justice au nom des siens, il se cachait des gendarmes en entrant dans cet impénétrable maquis, jouissant d'une sorte de neutralité bienveillante de la part des villageois qui le respectaient et le ravitaillaient. Faut-il en déduire que les Corses sont foncièrement violents, vindicatifs, sanguinaires ? Non.

Mais susceptibles, oui. Cela dit, l'une des explications de la vendetta trouve ses origines dans l'histoire.
Refusant la mainmise sur leur île par des puissances étrangères (des Romains aux Génois), les Corses ne reconnaissaient qu'en partie leurs lois et leurs institutions. D'où l'habitude de régler leurs problèmes entre eux, généralement à coups de fusil. Méfiance, donc, à l'égard de la loi : tel était le mot implicite. On demanda lors d'un reportage à un paysan corse : « Qu'est-ce que la justice pour vous ? » Réponse : « La justice... c'est ce qui est juste... pour moi et pour les miens. » Les bandits d'honneur ont souvent représenté une sorte d'idéal impossible à cerner pour les continentaux (car incompatible avec l'État de droit). Les bandits corses furent surtout à la mode au XIXe s : les gazettes et toute une littérature populaire en font des héros romanesques, anges rédempteurs condamnés par le destin, justiciers malgré eux, assoiffés de liberté et rebelles à l'ordre établi.
En 1839, Mérimée visita la Corse en tant qu'inspecteur des Monuments historiques. En passant au village de Fozzano, près de Sartène, on lui fit le récit d'une vendetta qui opposa en 1833 deux familles du patelin : les Carabelli et les Durazzo. Et surtout, il fit la rencontre de Colomba, la future héroïne de son roman. Mérimée voyait dans la vendetta une « forme ancienne et sauvage du duel ». À travers cette histoire, mélange de vécu et de fiction, il montre bien comment, en Corse, le sens de l'honneur et les liens du sang l'emportent sur toute autre considération dès lors qu'il s'agit de venger un être cher. Une logique implacable où les individus semblent obéir à la fatalité... un peu comme dans les tragédies grecques.
Publié 2 ans après le voyage de Mérimée (1841), *Colomba* connut un beau succès, mais le cliché d'une Corse cruelle et impitoyable s'ancra définitivement dans les esprits des continentaux.

VINS ET ALCOOLS

Les vins de l'île de Beauté ont, tout comme les Corses, leurs charmes et leurs caractères propres. D'ailleurs, on ne voit pas comment il pourrait en être autrement. Ici, la montagne tombe souvent directement dans la mer tandis que les vignes s'élèvent dans l'azur du ciel. Beaucoup de relief et donc de coteaux, beaucoup de soleil et une pluviosité abondante (eh oui !), ainsi que des vents forts, jouant un rôle régulateur ; la vigne pousse ici depuis l'Antiquité phénicienne. La maturation du raisin est de 10 à 15 jours plus longue qu'en Bourgogne, par exemple. C'est bien simple, si on l'avait laissée faire, la vigne aurait tout recouvert ! Ceux qui haussent les épaules avec dédain en entendant parler de vins corses devraient mettre leur pendule à l'heure : il est loin le temps où l'on ne s'intéressait qu'à la quantité au détriment de la qualité. Dans les années 1970, les vignes ont couvert jusqu'à 32 000 ha. Aujourd'hui, après une véritable révolution culturelle, on est revenu à environ 7 000 ha que se partagent 450 unités viticoles (selon la Commission européenne, ce serait encore trop !).
Cernée par la mer, la Corse a réussi à garder certains cépages bien à elle et bien adaptés à son terroir (granit, schistes et calcaire). Les plus nobles sont le niel-luccio, le sciacarello (unique à la Corse, adapté aux territoires granitiques) et le vermentino (le malvoisie de la Corse). Cela n'a pas empêché l'acclimatation des autres cépages méditerranéens, comme le cinsaut, le carignan, le grenache, le mourvèdre, la syrah et l'ugni blanc.
On produit ici du vin de table (un quart de la production), du vin de pays (la moitié) et 9 AOC (à peine 25 %) : vins-de-corse (ils sont 6), ajaccio, patrimonio et muscat-du-cap-corse.
– L'AOC la plus importante en surface et en volume est bien évidemment l'AOC régionale ***vins-de-corse.*** Elle couvre l'ensemble du territoire et offre une grande variété de vins. Certains ont ainsi le droit d'ajouter à l'appellation vins-de-corse

l'indication de leur terroir d'origine : cap Corse, Calvi, Figari, Porto-Vecchio, Sartène. Il s'agit surtout de rouges et de rosés.
Deux petites enclaves ont pu accéder à l'AOC, elles se singularisent par leurs cépages, leur terrain et leur grande qualité.
– L'AOC ***ajaccio*** est, comme son nom l'indique, produite dans les environs de la ville. On y produit d'excellents rouges issus majoritairement du sciacarello, ainsi que quelques rosés et quelques blancs.
– L'AOC ***patrimonio*** produit d'excellents vins, grâce à un mariage réussi entre des terrains calcaires et des cépages bien choisis : nielluccio pour les rouges et vermentino pour les blancs, le plus souvent en monocépages. Cette toute petite production est d'une grande qualité, avec des prix forcément plus élevés.
– L'AOC ***muscat-du-cap-corse,*** enfin, correspond à un vin doux naturel.

Quelques recommandations (non exhaustives)

– En *ajaccio* : un petit faible pour le clos d'Alzeto (rouge ou rosé) et le domaine de Pratavone (Isabelle Courrèges à Pila Canale), et une grosse faiblesse pour le Comte Peraldi (rosé extra).
– En *patrimonio* : Antoine Arena, domaine Gentile et Conca d'Ora en rouge ; en blanc et rosé, clos Marfisi (bon blanc 2005) et Orenga de Gaffory (vraiment excellent, ce dernier, et en blanc, ne pas manquer le millésime 2005). Arena à nouveau, en blanc *(Grotte di Sole).* Les rouges du domaine Leccia sont également réputés.
– En *vins-de-corse côte orientale* : on peut tenter les blancs et le muscat, parfois très bien (tout autant que celui du Cap).
– En *vins-de-corse Sartène* : pour les rouges surtout, les domaines Fiumicicoli et Mosconi, ainsi que le vin de Philippe Farinelli, domaine de Saparale.
– En *vins-de-corse Porto-Vecchio* : le domaine de Torracia en rouge.
– En *vins-de-corse Calvi* : en blanc, le clos Culombu et surtout le clos Reginu ; en rouge, le clos Reginu toujours. Le renucci blanc est bien aussi, comme le rosé (cuvée Vignola).
– En *vins-de-corse Figari* : le domaine de Tanella en blanc se débrouille fort bien. De même, le clos de Sarcone et le clos Canarelli en rouge se sont beaucoup améliorés ces dernières années. En rosé, le domaine de la Murta se défend plus qu'honorablement, comme le clos Canarelli, pas donné.
– En *vins-de-corse Cap Corse* : le clos Nicrosi en blanc.
– En *muscat-du-cap-corse* : le clos Nicrosi, le clos Gioielli et Marfisi.

Les apéritifs

Comment ne pas citer en premier le vin du Cap au quinquina, connu sous le nom de *Cap Corse,* à base de décoctions de plantes aromatiques, d'oranges macérées et de quinquina ? Aujourd'hui encore, le *Cap Corse* constitue les deux tiers de la production de la maison *Mattei.* Marché qui ne doit pas être saturé puisque la distillerie *Mavela* a lancé, en 2008, le *Cap Mavela,* à base de... quinquina ! On boit aussi beaucoup de pastis en Corse, dont les locaux *Dami* (établissements *Damiani*) et *Mannarini.* Quant au *Casanis,* très présent sur les tables des cafés, s'il est marseillais, son créateur, Emmanuel Casabianca, était bien corse !

Les liqueurs

Servies en digestif dans la plupart des restos, les liqueurs sont une autre spécialité insulaire, fabriquées à partir de toutes les plantes du maquis : menthe, myrte, châtaigne, noix, anis, mais aussi violette ou orange, ou tout autre fruit. On vous proposera peut-être de la *cédratine,* alcool à base de cédrat, une sorte de citron. Il existe même la Bonapartine !

Les bières

Oui, vous avez bien lu, nous parlons bien de la bière, la mousse traditionnellement nordique, flamande ou teutonne : eh bien, sachez qu'il en est de la corse, et de la meilleure ! La brasserie *Pietra,* créée en 1996 et installée à Furiani, produit des bières à la farine de châtaigne absolument délicieuses. L'une, ambrée, la *Pietra,* est particulièrement traîtresse avec ses 6° qui descendent tout seuls ; l'autre, la *Serena,* est une blonde un peu plus légère (5°), au final légèrement citronné. Et depuis 1999, il en existe une troisième, la *Colomba* (5°).

On les trouve un peu partout sur l'île, en bouteilles, et parfois à la pression dans les bars. Une réussite qui s'exporte même ! Bravo ! Face à la *Pietra,* une bière concurrente a tenté de relever le défi : la bière du maquis *Torra,* au myrte ou à l'arbouse. Mais si cette dernière est bien « élaborée » en Corse, elle est brassée à Jenlain.

Pour l'anecdote, la « guerre de la bière » a rebondi avec le *Corsica Cola.* Oui, là encore, vous avez bien lu ! Depuis 2003, on trouve un Coca corse, sur le modèle du Breizh Coca inventé par les Bretons. Comme c'est la société qui brasse la *Pietra* qui l'a lancé, les concurrents (ceux de la *Torra*), qui, eux, détiennent la concession *Coca-Cola* pour la Corse, ont répliqué en affirmant que leur Coca, l'officiel, était lui aussi corse depuis 1969 ! Ah ! la Corse...

Pour en terminer avec la bière, sachez aussi qu'on boit de délicieuses bières artisanales du côté de Ghisonaccia. Elles sont brassées là-bas, et comme elles sont relativement peu distribuées, on vous conseille d'aller en boire sur place (*A Tribbiera,* à Casamozza, ouvert en soirée du mercredi au dimanche). Ne pas oublier non plus *A Ribella,* autre bière corse, brassée à Patrimonio. Quant à la dernière-née des bières artisanales, la *Lutina,* elle doit son nom au hameau de Castagniccia : brassée à Folelli (sur la N 198), elle se décline sous deux formes : *Ambria* (aux écorces de cédrat) et *Viuletta* (à la myrte).

ATLANTA-CORSE : 1-0

En 1863, un pharmacien originaire de Pero-Casavecchie, Angelo Mariani, eut l'idée, après un voyage en Amérique du Sud, d'ajouter des extraits de feuille de coca à du vin rouge : le « vin de Mariani » connut un véritable succès hexagonal, avant d'être interdit en 1910, en raison de l'accoutumance qu'il produisait. Entre-temps, un docteur américain d'Atlanta (Géorgie), Pemberton, avait repris l'idée du French tonic wine, *mais, prohibition oblige, en lui enlevant l'alcool et en lui ajoutant des extraits de noix de cola et de la caféine, le tout gazéifié. Le Coke était sur les rails. Son origine (méconnue) est donc corse... mais les bénéfices américains.*

Les alcools

Signalons enfin l'apparition, en 2003, d'un whisky du nom d'*Altore,* fruit d'une collaboration corso-écossaise (l'idée en revient à Pierre-François Maestracci, un distillateur de Patrimonio : le pur malt est affiné en fûts de chêne ayant contenu du cap-corse ou du muscat, mais la distillation est faite en Écosse). Le *P & M,* un second whisky (chronologiquement parlant), qui se présente comme le premier à être 100 % corse, est décliné en trois versions (Blend, Blend Supérieur et Pure Malt) et a été commercialisé en 2004 par la distillerie *Mavela* d'Aléria, en collaboration avec la brasserie *Pietra.* Cette dernière fournit le brassage et *Mavela* distille.

BASTIA ET LE CAP CORSE

Un beau morceau de Corse authentique, avec Bastia, ses hautes façades austères, son atmosphère si méditerranéenne, et le Cap, son relief abrupt, ses villages accrochés face aux flots bleu azur – encore que, là-haut, au Cap, quand ça se déchaîne, il y a aussi de l'écume et du gris, de méchants paquets de mer qui déferlent – et, discrètes et pittoresques, ses marines pleines de charme. Et le vin, ah ! les bons vins du Cap et de Patrimonio... Il est curieux que les visiteurs ne passent pas plus de temps dans cette merveilleuse région, si différente du reste de l'île. Dommage pour les uns... tant mieux pour les autres !

BASTIA (20200) 43 500 hab.

Pour le plan de Bastia, se reporter au cahier couleur.

Un site superbe tout d'abord : l'histoire a amarré Bastia au flanc d'une montagne haute de 900 m – l'épine dorsale du cap Corse – qui dévale dans la mer. Le choc frontal avec la Grande Bleue, les longues affinités génoise et romaine, l'énergie des gens du maquis devenus citadins l'ont rendue plus méditerranéenne que nature. C'est une ville à la fois pétulante et grave. Grave comme ces maisons altières, gaie comme ces églises baroques. Ce n'est pas pour rien que Bastia est Ville d'art et d'histoire : partez à la découverte de ses quartiers aux noms d'épopées lointaines, Terra Vecchia, Terra Nova...
Notre conseil est de s'y attarder, et non d'y passer brièvement. Rater le Vieux-Port et la Citadelle serait une grossière erreur de boussole... d'autant que Bastia a vraiment un côté « outre-mer » plus authentique qu'Ajaccio. Et puis Bastia est la porte du cap Corse. Une autre aventure.

UN PEU D'HISTOIRE

Bastia, à l'origine, n'est que la marine du village perché de Cardo (aujourd'hui rattaché à Bastia) où étaient installés les pêcheurs. Au XIVe s, un gouverneur génois, Lomellini, jusqu'alors établi à Biguglia, a l'idée de faire construire une place forte sur le gros rocher qui domine Porto Cardo. Cette *bastiglia* (bastion ou bastille !) va donner son nom actuel à la ville. Les Bastiais appelleront *Terra Nova* la citadelle (terminée à la fin du XVe s, quand un certain Bonaparte, dont le nom aura de l'avenir, fait achever la construction des remparts et en est nommé le régisseur), par opposition à la ville basse, *Terra Vecchia.*

Arriver – Quitter

En bateau

Gare maritime (hors plan couleur par B1, 1) : sur le Nouveau-Port. Capitainerie : ☎ 04-95-55-25-00. • bastia. port.fr • Toutes les compagnies ci-dessous y ont un bureau.

■ ***SNCM*** *(Société nationale Corse Méditerranée ; plan couleur B1) : au Nouveau-Port. ☎ 04-95-54-66-99 ou 32-60 (0,15 €/mn). • sncm.fr • Lun-ven 9h-12h, 14h-18h.* En dehors des horaires d'ouverture, vente des billets à la gare maritime.

■ ***Corsica Ferries :*** *5 bis, rue Chanoine-Leschi, palais de la Mer, BP 275 (face au port). Comptoirs de vente au palais de la Mer ou à la gare maritime: ☎ 04-95-32-95-95. Rens et résas : ☎ 0825-095-095 (0,15 €/mn). • corsica-ferries.fr •*

■ ***Moby Lines*** *(hors plan couleur par B1) : 4, rue du Commandant-Luce-de-Casabianca. ☎ 04-95-34-84-94. • mobylines.fr • Derrière le Nouveau-Port.*

■ ***La Méridionale :*** *port de commerce. ☎ 04-95-55-25-55 ou 0810-201-320 (n° Azur). • lameridionale.fr • Agence ouv lun-ven 8h-18h et sam 8h-12h.*

➢ ***Par la SNCM :*** liaisons régulières entre Bastia et Marseille (12-13h de traversée de nuit, 9h de jour), Toulon (10h30 de nuit, 8h30 de jour), Nice le sam (11-12h de nuit, 7h de jour).

➢ ***Par la Corsica Ferries :*** liaisons Bastia-Nice (env 6h) et Bastia-Toulon (9h-12h) ; Bastia-Savone en NGV (3h) ou en car-ferry (6h) ; Bastia-Livourne (2h15-4h) ainsi que, en juil-août slt, Bastia-Piombino (1h45).

➢ ***Par La Méridionale :*** liaison Bastia-Marseille (traversée de nuit).

➢ ***Par la Moby Lines :*** liaisons entre Bastia, Livourne et Gênes.

En train

Gare ferroviaire *(plan couleur A1) : à 500 m de la gare maritime en remontant l'av. du Maréchal-Sébastiani. ☎ 04-95-32-80-61. Lun-sam 6h-20h ; dim 8h45-12h20, 16h10-19h45.*

➢ ***De/vers Ajaccio*** *(par Ponte-Leccia et Corte) :* 5 à 6 trains/j. (3 à 4 trains slt, dim et j. fériés). Un voyage à travers les plus beaux paysages de Corse. Trajet : 4h.

➢ ***De/vers Calvi*** *(par Ponte-Leccia) :* 2 trains/j. (dont 1 avec changement à Ponte-Leccia). Trajet : env 3h.

En bus ou en autocar

Destinations et horaires s'obtiennent à l'office de tourisme, à proximité duquel la plupart des départs se font depuis la gare routière *(plan couleur B1)*.

➢ ***De/vers Erbalunga :*** ligne n° 4 des bus urbains. *☎ 04-95-31-06-65. • bastiabus.com •* En sem, 6h30-19h30, env ttes les 30 mn ; ttes les heures le w-e. Départ de la pl. Saint-Nicolas.

➢ ***De/vers le lido de la Marana :*** de mi-oct à mi-mai, 1 bus/j. lun-sam (aucun le dim) ; de mi-mai à mi-oct, lun-sam 2 bus/j. (1 bus le dim). Avec les *Transports A Marana (☎ 04-95-36-08-21).* Dessert le *Camping San Damiano.*

➢ ***De/vers Macinaggio*** *(cap Corse) :* sept-juin, lun-ven 2 bus/j. ; en été, lun-ven 3 bus/j. (1 bus le sam). Départ de la gare routière avec les *Transports Micheli (☎ 04-95-35-64-02).*

➢ ***De/vers Moriani, Bravone, Aléria, Ghisonaccia, Solenzara, Porto-Vecchio :*** tte l'année, 2 bus/j. (sf dim et j. fériés de mi-sept à mi-juin). Départ devant l'office de tourisme avec *Les Rapides Bleus (achat possible des billets à l'agence* Corsicatours, *1, av. du Maréchal-Sébastiani, face à la poste ; ouv lun-ven 8h30-12h, 14h-18h30 ; sam 9h-12h, 14h30-18h ; ☎ 04-95-31-03-79).* D'autres bus desservent la côte sans aller jusqu'à Porto-Vecchio : 7 bus/j. en sem et 2 à 3 le w-e de/vers ***Moriani*** (STIB : *☎ 04-95-31-06-65)* ou 1 bus/j lun-sam de/vers ***Solenzara*** *(*Transports Tiberi : *☎ 04-95-57-81-73).*

➢ ***De/vers Saint-Florent, via Patrimonio et le col de Teghime :*** 2 bus/j., sf dim et j. fériés ; départ de la gare routière avec les *Transports Santini (☎ 04-95-37-02-98).*

➢ ***De/vers L'Île-Rousse et Calvi :***

sept-juin, lun-sam 1 bus/j. ; juil-août, tlj 2 bus/j. Trajet : 2h. Départ face à la gare SNCF avec les *Autocars Beaux Voyages* (☎ *04-95-65-11-35).*

➢ ***De/vers la Casinca (Vescovato et Venzolasca) :*** 3 à 4 bus/j. (1 sam ; aucun dim et j. fériés) avec les *Autobus Casinca* (☎ *04-95-36-74-13).*

➢ ***De/vers Ajaccio via Corte :*** 2 bus/j., sf dim et j. fériés. Départ de la gare routière avec *Eurocorse* (☎ *04-95-31-73-76).*

En avion

✈ ***Aéroport de Bastia-Poretta*** *(hors plan par A3)* ***:*** *à 20 km au sud de Bastia. Infos :* ☎ *04-95-54-54-54.* • *bastia.aeroport.fr* • Navettes de/vers l'aéroport à la gare SNCF. Une dizaine d'A/R par jour, 5h-21h30 (depuis Bastia), 10h30-23h10 (depuis l'aéroport). ☎ *04-95-31-06-65.* Compter 9 €.

■ ***Air France :*** *6, av. Émile-Sari.* ☎ *36-54 (0,34 €/mn). Dans le centre-ville. Lun-ven 8h30-12h, 13h45-18h15. À l'aéroport, tlj 6h-20h.*

■ ***Air Corsica :*** ☎ *36-54 (0,11 €/mn).*

■ ***HOP ! :*** ☎ *0825-30-22-22 (0,15 €/mn).*

➢ ***De/vers Nice ou Marseille :*** 4-6 vols/j.

➢ ***De/vers Paris :*** jusqu'à 8 vols/j.

➢ Vols également pour Bordeaux, Brest, Clermont-Ferrand, Dole, Lyon, Lille, Metz, Montpellier, Nantes, Toulon, Toulouse, Strasbourg, Bruxelles, Luxembourg.

➢ Avec *Easy Jet,* vols pour Paris (Orly et Charles-de-Gaulle), Lyon, Genève, mars-oct.

En voiture

Pour se garer, des parkings souterrains payants (ceux de la gare, de la place Nicolas ou de la Citadelle, sous la place d'Armes) ou, bien pratique, le parking gratuit de Toga (180 places), à hauteur du port du même nom mais côté terre.

Adresses utiles

Infos touristiques

i ***Office de tourisme de l'agglomération de Bastia*** *(plan couleur B1)* ***:*** *pl. Saint-Nicolas.* ☎ *04-95-54-20-40.* • *bastia-tourisme.com* • *En saison, lun-sam 8h-20h, dim 8h-13h, 15h-19h ; hors saison, lun-sam 8h-18h, fermé dim.* Bon accueil et services gratuits. On peut y réserver sa chambre d'hôtel ou trouver une liste de chambres d'hôtes, à Bastia et à proximité. Organise aussi des visites thématiques en saison (lire plus loin la rubrique « À voir »).

Poste

✉ ***Poste*** *(plan couleur A1)* ***:*** *av. du Maréchal-Sébastiani. Lun-ven 8h-19h et sam 8h-12h.*

Santé

✚ ***Hôpital :*** *à 6 km du centre,* ***Paese Novo,*** *par la D 81 puis la D 264.* ☎ *04-95-59-11-11.*

Transports

■ ***Taxis : Taxis Bleus,*** ☎ *04-95-32-70-70. Compter env 40 € entre l'aéroport et le centre-ville.*

■ ***Bus urbains : Société des autobus bastiais,*** ☎ *04-95-31-06-65.* Une douzaine de lignes, dont la nº 6 (Gare-Citadelle, navette gratuite) et la nº 3 (Palais-de-Justice-Cardo), peuvent se révéler utiles. Attention, peu de bus le dimanche.

■ ***Location de voitures : Hertz,*** *sq. Saint-Victor,* ☎ *04-95-30-05-16 ; à l'aéroport,* ☎ *04-95-30-05-00.* ***Europcar,*** *à l'aéroport,* ☎ *04-95-30-09-50 et 3, rue Chanoine-Leschi,* ☎ *04-95-31-59-29.* ***Ada,*** *35, rue César-Campinchi,* ☎ *04-95-31-48-95 ; à l'aéroport,* ☎ *04-95-54-55-44.* ***Avis*** *(Ollandini), rue J.-Luciani,* ☎ *04-95-31-95-64 ; à l'aéroport,* ☎ *04-95-54-55-46.*

■ ***Location de motos, scooters et bateaux : Toga Location Nautique,*** *port de plaisance de Toga.* ☎ *04-95-34-14-14.* • *togalocation.com* • Deux-roues de 100 à

650 cm³, bombards, hors-bord, voiliers et 4x4.

Agence de voyages

■ ***Nouvelles Frontières*** *(plan couleur B1,* ***5****) : 2, rue du Commandant-Luce-de-Casabianca. ☎ 04-95-32-17-04. • bastia.nf@nouvelles-frontieres.fr • Lun-ven 8h30-12h, 14h-18h30.*

Loisirs

■ ***Objectif Nature :*** *3, rue Notre-Dame-de-Lourdes. ☎ et fax : 04-95-32-54-31. 📱 06-12-02-32-02. • objectif-nature-corse.com • Ouv tte l'année.* Propose des randonnées pédestres accompagnées : le GR 20, le chemin des Douaniers, l'ascension du monte Cinto. Également des randonnées accompagnées à la journée. Activités en eaux vives : kayak, hydrospeed, rafting... Et encore équitation, parapente (dans le cap Corse), location de VTT. Service de consigne à bagages.

Divers

■ ***Le Lavoir du Port*** *(hors plan couleur par B1) : rue Luce-de-Casabianca, En retrait du terminal nord, derrière la station-service. Tlj 7h-21h.* Laverie automatique.

Où dormir ?

Pour les hébergements chez l'habitant ou meublés de tourisme, s'adresser à l'office de tourisme.

Prix moyens

☗ ***Hôtel Le Forum*** *(plan couleur A2,* ***11****) : 20, bd Paoli. ☎ 04-95-31-02-53. • contact@hotel-leforum.com • hotel-leforum.com • Tte l'année. Doubles 50-80 € selon saison.* 📶 Passé le hall d'entrée et quelques couloirs qui ont fait leur temps, la réception et les chambres (avec TV) de ce petit hôtel très central combinent vieux meubles et décors modernes. Pas d'ascenseur. Les prix y gardent la tête froide et l'accueil allie chic et gentillesse.

☗ ***Hôtel Napoléon*** *(plan couleur A1,* ***14****) : 43, bd Paoli. ☎ 04-95-31-60-30. • hotel.napoleon@hotmail.fr • hotel-napoleon-bastia.fr • Réception au 1er étage. Doubles 54-80 € selon saison, ttes avec AC. TV.* 📶 *Un petit déj/chambre offert sur présentation de ce guide.* Hôtel 2 étoiles d'une douzaine de chambres, de bon confort, insonorisé (salle de bains, minibar, coffre, sèche-cheveux).

De prix moyens à chic

☗ ***Hôtel Posta Vecchia*** *(plan couleur B2,* ***15****) : 8, rue Posta-Vecchia. ☎ 04-95-32-32-38. • info@hotel-postavecchia.com • hotelpostavecchia.com • Congés : 22 déc-6 janv. Doubles 52-107 € selon saison et situation (3 catégories de chambres).* 📶 Bien que rénové, cet ancien bâtiment est plein de couloirs, et il n'y a pas 2 chambres identiques. Leur confort est variable, celles mansardées étant petites mais agréables (sauf par grosses chaleurs), et celles ayant vue sur le port aussi. D'autres sont plus sombres. L'annexe de l'autre côté de la rue occupe un immeuble plus simple, aux chambres plus standard.

☗ ***Hôtel Cyrnéa*** *(hors plan couleur par A-B1,* ***16****) : à* ***Pietranera.*** *☎ 04-95-31-41-71. • hotelcyrnea@wanadoo.fr • hotelcyrnea.monsite.orange.fr • À 2 km de Bastia, route du cap Corse. À droite en entrant dans Pietranera. Congés : de mi-nov à mi-fév. Doubles 50-98 € selon saison et vue (rue ou mer).* 💻 📶 *Garage clos offert à nos lecteurs (s'ils prennent le petit déj).* Longue bâtisse des années 1970, bien tenue, avec des chambres (dont des familiales) climatisées et dotées de ventilateurs, douche, w-c et TV satellite. Celles côté rue sont insonorisées. Grand jardin par-derrière descendant jusqu'à une petite plage de galets à 30 m de l'hôtel. Les chambres côté mer, plus chères, bénéficient d'un balcon, idéal pour prendre le petit déj face au soleil levant.

De chic à beaucoup plus chic

Hôtel Central *(plan couleur A1, **10**) : 3, rue Miot. ☎ 04-95-31-71-12. • infos@centralhotel.fr • centralhotel.fr • Tte l'année sf 22 déc-14 janv. Doubles avec douche ou bains et balcon env 70-150 € selon confort et saison.* *Un petit déj/chambre offert sur présentation de ce guide.* Dans un immeuble de famille, un hôtel d'une vingtaine de chambres, fort bien tenu. En fait, il s'agit certainement du meilleur rapport qualité-prix-charme du centre de Bastia. Chambres chaleureuses, à l'atmosphère familiale, aux couleurs méditerranéennes, toutes différentes, avec TV câblée. Les têtes de lit en bois, entre autres, ont été dessinées par le patron lui-même, fort sympathique d'ailleurs. Quelques suites également, aux 4e et 5e étages *(140-260 €)*. Charmant accueil.

Best Western Corsica Hôtels *(hors plan couleur par A1, **18**) : av. Jean-Zuccarelli. ☎ 04-95-55-05-10. • contact@corsica-hotels.fr • corsica-hotels.fr • À 500 m au-dessus de la gare. Tte l'année. Doubles env 62-160 € selon standing et saison. Petit déj-buffet 10 €. Garage fermé sur résa 7,70 €/j.* *10 % de remise sur présentation de ce guide (pour les résas en direct).* Évidemment, ceux qui n'aiment que les vieilles pierres empreintes d'histoire(s) feront mieux de retourner dans le centre-ville ; les autres apprécieront un établissement tout neuf, aux chambres fonctionnelles et suffisamment grandes. Bon niveau de confort pour cet hôtel 3 étoiles au prix d'un 2-étoiles : écrans plats, wifi. Également des chambres de catégorie supérieure avec coffre-fort et dressing.

Hôtel Pietracap *(hors plan couleur par B1, **12**) : 20, route de San-Martino, Pietranera, 20200* ***San-Martino-di-Lota.*** *☎ 04-95-31-64-63. • info@hotel-pietracap.com • pietracap.com • À 3 km de la sortie de Bastia. Sur la route du cap Corse, prendre sur la gauche la D 131 (fléché). Ouv avr-nov. Selon confort et saison, doubles 78-228 €. Petit déj 13 €.* Un beau 3-étoiles tout blanc, niché dans la verdure, sur plusieurs niveaux en décalage les uns par rapport aux autres, le tout agrémenté par beaucoup de fleurs et pas mal de verdure. 3 catégories de chambres. La plupart, de bon confort, ont vue sur mer (demandez-les de préférence). Vous aurez immédiatement noté le style très marqué années 1970 (sièges vert pomme, murs crépis... très en retour de mode finalement) et les espaces communs qui accueillent de lumineuses toiles marines. Jolie piscine en contrebas du jardin. Petite restauration en été.

L'Alivi *(hors plan couleur par B1, **17**) : route du Cap, à 1 km du port de plaisance (sur la droite de la chaussée). ☎ 04-95-55-00-00. • hotel-alivi@wanadoo.fr • hotel-alivi.com • Ouv de mi-mars à fin oct. Resto tlj sf lun. Doubles standard avec douche 95-140 € ou bains 135-210 € selon saison. Petit déj 15 €. Parking fermé gratuit.* Vu de la mer, c'est le genre de construction qui n'arrange pas le littoral, long bâtiment rectiligne de 3 étages. Mais quand on est à l'intérieur, on apprécie le bon confort des chambres spacieuses et lumineuses (grande baie vitrée) et l'accès direct à la plage (galets). Toutes les chambres ont un balcon avec vue sur mer et sont dotées de tout l'équipement d'un 3-étoiles. Piscine sur une grande terrasse. Restaurant *(L'Archipel)* chic de très grande qualité.

Où manger ?

Bon marché

A Tana *(plan couleur B2, **21**) : 2 bis, rue Posta-Vecchia. ☎ 04-95-38-71-18. • a-tana@orange.fr • Tlj sf dim midi et mar. Pizzas 8,50-11,50 €, pâtes 8-18 €. Café offert sur présentation de ce guide.* Dans une ruelle couronnée par de hautes voûtes, pleine d'un charme bastiais un rien désuet, ou dans une salle façon caveau, voilà notre meilleure option pour se régaler de bonnes pizzas. Également de copieuses et bonnes assiettées de pâtes pour se rappeler la proximité de l'Italie. Les petits prix n'empêchent en rien un service simplement bon.

Bar de la Citadelle *(plan couleur B3,* ***25****) : 1, rue de la Paroisse. ☎ 04-95-31-24-80. • paccioni2b@gmail.com • Tlj. Formule déj 17 €, pizza 8 €,* bruschette *6-8 €. Café offert sur présentation de ce guide.* Posé sur l'une des plus jolies place de la ville, voilà un bar parfait pour boire un petit coup (sans excès) ou se caler une faim avec quelque sandwich, pizza ou *bruschetta.* Desserts maison. Un œil sur la citadelle, un autre sur le port juste en dessous.

Museum Cafe *(plan couleur B3,* ***26****) : pl. du Donjon. Mars-oct, tlj 8h-minuit. Pizzas 9-13 €. CB refusées.* La terrasse d'à côté est peut-être plus prisée pour sa vue plongeante sur le port, mais pour les pizzas, c'est ici qu'il faut venir. Quelques plats également. Le *Museum Cafe* est aussi un bar à fruits et un lieu festif (soirées régulièrement en saison).

Prix moyens

Le Palais des Glaces *(plan couleur A-B1,* ***23****) : 13, bd du Général-de-Gaulle (pl. Saint-Nicolas.) ☎ 04-95-31-05-01. Tte l'année (fermé le soir en basse saison). Plat du jour 13-15 €, menu 20 €. Café offert sur présentation de ce guide. Le Palais,* une brasserie avec grande terrasse sur la place Saint-Nicolas, est une cantine pour nombre de Bastiais. Confortables fauteuils en osier avec coussinet. On se prend le plat du jour ou une des salades proposées.

Côté Marine *(plan couleur B2,* ***34****) : Vieux-Port. ☎ 04-95-33-66-65. • paul.pierinelli@wanadoo.fr • Tlj midi et soir. Congés : nov-25 mars. Menu corse 18,50 € ; formule de la mer 23,50 € ; menu langouste 26,50 € ; carte env 25-30 €. Digestif ou menu enfants (jusqu'à 6 ans) offert sur présentation de ce guide.* L'une des plus sympathiques adresses du Vieux-Port, qui n'en manque pas. Les menus et formules offrent toute satisfaction. Également des pizzas. Service aimable et efficace.

Organise le Salon du chocolat et des délices de Corse, fin octobre.

Chic

Grazie Mille *(plan couleur B2,* ***31****) : 1, rue du Marché. ☎ 04-95-32-38-22. • graziemillebastia@libero.it • Fermé mar midi et soir, et mer midi. Formule à midi lun-ven 15 € (plat du jour + dessert). Pâtes 14-21 €, viandes 17-31 €.* Un italien qui fait l'unanimité sur la place du Marché et plus largement à Bastia. On y vient pour les pâtes maison et pour les spécialités de l'Ombrie, ou encore pour les desserts. La patronne sait incontestablement y faire et excelle dans la présentation des plats de sa carte. Fraîcheur des produits, service excellent, que demander de plus ? Merci infiniment !

La Table du Marché *(plan couleur B2,* ***28****) : pl. du Marché. ☎ 04-95-31-64-25. • fredgomila@gmail.com • Congés : déc. Fermé dim soir. Menu 30 € (sf j. fériés) ; carte env 40 €.* C'est curieux, à Bastia, le Vieux-Port est bondé et, à vingt pas de là, la place du Marché est quasi déserte, avec ses immeubles typiques et sa fontaine moderne à la jeune fille gironde. Le resto y a posé sa terrasse. Le menu est déjà très satisfaisant, mais rien n'empêche, si vous êtes en fonds, d'aller piocher dans la carte et les plats corses ou le poisson (chapon à la provençale). Décor élégant et recherché en salle.

Chez Vincent *(plan couleur B3,* ***33****) : 12, rue Saint-Michel. ☎ 04-95-31-62-50. • chezvincentbastia@orange.fr • Ouv lun-ven et sam soir. Congés : 15 j. début nov et 1er-20 janv. Formule déj 18,50 € (« l'assiette du bandit ») ; carte env 30 €.* L'une des bonnes adresses de la Citadelle, offrant une très belle vue depuis la terrasse tout en longueur (en hiver, on mange dans une petite salle). Piocher à la carte parmi les spécialités, dont le pavé de bœuf en croûte. Pizzas également.

A Casarella *(plan couleur B3,* ***24****) : 6, rue Saint-Michel. ☎ 04-95-32-02-32. • acerchef@yahoo.fr • Fermé lun midi et dim en basse saison. Assiette du maquis 18 € (café gourmand et* *demi-pichet de vin compris, slt à midi en sem) ; carte env 35 €.* Le resto est situé dans la Citadelle, près de l'ancien palais des Gouverneurs génois. Essayez d'avoir une table sur la belle terrasse, avec le Vieux-Port en contrebas. Dans la carte se distinguent, entre autres, le cochon noir caramélisé à la figue, le cabri aux herbes et, en dessert, l'excellent *fiadone*.

🍽 ***Guasco*** *(plan couleur B3, **32**) : 6, rue du Dragon.* ☎ *04-95-31-44-70.* • *leguasco@orange.fr* • *Fermé : dim et lun sept-juin ; dim et lun midi juil-août. Congés : 3 sem en nov ou janv. Menu déj 19 € ; autres menus 28-38 €.* La formule du midi donne déjà accès à une cuisine gastronomique de première qualité, mais on en prend toute la mesure en optant pour l'un des 2 menus : le premier change tous les mois et s'adapte aux produits de saison ; le second s'articule autour d'un thème comme le gibier l'hiver et la langoustine du Cap l'été. Belle salle qui conserve un moulin à huile du XVIIIe s. Une excellente adresse, régulière et justement réputée.

Où dormir ?
Où manger dans les environs ?

Camping

⛺ ***Camping San Damiano :*** *lido de la Marana, 20620* ***Biguglia.*** ☎ *04-95-33-68-02.* • *san.damiano@wanadoo.fr* • *campingsandamiano.com* • ♿ *À 5 km au sud de Bastia, en bord de plage. Ouv 1er avr-30 oct. Compter 26,60 € pour 2 en hte saison ; bungalows 2-6 pers 343-1 295 €/sem selon saison.* 📶 À proximité de Bastia (et à 10 km de l'aéroport) ; 250 emplacements bien ombragés dans l'ensemble, accès direct à la plage, épicerie, tennis. Piscine toute neuve. Éviter les emplacements trop proches de la route.

Bon marché

🏠 ***Chambres d'hôtes Casa Paterna*** *(hors plan couleur par A1, **19**) : chemin les Oliviers, 20220* ***Ville-di-Pietrabugno.*** ☎ *04-95-31-53-70.* 📱 *06-15-90-24-38. Depuis le rond-point à la sortie du port des ferries, prendre la route de Ville-di-Pietrabugno sur 1,5 km jusqu'au fléchage à droite. Tte l'année. Double avec sdb partagée 50 €. Petit déj 7 €.* C'est dans un univers d'objets kitschissimes que l'avenante Mme Silvia Pasqualina accueille ses hôtes, comme elle recevrait ses petits-enfants. 4 chambres bien tenues, dont 3 avec balcon, profitent de la vue sur la ville et le port.

Chic

🏠 🍽 ***Chez Walter*** *(hors plan couleur par A3, **13**) : à Casamozza, sur la commune de Lucciana, 20290* ***Borgo.*** ☎ *04-95-36-00-09.* • *chez.walter@wanadoo.fr* • *hotel-chez-walter.com* • ♿ *À 20 km au sud de Bastia, sur la gauche de la N 193 (à 4 km après le carrefour pour l'aéroport). Resto fermé dim (sf août) et 16 déc-7 janv. Doubles avec sdb 98-100 € selon saison (doubles « privilège » plus chères). Menus à partir de 23 €.* 📶 Une adresse confortable et fiable, dirigée avec professionnalisme. Chambres de fort bon standing (AC, TV satellite), certaines toutes récentes. Piscine, tennis et beau grand jardin dans cet hôtel apprécié du personnel navigant en escale et des équipes de foot venues défier Bastia. *Fitness center* à disposition des clients. Très bonne table, orientée mer (loup, langoustines, fruits de mer).

🍽 ***La Litorne*** *(hors plan couleur par A1, **19**) : à Casavecchie, 20220* ***Ville-di-Pietrabugno.*** ☎ *04-95-31-41-89.* • *contact@restaurantlalitorne.com* • *Depuis le rond-point à la sortie du port des ferries, prendre la route de Ville-di-Pietrabugno sur 3 km jusqu'à Casavecchie. Ouv dim et ts les soirs mar-sam. Congés : 3 sem en oct. Compter 35 € à la carte. Café offert sur présentation de ce guide.* Si proche de Bastia et déjà la tête dans une ambiance de montagne, le cœur agrippé à un hameau pur terroir corse, pour une cuisine d'ici au gré de plats novateurs. Le veau se vante de sortir du cheptel du plus grand éleveur de Corse, les desserts allient fraîcheur et belles saveurs. Cette *Litorne* est une excellente option.

Où boire un verre ? Où écouter de la musique ?

🍷 La place Saint-Nicolas *(plan couleur B1 ;* voir plus haut, ***Le Palais des Glaces***) et le quai des Martyrs-de-la-Libération *(plan couleur B2)* alignent nombre d'établissements, respectivement face à l'animation ou au grand large. Mais notre lieu de prédilection pour se poser est la place du Donjon, dans la Citadelle.

Où déguster de bonnes glaces ?

🍦 ***Chez Serge Raugi*** *(plan couleur A1,* ***29****) : 2 bis, rue du Chanoine-Colombani. ☎ 04-95-31-22-31. Fermé lun juin-sept, dim ap-m et lun oct-mai. Congés : 5 sem en hiver, 1 sem en sept. Possibilité d'y manger sur résa.* On trempe ici dans la glace, et la bonne, de père en fils depuis des lustres. L'hiver, ne pas manquer la tarte aux pois chiches.

🍦 ***Cosa Hè*** *(plan couleur B3,* ***30****) : 7, rue Notre-Dame, dans la Citadelle. 📱 06-51-37-21-67. Ouv mar-sam 10h-12h30, 14h30-19h.* Cet « atelier sucré de curiosités » dispense, entre autres, d'excellentes glaces du maître glacier de Saint-Florent, Salge.

🍦 ***Gelateria du Vieux Port*** *(plan couleur A2,* ***27****) : rue de la Marine.* On y trouve les excellentes glaces *Salge* de Saint-Florent.

Où acheter des produits corses ?

🧺 ***Marché traditionnel*** *(plan couleur B2) : pl. de l'Hôtel-de-Ville, sam-dim.*

🧺 ***Chez Mireille*** *(plan couleur A2,* ***40****) : 5, rue des Terrasses. ☎ 04-95-32-05-69. Tlj sf lun.* Pour se ravitailler en *canistrelli* au citron, en *fiadone* ou en beignets à la farine de châtaigne, entre autres... Une bonne petite adresse des familles, présente depuis bien longtemps dans le cœur (et l'estomac) des Bastiais.

🧺 ***Cap Corse Mattei*** *(plan couleur B1,* ***41****) : 15, bd du Général-de-Gaulle. ☎ 04-95-32-44-38. Tlj sf dim, 9h-12h, 14h-19h.* L'un des plus vieux magasins de Bastia. On y vend des vins à l'orange, à la mûre, à la pêche, toutes sortes d'apéritifs et de digestifs fabriqués, depuis le siècle dernier, par la célèbre maison *Mattei,* dont le fameux *Cap Corse,* à base de quinquina. Fromages et charcuterie également. La boutique vaut vraiment le coup d'œil.

🧺 ***Santa Catalina*** *(plan couleur A2,* ***42****) : 8, rue des Terrasses. ☎ 04-95-32-30-69. Entre le Vieux-Port et la pl. Saint-Nicolas. Lun-sam 9h-12h45, 15h-19h45.* Un tout petit magasin avec peu de choix mais des produits de qualité. Charcuterie de l'Alesani, miels, vins, pâtés, liqueurs... Assez cher toutefois.

🧺 ***A Volta*** *(plan couleur A-B1,* ***43****) : 24, rue Napoléon. ☎ 04-95-31-45-24. • corseterroir.com • En été, tlj 9h-20h ; hors saison, fermé dim et horaires restreints.* Vins et charcuteries en provenance directe du producteur. Vente en ligne également. Quelques tables dans la rue piétonne, on peut y manger sur place les bons produits.

🧺 ***U Paese*** *(plan couleur A2,* ***44****) : 4, rue Napoléon. ☎ 04-95-32-33-18.* Le patron est de bon conseil. Excellent accueil.

🧺 ***U Montagnolu*** *(plan couleur A1,* ***45****) : 15, rue Campichi. ☎ 04-95-32-78-04. À deux rues de la pl. Saint-Nicolas. Juil-août, tlj 9h-20h ; sept-juin, fermé dim.* D'excellents vins du pays, jambons, fromages, douceurs : la Corse concentrée sous les voûtes de cette jolie boutique.

Corsica Colis *(plan couleur B3,* **46***) : cours Favale, porte de la Citadelle. ☎ 04-95-32-62-69. • corsicacolis.com •* Propose de bons produits et excellents conseils.

Corsi Cardo : *à Cardo, sur les hauteurs de Bastia. ☎ 04-95-58-14-40. • corsicardo.com •*

À voir

L'office de tourisme propose des visites guidées originales de la ville et de ses environs *(15 €/pers ; réduc)*. Les *Légendines (avr-sept, le mar à 16h30)* font découvrir Bastia par le petit bout de la lorgnette, sous l'angle d'anecdotes, de légendes ou de faits insolites. La visite se termine dans la Citadelle, avec concert polyphonique et dégustation de produits corses. Sinon, des visites plus classiques sont organisées *(infos à l'office de tourisme)* : Bastia baroque, Patrimoine sacré...

➢ ***Le petit train :*** *☎ 04-95-54-20-40. Avr-oct, tlj 9h-12h, 14h-18h ; 7 €, réduc.* Départ devant l'office de tourisme, tour de la ville en 50 mn. Arrêt et visite commentée de la Citadelle.

➢ ***Bastia Vision :*** *06-52-65-20-91. Avr-oct, tlj 9h-12h, 14h-18h ; 7 €, réduc.* Départ devant l'office de tourisme, tour de la ville via l'oratoire de Monserato (voir plus loin « Dans les environs de Bastia »). Durée 1h.

La place Saint-Nicolas *(plan couleur B1)* **:** le long du port, ombragée par des platanes et des palmiers, bordée de vieux immeubles. Il faut y passer entre 17h et 19h, quand les terrasses des cafés sont noires de monde, et y prendre un verre en écoutant les potins de la ville. À ne pas rater non plus, le *marché aux puces* qui s'y tient le dimanche matin.
Remarquer, au centre de la place, le vieux kiosque à musique et la statue de Napoléon en empereur romain (quel mégalo, celui-là !). Ne pas rater l'un des plus vieux magasins de Bastia à la façade sculptée aux armes du *Cap Corse Mattei.*

La chapelle de l'Immaculée-Conception *(plan couleur A-B2)* **:** *à 50 m de l'oratoire Saint-Roch. Ouv 8h-19h.* Plus grande et plus belle que l'oratoire, elle fut édifiée en 1589. Le Parlement anglo-corse s'est réuni ici pendant 3 ans (1794-1796). Le roi d'Angleterre y avait un représentant, Sir Gilbert Elliott, vice-roi (mais le trône du roi restait vide, en haut des marches du maître-autel) et on y jouait alors le *God Save the King* sur le petit orgue italien toujours en état. Avant d'entrer, remarquer le pavage de galets à la génoise figurant un grand soleil et la lune. Intérieur somptueux : damas cramoisis, pilastres, lustres, dorures.

La rue Napoléon *(plan couleur A1-2-B1)* **:** désormais piétonne, elle relie la place Saint-Nicolas au Vieux-Port via la rue des Terrasses qui la prolonge. À gauche, l'*oratoire de la confrérie de Saint-Roch* (le saint pourfendeur de la peste) date de 1604 et renferme de belles orgues de 1750. Voir aussi le groupe processionnel en bois polychrome, qui est de sortie le 16 août, tous les 2 ans.

La Vieille Ville (Terra Vecchia) et le Vieux-Port

L'église Saint-Jean-Baptiste *(plan couleur B2)* **:** *ouv 8h-12h, 15h-19h sf dim ap-m.* Domine le Vieux-Port de ses deux tours-campaniles. Au cœur du quartier de Terra Vecchia, elle date du XVIIe s. Bel exemple d'intérieur baroque. C'est la plus grande église de Corse.

La place du Marché *(plan couleur B2)* **:** *marché sam et dim mat.* À côté de l'église Saint-Jean-Baptiste, une grande place calme et ceinte d'anciennes bâtisses typiques.

Les quais du Vieux-Port *(plan couleur B2)* **:** en forme de fer à cheval. Bien abrités et très animés à partir de 17h. Ici, les lève-tôt ne manqueront pas l'arrivée des chalutiers au point du jour. Du 20 juin au 31 août, la zone est rendue aux piétons entre 10h et minuit.

La rue du Général-Carbuccia *(plan couleur A2)* **:** jadis, la rue des familles nobles, avec de hautes maisons blasonnées. Pasquale Paoli séjournait au n° 7 quand il venait à Bastia.

L'église Saint-Charles-Borromée *(plan couleur A2)* **:** cette ancienne chapelle des jésuites, du XVIIe s, est l'une des seules églises chrétiennes à ne pas offrir le droit d'asile, en vertu d'un décret génois très ancien. Siège de la confrérie de Saint-Charles. C'est là que les états généraux se sont tenus en mai 1789. Depuis 2014, l'église accueille, une fois par semaine *(ven, à 18h30)* les *Conti i Detti,* un concert de chants polyphoniques (infos à l'office de tourisme). *Tarif : 10 € ; gratuit pour les moins de 12 ans.* À côté, petite place bordée de la fontaine Saint-Charles (en mauvais état) et rue Chanoine-Letteron (appelée rue Droite par les Bastiais) avec la *maison Bronzini de Caraffa,* au vieux balcon. En continuant la montée (raide) jusqu'au boulevard Gaudin, on rejoint la Citadelle (mais c'est plus sympa depuis le Vieux-Port par le jardin Romieu, voir ci-après).

La Citadelle et le quartier de Terra Nova *(plan couleur B3)*

Accès en navette gratuite depuis le centre *(départ de la gare ferroviaire, lun-sam, 8h-19h45 et même 21h en août),* en bus (lignes 1, 5 ou 7) ou, mieux, à pied, évidemment. Des quais du Vieux-Port, gravir l'escalier monumental, passer par le *jardin Romieu,* bon endroit pour faire une halte face à la mer. Monter le *cours Favale* jusqu'à la porte principale bâtie sous Louis XVI, qui mène à la *place du Donjon.* La Citadelle génoise est organisée selon un plan en damier.
Le réaménagement d'une partie du quartier *(U Puntettu)* fait l'objet de vives polémiques : l'ancienne municipalité avait décidé une vaste rénovation qui se traduisait par des démolitions de certains immeubles historiques ; depuis l'arrivée à la mairie de la nouvelle équipe de Gilles Siméoni, certains travaux ont été suspendus, mais l'avenir est incertain.

Le musée d'Histoire de Bastia *(plan couleur B3)* **:** *dans le palais des Gouverneurs génois, tt de suite à gauche en entrant dans la Citadelle (passer le pont-levis reconstitué). ☎ 04-95-31-09-12. ● musee-bastia.com ● De juil à mi-sept, ouv tlj 10h-19h ; avr-juin et de mi-sept à fin oct, mar-dim 10h-18h ; nov-mars, mar-sam 9h-12h, 14h-17h30. Entrée (mai-sept) : 5 € ; réduc. Jardin seul : 1 €. Gratuit d'oct à avr.*
Cette grande bâtisse, siège des gouverneurs génois entre les XVe et XVIIIe s, est totalement rénovée (pour ses parties anciennes) ou reconstruite (pour les ailes nord et ouest détruites pendant la Seconde Guerre mondiale). Le musée présente peu d'objets mais tous de qualité. Il fait la part belle à des diaporamas ou films illustrant Bastia autour de trois thèmes : au rez-de-chaussée, l'urbanisme, et à l'étage, l'importance économique et politique de la ville, ainsi que la vie culturelle bastiaise depuis l'époque génoise jusqu'au XXe s. La formation de la cité est évoquée par des documents et autres éléments architecturaux (plaques de fontaines, frontons). Le rôle de l'Église comme commanditaire de la construction d'ouvrages baroques est souligné, mais l'architecture civile à l'époque génoise n'est pas en reste. Centre de pouvoir et de la vie culturelle, Bastia rassemblait l'élite administrative et commerçante, notamment lorsque les pouvoirs ont été transférés de Gênes à la France. La vie industrielle de la cité est également présentée (fonderies de Toga, entrepôts Mattei, manufacture de tabacs Job-Bastos...). Enfin, Bastia comme pôle culturel de l'île : des œuvres phares (comme le *Mariage*

mystique de sainte Catherine), évocation d'intellectuels qui ont marqué la ville de leur empreinte et des témoignages de l'activité artistique dans une ville qui voue un culte à l'opéra, et en particulier à Verdi. Également, dans l'ancienne chapelle, la collection Carlini, composée de souvenirs de la Révolution française et de l'Empire et une petite partie de la collection Fesch (dont l'essentiel est au musée des Beaux-Arts d'Ajaccio).
Enfin, au 5ᵉ étage (accès possible par des escaliers sans passer par les salles du musée), un jardin « suspendu » qui est une jolie surprise pour terminer la visite.

La cathédrale Sainte-Marie-de-l'Assomption *(plan couleur B3)* **:** *ouv 8h-12h, 14h-17h30 (18h30 l'été). Fermé dim ap-m.* Elle date du XVIIᵉ s (restauration récente). On y voit une impressionnante Vierge en argent massif pesant près de 650 kg d'argent fin, résultat de la prodigalité des Bastiais au XIXᵉ s. L'ensemble est baroque, avec piliers et colonnes en faux marbre. Juste en face, la maison où Victor Hugo a vécu enfant.

L'oratoire de la confrérie de la Sainte-Croix *(plan couleur B3)* **:** *prendre la rue de l'Hospice à droite de Sainte-Marie ; l'oratoire se situe 50 m plus loin. Tlj sf dim et j. fériés 9h-12h, 14h-18h.* Le seul oratoire de style rococo de France, clou de la visite de Bastia. Voir, sur la droite quand on est face à l'autel, le fameux *Christ noir des Miracles,* trouvé en 1428 et vénéré par les pêcheurs. C'est lui que les marins promènent en procession le 3 mai. Ne ratez pas le concert de chants corses du mardi, à 18h30 : magie de la polyphonie !

Paisolo, Corse Miniatures Animées *(plan couleur B3)* **:** *La Poudrière. 06-10-26-82-08. À droite de l'église Sainte-Marie, descendre les escaliers jusqu'en bas ; c'est dans l'ancienne poudrière. Ouv Pâques-fin oct, tlj 9h-12h, 14h30-17h30. Entrée : 4 € ; réduc.* Un personnage (René Mattei) et une œuvre (son village miniature) comme on ne peut en voir qu'en Corse. Ne pas écouter ceux qui vous disent que c'est fermé. Jusqu'à s'en user la vue, s'arracher les ongles, M. Mattei a travaillé et travaillé à construire son village miniature, puis il a fallu le démonter pour le transporter, et le remonter, une première fois, puis recommencer encore... 60 000 heures de travail, d'acharnement. Pourquoi ? Pour obtenir une petite féerie de village de montagne d'antan, construit à une échelle de 1/30 environ. Il y a l'église, le puits, les moulins (à blé et à châtaigne, évidemment), le berger, des femmes en longues robes noires, les maisons, la tour génoise, des animations. Et c'est magique. Laisser M. Mattei en parler, lui demander ce qu'est ceci, d'où vient cela. Et repartir le cœur léger, comme après avoir vu quelque chose de beau, tout simplement. On peut filmer librement, pour garder une trace de l'enchantement.

À faire

– **Activités nautiques :** *avec le* **Club nautique bastiais.** *Bureaux sur le quai sud du Vieux-Port. ☎ 04-95-32-67-33. 06-11-83-09-11. • club-nautique-bastia.fr •* École française de voile, catamaran, *Optimist,* kayak de mer, etc. Activités, pour la plupart, sur le lido de la Marana où le CNB se délocalise en été.

Plongée sous-marine

Les fonds bastiais livrent une bonne cinquantaine de spots aux yeux éblouis des plongeurs de tous niveaux. Vous assisterez à de belles tranches de vie sous-marine en palmant voluptueusement autour des roches. Puis les nombreuses épaves d'avions et de bateaux vous inviteront à des voyages fantômes...

Clubs de plongée

■ ***Club de Plongée Bastiais :*** *Port Toga, à 5 mn au nord du port de commerce. 📱 06-18-39-96-37. • plongee-bastia.com • En saison, tlj sf dim ; hors saison, w-e et vac scol. Résa obligatoire. Baptême env 45 € ; plongée 38-43 € selon équipement ; forfaits dégressifs 5-10 plongées ; snorkelling 20 €.* Dans ce club (FFESSM et ANMP), Thierry Coulon et ses moniteurs vous « mènent en bateau » en petit comité, à bord de 2 vedettes rapides, sur les plus beaux spots du coin. Ils proposent aussi : baptêmes, formations jusqu'au niveau IV, plongée enfants à partir de 8 ans, stages d'initiation à la biologie marine et de belles randonnées palmées (snorkelling). Équipement complet fourni.

Nos meilleurs spots

***La Roche à Mérous** (niveau I) :* au large du port de Bastia. Sur cet ensemble de plateaux rocheux, « messieurs les mérous » règnent en maîtres (de 20 à 36 m). Très familiers, ils vous abordent sans hésitation (restez calme !) ; évitez quand même de les toucher et ne leur apportez pas de nourriture. Ce « caillou » pourrait aussi s'appeler la *Roche à Sars,* tant ils sont nombreux. Murènes et langoustes dans les failles.

À VOS MASQUES ET TUBAS !

Sentant venir la défaite, le maréchal allemand Rommel fit embarquer six caisses d'or qu'il largua dans une caverne sous-marine, près de Bastia. Du moins, c'est ce que raconta un ancien soldat SS, qui dit avoir participé à l'opération. Même le gouvernement français effectua des recherches. Sans succès.

***Le Chasseur P-47** (niveau I) :* au large de Miomo, une plongée bien appréciée par les néophytes en mal d'épaves ! Cet avion américain de la Seconde Guerre mondiale repose – entier – par 19 m de fond. Un joli mérou passif monte la garde autour du cockpit, tandis qu'une murène s'est lovée à la place du pilote. Grand champ de posidonies, et quelques roches intéressantes aux alentours pour terminer la plongée.

***Le Petit Pain de Sucre** (niveau I) :* au nord de Bastia. Belle succession de rochers (16 à 24 m de fond) très colorés, où murènes et congres tranquilles ont élu domicile, parmi les arthias et castagnoles. Également quelques mérous pépères, chapons et autres sars métalliques pour cette plongée remarquable.

Fêtes et manifestations

La liste complète des fêtes et manifestations est disponible à l'office de tourisme. En voici une sélection.

– ***Processions du Jeudi saint :*** le soir, de 18h à 22h, de petits groupes de personnes vont par toute la ville de chapelle en chapelle. Ces groupes comptent toujours un nombre impair de participants : ainsi le veut la tradition. Ce sont des Corses en pèlerinage qui vont se recueillir devant les scènes bibliques installées ce jour-là dans chaque chapelle, et qui peuvent être très belles.

– ***Estivales :*** *juil-août.* La place Saint-Nicolas et la rue Napoléon voient se dérouler de nombreuses animations et concerts : musiciens, saltimbanques, théâtre de rue, chants corses...

– ***Relève des gouverneurs (a notte di a memoria) :*** *2e ou 3e sam de juil.* 200 figurants, en costumes d'époque du XVIIe s, retracent un événement historique bastiais majeur, la relève des gouverneurs, justement ! Tir à l'arbalète et à l'arc, lanceurs de drapeaux font le spectacle, tandis que le nouveau gouverneur est accueilli au Vieux-Port au son du tambour. Le tout se termine par un grand feu d'artifice.

– ***Musicales de Bastia :*** *début oct. Rens au théâtre municipal de Bastia :* • *musicales-de-bastia.com* • Comme son nom l'indique, en avant la musique ! Classique, jazz, chanson, mais aussi danse et théâtre. Assez intéressant et, en outre, ce festival offre l'avantage de se dérouler en arrière-saison, donc bien après la ruée estivale.

DANS LES ENVIRONS DE BASTIA

L'oratoire de Monserato : *à 2 km de Bastia, route de Saint-Florent, un peu au-dessus du couvent de Saint-Antoine. Un petit chemin part à gauche, c'est à env 500 m. De la Citadelle, contourner le palais de justice par la droite et monter l'escalier qui serpente. Compter 30 mn à pied. Pèlerinage le 12 mai.*
Ce lieu modeste cache un monument rare : un escalier saint, ou *Scala Santa,* réplique de l'escalier saint de la basilique Saint-Jean-de-Latran à Rome.
L'histoire de cet escalier remonte au Premier Empire : une partie du clergé avait refusé de se soumettre au Concordat, imposé par Napoléon. Colère, celui-ci fit enfermer les récalcitrants dans les geôles ignobles de la Citadelle, où ils croupissaient, quand la population, émue, demanda que cela cessât et obtint satisfaction. Mais à condition d'héberger ces prélats, ces évêques... Ce fut alors à qui aurait son plus beau curé ! Une fois Napoléon tombé, ces ecclésiastiques demandèrent au pape Pie VII d'accorder à Bastia une faveur exceptionnelle, en reconnaissance de la bonté de ses habitants. Et c'est ainsi que Bastia obtint une *Scala Santa,* dont la particularité est de permettre à celui qui la gravit à genoux (avec contrition, ça va de soi) d'être lavé de ses péchés. Ce qui est exceptionnel, car c'est le seul moyen reconnu par l'Église d'arriver à ce résultat sans l'entremise d'un prêtre catholique. C'est donc là vraiment un privilège rare, qu'on ne retrouve d'ailleurs qu'à Rome, à Lourdes et à Fatima. Diable, ils sont malins, ces Corses : obtenir cette distinction suprême à coups de *brocciu,* de *patrimonio* et de *figatelli* !

➢ ***La Corniche supérieure :*** à faire en voiture au départ de Bastia. Prendre la route de Saint-Florent puis la D 64, peu après le couvent Saint-Antoine. Les beaux quartiers de Bastia sont par là : nombreuses propriétés avec de grands jardins et une végétation luxuriante. On passe par ***Cardo,*** village qui ne manque pas de charme et possède une fontaine (eau très bonne). Cardo est l'ancêtre de Bastia, celle-ci n'étant à l'origine que sa marine. Jolie balade à faire sur le chemin des Glacières, jusqu'au sommet du Murzajo (871 m). Les glacières (*nivere* en corse) étaient des puits de 20 m dans lesquels la neige recueillie était entassée puis découpée à la belle saison pour être revendue aux Bastiais. À l'époque des Génois, ces derniers demandaient la livraison de 50 kg de pains de glace par jour du printemps à l'automne. Le secteur était aussi connu pour d'autres raisons : on y extrayait lauzes et pierres à moulin. On continue par *Ville-di-Pietrabugno* et *San-Martino-di-Lota.* Vue époustouflante sur Bastia, la mer et, au loin, les îles italiennes, notamment l'île d'Elbe (la plus grande). À voir quand il fait très beau et un jour de grand vent. On descend ensuite à *Miomo* pour rejoindre Bastia par *Pietranera* et la route surplombant le littoral.

➢ ***Excursion vers Oletta :*** très belle promenade à faire en boucle au départ de Bastia. Prendre la route de Saint-Florent (la D 81) jusqu'au *col de Teghime* (536 m), en plein sur la ligne de crête du cap Corse ! Vue sublime d'un côté sur le golfe de Saint-Florent et le Nebbio, de l'autre sur la lagune de Biguglia. C'est là que des combattants marocains, les goumiers, se sont battus en octobre 1943 contre les forces allemandes pour obtenir la libération de Bastia (monument commémorant leur sacrifice, texte en français et en berbère). En se retournant, on peut admirer la côte orientale au sud de Bastia. Du col, prendre la petite D 38 jusqu'à Oletta, puis la direction *Murato* (voir « Dans les environs de Saint-Florent »). Au *col de San Stefano,* où les goumiers ont également bataillé dur, on a encore une autre vue sublime à la fois sur l'épine dorsale du cap Corse, le golfe de Saint-Florent et un morceau de mer côté plaine orientale. Enfin, on rejoint Bastia par le défilé de Lancone.

*** ***L'ancienne cathédrale de la Canonica :*** *à 25 km au sud de Bastia, sur la D 507 qui va de l'aéroport de Bastia-Poretta en direction du cordon lagunaire.* L'église la plus belle de Corse, pour certains. En tout cas, l'une des plus vieilles et l'une des plus simples architecturalement parlant. D'abord, on dirait une grosse chapelle, ni plus ni moins (enfin, tout de même 35 m x 13 m). C'était néanmoins le siège de l'évêché au Moyen Âge. Construite sous le règne de Pise, consacrée en 1119 sous le nom de *Santa Maria Assunta,* elle offre une vraie curiosité : son étrange assemblage de pierres de différentes tailles (dont du calcaire du cap Corse et du marbre de Brando) et de divers coloris. Voir aussi la frise d'animaux en arc au-dessus de la porte. Juste à côté, un complexe paléochrétien (fin IVe s) ; les *fouilles de Mariana.* Il s'agit d'une ancienne colonie romaine, développée autour d'un poste romain fondé par Marius en 93 av. J.-C. Une première église (paléochrétienne) y avait été construite et on peut y voir ce qui reste d'un très ancien baptistère aux mosaïques polychromes.

* ***L'église San Parteo :*** *à 500 m de la Canonica, au bout d'un chemin.* Sorte de jumelle de la cathédrale voisine, un peu plus petite. Elle date du XIIe s, avec quelques éléments plus anciens. Voir le linteau aux deux lions assis de part et d'autre d'un arbre, scène d'inspiration orientale.

* ***La réserve naturelle de l'étang de Biguglia :*** ☎ *04-95-33-55-73. Sur la N 198, au rond-point pour le lido de la Marana, tourner juste après la ligne de chemin de fer, passer devant le stade et continuer sur plus de 1 km. Parking au parc Fornacina. Écomusée sur une petite île à 400 m (dans le fortin d'Ischia Nova). Juin-sept, mar-sam 9h-16h ; oct-mai, mar-sam 9h-12h, 13h-17h. Visite libre 2 € ; commentée sur résa : 4 €. Durée env 1h.* La plus grande zone humide de Corse (1 450 ha), entre mer et terre, inscrite sur la liste Ramsar pour la conservation des zones humides. Quelque 30 000 oiseaux (foulques, fuligules morillons, milouins) viennent hiverner au côté d'espèces indigènes. Sur les berges des canaux, on peut aussi voir des tortues cistudes. Le fortin au nord de l'étang accueille un écomusée de la Pêche et de la Migration animale.

* ***La brasserie Pietra :*** *route de la Marana,* **Furiani.** ☎ *04-95-30-14-70.* ● *brasseriepietra.com* ● *Au rond-point du stade, prendre la route de la lagune, puis à droite. Visite et dégustation gratuites (compter 45 mn) : juil-août, lun-ven 9h30-12h, 14h-17h30 ; le reste de l'année, sur résa slt, pour groupes de 10 pers min.* L'entreprise *Pietra* est l'une de celles dont la *success story* fait le plus parler en Corse, et à juste titre. En quelques années, elle a su s'imposer et continue à se développer (voir « Hommes, culture, environnement », rubrique « Vins et alcools »).

LE CAP CORSE / capicorsu

C'est le doigt de la Corse, un index pointé dans le bleu de la mer, indiquant la direction du nord. Voici donc l'un des plus beaux morceaux de l'île : une chaîne de montagnes couvertes de maquis, une échine rocheuse de 40 km de long et large de 12 à 15 km. Les sommets culminent entre 1 000 et 1 324 m, puis les versants dévalent dans la Grande Bleue avec (parfois) des accents de tragédie grecque, comme à Pino ou à Nonza. Déjà les Romains, qui n'avaient

pas toujours mauvais goût, l'avaient baptisé le « promontoire sacré ». Les Corses, eux, l'appellent *l'isula di l'isula,* « l'île de l'île ».
Les paysages ? Une alternance de plages de galets (et de sable dans l'extrême pointe du Cap) et de criques secrètes, le tout entrecoupé de montagnes. Les deux versants du Cap ne se ressemblent pas. Dans la partie orientale (jusqu'à Macinaggio), des vallées débouchent en douceur dans la mer, tandis qu'à l'ouest la montagne tombe violemment dans la Méditerranée, décrivant une série d'à-pics vertigineux et de nids d'aigle, où s'accrochent courageusement des grappes de maisons.
Une route en fait le tour, de Bastia à Saint-Florent, ponctuée par une ribambelle de ports de poche, les marines. Bâties les pieds dans l'eau, groupant quelques vieilles maisons aux murs de schiste, celles-ci sont un peu les annexes maritimes d'une kyrielle de villages retirés fièrement sur les hauteurs et constitués d'une poignée de hameaux regroupés en communes. Un monde à part, qui n'a vraiment été relié au reste de l'île qu'au milieu du XIXe s, la route de corniche n'ayant été ouverte que sous Napoléon III. Un monde riche en histoire, comme en témoigne le nombre impressionnant d'églises abondamment décorées, de chapelles, de couvents (il y en eut 18), de tombeaux familiaux perdus dans la nature, de ruines de châteaux, de vestiges de moulins et, enfin, ces 32 tours de guet dites « génoises ».
Le cap Corse, c'est aussi un pays de vignerons. Le vignoble produit des vins très divers, des blancs surtout, et également un muscat qui serait à l'origine d'un dicton toscan : « Un verre de vin corse et j'escalade le Stromboli ! » Une route des Vins relie d'ailleurs les plus grandes caves, passant par Santa-Severa, Rogliano et Morsiglia.
N'oublions pas enfin que, même s'il est produit à Bastia par la société *Mattei* (un nom très fréquent sur la péninsule), le célèbre apéritif Cap Corse lui doit son nom...

LES SURPRENANTES « MAISONS D'AMÉRICAINS »

Les Cap-Corsins ont toujours émigré. Voici la seule région de Corse où la mer ne soit pas synonyme de danger. Pêcheurs depuis l'Antiquité, capitaines au long cours, aventuriers du bout du monde, tous ont été attirés par le grand large, souvent poussés par la nécessité, allant jusqu'à émigrer à Saint-Domingue, à Porto-Rico ou au Venezuela. Ils y firent souche au XIXe s, devenant planteurs de café ou de canne à sucre, s'enrichissant dans le commerce. La plupart de ces aventuriers d'outre-mer revinrent en Corse, fortune faite, pour s'y faire construire de somptueuses demeures que l'on remarque immédiatement en traversant des villages comme Rogliano, Morsiglia ou Pino. Dans le Cap, on les appelle les « maisons d'Américains » ou les *palazzi* (palais). Un descendant de ces émigrants est venu en Corse pour les compter (et les étudier, du même coup) : il y en aurait ainsi 173 ! Leur architecture s'inspire à la fois de l'Italie (style toscan) et de l'Espagne coloniale (arcades, colonnes). On jaugeait la richesse de ces enfants du pays au nombre de fenêtres de leur *palazzu.* Chaque été, ces *palazzi* revivent avec l'arrivée au pays des cousins de Porto-Rico. Ces demeures sont privées et ne se visitent malheureusement pas. Mais on les voit bien depuis la route, au détour d'un virage, la plupart du temps surplombant merveilleusement le paysage.

« LA ROUTE DES CORSES »

Les Corses, en particulier les Cap-Corsins, ont été si nombreux à émigrer au Venezuela qu'il existe dans ce pays un circuit touristique nommé La Ruta de los Corsos ! *Cette « route des Corses » fait le tour des plantations fondées par les émigrants (et bien souvent toujours exploitées par leurs descendants, qui ne parlent plus qu'espagnol !).*

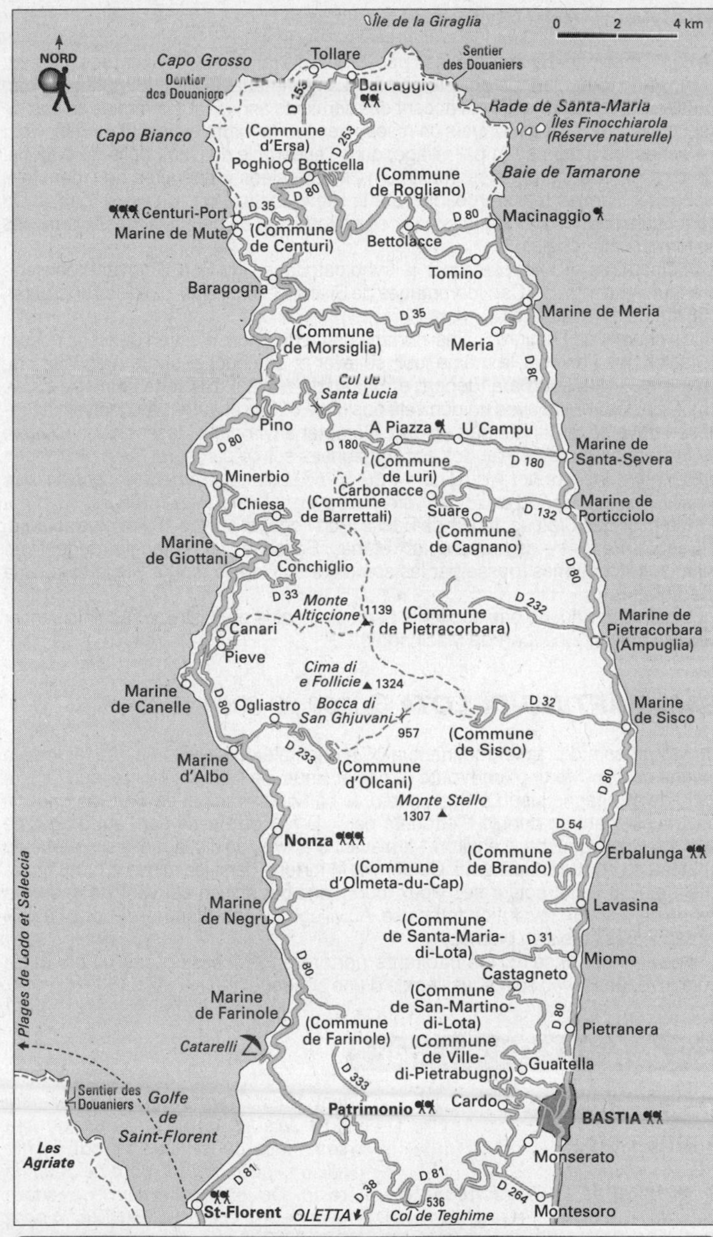

LE CAP CORSE

LE CAP CORSE

SPÉCIAL RANDONNÉES

Le cap Corse offre de nombreuses possibilités de randonnées, pour tous niveaux, praticables toute l'année pour la plupart. La communauté de communes du cap Corse a particulièrement mis l'accent ces dernières années sur la remise en état de sentiers qui forment désormais un réseau dense. Par ordre croissant de difficulté :
– 18 chemins à thème (un par village, dans l'ensemble du Cap), balisés en jaune. Ce sont de courtes boucles (maximum 2h), appelées « Itinéraires de l'identité ». Fiches techniques téléchargeables sur le site ● *destination-cap-corse.com* ● On peut également trouver dans les offices de tourisme de petites fiches techniques au format carte postale.
– 14 itinéraires mis en place par le syndicat Bocca du San Ghjuvani (balisage orange). Au centre du Cap (communes de Sisco à Olcani ainsi que Pietracorbara), 108 km de randos au total.
– Le « chemin de Lumière », ainsi nommé parce qu'il suit, d'est en ouest, la course du soleil que l'on voit, le même jour, se lever et se coucher sur la mer. Visite de chapelles à Pietracorbara (départ) et Barrettali (arrivée). Balisage jaune avec une croix stylisée. 12 km avec un dénivelé positif de 620 m et autant de dénivelé négatif : on traverse le Cap de part en part. Compter environ 6h. L'association *Chemin de lumière* propose des randos accompagnées sur ce parcours. *Rens : ● chemin delumiere-capcorse.net ● ou 📱 06-14-30-30-66. Existe également le « chemin des Deux-Rives », avec 950 m de dénivelé, passant par l'Alticcione (1139 m).*
– Le sentier des Crêtes : départ de Bastia (Port Toga) et arrivée 48 km plus au nord, à Centuri. Peut être découpé en six étapes. Balisage : un rectangle rouge. Pour marcheurs confirmés (passe par les sommets du Cap, le monte Stello et la cima di e Follicie).
– Et, bien entendu, ne pas oublier le parcours le plus populaire, à savoir le sentier des Douaniers, au départ de Macinaggio.

SAN-MARTINO-DI-LOTA *(20200 ; 2 600 hab.)*

Un village en nid d'aigle dominant la côte orientale du cap Corse. De Miomo, la marine de San-Martino, une route étroite et sinueuse (la D 31) monte, sur 7 km, à flanc de montagne jusqu'à Castagneto, le hameau principal de San-Martino (on peut aussi y arriver depuis Pietranera par la D 131 ou Bastia par l'autre bout de la D 31). Sur la gauche, à environ 1 km avant d'arriver, on distingue la silhouette du château du comte Cagninacci. Ce dernier fit fortune dans les mines d'or au Venezuela, puis il revint couler ses vieux jours dans cet ancien couvent de capucins vendu pendant la Révolution française. Au village de San-Martino-di-Lota, l'église renferme des autels en palme.
Chaque Vendredi saint, les habitants portent en procession ces autels qu'ils confectionnent avec soin sous l'égide d'une confrérie.

Où dormir ? Où manger ?

De prix moyens à plus chic

🏨 🍽 ***Hôtel de la Corniche :*** *à San-Martino-di-Lota (Castagneto). ☎ 04-95-31-40-98. ● info@hotel-lacorniche.com ● hotel-lacorniche.com ● À 9 km au nord de Bastia ; prendre la D 80 puis la D 131. Congés : janv. Resto fermé dim soir-mar midi hors saison, lun et mar midi en saison. Résa conseillée, surtout en hte saison, pour l'hôtel comme pour le resto. Doubles « standard », « supérieure » ou « confort » 56-130 €. ½ pens 67-107,50 €/pers selon saison et catégorie de chambre. Menus 31 et 51 € (et menu-surprise 71 €), carte env 50 €. 📶 Réduc de 10 % sur le prix de la* *chambre 1er nov-30 mars sur présentation de ce guide.* Avant même d'y arriver, on devine une sorte de nid d'aigle. De la terrasse ombragée par des platanes, on jouit d'une vue sublime sur un amphithéâtre de montagnes dévalant vers la mer. Chambres tout confort et apprécié des Bastiais. Bien que le chef sache renouveler avec goût et passion sa carte au gré des saisons, les vieilles recettes corses de Mme Anziani mère sont toujours à l'honneur. Piscine.

|●| ***Restaurant La Place :*** *près de l'église. ☎ 04-95-31-82-61. • info@hotel-lacorniche.com • Ouv mai-sept ; juil-août, midi et soir ; slt le soir les autres mois. Menu 21,50 €. Digestif maison offert sur présentation de ce guide.* Sert des pizzas et grillades au feu de bois à prix modérés. Également un menu traditionnel corse. Animation musicale le soir en saison.

⌂ ***Chambres d'hôtes et gîtes du château Cagninacci :*** *📱 06-78-29-03-94. • info@chateaucagninacci.com • chateaucagninacci.com • Ouv de mi-mai à fin sept. Compter 116-152 € pour 2. CB refusées. Réduc de 10 % 23 mai-20 sept à partir de 2 nuits consécutives sur présentation de ce guide.* Dans la belle demeure historique de style toscan dont nous vous parlons plus haut. Au rez-de-jardin, le charmant séjour aux meubles anciens est à la disposition des hôtes, ainsi que la grande salle à manger donnant sur un hall ; un escalier monumental en bois conduit aux étages. Au 1er, 3 chambres spacieuses et confortables. L'une regarde la mer, les autres la vaste terrasse arborée. Également un grand gîte (81 m²), ouvert toute l'année, pour 4 à 5 personnes *(395 à 800 €)*. Une adresse rare.

Où dormir ? Où manger dans les environs ?

⌂ |●| ***Maison Saint-Hyacinthe :*** *lieu-dit Miomo,* ***Santa-Maria-di-Lota,*** *sur la D 3. ☎ 04-95-33-28-29. • mshcorse@aol.com • maison-saint-hyacinthe.com • À Miomo, prendre la D 31 direction Figarella et continuer sur env 2,5 km. Ouv tte l'année. Résa conseillée. En dortoir, 16 €/pers ; doubles 49-62 € selon saison et confort ; petit déj inclus. Repas 15 €. Supplément pour 1 nuit. Possibilité de ½ pens et tarifs enfants. Café offert sur présentation de ce guide.* Dans un joli parc de 3 ha. Géré par une mission catholique polonaise (si vous voulez tout savoir, les demoiselles qui vivent là appartiennent à la congrégation des Sœurs pastourelles de la Divine Providence), ce centre d'accueil s'adresse aux groupes comme aux individuels et aux familles. Même si on y est libre, on se trouve évidemment dans un lieu voué à la religion ; ne pas s'y croire tout de même comme dans une auberge. Un chouette endroit, propice à la méditation. Restauration sur place.

LAVASINA (20222 ; commune de Brando)

Modeste village au bord de l'eau, à 2,5 km au sud d'Erbalunga. C'est « le petit Lourdes du cap Corse ». Un pèlerinage se déroule à l'église Notre-Dame (en principe, ouverte de 7h à 19h) durant la 1re semaine de septembre et se termine le 8 par une procession. Une fois passé la porte vitrée automatique (!), dans une niche, on peut voir un incroyable gisant du Christ (hyperréaliste !) ainsi qu'un tableau « miraculeux » représentant la Madone.

ERBALUNGA (20222 ; commune de Brando)

La première vraie et authentique marine du cap Corse, avec quelques maisons blotties sur une petite avancée rocheuse couronnée par les vestiges d'une tour génoise. C'est mignon, c'est sympa et c'est un endroit à la mode, donc très fréquenté en saison, depuis que des artistes s'y réfugient. On les comprend, c'est si agréable de flâner dans les ruelles piétonnes et de se laisser guider vers le port, la plage de galets ou les ruines de l'église qui surplombent la jetée... C'est le berceau de la famille de l'écrivain Paul Valéry.

Adresse utile

✉ **Poste :** *dans le centre.* On y trouve le dernier distributeur avant Macinaggio.

Où dormir ?

Hôtel Demeure Castel Brando : *dans le village. ☎ 04-95-30-10-30. • info@castelbrando.com • castelbrando.com • ♿ Congés : déc-mars. Doubles 99-249 € selon saison et standing (3 types de chambres, de « charme » à « privilège »). Petit déj 14 €/pers. Parking privé gratuit.* Un véritable hôtel de charme et de caractère, dans un authentique *palazzu* du XIXe s, entièrement restauré et décoré dans le meilleur goût, avec des meubles anciens. Les palmiers autour, les coloris, l'immense cage d'escalier et l'architecture lui confèrent un on-ne-sait-quoi de latino-américain. Piscine chauffée, avec jacuzzi et un petit spa avec hammam. Près des jardins, d'autres bâtiments, plus modernes, abritent des chambres à la déco tout aussi raffinée. Toutes les chambres sont climatisées, avec douche ou bains (téléphone direct et TV satellite). Accueil excellent.

Où manger ?

Ind'è Noi : *sur la place du village. 06-24-30-52-99. ♿ Tlj en juil-août ; fermé mer et jeu soir le reste de l'année. Congés : déc-janv. Compter env 30-35 € à la carte. CB refusées. Café offert sur présentation de ce guide.* Dans la salle à l'étage (en hiver) ou sur la terrasse, les tables sont dressées et décorées avec goût. On se sent bien, « chez nous » (c'est la signification de *Ind'è Noi* en corse). Et dans l'assiette, la même recherche pour le plus grand plaisir des papilles. La carte est courte, à tendance méditerranéenne : flan au *brocciu,* cannellonis au *brocciu,* lasagnes de saint-pierre à la crème, sauté de veau aux olives vertes sont savoureux. Et on se régale encore avec les desserts, notamment le moelleux au chocolat ! Bons petits vins au pichet (à prix doux).

A Piazzetta : *sur la place du village. ☎ 04-95-33-28-69. • resto.apiazzetta@sfr.fr • ♿ Tlj en juil-août ; fermé mar le reste de l'année. Congés : janv-fév. Carte env 25 €. CB refusées. Café offert sur présentation de ce guide.* Ce resto-pizzeria propose, dans sa salle voûtée ou en terrasse, une jolie carte variée : pizzas, pâtes, salades, bien sûr, mais aussi poissons (filet d'espadon frais à l'huile d'olive), etc. L'ensemble constitue un excellent rapport qualité-prix-fraîcheur.

Manifestations

– Importantes ***manifestations pour les fêtes de Pâques*** : le soir du Jeudi saint, procession jusqu'au couvent des bénédictines qui surplombe le village. Le lendemain, entre 7h et 11h, se déroule la *Cerca,* procession de près de 12 km à travers les églises de la commune de Brando avec port d'une croix de 60 kg. La journée se termine sur la place du village, vers 19h30, par la *Granitula,* curieuse et très ancienne procession de pénitents blancs en cagoule (on est en Corse...), formant une spirale humaine qui se resserre et s'écarte alternativement (la *granitula* étant un petit coquillage en forme de spirale). C'est un peu mystérieux, car les pénitents réalisent parfaitement cette figure, sans répétition aucune, comme ça, comme si le groupe se trouvait possédé par l'esprit de la *Granitula.*

– ***Festival de musique :*** *3 j. pdt la 1re quinzaine d'août.* Rencontres musicales qui se tiennent à l'amphithéâtre de plein air et où se retrouvent un peu tous les genres, classique, jazz et, bien sûr, chants corses traditionnels.

LA MARINE DE SISCO / SISCU (20233)

À 15 km de Bastia. Un endroit assez chouette, un tout petit village de bord de mer qui n'a pas été défiguré. Ne pas se contenter de musarder au bord de l'eau, mais grimper dans la montagne pour découvrir ces belles maisons typiques qui ont encore leurs toitures de pierres plates schisteuses, les *teghje.* Sisco est l'une des communes composées d'un grand nombre de hameaux (17 au total !) disséminés dans la vallée, qui s'étend jusqu'au pied de la *cima di e Follicie,* le plus haut sommet du cap Corse.

Où dormir ? Où manger ?

Camping

Camping et restaurant A Casaïola : *marine de Sisco. ☎ 04-95-35-20-10. • a-casaiola@bbox.fr • Ouv mai-oct. Compter 16-50-19,50 € pour 2 avec tente et voiture. Loc de bungalows à la nuit ou à la sem.* Beau cadre, organisé en terrasses, assez bien ombragé par d'épais chênes-lièges. Calme (à 250 m de la route et 300 m de la plage), simple, propre et bon marché, ce petit camping donne satisfaction. Bon accueil avec ça. En bord de mer, la même famille tient un petit bout de resto, dont la sympathique terrasse ombragée domine légèrement les flots *(☎ 04-95-35-21-50 ; ouv de juin à mi-sept).* Restauration simple : pâtes, salades, pizzas et poisson.

Chambres d'hôtes

La Ferme U San Martinu : *lieu-dit* ***Canavaggia,*** *à 3 km de la marine de Sisco, quand on suit la D 32 prendre le chemin à gauche (panneaux). ☎ 04-95-35-25-78. • usanmartinu@wanadoo.fr • fermeusanmartinu.com • Ouv tte l'année. Doubles 60-80 €. Gîtes 4-6 pers 400-950 €. Table d'hôtes 30 € (½ pens demandée en juil-août). CB refusées. Apéritif offert sur présentation de ce guide.* La propriété est à flanc de colline, dans un environnement très calme. 4 chambres doubles, dans la maison des propriétaires, chacune avec tout le confort demandé et sa terrasse. Bonne table d'hôtes. Piscine. Excellent accueil de Jeanine et Alain Moneglia.

Mille et Une Nuits : *Crosciano, à 1 km de la marine, sur la D 32. ☎ 04-95-48-27-03. 06-13-07-41-70. • jeantrausch@orange.fr • locationcapcorse.jimdo.com • Tte l'année. Chambre double 65 €, « Casa Luna » 120 € pour 2, chalet 6 pers 150 €/nuit (loc à la sem possible). Table d'hôtes 25 € (apéritif et pichet de vin compris).* Une adresse originale conçue par Nathalie et Jean : en plus de 2 chambres classiques et d'un grand chalet, leur atout maître est la *Casa Luna,* cette maison dans les arbres disposant de sa terrasse privée. Beaucoup d'espace (3 ha de forêt) en bord de rivière et l'impression, très agréable, de disposer d'un domaine à soi, même si on ne fait que passer. Le mardi soir, des musiciens sont invités pour un apéro-bœuf et complètent la touche artistique du lieu (Nathalie est peintre et sculptrice).

De prix moyens à chic

Osteria A Stalla Sischese : *à 300 m du littoral, à gauche au bord de la route qui monte à Sisco-village* *pour l'hôtel, et à droite pour le resto.* ☎ *04-95-35-26-34.* • *astallasischese@wanadoo.fr* • *astallasischese.com* • ♿ *Resto fermé dim soir et mer en basse saison. Chambres 65-100 € selon confort et saison. Possibilité de ½ pens (28 €/pers). Formule et menus 24-30 €.* 📶 *10 % de réduc (sf juin-sept) sur présentation de ce guide.* Un établissement récent, aux chambres dotées de tout le confort moderne. Piscine agréable et ensemble au calme. Excellent petit déjeuner. Quant au resto (juste en face), c'est l'une des valeurs sûres du Cap. Authentique cuisine corse avec les plats classiques : soupe, tarte aux herbes, beignets de fromage ou raviolis, agneau ou cabri, *fiadone.* Ce n'est pas forcément très léger, mais sincère, ça oui ! Terrasse agréable.

À voir. À faire

Sur la route vers le village de Sisco, de nombreux ***tombeaux*** dispersés dans la nature. Sisco était réputé au Moyen Âge pour le travail de ses forgerons armuriers.

Le hameau principal de Sisco : *à 9 km de la côte.* À U Poghju, depuis la place de l'église San Martinu (avec campanile) plantée d'oliviers, superbe vue. L'église renferme parmi ses trésors un reliquaire célèbre : celui de saint Jean Chrysostome. Œuvre en cuivre doré du XIIe s représentant le visage stylisé du saint exécuté par un orfèvre de Sisco. À gauche après l'église, prendre la route de Barricione (Barrigioni). Sur la droite, à 200 m, l'une des fameuses « maisons d'Américains », la *villa Saint-Pierre.* Grande demeure à colonnades, cachée derrière ses grilles et enfouie dans la verdure, construite par un Corse enrichi en Amérique. Un vrai petit château mêlant les styles toscan et latino-américain.

Dollfin : *marine de Sisco.* ☎ *04-95-58-26-16.* 📱 *06-07-08-95-92.* • *dollfin-plongee.com* • *Baptême env 60 € ; plongée 39-48 € selon équipement ; forfaits dégressifs 6-10 plongées.* Cette école de plongée vous accompagnera à la fois dans une palanquée de formations (PADI, FSGT, FFESSM...) et dans de belles plongées sur la côte orientale du cap Corse. Du chasseur P-47 au cap Sagro, mérous, congres et murènes sont au programme sur fond de rochers ou de posidonies, à moins de 20 mn de navigation (voir la rubrique « Nos meilleurs spots » à Bastia).

➢ ***Randonnées :*** les hameaux de Sisco sont reliés entre eux par des sentiers balisés, idéals pour de petites balades familiales. Les mieux entraînés poursuivront leur effort à la boussole et à leurs risques et périls (pas de balisage) jusqu'au *col Saint-Jean ou bocca San Ghjuvani* (chapelle restaurée, lieu de communication avec l'ouest du Cap et la vallée d'Olcani), puis, de crête en crête, jusqu'à la *cima di e Follicie* (1 324 m). La vue est alors merveilleuse sur tout le cap Corse, les îles d'Elbe et de Capraia ; l'ambiance de ce sommet, battu par le vent et entouré d'eau, est assez singulière.

LA MARINE DE PIETRACORBARA / PETRACURBARA (20233)

À 20 km de Bastia (c'est le terminus de la ligne de bus no 4), en cet endroit de la côte orientale du cap Corse, une sorte de vallée glisse vers la mer, avec sa rivière, ses joncs et quelques maisons autour, dispersées au pied de la tour en ruine dite ***Ampuglia.*** La belle grande plage est l'une des rares du cap Corse appréciée des véliplanchistes. Petit point infos (parking sud de la plage) ouvert de la mi-juillet à la fin août. Si on remonte dans les terres par la D 232, jolis hameaux de *Ponticello* (église Saint-Clément et sa confrérie, chapelles à coupole), d'*Ornetu* (magnifique tour carrée) puis d'*Oreta.* On peut s'arrêter au passage à la distillerie de Pietracorbara (lieu-dit A Murticcia, à 2,5 km de la mer), qui propose quelques spécialités : *mandarinetta, limoncinu.* Également des soirées musicales en saison. Pour les marcheurs, de ces hameaux, Canari (sur la côte ouest) n'est qu'à 7h30, via la *bucca San Ghjuvani.*

Où dormir ? Où manger ?

Camping

⛺ ***Camping La Pietra :*** *à 300 m de la plage. ☎ 04-95-35-27-49. • la-pietra.com • ♿ Ouv fin mars-début nov. Compter, selon saison, 22,30-27,60 € pour 2 avec tente et voiture. 💻 📶 (au bar et au bord de la piscine).* Emplacements plats bien délimités par de hautes haies. Eucalyptus, pins, fleurs, c'est plutôt joli et bien soigné. Épicerie, machines à laver, parking surveillé pour motos, vélos, voitures. Pas de locations. Grande piscine et resto-snack. Pas de résa : arrivez tôt pour avoir les places à l'ombre.

Prix moyens

🏠 ***Le Rendez-vous de l'Été :*** *entre la minuscule marine et l'immense plage, complètement sur la droite. ☎ 04-95-35-23-32. • jc.galletti@orange.fr • Ouv d'avr à mi-oct. Doubles 77-85 € (juin-août), petit déj compris.* Agréables chambres, sobres et propres, à deux pas de l'eau. Une adresse populaire, simple et familiale. Les 2 chambres à l'étage possèdent une petite terrasse et ont vue sur la mer. Restaurant.

🍴 ***Pizzeria Le Caraïbo :*** *sur la plage. ☎ 04-95-35-24-61. ♿ Ouv d'avr à mi-sept. Plat env 15 € ; pizza env 11 €.* Petit resto saisonnier doté d'une sympathique terrasse. À saisir entre 2 bains. Organise des *beach parties* le dimanche...

LA MARINE DE PORTICCIOLO / PORTICCIOLU
(20228 ; commune de Cagnano)

Petite marine coincée dans un pli escarpé de la côte, le long duquel les maisons s'étagent. Un coin intact, où il fait bon suivre les quelques petites ruelles qui dévalent jusqu'à la mer. Petit port et jolie plage (de sable).

Où dormir ? Où manger ?

🏠 🍴 ***Maison Bella Vista (chambres d'hôtes) :*** *dans le virage à la sortie de la marine, en allant vers le nord, sur la droite. ☎ 04-95-35-38-46. • maisonbellavista@yahoo.fr • maisonbellavista.online.fr • Ouv avr-oct. Selon saison, doubles 55-60 € (vue montagne) ou 58-65 € (vue mer). Table d'hôtes 25 €, un peu de vin compris. CB refusées. Apéritif offert sur présentation de ce guide.* Dans une belle maison dominant la mer, 3 chambres bien décorées, dont 2 avec vue sur la mer. Également un grand appartement de 70 m² pour 6 personnes, avec terrasse *(loc à la sem : 250-900 €),* ainsi qu'un studio *(250-750 €/sem).* Excellent accueil de Cathy Catoni.

🏠 🍴 ***Hôtel U Patriarcu :*** *dans le village, sur la gauche. ☎ 04-95-35-00-01. • upatriarcu@orange.fr • u-patriarcu.com • Ouv avr-sept. Doubles 50-90 € selon confort et saison. Menus 20-30 €. Café ou digestif offert au resto sur présentation de ce guide.* Une vieille maison du cap Corse rénovée, avec des murs très épais et un intérieur très propre. Les chambres donnent sur la route et la mer ou sur l'arrière. Confort variable, certaines étant plus grandes et disposant d'une TV. Garage fermé pour les motos. Côté resto, les menus ne sont pas très affriolants, mais il y a peu de choix dans le coin sans reprendre la voiture.

Où dormir dans les environs ?

*Chambres d'hôtes Maison Simonpietri : hameau de Suare, 20228 **Cagnano.** 06-75-34-94-94. • info@lucianamasinari.it • maisonsimonpietri.com • De Porticciolo, prendre la route de Cagnano (6 km par la D 132) puis à gauche la (tte petite) D 432. C'est au centre de l'adorable hameau. Ouv de mi-mai à fin sept. Selon saison, prévoir 65-70 € pour 2. Dîner sur résa 20 €. CB refusées. Réduc sur le prix des chambres de 10 % en mai et juin sur présentation de ce guide.* Une ancienne « maison de corsaire », qui a vécu depuis sa construction au XVIIIe s, et connaît aujourd'hui le bonheur d'être joliment restaurée tout en gardant la patine de l'ancien. Tout en coins et recoins, elle offre 5 chambres toutes différentes, décorées et meublées avec goût. La maison peut se louer dans son ensemble. Bon petit déjeuner.

En hiver, quand la propriétaire de la « maison de corsaire » n'est pas là, sa voisine, Mme Salvodelli, alors seule habitante du hameau de Suare, loue un grand appartement à la semaine ou à la nuit dans une belle maison. *04-95-35-05-21. 06-12-21-45-72. • homeholidays.com •*

***Casale Lucrezia** (Gîtes de France) : hameau de Carbonacce, 20228 **Cagnano.** 04-95-35-02-07. 06-13-77-28-85. Ouv avr-oct. • lucrezia.agostini@orange.fr • De Porticciolo, prendre la D 132 jusqu'à Urtale et continuer direction Luri. Compter 80-90 € la double. Table d'hôtes sur résa 25 €.* Au cœur du minuscule hameau de Carbonacce, dans une belle maison de maître, joliment rénovée, 5 chambres lumineuses (3 doubles, 2 triples), disposant d'une belle vue. Calme garanti. La jeune propriétaire habite une autre maison dans le même hameau et prépare d'excellents repas (pas de restaurant à proximité immédiate, autant le savoir). Petit déjeuner extra avec confitures maison, servi en terrasse.

LA MARINE DE SANTA-SEVERA
(20228 ; commune de Luri)

Un autre petit port de la côte, situé au débouché d'une vallée très verte. Grande plage de galets. L'arrière-pays est à découvrir.
Première étape de la route des Vins à la ***Cave Pieretti** (04-95-35-01-03).* Dégustation, visite des caves, vente. L'un des quatre viticulteurs du cap Corse. Viticultrice, devrait-on dire, puisque c'est la fille de la maison qui a repris l'affaire. Bon accueil et travail vraiment intéressant réalisé notamment sur les rouges (vieilles vignes).

Où dormir ?

***Camping Santa Marina :** à 100 m de la mer. 04-95-35-02-86. • info@camping-santamarina.com • camping-santamarina.com • Ouv mai-fin sept. Compter max 20 € pour 2 avec tente et voiture. Resto en saison 15-20 €/pers. 10 % de réduc sur présentation de ce guide.* Un petit camping (50 emplacements) discret, en retrait de la route, bien ombragé, à l'ambiance sympa qui donne envie d'y séjourner.

***Chambres d'hôtes chez M. et Mme Micheli :** lieu-dit Chiosu Gavinu. 04-95-35-01-27. Petit chemin cimenté abrupt au niveau de l'entrée de l'*Hôtel Santa Severa *(fléché). Congés : fin oct-mai. Doubles 55-60 € selon saison.* Dans une maison récente, 4 chambres assez simples, propres et claires, 2 avec vue sur mer et 2 donnant sur la montagne, avec salle de bains et terrasse. Jardin ombragé. Salle de petit déj à large baie vitrée. Plage de galets à 10 mn à pied. Accueil gentil.

***Hôtel Santa Severa :** lieu-dit Chiosu Gavinu. 04-95-35-00-98.*

• hotelsantasevera@gmail.com • marinadiluri.com • Sur la gauche en venant du sud avt le pont. Congés : de mi-oct à fin mars. Doubles 71-98 €. Sur présentation de ce guide, apéro offert. Petit hôtel tranquille, cubique, tout en longueur et typique des années 1970, heureusement situé un peu en dehors de Santa-Severa. Si l'architecture extérieure est discutable, l'intérieur se révèle de bon niveau. Chambres claires, au calme, confortables (avec TV, AC et frigo), dotées d'une petite terrasse et d'une jolie vue sur la mer. Belle terrasse pour le petit déj. Piscine.

Où manger ?

Restaurant-pizzeria A Cantina : *à Santa-Severa. ☎ 04-95-35-05-67. Sur la marine, au bout du quai à gauche. Hors saison, fermé le soir sf ven et sam. Congés : janv-fév. Plat du jour 13,50 €, carte env 25 €. CB refusées. Digestif offert sur présentation de ce guide.* Une sorte de cabanon amélioré, qui, derrière une banale appellation de pizzeria, propose une vraie cuisine corse. Omelette corse, *storzapretti, conchiglioni au brocciu...* Mention spéciale pour les desserts, en particulier le délice de châtaigne, ou *pastizzu.* Terrasse sur la marine.

À voir dans les environs

***La maison de Dominique Cervoni :** au hameau d'**U Campu,** à 3 km à l'ouest de Santa-Severa, à droite sur la route D 180 en direction de Luri.* Près de la chapelle, depuis la minuscule place, monter la ruelle sur 20 m. Une maison très moche, couverte de ciment gris (fenêtres bleues), porte une plaque à la mémoire de Dominique Cervoni (1834-1890). Ce navigateur et aventurier des mers lointaines inspira son ami l'écrivain anglais Joseph Conrad, pour ses héros de roman, en particulier dans *Le Miroir de la mer.* Ironie de l'histoire, ce baroudeur des mers du globe a trouvé le moyen de naître et de mourir dans la même maison !...

LURI (20228 ; 700 hab.)

Une commune constituée de 17 hameaux perdus dans une luxuriante nature, à mi-chemin entre les deux côtes du cap Corse. On y accède depuis Santa-Severa par la route D 180, la seule qui traverse d'est en ouest toute la largeur du cap. Église paroissiale du XVIIe s, qui abrite derrière l'autel une peinture sur bois du XVIe s représentant la vie de saint Pierre.

Du village principal, à 5 km de la marine, ***A Piazza*** (ravitaillement possible sur la place, toute la semaine et le dimanche matin), la route monte au *col de Sainte-Lucie* et redescend sur le versant ouest vers Pino. Superbe excursion à faire en fin d'après-midi, avec quelques perspectives époustouflantes de beauté sur la mer et les monts. Un petit chemin conduit à la *tour de Sénèque* (30 mn de sentier à pied), d'où la vue est extraordinaire par temps clair. La légende dit que Sénèque y vécut en exil au Ier s de notre ère. Sauf que la tour date du XIIIe s...

Où dormir ? Où manger dans les environs ?

Chambres, gîtes I Fundali *(chez Alain et Marie-Thé Gabelle) :* ***Spergane,*** *20228 Luri. ☎ 04-95-35-06-15. • alaingabelle@wanadoo.fr • locationcorse-ifundali.com • À 2 km du village. Depuis la poste du village principal (A Piazza), suivre la route en direction de Spergane sur env 3 km. Fermé nov-mars. Résa conseillée. Doubles 48-55 €. Table d'hôtes 18 €, apéritif et café compris.*

CB refusées. Parmi les plus chouettes chambres d'hôtes de toute la Haute-Corse. Au milieu d'un paisible vallon verdoyant sur lequel semblent veiller les ruines massives d'une antique tour médiévale trône la maison entièrement retapée par Marie-Thé et Alain. Ils réservent à leurs hôtes un accueil très sympathique. 5 chambres mignonnes, simples, confortables et très propres. En demander une donnant sur la vallée, pour la vue, bien sûr. Bonne cuisine familiale pour le repas du soir. Quelques gîtes également pour 2 et 3 personnes *(300-450 €/sem),* situés soit sur place, soit dans les hameaux à proximité.

Gîtes Sénèque : *couvent Saint-Nicolas, col de Sainte-Lucie (Bocca di Santa-Lucia). 06-71-17-11-51. • bianchicorinne@ymail.com • giteseneque.com • À 5,5 km à l'ouest d'A Piazza, par la D 180. Une fois au col, prendre la tte petit route sur 1 km, direction A Torra di Seneca (fléché). Studio 2 pers 70 €/nuit, gîtes 4-6 pers 120-170 €, petit déj compris. Repas le soir sur résa.* La famille Bianchi a acquis le couvent Saint-Nicolas à la longue histoire (une fois désaffecté, il a servi de préventorium – établissement médical – puis de colonie de vacances ; il attend aujourd'hui une rénovation). Les studios et les gîtes sont situés dans une annexe, un bâtiment plus « moderne » (vue mer ou montagne). Sans charme particulier mais spacieux et lumineux, avec de grandes fenêtres qui regardent au loin. Idéalement placé pour les randonneurs (le sentier des Crêtes y passe). Possibilité de formules séjour à la semaine.

À voir

Les jardins traditionnels du cap Corse (association Cap Vert) : *lieux-dits Cepitta et Urnetu, entre U Campu et A Piazza. ☎ 04-95-35-05-07. • lesjardinstraditionnelsducapcorse.org • Mai-oct, 9h-18h. Fermé dim et j. fériés. Visite libre (avec livret) : 5 € ; réduc. Visite guidée sur rdv : 8 €. Également une visite ludique pour enfants de plus de 6 ans : 2 €.* Ce conservatoire des espèces végétales, géré par une association, permet de découvrir le patrimoine végétal du cap Corse (une centaine de variétés fruitières et 70 variétés légumières). Les activités sont nombreuses : travail scientifique (recherche), transfert de savoir (des stages sont organisés) et production-vente. On visite l'exploitation et l'on termine par deux salles d'expo avec un « atelier goût ». Animé par des passionnés qui sauront vous rendre intéressante, par exemple, l'histoire de la sauvegarde de l'oignon de Sisco ! Et bien entendu, tout ici est bio (d'ailleurs, un petit marché bio se tient du 15 juillet à fin août de 9h à 13h).

A Mimoria di U Vinu : *☎ 04-95-35-06-44. Juil-août, mer-sam 10h-13h, 16h-18h ; juin et sept, mar-ven 10h-12h30, 14h-17h. Entrée : 3 €.* Petit musée du Vin. Une partie patrimoniale (objets agraires), petite vidéo pour découvrir la méthode traditionnelle de production. Initiation à la dégustation par une approche ludique.

Fête

– ***Fête du Vin de Luri (fiera di u vinu) :*** *1er ou 2e w-e de juil, au village d'**A Piazza.** Entrée : 2 €.* À la base, rencontre des vignerons et producteurs de vin de l'île ; on y voit aussi des artisans et des fabricants de produits corses avec lesquels le vin se marie fort bien : charcuteries, fromages, miels, huile d'olive, etc. Une bonne façon d'appréhender d'un coup d'œil une grande partie de la production corse. En outre, repas corse traditionnel, concours divers, animations musicales...

MACINAGGIO / MACINAGHJU
(20248 ; commune de Rogliano)

Le port de plaisance est l'un des plus courus du cap Corse : il peut recevoir jusqu'à 200 bateaux, du plus anodin au plus sophistiqué. Beaucoup de passage et

d'activité. Paoli, en 1761, souhaitait en faire une base navale pour sa future flotte. Et c'est aussi à Macinaggio qu'il débarqua le 13 juillet 1790 après son exil en Angleterre, suite à l'amnistie pour tous les proscrits obtenue par Mirabeau. Puis ce fut au tour de Bonaparte, 3 ans plus tard, de passer par là, et en 1869, l'impératrice Eugénie y débarqua. Quel défilé !
La route quitte la côte dans cette dernière marine de l'est pour s'enfoncer dans les terres vers l'ouest. Le seul moyen pour faire le tour du Cap en suivant le littoral est d'emprunter, à pied, le sentier des Douaniers jusqu'à Centuri.

Arriver – Quitter

En bus

➢ ***De/vers Bastia :*** avec les *Transports Micheli (☎ 04-95-35-64-02).* En été, lun-ven, 3 bus/j., sam 1 le mat ; en période scol, lun-sam, 2 départs/j.

➢ ***De/vers Barcaggio :*** *en saison, navette routière avec les* Transports Scaniglia. *☎ 04-95-35-43-88.* • *transport-capcorse.fr* • En principe, départ le matin à 8h45, devant l'office de tourisme.

Adresses utiles

i ***Office de tourisme :*** *entre les 2 ports. ☎ 04-95-35-40-34.* • *maci naggiorogliano-capcorse.fr* • *En saison, lun-sam 9h-12h, 14h-19h ; dim et j. fériés 9h-12h. Le reste de l'année, lun-ven 9h-12h, 14h-17h ; sam 9h-12h (mai-juin) ; fermé dim.* Bons renseignements sur les possibilités de balades dans cette région du Cap.

✉ ***Poste :*** *route de Centuri, sur la gauche. Lun-ven 8h30-12h, 14h30-16h30 ; sam 8h30-11h30.* Distributeur de billets.

■ ***Capitainerie du port :*** *en arrivant (de Bastia), sur le port à droite. ☎ 04-95-35-42-57.* Douches et toilettes publiques.

■ ***Cap Évasion :*** *sur le 2e port. 📱 06-81-70-38-48.* • *cap-evasion. biz* • Loue des bateaux rigides et semi-rigides pour découvrir les criques secrètes de la région.

■ ***Laverie Clean Up :*** *à côté de la poste. ☎ 04-95-35-44-94. Tlj en saison ; nov-avr, fermé dim et lun.*

Où dormir ? Où manger ?

Camping

⛺ 🍽 ***Camping de la plage U Stazzu :*** *route de la plage de Tamarone. ☎ 04-95-35-43-76.* • *campingus tazzu@live.fr* • *camping-u-stazzu. jimdo.com* • *Fléché à droite, à 200 m du port, sur la D 80 en direction de Centuri. Ouv mai-sept. Compter 20 € pour 2 avec tente et voiture. Bungalows 4 pers 410-515 €/sem selon saison.* Camping modeste au confort minimal, aux emplacements en légère pente et non délimités, mais plutôt bon marché et bien ombragé, planté à 200 m de la plage. Sanitaires corrects mais insuffisants. Rudes et secs : l'accueil (toute l'année) et le terrain (en été). Balades superbes à proximité (plage de Tamarone et sentier des Douaniers), randos équestres avec le club attenant, *Cavallu di Ruglianu.*

Prix moyens à plus chic

🏠 ***Gîtes de Campu Stelle :*** *route de Tamarone, en face du camping. ☎ 04-95-35-49-21.* • *campu.stelle@ wanadoo.fr* • *gitencorse-campustelle. com* • *De la D 80 (direction Centuri), prendre à droite la route de Tamarone (fléché). Ouv tte l'année. 5 gîtes 30-70 m² pour 2-6 pers. Compter 360-540 €/sem selon saison pour 2-3 pers et 480-900 €/sem pour 5 pers. Oct-mai, possibilité de louer pour*

LE CAP CORSE

3 nuits min. Ajouter le service ménage en fin de séjour (40-50 €). CB refusées. 💻 📶 Marie-Jeanne et Christian, anciens libraires bastiais, ont ouvert ces quelques gîtes dans une ancienne colonie de vacances à laquelle ils ont su redonner beaucoup de vie et de chaleur, notamment grâce à cette vaste salle commune au rez-de-chaussée, avec jeux de société, billard, TV... Les gîtes sont simples et bien équipés, avec terrasse ou balcon. On s'y sent bien. Large terrain sur le devant et la mer à 200 m. Accueil adorable.

|●| *Restaurant La Vela d'Oro :* *dans une minuscule ruelle piétonne, parallèle à la route qui longe le port ; emprunter le passage au niveau de la petite place devant le port, c'est fléché. ☎ 04-95-35-42-46. • lavela doro@orange.fr • Tlj midi et soir sf mer en basse saison. Congés : 4 janv-4 mars. Menus 18-22 €. Apéritif ou digestif offert sur présentation de ce guide.* On est ici spécialisé dans tout ce qui nage. Caché comme il est, ce resto, tenu depuis plusieurs générations par la même famille, est l'un des piliers de la restauration du village. Le 2e menu propose une soupe de poisson et une pêche du jour sans reproche, mais on trouve aussi des spaghettis aux langoustines, une petite et sympathique friture ou de bonnes aubergines à la parmesane. Mais ce sont surtout les beaux poissons tout frais qui sont à l'honneur, préparés au four et servis avec le sourire dans une salle aux belles et anciennes cartes marines.

|●| *Restaurant U Lampione :* *sur le port. ☎ 04-95-35-45-55. • pierre. rossi72@orange.fr • Tlj sf lun et dim soir en basse saison. Congés : de fin oct à mi-mars. Formule déj 12,50 €, menus 16-25 €. Digestif maison offert sur présentation de ce guide.* Face au microchantier naval, un œil en biais vers le port, une petite terrasse en tonnelle pour des formules, plats et menus bien sentis, classiquement corses et copieux : de la salade du berger au sauté de veau en passant par le moelleux à la châtaigne. Quant au poisson, sa provenance locale et le nom du pêcheur sont spécifiés sur l'ardoise. Service féminin et très avenant qui confirme le bon choix.

|●| *Osteria di U Portu :* *sur le port. ☎ 04-95-35-40-49. Hors saison, fermé le soir. Congés : déc-fév. Menu « découverte » 16,50 €, autres menus 23,50-25,50 €, carte 40 €.* Produits du cru sont servis en salle ou en terrasse, dans une déco mettant à l'honneur le bois et la pierre. La carte regarde vers le large comme vers la montagne : autant oublier le menu « découverte » pour se diriger vers les autres menus ou la carte, avec par exemple les planches terre et mer. Bon accueil.

|●| Sur la plage de Tamarone, sur la gauche en arrivant, une sympathique paillote, ***U Paradisu.*** Bien pour un sandwich, une bière ou un poulet frit. Après une rando, ça fait du bien ! Carte restreinte (sauf juillet-août).

⌂ |●| *Auberge U Libecciu :* *route de la Plage. ☎ 04-95-35-43-22. • info@u-libecciu.com • u-libecciu.com • Prendre la D 80, tourner tt de suite à droite après la supérette ; c'est indiqué. Congés : 15 oct-15 avr. Selon saison, 70-130 € la double standard avec sdb et TV. Possibilité de ½ pens (ajouter 28 €/pers). Menus 20-25 €.* 💻 📶 *Sur présentation de ce guide, 10 % sur le prix de la chambre (sf en août).* Légèrement à l'écart de la marine, à 200 m, une maison récente, sans charme particulier. 14 chambres agréables et calmes, grandes et avec AC et terrasse ; 5 plus petites et sans terrasse. La patronne est aux fourneaux. Bouillabaisse sur commande, tripettes, poisson du Cap... et, sur résa, spécialités thaïlandaises les vendredi et samedi soir ! Accueil attentionné et gentil. Piscine.

⌂ *Chambres d'hôtes A Casa di Babbo :* *à* ***Tomino*** *(20248). ☎ 04-95-35-43-36. • brigitte.villoresi@wana doo.fr • casa-di-babbo.com • Bien fléché depuis la D 80, à 2 km au sud de Macinaggio. Congés : 15 oct-1er fév. Doubles 70-90 € selon saison. ½ pens (à l'*Osteria di U Portu*) imposée juil-août 75 €/pers. Piscine. Apéritif offert sur présentation de ce guide.* Perchée sur sa colline dominant la mer, cette maison d'hôtes propose 5 chambres, pas immenses mais décorées de façon très créative. Pierres sèches au mur, salles de bains bien équipées, AC,

TV... La « Cavalière » avec ses objets équestres, la « Romantique » au lit douillet et... chut ! la « Clandestine » avec cagoule et armes... Bon accueil. Un seul bémol, la demi-pension imposée en été, certains dîners se prenant à 4 km, au resto du proprio *(Osteria di U Portu)*, sur le port de Macinaggio.

Où boire un verre ?

🍷 ***Les Dock's :*** *à 20 m en retrait du port. ☎ 06-58-16-42-55. Ouv le soir, jusque tard. Congés : janv. Petite restauration : compter 20 €/pers.* Un pub-discothèque sympa comme tout, qui anime agréablement les soirées de ce petit port avec entrain et bonne humeur. En saison, au moins 2 soirs par semaine, concerts. Avec ou sans spectacle, une bonne adresse pour boire un verre.

– En fin d'après-midi, un petit verre sur le port, à l'une des terrasses au bord de l'eau, est un moment à savourer à petites gorgées.

À voir. À faire

➢ ***Le sentier des Douaniers :*** Macinaggio est le point de départ (ou d'arrivée, suivant le sens choisi) du sentier des Douaniers qui suit le littoral jusqu'à Centuri. Bien balisé et accessible à tous, même si la portion près de Centuri comporte un passage difficile. L'office de tourisme propose des documents détaillant les étapes de la randonnée. Indispensable pour tenter l'aventure qui, en 8h environ pour les plus rapides (jusqu'à 10-11h pour les autres), vous mènera de falaises en maquis en passant par les dunes. En été, cagnard redoutable ! Départ de Macinaggio même (parking au niveau du deuxième port tout au fond), ou bien depuis la plage de Tamarone (accessible en voiture).

La rando peut se diviser en plusieurs morceaux et on peut l'aborder par quatre sites différents ou ne parcourir qu'un ou deux de ses trois tronçons. Compter 4h pour Centuri-Tollare, 45 mn pour Tollare-Barcaggio (tous les deux accessibles en voiture depuis Botticella sur la D 80) et 3h pour rallier Barcaggio depuis Macinaggio (voir plus loin la rubrique « Promenade en mer » pour les possibilités d'acheminement maritime depuis/vers Barcaggio). C'est dans cette dernière portion qu'on pourra passer par les sites suivants.

Le site naturel de la Capandula : ouf ! Voilà encore un coin que les promoteurs et les lotisseurs n'auront pas ! Il s'agit de l'un des plus beaux morceaux de la côte, grosso modo toute la partie du littoral s'étendant au nord de Macinaggio jusqu'à Barcaggio. Soit 377 ha de maquis et de plages protégés et surveillés avec attention par le Conservatoire du littoral. De mars à juin, chaque année, des groupes d'oiseaux migrateurs en provenance d'Afrique y font escale, preuve que nos amis à plumes n'ont pas mauvais goût dans le choix de leurs étapes ! Il n'y a pas qu'eux. Sur les *îles Finocchiarola,* au large de la plage de Tamarone, vit la principale colonie corse de goélands d'Audouin, une espèce très rare, identifiée en 1826

VIVONS HEUREUX, VIVONS CACHÉS !

Les goélands d'Audouin ne veulent ni ne peuvent, selon la loi, voir qui que ce soit entre le 1er mars et le 31 août, période durant laquelle l'accès aux îles est strictement interdit (c'est une réserve naturelle, propriété du Conservatoire du littoral) : si un visiteur humain s'approche, les parents abandonnent le nid et donc le poussin se retrouve à la merci des prédateurs. Déjà que les goélands d'Audouin ont un peu de mal à se reproduire...

et en Corse ! À part en Espagne (delta de l'Èbre) et sur quelques autres îles de Méditerranée, ce goéland ne vit nulle part ailleurs. Dans les îlots corses, on en dénombre entre 20 et 90 couples selon les années.

De très belles ***plages*** : en sortant de Macinaggio vers Rogliano, prendre une petite route sur la droite qui se poursuit par un chemin de 2 km environ, qui conduit à la plage de ***Tamarone*** dans la petite baie du même nom. La zone protégée de Capandula commence là. Il faut continuer son chemin à pied. Vraiment une très belle balade à faire dans la journée. On peut aussi aller de Macinaggio à Tamarone à pied. Garer son véhicule tout au bout du port (parking) puis poursuivre à pied. Dans les collines calcaires de punta di a Coscia se cachent des ossements de cerfs et de sortes de loups, récemment mis au jour et remontant à 60 000 ans av. J.-C., qui tendraient à prouver, même si rien n'est sûr, que l'homme chassait dans le coin à cette époque reculée.

➢ De la plage de *Tamarone,* on peut gagner la très jolie *plage des Îles* par le sentier des Douaniers et rejoindre la *rade de Santa Maria* (45 mn à pied). À un moment, au passage d'un petit col, quatre tours génoises se trouvent alignées : celle de Finocchiarola, et celles de Santa Maria, d'Agnello et, plus loin encore, celle, carrée, de l'île de la Giraglia. Le sentier débouche sur la chapelle Santa Maria (à double abside). La rade se termine par la tour de Santa Maria. Observez bien cette tour : elle a été durablement consolidée par le Conservatoire du littoral mais de telle sorte qu'elle reste identique à ce qu'elle était, avec sa fière allure de ruine et ses états de service (n'a-t-elle pas été bombardée par Nelson en 1793 ?).

➢ Plus loin, par le sentier, on arrive en 10 mn à deux autres criques : la *cala Genovese* et la *cala Francese,* sites superbes où le maquis glisse très lentement vers les eaux turquoise et le sable fin des plages.

➢ Pour le retour, compter un peu plus de 1h de marche entre la cala Francese et Tamarone, en passant à nouveau par le chemin des Douaniers. Sinon, sentier de l'intérieur, plus court.

■ ***Promenade en mer :*** *à bord du* San Paulu. *06-14-78-14-16. • sanpaulu.com • Avr-sept. Propose des sorties vers la réserve naturelle des îles Finocchiarola. 2 formules : la promenade en mer commentée avec arrêt baignade et la promenade avec escale à Barcaggio. Tarifs : adulte respectivement 24 et 28 € ; enfant 12-14 €.* Prendre une paire de jumelles pour observer les oiseaux. Également possibilité d'emmener ou de ramener ceux qui voudraient faire le sentier des Douaniers jusqu'à Barcaggio ou depuis Barcaggio, leur épargnant de refaire le même chemin en sens inverse (mai-sept) : compter alors 15 € (10 € enfants). Propose également des matinées pêche (mercredi et samedi matin : 36 €) et une promenade en mer commentée avec escale à la journée sur Centuri et également sur Capraia (juil-août).

■ ***Centre nautique :*** *sur le 2e port. 06-86-72-58-40.* Stages (catamaran, dériveur, *Optimist,* planche à voile) et sorties à la journée (kayak de mer, planche).

■ ***Cavallu di Ruglianu :*** *près du camping* U Stazzu, *route de la Plage.* ☎ *04-95-35-43-76.* Promenades à cheval extra.

ROGLIANO / RUGLIANU (20247 ; 550 hab.)

Ce beau village haut perché, dominant fièrement la côte, surprend par le nombre de ruines de châteaux forts, tours fortifiées, mais aussi d'éoliennes modernes, vieilles demeures aux toits de *teghje* (pierres plates en schiste) dans les sept hameaux qui le composent. Normal, cette commune fut l'ancienne capitale du cap Corse (comptant jusqu'à 4 000 habitants). L'arrivée sur son hameau principal, Bettolacce, est de toute beauté. Superbe vue des deux églises Saint-Côme et

Saint-Agnel (Sant'Agnellu). Panorama encore plus étendu de l'ancien couvent San Francescu situé au-dessus du village après le hameau d'Oliva (où se dressent deux grosses tours génoises). On peut grimper aussi au château San Colombanu sur son éperon rocheux, dans le cadre de la boucle de 3,7 km (balisage jaune) qui permet de découvrir Rogliano.

Le Clos de Gioielli : *☎ 04-95-35-42-05. Sur la D 553, 2 km après Macinaggio (en direction de Rogliano), fléché.* Bonne étape de la route des Vins : bons rouges, muscat du tonnerre et même du *rappu* (jus fermenté) qui change du tout-venant. Pas de visite ni de dégustation, mais vente.

Où dormir ? Où manger ?

Hôtel-restaurant U Sant'Agnellu : *au centre du village, dans un virage près de l'église. ☎ 04-95-35-40-59. • jni.albertini@wanadoo.fr • hotel-usantagnellu.com • Congés : oct-Pâques. Doubles 80-150 € selon saison et confort, petit déj 12 € ; ajouter 42 €/pers en ½ pens. Assiettes-découverte 20-30 €, carte env 35 €.* Ancienne maison communale (en fait, l'ex-mairie, où se sont d'ailleurs mariés les propriétaires !) très bien rénovée avec ses volets bleus, devenue un charmant 3-étoiles. Préférer les chambres avec vue sur mer. Très agréable de dîner en terrasse au crépuscule avec l'amphithéâtre de montagnes et Macinaggio tout en bas. Excellent accueil de M. Albertini.

BARCAGGIO / BARCAGHJU (20275 ; commune d'Ersa)

Un port de poupée à la pointe extrême du cap Corse, sorte de bout du monde avec, en face, à quelques encablures, l'îlot de la Giraglia en guise de point sur le « i » du cap Corse. De Macinaggio, on accède à Barcaggio en quittant la D 80 au hameau de Botticella, puis en dévalant, sur 8 km, une route étroite et sinueuse qui descend à travers le maquis jusqu'à la mer. Vastes paysages sauvages et inhabités. On aime bien cet endroit perdu, sans charme particulier mais resté à l'abri des appétits des promoteurs. Grande plage de sable (plage de la Cala) située à 1 km à l'est, vers la pointe d'Agnello, avant la tour perchée et accessible en 30 mn par le sentier des Douaniers, sentier que l'on peut aussi emprunter pour une agréable marche de trois bonnes heures en direction de Macinaggio. Sur le chemin d'Agnello, le Conservatoire du littoral protège, par un système de clôtures, les dunes de genévriers qui souffrent de la fréquentation estivale.

À 2,5 km à l'ouest de Barcaggio, petit village de *Tollare,* un coin sympa aussi, dominé par sa tour. Remarquer au passage en bord de mer des affleurements de calcaire.

Où dormir ? Où manger ?

Hôtel Le Saint-Jean : Ersa, *hameau de Botticella. ☎ 04-95-47-71-71. • lesaintjeanersa@orange.fr • lesaintjean.net • Ouv 15 mars-10 nov. Selon saison, doubles standard 75-120 €, supérieures 90-135 €. Petit déj en sus. ½ pens possible.* Petit hôtel occupant une belle position, tout au nord du Cap, entre Centuri et Rogliano, à 100 m de la route qui descend vers Barcaggio. Dans une maison ancienne, les chambres, toutes différentes (les plus chères avec vue sur mer ou avec terrasse), ont été refaites avec beaucoup de goût par le jeune couple qui a ouvert l'établissement. Restaurant (belle terrasse).

Chambres d'hôtes Latu Corsu : Ersa, *hameau de Poghio. ☎ 04-95-35-99-95. 📱 06-16-10-70-70. • contact@cotecorse.com • cotecorse.com • Depuis la D 80, descendre vers*

Barcaggio, puis en direction de Tollare ; c'est fléché (préférer descendre en marche arrière la dernière pente vers le hameau). Ouv de mi-mars à mi-nov. Selon saison, doubles 82-109 €, studios 420-590 €, apparts pour 6 pers 650-1190 €. Possibilité de table d'hôtes (sur résa) sf 16 juin-20 sept. Cette maison de hameau, protégée par une tour mitoyenne, abrite 3 chambres et 2 appartements aux bons soins de Patricia. De taille variable, les chambres allient confort (AC, TV...) et décoration de goût, entre esprit contemporain et vieux matériaux. Hors saison, toute la maisonnée profite d'un salon TV aménagé dans un magnifique atelier-moulin encore équipé de sa meule. Depuis la terrasse, vue panoramique sur le maquis, qui vaut son pesant de confitures corses (excellentes et légion au petit déj !). Accueil frais et charmant.

IоI ***U Fanale :*** *en bord de mer. ☎ 04-95-35-62-72. Ouv 10 avr-30 oct, midi et soir. Fermé mer sf juil-août. Résa nécessaire. Grande assiette env 14 € le midi ; env 35-45 € à la carte. CB refusées (hors saison).* *U Fanale* (« Le Phare ») s'était éteint au début des années 1990. Après quelques années de fermeture, il a repris son activité, avec la même équipe, à 1 ou 2 exceptions près. *Fiat lux !* La carte met l'accent sur le poisson et propose des plats inspirés, avec des produits de qualité (légumes du jardin). Bons desserts.

CENTURI *(20238 ; 225 hab.)*

Arriver par l'est par la D 80 est peut-être la meilleure façon de découvrir Centuri. Un à un se succèdent les signes annonciateurs d'un lieu plein de charme. La mer, d'abord, qui perce au creux des montagnes ; puis les silhouettes des anciens moulins dressés, çà et là, comme des guetteurs ; enfin, la descente le long de cette route étroite qui serpente entre les arbres jusqu'à ce croquignolet port de pêche. Petit, authentique, replié sur lui-même comme pour se protéger du large (Paoli en fit d'ailleurs l'arsenal de sa République), avec une poignée de maisons grises aux toits de serpentine verte (superbe pierre de la région), il attire touristes et vedettes : faut croire qu'ils savent que Centuri est le premier port langoustier en France !
Pas mal de monde, donc, en été, où la circulation automobile devient délicate. Côté mer, pas de plage de sable fin (la plus proche est celle de Barcaggio), mais des fonds sous-marins aux eaux transparentes et très poissonneuses.

Où dormir ? Où manger ?

Camping

⛺ IоI ***Camping L'Isulottu :*** *marine de Mute, à env 1 km au sud du port de Centuri. ☎ 04-95-35-62-81. • camping.isulottu@orange.fr • isulottu.fr • ♿ Ouv mai-sept. Selon saison, compter env 20,40-23 € pour 2 avec tente et voiture.* Camping bien ombragé, à 300 m d'une plage de galets. Sanitaires neufs (énergie solaire). Bar, alimentation, snack à pizzas *(en juil-août slt, petit déj juin-sept)* et grillades vraiment pas chères.

Prix moyens à chic

🏠 ***L'Auberge du Pêcheur :*** *à l'angle du port. ☎ et fax : 04-95-35-60-14. • aubergedupecheur@hotmail.fr • Ouv mai-oct. Doubles 70-85 €, petit déj en sus.* Voici l'une des seules occasions de poser son bagage à Centuri sans trop casser la tirelire. Dans un bâtiment crème et rouge, des chambres et un accueil sans étincelles, mais c'est propre, avec la clim, la télé, retapé avec peps de façon assez moderne et idéalement situé sur le port.

IоI ***U Cavallu di Mare :*** *tt au bout du port, sur la gauche quand on regarde la mer. 📱 06-18-15-76-31. Ouv avr-sept ; midi et soir en hte saison, fermé le soir en avr. Formule 16 €, menus 19-25 €, menu langouste 54 €. Apéritif maison offert sur présentation de ce guide.* Le « cheval de mer », c'est l'hippocampe, bien sûr, notre vieil ami vertical, bestiole étonnante et gracieuse. Petite terrasse triangulaire surplombant le port, et jeune patronne souriante au service. Beignet de fromage corse, poisson du jour... et, l'été, araignée de mer et langouste sur commande. Une adresse plébiscitée par les lecteurs...

Restaurant A Macciotta *(Chez Sker)* **:** *Centuri-Port. ☎ 04-95-35-64-12. • acapenza@infonie.fr • Dans la rue qui descend au port, 20 m avt le quai. Congés : nov-mars. Menus 16,50 € (midi), puis 21 et 26 € ; menu langouste 65 €. Apéritif maison offert sur présentation de ce guide (et digestif pour le menu langouste).* Terrasse agréable. Le patron, Henri, pêche et propose des sorties pêche à la langouste à ses clients. Et ça donne des poissons du jour, des soupes de poisson et d'autres produits de la mer de toute première fraîcheur, servis avec générosité et gentillesse. *Fritto,* plateau de moules, gambas et rougets (ou autres poissons) frits, accompagnés d'une salade de fruits de mer. Poisson grillé également. Hyper copieux. À noter que le 1er menu est déjà une vraie affaire. Bon petit blanc local (domaine de Pietri) et *fiadone* maison.

La Bella Vista : *sur le port. ☎ 04-95-35-62-60. Ouv tlj mai-oct. Formule déj 16 €, menus 21-25 €, menu langouste 65 €. Apéritif offert sur présentation de ce guide.* Jolie terrasse blanc et bleu, aux premières loges pour surveiller les bateaux de pêche qui débarquent araignées, poissons (espadon, saint-pierre...), langoustes destinés à votre assiette. Les serveurs vous signalent les poissons qui ne sont pas du coin (loup ou daurade d'élevage, par exemple). L'ensemble tient la mer !

Plus chic

Hôtel-restaurant Le Vieux Moulin : *sur le port, côté gauche, légèrement en retrait. ☎ 04-95-35-60-15. • levieuxmoulincenturi@orange.fr • le-vieux-moulin.net • Mars-oct. Selon saison et situation, doubles 190-230 € dans le bâtiment principal et 100-160 € dans les annexes. Petit déj 12 €. Menus env 40 et 80 €. ½ pens possible à partir de 3 j.* La demeure principale a du caractère. Il s'agit du vieux palais Olivari, construit au XIXe s par un aventurier ayant émigré en Amérique latine. Les chambres, de bon confort, sont assez différentes, qu'on soit dans la demeure principale (seulement une poignée de chambres, dont certaines avec vue sur le port) ou dans les annexes. Pas donné, toutefois...

LE CAP CORSE

Où dormir dans les environs ?

Gîtes ruraux

Gîte de M. Jacques Giorgetti *(Gîtes de France)* **:** *hameau de* **Camera,** *Centuri. Résas auprès des Gîtes de France : ☎ 04-95-10-54-30/31. Fax : 04-95-10-54-38. De la D 80, s'engager sur la route qui descend vers le port, c'est sur la gauche dans le 1er groupe de maisons. Ouv tte l'année. Compter 390 €/sem en basse saison, 500 €/sem en juin et 780 €/sem en juil-août. Parking à proximité.* Situé dans une maison mitoyenne, un gîte de 80 m² sur 2 niveaux, dans une maison ancienne de caractère. Pour 4 à 6 personnes. Séjour de 25 m², cuisine, 2 chambres, 1 mezzanine. Magnifique terrasse de 33 m² avec vue imprenable sur la mer. Bon équipement : lave-linge, lave-vaisselle, micro-ondes, cheminée.

Plongée sous-marine

Club de plongée

■ **Corse Bleu Marine Compagnie :** *marine de Mute,* **Centuri.** *☎ 04-95-35-60-46. 📱 06-13-02-10-69. • bleu-marine-compagnie.fr • À côté du* Camping L'Isulottu. *Ouv en juil-août slt. Résa souhaitable. Baptême env*

43 € ; plongées 32-40 € selon équipement ; forfaits dégressifs 6-10 plongées. Ce petit club (FFESSM), dirigé par Richard Genatio, vous embarque – en comité restreint – sur des bateaux rapides pour rejoindre des spots riches en vie de cette côte très sauvage. Au programme : explorations, bien sûr, mais aussi baptêmes, formations jusqu'au niveau III et stages enfants dès 10 ans. Matériel complet fourni.

À voir dans les environs

Les « maisons d'Américains » : elles ne se visitent pas, mais on peut les admirer au hameau de ***Pecorile,*** situé dans la commune de Morsiglia, au sud de Centuri, en allant vers Pino (suivre le balisage jaune). Il s'agit du *palais Fantauzzi* et du *palais Ghielfucci* (1838) de style colonial espagnol, avec une double galerie d'arcades et la tour Caraccioli intégrée à la demeure. Ces maisons ont été construites pour la plupart par des Cap-Corsins ayant fait fortune à Porto-Rico au XIXe s. Voir aussi les sept tours massives du XVIe s.

Le moulin Mattei : *ouv juil-sept 10h-17h. 1 km après Botticcella, il surplombe le col de la Serra.* Vue sublime. On passe à ce point-là sur la côte ouest du Cap. Ce moulin à vent a été remis en état par le conservatoire en 2004 : autrefois, il a servi à la « réclame », comme on disait alors, pour l'apéritif au quinquina de la maison *Mattei.* Un petit chemin d'interprétation a été créé.

PINO / PINU (20228 ; 175 hab.)

Encore un étonnant village de la côte ouest du cap Corse, composé de hameaux accrochés à la pente de la montagne, où les maisons, noyées dans les pins et les cyprès, regardent la mer et les couchers de soleil. Les monuments témoignent d'une certaine opulence passée : descendre vers les hameaux de *Raffalacce* pour trouver l'*église Sainte-Marie* (beau campanile sobre et façade baroque, comme le décor intérieur) et, plus loin, une très ancienne maison d'habitation avec tour à mâchicoulis.

Le sentier de village (balisage jaune), un peu raide, permet de descendre à *Scalu,* l'ancienne marine de Pino (une minuscule plage de galets avec quelques solides maisons de pierre). À proximité, le couvent *San Francescu,* aujourd'hui abandonné, gardé par les ruines d'une tour génoise. Émouvant cimetière au milieu des roseaux et des figuiers de Barbarie. Possibilité d'y accéder en voiture également : 500 m après la sortie du village, une étroite route sur la droite y descend sur 1,5 km environ.

Au hameau de ***Metimo,*** jeter un œil sur la *casa Franceschi,* imposante demeure ayant appartenu à de riches Cap-Corsins, tel cet Antoine Piccioni, né à Pino en 1819. En partant, il lança à son père : « Tu n'auras de mes nouvelles que lorsque j'aurai fait fortune. » En Amérique, il découvrit un filon d'or et devint riche comme Crésus.

De Pino à Nonza, l'étroite route de corniche offre un panorama sur une côte vertigineuse de beauté, parfaitement en aplomb au-dessus de l'eau.

Un peu au nord, sur la commune de *Morsiglia,* se trouve l'une des étapes de la route des Vins : le ***domaine de Pietri*** *(☎ 04-95-65-64-79 ou 04-95-35-60-93).* On y produit un joli muscat.

MINERBIO / MINERBIU

Minuscule village à 5 km environ au sud de Pino en allant vers Canari. Juste à gauche en y entrant, on peut voir l'incroyable tombeau de la famille Calizi-Altieri, construction massive, circulaire et à colonnes, coiffée d'un dôme, rappelant quelque panthéon latin et dessinée par Claude-Nicolas Ledoux. En descendant vers la mer, on gagne la petite marine de ***Giottani*** (commune de ***Barrettali***), à la longue plage de galets.

Où dormir ? Où manger à Barrettali et dans les environs ?

■ ▮●▮ ***Maison Battisti*** *(Gîtes de France)* **:** *Conchiglio, 20228* ***Barrettali.*** *☎ 04-95-35-10-40. 📱 06-62-00-33-76 • mpbattisti@aliceadsl.fr • maisonbattisti.com • Résas (Gîtes de France) : ☎ 04-95-10-54-30/31. Fax : 04-95-10-54-38. En plein centre du hameau et à 2,5 km de la côte. Ouv tte l'année. Double 85 €, gîte 4 pers 315-565 €/sem, gîte 6 pers 430-820 €/sem (tarifs selon saison). Table d'hôtes (sf juil-août) 25 €/pers.* Marie-Pierre et Michel Battisti ont aménagé dans leur grande maison ancienne, chargée d'histoire(s) et pleine de coins et recoins, 3 locations : une chambre d'hôtes, aux meubles anciens, un gîte pour 4, sur 2 niveaux (échelle de meunier pour monter à l'étage !), et un 2^d^ gîte plus grand (72 m²), avec 3 chambres, qui jouxte la maison de maître occupée par les propriétaires. Une belle adresse où l'on se sent bien. Boutique de produits régionaux. Excellent accueil.

■ ▮●▮ ***Hôtel-restaurant Marinella :*** *marine de Giottani, 20228* ***Barrettali.*** *☎ 04-95-35-12-15. • info@hotelmarinella.fr • hotelmarinella.fr • ♿ Sur la droite en arrivant sur la marine. Congés : 15 oct-15 avr. Hors saison, téléphoner. Doubles 60-70 € ; ½ pens (demandée de mi-juil à fin août) 28 €/pers supplémentaire. Compter env 35 € à la carte. 💻 Digestif offert sur présentation de ce guide.* Chambres simples et sans charme particulier, fonctionnelles, donc, avec douche et w-c, certaines climatisées. Les 9 chambres sont situées dans une bâtisse sur l'arrière et aucune n'est orientée vers la mer. Sinon, le lieu est bien au calme. Parfois le soir, groupe de musiciens corses. Location de kayaks de mer et initiation au ski nautique.

CANARI (20217 ; 330 hab.)

Une route étroite et tortueuse grimpe au hameau de Pieve, le cœur de Canari et sorte d'observatoire privilégié dominant la mer. *Santa Maria Assunta* (XIIe s) est l'une des rares églises romanes d'époque pisane encore très bien conservées. La place de la mairie, véritable belvédère, dresse son campanile blanc à la façon d'un phare-tour de guet, au pied duquel on jouit d'une vue époustouflante... éblouissante, même, au coucher du soleil. Cinq palmiers en profitent chaque jour. Quant au couvent Saint-François, il accueille début septembre le Festival international de chant lyrique et on peut y dormir (voir ci-après).

➢ Départs de sentiers (le sommet du cap Corse, *cima di e Follicie,* s'atteint en 4h).

Où dormir ? Où manger à Canari et dans les environs ?

■ ***Résidence I Fioretti*** *(Gîtes de France) : couvent Saint-François, hameau principal de* ***Pieve.*** *☎ 04-95-37-13-90. • ifioretti@wanadoo.fr • ifioretti.com • Ouv tte l'année. Double 70 €, petit déj inclus ; gîtes 292-698 €/sem pour 4-6 pers. CB refusées.* 💻 📶 Vous aviez toujours rêvé de dormir au couvent ? Le couvent Saint-François, construit en 1505, abandonné et finalement restauré par la municipalité, vous tend les bras. Magnifique situation au-dessus de la mer. Les 5 chambres (4 doubles et

1 grande familiale) ont été aménagées dans les anciennes cellules et proposent un confort supérieur à ce qu'il était à l'époque des franciscains tout en conservant une touche monacale. Également 3 gîtes de 2 ou 3 chambres, d'un bon rapport qualité-prix.

🏠 🍽 ***Auberge du Chat qui Pêche :*** *lieu-dit* ***Abro*** *(D 80).* ☎ *04-95-37-81-52.* • *catu@live.fr* • *aubergeduchatqui peche.com* • *Sur la D 80, juste après la bifurcation pour Canari. Avr-nov, tlj sf mer soir ; déc-mars, slt le midi et sam soir. Double 49 €. Carte env 30-35 €.* C'est l'ancienne cantine de l'usine de Canari. À l'ombre d'un grand platane, on mange sur une petite terrasse surplombant des jardins, eux-mêmes en terrasses. Pas de grande gastronomie (salades, viandes et poissons grillés dans un four à bois), mais une étape plaisante de bord de route, bien pratique sur un axe qui en compte assez peu. 2 petites chambres à louer également.

🍽 ***Restaurant U Scogliu :*** *marine de* ***Canelle,*** *à quelques km avt Nonza (fléché).* ☎ *04-95-37-80-06. Ouv mai-sept. Résa conseillée en été. Compter 30-50 € à la carte.* Salle agréable, ouverte sur une marine de poche, la plus minuscule que l'on connaisse, à laquelle on accède par des escaliers. Carte seulement, assez chère, mais certains plats (moules, jambon corse maison) permettent de s'en tirer à meilleur compte. Poisson en croûte de sel ou seiche farcie aux fruits de mer réussis.

LE CAP CORSE

À voir

Le Conservatoire du costume corse ancien : *dans une salle du couvent Saint-François.* ☎ *04-95-37-83-53/20. Juil-août, mar-dim 10h-12h, 18h-20h ; juin et sept, lun, mar, jeu et ven 9h30-11h30, 14h-16h. Le reste de l'année, contacter la mairie. Entrée libre, visite commentée.* Belle expo de costumes de la seconde moitié du XIXe s.

DE CANARI À NONZA

Le paysage, jusque-là couvert de végétation, se dénude soudain pour montrer ses épaules de rocaille grise et les vestiges abandonnés d'une carrière, dont on a extrait sans doute 300 000 t de fibre d'amiante entre 1947 et 1965. Cela représentait alors près de la moitié des besoins français en amiante ! Le site a été réhabilité entre 2009 et 2014, une « érosion » a été constatée après la fin des travaux... Un peu plus loin, en contrebas, une plage d'un gris métallique aussi superbe qu'« amianté » (7 millions de mètres cubes de déblais auraient été rejetés dans la mer sous forme de galets de serpentine). Des analyses récentes concluent que cette présence d'amiante serait inoffensive (faute de particules assez fines pour infiltrer les voies respiratoires)... Prudence tout de même, tout le monde ne partage pas cette vision optimiste...

NONZA (20217) 70 hab.

À 18 km de Saint-Florent, ce petit bijou accroché entre ciel et mer est de ces villages qui donnent le vertige. Un petit bistrot sous les platanes, quelques maisons héroïquement soudées à la montagne (qu'il est agréable de se promener dans ces ruelles !...) et une tour plantée sur un rocher plongeant dans la mer. Datant de l'époque de Pasquale Paoli (XVIIIe s), enfin une tour corse paoline et non génoise ! La vue en est vertigineuse et le contraste saisissant entre les eaux turquoise et les galets gris métallique. Et cette plage...

Où dormir ? Où manger ?

Chambres d'hôtes Casa Maria *(Marie-Ange Burini, Gîtes de France) : dans le village, sur le chemin de la Tour. ☎ 04-95-37-80-95. • casamaria@wanadoo.fr • casamaria-corse.com • Ouv avr-oct. Doubles 75-95 € selon saison. CB refusées.* Dans la solide maison de famille, riche en histoires, où la propriétaire venait passer ses vacances quand elle était enfant, 5 belles chambres climatisées, dont 1 suite familiale. Salon commun aux hôtes. Bon petit déj, servi en été sur la terrasse d'où la vue est si belle...

Chambres d'hôtes Casa Lisa : *dans le bas du village. ☎ 04-95-37-83-52. • casa.lisa@wanadoo.fr • casalisa.free.fr • Prendre une des ruelles piétonnes qui descendent et vous finirez bien par trouver (relativement bien fléché). Ouv avr-oct. Compter 55-70 € selon saison, petit déj 7 €. CB refusées. Un pot de confiture maison offert sur présentation de ce guide.* Une maison familiale dominant la mer, abritant quelques chambres, simples et agréables, avec des meubles en bois. Adresse tranquille, au cœur du village, certaines chambres avec vue plongeante sur la mer.

La Sassa : *sur le chemin de la tour, juste avt la dernière montée. 06-11-99-49-03. • lasassa.nonza@orange.fr • Avr-oct, midi et soir. Compter 25-40 € à la carte.* Ce petit saisonnier en plein air, tenu par une équipe jeune, sympathique (et décontractée), bénéficie d'une situation imprenable et propose, sans prétentions gastronomiques, salades, charcuteries et grillades. Bonnes glaces (de chez *Salge* à Saint-Florent). Vin local au verre et bière bio au cédrat ou au miel, musique très cool viendront agrémenter ces libations et l'inénarrable coucher de soleil. En haute saison, chanteurs une fois par semaine.

LE CAP CORSE

Où dormir ? Où manger dans les environs ?

Prix moyens à chic

Chez Morganti : *marine d'Albo, 20217* **Ogliastro.** *☎ 04-95-37-85-10. • morganti.restaurant@wanadoo.fr • À l'entrée de la marine sur la droite. En nov, déc, fév et mars, ouv slt le w-e. Congés : 20 déc-8 fév. Menu 22 €, bouillabaisse 61 €. Apéritif maison offert sur présentation de ce guide.* Dans l'ancien *Hôtel Morganti,* le plus ancien du Cap (1892), grande salle ou terrasse adorable, ombragée par de vieux tamaris et à côté de la petite chapelle Saint-Roch. Spécialités de poissons, dont la soupe de poisson du Cap, les spaghettis à l'araignée de mer ou, sur commande 24h avant, la bouillabaisse, une vraie de vraie (8 variétés de poissons). Sinon, plus simple, un bon pavé de liche grillé ou des encornets à la mode corse. Du bon et du sérieux. Calme et agréable. Les mêmes propriétaires possèdent un sympathique snack saisonnier sur la plage, qui propose de bons paninis avec *prizutu* (jambon), tomates et fromage de brebis.

Les Gîtes du Cap Corse : *marine de Negru, 20217* **Olmeta-du-Cap.** *☎ 04-95-37-27-50. • infos@cap-corse.com • cap-corse.com • À 6 km au sud de Nonza, sur la D 80, dans un virage. Ouv tte l'année. Compter 290-950 €/sem selon taille et saison. Oct-mai, loc possible à la nuitée (60 € pour 2 avec petit déj).* Dans un bel espace boisé, au départ d'un sentier de pays, un petit ensemble de 5 gîtes bien équipés, pouvant accueillir de 2 à 8 personnes. Également, sous le nom de *A Casa,* un appartement de 3 chambres au 1er étage de la maison principale *(500-1 200 €/sem)* et un petit gîte indépendant, *A Casuccia, (pour 2-4 pers 400-800 €/sem).* Enfin, *A Fronda,* un écogîte en bois, avec cuisine extérieure, pour 2, *(compter 600-900 €/sem)* et la *Casa Massari,* maison pouvant accueillir jusqu'à 8 personnes *(1 400 €/sem en hte saison).*

Le Relais du Cap : *marine de*

Negru, 20127 ***Olmeta-du-Cap.*** *☎ 04-95-37-86-52. ● sylvie.derangere@aliceadsl.fr ● relaisducap.com ● Ouv avr-oct. Doubles 50-80 € selon saison, sdb partagée. Petit déj 7 €. Appart 325-800 €/sem pour 2 (on peut y loger à 4 moyennant supplément). CB refusées.* Le *Relais du Cap* a les pieds dans l'eau et la tête dans les étoiles. De la terrasse, on pourrait presque plonger dans la mer. Patrick et Sylvie ont su donner à leur *Relais* un véritable supplément d'âme, grâce à un sacré sens de l'accueil et du service : masques, tubas et chaussures en plastique sont à disposition des hôtes, ainsi qu'une cuisine d'été. Les chambres sont simples mais suffisamment confortables. Ici, on savoure le paysage et la tranquillité des lieux en se sentant véritablement privilégié.

Où boire un verre ?

On adore le petit troquet au cœur du village, le ***Café de la Tour,*** avec son comptoir installé à même la place !

À voir

L'église Sainte-Julie : du XVIe s, avec un autel baroque et un tableau représentant le martyre de la sainte, qui eut lieu dans le coin, le 22 mai 303 (on s'en souvient comme si c'était hier).

Ne pas hésiter à emprunter les escaliers qui dévalent vers le bas du village. Ruelles escarpées au détour desquelles on embrasse un merveilleux point de vue.

La tour Paoline : construite en 1760 sur ordre de Paoli sur la base d'un ancien fort génois, et toute de magnifique schiste gris-vert, elle est bien conservée et culmine au sommet d'une falaise ; vue grandiose de là-haut. Un épisode savoureux s'y déroula pendant la guerre menée par les troupes françaises contre la petite armée de Paoli.

La fontaine Sainte-Julie : *à la sortie du village à gauche, en direction du nord.* La légende veut que cette source ait jailli des seins de la sainte, coupés par son bourreau pour lui faire abjurer sa foi et jetés sur les rochers. Le site est magnifique : on y descend par de grandes marches entre jardins et terrasses séparés par des murets de pierre sèche. Les courageux continueront jusqu'à la plage. Après, il ne reste plus qu'à remonter !

UN HOMME-ORCHESTRE

Dans cette tour, en 1768, le paoliste Jacques Casella, tout seul et blessé, a tenu tête à l'armée française. Par un ingénieux système de ficelles, il réussissait à tirer des coups de fusil dans toutes les directions, impressionnant l'adversaire. Il négocia avantageusement sa reddition, et la consternation fut totale quand la troupe française présenta les armes devant un homme seul, s'aidant de béquilles, alors qu'elle s'attendait à voir sortir une armée !

Fête et manifestation

– ***Rencontres culturelles de Nonza :*** *2e sem d'août.* Festival d'art où l'on peut voir des expos de peintures et de photographies tandis que se tiennent des débats et des conférences.
– ***Fête de Sainte-Marie :*** *15 août. « Paese in luce »,* le village illuminé. Si vous passez par là le soir du 15 août, arrêtez-vous pour découvrir Nonza comme jamais vous ne le verrez le reste de l'année. Les habitants du village, les touristes aussi,

défilent dans une sorte de procession féerique, formant de remarquables tableaux vivants. À ne pas rater !

DANS LES ENVIRONS DE NONZA

👁👁 ***Ogliastro*** *(Ogliastru) : à 2 km au-dessus de la marine d'Albo.* Très joli village aux maisons colorées, composé de deux parties (*Ogliastru Suttanu* et *Ogliastru Supranu*) reliées par une volée de marches.

👁 ***La marine de Negru :*** *à 6 km au sud de Nonza, bien cachée depuis la route.* Une marine très encaissée. Plage avec sa tour génoise comme posée là. Jolie rando pour rejoindre le village dont dépend cette marine, Olmeta du Cap.

PATRIMONIO / PATRIMONIU (20253) 670 hab.

C'est sûr : les dieux de la Méditerranée ont été généreux avec ce coin, situé à la racine du cap Corse. Tout d'abord, un site exceptionnel à flanc de montagne, des versants ensoleillés couverts de vignobles et une vue superbe sur la baie de Saint-Florent et les montagnes du Nebbio.

Patrimonio, et sept communes alentour, jusque dans les Agriate, élaborent vins blancs, rosés et rouges, ainsi qu'un délicieux muscat (le tout en AOC *patrimonio*). De succulents nectars, un peu sucrés, à boire très frais (on a une petite préférence pour le blanc). Ce vignoble, le plus vieux de Corse (Ve s av. J.-C.), allié à des méthodes traditionnelles d'encépagement et de vinification, sans adjonction de produits chimiques, produit des vins d'une qualité « biologique », un vrai breuvage écolo.

Où dormir ?

Campings

Sur un plan pratique, ce bout de côte constitue une heureuse alternative aux campeurs rebutés par les terrains de Saint-Florent.

⛺ ***U Sole Marinu :*** *plage de Catarelli, à 3 km de Patrimonio, direction Nonza (accès par un chemin). ☎ 04-95-37-12-20. • usolemarinu@gmail.com • usolemarinu.com • ♿ Ouv de mi-juin à mi-sept (pour les locs : avr-oct). Compter 19-22 € pour 2 avec tente et voiture. Mobile homes climatisés 4 à 6 pers 360-920 €/sem. CB refusées. 💻 (payant) 📶 (gratuit 5 mn à la réception). Apéritif maison offert sur présentation de ce guide.* Belle situation en bord de plage (terrain plat) à proximité d'une falaise calcaire. Peu d'emplacements, familial et très sympa. Ombre moyenne. Épicerie et pizzeria *(juil-août).*

⛺ ***A Stella :*** *marine de Farinole, à 5 km de Patrimonio, direction Nonza. ☎ 04-95-37-14-37. • campingastella.com • Ouv d'avril à mi-sept. Compter 22 € pour 2 avec tente et voiture. Bungalows et chalets 400-800 €/sem.* Grand terrain qui court jusqu'à une plage de galets (sable à 10 mn à pied), les emplacements les plus proches de l'eau n'étant pas les plus ombragés. Sanitaires refaits au goût du jour. Snack-bar sur place.

De prix moyens à chic

🏠 🍴 ***Hôtel du Vignoble :*** *en plein centre. ☎ 04-95-37-18-48. • hotel-du-vignoble@wanadoo.fr • hotel-du-vignoble.com • Ouv avr-oct. Doubles 50-100 € selon saison. Parking privé,*

LE CAP CORSE

garage à motos. Cet hôtel bien nommé est bien pratique, au cœur du village : il possède une âme avec ses grandes chambres de maison de maître, dotées d'un excellent confort (bonne literie en particulier). Juste à côté, *L'Assiette du Vigneron (fermé lun midi et mar midi ; formule 15 € à midi, menu 18 €)* et, dans la cave, vins du Clos Montemagni pour une petite dégustation.

Hôtel U Casone : *lieu-dit Puccinasca. ☎ 04-95-37-14-46. ● scea.montemagni@wanadoo.fr ● hotelpatrimonio.fr ● Au centre de Patrimonio, indiqué depuis la D 81. Ouv 16 mars-15 oct. Doubles standard 50-60 € selon saison, supérieures 90-100 €. CB refusées.* Une maison imposante au crépi gris avec pelouse et cerisiers pour se dorer au soleil et prendre le petit déj. Chambres simples donnant sur les montagnes ou sur un bout de mer bien au loin, plus ou moins spacieuses (tarifs en rapport). Ambiance familiale. Bien aussi pour les motards, car il y a de la place et les motos sont en sécurité (garage). Profitez-en pour prendre quelques bouteilles de Clos Montemagni, les caves ne sont pas loin.

Chambres d'hôtes et gîte chez Pierre-Louis Ficaja *(Gîtes de France)* **:** *château Calvello. ☎ et fax : 04-95-37-01-15. Du village, suivre le fléchage « Gîte rural et chambres » mais ne pas s'arrêter à la 1re adresse, aller jusqu'au bout de l'impasse. Ouv tte l'année pour les chambres, juin-sept pour le gîte. Doubles 95-130 €. 1 gîte également, pour 4 pers.. CB refusées.* Impossible de rater la maison, imposante bâtisse du XVIe s. Pierre-Louis, agriculteur à la retraite, et sa femme y ont aménagé 1 gîte et 3 chambres dont 2 familiales : composées d'une chambre (2 lits) avec salle de bains, w-c et salon, ainsi que d'une 2de chambre (un grand lit) avec salle d'eau et w-c privatifs. Grand salon à l'usage exclusif des hôtes. Mobilier de style et cadre raffiné. Calme assuré. Bon petit déj.

Chambres d'hôtes de Mme Jeannette Matraglia : *hameau Sainte-Marie. 📱 06-10-16-18-20. ● gabriel.matraglia@sfr.fr ● En montant dans Patrimonio, prendre la ruelle à gauche juste au niveau de la poste ; la maison est à 100 m sur la droite. Doubles 50-75 € selon saison. CB refusées. Apéritif ou café offert sur présentation de ce guide.* La maison est plutôt ordinaire mais agréable, les chambres simples et très propres (avec salle de bains) ; mais le vrai plus pour le prix, outre la gentillesse de l'accueil, c'est la sympathique piscine devant la terrasse. Bref, une adresse pratique et sans chichis.

Où manger ?

Osteria San Martinu : *sur la droite de la route en arrivant de Saint-Florent. ☎ 04-95-37-01-46. ♿ Mai-sept, tlj. Formule à midi 15 €, menu 26 €. Digestif offert sur présentation de ce guide.* Bon resto, avec une grande terrasse ombragée, au fond de laquelle officie le cuisinier devant la cheminée. En été, des grillades cuites aux ceps de vigne. Les *sturzapretti* maison ne sont pas mal non plus, tout comme les cannellonis au *brocciu.* Pâtisseries maison. Accueil familial et convivialité assurés.

Où acheter du miel et du vin ?

Mele di Corsica : *à Catarelli (voir « Où dormir ? Camping* U Sole Marinu *»). 📱 06-17-03-44-28.* Pierre Carli a changé de métier pour se lancer dans l'apiculture. Ses 4 variétés de miels AOC sont excellentes.

La visite des caves : tous les crus sont bons. Cela dit, on a nos chouchous. En voici 4 qui méritent une attention particulière :

– **Le clos Arena :** *situé au rond-point de la route du cap Corse et de celle qui monte vers Bastia. ☎ 04-95-37-08-27. ● antoine-arena.fr ● Sur rdv.* Chez Antoine Arena, le vin blanc mérite la palme d'or. En rouge,

préférer la cuvée Carco.
– ***Le clos de Bernardi :*** *dans le centre, sur la droite quand on monte.* ☎ *04-95-37-01-09.* Des vins de qualité, plus élaborés, surtout le rouge.
– ***Le clos Orenga de Gaffory :*** *au rond-point à la sortie de Patrimonio, prendre direction Saint-Florent, la cave est à 300 m sur la gauche.* ☎ *04-95-37-45-00.* • *orengadegaffory.com* • *Tlj 9h-19h.* Parmi les vins rouges les plus élégants de Patrimonio. Sur place, également un espace dédié à l'art contemporain.
– ***Le clos Montemagni :*** *au centre du village.* ☎ *04-95-37-14-46.* • *domainemontemagni.com* • Le rouge, gouleyant, fruité et à la robe étonnamment claire, n'est pas sans rappeler les meilleurs primeurs. Un vin de fête et d'amitié.

À voir

La statue-menhir : *sous un abri à gauche de la petite route menant à l'église de Patrimonio.* Sculptée dans le calcaire il y a plus de 3 000 ans, elle fut déterrée en 1965 par deux frères. Elle rappelle vaguement la forme d'un couteau et représente un étrange visage humain au regard énigmatique (statue torréenne). Dommage qu'elle soit ainsi emprisonnée, mais, quand on voit comment elle a été graffitée, pas de regrets...

L'église San Martinu : perchée sur une butte un peu à l'écart du village, cette superbe église domine une non moins superbe campagne. Notez sa taille presque disproportionnée au vu de l'importance du village.

Manifestation

– ***Festival de guitare :*** *pdt la 2de quinzaine de juil. Rens :* ☎ *04-95-37-12-15.* • *festival-guitare-patrimonio.com* • En plein air, dans le théâtre de verdure près de la statue-menhir. Une manifestation « fantastiquement géniale », pour reprendre les mots d'une habituée, amatrice de guitare et... corse, évidemment ! Un bon niveau, vraiment, et une chouette ambiance.

SAINT-FLORENT ET LE NEBBIO / SAN FIORENZU E U NEBBIU

(20217) Saint-Florent : 1 650 hab.

Port au fond d'une merveilleuse baie encadrée par les montagnes du cap Corse et du Nebbio. À l'ouest, la mer vient lécher la côte sauvage des Agriate, formant un chapelet de belles plages accessibles seulement par bateau (sauf celle de Saleccia, joignable par une piste longue et rude mais l'une des plus belles de Corse, assurément).
Vue de l'intérieur, Saint-Florent est toujours la très jolie petite cité qui séduit les stars, les marins et les académiciens venus s'y mettre au vert (au bleu, pardon !), même si les embouteillages de l'été rendent parfois l'accès au centre difficile. Point de chute logique pour ceux qui font le tour de Corse par la route.
Il ne faudrait pas rater l'arrière-pays, le Nebbio, amphithéâtre de montagnes et de villages perchés, d'où l'on a une vue sublime sur le golfe de Saint-Florent.

Arriver – Quitter

En bus

■ ***Cars Santini :*** *☎ 04-95-37-02-98. Départs au parking des autocars, près du port, face au Spar.*

➢ ***De/vers Bastia, par le col de Teghime :*** 2 départs/j. sf dim et j. fériés.
➢ ***Pour L'Île-Rousse :*** slt en juil-août, 2 bus/j. sf dim et j. fériés.

Adresses et infos utiles

ℹ ***Office municipal de tourisme*** *(plan B1)* ***:*** *route du cap Corse, dans le même bâtiment que la mairie et la poste. ☎ 04-95-37-06-04. • corsica-saintflorent.com • Juil-août, lun-sam ; hors saison, lun-ven.* Outre une abondante documentation, propose des audioguides MP3 (cathédrale : 2 € ; cathédrale et village : 3 €).

🅿 ***Parking de la citadelle*** *(plan B1)* ***:*** *à 300 m du port slt. Gratuit.*

Où dormir ?

Camping

Voir également les campings vers Patrimonio, finalement proches.

⛺ ***Camping Acqua Dolce*** *(hors plan par A2,* ***11****)* ***:*** *route de la Roya. ☎ 04-95-37-08-63. • info@campingacquadolce.fr • campingacquadolce.fr • Ouv mai-sept. Compter 18 € pour 2 avec tente et voiture. CB refusées. 💻 📶 Apéritif offert sur présentation de ce guide.* Un camping bien situé sur la plage de la Roya. Pizzeria et alimentation. Caravanes à louer. Assez bien ombragé par de grands eucalyptus. Pas de résas.

Chambres d'hôtes

🏠 ***Chambres d'hôtes Villa Serena*** *(plan A2,* ***13****)* ***:*** *les hauts de Fromentica. ☎ 04-95-39-04-94. 📱 06-16-59-42-72. • regine.perreten@orange.fr • Depuis la D 81, prendre à gauche au panneau « Les hauts de Fromentica » puis encore à gauche, c'est la 3e maison à gauche (pas de panneau). Congés : de mi-nov à mi-mars. Doubles avec sdb 65-80 € selon saison. CB refusées. 📶 Apéritif offert sur présentation de ce guide.* 4 chambres se partagent une vue tout bonnement extraordinaire sur le golfe de Saint-Florent. Magnifique terrasse pour le petit déj. Barbecue à disposition. Bon accueil de Régine Perreten. Un gentil désordre règne parfois sur les lieux...

De prix moyens à chic

🏠 ***Hôtel Maxime*** *(plan zoom,* ***15****)* ***:*** *route de la Cathédrale. ☎ 04-95-37-05-30. • hotel-maxime-saint-florent.fr • ♿ Ouv tte l'année. Doubles 59-87 € selon confort et saison. Petit déj 9,50 €. Parking privé et garage motos.* Établissement assez récent, très propre et toujours d'un bon rapport qualité-prix, tout particulièrement à Saint-Florent, où l'on prend vite la grosse tête. TV, minibar, balcon (certains donnant sur la rivière de Poggio). Possibilité d'amarrer son petit bateau face à l'hôtel.

🏠 ***Villa Bleu Azur*** *(plan B1,* ***16****)* ***:*** *route de Patrimonio. ☎ 04-95-37-20-05. • info@villableuazur-corse.com • villableuazur-corse.com • À la sortie de Saint-Florent. Congés : 15 nov-22 déc. Doubles 72-105 € selon saison. 📶* Maison agréable, aux chambres climatisées, propres et claires, avec salle de bains et petit bout de terrasse. Les tarifs restent très raisonnables. Plage de galets à 30 m, de l'autre côté de la route.

🏠 ***Hôtel Sole e Mare*** *(plan B1,* ***18****)* ***:*** *juste à côté du précédent mais*

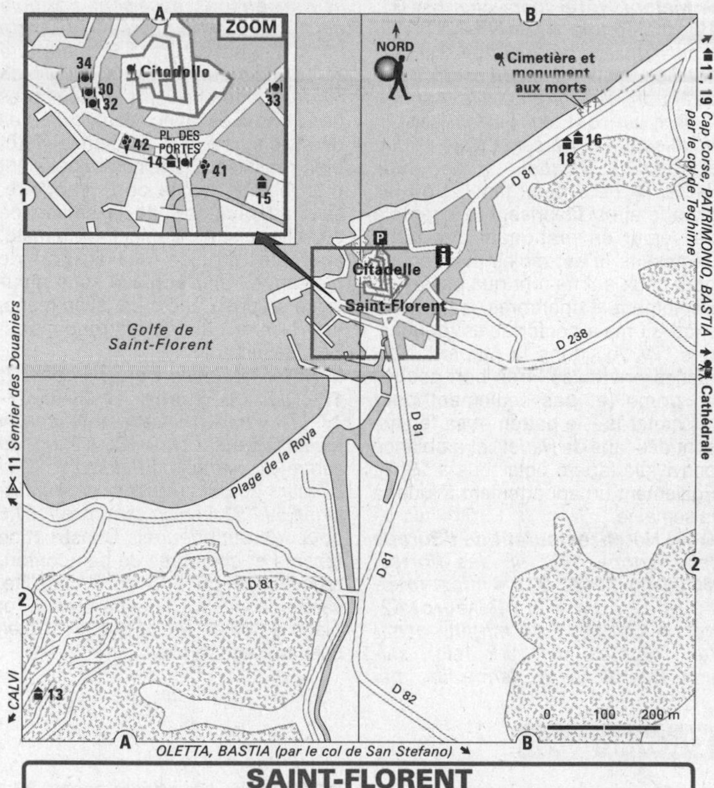

Adresse utile

Office municipal de tourisme

Où dormir ?

11 Camping Acqua Dolce
13 Chambres d'hôtes Villa Serena
14 Hôtel-restaurant de l'Europe *(zoom)*
15 Hôtel Maxime *(zoom)*
16 Villa Bleu Azur
17 Hôtel Thalassa
18 Hôtel Sole e Mare
19 Maloni Hôtel

Où manger ?

14 Hôtel-restaurant de l'Europe *(zoom)*
30 L'Arrière-cour *(zoom)*
32 U Troglu *(zoom)*
33 L'Auberge du Pêcheur *(zoom)*
34 Ind'è Lucia *(zoom)*

Où déguster une glace ?

41 Le Passage *(zoom)*
42 La Gelateria *(zoom)*

un peu plus en retrait de la route. ☎ *04-95-37-01-59.* • *soleemare@wanadoo.fr* • *solemare-stflorent.com* • *Ouv avr-oct. Doubles 54-92 € selon saison, studettes 315-760 € selon saison et nombre d'occupants. Remise de 7 % pour 4 nuits min 1er avr-12 juil.* Chambres classiques, pas très grandes. Loue également à la semaine des studettes avec coin cuisine pour 2 à 3 personnes (voire 4 en cas d'enfants).

🏨 ***Maloni Hôtel*** *(hors plan par B1,* ***19****) : lot. Tettola. ☎ 04-95-37-14-30. • alex@malonihotel.com • malonihotel.com • À 1,8 km du centre-ville, direction Patrimonio. Tte l'année (l'hiver, sur résa slt). Suivant saison, doubles 55-110 € selon taille (réduc au-delà de 3 nuits) ; appart 490-840 €.* Petit hôtel familial où les propriétaires favorisent la clientèle de séjour en pratiquant des tarifs dégressifs (c'est moins avantageux pour ceux qui ne font que passer...). Seulement 8 chambres, sans luxe excessif mais confortables (douche, w-c, TV, AC dans la plupart). Terrasses privatives. Très bon accueil en prime (et pas seulement pour les motards – le patron et sa femme sont des fans de *Harley*) et ambiance conviviale (apéro pour tous à 19h !). Également un appartement à louer à la semaine.

🏨 🍽 ***Hôtel-restaurant de l'Europe*** *(plan zoom,* ***14****) : pl. des Portes. ☎ 04-95-35-32-91. • info@hotel-europe2.com • hotel-europe2.com • Congés : de mi-janv à mi-fév. Doubles 50-110 € selon saison. Resto ouv tlj ; fermé lun, mar et dim en basse saison. Formule déj 17,50 €, menu corse 22 €, carte 35 €. Remise de 5 % mars-juin et oct-déc sur présentation de ce guide.* Un hôtel alliant des chambres non rénovées avec vieux meubles de style et d'autres modernes plutôt bien réussies. Certaines bénéficient d'un balcon sur le port : chouette, sauf au plus fort de la saison où c'est franchement animé. Côté resto, agréable terrasse face au port de plaisance. Une adresse sans mauvaise surprise, qui offre, avec menu, une bonne cuisine bistronomique. Service aimable.

🏨 ***Hôtel Thalassa*** *(hors plan par B1,* ***17****) : lieu-dit Strutta. ☎ 04-95-37-17-17. • info@thalassa-hotel.com • thalassa-hotel.com • ♿ À 2 km du centre-ville, direction Patrimonio. Ouv 27 mars-23 oct. Doubles côté montagne 59-121 € selon saison, 89-161 € pour les supérieures.* Construction récente et chambres de bon confort, rénovées en 2011, avec TV satellite, sèche-cheveux. Chouette piscine, et plage à 300 m. Reste que c'est bien cher en haute saison.

Où manger ?

Prix moyens

🍽 ***Hôtel-restaurant de l'Europe*** *(plan zoom,* ***14****) : voir plus haut « Où dormir ? ».*

🍽 ***U Troglu*** *(plan zoom,* ***32****) : rue principale. ☎ 04-95-37-20-73. • bmconseils@orange.fr • Ouv début avr-20 oct. Fermé lun en basse saison. On peut y acheter de bons produits tte la journée. Réserver le soir en saison. Menus 15,50-19,80 €. CB refusées. Apéritif offert sur présentation de ce guide.* Un traiteur spécialisé dans les pâtes fraîches, cannellonis à l'ancienne, pâtes farcies, *fettuccine* et autres préparations savoureuses comme les *storzapretti*. Également des fromages et charcuteries. C'est plutôt bon et pas trop cher. Service apaisant, même au plus fort de la bataille.

🍽 ***L'Arrière-cour*** *(plan zoom,* ***30****) : pl. Lefebvre-Desnouettes (ex-Doria). ☎ 04-95-35-33-62. Tlj midi et soir en saison. Fermé mar hors saison. Congés : déc-mars. Juin-août, menus 18-20 € ; pâtes 12-14 €.* Petite adresse sans prétention mais correcte, notamment grâce à son arrière-cour, justement, ombragée et chaleureuse, proposant des pâtes ou un menu pour les grosses faims comprenant quelques plats corses. Certains soirs, couscous ou paella (mais ça, c'est pas corse !). Bon accueil.

🍽 ***Ind'è Lucia*** *(plan zoom,* ***34****) : pl. Lefebvre-Desnouettes (ex-Doria). ☎ 04-95-37-04-15. Congés : fév-mars. Midi et soir avr-juin ; le soir slt juil-fin janv. Plat du jour + dessert 15 €. Menus 18,50 et 26,50 €.* Sur une agréable place (garantie sans voitures – ou presque), que le restaurant semble avoir pour lui tout seul, *Ind'è Lucia* propose une cuisine familiale et régionale de bon aloi (soupe corse, cannelloni). Bon accueil.

Chic

I●I ***L'Auberge du Pêcheur*** *(plan zoom,* ***33****) : route de Patrimonio.* 📱 *06-24-36-30-42.* ● *poissonneriest christophe@orange.fr* ● *Entrée par la poissonnerie* Saint-Christophe. *De mi-mai à mi-oct, slt le soir, sur résa. Carte env 40-45 €. Digestif offert sur présentation de ce guide.* Ici, on est sûr et certain de la provenance du poisson ou des fruits de mer qui sont dans l'assiette. Poisson au four, à la plancha ou sans cuisson. Cette adresse tourne le dos au Saint-Florent bling-bling, et c'est tant mieux, même si l'établissement a vite assis sa réputation (réserver). Bon accueil et superbe service.

Où dormir ? Où manger dans les environs ?

Vers Oletta

🏠 I●I ***Auberge Le Montana :*** *route d'****Oletta.*** ☎ *04-95-37-14-85.* ● *info@auberge-lemontana.com* ● *auberge-lemontana.com* ● ♿ *À 5 km de Saint-Florent. Resto fermé mer midi, plus mer soir hors saison. Congés : déc-janv. Doubles en ½ pens 101-125 € selon saison. Assiette repas et son café gourmand 26 €, carte env 33 €.* Pour ceux que l'arrière-pays ne dérange pas, une adresse recommandable, même si la route est bien proche. Bon accueil, petite piscine (peu de place autour pour les transats) et chambres bien tenues bien que très exiguës, avec douche et w-c. Des plats corses traditionnels bien préparés, servis dans la pimpante salle à manger, avec, hors saison (d'octobre à mars), de l'agneau de lait – hmm, qu'il est bon ! En saison, la carte met surtout l'accent sur le poisson.

🏠 ***Les Arbousiers :*** *à* ***Castellucio-d'Oletta*** *(route d'Oletta).* 📱 *06-14-61-03-11.* ● *info@residences-st-florent.com* ● *residences-st-florent.com* ● *À 6 km de Saint-Florent. Ouv avr-fin sept. Minivillas pour 2-4 pers 465-1 065 €/sem selon saison. Attention, 10 juil-21 août, min 2 sem imposé.* Au calme et au vert de l'arrière-pays. Des maisonnettes en dur avec terrasse, kitchenette assez simple (frigo, cuisinière électrique, micro-ondes), salle d'eau et w-c, 1 ou 2 chambres (pour 2 à 5 personnes). Cadre fleuri, grande piscine, l'endroit est agréable. Évidemment, c'est un peu cher en août, mais telle est la loi du marché, nous n'allons pas refaire le monde !

🏠 ***Albaria Lodge :*** *route de San Griolo, 20232* ***Oletta.*** 📱 *06-09-72-50-01.* ● *info@albaria-lodge.com* ● *albaria-lodge.com* ● *De Saint-Florent, direction Oletta ; 2 km après le dernier rond-point, prendre une petite route à droite sur 1 km. Ouv avr-oct. Compter 340-750 €/sem pour 2-4 pers et 460-1 090 €/sem pour 5-6 pers. Min 2 sem en juil-août.* 📶 Dans un bosquet de chênes-lièges adossé à une butte, un petit ensemble de grands bungalows en bois, agencés différemment pour accueillir de 2 à 6 personnes. Dans chaque unité, cuisine équipée, buanderie et grande terrasse. Vélos mis à disposition gratuitement. Très dépaysant. Les propriétaires, qui ne sont pas toujours là, sont des sportifs de haut niveau.

🏠 ***Chambres d'hôtes U Lampione :*** *pl. de l'Église, 20232* ***Oletta.*** ☎ *04-95-35-25-46.* 📱 *06-11-36-48-49.* ● *anne sognobezza@orange.fr* ● *ulampione.fr* ● *En plein centre du village. Congés : fêtes de fin d'année. Selon saison, doubles 75-90 €, studios 400-490 €. CB refusées.* 📶 *Réduc de 10 % sur le prix de la chambre sur présentation de ce guide.* Cette maison nichée au cœur du village, à trois génuflexions de l'église, est très joliment relookée : une cloison de chambre percée de hublots, façon bateau, des volets en guise de tête de lit, des couleurs flashy tranchant sur des murs de pierre et autres pièces voûtées. En tout, 2 chambres, 1 appartement transformable en 2 autres chambres communicantes et 1 studio. Faites votre choix : les gentils proprios se chargeront de vous faire accoucher d'un agréable séjour (madame est sage-femme).

Chambres d'hôtes La Casa di l'Amanduli : *Troscia, route de la Plaine, 20232* **Olmeta-di-Tuda.** *☎ 04-95-37-28-87. • contact@casadilamanduli.com • acasadilamanduli.com • À 8 km de Saint-Florent. Prendre la route d'Oletta sur env 6 km, puis à droite en direction du lac de Padula (2 km) ; c'est fléché. Congés : nov-mars. Doubles 95-130 € selon saison. Dîner 29 €.* Très bel environnement bucolique, entouré de champs d'amandiers, de quelques animaux qui paissent et de collines qui ondulent. Chambres personnalisées de styles différents, d'excellente tenue et coquettes. Grand salon vitré, avec canapé et billard. Piscine élégante, posée sur une grande pelouse. Calme total et charme indéniable. Soirée musicale une fois par semaine (chants corses).

Chambres d'hôtes U Castellu Piattu *(Gîtes de France ; chez Jean-Louis et Martine Fratani)* **: Pezzo-Brietta.** *☎ 04-95-37-28-64. • fratani20@yahoo.fr • castellupiattu.chez.com • De Saint-Florent, prendre la route de la Cathédrale sur 3-4 km, jusqu'au moment où Brietta est indiqué sur la gauche ; puis piste, un peu difficile parfois. Congés : 15 nov-15 mars. Compter 100-140 € pour 2-3 pers selon saison. CB refusées.* Perdue en plein milieu du vignoble de Patrimonio (on est d'ailleurs plus près à vol d'oiseau de Patrimonio que de Saint-Florent), une adresse originale qui se mérite, tant l'accès en est malaisé. 5 belles chambres, doubles ou triples, dans la dépendance d'une maison à l'architecture étonnante, sorte de petit château contemporain qui ne laisse pas indifférent. Grande piscine. Très dépaysant.

Le Potager du Nebbio : *route de San Griolo, à* **Oletta.** *☎ 06-17-17-45-53. • lepotagerdunebbio@orange.fr • Fléché à droite 2 km après la sortie de Saint-Florent, sur la route d'Oletta (D 82), en face du supermarché* Leclerc *; ensuite, chemin de terre sur env 2 km. Slt le soir en juil-août et midi et soir le reste de l'année, sf déc-fév, sur résa (très recommandée). Congés : déc-fév. À la carte, 20-25 € le midi et 30-35 € le soir. CB refusées.* Si vous en avez assez de vous assoupir en regardant sauter les veaux des classiques menus corses, bienvenue en ce potager où les produits utilisés ont des racines locales, souvent bio (fruits et légumes du jardin), et les plats sont d'inspiration variée (samosa au *brocciu*, ou tiramisù à la châtaigne, par exemple...). La flatteuse présentation conjugue le plaisir de la vue à celui de la papille. Le chef, Jérémie Verdeau, et sa femme, Sophie, qui élabore aussi de fameuses recettes, ont vraiment eu le nez bio de s'installer dans ce paisible coin de nature. Nous, on a beaucoup aimé, d'autant que l'accueil y est exceptionnel.

A Magina : *à* **Oletta.** *☎ 04-95-39-01-01. Depuis la D 8, tourner à droite à 2,5 km de Saint-Florent, en arrivant à Oletta (fléché). Ouv d'avr à mi-oct. Fermé lun en basse saison, lun midi et mar midi en hte saison. Menu 28 €, carte env 40 €.* Cuisine raffinée qui dépasse le simple cadre des plats du terroir (beignets au fromage frais, croustillant de porc aux noisettes...) en s'ouvrant à d'autres horizons. Salle aux tons pastel, très claire, particulièrement agréable à l'heure du coucher de soleil, avec sa terrasse, sa vue plongeante, sublime, sur le golfe de Saint-Florent. Excellent accueil.

Vers les Agriate

U Santu Petru : *20217* **Casta.** *☎ 04-95-37-04-60. • u.santu.petru@orange.fr • usantupetru.net • À 9 km de Saint-Florent, vers l'entrée de Casta quand on se dirige vers la Balagne. Ouv mai-fin sept. Doubles 60-80 €. Menu env 20 €, carte env 30 €. CB refusées.* Le restaurant offre une cuisine généreuse avec, par exemple, des beignets de fromage frais, des lasagnes au sanglier ou les filets de chapon à la *panzetta*. Excellent accueil de la famille Volelli, qui propose également des chambres agréables. Location de VTT. Navette 4x4 (payante) pour Saleccia et, de manière plus générale, excursions en 4x4 *(☎ 06-64-00-38-92 ;*

● *saleccia-off-road.com* ●).

🏠 🍽 ***Hôtel Le Relais de Saleccia :*** *20217* ***Casta.*** ☎ *04-95-37-14-60.* ● *info@hotel-corse-saleccia.com* ● *hotel-corse-saleccia.com* ● ♿ *À 12 km de Saint-Florent, sur la D 81, vers la sortie de Casta quand on se dirige vers la Balagne. Ouv de mi-avr à fin sept. Doubles 58-83 € selon confort et saison, petit déj 4,50 €. Resto ouv le midi. Résa conseillée. Compter env 25-30 € à la carte et formule 12 €.* Bon petit hôtel d'une dizaine de chambres, dont 5 avec petite terrasse et vue superbe sur les Agriate, le monte Genova et un coin de mer au loin. Douche et w-c privés, bonne literie. Également un appartement pour 2 à 4 personnes (location à la semaine). Le resto et le bar sont dans une salle prolongée par une petite terrasse ouvrant sur le même magnifique paysage. Cuisine corse simple et soignée. Location de VTT et navette 4x4 (payante) pour Saleccia.

⛺ 🏠 ***La Canardière :*** *à l'entrée de* ***Casta*** *(direction Balagne), suivre la piste sur 1,5 km.* ☎ *04-95-37-20-79.* 📱 *06-83-07-10-34.* ● *lacanardiere@voila.fr* ● *lacanardiere.com* ● *Congés : janv-fév. Camping 18 € pour 2 avec tente et voiture. Mobile homes pour 2, 300-585 €/sem ; pour 5, 420-720 €/sem. Juil-août, loc à la sem (sam-sam). Le reste de l'année, loc possible à la nuit. CB refusées. Café offert sur présentation de ce guide.* Dans un site absolument sauvage, perdu dans les Agriate et pourtant pas si éloigné de la « civilisation ». Un peu à l'écart de la ferme apicole familiale, des mobile homes climatisés qui se louent à la semaine en saison et à la nuitée hors saison. Des mobile homes restent des mobile homes, certes, pas toujours bien élégants, mais ceux-là, dans un site pareil, se font presque oublier... Également une aire naturelle de camping (15 emplacements) et location de tentes avec matelas.

Dans le Nebbio

🍽 ***Ferme-auberge Campu di Monte :*** *à* ***Murato.*** ☎ *04-95-37-64-39. Y arriver, c'est tte une aventure. Au village de Murato (à 18 km au sud de Saint-Florent), à la hauteur du* Victor Bar *(croisement), tourner à gauche et descendre toujours sur la gauche jusqu'à la rivière dans la vallée ; après le pont, sur la droite, un chemin rocailleux (panneau) monte sur 1,5 km à travers les bois jusqu'à l'auberge. De juin à mi-sept, ts les soirs slt sur résa ; le reste de l'année, slt jeu, ven et sam soir, et dim midi. Résa obligatoire. Compter 55 €, apéro, vin et café compris. CB refusées.* Coup de cœur pour cette merveilleuse ferme-auberge située à flanc de montagne, dans une vieille maison tout en schiste et en lauzes, face à un paysage divin. Plusieurs petites salles à manger ont été aménagées dans les dépendances de cette ferme rustique (ici, on ne mange pas dehors). Intérieurs arrangés avec beaucoup de goût, fine cuisine, aussi bonne que l'endroit est beau, avec des spécialités comme le ragoût de veau, la truite maison, les beignets de courgettes, le *fiadone* et les pets-de-nonne. Tous les plats sont servis à volonté. Et, de plus, l'accueil est excellent. Également des chambres (dans le village).

🍽 ***Le But :*** *à* ***Murato,*** *au centre du village.* ☎ *04-95-37-60-92. Le soir slt et dim midi. Fermé lun en saison (l'hiver, ouv le w-e slt). Congés : janv. Résa obligatoire. Menu unique 40 €, apéro, vin et café compris.* Une salle rustique et fleurie, et l'une des plus redoutables auberges de l'île. D'ailleurs, chacun dans le pays vous le dira : au *But,* on mange comme 4, et quand vient le chariot de fromages et de confitures maison, on n'en peut plus, mais ils sont si bons, ces fromages, et le patron, par ailleurs aimable, aurait tendance à se vexer si vous n'en vouliez pas... Bref, qu'on le veuille ou non, on s'explose la panse. Cuisine corse traditionnelle, hyper copieuse, donc, et bonne.

🏠 🍽 ***Chambres d'hôtes chez Paul-Henri Gaucher :*** *à* ***Vallecalle*** *(20232).* ☎ *04-95-37-60-60.* ● *phgaucher@sfr.fr* ● *chambresencorse.com* ● *À 16 km de Saint-Florent, par Oletta. En bas du hameau principal de Vallecalle (suivre le fléchage). Ouv tte l'année. Compter 65-70 € pour 2. Table d'hôtes, sf en août, 24 € un soir sur 2 (sur résa 48h avt).* 3 très grandes chambres à l'étage, dont 2 qui peuvent accueillir 3 à 5 personnes, dans une maison du XVIIIe s ayant gardé le cachet de l'ancien (plancher en châtaignier jusque dans les salles de bains). Situation très agréable et vue magnifique depuis le jardin.

I Fratelli : *à la sortie du village, direction Pieve. ☎ 04-95-57-08-63. • i.fratelli@orange.fr • Tte l'année. Menu 28 €.* Le genre café de village au goût moderne, ouvert à l'année. Hypercopieux, le menu voit défiler beignets et charcuterie, veau et lasagnes avant fromage et dessert. Autant dire qu'on redescend sur la côte bien calé. Belle terrasse donnant sur la Conca d'Oro.

Chambres d'hôtes Casa Ghjunca *(Gîtes de France) : à* **Rapale** *(20246), dans le village (côté est). ☎ 04-95-39-03-14. • balbinot-janick@orange.fr • Ouv tte l'année. Doubles 90-140 € selon confort ; suite parentale 160 €.* Grande maison en pierre de 3 étages, datant du XVIIIe s, dans laquelle le moderne et l'ancien s'allient à la perfection. On y trouve 5 chambres : 2 « petites » (enfin... 20 m², tout de même), et 3 plus spacieuses, dont 1 suite parentale, toutes avec AC, TV, chaîne hi-fi, meublées et décorées avec beaucoup de goût. Les chambres les plus chères permettent de s'initier à la chromothérapie. Excellent petit déjeuner.

Où boire un verre ? Où déguster une glace ?

Le Bara Vin, Le Mathurin : *pl. Lefebvre-Desnouettes (ex-Doria). ☎ 04-95-37-04-48. Ouv le soir à partir de 16h30.* Ce bar à vins propose une bonne sélection de crus de la région. Une joyeuse occasion de les tester, avant d'aller faire un tour directement chez les producteurs. Tapas et *mezze* à déguster également, ainsi que des jus de fruits pressés.

Le Passage *(plan zoom,* **41***) : pl. des Portes. ☎ 04-95-37-08-51. Ouv tte l'année.* Le café lui-même est assez quelconque, mais il dispose d'un chouette patio ombragé et sert de succulents sorbets et glaces qui viennent de l'excellent pâtissier-glacier d'à côté, *Salge et fils (fermé dim ap-m et lun).* Une pause agréable.

La Gelateria *(plan zoom,* **42***) : dans la rue principale. Mai-sept, tlj 13h-22h.* Glaces artisanales, une cinquantaine de parfums différents.

Où faire la nouba ?

La Conca d'Oro : *à* **Oletta,** *à 6 km de Saint-Florent par la D 82. ☎ 04-95-39-00-46. Sur la gauche de la route, c'est indiqué. Ouv mai-sept. Entrée : 10 €. 1 entrée offerte pour 1 pers sur présentation de ce guide.* La boîte incontournable de la région, qui draine locaux et touristes. Agréable, car en partie en plein air, avec fontaine et végétation (la discothèque se confond presque avec le couvent San Francescu, en ruine !).

Où acheter de bons produits du terroir ?

Épicerie U San Petrone : *pl. Lefebvre-Desnouettes (ex-Doria). ☎ 04-95-37-10-95. Ouv mai-sept. Juil-août : tlj 9h-12h30, 15h30-21h ; sinon 10h-12h, 14h-17h.* L'antre de Benoît Rinaldi, agriculteur-charcutier en Castagniccia, est à juste titre considéré comme l'un des mieux achalandés de Corse : on y trouve sa propre production (charcuteries, farine de châtaigne), mais aussi fromages, liqueurs, vin, tous de grande qualité.

À voir

– Audioguides MP3 disponibles à l'office de tourisme.

La cathédrale de Nebbio *(Santa Maria Assunta ; hors plan par B1) : à 1 km du port. Ouv lun-ven 9h-12h, 15h-18h30 ; sam 9h30-12h ; dim 15h-18h30. Entrée* *(juin-sept) : 1,50 € ; gratuit moins de 12 ans. Audioguide : 2 €.* Belle église romane d'époque pisane (XIIe s), longue de 30 m sur 14 m de large, c'est-à-dire plutôt imposante pour l'époque. Sa grande simplicité extérieure, principalement marquée par de jolis modillons (éléments sculptés en pierre soutenant la corniche), cache une jolie richesse intérieure. Les bas-côtés sont séparés de la nef centrale par de massives colonnes à section carrée ou circulaire, ornées de chapiteaux naïfs avec animaux et végétaux stylisés. Notez les fresques du IXe s dans le chœur et les jolis autels du XVIIe s dont les bas-reliefs se confondent avec ceux du mur. Enfin, une inhabituelle relique de soldat romain (IIIe s) dont les armes et la tunique richement brodée sont superbement conservées.

La citadelle *(plan A-B1)* ***:*** *accès par la pl. Lefèvre-Desnouettes (ex-Doria). Juil-août, expos dans le donjon (entrée : 1,50 €).* Construite par les Génois en 1439, elle a résisté à pas mal d'assauts et bombardements, y compris ceux de l'amiral Nelson en 1794. La petite promenade dans la vieille ville derrière le port, à partir de la place Lefebvre-Desnouettes, se révèle bien agréable.

Le cimetière et le monument aux morts *(plan B1)* ***:*** *sur la route de Patrimonio, juste après la villa* Bleu Azur *mais côté mer.* Dans cette « nécropole nationale » sont enterrés 49 soldats et goumiers (du groupe des Tabors marocains), morts pour la France en octobre 1943, lors des combats contre les Allemands au col de Teghime, qui ont abouti à la libération de Bastia.

À faire

➢ ***Promenades en vedette :*** *mai-sept, navettes entre Saint-Florent et la plage du Lodo (Lotu), dans le désert des Agriate, avec* **Popeye** *(☎ 04-95-37-19-07 ; résas au 06-62-16-23-76 ; • lepopeye.com •). Départ ttes les heures depuis le port à partir de 9h, heure de retour imposée au plus fort de l'été (système peu pratique). Env 16-20 €/pers A/R selon période ; réduc. Moins cher si l'on choisit un départ à 8h30 ou 9h (mais retour à 13h maxi). Bateau-taxi possible avec* Popeye *entre Saint-Florent et Saleccia : 25-30 €/pers A/R.* Un bon moyen pour voir les Agriate depuis la mer. Possibilité de combiner bateau et calèche (entre Lodo et Saleccia) avec *E Calescie Equiland.*

➢ Avec **Promenades en mer** également : *06-12-99-23-65 et 06-34-12-56-31. • promenades-mer-saint-florent.com • Bateau rapide de 12 pers, départs face à la Capitainerie, à partir de 9h en saison (9h30 sinon). Compter 25-30 € selon saison.*

➢ ***Dominique Plaisance :*** *quai de l'Aliso. ☎ 04-95-37-07-08. 06-16-90-58-02. • dominiqueplaisance.com • Ouv avr-oct. Loc de bateaux avec ou sans permis à la ½ journée, à la journée ou à la sem. Forte caution demandée.* Barque de pêche, bombard, bateau à cabine, ou canoës et kayaks de mer si vous voulez. On vous remet une carte côtière avec les petites criques tranquilles et sympas : le bon plan ! Propose également des sorties aux Agriate en taxi-boat : 6 A-R/j. en hte saison.

➢ ***Club de voile et de plongée sous-marine CESM :*** *plage de la Roya. ☎ 04-95-37-00-61. • cesm.net • Ouv tte l'année, selon météo.* Ce club – convivial et pas cher du tout – propose des stages de voile (catamaran, dériveur, planche) et de plongée sous-marine en externat, demi-pension ou pension complète. Pour les voileux qui souhaiteraient un apprentissage plus technique, le club possède des « super-dériveurs » du type *Laser 4000.* En hiver, s'adresser à Paris *(1, rue Voltaire, 75011 ; ☎ 01-43-79-75-80).*

➢ ***Altore (Adventure Sports Corsica) :*** *plage de la Roya (camping* Aqua Dolce*). 06-88-21-49-16. • altore.com • Ouv avr-oct. En saison, rdv sur la plage. École de parapente (15 juin-15 sept). Baptêmes : parapente 80 € ; bateau volant à partir* *de 120 €.* Plusieurs sites pour le parapente, près de Saint-Florent ou dans le Cap. Propose également des activités de kayak de mer, canyoning et « bateau volant » (aile delta montée sur un bateau pneumatique).

Plongée sous-marine

Nombreux spots intéressants dans le coin, tels la *pointe de Curza* (niveau I), riche en faune (poulpes, murènes, congres, spirographes...) ; *Le Gendarme* (niveau II), plongée des plus poissonneuse ; enfin, la sublime *roche de Nonza* (niveau III) avec son impressionnant tombant, allant de 33 à 50 m. Corail rouge, gorgones et de maousses mérous.

Clubs de plongée

■ ***Actisub :*** *quai de l'Aliso (face à la gendarmerie), sur le port aménagé. ☎ 04-95-46-06-53. 06-12-10-29-71 ou 06-07-70-18-01. • actisub.com • Ouv d'avr à mi-nov. Résa conseillée. Baptême env 60 € et plongées 37-48 € selon équipement ; forfaits dégressifs 5-10 plongées.* Plonger en petit comité et hors des sentiers battus, telle est la devise de ce centre (FFESSM), tenu avec bonne humeur par Cyrille Castelli et Sarah Costa. Au programme, un bateau rapide vous mène vers des baptêmes à la plage du Lodo, des formations jusqu'au niveau III, sans oublier de belles explorations du côté des Agriate, sur des sites vierges, ou au cap Corse (1 ou 2 fois par semaine au tombant de Nonza). Initiation enfants dès 8 ans. Stages de photo sous-marine. Équipement complet fourni. Gonflage des bouteilles pour particuliers.

■ ***Saint-Florent Dauphin Club :*** *sur le port, à côté du carénage. ☎ 04-95-36-40-66. 06-14-62-84-46. • dauphin.club@wanadoo.fr • plongee-saint-florent.com • Ouv mai-déc. Résa conseillée. Baptême env 49 € et plongée 40-49 € selon équipement. Remise de 10 % sur présentation de ce guide.* Un petit club (FFESSM et PADI) sympa, où Pierre Mifsud et Andrée Bottacci disposent de 2 bateaux confortables pour rejoindre tranquillement et en comité restreint les meilleurs spots du coin. Propose baptêmes, formations jusqu'au niveau III, et initiation enfants à partir de 8 ans. Équipement complet fourni.

■ ***CESM plongée :*** *voir coordonnées plus haut. Ouv de mi-juin à fin sept. Résa conseillée. Baptême env 47 € et plongée 37-47 € (membre ou pas) ; forfaits dégressifs 5-10 plongées. Cotisation CESM à ajouter.* Baptêmes, formations jusqu'au niveau III, et puis de belles explorations encadrées par des moniteurs vous attendent dans ce club (FFESSM) sérieux, proposant des plongées et stages avec hébergement sur place et nourriture. Initiation enfants dès 8 ans et intéressante formule voile-plongée. Équipement complet fourni.

Festival

– ***Festival Porto Latino :*** *début août. 06-12-91-26-79. • porto-latino.com •* Depuis 1998, 4 journées endiablent Saint-Florent de musiques latino-américaines ou d'autres horizons. Plus d'une grosse pointure ont rythmé et rythmeront la ville.

DANS LES ENVIRONS DE SAINT-FLORENT

Le panorama du col de San Stefano : *à 12,5 km au sud de Saint-Florent, entre Oletta et Murato.* Superbe vue sur le golfe de Saint-Florent et les montagnes du Nebbio, ainsi que sur l'épine dorsale du cap Corse. On aperçoit même un morceau de la mer de la côte orientale (sud de Bastia). Un peu avant le col, ***Olmeta-di-Tuda,*** petit village où se trouve la maison natale de Jean Casale, héros de l'aviation française. Du col, la D 162 mène à Murato (voir plus loin). Suivre la D 62 en direction de ***Vallecalle*** et ***Pieve*** : s'arrêter à l'église de *Pieve,* au-dessus de la route, pour jeter un coup d'œil aux trois statues-menhirs *(stantare)* qui contemplent paisiblement la vallée. On peut rentrer sur Saint-Florent par l'étonnant village de ***Santo-Pietro-di-Tenda,*** où il est impossible de manquer l'*église Saint-Jean-l'Évangéliste,* l'une des plus grandes de Corse (mais en mauvais état). Tous les villages du Nebbio sont également faciles d'accès depuis Bastia par la route du *défilé du Lancone,* qui se prend sur la N 193 au sud de Biguglia.

L'église San Michele : *la perle du Nebbio, à 1 km de Murato sur la D 162.* Une de nos églises préférées en Corse (ce fut aussi l'avis de Mérimée lors de son voyage d'inspection des Monuments historiques au XIXe s). Elle est en général fermée : pour y entrer, demander les clés à la mairie de Murato *(lun-ven 9h-12h, 14h-17h).* Rien de dramatique si vous la visitez en dehors de ces jours ou horaires, le plus intéressant est tout de même à l'extérieur (à signaler : très bon accueil à la mairie).

Un site extraordinaire : un promontoire isolé, avec une vue très étendue sur le golfe de Saint-Florent, les Agriate et, bien sûr, les montagnes du Nebbio. Sa silhouette originale se détache dans le ciel corse.

C'est une superbe église romane de l'époque pisane (sans doute construite vers 1140 et consacrée vers 1280), qui se caractérise par la polychromie de ses murs, composés de chlorite verte et de calcaire blanc en alternance, dessinant tantôt des zébrures, tantôt des damiers sans souci de régularité. Étonnant clocher-porche monumental soutenu par de lourdes colonnes (le clocher a été rehaussé à la fin du XIXe s). Autre curiosité : la fantaisie et la variété surprenantes des motifs sculptés. En façade, on devine un homme et une femme sculptés. Sur tout le pourtour, une frise court, formant de petites arcades aux bases sculptées de ciseaux, gerbes de blé, main coupée, pièces. On pense que certaines symbolisaient les punitions dont écopaient les brigands et les voleurs, puisque l'église servait autrefois de tribunal. En tout cas, les sculptures sont superbes. Sous les fenêtres latérales extérieures, beaux entrelacs de serpents. Sur la façade nord, côté mer, on voit Ève succombant au serpent, la main droite cachant son sexe (tout de même, on a sa pudeur !).

À l'intérieur de l'église, colonnes à chapiteaux sculptés et mobilier intéressant (statue et reliques de saint Flor, martyrisé au IIIe s, statue en marbre blanc de la Vierge à l'Enfant, Christ noir).

Murato *(Muratu)* **:** le village le plus important du Nebbio. C'est de ce village qu'est originaire la famille de Raul Leoni, élu président du Venezuela en 1963. Le plus drôle est que son adversaire n'était autre qu'un Pietri, d'une famille originaire, elle, du cap Corse ! Le village est un haut lieu de l'histoire corse puisque Paoli s'y installa (son quartier général était le couvent) et y fit battre la monnaie corse (la *zecca*) ; on peut y voir une église (Saint-Jean-l'Évangéliste) dont la particularité est d'avoir un clocher triangulaire... Quelques quartiers qui fleurent bon le Moyen Âge, trois ponts génois pas loin et une ancienne glacière, pas mal pour un village de 560 habitants !

➢ De Murato à Saint-Florent, très jolie petite route qui passe par les villages perchés du Nebbio : *Rapale, Sorio, Santo-Pietro-di-Tenda.*

LES AGRIATE / E AGRIATE

« On dirait un immense champ d'ossements... Dans cette terre écartée et inquiétante, l'imagination s'égare volontiers : les dolmens sont des vaisseaux

de l'ogre et les ponts des constructions du Diable... » Telle est la description que fit le romancier Pierre Benoit, dans *Les Agriates,* de cet incroyable morceau de nature à l'état brut.
Réglons tout d'abord un (double) problème de terminologie : ce n'est pas un « désert » (la zone est certes inhabitée mais couverte de végétation), et si l'usage a longtemps entériné l'orthographe Agriates, les corsophones font remarquer que les Agriate (sans « s » final) sont, en corse, un pluriel et que le « s » final est redondant !
Touffu, impénétrable, inextricable, tout en épines et pourtant habité par les senteurs de l'île, le maquis couvre à perte de vue ce monde étrange, hérissé d'escarpements rocheux, raviné par quelques ruisseaux qui engendrent de petits étangs, uniques oasis de fraîcheur dans un univers torride. Pas de villages habités, de rarissimes maisons le long de la D 81, des vestiges de bergeries, les *pagliaghji* (paillers), en pierre, couverts de *teghje* ou de terre. Aucune route, seulement des pistes en piteux état (tant mieux !), chemins d'aventure et de purgatoire avant le paradis des plages de sable fin (Saleccia, Lodo – ou Lotu – Malfalcu-Ghignu).
Entre la Balagne et le cap Corse, les Agriate représentent 40 km de côtes magnifiques, intactes. La Corse avant la Corse, autant de lieux que le temps n'a pas défigurés. Et pourtant, il y en a eu des projets aberrants, comme cette idée d'y implanter un centre d'essai atomique ou de transformer les Agriate en une immense zone de loisirs dédiée au dieu Tourisme. La *Banque Rothschild* posséda même une grande partie des terres avant le rachat, lent et obstiné, de la quasi-totalité de la façade maritime par le Conservatoire du littoral (qui possède aujourd'hui 5 500 ha). Ouf ! On est soulagé de savoir cette symphonie de rocaille, de lumière et de vent définitivement sauvée des menaces immobilières.
Reste un ennemi sournois, ravageur, impitoyable : le feu. Le dernier grand incendie remonte à septembre 1992. En quelques instants, près de 5 000 ha de maquis (et d'oliviers) sont partis en fumée ! Depuis, la vie a quand même repris ses droits, et le maquis reverdit peu à peu.

LE PLUS GRAND SITE NATUREL DU LITTORAL MÉDITERRANÉEN

Est-ce vraiment un désert aussi désertique que cela ? Non, car il y a de l'eau, des ruisseaux, des sources et des étangs en bordure de mer. Et des animaux en pagaille ! Des vaches débonnaires assoupies sur les plages, des sangliers cachés dans les buissons, des lapins, des perdrix, des fauvettes et des jasons (grands papillons brun et orangé), sans oublier quelques petits troupeaux de moutons et de chèvres. Au printemps, l'air est parfumé des senteurs du maquis corse (arbousiers, romarin, lentisques, myrtes et cistes). Preuve que tout pousse dans les Agriate ! Jadis, à l'époque génoise, les agriculteurs y cultivaient du blé dans des champs enclos de murets de pierre (que l'on remarque toujours aujourd'hui).

Comment y aller ?

IMPORTANT : sauf si vous avez décidé de prendre le maquis, on déconseille formellement l'intérieur des Agriate. Les seuls sentiers balisés (celui du littoral et celui de Punta Liatoghju à Ostriconi) permettent de découvrir ce milieu suffisamment bien. Quant aux pistes, sachez qu'elles sont très difficiles (voir ci-dessous) et qu'il ne faut en aucun cas s'en écarter. Et puis, vous aviez saisi qu'il n'y a pas de camion-poubelle ici et prévu de remporter vos détritus, non ?

Par la mer

➢ Une superbe balade à faire au départ de Saint-Florent, d'où des navettes régulières relient en été le port de Saint-Florent à la plage du Lodo (Lotu) ; de là, on est à celle de Saleccia en 1h à pied (lire « À faire » à Saint-Florent). Bien pour passer une journée sur une plage de rêve (sauf que les horaires sont assez contraignants).

Par les pistes

Deux pistes (peu carrossables) partent de la route D 81 et mènent à la mer à travers le maquis. Ces pistes évoluent d'une saison à l'autre, au gré des remises en état et des intempéries, une année carrossables, l'autre non. Les emprunter à pied est très dangereux (si un incendie venait à prendre). D'ailleurs, elles sont interdites à la circulation dès que le vent dépasse les 40 km/h.

➢ ***Piste pour la plage de Saleccia :*** longue de 12 km et généralement en mauvais état, la piste commence sur la D 81, après le hameau de Casta, à 300 m de l'hôtel *Relais de Saleccia,* en allant vers L'Île-Rousse. Compter 1h en voiture (quand ça passe : la vitesse est limitée à 30 km/h) et 45 mn-1h30 à VTT. Pas toujours agréable à VTT, vu le trafic de 4x4. Beaucoup de monde sur cette plage, d'autant qu'un camping s'est installé à proximité. Reste cependant une perle du littoral corse.

➢ ***Piste pour la plage de Malfalcu-Ghignu :*** longue de 14 km. En très mauvais état et même quasi impraticable (4x4 requis). Se prend à 22 km à l'ouest de Saint-Florent, à droite de la route D 81 (en venant de Saint-Florent), au lieu-dit *Bocca-di-Vezzu.* La piste descend jusqu'à la mer à travers des paysages dépouillés.

Par le sentier du littoral (sentier des Douaniers)

Magnifique randonnée, sans difficulté majeure (armés d'eau et d'un couvre-chef), pour découvrir, le temps d'un week-end ensoleillé de Pâques ou de la Toussaint – à coup sûr la meilleure époque pour une météo clémente –, la magie des Agriate de la façon la plus écologique qui soit : la marche. Ce chemin des Douaniers est à la mer ce que le GR 20 est à la montagne, avec moins de monde, les autorités ayant choisi de peu promouvoir cet itinéraire exceptionnel. Départ de Saint-Florent, de la plage de la Roya (une piste intérieure mène à l'anse de Fornali où débute le sentier littoral). Arrivée une quarantaine de kilomètres plus loin à l'anse de Peraiola (plage de l'Ostriconi). Compter 3 étapes.

➢ ***1re étape :*** de Saint-Florent à la plage de Saleccia. Prévoir 6h de marche, avec comme points forts les petits marais de Valdolese (ou Fiume Bughiu) et du Fiume Santu (passages dans l'eau), la tour de la Mortella, les vaches paresseusement allongées sur la plage du Lodo (Lotu) et les dunes boisées de pins d'Alep et de genévriers de Saleccia.

➢ ***2e étape :*** entre la plage de Saleccia et la plage de Ghignu (où il est possible de dormir, voir plus loin). Promenade d'à peine 3h.

➢ ***Dernière étape :*** entre la plage et les paillers restaurés de Ghignu et l'embouchure de l'Ostriconi. Env 6h de randonnée suivant le bord de mer, sauf au niveau des escarpements de la pointe de l'Acciolu.

À VTT

Circuit d'un niveau relevé, sentier non aménagé pour VTT, portage obligé sur les zones sablonneuses et risque de déshydratation (emporter de l'eau).

➢ La traversée la plus simple (sportive tout de même) part du hameau de *Casta,* descend à la plage de Saleccia, puis suit le sentier du littoral jusqu'à la marine d'Alga, ce qui permet de remonter la piste passant par les hameaux de paillers de Luogu Pianu et des Terriccie jusqu'à l'Ostriconi (compter 7-8h de VTT ; prévoir une manœuvre de véhicules, ou alors 14 km pour revenir au hameau de Casta par la D 81). Bon courage !

Par la route D 81

Elle traverse l'intérieur des Agriate, sur 28 km. Très beaux points de vue, notamment entre Casta et Bocca-di-Vezzu.

Où dormir ? Où manger ?

Petit rappel : le camping sauvage est STRICTEMENT INTERDIT.

🏠 🍽 *Voir le* ***Relais de Saleccia*** *et* ***U Santu Petru,*** *à* ***Casta,*** *présentés plus haut dans « Où dormir ? Où manger dans les environs ? » à Saint-Florent.*

🏠 ***Refuge d'étape :*** *au-dessus de la* ***plage de Ghignu,*** *dans des paillers restaurés près de la mer. Rens à l'office de tourisme de Saint-Florent. Payant de mi-juin à mi-sept (le reste de l'année, les paillers sont ouv mais sans surveillance et sans eau courante). Compter 10 €/pers la nuitée (5 nuits max).* Il y en a une dizaine, de 4 ou 6 couchages (sur des bas flancs sans matelas). Un pailler est aménagé en bloc sanitaire (douche, w-c).

🏠 🍽 ***Auberge de Pietra Monetta :*** *au bout de la route (N 1197), à Ostriconi, 20226* ***Palasca.*** *☎ 04-95-60-81-48 (chambres) et 04-95-60-24-88 (restaurant). ● auberge-pietramonetta@wanadoo.fr ● location-agriates.com ● ♿ À 300 m du carrefour entre la D 81 (en venant de Saint-Florent) et la N 1197. Fermé lun midi hors saison ; fermé le midi lun, mar et mer en août. Congés : fin oct-début avr. Menus 27-29 € et formule déj 16 € sf dim et j. fériés. Doubles en ½ pens 49-70 €/pers selon confort. Wi-fi Digestif offert sur présentation de ce guide.* En bord de route, cette vieille maison couverte de vigne vierge est un ancien relais de poste du XIXe s. La salle à manger ancienne a du caractère, et la terrasse est agréable avec sa tonnelle et ses tables de bois. Bon accueil et succulente cuisine corse avec de l'agneau confit à l'ail, du cabri, du sauté de veau ou de la soupe corse aux herbes. Tout est bon et frais : les bêtes viennent de la ferme familiale. Menu végétarien également. Et si vous voulez y dormir, 4 chambres vous tendent les bras (certaines, appelées « chambres randonneurs », avec sanitaires à l'extérieur) propres et claires, et plutôt mignonnes avec leurs poutres.

À voir

⛱ ***La plage du Lodo (Lotu) :*** belle plage de sable fin, la plus proche de Saint-Florent par la mer (navettes régulières en été).

⛱ ***La plage de Saleccia :*** une merveille ! Accessible par une piste de 12 km (voir plus haut) ou par la mer, cette plage, longue de 1 km, est bordée par des dunes à genévriers (espèce protégée) et une pinède de pins d'Alep unique en Corse. Saleccia offre les couleurs d'un lagon tropical. Très fréquentée dès les beaux jours et visitée par de nombreux bateaux qui mouillent dans la baie. Ne pas s'attendre donc à une plage déserte en été. Notez que cette foule est en partie naturiste. Juste avant d'accéder à la plage, à gauche du chemin, une ancienne bergerie restaurée sert en été de poste de surveillance aux gardes départementaux du littoral chargés de la protection du site.

DÉLOCALISATION

Darryl Zanuck, le producteur du Jour le plus long, *avait loué, pour pas bien cher, les services de 22 vaisseaux de la 6e flotte de l'US Navy, qui étaient alors en manœuvre au large de la Corse. Pas question d'aller en Normandie, on choisit la plage vierge de Saleccia pour le tournage des scènes du débarquement à Omaha Beach. En effet, les marines américains servirent de figurants à tarif... très abordable. Les autres scènes furent tournées sur l'île de Ré.*

⛱ ***Les plages de Ghignu et Malfalcu :*** situées plus à l'ouest, au bout d'une longue piste quasi impraticable (4x4 seulement). Plus petites que les autres plages. Les motards aiment bien y venir, ainsi que les plaisanciers qui mouillent ici pour la

journée et repartent le soir. Des refuges pour randonneurs ont été aménagés dans d'anciennes bergeries typiques (des *pagliaghji* aux toits de terre) restaurées et situées à l'aplomb de la plage de Ghignu, à environ 2 km à l'est de l'anse de Malfalcu (voir plus haut « Où dormir ? Où manger ? »).
Routard assoiffé et imprévoyant, une source est située à l'extrémité de cette paradisiaque plage de Ghignu : c'est la source la plus inattendue qui soit (le fleuve le plus court de toute la Corse), puisque, aussitôt jaillie d'un talus dont les fondations baignent dans la mer, son eau atteint déjà son embouchure !

La plage de l'Ostriconi : au fond de l'anse de Peraiola, point de rencontre entre les Agriate et la vallée de l'Ostriconi qui débouche sur la mer. Depuis la route nationale (Corte/L'Île-Rousse), prendre une petite route sur la droite au niveau du camping. On descend à la plage par un sentier assez pentu (mais faisable par les enfants). Se terminant par de langoureux méandres, le fleuve, venu des montagnes, forme à son embouchure une sorte de zone marécageuse et giboyeuse (d'ailleurs, en 2014, pour accéder à la plage, il fallait donner de sa personne et traverser un bras de mer). Le long de la plage, les dunes abritent un magnifique peuplement de genévriers à gros fruits *(Juniperus macrocarpa),* espèce protégée, comptant parmi les plus spectaculaires de Corse. Pas mal de monde sur la plage en saison.

À faire

➢ ***Randonnée dans les Agriate :*** afin de mieux apprécier encore les rivages de l'Ostriconi, il faut s'aventurer au milieu des terres pour y découvrir, en une demi-journée de marche facile, un condensé des Agriate : criques paradisiaques, vieux *pagliaghji,* senteurs des cistes, des immortelles et de ces espèces du maquis dont les fleurs et les couleurs éclatent au printemps.
Partir de la route nationale par le chemin du Gradu (piste démarrant dans la ligne droite au niveau du restaurant *Les Jardins de l'Ostriconi*). Laisser le départ du sentier de Punta Liatoghju sur la gauche et continuer à pied sur la piste qui s'enfonce rapidement à l'intérieur du désert : sous la *punta di Granaia,* un joli abri sous roche est la première curiosité à admirer ; puis la piste continue vers la bergerie de Monticellacciu, plus cahoteux encore, il passe à proximité du hameau de paillers de *Terriccie,* signalé par quelques oléastres (oliviers sauvages) et par le pacage de quelques ruminants.
À 300 m avant Terriccie, une piste (fermée à la circulation motorisée) partant sur la gauche permet de fermer la boucle en récupérant le sentier du littoral à Bocca Affacatoghju vers l'Ostriconi. Le sentier, situé en rive gauche, passe à côté d'anciennes bergeries en ruine et mène à la plage sableuse de *Vana.* Une fois atteintes les dunes de l'Ostriconi et leurs vénérables genévriers aux racines affleurantes interminables, on rejoindra le point de départ par le chemin du Gradu. Durée : 6h30.

➢ Autre randonnée en suivant le sentier balisé de Punta Liatoghju (durée 3h30) : départ du restaurant *L'Agriate* par le chemin communal du Gradu (ou piste de Terriccie), puis passage près de l'abri sous roche. On monte ensuite vers la punta di Granaia, puis cima a Forca, et Punta Liatoghju (magnifique vue sur la basse vallée d'Ostriconi, la plage, les dunes...) avant de redescendre vers le Gradu par un vallon. La carte IGN (Top 25, 4249 OT) n'est pas inutile.

LA BALAGNE

L'ancien grenier à blé de la Corse forme un amphithéâtre montagneux ouvert sur la mer, avec pour capitale Calvi, agréable station balnéaire bordée par une longue plage que longe une pinède, et dont la citadelle domine le golfe. Superbe arrière-pays de villages typés, environnés de maquis, d'oliveraies (la culture reprend) et de vignes... À l'est, L'Île-Rousse, port fondé par Paoli et aujourd'hui station balnéaire relax.

L'ÎLE-ROUSSE / L'ISULA ROSSA (20220) 2 925 hab.

Trois belles plages de sable fin en pleine ville, le record des températures les plus chaudes de Corse et un arrière-pays d'une beauté époustouflante (la Balagne et le Giussani) : on ne pouvait rêver de meilleures conditions naturelles pour cette station balnéaire envahie par des flots de touristes juilletistes et aoûtiens. Paoli n'imaginait certainement pas telle destinée pour ce port qu'il avait fondé en 1758, pour concurrencer la génoise Calvi.
Il y fait bon vivre et c'est un excellent point de chute sur le tour de Corse. Circulation toutefois difficile en été (parkings payants en plein centre près de la place Paoli, face à la mer, ou en face de la poste, au début de la route pour Monticello).

Arriver – Quitter

➢ ***En bateau :*** par les ferries de la *SNCM* à destination de Marseille et Nice ; ou par la *Corsica Ferries* (*☎ 0825-095-095 ; 0,15 €/mn*) pour Nice ou Toulon. Embarquement du port de commerce, ouverture de la gare maritime (*☎ 04-95-60-45-54*) et de la billetterie 2h avt chaque départ.

➢ ***En train :*** la gare est sur la route du Port. ☎ *04-95-60-00-50.* De/vers Bastia, 2 trains/j. (dont 1 avec changement à Ponte-Leccia), compter 2h30. De/vers Ajaccio, 2 trains/j. avec changement à Ponte-Leccia, compter 4h. Magnifique incursion dans les montagnes. De/vers Calvi, train-tramway de Balagne, voir plus loin « À faire ».

➢ ***En autocar :*** de/vers Saint-Florent, en juil-août, en principe, 2 départs/j. sf dim et j. fériés (*Autocars Santini : ☎ 04-95-37-02-98*). De/vers Bastia, ligne Calvi-Bastia (*Corsicar/Autocars Beaux Voyages : ☎ 04-95-65-11-35*), 2 départ/j. tlj en juil-août, 1 départ/j. lun-sam hors saison.

Adresses utiles

ℹ ***Office de tourisme :*** *av. Calizi, BP 42. ☎ 04-95-60-04-35 et 04-95-60-80-14 (central de résas). • ot-ile-rousse.fr • balagne-corsica.com • En été, lun-sam 9h-19h ; dim 10h-13h, 15h-18h. Sinon, tlj sf dim, 9h-12h, 14h-18h (fermé le w-e oct-mars).* Renseignements sur les visites guidées de la ville (toute l'année sur résa). Topoguides en vente sur les différentes balades à faire dans les environs.

✉ ***Poste :*** *au début de la route de Monticello (D 63). ☎ 04-95-63-05-50. Lun-ven 8h30-17h (12h sam).*

■ ***Tramar Voyages :*** *av. Joseph-Calizi. ☎ 04-95-60-08-56. Lun-sam 9h-12h30 (12h sam), 14h30-19h (18h sam).* Vente de billets d'avion et de bateau (toutes compagnies).

■ ***Location de VTT : Passion Sports Action,*** *immeuble Le Relais, av. Paul-Doumer. ☎ 04-95-60-15-76. Ouv tto l'année, fermé dim. Env 18 €/j. ; tarif dégressif à partir du 2e j. Également* ***Balagne Cycles,*** *15 bis, av. Paul-Doumer. ☎ 04-95-38-12-99. • balagne-cycles.com • Fermé dim. Propose en plus de la loc des randos VTT ou route à la carte.*

■ ***Location de bateaux : Nautimarine,*** *route de Calvi. ☎ 04-95-60-00-73. • nautimarine.com • Fermé dim et lun hors saison. Prix corrects et matériel fiable.* Une bonne solution pour écumer la côte et ses criques secrètes, avec ou sans skipper. De plus, bon accueil et judicieux conseils d'Olivier. *Autre loueur :* ***Balagne Sports,*** *rue Napoléon. ☎ 04-95-60-05-17.*

@ ***Movie' Stores :*** *sur la RN 197, pas loin du Casino. ☎ 04-95-65-47-97. Lun-sam 10h-22h, dim 14h-20h.*

Où dormir ?

Campings

⛺ ***Camping Les Oliviers :*** *route de Bastia. 📱 06-15-35-00-45. • contact@camping-oliviers.com • camping-oliviers.com • À 1 petit km du centre-ville et à 200 m de la plage. Ouv début avr-début oct. Forfait pour 2 env 17-23 €. Loc de bungalows (4-6 pers) 240-860 €/sem. 💻 📶 Café offert sur présentation de ce guide.* Plutôt bien ombragé et proche de la plage. On est, comme souvent, les uns sur les autres en été. Bar et pizzeria en saison.

⛺ ***Camping Le Bodri :*** *à 1,2 km de la sortie d'Île-Rousse et 400 m en contrebas de la route. ☎ 04-95-60-10-86. • info@campinglebodri.com • campinglebodri.com • Ouv mai-sept. En juil-août, compter 26 € pour 2 avec voiture et tente (20 % de réduc en mai-juin et sept). 📶 (au bar). CB refusées.* Un camping pour campeurs, sans locations, avec des emplacements plutôt spacieux, à l'ombre des eucalyptus. Snack-pizzeria et laverie. Il suffit de traverser la ligne de chemin de fer du petit train de Balagne pour tomber sur 2 belles plages de sable.

Prix moyens

🏠 🍴 ***Hôtel-restaurant Le Grillon :*** *10, av. Paul-Doumer. ☎ 04-95-60-00-49. • hr-le-grillon@wanadoo.fr • hotel-grillon.net • Ouv mars-début nov. Doubles avec sdb 48-71 € selon saison. En août, ½ pens imposée 116 € pour 2. Menus 16-19 €. 📶 Apéritif offert aux ½ pensionnaires et clients du resto sur présentation de ce guide.* Établissement assez central, sur le grand axe qui traverse L'Île-Rousse. Mais l'édifice (banal) qui accueille les chambres est situé sur l'arrière, donc plutôt au calme. Au final, c'est un bon rapport qualité-prix, car l'accueil est sympa et une partie des chambres a été rénovée dans un style actuel classique. Les anciennes sont certes plus simples, mais propres et suffisamment confortables (TV et clim pour tout le monde, et même des balcons pour certaines). Table très honnête : cannellonis au *brocciu,* civet de sanglier, filet mignon de porc au gingembre, flan à la châtaigne...

De prix moyens à plus chic

🏠 ***Hôtel Funtana Marina :*** *route de Monticello. ☎ 04-95-60-16-12. • hotel-funtana-marina@wanadoo.fr • hotel-funtana.com • ♿ À 1 km de L'Île-Rousse ; c'est indiqué. Ouv tte l'année. Doubles env 65-125 € selon saison et vue. Petit déj 12 €. Parking privé gratuit. 📶* Hôtel moderne, propre et bien tenu, qui a le mérite d'être situé dans un quartier paisible et d'offrir une vue vraiment agréable sur L'Île-Rousse et la mer. Douche, w-c, clim et balcon ou terrasse pour chaque chambre. Et, en prime, une piscine chauffée.

Hôtel Cala di l'Oru : *bd Pierre-Pasquini. ☎ 04-95-60-14-75. • hotelcaladiloru@wanadoo.fr • hotel-caladiloru.com • En venant du nord, traverser le centre-ville et poursuivre sur la route de Calvi. Au niveau du* Leclerc, *prendre à droite et faire env 500 m. L'hôtel est sur la gauche. Congés : oct-avr. Doubles avec sdb 69-145 € selon saison.* Intéressant 3-étoiles situé à 1,5 km du port d'embarquement, aux chambres pas immenses mais dotées de tout le confort (AC, sèche-cheveux...), avec un vrai effort de déco moderne. Jolies photos noir et blanc, œuvres contemporaines dans les parties communes. Sympathique piscine en terrasse sur l'arrière. Accueil familial et pro. Prestations impeccables.

Splendid Hôtel : *av. Comte-Valery (petite rue perpendiculaire à celle qui longe la plage). ☎ 04-95-60-00-24. • info@le-splendid-hotel.com • le-splendid-hotel.com • Congés : de déc à mi-mars. Doubles 64-106 € selon saison, avec petit déj (ajouter 5 € côté piscine). Apéritif de bienvenue offert sur présentation de ce guide.* Belle bâtisse ocre à la façade Art déco, qui propose une cinquantaine de chambres pas bien grandes mais tout confort (ascenseur, double vitrage...). Déco assez neutre, mais l'ensemble est impeccable, l'accueil de bon aloi, et on est à 50 m de la plage. Sur le devant, quelques hauts et vénérables palmiers pour ombrager votre moment de détente au bord de la petite piscine.

Hôtel l'Amiral : *bd Charles-Marie-Savelli. ☎ 04-95-60-28-05. • info@hotel-amiral.com • hotel-amiral.com • Ouv de mi-avr à fin sept. Doubles 80-150 € selon saison et vue (jardin ou mer). Petit déj 11 €. Parking gratuit.* Cubique mais de taille raisonnable (3 niveaux), familial et sympathique, cet établissement séduit grâce à sa très jolie déco nautique dans les parties communes, et offre des chambres nickel, confortables et avec balcon. Terrasse en teck sur le devant, agréable pour prendre un verre en fin d'après-midi. Pour la plage, il suffit de traverser la rue et, pour le centre-ville, de marcher quelques minutes.

Hôtel Best Western Santa Maria : *route du Port. ☎ 04-95-63-05-05. • info@hotelsantamaria.com • hotelsantamaria.com • Ouv tte l'année. Selon saison, doubles standard avec sdb 87-157 € et 157-330 € pour les plus chères.* Très bien situé, un établissement contemporain agréable abritant des chambres impeccables et tout confort (avec balcon ou terrasse) donnant soit sur le petit jardin et la piscine, soit sur la mer et le port. Bonne adresse dans cette catégorie. Il y a même un petit bout de plage privée (avec transats) au pied de l'hôtel !

Où manger ?

De bon marché à prix moyens

U Spuntinu : *1, rue Napoléon. ☎ 04-95-60-00-05. Tlj sf lun en basse saison. Congés : de mi-déc à fin fév. Fermé lun midi en saison, et lun midi et soir en mars, nov et déc. Formule déj 18,50 €, assiette découverte et menus 24,90-29,80 €. Digestif offert sur présentation de ce guide.* Des établissements nommés *U Spuntinu* (casse-croûte, en-cas), en Corse, il y en a un peu partout. On dîne ici très correctement d'une « assiette découverte » avec tarte aux herbes et au *brocciu,* sauté de veau et beignets de courgettes, puis un bon *fiadone.* Une cuisine corse qui se défend, réalisée à base de produits frais. Service aimable, salles voûtées agréables et petite terrasse.

A Quadrera : *6, rue Napoléon. ☎ 04-95-60-44-52. Fermé dim midi. Congés : nov-mars. Menu 21,50 €, carte env 30 €. Apéritif offert sur présentation de ce guide.* Joli cadre rustique (salle voûtée avec pierres apparentes) ou petit bout de terrasse pour ce resto du centre-ville, où la « soupe de mon ex-femme » ou la « salade de M. Jojo, berger à Zilia » ouvrent le

L'ÎLE-ROUSSE

menu de manière souriante (cuisine traditionnelle tout à fait honorable pour le prix). Une halte plaisante.

I●I *L'Osteria :* *pl. Santelli.* ☎ *04-95-31-90-90.* ● *u.spuntinu@orange.fr* ● *Au-dessus des rues piétonnes. Tlj sf mer et jeu midi. Congés : 20 mars-10 avr. Formule déj (valable aussi 19h-20h) 15,50 €, menus 21,50 et 37 €. Digestif offert sur présentation de ce guide.* Un rien à l'écart de l'agitation (les chats l'ont compris !), le rez-de-chaussée de cette ancienne fabrique de pâtes et sa terrasse sur rue proposent une cuisine corse sincère et soignée. « C'est une recette de ma grand-mère », vous dira-t-on. Et on veut bien le croire, tant les plats bien présentés fleurent bon le maquis et la marée. Le second menu flirte avec des tarifs gastro. L'hiver, spécialité de viande à la cheminée. Accueil affable.

I●I *La Crêperie :* *pl. Paoli.* ☎ *04-95-60-11-57. En saison, service à tte heure (jusqu'à 2h). Pizzas env 7-9 €, plat du jour env 12 €, repas env 15-20 €. Café offert sur présentation de ce guide.* Formule brasserie avec *bruschette*, pizzas, paella (le vendredi), salades... et crêpes, bien sûr, salées ou sucrées. Simple et convenable. Un endroit sympa qui a 2 atouts : sa taille (on est à peu près sûr de trouver une table) et ses horaires étendus.

I●I *Brasserie du Port :* *sur le port de commerce, à 1 km du centre.* ☎ *04-95-60-10-66.* ● *infos@brasserie-du-port.com* ● *Tlj midi et soir. Menus déj en sem 17,80 € (19,00 € le w-e), plats 10-26 €. Café offert sur présentation de ce guide.* Situation idéale pour ceux qui attendent un bateau, mais pas seulement. Car la vue sur la mer et la ville depuis les terrasses est vraiment sympa. Du coup, les « Isolani » n'hésitent pas à délaisser le centre-ville pour venir jusqu'ici profiter de sa cuisine nette et honnête (dans le sens noble du terme). Menu du midi équilibré et d'un excellent rapport qualité-prix : loup au fenouil, langoustines, moules... La carte également fait la part belle aux produits de la mer. Une adresse familiale et régulière en qualité. Concert deux fois par mois.

I●I *A Siesta :* *promenade A Marinella.* ☎ *04-95-60-28-74.* ● *info@a-siesta.com* ● *Fermé lun en oct. Congés : nov-mars. Formule déj en sem 17 €, menu 25 € (servi jusqu'à 14h et 22h), plats 23-32 €. Apéritif offert sur présentation de ce guide.* Un resto idéalement situé, directement sur la plage, proposant dans une salle lumineuse une gamme de plats très diversifiés et des spécialités de la mer fort agréables, telles que la marmite du pêcheur façon bouillabaisse ou le poisson cuit en croûte de sel. Très romantique le soir. Un bon rapport qualité-prix et service souriant.

Où dormir ? Où manger dans les environs ?

Voir aussi les nombreuses adresses proposées en Balagne (se reporter à ce chapitre).

⌂ *Chambres d'hôtes chez Christiane Bandini* *(I tre Castelli) : à 1,5 km de Monticello en direction de Speloncato.* ☎ *04-95-60-24-27.* 📱 *06-17-96-10-00. Du centre de L'Île-Rousse, prendre la D 63 pour Monticello (route du Reginu), puis à gauche vers Speloncato au rond-point à l'entrée du village. Ouv avr-sept. Doubles 80-85 €. CB refusées.* Isolée à flanc de montagne, cette maison moderne à l'architecture originale est le point de chute idéal pour se ressourcer. Le calme est olympien, et la vue géniale sur les environs est une invitation à la méditation ! Quant aux chambres, elles se révèlent impeccables, de bon confort (clim) et disposent toutes d'une entrée indépendante et d'une terrasse (2 seulement profitent de la vue panoramique). Accueil très sympathique. Table d'hôtes sur résa.

I●I *Pizzeria A Rusta :* *route de Monticello.* ☎ *04-95-60-14-34. À 2,5 km du centre de L'Île-Rousse par la D 63 en direction de Monticello. Ouv slt le soir : tlj juin-sept, slt le w-e le reste de l'année. Pizzas 8-10 €.* Difficile de rater l'adresse, il y a souvent des voitures garées un peu partout ! Il faut dire qu'*A Rusta* mérite son succès : en salle ou en cuisine, ce sont 3 générations d'une même famille qui s'activent pour contenter les habitués. Bel effort ! Les pizzas au feu de bois se révèlent effectivement bien bonnes, croustillantes et généreuses, et les desserts maison ne déçoivent pas. On en oublierait presque la vue magnifique, depuis la terrasse, sur la ville et la mer !

🏠 🍽 ***Auberge De Tesa :*** *Lozari, route de Régince,* ***Belgodère*** *(20226).* ☎ *04-95-60-09-55.* 📱 *06-15-36-65-05.* • *info@aubergedetesa.com* • *aubergedetesa.com* • *À env 10 km à l'est de L'Île-Rousse. De la plage de Lozari, prendre une petite route de campagne (panneaux) ; c'est à 3 km. Ouv d'avr à mi-oct. Doubles 65-75 €. ½ pens 150 € pour 2. Petit déj 9 €. Menu unique 35 €. CB refusées.* 📶 *Digestif offert sur présentation de ce guide.* Cette petite auberge isolée en pleine nature est connue pour sa cuisine corse aux accents méditerranéens, au sens large. Salle à manger élégante. Dispose de 7 chambres à l'étage, agréables, claires et joliment décorées.

🏠 ***Hôtel Les Mouettes :*** *Lozari, à 1,3 km sur la N 2197 (rte de Belgodère)* ☎ *04-95-60-03-23.* • *contact@hotel-lozari.com* • *hotel-corse-lozari.com* • *Ouv avr-oct. Doubles 60-90 €. Peti déj 7,50 €. Possibilité de ½ pens avec le restaurant du même nom, à 1,3 km.* Une adresse simple, en retrait du passage et de l'agitation de la côte, mais en même temps très proche de la plage. Le jeune gérant a repris l'affaire de famille et lui a apporté du sang neuf. Chambres très classiques, sans excès de luxe mais fonctionnelles. Joli jardin, agrémenté d'une agréable piscine. Le restaurant, lui, est à l'angle de la N 197.

Où acheter de bons gâteaux corses ?

🧺 ***Aux Gâteaux Corses*** *(chez Jean-Pierre Sartori) : rue de Nuit (rue qui donne sur la pl. Paoli).* 📱 *06-15-88-35-64. Tlj 8h30-22h30 ; mar-sam en hiver.* Jean-Pierre est aux fourneaux et maman à la boutique pour approvisionner les habitués en *canistrelli, fiadone* et *torta* (sorte de génoise, spécialité de la Balagne). Tout est frais et à prix très raisonnables. N'hésitez pas à passer une tête dans les cuisines, Jean-Pierre adore parler de gâteaux. Plusieurs *people* se fournissent chez lui en plus...

À voir

En saison, visite de la vieille ville avec une guide historienne de *Bianconi Scuperta* (renseignements auprès de l'office de tourisme). La visite, très détaillée, dure environ 2h30 et a pour fil directeur Pasquale Paoli.

🚶 ***La place Paoli :*** bordée de cafés et de terrasses ombragées par des platanes, c'est le cœur de la ville. La statue de Paoli au centre de la place, entourée de quatre palmiers exotiques, rappelle qu'il décida en 1765 de fonder un port à cet endroit. Enfin, les halles, marché couvert (producteurs locaux tous les matins en été) inspiré d'un temple grec à colonnes (rare en Corse).

🚶 ***La vieille ville :*** *au nord de la pl. Paoli.* Pour voir ce qu'était une « ville nouvelle » du XVIIIe s avec ses hautes façades austères.

🚶 ***La galerie Saetta :*** *4, av. Piccioni.* 📱 *06-12-73-83-29.* • *miccanomi.fr* • Le photographe Antoine Périgot y expose ses photos.

🚶 ***Le phare de la Pietra :*** *sur la presqu'île du même nom, au-delà du port de commerce (s'y rendre à pied, sinon petit train).* On y a retrouvé des traces d'une présence humaine remontant à 6000 av. J.-C.

À faire

➢ ***Promenade avec le train-tramway de Balagne :*** *en saison, ce petit train effectue 7 A/R par j. entre L'Île-Rousse et Calvi (45 mn de trajet). Infos et billets à la gare de L'Île-Rousse.* ☎ *04-95-60-00-50.* • *train-corse.com* • *Aller simple 6 € ;*

réduc 4-12 ans. Une belle promenade, insolite, côtière, avec possibilité, entre autres, de descendre à Algajola (plages). On longe plus ou moins la mer.

Plongée, voile, navigation

■ ***Beluga Diving :*** *au port. ☎ 04-95-60-17-36. 📱 06-82-04-95-10. • beluga-diving.com • Ouv mai-oct. Résa conseillée. Baptême 55 € et plongée 34-48,50 € selon équipement ; forfait dégressif 5 plongées ; snorkelling (à partir de 10 pers) 25-35 €.* Ce club (FFESSM et PADI), sympa et sérieux, s'adresse plutôt aux plongeurs confirmés (niveau I et plus). Belles sorties à la journée en petit comité jusqu'à Calvi, Porto, cap Corse... À l'occasion, également des baptêmes et des formations jusqu'au niveau III. Plongée au *Nitrox* et après-midi snorkelling (randonnée palmée). Organisation de sorties longues distances avec double plongée. Enfants à partir de 12 ans. Hébergement possible pour les clients en appartement.

■ ***Centre nautique d'Île-Rousse :*** *plage de la Gare (route du Port). ☎ 04-95-60-22-55. • cnir.org •* Catamaran, *Optimist,* kayak de mer, planche à voile : cours d'initiation ou perfectionnement (stages) et location de matériel. Un club dynamique et bien encadré, affilié à l'École française de voile.

DANS LES ENVIRONS DE L'ÎLE-ROUSSE

Le parc de Saleccia : *route de Bastia. ☎ 04-95-36-88-83. • parc-saleccia.fr • À 4 km de L'Île-Rousse par la RN 197 en direction de Bastia. Ouv d'avr à mi-oct. Juil-août, tlj 10h-19h30 ; avr-juin et sept, tlj 9h30-19h sf lun mat ; oct, tlj 10h-18h sf lun et sam mat ; j. fériés 10h-19h. Entrée : 8,50 € ; réduc ; billet famille 23 €.* Dans une ancienne oliveraie dévastée par le feu en 1974, transformée en parc par un paysagiste passionné de botanique, un concentré des variétés et essences méditerranéennes sur 7 ha, que l'on visite en suivant un intéressant parcours découverte. Parmi les points forts, on ne manquera pas le secteur dédié aux zones à climat méditerranéen des autres parties du monde (Nouvelle-Zélande, Australie, Californie...), le ravissant jardin des quatre couleurs, ou encore l'adorable bassin aux nénuphars. Équipe accueillante et compétente qui s'efforce d'organiser de nombreuses animations et manifestations (théâtre, concerts, cinéma en plein air, ateliers pour les enfants...). Petite restauration de qualité (on utilise les produits du jardin), aire de jeux pour les enfants et belle boutique de produits régionaux. Très agréable.

Équitation

■ ***Ferme équestre d'Arbo Valley :*** *lieu-dit Saleccia, route de Bastia, 20220* ***Monticello.*** *📱 06-16-72-53-12. • arbovalley.fr • À 5 km de L'Île-Rousse (indiqué sur la droite de la route de Bastia). Accès par une piste.* L'été, le centre se déplace à proximité de la plage de l'Ostriconi. Promenade à l'heure, ou coucher de soleil dans les Agriate (2h30), ou randonnées de 1 jour ou plus, découverte de la Balagne... François Vescovali propose diverses formules, pour groupes (20 chevaux corses) ou individuels. Un vrai pro.

LA BALAGNE, LE GIUSSANI ET L'OSTRICONI

L'arrière-pays de Calvi et de L'Île-Rousse. Au nord-ouest de l'île, la Balagne forme un vaste amphithéâtre de montagnes et de collines, fermé au sud par

une ligne de crête oscillant entre 1 000 et 2 000 m, mais largement ouvert sur la mer dès que l'on arrive en plaine. Une région attachante, avec des villages perchés figurant parmi les plus beaux de Corse. « Jardin de la Corse », la région fut, jusqu'au XIXe s, une terre riche et prospère, grâce aux plantations d'oliviers et aux vergers (figuiers, orangers...). Le vent de l'histoire a tourné, les villages se sont dépeuplés, mais certains ont repris vie et fourmillent d'activités et d'initiatives. Aujourd'hui restent les témoins merveilleux de cet âge d'or : chapelles romanes, églises baroques, fontaines et moulins à huile, et toutes ces hautes maisons soudées les unes aux autres comme pour mieux conserver leurs secrets.

Accessible par une superbe route de montagne, le Giussani est une microrégion, enclavée entre la haute Balagne et la vallée de l'Asco. Préservé mais dépeuplé, c'est un coin merveilleux, beaucoup plus vert et boisé que la Balagne.

Compter au moins 1 journée pour avoir un aperçu de la Balagne (plus si l'on s'aventure jusque dans le Giussani ou l'Ostriconi). Essayer de passer une nuit dans l'une de nos bonnes adresses de l'intérieur (moins chères que sur la côte).

Demandez dans les offices de tourisme la brochure *Strada di l'Artigiani* (la route des artisans de Balagne) pour agrémenter vos parcours de haltes chez des professionnels de talents (une quarantaine sont ainsi labellisés).

LA BALAGNE

Adresses utiles

■ ***Association Saladini :*** *☎ 04-95-61-34-85. • lamontagnedesorgues.com • Ouv avr-oct. Sur résa, de préférence 48h à l'avance. Env 30 €/j. ; réduc. Avoir un véhicule et prévoir son repas.* Propose des visites guidées tout à fait passionnantes des villages de haute Balagne, du Giussani, de la Castagniccia et dans la vallée de l'Asco. Points de vue culturels, historiques et architecturaux sont abordés. Élizabeth Pardon connaît sa région sur le bout du cœur. Itinéraire « La montagne des orgues » vraiment bien, où elle s'installe à l'occasion au clavier d'un orgue d'église baroque (la Haute-Corse en regorge), et là, ça peut être divin ; question de feeling... Une partie de l'argent récolté va à la restauration des églises.

■ ***Bianconi Scuperta :*** *06-30-78-94-93. • bianconi-scuperta.com •* Visites guidées culturelles particulièrement intéressantes, au départ de Calvi. En dehors des parcours dans les villes (Calvi et Île-Rousse), de beaux circuits dans la microrégion.

CORBARA / CURBARA (20256 ; 925 hab.)

À 5 km seulement de L'Île-Rousse et du littoral, nous voilà déjà dépaysés. Perché sur le monte Guido, ce gros village semble guetter la Méditerranée pour prévenir quelque invasion (touristique sans doute).

Corbara est le village des belles histoires. Comme celle de Davia Franceschini, fille d'un pauvre charbonnier qui s'en alla chercher du travail sur le continent. Avant de partir, Davia vola au secours d'une mendiante, qui lui remit en retour un talisman, « la main de Fatma ». La famille Franceschini embarqua à L'Île-Rousse, mais le bateau, après une tempête, dériva en mer et atteignit les côtes mauresques, où les passagers furent emprisonnés. Un gardien de prison remarqua le talisman autour du cou de la ravissante Davia et l'amena devant le sultan. C'était le talisman de la sœur du sultan, qui avait disparu de la circulation pour échapper à un mariage forcé avec un vieillard repoussant. Résultat : le sultan tomba amoureux de Davia,

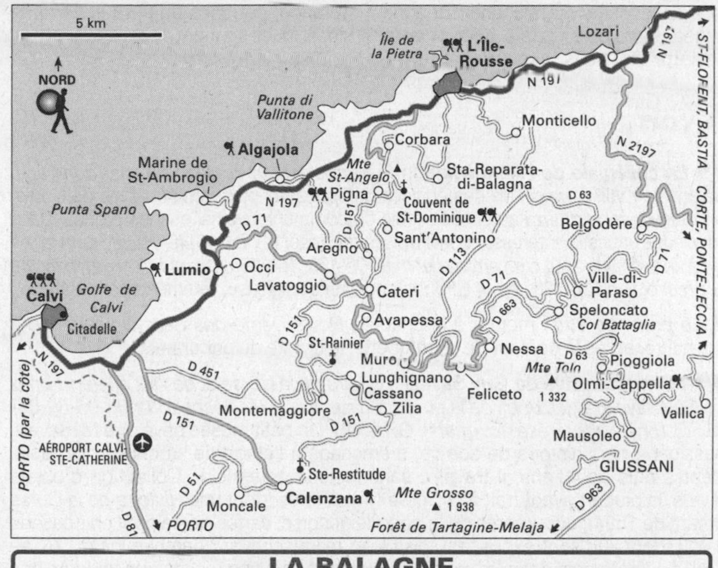

LA BALAGNE

qui devint ainsi impératrice du Maroc (en 1786). Bien plus tard, revenu à Corbara, son père fit bâtir la maison que l'on appelle, aujourd'hui encore, la « maison des Turcs » (ils étaient pourtant tous corses !). Cela dit, ce n'est qu'une belle légende, composée à partir de divers éléments, la vraie Davia, fille de Corses de Corbara capturés par les Maures et née à Tunis, ayant été l'une des favorites d'un sultan. Elle serait morte à Larache (Maroc) sans avoir jamais mis les pieds en Corse...

Où dormir ? Où manger ?

Gîtes chez Marie-Josée Salvatori : *lieu-dit Guido, tt en haut de Corbara. ☎ 04-95-61-75-27. Fax : 04-95-65-01-17. • pluto.salvatori@orange.fr • Ouv tte l'année. Gîtes pour 6 pers (au 1er étage) 305-780 €/sem et pour 7 pers (au 2e étage) 900-1 800 €/sem.* Dans une maison de 1800, un véritable nid d'aigle, avec vue imprenable, mais qui se mérite (on finit l'ascension à pied à partir de la chapelle Saint-Roch, la voiture ne va pas jusqu'en haut puisqu'il s'agit d'un sentier abrupt et caillouteux !). 2 gîtes, sur 2 étages, avec chacun 2 chambres et 1 salon avec un convertible. Cuisine indépendante, salle d'eau, w-c. Terrasse. Le gîte du 2e étage, totalement refait, avec mezzanine, est presque deux fois plus grand (120 m²). La même propriétaire loue, également toute l'année, à *Cateri*, 2 minivillas de 60 m² (2 chambres, cuisine, salle à manger, salon de jardin).

Bar-restaurant A Cantina : *pl. de l'Ormeau, dans le village, dans un virage sur la droite (terrasse avec pergola), quand on monte de L'Île-Rousse. ☎ 04-95-60-19-69. De mi-mai à fin sept : snack le midi, menu corse le soir. Plats 11-18 €, le soir menu 20 €. CB refusées. Digestif offert sur présentation de ce guide.* Une adresse très sympathique, avec sa petite terrasse et son côté populaire convivial entretenu par une ribambelle d'habitués. La patronne mitonne une cuisine familiale corse de bon aloi (lasagnes au *brocciu*), appréciée des locaux et des mêmes touristes qui reviennent chaque année. Mention spéciale pour la belle assiette du pays avec charcuterie, fromage, pommes de terre et verre de vin. Accueil souriant.

À voir

🚶🚶 ***La collégiale de l'Annonciation*** (A Nunziata) *: sur la place en haut du village.* Datant du XVIIIe s, voici l'un des édifices baroques les plus remarquables de Corse. À l'intérieur, remarquez l'autel et sa table de communion, ainsi que les orgues. Dans l'ancienne sacristie, intéressant petit *musée du Trésor* (☎ *04-95-46-15-53 ; ouv de mi-avr à fin sept : juil-août lun-sam sf mer mat 10h-13h, 16h-19h ; en mi-saison, en principe lun, mer et ven 15h-18h ; env 4 €, réduc)* : orfèvrerie religieuse, vêtements sacerdotaux...

🚶 ***Le point de vue :*** monter à la chapelle *Notre-Dame-des-Sept-Douleurs* pour connaître, après la douleur de la grimpette, la félicité du panorama.

🚶🚶 ***Le musée privé de Guy Savelli*** (Histoire de la Corse et de l'art ancien) *: chez M. Guy Savelli, à deux pas de la pl. de l'Église (suivre les flèches).* ☎ *04-95-60-06-65. Tlj 15h-18h (sur résa nov-mars). GRATUIT.* Un petit musée privé que M. Savelli, passionné par l'histoire de son île, a aménagé à l'étage de sa maison familiale. Depuis plus de 40 ans, il travaille sans relâche à l'enrichir. Collection d'objets divers, la plupart ayant trait à la Corse : livres rares (dont une *Histoire de la Corse* datant de 1594), documents de la période génoise, cartes postales (il en possède 4 000, dont 200 sont exposées), pistolets, manuscrits sur parchemins du XIIe au XVIIe s, instruments de musique d'époque (dont un piano mécanique toujours bon pied bon œil), ancien mobilier (voir la banquette sur laquelle Pasquale Paoli s'est assis !), toiles de grande qualité (une *Sainte Famille* du XVIIe s, un portrait célèbre, car unique, de Davia Franceschini, du XIXe s, ou encore deux toiles de l'école de Barbizon) et un étonnant bâton sculpté, en bois de sorbier, sur lequel sont représentés plus de 100 personnages historiques. Une visite charmante au cours de laquelle Guy Savelli laisse parler sa passion. Mais l'amateur d'histoire est aussi un peintre qui possède son atelier à deux pas de là, dans l'ancienne boulangerie.

🚶 ***Le couvent de Saint-Dominique :*** *à l'extérieur du village, à 2 km au sud, à l'écart de la D 151.* ☎ *04-95-60-06-73 (en début d'après-midi), ou* 📱 *06-43-39-25-05 (lun-ven 10h-16h).* ● *stjean-corbara.com* ● *En principe, visite possible tlj à 15h sf jeu.* Fondé par des franciscains en 1456, il a été reconstruit en 1850-1855 par les dominicains et abrite aujourd'hui une communauté de frères de Saint-Jean. Il a reçu des personnages comme Maupassant, que le père Didon jugea « ignorant des grandes cimes de la vertu et du dévouement ». On peut y faire des retraites spirituelles (logement possible dans ce cas). Superbe cloître à gauche, en entrant dans l'église. Excellent accueil et cadre magnifique.

UN ALLER-RETOUR AUX FRAIS DE LA RÉPUBLIQUE

Octobre 1914 : on annonce au préfet de Corse l'arrivée de 400 civils « austro-hongrois », qu'il faut interner dans le couvent de Corbara, alors désaffecté. Sauf qu'il y a erreur administrative : ce sont en fait des Alsaciens-Lorrains qu'on aurait « soustrait à la mobilisation allemande ». De là à les interner... Aussitôt, contre-ordre et, à peine arrivés sur l'île, ils repartent par le même bateau pour le continent !

PIGNA (20200 ; 100 hab.)

Adorable village, l'un des plus anciens de Corse, sur une butte. Les couchers de soleil y sont légendaires. C'est aujourd'hui l'un des villages phares de l'expérimentation sociale et culturelle. Ses habitants manifestent encore un enthousiasme méditerranéen dans les activités agricoles, pastorales et surtout dans l'artisanat d'art. Vous trouverez ici une superbe production de poteries, boîtes à musique, eaux-fortes et gravures, produits régionaux, etc. Ne pas manquer de rendre visite aux nombreux artisans et artistes qui font la renommée de Pigna : au sympathique potier-céramiste Jacky Quilichini (*● ceramicadipigna.com ●*), au flûtier, au luthier Ugo Casalonga (*● casaliutaiu.blogspot.fr ●*), à la fabricante de boîtes à musique Marie-Claire Darnéal, *Scat'a Musica* (*● scattamusica.fr ●*)... Et même si vous n'achetez rien, vous vous serez promené dans un très joli village (admirez les portes en bois, vernies ou peintes, et l'unité d'ensemble du vieux village).

– *Parking payant à l'entrée du village (2 €).* Pigna ne se visite qu'à pied.

Où dormir ? Où manger ?

De bon marché à chic

|●| *A Casarella :* *☎ 04-95-61-78-08. Bien indiqué dans le village. Ouv d'avr à mi-oct, midi et soir (fermé lun en sept-oct). Plat du jour à midi 8,50-9,50 €. Salades 8-12 €, compter 15-20 € pour un repas complet. Café offert sur présentation de ce guide pour un repas complet.* Une toute petite adresse que l'on aime beaucoup, avec des tables en bois disposées sur une terrasse jouissant d'une vue exceptionnelle (et quelques autres tables dans une salle voûtée pittoresque). Pas de grande cuisine, mais une étape très sympa – avec plats du jour (salades servies dans des petits caquelons, ou ces délicieux *piattini corsi,* de petites assiettes genre antipasti ou tapas à la mode corse, préparés principalement avec des produits bio), fromage fermier et de bons desserts pas ruineux. Glaces *Salge* de Saint-Florent. Idéal à l'heure de l'apéro.

⌂ |●| *Casa Musicale :* *☎ 04-95-61-77-31. ● resa@casa-musicale.org ● casa-musicale.org ● Fermé de janv à mi-fév. Résa indispensable. Doubles 65-115 € selon confort et saison. Au resto, env 40 € à la carte.* 📶 *« Si manghja, si dorme e si canta. »* On y mange, on y dort et on y chante ! Bon, on y dort dans une poignée de chambres sobres. Préférez celles qui occupent une maisonnette indépendante, car elles profitent d'une terrasse bien sympa. La *Casa Musicale* est un célèbre espace culturel, lieu de rencontre et d'échange principalement axé sur la musique. Le midi, différentes formules légères, du genre assiettes composées et salades. Cuisine à l'italienne, servies dans une agréable salle rustique ou en terrasse (vue géniale).

|●| *Cantina A Moresca :* *dans le village. ☎ 04-95-55-64-53. Tlj de mi-avr à fin sept, midi et soir (en saison, réserver). Plats 13-16 €.* Découvrez, à l'ombre des mûriers ou sur les terrasses ouvertes sur la mer, une belle et originale cuisine concoctée à partir de bons produits locaux. Enchantement dans l'assiette et couchers de soleil exceptionnels pour les *boccarini* (tapas du coin), les fameuses *migliacciole* (beignets au fromage frais), charcuteries, fromages fermiers et, pour finir, les glaces irrésistibles de Pierre Geronimi (LE maître glacier de Sagone). Pour arroser tout ça, un gouleyant vin corse bien choisi ou une une bière artisanale... Soirées musicales métissées, chants de Corse et de Méditerranée, guitare jazz et autres rencontres au gré du vent... L'occasion d'apprécier régulièrement chanteurs et musiciens renommés de l'île.

Beaucoup plus chic

⌂ |●| *Hôtel et restaurant U Palazzu :* *juste au-dessus de l'église. ☎ 04-95-47 32-78. ● palazzupigna@wanadoo.fr ● hotel-palazzu.com ● Ouv avr-oct. Doubles standard 143-158 €, doubles standing 220-250 € et suites 245-290 € selon confort et saison ; petit déj 16 € (quand même !). Au resto, formule déj env 32 € ; menu 53 €.* 📶 Charme à revendre, espace, déco hyper soignée, esprit de quiétude et de sérénité, voilà quelques mots pour qualifier cette vénérable demeure de maître du XVIIIe s, maison de famille qu'a fait revivre avec brio le sympathique proprio. La bâtisse a conservé les cicatrices du temps, mais elle s'est refait une beauté intérieure, dans la sobriété et le respect. Les immenses chambres en soupente et suites avec terrasse privée sont d'excellent confort. Bonne nouvelle : pas de TV ! Petite terrasse et solarium commun à 2 des chambres. Et puis le *Palazzu* est aussi une excellente table : que l'on opte pour l'élégante et rustique salle à manger (vieux pressoir à olives) ou la superbe terrasse, on est comblé par la cuisine traditionnelle de haute volée (poissons et légumes d'une impeccable fraîcheur, travaillés avec finesse). Tout est savoureux.

Manifestations

– ***Estivoce :*** *pdt la 1re quinzaine de juil.* ● *centreculturelvoce.org/festivoce* ● Pigna est l'épicentre de ce festival de la Voix qui anime différents villages de Balagne. Groupes corses, mais aussi, selon les années, chant sacré médiéval ou théâtre, l'accent étant mis sur la création, avec également des ateliers ouverts au public. Les concerts donnés à Pigna investissent un étonnant auditorium, en brique de terre crue, sans coffrage.
– En saison, également 2-3 concerts par semaine à l'auditorium. En hiver, concerts ou rencontres avec des artistes en résidence à la ***Casa Musicale.*** Programmation détaillée sur leur site internet.

SANT'ANTONINO / SANT'ANTONINU (20220 ; 80 hab.)

Un nid d'aigle médiéval sur un éperon de granit dominant au sud une campagne pelée, jaunie par des étés trop secs (on songe plus au désert de Castille qu'à la Corse) et au nord l'amphithéâtre de la Balagne jusqu'à la mer. Superbe. À 2,5 km de Cateri, Sant'Antonino se découvre à pied, évidemment, au fil des venelles pavées, des voûtes envoûtantes... Une sorte de labyrinthe de pierre, tout biscornu, où s'enchevêtrent les maisons anciennes. Sur la petite terrasse nord, une chapelle mimi comme tout... C'est certainement l'un des villages les plus typiques de cette belle région, quoique devenu très touristique. Label des Plus Beaux Villages de France oblige, même si les matériaux employés pour retaper certaines maisons déparent un peu.
L'*église paroissiale,* quant à elle, est isolée au milieu de l'ancienne aire de battage, au bas du village. À l'intérieur, plusieurs beaux tableaux. Quant au remarquable orgue, il a été volé ! Parking payant en bas du village : 2 €.

Où manger ? Où boire un verre ?

Bon marché

|●| ***Le Bellevue :*** *non loin de l'église haute.* ☎ *04-95-61-73-91. Accès direct en continuant tt droit quand on arrive au village, puis à droite et à gauche au niveau du passage sous voûte. Ouv Pâques-fin sept. Menu unique 15 €. CB refusées. Apéritif offert sur présentation de ce guide.* Très bons produits maison (le patron est éleveur et cultivateur) et menu sans complication concocté par madame : charcuterie, omelette au *brocciu* ou à la *brousse,* sauté de veau en sauce, fromage de brebis et dessert. De la terrasse, vue sur mer et montagne. Accueil naturel et gentil.

Prix moyens

|●| ***La Voûte :*** *en haut de l'escalier menant du parking au village.* ☎ *04-95-61-74-71.* ● *restaurant.lavoute@gmail.com* ● *Fermé d'oct à début avr. Formule déj 14,90 € ; menus*

21,90-26,90 €, quart de vin compris. Digestif offert sur présentation de ce guide. Terrasse ombragée idéale pour déguster une glace ou se restaurer de spécialités tout en admirant la vue (tenez, essayez donc les sardines farcies au *brocciu*). Agneau de lait rôti également. Pour les plus petits budgets, assiette complète le midi qui se suffit à elle-même et des pizzas. Dispose aussi d'une salle à manger bien fraîche à la déco rustique, avec un moulin à huile dans l'entrée. Accueil souriant.

La Taverne Corse : *à quelques maisons de* La Voûto. *☎ 04-95-61-70-15. • latavernecorse@orange.fr • De Pâques à mi-oct, tlj. Assiette du chef 11 € et menu corse 22 €. Café le midi ou digestif le soir offert sur présentation de ce guide.* Longue terrasse en surplomb de la rue, et salle plus intime, pour déguster un menu corse très complet et plaisant (charcuteries, tarte aux herbes, sanglier aux myrtilles, côte de veau corse, fromages, *fiadone*). Propose également, à toute heure, des parts de gâteau ou un verre de muscat. Jolie vue sur les environs depuis la terrasse.

A Porta : *à l'arrière du haut village (bien fléché). ☎ 04-95-55-64-37. Tlj midi et soir. Fermé oct-avr. Menu déj 20 €, à la carte 30-35 €. Café (à midi) et apéritif (le soir) offerts sur présentation de ce guide.* Veau, sanglier, myrte, clémentine... tous les ingrédients sont là pour rappeler les senteurs de l'île de Beauté, portés par des plats jouant une partition originale : cake au *brocciu* et à la tapenade, calamar à la calvaise, souris d'agneau confite à la Pietra. C'est frais, bon, bien servi, pas cher et le choix cornélien d'excellents desserts peut même transformer le café gourmand en une bonne option pour tout goûter ! En prime, belle vue sur la baie.

Plus chic

I Scalini : *tt en haut du village. ☎ 04-95-47-12-92. Ouv de mai à mi-oct tlj sf le soir lun-mer ; juil-août tlj. Le midi, salade et assiette gourmande 16 €, carte env 45 €. Digestif offert sur présentation de ce guide.* Patricia et Jean-Luc ont transformé ce perchoir en un resto de charme où l'on choisit entre les salles voûtées du bas et des terrasses aux accents marocains qui s'étagent comme des Lego blancs posés au faîte du village (mention spéciale au toit-terrasse avec vue incomparable à 360° !). Vue panoramique, confort douillet (plein de coussins), tables en mosaïque et des réalisations tout en fraîcheur, qui vont puiser leurs sources bien au-delà de la Méditerranée (brochette d'agneau au curry, gambas au lait de coco et citronnelle...). Jolie petite adresse. Même les toilettes ont eu droit à la visite de la décoratrice maison.

Où boire un jus de citron ? Où acheter du vin ?

Clos Antonini : *pl. de l'Église, face au parking. 06-09-58-94-01. • olivier-antonini@wanadoo.fr • Ouv avr-déc. Le verre de citron pressé 2,50 €. Cocktail citron-raisin 3 €.* Olivier Antonini, tenant la passion de l'agrume de ses ancêtres, vond, dans une belle salle voûtée, de vrais gros beaux citrons de Balagne, à la pièce ou au poids, des confitures (de citron) et des vins des 3 couleurs du domaine familial (des blancs pleins de fraîcheur, des rouges gouleyants...). Belle terrasse d'accès libre et gratuit (grandes tables et bancs en bois), pour prendre un citron pressé, sans se presser, ou un verre de muscat tout en cassant la croûte.

À faire

➢ **Balade à dos d'âne :** *avec Bastien. Départ ts les ap-m (15h-19h) juin-sept depuis le parking. Env 10 € pour env 20 mn de balade à travers les passages, venelles, ruelles aux pavés assassins.*

AREGNO / AREGNU (20220 ; 610 hab.)

Vieux village à flanc de colline, au pays des orangers, citronniers, oliviers, mais aussi des amandiers qui valent au village sa foire de l'amandier (*festa di l'amandulu* ; fin juillet ou début août). Un petit bijou d'église romane d'époque pisane : l'*église de la Trinité et de San Giovanni* (XIIe s), aux murs de pierre polychrome, comparable à la célébrissime église de Murato, dans le Nebbio. Au bord de la D 151, entourée des tombes d'un cimetière, ses murs sont sculptés de motifs étranges représentant des figures humaines ou des animaux. Un vrai zoo ! Des quadrupèdes évoquant des ours, un bovidé, des serpents... Regardez aussi au-dessus de l'entrée, tout en haut, cet homme qui prend son pied ! À l'intérieur, deux belles peintures murales du XVe s, dont l'une représentant saint Michel, impassible, sa petite balance à la main, en train de terrasser le dragon.

Où dormir ?

☗ ***Gîte de M. Fondacci*** *(Gîtes de France)* ***:*** *54, hameau de Torre. Résas auprès des Gîtes de France en Corse : ☎ 04-95-10-54-30/31. Fax : 04-95-10-54-38. Tte l'année. Compter 550-890 €/sem selon saison. Apéritif offert sur présentation de ce guide.* Les 120 m² du gîte pouvant accueillir 6 personnes se répartissent sur 3 niveaux : 3 chambres, salon-salle à manger, cuisine, salle d'eau ; lave-linge, micro-ondes, congélateur, TV et salon de jardin sur terrasse. Chauffage en sus. Location de draps possible. Belle vue sur la mer depuis les chambres et la terrasse. Pas de commerces à proximité. Les proprios, très sympas, habitent quelques maisons plus loin.

Où manger ?

|●| ***Restaurant de la Place*** *(chez Martin)* ***:*** *pl. de l'Église. ☎ 04-95-56-17-10. Ouv juin-sept. Menu 23 €. Café offert sur présentation de ce guide.* C'est le bar-tabac du village, avec la mairie en face, l'église sur la gauche et la boulangerie dans les parages. Petite terrasse avec chaises en plastique et tables du même bois (!), ou salle basique si l'on préfère, pour un petit menu qui a le mérite d'être copieux : salade de tomates, charcuterie corse, sauté de veau aux olives et aux champignons, côtelettes d'agneau aux herbes, fromage (féroce) ou fruits. Jus d'orange ou de citron du jardin.

LAVATOGGIO / LAVATOGHJU (20225 ; 140 hab.)

Petit village situé à 2 km de Cateri, sur la route qui descend vers Lumio et Calvi. Belle vue sur la Balagne.

Où manger ?

|●| ***Ferme-auberge Chez Edgard :*** *au centre du village. ☎ 04-95-61-70-75. ♿ Slt le soir. Congés : de mi-oct à mi-avr. Menu unique 36 €. CB refusées.* On a des chances d'être accueilli par Edgard Santelli, le patron, qui a du panache et du caractère – des qualités que l'on retrouve dans son auberge au cadre à la fois rustique et soigné, et dans sa cuisine, copieuse et authentique : cochon de lait à la broche, gigot d'agneau rôti, côte de bœuf, sauté de veau aux figues et aux châtaignes, et soupe corse (estomacs rétrécis, s'abstenir !). Produits garantis fermiers (la famille possède une ferme dans les environs). Venez profiter des terrasses d'*Edgard* à la tombée de la nuit, la lumière sur la campagne est divine à cette heure-là...

CATERI / CATTERI (20225 ; 220 hab.)

Charmant village avec ses ruelles à arcades et ses maisons de caractère en granit. Église baroque. Petite chapelle romane du XIIe s au hameau de San-Cesario.

Où dormir ? Où manger ?

Hôtel U San Dume-Restaurant Chez Léon : *dans le bourg. ☎ 04-95-61-73-95. 06-14-63-75-67. • info@usandume.com • hotel-corse-usandume.com • À la sortie de Cateri, descendre à droite vers le couvent de Marcasso, qu'on laisse à gauche à la fourche ; continuer sur 200 m. Tte l'année. Doubles avec sdb 78-98 €. Menu 16 € le midi sf dim et menu corse 28 € midi et soir, carte env 35-40 €.* Une maison récente dominant la vallée (donc belle vue des chambres et du resto). Chambres rénovées dans un style très contemporain, propres, certaines avec terrasse et vue sur mer. Cuisine familiale, soignée et mijotée, avec tous les grands classiques corses : charcuterie, beignets de courgettes, agneau de lait rôti... Bonne atmosphère authentique et conviviale.

AVAPESSA (20225 ; 65 hab.)

Village minuscule et charmant, aux ruelles pavées, arches et escaliers. Circulation automobile impossible. Se garer comme on peut à l'entrée du village.

Où dormir ? Où manger ?

Gîte d'étape et gîtes communaux d'Avapessa : *06-86-32-62-62. Env 20 €/nuit avec son sac de couchage et 25 € avec les draps fournis.* 3 dortoirs sur 3 niveaux, avec douche et w-c à chaque étage. Malheureusement, très exigu. Petite cuisine équipée à disposition. Agréable terrasse pour déjeuner.

FELICETO / FILICETU (20225 ; 210 hab.)

À 350 m d'altitude, Feliceto s'étire nonchalamment à flanc de montagne dans un cadre ombragé et verdoyant. En contrebas, l'église sur son promontoire, et, au loin, la côte (à 14 km seulement), panorama dont on pourra profiter depuis la petite terrasse du *Rigo Bar.* Descendre vers l'église et le cimetière (en voiture, car c'est assez loin) et les dépasser pour trouver plus loin l'atelier-boutique des fils d'Ange Campana, souffleurs de verre, qui ont repris le flambeau de leur père et exposent de superbes pièces : *Verrerie Corse (☎ 04-95-61-73-05 ; ouv 10h-12h, 15h-18h – 17h ven ; fermé mar et dim).* Une boutique a ouvert à Lumio. Feliceto est également réputé pour la qualité de son huile d'olive.

Tout là-haut, c'est le ***monte Grosso*** (1 938 m) : on se croirait au fin fond de la cordillère des Andes... mais on est bien en Corse. Pour gagner ce sommet, sans

> **VILLAGEOIS SOUS VIDÉOSURVEILLANCE**
>
> *Un ancien maire de Feliceto, M. Pinzuti, a fait construire une maison au sommet d'un nid d'aigle dominant le village, à 1h de marche. Selon certains, c'était pour mieux surveiller ses administrés tout en offrant l'asile aux bandits de passage. La baraque existe toujours : elle s'appelle la* Falcunaghja, *le « refuge aux faucons » ! Mais l'anecdote est bidon, paraît-il ! On la raconte aux...* pinzuti *(les continentaux).*

doute le plus beau belvédère de Balagne, deux voies, faciles mais longues malgré deux pistes écourtant la marche d'approche et remontant respectivement vers les sources de la Bartasca (à partir de Calenzana) ou de la Melaja (torrent affluent de la Tartagine dans le Giussani).

Où dormir ? Où manger ?

🏠 |●| **Hôtel Mare e Monti :** *au centre du village. ☎ 04-95-63-02-00. • mare-e-monti@wanadoo.fr • hotel-maremonti.com • Fermé d'oct à mi-avr. Doubles 79-85 € et 105-139 € selon saison et standing. Petit déj 13 €/pers. Resto tlj sf lun midi hors saison.* Un 3-étoiles de caractère, à l'image de la Balagne. Cette grande maison patinée, chargée d'histoire, est une ancienne « maison d'Américain », bâtie par un ancêtre de l'actuel propriétaire, une fois fortune faite à Porto-Rico. Une noble bâtisse de charme, aux chambres personnalisées, refaites très récemment, certaines vraiment très bien, jolies comme tout. Elles se situent aux 2e et 3e étages (sans ascenseur). Les moins chères sont petites. TV et wifi dans toutes, AC dans certaines. Très propre. Également des appartements pour 3 et 4 personnes. Accueil courtois du patron, qui connaît bien la région. Vous pouvez faire un tour à la cave (vins du domaine Renucci, dont s'occupe le fils de la maison). Resto de très bonne tenue, *Le Sol e Luna,* avec terrasse au bord de la piscine *(le soir, menu 24 €, carte 30-40 €/pers).*

|●| **Restaurant U Mulinu (Auberge du Moulin) :** *à la sortie de Feliceto, en direction de Nessa. ☎ 04-95-61-73-23. Congés : janv-avr. Fermé mar (plus lun hors saison). Résa obligatoire. Menu 37 €, vin compris. CB refusées. Apéritif ou café offert sur présentation de ce guide.* Le patron, Joseph Ambrosini, que tout le monde appelle José, fait chaque soir un véritable one-man-show, se déguisant en Zorro, en Carmen, et faisant voler les assiettes, assez bas sans doute (car, tout de même, José ne fait pas dans la dentelle), mais avec quelle agilité ! Au menu, *prisuttu* (jambon de pays) volant, « assiette en catastrophe », sanglier en sauce, fromage, dessert et digestif obligatoire. Le resto est installé dans un authentique moulin à huile. L'adresse la plus farfelue de toute la Corse ! On aime ou on n'aime pas.

Où dormir dans les environs ?

🏠 **Chambres d'hôtes Pinaud-Nobili** *(Gîtes de France) : sur la commune de* **Nessa,** *à 3 km de Feliceto. ☎ 04-95-61-71-01. • jean-marc-pinaud2B@orange.fr • Sur les hauteurs du village (fléché). Ouv d'avr à mi-oct. Double env 65 €, triple 85 €. CB refusées.* 5 chambres spacieuses et modernes. Magnifique vue depuis la terrasse où l'on prend le petit déj. Une des chambres possède en plus une grande terrasse privative et une autre peut accueillir 3 personnes.

SPELONCATO / SPILUNCATU (20226 ; 275 hab.)

Encore un beau village fièrement accroché à la montagne. Il doit son nom à un énorme rocher nommé « la grotte » (*spelonca* en corse), détruit en 1751-1753. Sur la place inondée de lumière, une fontaine glougloute à l'ombre des hautes maisons et de l'ancienne église Sainte-Catherine, aujourd'hui restaurée et servant de mairie-école-poste (originale reconversion).

MIEUX QUE LE RAYON VERT !

La curiosité locale est la Petra Tafunata *(la pierre percée), un rocher où, tous les ans, les 8 avril et 8 septembre, les rayons du soleil couchant parviennent à passer dans une ouverture de 8 m de long, semblable à un tunnel, et à éclairer la place du village située... 2 km plus loin (pendant 10 à 15 s). Beau temps nécessaire !*

À voir, dans l'église, la crypte renfermant quelques tombes et l'ossuaire d'un ancien cimetière médiéval.

Où dormir ? Où manger ?

■ |●| ***Hôtel A Spelunca di U Sechju :*** *pl. de l'Église. ☎ 04-95-61-50-38. • info@hotel-a-spelunca.com • hotel-a-spelunca.com • Fermé nov-mars. Doubles avec sdb 55-90 € selon saison. Restaurant : menus 17-27 €, carte env 30 €. Digestif offert sur présentation de ce guide.* Un délicieux hôtel de charme peuplé de meubles anciens, au cœur du pittoresque village, à l'ombre de l'église. Cette haute maison du XIXe s aux murs roses, coiffée d'un puits de lumière en terrasse, abrite des chambres spacieuses, ordonnées autour d'un superbe escalier ; certaines avec vue sur la vallée. Au dernier étage, celles en soupente sont agréables, même si les sanitaires sont bas de plafond. Dans le grand salon, le portrait du cardinal Savelli, secrétaire d'État du pape Pie IX, rappelle que cette demeure aristocratique fut sa résidence d'été. Bon accueil.

BELGODÈRE / Belgudè (20226 ; 470 hab.)

À 11 km de Speloncato et 19 km de L'Île-Rousse. Un village qui mérite bien son nom. En effet, *Belgudè* signifie « beau plaisir ». Maurice Utrillo y vécut en 1912-1913. Dieu sait si l'endroit est plaisant, avec ses oliveraies à flanc de montagne et ses vergers parfumés. Sur la place du village, l'église Saint-Thomas date du XVIe s. Du point de vue surplombant Belgodère, le panorama est vraiment saisissant.

LE GIUSSANI / GHJUNSANI

L'une des plus belles microrégions de l'île, à 900 m d'altitude. Quatre villages la composent : Pioggiola, Mausoleo, Olmi-Cappella et Vallica. Des villages du bout du monde, bâtis en terrasses et plein sud, des bois de chênes et de châtaigniers, et aux alentours, des sommets austères, majestueux, couverts en partie de forêts profondes comme celles de Tartagine et de Melaja. Un royaume naturel haut perché, oublié de l'histoire, coupé du reste du monde et gravement dépeuplé : le Giussani, c'est la Corse en dehors des sentiers battus ! Et dire que dans le passé, ce coin perdu fut l'un des secteurs les plus peuplés de Balagne, comme en témoigne le premier collège de Balagne à Olmi-Cappella (l'établissement Battaglini).

➢ ***Pour y aller :*** il faut forcément passer un col avant d'atteindre le Giussani. De Balagne, passer par Speloncato, après quoi 15,5 km de route vous mènent au col de Battaglia (1 100 m) d'où l'on descend sur Pioggiola. De la route nationale pour Ponte-Leccia, même distance (et autant de virages !) pour Olmi-Cappella. Sur la N 1197, tourner pour Castifao (D 247), puis continuer par la D 547 et la D 963, direction Olmi-Cappella. En prenant l'une à l'aller et l'autre au retour, belle boucle. Dès que l'on bascule dans le Giussani et ses quatre villages, l'ombre et la verdure envahissent les bords de route, et la Corse cache dans cette enclave haut perchée l'un de ses îlots les plus verts et parmi les plus belles de ses châtaigneraies et autres forêts de chênes verts, de chênes pubescents et de pins laricio.

VALLICA (20259 ; 40 hab.)

Petit paradis pour la randonnée pédestre, Vallica fait face à la belle vallée du Tartagine, face au *monte Padru* (2 393 m). Au bout de la rue qui traverse le village se dresse l'église paroissiale de style baroque : de là, on a une superbe vue sur la vallée et les forêts qui partent à l'assaut des cimes lointaines. Dans l'église, bénitier remarquable (il est soutenu par une sculpture de femme taillée dans la pierre noire de Murato).

Où dormir ?

⛺ I●I ***Ferme l'Aghja :*** 📱 *06-34-29-17-13. • pigelet.christophe@gmail.com • camping-ferme-l-aghja.com • En arrivant à Vallica quand on vient d'Olmi-Cappella. Gîte ouv tte l'année (sur résa hors saison), camping avr-sept. Compter env 16 € pour 2 avec tente. Gîte 4-5 pers 250-480 € selon saison. Dîner sur résa pour les clients du camping (résa la veille) : menu unique 16 € (produits de la ferme garantis et vin compris). CB refusées. Digestif offert dans le cadre du dîner sur présentation de ce guide.* Un chouette petit camping à la ferme (un vrai, avec la ferme à côté et des animaux). Les propriétaires, Christophe et Mado, sont exploitants agricoles sur place, mais on est quand même à 830 m d'altitude et il est plus raisonnable d'envisager de planter la tente entre mai et septembre. Une trentaine d'emplacements spacieux sur des champs accueillants. Équipements limités. Piscine. Également un gîte pour 4-5 personnes (ainsi qu'un second à Belgodère). Christophe aime son village et sa région, et sait faire partager cette passion.

OLMI-CAPPELLA *(20259 ; 190 hab.)*

Le principal village du Giussani, à flanc de coteau, en réalité la réunion de deux petits villages proches, Olmi et Cappella. On y accède par l'unique route (la D 963) qui traverse la région. Le paysage change : les versants des montagnes se couvrent de châtaigniers. À 4 km d'Olmi-Cappella, en remontant vers la ligne de crête, on arrive à *Pioggiola,* le plus haut village du Giussani, réputé pour ses châtaigniers, ses chants polyphoniques et ses sonneurs de cloches (ils se rassemblent en principe au 15 août). Au hasard des nombreux virages, on a droit à de magnifiques échappées. Vue grandiose du col de *bocca di a Battaglia,* entre Pioggiola et Speloncato.

Adresse utile

ℹ ***Office de tourisme du Giussani :*** *bât. Battaglini. ☎ : 04-95-47-22-06. • ot-giussani.com • Ouv avr-sept. Lun-ven 9h-11h45, 13h30-16h30.*

Où manger ?

I●I ***U Furnellu :*** *tt en bas du hameau de Cappella. ☎ 04-95-57-94-49. 📱 06-83-60-14-62. • val3015@hotmail.fr • Ouv de mai à mi-sept. Fermé mer en basse saison. Plat du jour 12 €, menus 18-25 €/pers. Digestif offert sur présentation de ce guide.* Bonne cuisine classique (veau aux olives, cannellonis au *brocciu*) ainsi que des pizzas au feu de bois le soir et des grillades. Petite capacité d'accueil, mieux vaut réserver.

Où dormir ? Où manger dans les environs ?

I●I ***A Merendella :*** *col de Battaglia, à 1 100 m d'altitude, 20259* ***Pioggiola.*** *☎ 04-95-46-24-28. ♿ Pâques-fin oct, tlj 15 juin-15 sept sf lun soir ; hors saison, fermé le soir et lun midi. Congés : janv-début mars. Formules déj 10,90-16,90 €. Menu corse 24 €, à la carte env 30-35 €. Café ou digestif* *offert (pour un repas complet) sur présentation de ce guide.* Possibilité de manger pour moins cher des salades, des tartes salées, des omelettes, des grillades au feu de bois, et même des sandwichs. Stéphane et Vanina tiennent ce resto aux allures de refuge, simple et sans prétentions. Le truc pas ruineux, très bien pour un casse-croûte. Goûter aussi les charcuteries maison, ainsi que des recettes à base de farine de châtaigne maison et les fromages maison. Les confitures aussi sont maison.

L'Aghjola : Pioggiola, *à 4 km d'Olmi-Cappella.* ☎ *04-95-61-90-48.* • *aghjola@yahoo.fr* • *aghjola.com* • *Dans le village. Ouv avr-sept. Doubles env 60-64 € en basse et moyenne saison. Juil-août, ½ pens demandée : env 124 € pour 2. Menus 16 et 27 €.* Quelques chambres classiques, assez petites mais meublées avec goût, dans un agréable bâtiment rustique. Au restaurant, cuisine traditionnelle. Petite piscine. Bon accueil d'un Italien de Florence qui traverse la mer pour la saison.

Festival

– ***Rencontres internationales de théâtre :*** *pdt env 10 j. en août. Association l'*Aria (Association des rencontres internationales artistiques)*:* ☎ *04-95-61-93-18.* • *ariacorse.org* • L'acteur Robin Renucci, qui vit à Pioggiola, a choisi Olmi-Cappella comme siège pour l'*Aria,* son association, qui s'est installée dans le magnifique bâtiment Battaglini, récemment restauré. Représentations données dans les villages du Giussani, mais aussi dans quelques autres villages des environs. Également des stages de formation pour comédiens, pendant l'hiver, au printemps et dans le mois qui précède les rencontres. L'association s'est dotée d'un magnifique « outil théâtral », *A Stazzona,* inauguré en août 2010 : cette belle salle à la structure de bois se situe entre Pioggiola et Olmi-Cappella.

Randonnées

➢ ***Accès au GR 20 :*** de la maison forestière de Tartagine au refuge d'Ortu di Piobbu (1 570 m). Compter 6h. Pas facile. Prévoir impérativement suffisamment d'eau et de vivres.

➢ ***Des sentiers de pays,*** fléchés et balisés en orange, forment un réseau intéressant de balades à la journée, partant à la découverte d'un patrimoine boisé particulièrement varié. L'office de tourisme en propose pour sa part huit, sous forme de boucles de 1h45 à 6h de marche. Dépliants à l'office de tourisme. Très sympa, par exemple, de visiter la *vallée du Francioni* qui coule sous Mausoleo, Pioggiola et Olmi-Cappella, et que franchissent plusieurs ponts aux arches vénérables ; ou encore de dévaler sous les chênes verts le sentier menant de *Vallica* au *pont sur la Tartagine* (2h aller et retour), un ouvrage considéré parmi les plus anciens de Corse ; certaines personnes font même remonter l'origine de ses premières pierres à l'époque romaine (ce qui paraît à d'autres bien improbable toutefois, étant donné que les Romains craignaient de s'aventurer à l'intérieur de l'île et que l'on voit mal ce qu'ils seraient venus chercher dans les parages...).

➢ ***En montagne,*** les possibilités sont tout aussi riches à partir des pistes forestières qui remontent les vallées de Tartagine et de Melaja. Ces pistes sont seulement cairnées (petits tas de pierres indiquant le chemin). ATTENTION ! pour ces sentiers, carte et boussole obligatoires, et mieux vaut être un randonneur expérimenté : on se perd facilement et le niveau est relevé. Le plus beau chemin est une ancienne voie de transhumance de la *bocca di l'Ondella* avec ses énormes murs de soutènement toujours debout ; le sommet le plus impressionnant est celui du *capu a u Dente,* avec ses deux dents caractéristiques visibles de fort loin ; les plus beaux belvédères ont pour nom *monte Corona* (dominant le massif de Bonifato), *monte Padru* (point culminant du massif et lieu d'errance des mouflons et autres gypaètes barbus) et *monte Grossu* (sommet avancé dominant superbement les villages et côtes de Balagne).

LA FORÊT DE TARTAGINE

L'une des forêts les plus sauvages et les plus retirées de Corse. Couverte de pins laricio et de pins maritimes, cernée par de hautes montagnes culminant entre 2 029 m *(capu a u Dente)* et 2 393 m *(monte Padru)*. On y accède par une route sinueuse et interminable (la D 963) au départ d'Olmi-Cappella (17 km jusqu'à la maison forestière de Tartagine). De celle-ci, un chemin à peine carrossable remonte, en longeant la rivière Tartagine, jusqu'au fond du cirque. À la fin de ce chemin, endroit idéal pour pique-niquer. Un vrai bout du monde !

L'OSTRICONI

Entre Balagne, les Agriate, massif du Tenda et vallées montagneuses proches (Asco, Tartagine, Golo...), l'Ostriconi est une vallée charnière désormais désenclavée par le passage de la route Bastia-Calvi (la *Balanina*), qui déroulait autrefois ailleurs (via Belgodère) ses interminables virages.
Cette microrégion comprend cinq villages : Lama, Urtaca, Pietralba, Novella et Palasca. Même pas 1 000 âmes à eux cinq ! Ce pays affiche des airs de musée naturel assez étonnants : d'anciens hameaux désertés (*E Spelonche* à Palasca, *U Loru* à Lama, *Lumisgiana* à Pietralba), des moulins et des oliviers rappelant la première moitié du XXe s, quand les familles Bertola de Lama et Orabona de Novella étaient parmi les plus riches propriétaires oléicoles de France, et une curieuse gare désaffectée à Pietralba.
On y trouve aussi des villages coquets, avec des ruelles étroites et des parterres fleuris, où le tourisme et l'initiative locale ont favorisé des opérations de rénovation tout à fait réussies.
***Attention !* Si vous empruntez la *Balanina* (la voie rapide), prenez garde aux vaches errantes. N'oubliez pas de corner, plusieurs accidents surviennent chaque année !**

LA BALAGNE, LE GIUSSANI ET L'OSTRICONI

PIETRALBA *(20218 ; 415 hab.)*

Un village qui doit son nom (« pierre blanche ») aux falaises de calcaire blanc et orangé proches du hameau de Pedano. C'est par Pietralba et la bocca di Tenda que communiquait autrefois l'Ostriconi avec la région voisine du Nebbio.

Où dormir ?

Gîtes de M. Jean-Philippe Gaspari *(Gîtes de France)* **:** *résas auprès des Gîtes de France : ☎ 04-95-10-54-30/31. Fax : 04-95-10-54-38. Ouv tte l'année. Compter 260-500 €/sem selon saison. Parking. Apéritif ou café offert sur présentation de ce guide.* 2 gîtes pour 4 personnes, mitoyens et identiques, de 45 m², dans une maison indépendante. Séjour-cuisine, 1 chambre, salle d'eau et w-c. Bon équipement : lave-linge, micro-ondes, TV, congélateur, téléphone. Terrasse de 7,50 m² avec salon de jardin et barbecue, jeux de boules.

LAMA *(20218 ; 175 hab.)*

Le chef-lieu de la vallée est remarquablement bâti sur un éperon rocheux (le rocher interpénètre même certaines maisons). Chouette balade au gré des ruelles en

haut du village, et arrêt indispensable dans les anciennes écuries, le *stallo,* où sont exposées des photos du début du XXe s : scènes des champs, portraits de famille, première automobile passant par Lama...
De nombreux gîtes ruraux ont redonné vie à ce village qui pleurait sa richesse oléicole passée (35 000 oliviers sont partis en fumée lors de l'incendie de 1971, précipitant un déclin par ailleurs annoncé). Une politique de tourisme intelligent qui a porté ses fruits. Notons que pour l'instant, Lama n'est pas « touristisé » : un cachet d'authenticité appréciable si près des plages de L'Île-Rousse et environs...
En contrebas du village, tennis et piscine municipale (ouverts en juillet et août). Le luxe !

Adresse utile

Office de tourisme Paese d'Ostriconi : *dans le village, en arrivant.* ☎ *04-95-48-23-90.* ● *tourisme@villagedelama.fr* ● *Ouv de mi-avr à fin sept. Lun-ven 9h-12h, 14h-17h ; juil-août, également w-e 10h45-12h, 15h45-17h.* Gère une soixantaine de locations à Lama et dans les environs. Fournit également tous les renseignements sur les activités et manifestations locales.

Où dormir ? Où manger ?

Campu Latinu : *sur les hauteurs de Lama.* ☎ *04-95-48-23-83.* ● *info@campulatinu.fr* ● *campulatinu.fr* ● *Ouv mai-fin sept. Resto fermé lun. Compter 250-550 €/sem en studio et 350-780 €/sem pour 4-6 pers en gîte et beaucoup plus dans les suites hôtelières et apparts de caractère (voir respectivement les sites* ● *caselatine.com* ● *et* ● *lama-campulatinu.com* ●*). Formule déj 18 €, menus 26 et 37 € et carte env 35-40 €.* Resto magnifiquement situé. On s'installe sous les chênes (plusieurs terrasses) ou, s'il fait moins beau, en salle, dans un bâtiment ancien restauré. Cuisine traditionnelle dans le menu, avec les grands classiques corses. Propose également des locations : 5 gîtes ruraux et des appartements de caractère, ainsi que 5 suites de 50 m² autour de 2 piscines.

À faire

➢ **De petites balades** sympas à faire autour du village, comme monter à l'*ancienne fontaine couverte* du village ou à l'*aire de battage* proche.

➢ **Des parcours balisés,** tels que la liaison avec le village voisin d'*Urtaca* (facile et intéressant), ou l'ascension du *monte Asto,* point culminant du massif du Tenda (1 535 m ; 3h de montée à partir du village de Lama ; départ près du réservoir communal ; topoguide en vente à l'office de tourisme). Balisage en orange.

Festival

– **Festival européen du cinéma et du monde rural :** *fin juil-début août.* ☎ *04-95-48-21-60.* ● *festilama.org* ● Un festival né en 1994, sous la houlette de Mathieu Carta, non-voyant, et qui a toujours autant de succès. Films amateurs, longs ou courts métrages européens se succèdent durant la semaine. Classiques ou méconnus, toujours autour du thème de la ruralité et parfois de la Corse. Très bien !

ALGAJOLA / ALGAGHJOLA (20220) 300 hab.

À mi-chemin entre L'Île-Rousse et Calvi, une modeste station tranquille et familiale, blottie autour de sa citadelle. Longue plage (appelée plage d'Aregno) prisée par les véliplanchistes et, à l'extrémité nord, par les naturistes. Beaucoup de monde en été pour un si petit endroit.

Où dormir ?

De chic à plus chic

Hôtel Saint-Joseph : *1, chemin de Ronde. ☎ 04-95-60-73-90. • stjoseph.hotel@orange.fr • hotel-algajola.com • ♿ À 100 m du centre, juste à droite après le chemin de la citadelle. Congés : 15 déc-20 janv. Doubles standard 75-146 € selon saison, petit déj compris. Parking. Apéritif offert sur présentation de ce guide.* Dans un bâtiment en longueur perpendiculaire à la mer, des chambres simples et propres, certaines de plain-pied, avec TV et clim. Agréable salle de petit déj et vaste terrasse paisible pour lézarder face à la Grande Bleue.

Hôtel de la Plage Les Arcades : *15, route Nationale (le long de la rue principale). ☎ 04-95-60-72-12. • contact@hotelalgajola.fr • hotelalgajola.fr • Congés : oct-avr. Doubles 60-130 € selon vue et saison ; petit déj 5 €. Café offert sur présentation de ce guide.* 2 bons points pour ce petit hôtel situé dans le village, juste au-dessus de la plage : un accueil sympa et des chambres, de taille modeste, rénovées dans un style actuel agréable. Encore mieux lorsqu'elles profitent d'une vue dégagée sur la mer. Les anciennes sont à l'inverse fonctionnelles et neutres (2 d'entre elles se partagent une grande terrasse). Petit déj servi dans une belle salle à manger.

Hôtel de la Plage Le Santa Vittoria : *le long de la rue principale (attenant au précédent). ☎ 04-95-35-17-03. • martelli-jhp@orange.fr • hotelplage-vittoria-corse.com • Ouv de mi-avr à mi-oct. Doubles 92-132 € selon saison et vue, avec petit déj ; ½ pens possible. Au resto, formule 25 €, menus 30 et 39 €. Apéritif offert sur présentation de ce guide.* Le plus ancien établissement de la station, ouvert en 1914 et dans la même famille depuis 7 générations. On y trouve une poignée de chambres bien tenues et convenables (clim, TV), dans un style balnéaire simple et classique.

Hôtel Stella Mare : *chemin Santa Lucia. ☎ 04-95-60-71-18. • info@stellamarehotel.com • stellamarehotel.com • À 100 m du centre, juste après avoir traversé la voie ferrée. Ouv de mai à mi-oct. Doubles 70-140 € selon vue et saison ; petit déj 11 €. Parking.* C'est l'adresse romantique du village. D'abord parce que cette belle villa surplombant un jardin ne dispose que d'une quinzaine de chambres pour préserver son atmosphère intime et conviviale, ensuite parce que ces dernières se révèlent élégantes et confortables. On se relaxe en terrasse ou dans les charmantes parties communes. Également un appartement dans le village pour 6 personnes. Accueil souriant et attentionné.

Où manger ?

La Vieille Cave : *3, pl. de l'Olmo, dans le village, côté citadelle. ☎ 04-95-60-70-09. Fermé lun midi. Congés : de mi-oct à fin mars. Menus 21,50-24 €. Apéritif offert sur présentation de ce guide.* Doté d'une grande terrasse bien placée au cœur du vieil Algajola, un resto convivial proposant une honnête cuisine estivale : agneau de lait corse rôti au four, pierrade de viandes ou de poissons (le soir), appréciables et pas ruineux.

À faire

Grande et belle plage appréciée des véliplanchistes en raison du vent. Souvent des vaguelettes et un peu de courant, mais on n'a pas le temps de minauder long temps au bord de l'eau, on perd pied rapidement.

LUMIO / Lumiu (20260) 1 180 hab.

Le village de Balagne le plus proche de Calvi, à 8 km. Certains y vont en pèlerinage, espérant y rencontrer une certaine star (Laëtitia Casta)... D'autres, simplement pour le village lui-même, bien retapé, avec des maisons imposantes.

Où dormir ?

Campings

Camping Panoramic : *route de Lavatoggio, 20260 Lumio. ☎ 04-95-60-73-13. • info@le-panoramic.com • le-panoramic.com • À 2 km au nord de Lumio, sur la N 197, prendre à droite la route de Lavatoggio. Le camping est env 1,5 km plus loin. Ouv mai-sept. Resto (de mi-mai à mi-sept). Selon saison, pour 2 compter env 14-23,50 €. Mobile homes (4-6 pers) 300-900 €/sem. Sur présentation de ce guide, remise de 15 % en mai-juin et sept.* À flanc de colline, ombragé par des eucalyptus et équipé d'une piscine *(1er juin-15 sept).* Grandes terrasses avec emplacements délimités. Calme et agréable. Très belle vue. Camping très « citoyen » avec panneaux solaires, système de traitement de l'eau et tri sélectif des déchets. Également soirée familiale (1 fois par semaine).

Camping Monte Ortu : *chemin du monte Ortu. ☎ 04-95-60-73-93. • info@camping-corse-monteortu.com • camping-corse-monteortu.com • Au nord de Lumio, sur la N 197, prendre, dans un virage, la petite route qui part sur la gauche, vers la mer. Ouv Pâques-sept. Pour 2 pers avec voiture et tente, compter 15,80-19,20 €. (au bar). Réduc de 10 % en avr-mai sur présentation de ce guide.* Un peu isolé, en pleine nature à l'écart du trafic de la nationale. Le camping s'étend sur 11 ha et offre de jolies vues. Ombre un peu chiche. Sanitaires récents. Location de quelques chalets et mobile homes *(pour 2 adultes et 2 enfants, compter 250-840 € selon saison).* Pas de vraie restauration, mais on y trouve néanmoins un snack, ainsi qu'une piscine et un tennis.

Où acheter des produits corses ?

Clos Culombu : *au pied de Lumio. En allant vers Calvi, c'est indiqué dans un virage, sur la gauche. À env 1 km. ☎ 04-95-60-70-68. • closculombu.fr •* On apprécie les blancs, notamment celui du domaine, pour sa fraîcheur subtile. Des rouges intéressants également, à prix raisonnables.

Le Moulin Atrium : *RN 193, à 3 km de Calvi sur la route de Lumio, à droite, 500 m après la caserne de la Légion. ☎ 04-95-32-47-90. • lemoulinatrium.com • Tlj 9h-19h.* Belle ancienne bâtisse qui abrite un bon stock de produits (charcuterie affinée sur place, huiles, gâteaux...) et artisanat corse.

À faire

Superbes plages ! En venant de Calvi, la première est celle du ***Pain de sucre.*** Petite crique charmante quand il n'y a pas trop de monde (c'est rare...), et une eau translucide dans laquelle on perd progressivement pied. Resto les pieds dans l'eau (transats sur la plage) dans un cadre paradisiaque et romantique... En continuant vers l'Île Rousse, ***plage du Mata Hari,*** fort belle quand on n'y est pas empilés.

➢ ***Randonnée vers Occi*** *(prononcer Odgi)* **:** une chouette promenade pour son panorama admirable sur la baie de Calvi et la pointe de Spano. On part du village même de Lumio (se garer au resto *Chez Charles,* vers la sortie nord de Lumio). Rude montée au début. Le sentier, en 30 mn environ, mène au village ruiné d'Occi dont on admirera les ruines d'anciennes maisons aux équilibres miraculeux. Seule l'église a été retapée (grande procession à la Pentecôte). Visite guidée possible (se renseigner à Lumio). Il existe également une association qui recueille des fonds pour la sauvegarde du village. On redescend sur Lumio en rejoignant la piste qui continue vers Lavatoggio (prendre à droite au niveau de la chapelle) puis descente escarpée sur le quartier Torricella de Lumio.
Compter 1h30 aller-retour pour cette promenade familiale ; doubler cette durée si l'on monte au sommet voisin du *capu d'Occi* (vue encore plus splendide). Accès balisé au départ d'Occi, avec possibilité de boucle en redescendant par derrière.

CALVI

(20260) 5 400 hab.

Calvi est la capitale de la Balagne. C'est par mer qu'il faudrait y arriver, et si possible à l'aube, quand le soleil se lève derrière les cimes. Bon, ça fait peut-être beaucoup de contraintes, et la ville est aussi bien belle quand on l'aborde par la route. La vieille citadelle surplombe une large baie bordée sur 6 km par une superbe plage et par une pinède. L'ancienne cité génoise (seule avec Bonifacio à n'avoir jamais lâché les Génois, au grand dam de Pasquale Paoli) est aujourd'hui avant tout une station touristique de premier plan, offrant du charme, des infrastructures de qualité et à tous les prix, ainsi que de bonnes petites adresses pour profiter des spécialités locales. De par sa dimension, assez importante, son bel arrière-pays et son littoral de choix, elle attire beaucoup de monde, et d'autant plus que les liaisons maritimes et aériennes la desservent directement. Par ailleurs, une tradition festivalière internationale (Festival de jazz, Rencontres polyphoniques, *Festiventu...*) anime la cité presque toute l'année et lui donne une couleur assez cosmopolite – tout comme la Légion étrangère, basée tout près. Bref, Calvi, on aime... mais on n'est pas les seuls.

UNE LÉGION PAS SI ÉTRANGÈRE

En créant ce corps d'élite, en 1830, Louis-Philippe reprenait l'idée des mercenaires étrangers au service du roi. Après 1945, beaucoup de soldats de la Wehrmacht s'y engagèrent. On y trouvait aussi des Français, à condition de changer de nom. Un moyen efficace pour réinsérer les indésirables de la société française (évadés, escrocs, voyous...). Il leur suffisait de s'inscrire sous une fausse identité pour changer de vie.

Arriver – Quitter

En bateau

➢ ***De/vers Nice :*** liaisons avec *Corsica Ferries.*

En train

🚂 Prendre les billets à la gare *(plan A2).* ☎ *04-95-65-00-61.*

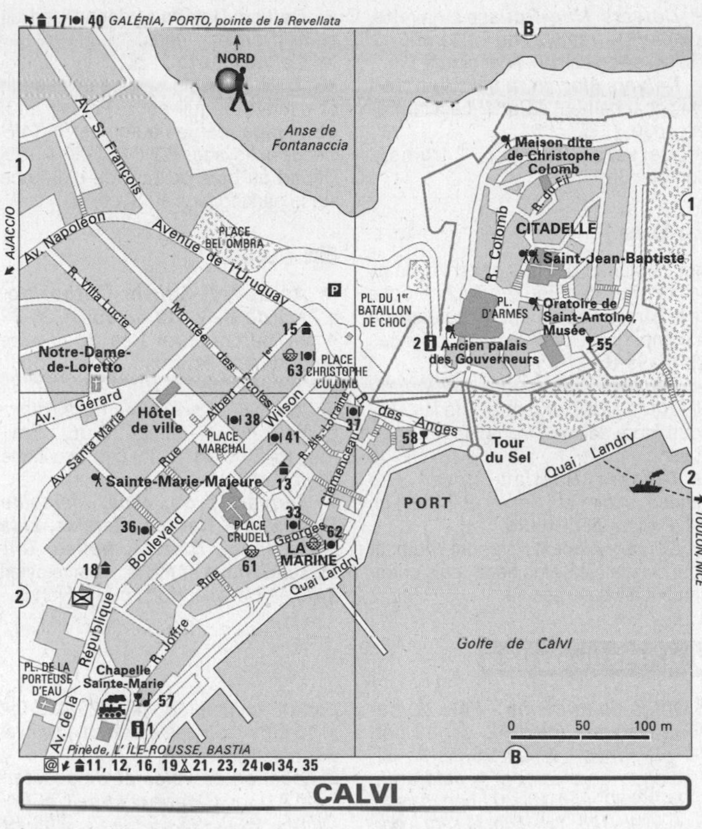

CALVI

Adresses utiles

1 Office de tourisme – Pôle touristique Balagne
2 Annexe de l'office de tourisme

Où dormir ?

11 Relais international de la jeunesse U Carabellu
12 Hôtel Casa-Vecchia
13 Hôtel du Centre
15 Hôtel Le Belvédère
16 Hôtel Cyrnéa
17 Hôtel Saint-Érasme
18 Le Grand Hôtel
19 Hostellerie de l'Abbaye
21 Camping Paduella
23 Camping Bella Vista
24 Camping La Clé des Champs

Où manger ?

33 L'Isula
34 Restaurant des Îles
35 U Ricantu
36 U Fornu
37 Pardina
38 A Piazzetta
40 U Fanale
41 U Casanu

Où boire un verre ? Où écouter de la musique ?

55 Chez Tao
57 Edon Port
58 Bar de la Tour

Où acheter de bons produits du terroir ?

61 Traiteur Chez Annie et A Loghja
62 A Casetta

Où acheter du vin ?

63 Casa Vinu

➢ ***De/vers L'Île-Rousse :*** navette, appelée « le tramway de Balagne », 4 à 7 fois/j. selon saison. Aller simple 6 €.
➢ ***De/vers Ajaccio :*** 2 trains/j., dont 1 avec changement à Ponte-Leccia. Trajet : 4h30.
➢ ***De/vers Bastia :*** 2 trains/j. Compter 3h.

En bus

La plupart des bus partent de la pl. de la Porteuse-d'Eau *(plan A2)*, proche de la gare, où se situent les bureaux de la compagnie *Corsicar-Beaux Voyages* (☎ *04-95-65-11-35)*.
➢ ***De/vers Calenzana*** *(départ du GR 20)* **:** 2 bus/j. sf dim et j. fériés, juil-août. Hors saison, 1 bus lun, mar, jeu et ven.
➢ ***De/vers Bastia :*** 1 bus/j. tte l'année, sf dim et j. fériés et 2 bus/j en été. Prévoir 2h de route.
➢ ***De/vers Ajaccio :*** prendre l'autocar pour Bastia (voir plus haut), puis changement à Ponte-Leccia.
➢ ***De/vers Galéria :*** 1 départ/j. en juil-août, sf dim et j. fériés.
➢ ***De/vers Porto :*** 1 bus/j. lun-sam de mi-mai à fin sept ; service assuré dim et j. fériés en juil-août. Prévoir 2h30 de voyage, par les autocars *SASAIB/Ceccaldi Voyages* (☎ *04-95-22-41-99)*. Départ au bout du port de plaisance, sur le parking face au *Super U*.

En avion

✈ ***Aéroport Sainte-Catherine :*** *à 7 km de Calvi.* ☎ *04-95-65-88-88.* • *calvi.aeroport.fr* • Pas de navette, uniquement le taxi : *Taxis Abeille* (☎ *04-95-65-03-10)*, *Taxi'tadelle* (📱 *06-79-80-93-03)* ou *Radio Taxis Calvais* (☎ *04-95-65-30-36)*. Environ 15-20 € entre le centre-ville et l'aéroport.
➢ ***De/vers Lyon, Nice, Marseille, Strasbourg, Nantes, Rennes, Lille, Metz-Nancy, Bâle-Mulhouse, Toulouse, Genève et Paris :*** vols réguliers avec *Air Corsica*, *Hop !* ou *Air France*.

Adresses utiles

ℹ ***Office de tourisme – Pôle touristique Balagne*** *(plan A2,* ***1****)* **:** *au port de plaisance.* ☎ *04-95-65-16-67.* • *balagne-corsica.com* • *Juin-août, tlj 9h-12h30, 15h-18h30 ; hors saison, lun-ven 9h-12h, 14h-18h, et sam à partir de Pâques.* Un vrai office de tourisme, organisé, dynamique, compétent et sympa, prêt à vous renseigner sur Calvi et les 36 communes du Pôle touristique Balagne. On y trouve la liste des hôtels et des loueurs saisonniers. Guide pratique, plan de ville et renseignements sur les visites guidées de la ville et de la citadelle. Topoguides (en vente) sur des randos à faire en Balagne.

ℹ ***Annexe de l'office de tourisme*** *(plan B1,* ***2****)* **:** *à l'entrée de la citadelle.* ☎ *04-95-65-16-67. Juin-août, mar-sam 10h30-13h30, 15h30-18h15, dim 15h30-19h.* Serviable mais moins équipé que la maison mère.

✉ ***Poste*** *(plan A2)* **:** *en bas du bd Wilson. Lun-sam 8h30-17h30 (12h sam).* Distributeur de billets.

■ ***Corsica Ferries :*** *billetterie au port de commerce.* ☎ *0825-095-095 (0,15 €/mn). Bureau ouv 2h avt l'arrivée des bateaux.*

■ ***Location de vélos et de scooters*** *(plan A1)* **:** *au* **Garage d'Angeli,** *pl. Bel-Ombra.* ☎ *04-95-65-02-13.* 📱 *06-19-09-28-36.* • *garagedangeli.com* • *Ouv tte l'année. Dans la rue en face du* Motel Bel Ombra, *qui donne en haut de la pl. Christophe-Colomb. Lun-sam 9h-12h, 14h-18h (19h l'été). Env 13 €/j. pour un vélo.*

■ ***Wild Machja*** *(hors-plan par A2)* **:** *résidence Caroline, bât 1, av. Christophe-Colomb.* ☎ *07-78-57-35-61. Ouv tlj 8h30-2h, 15h-19h (sf dim-lun nov-mai).* • *wildmachja.com* • *Location de VTT (14 €/j, 68 €/sem), réduc enfants.* Balades VTT avec guide.

■ ***Location de voitures : Budget,*** *à l'aéroport.* ☎ *04-95-30-05-05.* **Hertz,** *à l'aéroport* (☎ *04-95-65-02-96) et en ville, 2, rue Joffre* (☎ *04-95-60-17-47).* **Avis,** *sur le port de plaisance* (☎ *04-95-65-06-74) et à l'aéroport* (☎ *04-95-65-88-38).* ***Europcar,*** *à l'aéroport (☎ 04-95-65-10-19).*

■ ***Location de bateaux et de scooters : Tra Mare e Monti,*** *près de l'office de tourisme et de la capitainerie. ☎ 04-95-65-21-26. • tramaremonti.com •* Location de bateaux à moteur avec ou sans permis, ainsi que de scooters. Également des sorties en mer avec skipper.

■ ***Laveries : Calvi Clean*** *(plan A2), 10, bd Wilson. Tlj 7h-21h.*

@ ***Calvi 2B Informatique*** *(hors plan par A2) : 30, av. Santa-Maria. Tlj sf dim 9h-12h, 14h30-19h.*

Où dormir ?

Campings

Attention, il arrive que certains campings soient plus que bondés en très haute saison, avec plusieurs tentes par emplacement...

⛺ ***Camping Paduella*** *(hors plan par A2,* ***21****) : route de Bastia. ☎ 04-95-65-06-16. • camping.paduella@wanadoo.fr • campingpaduella.com • ♿ À env 2 km du centre-ville et à 300 m de la plage. Ouv de mi-mai à mi-oct. Compter env 19-23,40 € pour 2 en hte saison. Bungalows 287-434 €/sem selon taille et saison. CB refusées.* 💻 Propre, plutôt coquet et bien ombragé, avec des emplacements bien délimités. Épicerie, bar (avec billard), aire de jeux pour les enfants. Bon rapport qualité-prix. Sans doute le meilleur camping 3 étoiles de Calvi.

⛺ ***Camping La Clé des Champs*** *(hors plan par A2,* ***24****) : route de Pietramaggiore, à côté de* Campo di Fiori. *☎ 04-95-65-00-86. • camagni2@wanadoo.fr • calvi-cledeschamps.fr • Ouv avr-oct. Compter env 15,60-19 € pour 2. Bungalows 260-1050 €/sem pour 2-6 pers selon saison. CB refusées.* 📶 Un camping tout petit, où, en août, l'on a tendance à s'entasser sur une poignée d'emplacements ombragés. Mais, compte tenu des tarifs (corrects pour le secteur), ça dépanne bien. Snack-bar et épicerie.

⛺ ***Camping Bella Vista*** *(hors plan par A2,* ***23****) : route de Pietramaggiore. ☎ 04-95-65-11-76. • camping.bellavista@orange.fr • camping-bellavista.com • D'avr à mi-oct. Compter env 22-26 € pour 2, avec voiture et tente. Bungalows (4-5 pers) 200-980 €/sem selon saison.* 📶 *Sur présentation de ce guide, 10 % de réduc en avr-juin et sept (camping slt).* Sur un terrain bien plat et fleuri de 7 ha, camping 3 étoiles agréable, calme et bien entretenu. Bar-snack, alimentation et laverie. Également quelques chalets à louer, pour 2 à 5 personnes.

Bon marché

🏠 ***Relais international de la jeunesse U Carabellu*** *(hors plan par A2,* ***11****) : route de Pietramaggiore. ☎ 04-95-65-14-16 ; résas auprès du* Relais international *à Nice : ☎ 04-93-81-27-63. • contact@clajsud.fr • clajsud.fr • À env 4 km du centre. Les panneaux à partir du rond-point du supermarché* Casino *situé sur la route de L'Île-Rousse indiquent la route ; ça tourne et grimpe un peu, mais on finit par y arriver. Ouv avr-début nov. Résa conseillée. Env 28 €/pers en ½ pens et 33 €/pers en pension complète. En dortoir, 20 €/pers, petit déj compris. Pour les familles, 31-34 €/pers en ½ pens et 36-39 €/pers en pens complète. Réduc moins de 12 ans.* 📶 À flanc de montagne, au sud de Calvi. Dans 2 maisons distinctes et voisines, des chambres basiques (3 à 5 lits, avec douche mais w-c dans le couloir), et même des dortoirs de 11 et 13 lits à prix unique quelle que soit la structure. Celles de la maison principale sont sans doute les plus agréables. Chouette vue panoramique sur la citadelle et la baie depuis la terrasse ou la grande salle commune. Ambiance conviviale, notamment en raison de l'accueil sympa assuré par des bénévoles (d'ailleurs, on vous demandera de participer en faisant la vaisselle). Bien pour une bande de copains heureux de vivre et de visiter la Corse. Réserver longtemps à l'avance, car les hébergements très bon marché sont rares dans le secteur... même s'ils ont le mérite d'exister (pas toujours le cas dans les villes corses).

Hôtel du Centre *(plan A2, **13**) : 14, rue Alsace-Lorraine. ☎ 04-95-65-02-01. Ouv début juin-début oct. Doubles env 38-64 € avec douche (w-c extérieurs). CB refusées.* Le dernier établissement sans étoile du centre-ville, véritable aubaine pour les petits budgets qui trouveront un accueil doux et serviable, des chambres modestes, certes, mais bien tenues, et tout cela au cœur de la cité. Assez bruyant tout de même, faute d'insonorisation suffisante.

Chic

Hôtel Cyrnéa *(hors plan par A2, **16**) : av. Christophe-Colomb. ☎ 04-95-65-03-35. • reservation@hotel-cyrnea.fr • hotel-cyrnea.fr • À l'entrée de Calvi (N 197) sur la route de Bastia, à 2 km du centre-ville. Ouv avr-oct. Doubles avec sdb 70-94 €, petit déj inclus. Parking gratuit. Apéritif offert sur présentation de ce guide.* Structure moderne sur 2 étages, aux parties communes agréables et colorées, proposant des chambres classiques de bonne tenue. L'été, ceux qui craignent le bruit de la route bouderont les chambres climatisées du devant pour celles sans clim de l'arrière. Belle piscine de style marocain, au bord de laquelle on peut prendre le petit déj. Accueil sympathique.

Hôtel Casa-Vecchia *(hors plan par A2, **12**) : route de Santore. ☎ 04-95-65-09-33. • info@hotel-casa-vecchia.com • hotel-casa-vecchia.com • À 500 m du centre-ville, à 200 m de la plage et de la grande pinède. En venant de L'Île-Rousse, tourner à gauche au* Super U. *C'est 200 m plus loin, à droite. Ouv tte l'année. Doubles 75-105 € selon confort et saison. ½ pens possible.* 2 petits bâtiments ocre, tout en longueur et sur un étage, présentant quelques signes de vieillissement (humidité), abritent des chambres et appartements rénovés, propres. Large baie vitrée pour chaque chambre. Terrasse et petit carré de jardin commun sur le devant. L'ensemble s'avère calme. Un peu de verdure tout autour dans un environnement général pas très sexy. Charmante tonnelle ombragée pour prendre le petit déj.

Plus chic

Hôtel Saint-Érasme *(hors plan par A1, **17**) : route de Porto (par la côte). ☎ 04-95-65-04-50. • info@hotel-st-erasme.com • hotel-st-erasme.com • À env 1 km du centre. Ouv fin avr-début oct. Doubles standard 85-161 € et supérieures 132-228 € selon saison et vue. (à la réception). Parking gratuit.* Certes, cet établissement moderne n'est pas donné, d'autant que les chambres (impeccables et confortables) manquent un peu de fantaisie. Mais, à 10 mn à pied du centre, on gagne la tranquillité, une terrasse fleurie très agréable pour profiter de la vue superbe sur la mer et une piscine. Bref, c'est une halte reposante, où l'accueil familial se révèle fort sympathique.

Le Grand Hôtel *(plan A2, **18**) : 3, bd Wilson. ☎ 04-95-65-09-74. • contacts@grand-hotel-calvi.com • grand-hotel-calvi.com • Ouv avr-oct. Selon saison, doubles standard 75-130 € et doubles grand confort 115-200 €.* Un *Grand Hôtel* début XXe s comme on n'en fait plus, avec des couloirs larges comme des chambres et des chambres grandes comme... des chambres, très spacieuses tout de même, et encore plus pour les chambres supérieures, très classiques, elles ont été pour la plupart refaites (clim), la literie est bonne et le confort général de qualité. Une adresse rétro mais pas vieillotte. Bon accueil et ambiance agréable. Formidable salle de petit déj panoramique au 5e étage, qu'on gagne par un escalier depuis le 4e, façon paquebot 1930 qui voguerait sur les toits de Calvi, cap au grand large, avec vue sur la baie, la citadelle... Extra !

Hôtel Le Belvédère *(plan A1, **15**) : pl. Christophe-Colomb. ☎ 04-95-65-01-25. • belvedere-calvi-hotel@calvi-location.fr • resa-hotels.fr • Au pied de la citadelle, à 50 m du port. Ouv tte l'année. Doubles 52-132 € selon saison et standing.* Un hôtel efficace et bien tenu. Pas un charme fou, mais

CALVI ET CALENZANA

un certain caractère (agréable salle de petit déj avec vue sur la citadelle, frise décorative sympa dans les parties communes...), et des chambres contemporaines propres et fonctionnelles, avec douche, w-c, clim et TV. Malgré le double vitrage, celles donnant côté port sont un peu bruyantes en saison, autant le savoir (en choisir une sur la rue de côté et en hauteur). Bon accueil.

Beaucoup plus chic

☖ ***Hostellerie de l'Abbaye*** *(hors plan par A2,* ***19****) : route de Santore, à 200 m du centre-ville.* ☎ *04-95-65-04-27. • abbaye.hotel@wanadoo.fr • hostellerie-abbaye.com • Ouv avr-oct. Doubles standard 80-220 € selon saison ; 4 autres catégories, plus chères. Petit déj 14 €. Parking privé.* Ce bel édifice à la façade de pierre blonde, un ancien couvent franciscain reconstruit dans les années 1960, propose de bien jolies chambres, décorées avec un goût sûr et aménagées avec un grand souci du détail. Hall et salon généreux, chambres lumineuses, dotées d'une petite terrasse pour certaines. Son petit jardin tranquille et sa proximité du centre en font une halte de choix. Excellent accueil familial et professionnel, et grand sens du service.

Où manger ?

Sur les quais et dans les ruelles de la vieille ville, les restos se pressent comme sardines en boîte, beaucoup moins dans la citadelle.

Prix moyens

|●| ***A Piazzetta*** *(plan A2,* ***38****) : pl. Marchal.* ☎ *04-95-37-87-74. Ouv le soir de mi-mars à oct. Fermé lun. Menu 19 €, plats 14-22 €. CB refusées.* C'est l'adresse préférée des gens du coin. Pour son cadre chaleureux, son accueil, vraiment sympa et décontracté, et ses plats traditionnels généreusement servis dans des grandes poêles (du genre roulés d'escalopes au fromage corse, avec de bonnes pommes de terre sautées). Du coup, c'est souvent bondé, mais ça vaut la peine d'attendre un peu.

|●| ***U Fanale*** *(hors plan par A1,* ***40****) : au lieu-dit Mozzello.* ☎ *04-95-65-18-82 • andre.maestracci@wanadoo.fr • Sur la route de Porto, à 500 m du centre-ville. Ouv mars-déc. Fermé mar (soir slt en saison). Menus 20,90-26,50 €. Digestif offert sur présentation de ce guide.* À l'écart de l'agitation de la ville, une adresse tranquille et discrète qui bénéficie d'un très beau cadre, que ce soit sur la terrasse ombragée par un pin parasol ou dans la salle panoramique avec vue sur la Revellata (et le phare, dont le resto tire son nom). Les 2 menus proposent d'intéressantes réalisations (cuisine fine) et une carte riche et variée. Une bonne adresse, de qualité régulière et très appréciée des locaux.

|●| ***L'Isula*** *(plan A2,* ***33****) : 7, rue Clemenceau.* 📱 *06-11-56-10-38. • tiloscooking@gmail.com • Tlj midi et soir en hte saison. Hors saison, fermé mer ; menu corse 20 €, menu-carte 24-29,50 €. Résa conseillée le soir.* Dans cette rue Clemenceau où les restaurants se succèdent tous les 2 m, une adresse sérieuse, où l'on viendra pour les plats joliment tournés comme la pluma de porc ibérique ou le carré d'agneau. Une cuisine sans affectation mais à la qualité régulière et avec juste ce qu'il faut de recherche pour se distinguer. Une bonne adresse, régulière et inspirée.

|●| ***Pardina*** *(plan A-B2,* ***37****) : 15, rue Clemenceau, montée du port.* ☎ *04-95-38-21-87. • pardina.calvi@gmail.com • Ouv tte l'année, tlj en saison. Menus 14,90-25,50 €, carte env 25-30 €.* Une adresse ouverte tenue par des jeunes qui ont été à bonne école et connaissent visiblement bien leur affaire. Cuisine ouverte sur la salle, terrasse face à la citadelle. Dans l'assiette, des produits frais bien préparés. Accueil souriant.

🍽 ***Restaurant des Îles*** *(Chez Marie ; hors plan par A2,* ***34****) : sur la route de la Pinède. ☎ 04-95-65-49-89. • restodesiles@orange.fr • Prendre la route de L'Île-Rousse. Au supermarché* Casino, *tourner à gauche et suivre la route. Ouv tte l'année. Fermé les soirs lun, mar ainsi que dim. En sem, formules déj 18 € (buffet). Le soir, menus 18-25 €. Le w-e, soirées à thème. Apéritif ou digestif offert sur présentation de ce guide.* Antoine a baroudé sur les mers du globe et a mis les îles au pluriel, pour les honorer dans leur globalité. On retrouve ainsi dans les assiettes des influences caraïbes, où la soupe de poisson côtoie les accras de morue... Sinon, on peut se contenter d'une pizza. Malgré quelques écarts, le tout est simple et bon. Et puis la terrasse façon paillote a déjà un goût d'exotisme.

🍽 ***U Casanu*** *(plan A2,* ***41****) : 18, bd Wilson. ☎ 04-95-65-00-10. Fermé dim. Congés : nov-déc. Résa indispensable. Formule déj 17 €, carte 25-30 €. CB refusées.* Une toute petite salle et, aux beaux jours, quelques tables sur le trottoir. Une adresse tout en simplicité et gentillesse : ragoût de poulpe au vin, sardine à l'escabèche, couscous de poisson... On est un peu serré, mais on s'y sent bien tout de même.

🍽 ***U Fornu*** *(plan A2,* ***36****) : impasse Bertoni. ☎ 04-95-65-27-60. Dans un petit passage en escalier, perpendiculaire au bd Wilson. Midi et soir (sf dim midi). Congés : nov-mars. Menu 19 €, min 25 € à la carte.* Au menu, lentilles au *figatellu*, *escalinade* (à base de poivron) ou risotto croustillant de gambas. Mais la carte permet de pénétrer plus en profondeur le monde du chef, comme ce carpaccio de thon, ces seiches à l'encre ou ce bel agneau de pays au four. Une cuisine habile et pleine de fraîcheur, à base de bons produits selon l'humeur des saisons. Terrasse tranquille et très agréable, à l'écart de la rue.

Chic

🍽 ***U Ricantu*** *(hors plan par A2,* ***35****) : ☎ 04-95-65-02-46. À 2 km à la sortie de Calvi direction L'Île-Rousse, au début de la pinède ; tourner vers la mer au niveau du supermarché* Casino *et suivre jusqu'au bord de mer, puis vers la gauche. Le resto est posé devant la plage. Ouv mai-fin sept ; midi et soir de mi-juin à août, slt le midi le reste de la saison. Plats 16-28 €.* On prend son repas sur une jolie terrasse en teck, élégante et épurée, assez chic, pour une soirée romantique devant les flots. Des plats italiens bien enlevés, réalisés par une équipe de Parmesans (pas le fromage, les habitants de la ville). Spécialités de poisson (pêche locale exclusivement, vivier à langoustes, loup, denti, corbe, mérou...), mais également de pâtes, qui permettent de s'en tirer à bon compte. Et, pour finir, délicieux tiramisù. Accueil sympathique.

Où boire un verre ?
Où écouter de la musique ?

🍸 ♪ ***Chez Tao*** *(plan B1,* ***55****) : palais des Évêques. ☎ 04-95-65-00-73. Dans la citadelle. Juin-oct, ts les soirs de 19h à l'aube. Tao* n'est un nom ni chinois ni fantaisiste : c'est celui du père des actuels proprios ; un Russe, lieutenant dans la garde rapprochée du tsar, qui accompagna le prince Youssoupov (oui, nous parlons bien du même) dans son exil et tomba amoureux de Calvi et de sa région, qu'il appelait sa « petite Caucase ». Cadre superbe de salles voûtées du XVIe s, décorées dans des tons doux et chauds, une loggia pleine d'élégance et plusieurs petites terrasses ouvertes. Ambiance intimiste et piano à queue sur lequel Jacques Higelin (auteur d'une *Ballade de Chez Tao*) vient parfois travailler son doigté ou ses futurs spectacles. C'est l'un des trois fils de

Tao qui joue habituellement après les groupes invités. Dommage, en revanche, que le prix des concos soit si élevé. DJ certains soirs.

🍸 ♫ ***Eden Port*** *(plan A2, **57**) : quai Landry.* ☎ *04-95-60-57-44. Tte l'année.* Il y a bien sûr une terrasse sur le quai et une salle moderne, mais aussi une boîte sur le côté, qui draine avec entrain la jeunesse locale. De 23h à 2h, on danse aussi sur la terrasse !

🍸 ***Bar de la Tour*** *(plan B2, **58**) : quai Landry.* ☎ *04-95-40-30 74. Juin-sept, DJ 3 fois/sem.* On aime bien ce bar cosy et discret. L'un des plus simples, avec un bon mélange de locaux et de *pinzuti*.

Où manger ? Où boire un verre dans les environs ?

🍽 🍸 ***U Nichjaretu :*** *Vitrigiliale, à env 10 km de Calvi en direction de Galéria, par la route côtière.* ☎ *04-95-47-84-36. • fabrizy@wanadoo.fr • Ouv mai-sept. Plats 14-23 €.* Certes, ce n'est pas central, mais justement ! Après un virage serré, on découvre loin en contrebas de la route un petit coin de paradis : une ancienne bergerie reconvertie en bar-restaurant, qui profite d'un cadre exceptionnel. À la carte, c'est tout simple (de bonnes grillades, au feu de bois et des salades, desserts maison), mais on n'a pas besoin de plus pour passer un moment génial les yeux perdus dans la Grande Bleue. On peut aussi venir y boire un verre.

Où acheter de bons produits du terroir ?

🧺 ***Traiteur Chez Annie*** *(plan A2, **61**) : 5, rue Clemenceau.* ☎ *04-95-65-49-67. • annietraiteur@wanadoo.fr • Ouv 7h-20h (23h en juil-août). Congés : nov-mars. Dégustation de produits du terroir offerte sur présentation de ce guide.* Une institution à Calvi. On apprécie surtout les préparations à emporter, des *erbiata* par exemple, feuilletés de blettes et *brocciu*, ou des *involtini*, fromage de brebis frais roulé dans du jambon cru, charcuteries et tartes diverses du jour, civet de sanglier et bien sûr *fiadone*. Également toutes sortes de produits corses : huile d'olive, miel et un beau choix de vins. Parfait pour se concocter un chouette pique-nique. Organise des dégustations chaque week-end.

🧺 ***A Loghja*** *(plan A2, **61**) : 3, rue Clemenceau.* ☎ *04-95-65-39-93. En saison, ouv jusqu'à 20h, et encore bien plus tard en juil-août.* Bonne sélection de produits locaux (charcuterie, huile d'olive, vinaigre, confiture, miel, vin) et bons conseils également.

🧺 🍽 ***A Casetta*** *(plan A2, **62**) : 16, rue Clémenceau.* ☎ *04-95-65-32-15. • acasetta2b@orange.fr • Tlj en saison. Planches 12,50-15,50 €.* Boutique de produits corses (charcuterie, fromages, vins) où le jeune patron, Cédric, saura guider avec assurance et bienveillance votre choix. Miniterrasse au-dessus des restaurants du port pour savourer sur place les produits de la boutique.

Où acheter du vin ?

🧺 🍽 ***Casa Vinu*** *(plan A1, **63**) : 15, bd Wilson (tt en haut du bd Wilson).* ☎ *04-95-31-37-09. Tlj mai-sept (pour le resto, l'œnothèque restant ouverte hors saison). Plats 12-19 €. CB refusées.* On y vient avant tout parce que l'endroit est très connu dans l'île pour les vins (2 000 références). Mais on peut aussi s'installer dans le passage attenant pour quelques plats concoctés en famille, à déguster autour d'une bonne bouteille (ou d'un verre) qu'on aura su vous conseiller.

À voir

La citadelle (plan B1)

Sur un promontoire rocheux dominant la ville et la baie de Calvi. Y monter de préférence à pied tôt le matin, avant les heures chaudes (et avant la foule) ou alors en fin d'après-midi (la lumière est plus belle sur la mer et la Balagne). Commencée vers le XIIe s, la citadelle a été solidement fortifiée par l'Office de Saint-Georges, puissante banque d'affaires affiliée à la république de Gênes qui établit ainsi sa mainmise sur l'île.

UN PRINCE À CALVI

Dans les années 1920, en exil à Paris, le prince Youssoupov, instigateur de l'assassinat de Raspoutine en 1916, a besoin de se changer les idées : avec sa femme, il part pour la Corse. Là, le prince tombe amoureux de Calvi, où il achète une maison, dans la citadelle. Il fait venir son ami Tao de Kerefoff, qu'il a connu comme danseur à New York. Ce dernier créera un bar célèbre : Chez Tao.

– ***Visites pour individuels avec audiosystème :*** se renseigner à l'office de tourisme (annexe à l'entrée de la citadelle en été). Muni d'un MP3, on visite la citadelle au fil des commentaires enregistrés *(tarif : 7 €/pers).* Pour que les enfants y trouvent leur compte, chasse au trésor interactive également disponible *(tarif : 4 €/enfant).* Également, en saison, visite de la ville possible avec une guide historienne de la société *Bianconi Scuperta,* avec comme fil directeur Christophe Colomb. *Infos à l'office de tourisme ou sur* • *bianconi-scuperta.com* •

![1] ***Le palais des Gouverneurs*** *(plan B1)* **:** fortifié en 1483 et 1492. Abrite aujourd'hui la caserne Sampiero, et plus précisément le mess des officiers : garrrde à vous !

![1] ***L'oratoire de Saint-Antoine*** *(plan B1)* **:** *en face, dans la petite rue Saint-Antoine. En principe, tlj 10h-18h.* Construit en 1510, il présente un linteau sculpté dans l'ardoise figurant saint Antoine, entouré de saint Jean Baptiste et saint François. La nef vaut le coup d'œil pour ses fresques anciennes sur la Crucifixion.

![2] ***La cathédrale Saint-Jean-Baptiste*** *(plan B1)* **:** du XIIIe s, restaurée vers 1570. Elle abrite de belles œuvres d'art : les fonts baptismaux et le maître-autel en marbre polychrome, le triptyque dans l'abside (XVe s) et le *Christ des Miracles* (autel à droite du chœur), qui aurait tellement impressionné les Turcs en 1555 qu'ils levèrent le siège de la ville. Bien joué ! Z'étaient pas trop méchants, ceux-là...

![1] ***La maison dite « de Christophe Colomb »*** *(plan B1)* **:** tiens, qu'est-ce qu'il fait ici, celui-là ? On le croyait né à Gênes. Et voilà que des érudits corses tentent de se l'approprier, sans apporter d'ailleurs de preuve irréfutable à leur thèse. Manque l'acte de naissance de Colomb – que le Vatican posséderait et refuserait de communiquer, attitude suspecte aux yeux des partisans d'un Colomb corse : ne voudrait-on pas protéger ainsi la thèse officielle du Colomb génois ? On peut toujours rêver aux Amériques... Quant à ladite maison, elle ne fait guère rêver : il n'en reste qu'un pan.

En ville

![1] Les quelques ***petites rues et placettes*** séparant les quais du boulevard Wilson accueillent beaucoup de commerces, souvent attrape-touristes. Un arrêt à l'***église baroque Sainte-Marie-Majeure*** *(plan A2)* : à l'intérieur, atmosphère de grande

piété et curieuse statue de *Sainte Thérèse de l'Enfant Jésus,* sous verre, gisante... Vers le 2 juin, à l'occasion de la Saint-Érasme (à qui l'une des chapelles latérales est dédiée), l'église est en fête.

À faire

➢ ***Promenades en mer : Colombo Line,*** *sur le port.* ☎ *04-95-65-32-10.* • *colombo-line.com* • *Avr-oct. Départ tlj pour Scandola et Girolata ; départ 1-2 fois/sem pour Ajaccio. Excursions à Scandola env 51 € (et 62 € pour aller à Girolata en plus). Réduc moins de 10 ans. CB refusées.* En vedette jusqu'à la réserve naturelle de Scandola, les golfes de Girolata et de Porto. Superbe balade d'une journée ou d'une demi-journée. Également des sorties en catamaran de 24 m, le *Solana.*
Avec ***Matha Croisières :*** *quai Landry, sur le port, en face du bar* Le Comptoir. *07-87-13-59-95.* • *bateaucalvi.com* • *Compter 50-60 € selon saison pour 4h de balade jusqu'à Scandola et Girolata. 10 pers max sur le bateau. Réduc moins de 10 ans.* Propose aussi des balades en bateau dans le golfe de Calvi et jusqu'au désert des Agriate.

➢ ***Parcours Aventure « A Scimia Calvese » :*** *dans la pinède. 06-83-39-69-06.* • *altore.com* • *Ouv avr-oct. 3 parcours : 5-18 € ; réduc moins de 14 ans.* Un accrobranche classique : parcours aérien d'arbre en arbre, accessible à tous les niveaux (les 800 m sont divisés en 40 ateliers). Ici, on a en prime la vue sur la mer !

Plongée sous-marine

Dans le petit monde de la plongée, Calvi est surtout connue pour son épave majestueuse : un énorme *bombardier américain B-17,* posé sur le sable clair – must incontournable de la plongée méditerranéenne –, pour plongeurs confirmés. Mais il n'y a pas que cela ! Les fonds sauvages et découpés à l'ouest de la ville offrent des plongées inoubliables en eaux limpides.

Clubs de plongée

■ ***École de plongée internationale de Calvi :*** *sur le port. 06-13-38-61-26 ou 06-15-51-66-10.* • *epic-plongee.com* • *Ouv de mi-mars à mi-nov. Résa conseillée. Baptême 45-55 € selon saison et plongée env 30-35 € selon équipement ; pour 6 plongées faites, la 7e est gratuite. Réduc de 5 % sur les baptêmes sur présentation de ce guide.* Sur l'un des navires rapides du club (FFESSM, ANMP et PADI), vous gagnerez en un temps record les plus beaux spots du coin. Les patrons, Olaf et Marie-Françoise Weiss, assurent, avec une palanquée de moniteurs, les baptêmes, formations jusqu'au monitorat fédéral et brevets PADI, tout en encadrant des balades riches en curiosités à découvrir en petit comité. Initiation enfants dès 8 ans, plongée au *Nitrox* (air enrichi en oxygène) et au *Trimix* (mélange air-hélium) à prix intéressant pour les confirmés. Équipement complet fourni. Ambiance chaleureuse.

■ ***Centre de plongée Castille :*** *sur le port de plaisance.* ☎ *04-95-65-14-05. 06-07-89-77-63.* • *plongeecastille.com* • *Ouv mars-déc. Baptême env 55 €, plongée 37-47 € selon équipement et snorkelling env 25 € ; forfaits dégressifs 5-10 plongées.* Plongée à la carte et en petit comité dans ce club (FFESSM, CMAS, ANMP et PADI 5*) basé à bord de la *Vénus des îles.* Baptêmes, formations jusqu'au niveau IV et brevets PADI, sans oublier les belles explorations (sorties à la journée possibles), telles sont les prestations que proposent l'équipe de Gérard Perquy, le sympathique proprio ingénieur-baroudeur. Initiation enfants dès 8 ans, snorkelling et plongée au *Nitrox* (air enrichi en oxygène) pour les confirmés. Équipement complet fourni et bateaux rapides. Plongées de nuit.

■ ***Calvi Plongée :*** *sur le port, à côté de la capitainerie. ☎ 04-95-65-33-67. 📱 06-18-01-41-83. • calviplongee2b.com • Ouv avr-nov. Résa obligatoire. Baptême env 55 €, plongée 38-45 € selon équipement, snorkelling env 25 € ; forfaits dégressifs 5-10 plongées.* Le centre (FFESSM, ANMP et PADI) achemine ses groupes de plongeurs (chacun formé d'un instructeur et de 4 plongeurs maximum) sur plusieurs navires rapides, toujours en comité restreint. Encadré par Pascal Esplat et une palanquée de moniteurs aussi dynamiques que brevetés, vous partez à l'aventure sous-marine : baptêmes, formations jusqu'au niveau III et brevets PADI, sans oublier les explorations sensationnelles. Stages enfants à partir de 8 ans et de belles randonnées palmées avec guide accompagnateur qui fait les commentaires. Équipement complet fourni et pas de bouteilles à porter (ouf !). Ambiance vraiment sympathique.

■ ***Diving Calvi :*** *sur la plage, dans la pinède. 📱 06-75-72-79-09 et 06-80-60-66-55. • divingcalvi.fr • Ouv d'avr à fin oct tlj sf dim. Baptême 55 €, plongée explo 35-45 € selon équipement, snorkelling 25 €. Formations FFESSM/CMAS et ANMP niveaux 1 à 4 et PADI. Enfants à partir de 8 ans.* Sarah, Christophe et leur équipe ont installé leur centre de plongée loin du port. Leur chalet en bois avec douche et terrasse dispose d'un espace qu'on n'a pas forcément ailleurs. 2 semi-rigides pour 10 et 12 personnes vous conduisent sur la dizaine de sites de plongée situés à 10 mn maxi. Station de gonflage Air et *Nitrox.* Matériel récent. Ambiance jeune, à la fois sérieuse et décontractée.

■ ***Stareso :*** *à la pointe de la Revellata. 📱 06-86-22-32-61. • stareso.com • Slt en juil-août. Résa impérative. Baptême 55 €, plongée 42-50 € selon équipement. Stage d'initiation à la biologie marine env 150 €/j., hébergement (pens complète), 2 plongées et cours compris.* Ce centre de recherche océanographique (FFESSM, ANMP, PADI) est ouvert au public uniquement pour des baptêmes, explorations et stages d'initiation à la biologie marine (tous niveaux admis, y compris les enfants). Diverses formules tout compris, hébergement (du collectif à l'hébergement tout confort), pension complète, plongée et cours... Très sérieux, bien mené et passionnant.

Nos meilleurs spots

Le Bombardier B-17 *(niveau II)* **:** au pied de la citadelle, c'est la plongée incontournable de Calvi. Coulé en 1944 lors d'un amerrissage en catastrophe, cet énorme quadrimoteur a gardé sa silhouette majestueuse. Par 28 m de fond, quelques éponges colorées ont investi fuselage et cockpit, alors que de petites langoustes craintives se nichent dans les moteurs. Parfois des congres sous les ailes intactes. Coup d'œil superbe, mais peu de poissons.

La pointe de la Revellata *(tous niveaux)* **:** un ensemble rocheux accidenté, à la limite de la fameuse réserve. De 12 à 40 m de fond, enchaînement séduisant de failles, tombants, voûtes, éboulis, canyons et promontoires couverts de gorgones violettes et d'anémones jaunes, que survolent castagnoles, mostelles, dentis, mérous et même quelques bécunes (des sortes de barracudas venus d'Égypte) dans un grand ballet majestueux. De bonnes surprises dans les fractures (murènes et langoustes de belle taille) et, çà et là, de précieuses branches de corail rouge (pas touche !). Exposé aux courants.

La Bibliothèque *(niveau I)* **:** entre 0 et 30 m, glissez entre des rochers ressemblant à des rangées de bouquins, taillés dans le roc ! Ici, congres, murènes, rascasses et poulpes montrent – à chaque plongée – la même soif de culture ! De belles couleurs.

Fêtes et animations

– ***Semaine sainte :*** *fêtes de Pâques.* Processions pieuses et très populaires, dès le mercredi. Les membres des confréries de Saint-Antoine et de Saint-Érasme défilent deux fois le Vendredi saint (*a cerca* le matin, *a granitula* le soir).
– ***Rencontre d'art contemporain :*** *de mi-juin à fin août.* ● *art-contemporain-calvi.jimdo.com* ● Les œuvres de peintres corses et continentaux sont exposées à la citadelle, dans les salles situées sous le porche d'entrée.
– ***Festival de jazz :*** *juin, au théâtre de verdure.* ● *calvi-jazz-festival.com* ● Un festival très convivial.
– ***Festival Calvi on the rocks :*** *début juil.* ● *calviontherocks.com* ● Musiques électroniques... on ne peut plus djeun's et branché.
– ***Rencontres polyphoniques :*** *mi-sept.* ☎ *04-95-65-23-57 (association* U Svegliu Calvese*).* ● *l-invitu.net* ● Festival international réunissant choristes et solistes de Corse et d'ailleurs, aux côtés du groupe calvais *A Filetta,* très impliqué dans l'organisation. Une grande réussite chaque année.

DANS LES ENVIRONS DE CALVI

La pointe de la Revellata : *à 6,5 km de Calvi par la route de Porto.* On descend 1,5 km de piste défoncée jusqu'à la plage de l'Aghja (très belle anse, hyper fréquentée en saison), d'où un sentier permet de gagner à pied l'extrémité de la presqu'île. Possibilité de s'y rendre depuis Calvi à pied (départ devant l'*Hôtel Tramonto*). Très beau site. On peut en profiter pour faire la pause au *Mar a Beach* (voir « Où manger ? Où boire un verre dans les environs ? »).

La chapelle de la Madonna di a Serra : *à 6 km au sud-ouest de Calvi par la route de Porto (D 81 bis).* Après 4 km, une route qui monte à gauche mène à cette chapelle (XIXe s) d'où l'on a une vue épou... épou... époustouflante sur le golfe de Calvi et les montagnes de la Balagne. Un violoniste s'installe dans la chapelle entre mai et octobre.

CALENZANA / CALINZANA (20214) 1 950 hab.

Calenzana, point de départ du GR 20 et d'un sentier Mare e Monti, vit aujourd'hui au rythme très paisible des randonneurs sac au dos... Il faut prendre la peine d'y déambuler un peu : ruelles et maisons typiques ne se devinent pas si l'on ne fait que la traverser par la rue principale. Quelques artisans aussi proposent des produits de qualité (gâteaux, charcuteries). En plein centre, l'église Saint-Blaise est un bel édifice baroque (1691-1707) avec une remarquable façade. Juste en face, de l'autre côté de la rue, jeter un coup d'œil à

UN BONAPARTE ASSASSIN

Dans la famille Bonaparte, on demande le neveu, Pierre, fils de Lucien. Il n'est pas entré dans l'histoire pour avoir été le bienfaiteur de Calenzana, mais pour avoir assassiné le jeune journaliste Victor Noir, en 1870. Ce dernier vint en tant que témoin pour organiser un duel après des insultes proférées contre les Corses. Il fut abattu par un Pierre Bonaparte à la gâchette facile. Victor Noir, bien malgré lui, passa à la postérité : son gisant est l'un des plus visités du cimetière du Père-Lachaise (il est en érection) ! Quant au prince Bonaparte, il fut acquitté !

la chapelle Sainte-Croix *(la Casazza),* siège de la confrérie de Sainte-Croix Calenzana. On y entend parfois de jolis chants.
Ne pas manquer non plus le campanile (fragile) érigé sur le Campo dei Tedeschi, où, le 1er janvier 1732, 500 mercenaires allemands au service de Gênes furent tués et enterrés sur place.

Adresses utiles

🅸 ***Point info du parc :*** *à côté du gîte d'étape (voir ci-dessous).* ☎ *04-95-62-87-78. Ouv juin-sept, tlj (sf j. fériés) 17h-21h.* Bureau saisonnier pour s'informer sur le parc naturel, prévisions météo et qui propose des conseils divers. Accueil compétent et très sympa.

✉ ***Poste :*** *derrière la mairie.* Pour écrire au monde entier que vous avez fait le GR 20 ou pour annoncer que vous allez le faire !

Où dormir ? Où manger à Calenzana et dans les environs ?

Campings et gîte

Gîte d'étape municipal : *en arrivant de Calvi, sur la gauche.* ☎ *04-95-62-77-13.* ● *gite-calenzana@wanadoo.fr* ● *Ouv d'avr à mi-oct (résa possible à partir de janv à la mairie :* ☎ *04-95-62-88-55). Env 15 €/pers en gîte ; pas de petit déj. Forfait pour 2 env 15 € en camping. CB refusées.* Un gîte bien pratique, puisque situé dans un coin tranquille au départ du GR 20 et du Mare e Monti. Moderne, il dispose de 7 chambres de 4 lits avec sanitaires dans chaque chambre et 1 chambre double équipée pour personnes handicapées. Cuisine équipée de bonne taille, et salle commune ou belle terrasse pour partager son repas avec les autres randonneurs.

Camping Paradella : *route de la forêt de Bonifato (D 81), 20214 Calenzana.* ☎ *04-95-65-00-97.* ● *info@camping-paradella.fr* ● *camping-paradella.fr* ● *Ouv mai-sept. Forfait pour 2 : 21,60-24,60 €. Bungalows 2-5 pers 300-790 € selon taille et saison.* Terrain plat sous l'ombre de grands eucalyptus et des pins, avec de beaux emplacements. Snack-pizzeria, épicerie. Piscine. Locations de bungalows et mobile-homes pour 2 à 5 personnes. Certains le trouveront peut-être un peu éloigné des plages, mais l'endroit est au calme et c'est bien appréciable.

L'Auberge de la Forêt : *à* ***Bonifatu,*** *20214 Calenzana.* ☎ *04-95-65-09-98.* ● *aubergeforetbonifatu@sfr.fr* ● *auberge-foret-bonifatu.com* ● *À la sortie de Calenzana vers Calvi, prendre la D 51 à gauche vers Moncale ; à 9 km, prendre la D 151 à gauche vers Bonifatu qui se trouve 9 km plus loin. Ouv avr-sept. Doubles avec douche 84-95 €. En chalet, 20 € le lit. Compter 64-72,50 €/pers la ½ pens en chambre et 41 €/pers en chalet. Bivouac 9 € (32 € en ½ pens). Menus 23 et 28 €. CB refusées. Café offert sur présentation de ce guide.* En pleine nature, dans un fond de vallée cerné de montagnes boisées, voici une adresse discrète et reposante, bien pour une étape loin de l'agitation de la côte. Pour dormir, des chambres totalement rénovées, avec salle d'eau et toilettes ou des chalets tout neufs pour 6 à 8 personnes. Au resto, cuisine familiale et traditionnelle. Accès au GR 20.

De prix moyens à chic

Chambres d'hôtes E Casalte : *à* ***Cassano.*** ☎ *04-95-62-71-29.* ● *r.filippi@wanadoo.fr* ● *e-casalte.com* ● *À 9 km de Calenzana et 2,5 km avt Montemaggiore par la D 151. Ouv tte l'année. Doubles 75-80 € selon saison. CB refusées.* Tout pour plaire ! L'environnement : génial (un village adorable aux ruelles pittoresques). L'accueil : souriant et attentionné. La maison : de famille, donc pleine de caractère. Les chambres : décorées avec goût et tout confort (salle de bains privée, clim, TV à écran plat). Le petit déj : très bon et servi si le temps le permet sur un balcon offrant une vue superbe sur la vallée et les montagnes. Une perle rare dans son genre.

La Maison d'hôtes *(chambres d'hôtes chez M. et Mme Herbel ; Gîtes de France)* **:** *au lieu-dit* **Scuzzulatajo,** *sur la route de Calvi (D 151). Panneau indiquant « Chambres » sur la droite.* ☎ *04-95-60-15-53.* • *lamaisondhotes@orange.fr* • *lamaisondhotescalenzana.com* • *À 8 km de Calvi. Ouv avr-oct. Doubles avec sdb 70-130 €. CB refusées. Réduc dès la 3e nuit sur présentation de ce guide.* 5 chambres confortables bien qu'assez petites, aménagées dans une maison récente. Coin lecture et détente. Vaste véranda qui donne sur un sympathique verger d'agrumes (orangers et citronniers). Piscine. On trouve ici le calme et une situation pratique, à mi-chemin de Calvi l'animée et du village de Calenzana, point de départ du GR 20. Accueil très cordial.

L'Ortu de Ziu Simone : *20214* **Cassano,** *à l'entrée du village.* *06-48-09-53-73.* • *20124.lortudiziusimone@orange.fr* • *De juin à sept, tlj le soir slt. Résa conseillée. Menu 23 €. Plats env 15 €.* Caché derrière les frondaisons, ce resto confidentiel débordant de charme est à l'air libre. On dîne dans le jardin, au gré d'une ardoise qui change toutes les semaines, de plats gourmands et créatifs qui ne déraillent pas. Il faut dire qu'on se sent vite entre amis dans cette adresse familiale, où les hôtes se réjouissent de faire partager leurs meilleures recettes. Une cuisine habilement épicée et jouant parfois, tout en nuances, la gamme du sucré-salé. De belles viandes, parfois rehaussées avec du muscat corse, et, en général, une cuisine gourmande pleine de surprises, mitonnée avec cœur et servie avec enthousiasme.

A Stazzona : *17, rue du Fond.* ☎ *04-95-36-47-12. Fermé mar midi. Congés : déc. Formule déj en sem 16 €, menu corse 21 €, env 25-30 € à la carte. CB refusées. Digestif offert sur présentation de ce guide.* Une adresse qui s'est fait sa petite réputation en Balagne. On mange sur une jolie terrasse verdoyante, au calme à l'arrière, ou, si le temps ne le permet pas, dans une petite salle voûtée. Plats bien travaillés et bien présentés. Bons produits, comme le poisson de la pêche du jour (Calvi n'est pas loin). Accueil prévenant.

Pinelluciu : *1, rue Napoléon.* *06-86-95-66-14.* • *pinellucciu@hotmail.fr* • *En haut de la petite rue entre la poste et la mairie. Tlj en été ; en hiver, le w-e slt.* Dans sa rôtisserie grande comme un Abribus, Véronique se met en quatre, voire plus, pour vous préparer tartes, beignets, tourtes, samoussas, poulets, avec des produits du cru. Vente à emporter, pour attaquer le GR 20 aux accents des saveurs locales. En saison, il vaut mieux commander pour éviter l'attente.

Plus chic

A Flatta : *à Calenzana.* ☎ *04-95-62-80-38.* • *info@aflatta.com* • *aflatta.com* • *Signalisé depuis Calenzana sur 3 km d'une route-piste. Congés : janv-avr. Resto ouv le w-e et le soir en sem oct-déc ; tlj mai-sept. Doubles 95-125 € ; petit déj 14 €. Formule 40 € et guère moins cher à la carte. Digestif offert sur présentation de ce guide.* Dans un vallon superbe, en contrebas de monts abrupts et de la forêt de la Flatta, avec un panorama somptueux sur la côte. Cette construction récente se la joue chicos dans un environnement sauvage, avec une chouette terrasse et une piscine. Également une bergerie et un chalet. Cuisine corse créative à base de produits locaux (agneau de lait corse aux herbes, encornets farcis au *brocciu* et risotto...). Desserts aussi légers que succulents. Quant aux chambres, elles sont de taille inégale, mais colorées et agréables. L'ensemble pousse sur le cordon de la bourse.

CALVI ET CALENZANA

Où acheter des produits corses ?

E Fritelle : *rue U Chiasu-Longu (petite rue sur la droite en venant de Calvi, à l'angle de la Maison des amis de Sainte-Restitude).*

☎ *04-95-62-78-17. L'été, lun-sam 7h-18h (12h dim) ; beignets chauds 8h-12h.* Une petite pâtisserie corse bien connue dans la région pour ses beignets chauds et ses gâteaux secs à base de farine de châtaigne.

Domaine Orsini : *sur la route de Calenzana à Calvi (à mi-chemin), sur la gauche.* ☎ *04-95-62-81-01.* Dégustation et vente des vins du domaine (blanc, rosé, gris et rouge), liqueurs, confitures, pâtes de fruits, maquisettes (bonbons).

Fête et manifestations

– ***Fête de Sainte-Restitude :*** *w-e le plus proche du 21 mai.* Deux processions très importantes, conclues par une *merendella* (pique-nique géant). Très convivial.
– ***Foire de l'olivier*** *(fiera di l'alivu)* ***de la commune de Montegrosso :*** *mi-juin à* ***Montemaggiore,*** *à 11 km de Calenzana par la D 151.* ☎ *04-95-62-72-08.* L'olive de Balagne est dignement honorée pendant 2 jours. Une centaine d'artisans, animations enfants, spectacles et concerts en soirée, etc. Et l'occasion d'acheter de l'huile d'olive extra.
– ***Rencontres de Calenzana :*** *en principe, juste après le 15 août.* 📱 *06-13-80-72-87.* • *musical-calenzana.com* • Festival dédié aux musiques classiques et contemporaines, initié par l'organisateur du festival *Sorru in musical* de Vico.

DANS LES ENVIRONS DE CALENZANA

La chapelle Sainte-Restitude : *sur la route de Zilia, à 1 km à gauche.* Dans la crypte, sous le chœur, un étonnant sarcophage en marbre blanc (mis au jour en 1951) renferme les restes de sainte Restitude, suppliciée en 304 à Calvi. Pièce unique, il daterait du IVe s de notre ère et porte le monogramme du Christ et des dauphins, symboles d'immortalité. Pour visiter la chapelle, demander en principe les clés au bureau de tabac dans la rue en biais partant de l'église Saint-Blaise, dans le centre de Calenzana. Ne pas confondre avec le bar-tabac juste à côté de l'église.

➢ ***La route de Calenzana à Cateri (vers les villages de Balagne) :*** après avoir croisé la chapelle Sainte-Restitude, la D 151 s'élève vers ***Zilia,*** village connu pour son eau de source, embouteillée ici et largement distribuée dans l'île. Le village est typique. Plus loin, il faut quitter la départementale pour entrer dans le pittoresque village de ***Cassano,*** sur la gauche. On accède à la place de l'Église en passant sous une arche basse. Il y a là, bien sûr, des anciens assis à l'ombre et un bar. On peut aller de Zilia à Cassano à pied en descendant vers la rivière (passer devant le cimetière, puis la chapelle Saint-François) puis en remontant vers Cassano. Environ 1h. En continuant vers Cateri, on rejoint l'itinéraire des villages de Balagne décrit précédemment. Cette portion de route offre de larges panoramas sur la côte. Splendide.

Randonnée dans le cirque de Bonifato

Le cirque de Bonifato est, avec le massif de Bavella, le plus bel ensemble d'aiguilles de toute la Corse, un espace minéral grandiose teinté par le rose du granit et par l'obstination des pins laricio à accrocher leur verdure dans les recoins escarpés les plus improbables.

➢ Une variante du GR 20 traverse le cirque de Bonifato. Mais on peut aussi y accéder à partir du parking de *L'Auberge de la Forêt* (voir « Où dormir ? Où manger à Calenzana et dans les environs ? »). Attention, cette rando, assez facile pour certains, est très ardue pour d'autres. Si vraiment ça vous tente et que vous voulez en savoir plus, le mieux est de vous informer auprès de l'office de tourisme de Calvi ou de la Maison du parc à Ajaccio : on vous dira si la météo est bonne (orages, risques d'incendie, etc.) et vous pourrez y trouver un topoguide. En principe, au parking (payant), on vous remet une brochure avec les boucles possibles.

Randonnée pédestre Mare e Monti

De Calenzana partent les deux sentiers de randonnée les plus glorieux de Corse : le GR 20 et le Mare e Monti qui rejoint Cargèse.
Ce dernier sentier est balisé en orange. Il est divisé en 10 étapes de 4 à 8h. Possibilité de réduire à 7 jours pour les très bons marcheurs. Tous les gîtes sont ouverts au minimum du 1er avril au 30 septembre.

➢ Sortir de Calenzana par le sud-est jusqu'à la fontaine d'Ortiventi. À environ 100 m de la fontaine, on quitte l'itinéraire commun avec le GR 20 pour se diriger à l'ouest vers ***Bonifatu*** *(*L'Auberge de la Forêt, ☎ *04-95-65-09-98)* puis vers *bocca a u Corsu.* Les gîtes sont ensuite classés par communes (ou hameaux) : ***Tuarelli*** *(gîte* L'Alzelli, ☎ *04-95-62-01-75) ;* ***Galéria*** *(*Étape Marine, ☎ *04-95-62-00-46) ;* ***Girolata*** *(*Le Cormoran Voyageur, ☎ *04-95-20-15-55 ;* La Cabane du Berger, ☎ *04-95-20-16-98) ;* ***Curzu*** *(*☎ *04-95-27-31-70) ;* ***Serriera*** *(*L'Alivu, ☎ *04-95-10-49-33) ;* ***Ota*** *(gîte et resto* Chez Félix, ☎ *04-95-26-12-92 ;* Chez Marie, ☎ *04-95-26-11-37) ;* ***Évisa*** *(*U Poghju, ☎ *04-95-26-21-88) ;* ***Marignana*** *(*☎ *04-95-26-21-21) ;* ***Revinda,*** site fabuleux, accueil sympa *(le gîte se trouve dans le hameau E Case, à 1 km et 15 mn de marche de Revinda,* ☎ *04-95-26-48-19) ;* puis ***Cargèse*** (voir cette ville), où l'*Hôtel Saint-Jean (*☎ *04-95-26-46-68)* accueille les randonneurs.

LA CÔTE OUEST ENTRE CALVI ET AJACCIO

Un secteur parmi les plus spectaculaires de Corse, avec d'abord la paisible Galéria, comme alanguie et un peu oubliée, puis le fort contraste des *calanche* de Piana, pics rouge sombre surgis des flots et tout découpés, sculptés de formes fantastiques... L'arrière-pays en montant vers Évisa est magnifique aussi, comme aux abords de la forêt d'Aïtone. Mais attention, la route côtière est proprement dangereuse, inquiétante en tout cas, très étroite, sinueuse et à flanc de falaise – on se fait des frayeurs, surtout dans le sens nord-sud, où l'on côtoie le précipice. Donc allez-y doucement et attention dans les virages, cornez sans hésiter pour vous signaler. Ceux qui ont facilement le vertige prendront, au départ de Porto, la route de l'intérieur pour ne rejoindre la côte qu'à Galéria. Ils gagneront 5 km mais manqueront un sacré spectacle ! Attention : la route est vraiment très étroite sur 32 km (jusqu'au pont de Galéria) et le revêtement, à partir du 14e km, au départ de Calvi, est mauvais. Plus loin, des travaux ont été effectués sur une longue portion de la nationale, entre bocca della Croce et Porto, mais si le revêtement au sol est meilleur et la route élargie, cela ne supprime pas les virages ! L'itinéraire se termine tranquillement, avec un relief plus doux et les belles plages de Cargèse à Tiuccia.

GALÉRIA / GALERIA (20245) 340 hab.

À l'exception du vieux village qui se concentre autour de l'église à flanc de colline, Galéria ne présente guère d'unité, maisons et villas plus ou moins récentes occupant le site de manière éclatée. Même au plein cœur de l'été, c'est l'une des places les plus tranquilles de Corse. Il faut dire qu'on est vraiment loin de tout. Le village a été fondé par des montagnards du Niolu, qui descendaient de leurs hauteurs et faisaient voir la mer à leurs troupeaux.

➢ On est ici dans le parc régional, au débouché de la vallée du Fangu et aux portes de la réserve naturelle de la Scandola, accessible seulement par la mer et qui sert de refuge à des milliers d'oiseaux marins.

Deux plages dont la plus belle, la plage de la Tour, est à 10 mn à pied (gravier gris).

Arriver – Quitter

En bus

➢ ***De/vers Calvi :*** l'été, 2 liaisons/j. ; 45 mn de trajet. L'une *(Corsicar-Autocars Beaux Voyages)* au départ de la place du village (ou 10 mn plus tard, arrêt au syndicat d'initiative), de début juil à fin août en principe dans l'ap-m (16h30) sf dim et j. fériés (pdt période scol, liaisons lun-ven à 7h30, mais les scolaires sont prioritaires) ; dans le sens Calvi-Galeria, départ à 15h30 en juil-août et 16h15 en période scol (12h30 mer) ; l'autre (*autocars*

S.A.S.A.I.B., ligne Porto-Calvi), en principe début mai-fin sept, lun-sam et tlj en juil-août, à 11h50, à 4 km de Galéria, au carrefour du Fango (pont), face au syndicat d'initiative.

➢ ***De/vers Porto :*** *l'autocar S.A.S.A.I.B.*, au retour de Calvi, continue sur Porto (départ à 16h10 du syndicat d'initiative, carrefour du Fango). De Porto, départ à 10h le matin. Près de 2h de trajet.

Adresse utile

🅸 ***Syndicat d'initiative de Galéria-Falasorma :*** *dans un kiosque au carrefour du Fangu, à l'embranchement Porto-Calvi, à 4 km du centre.* ☎ *04-95-62-02-27.* ● *ot-galeria.com* ● *L'été, lun-sam 9h (10h sam)-12h, 14h-17h. Fermé dim et j. fériés.*

Où dormir ? Où manger à Galéria et dans les environs ?

Plusieurs de nos adresses sont au hameau de Fango, à 4 km de Galéria, direction Porto.

– **Camping-cars :** parking payant 24h/24 à l'entrée de Galéria (et aux voitures aussi). Mais ni eau ni électricité, même pas d'ombre. Et cher en plus *(env 15 € la nuit)* !

Camping

⛺ ***Camping La Morsetta :*** *sur la D 81 b, à* ***Argentella,*** *à 10 km du pont de Galéria.* ☎ *04-95-65-25-24/28.* ● *info@lamorsetta.net* ● *lamorsetta.net* ● *Ouv mai-sept. Pour 2 avec voiture et tente, env 16,50-28,30 € selon saison. Loc de bungalows 450-872 €/sem et de mobile homes 400-870 €/sem.* 📶 La réception est au bord de la route, mais le camping lui-même se situe en contrebas, en lisière d'une longue plage de petits cailloux bien dégagée, au creux d'une jolie baie ombragée par une forêt de pins et d'eucalyptus. Sanitaires corrects. Laverie, épicerie, resto. Familial et peinard. On joue aux boules, on se baigne, on flemmarde, on prend l'apéro, on rejoue aux boules, on se rebaigne... Les vacances, quoi !

Gîtes d'étape

🏠 🍴 ***Gîte A Funtana*** *(Gîtes de France) : au hameau de Monte Estremo, 20245* ***Manso.*** ☎ *04-95-34-36-03.* ● *jmcosta@wanadoo.fr* ● *perso.orange.fr/afuntana* ● *Plus haut que Manso (continuer la D 351 jusqu'au bout de la route). Ouv de mi-avr à fin oct. Env 40 €/pers en ½ pens.* Un gîte récent avec vue évidemment imprenable sur la vallée du Fango et environnement sauvage à souhait, sous les montagnes. 4 chambres (quadruples) et 1 dortoir. Excellent accueil. Une bonne adresse.

⛺ 🏠 ***Gîte L'Étape Marine :*** *à 500 m du centre (panneau).* ☎ *04-95-62-00-46.* ● *reservation@gite-etape-corse.com* ● *gite-etape-corse.com* ● *Ouv de mi-mars à oct. En dortoir, env 20 € la nuitée et 40 € en ½ pens. Possibilité de camper 8 €/pers.* 💻 Enfin un établissement qui n'a pas confondu l'appellation « gîte » avec celle de « refuge ». On y trouve, par conséquent, un vrai accueil (chaleureux et dynamique), un logement digne de ce nom (basique mais propre), et un petit effort de déco (petits rideaux dans les dortoirs, un joli miroir dans les salles de bains communes, quelques toiles dans les couloirs ou dans le salon...). C'est tout simple, mais cela suffit à donner à l'ensemble un caractère vraiment convivial. Quelques emplacements de camping pour les randonneurs.

De prix moyens à plus chic

🏠 ***A Martinella :*** *à 100 m de la plage du village, sur la route du Pont.* ☎ *04-95-62-00-44.* ♿ *Ouv avr-fin oct. Doubles avec bains et w-c 65-80 € selon saison, avec petit déj.*

CB refusées. Dans une grande maison récente avec jardin, Mme Corteggiani propose des chambres d'hôtes fonctionnelles, spacieuses et bien tenues, la plupart de plain-pied avec terrasse. Bien agréable, donc, d'autant que le niveau de confort est bon : TV, clim et réfrigérateur. Et puis la plage est à deux pas !

☗ ***Chambres d'hôtes Casaloha :*** *hameau de* ***Fango,*** *juste après le pont.* ☎ *04-95-34-46-95.* • *lacasaloha@gmail.com* • *Ouv tte l'année sf éventuellement vac scol (Noël et fév). Doubles 65-75 € selon saison.* Jean-Pierre et Isabelle Corteggiani aiment voyager. Ils accueillent par conséquent leurs hôtes comme des amis (l'esprit d'ouverture !) et ont décoré leurs chambres de façon thématique (« l'Hawaïenne », « l'Indienne »...). Charmant et très cosy, car chaque chambre dispose d'un balcon ou d'une terrasse, ainsi que d'une TV avec lecteur DVD. Agréable jardin autour de la maison (cherchez le totem !). Et en plus, le petit déjeuner est excellent ! Que demander de plus ?

☗ ***Hôtel U Palazzu :*** *route du Bord-de-Mer, à 100 m de la plage.* ☎ *04-95-62-03-61.* • *palazzu.galeria@wanadoo.fr* • *palazzu.com* • *Ouv tte l'année. Selon saison, doubles 60-135 € avec ou sans vue.* D'accord, ce petit établissement récent n'est pas vraiment donné en haute saison, mais compte tenu de l'accueil sympa, de sa situation (dans le centre, à deux pas de la plage) et des bonnes prestations (piscine très agréable, chambres impeccables et coquettes, avec clim et TV), on ne regrette pas ses sous. Et puis, en mi-saison, les prix restent raisonnables !

☗ ***Hôtel Cinque Arcate :*** *à* ***Fango,*** *au carrefour du pont (routes pour Calvi ou Porto).* ☎ *04-95-62-02-54.* • *hotel.5arcades@wanadoo.fr* • *hotelcorse-galeria.com* • *Ouv de mi-mai à fin sept. Doubles 52-85 € selon saison. CB refusées.* Bon accueil dans ce petit 2-étoiles sans prétentions, équipé néanmoins d'une agréable piscine. Chambres simples, propres et tranquilles.

☗ IOI ***Auberge de Ferayola :*** *à* ***Argentella,*** *à env 8 km du pont de Galéria, sur la gauche de la route quand on vient de Calvi.* ☎ *04-95-65-25-25.* • *info@ferayola.com* • *ferayola.com* • *Ouv de mi-avr à mi-oct. Doubles 60-96 € et 80-120 € selon vue et saison ; ½ pens possible. Menu 24 €. Café offert sur présentation de ce guide.* Ça fait du bien de trouver cette auberge sur cette étroite route qui compte peu d'adresses où se poser. L'auberge se situe au-dessus de la route et les 10 chambres donnent soit sur la mer, soit sur la pinède. Piscine agréable, ombragée et accueillante. Tennis également. Des chambres confortables et simples, bien aménagées, avec petite terrasse pour celles qui donnent côté mer. Également des chalets pour 2-5 personnes à louer à la semaine, ou à la nuit hors saison. Accueil courtois.

IOI ***L'Artigiana :*** *avt l'entrée de Galéria, sur la gauche, au-dessus du parking de la Tour.* ☎ *06-13-57-78-18.* • *lara.wolff@wanadoo.fr* • *Ouv juin-sept. Tlj 9h30-20h. Parts de tarte et sandwichs env 5,50-6,50 €, plateaux env 12,50-16,50 €. CB refusées.* L'« artisane », c'est Lara, aidée par sa fille Julie, qui puise dans sa propre production de tomates, courgettes et aubergines (le jardin est situé à deux pas) pour nous régaler de superbes tartes, de planches gourmandes (fromages, charcuterie, ou mixtes), mais aussi de copieux sandwichs réalisés avec amour. On s'installe à l'extérieur, à l'une des tables en bois, bien ombragées et orientées face à la mer, et on passe un joli moment, empreint de simplicité et d'authenticité. Pour prolonger le plaisir, de chouettes produits sont proposés dans sa petite échoppe (fromage, confiture, miel...). Une halte chaudement recommandée, à découvrir entre amis. Également une autre boutique dans le bas du village *(route du Port ; ouv Pâques-fin oct).*

IOI ***Restaurant Ponte Vecchiu :*** *à 8 km de Galéria, sur la route de Manso, au niveau du pont génois sur le Fango, 2 km après l'embranchement.* ☎ *04-95-62-00-66.* • *candella@orange.fr* • *20 mai-20 sept, tlj midi et soir. Pizzas env 9-11 €, menu 21-23 €. CB refusées. Digestif offert sur présentation de ce guide.* Dans une maison de construction récente, avec terrasse, un resto plébiscité par les locaux pour ses pizzas au feu de bois et sa très bonne cuisine corse traditionnelle. Le secret ?

Les charcuteries et le veau sont fournis par la famille ! Soirées musicales 2 fois par mois en juillet-août. Accueil jeune et sympa.

À faire

➢ Promenades en mer pour Girolata avec ***Galeria Marina.*** *Au port.* ☎ *04-95-62-03-61.* 📱 *06-12-52-63-53.* • *visite-scandola.com* • *Tarifs : 35 € pour 2h et 50 € pour 4h de balade ; gratuit pour les enfants qui restent sur les genoux de leurs parents (jusqu'à 5 ans env).* Le 1er circuit, le plus court, permet, en un temps record et en petit comité (12 personnes sur le *taxi boat*), de longer la réserve de Scandola. Commentaires intéressants. Le circuit complet, sur une vedette de 30 personnes max, inclut une halte à Girolata, ainsi qu'une baignade et l'apéro.

Randonnée pédestre et aquatique

Galéria est une étape sur le très beau sentier ***Mare e Monti*** qui relie Calenzana à Cargèse en 10 jours.

➢ De Galéria, en 6h de marche, on peut rejoindre Girolata par un tronçon (superbe) de cet itinéraire (balisé en orange). Une balade de 2 jours, donc, avec une nuit à Girolata (gîte) ; voir infos dans la rubrique « Randonnée pédestre Mare e Monti » à Calenzana.

➢ ***Balade en kayak dans l'embouchure du Fango :*** *à l'arrivée sur le parking de la Tour, se garer et prendre sur la droite le chemin qui mène au Fango (panneau).* 📱 *06-22-01-71-89.* • *delta-du-fangu.com* • *Début juin-fin sept env, 10h-18h30. Durée : 1h. Env 6 €/pers.* Henri, grâce à son travail, a redonné vie à ce petit bout de rivière, qu'il a nettoyé, qu'il entretient et protège. Il loue des canoës (monoplaces ou biplaces) qui permettent d'observer la flore et la faune (notamment des tortues) au milieu des bouquets de joncs en empruntant les petits bras d'eau. En été, superbes nénuphars (pas touche !). Balade sympa comme tout.

DANS LES ENVIRONS DE GALÉRIA

👀 ***La vallée du Fango*** *(Fangu) : du hameau de Fango, à 6 km à l'est de Galéria, jusqu'au hameau de Barghiana, la D 351 longe le torrent du Fango, en le surplombant.*
Très belle promenade de 11 km dans le Filosorma (ou Falasorma), microrégion particulièrement belle. La forêt du Fango, la plus vaste forêt de chênes verts de Corse (et même d'Europe, ce qui lui vaut d'être classée Réserve de biosphère – • *biosphere-fango.fr* • –, comme tout le bassin versant du Fango, alors qu'une partie de la haute vallée du Fango est un site Natura 2000), couvre les pentes des montagnes tandis que la rivière décrit des piscines naturelles en porphyre rouge dans lesquelles c'est un régal de se baigner en été aux heures chaudes. On peut y observer des oiseaux comme le martin-pêcheur ou le héron cendré. Parking payant (4 €) au ponte Vecchiu, où l'on trouvera des infos auprès des écogardes. Attention de ne pas se garer n'importe où.
Plus on avance dans la vallée, moins l'accès à la rivière est facile et, bien sûr, moins il y a de monde. Jusqu'à Pirio (parking), situé après Tuarelli, pas trop de problèmes pour rejoindre le lit. Plus loin, en direction de Manso, la descente devient beaucoup plus abrupte. Mais quel environnement ! Un tronçon du sentier Mare e Monti (balisé en orange) longe la rivière du gîte de Tuarelli au ponte Vecchiu. Durée de cette belle promenade : 1h30 l'aller.

PORTO / PORTU

(20150 ; commune d'Ota)

On accourt de partout pour admirer ici l'un des plus beaux couchers de soleil de Méditerranée... De Galéria, il n'y a guère que 50 km de route, mais ils paraissent plutôt longs (et pas de station-service sur 40 km environ). Symbole bien connu de l'endroit, une tour génoise carrée, au sommet d'un gros rocher battu par les vagues. À côté, une plage de galets belle et grise, au fond d'un golfe extraordinaire, comme taillé à grands coups de hache dans les flancs d'une montagne. Le golfe de Porto (c'est-à-dire l'ensemble que constituent les *calanche* de Piana, le golfe de Girolata et la réserve de Scandola) est inscrit au Patrimoine mondial de l'Unesco et c'est bien mérité.
Le village, côté marina, peut ne pas plaire autant... Pour satisfaire les exigences immobilières, on a construit « moderne », et même sacrifié de vénérables allées d'eucalyptus...
Attention, les plages de galets du secteur de Porto (comme celle de Bussaglia) sont très dangereuses quand il y a des rouleaux. À Porto, la baignade – surveillée – est alors d'ailleurs interdite (et les amendes tombent sur les inconscients qui s'y risquent quand même).
– Parkings payants côté Marine *(tlj avr-oct, 10h-12h, 14h-19h)*. En revanche, c'est gratuit derrière la plage, avec possibilité de rejoindre la Marine par une passerelle.

Arriver – Quitter

➢ ***De/vers Ajaccio :*** avec les autocars *S.A.S.A.I.B. Ceccaldi Voyages (☎ 04-95-22-41-99)*. Mai-sept, en principe liaisons/j. tlj sf dim (tlj de juil à mi-sept). Oct-avr : 2 bus/j. lun-sam. Le bus part d'Ota et dessert Piana, Cargèse, Sagone et Tiuccia. Trajet : 2h-2h15.

➢ ***De/vers Calvi :*** avec les autocars *S.A.S.A.I.B. Ceccaldi Voyages*. Mai-fin sept, 1 liaison/j. le mat, dans le sens Porto-Calvi, tlj sf dim et j. fériés (tlj de juil à mi-sept). Dessert Serriera, Partinello, Curzo, le col de la Croix, le carrefour du Fango (à 4 km de Galéria), le carrefour de Bonifato. Retour l'ap-m.

Adresses utiles

ℹ ***Office de tourisme du golfe de Porto et sa région*** *(plan zoom) : pl. de la Marine. ☎ 04-95-26-10-55. • porto-tourisme.com • 15 juin-15 sept, tlj 9h-19h (13h dim). En mi-saison : lun-ven 9h-18h, sam 9h-16h, dim 9h-13h (sf mai) ; oct-avr : lun-ven 9h-17h, sam 9h-13h (slt oct et avr).* Riche documentation et bon accueil. Guides de randonnées en vente *(3 €)*.

✉ ***Poste*** *(plan B1) : entre le village et la marina.*

■ ***Distributeurs automatiques de billets :*** *à* ***La Poste,*** *entre le village et la marina et au* ***Crédit Agricole*** *(marine).*

■ ***Taxis : Chez Félix,*** *à* ***Ota*** *(5 km à l'est de Porto, voir plus loin). ☎ 04-95-26-18-25. 📱 06-85-41-95-89.*

■ ***Porto Location (VTT et mountain bikes) :*** *Porto-village, en face du supermarché. ☎ 04-95-26-10-13. Env 18 €/j. ; tarif dégressif pour plusieurs j.* Loue également des voitures et des scooters.

■ ***Lavo 2000 :*** *entre Porto-village et la marina, sur la droite, à côté des studios* Idéal.

Où dormir ?

Beaucoup d'hôtels-restaurants se disputent le touriste... Hors saison ou en mi-saison, il arrive qu'on casse les prix. Il arrive aussi que les campings soient plus

DE CALVI À AJACCIO

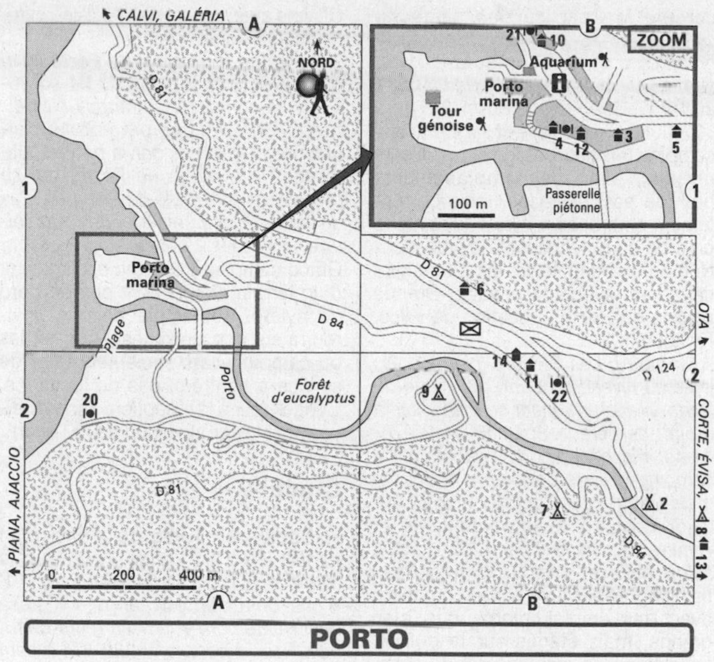

■ **Adresse utile** Office de tourisme du golfe de Porto et sa région *(zoom)* **Où dormir ?** 2 Campings Sole E Vista et Les Oliviers 3 Hôtel Brise de Mer *(zoom)* 4 Le Belvédère *(zoom)* 5 Hôtel Le Marina *(zoom)* 6 Bella Vista 7 Camping Le Porto	8 Camping Funtana al Ora 9 Camping municipal 10 Hôtel Subrini *(zoom)* 11 Hôtel Bon Accueil 12 Hôtel Le Romantique *(zoom)* 13 Casa del Torrente 14 Hôtel Le Vaïta **Où manger ?** 4 Le Belvédère *(zoom)* 20 L'Oasis 21 Restaurant La Mer *(zoom)* 22 Restaurant Romulus

que bondés en très haute saison, avec plusieurs tentes par emplacement...

Campings

Camping Le Porto *(plan B2, **7**) : à Porto-village. 06-85-41-50-74. • portocampings@gmail.com • camping-le-porto.com • Prendre le petit chemin (fléché) sur la gauche à la sortie du village sur la D 81, direction Piana. Ouv 15 juin-30 sept. Pour 2 avec tente et voiture, compter env 20 €.* Petit camping tout simple installé dans un ancien verger. Emplacements sur de petites terrasses. Les arbres fruitiers sont toujours là et l'on plante sa tente à l'ombre d'un treillage où s'accroche la vigne, ou sous un cerisier. Cependant, surpeuplé l'été et sanitaires insuffisants en nombre à cette période. Accueil familial et vraiment sympa. Accès difficile pour les caravanes et peu d'emplacements : un vrai camping pour campeurs, quoi.

Camping Sole E Vista *(plan B2, **2**) :*

derrière le Spar, sur les hauteurs. ☎ 04-95-26-15-71. • portocampings@gmail.com • camping-sole-e-vista.com • Ouv mars-fin oct. Forfaits 2 pers 20-28 €. Bungalows pour 2-5 pers 300-1 350 € selon taille et saison. Vaste camping très fleuri, étagé sur plusieurs niveaux, avec des emplacements peu (ou pas) délimités, mais correctement ombragés. L'été, évidemment, on a du coup tendance à s'entasser... Nombreux bungalows, les plus chers carrément avec spa privatif ! Grande piscine de 250 m². Location de vélos. Restaurant.

⅄ ***Camping Les Oliviers*** *(plan B2,* ***2****) : juste au niveau du pont, à l'entrée de Porto-village en venant de Piana, sur la droite, derrière le Spar. ☎ 04-95-26-14-49. • lesoliviersporto@wanadoo.fr • camping-oliviers-porto.com • Ouv fin mars-début nov. Compter env 21,90-29,30 € pour 2 avec petite tente et voiture. Chalets (2-8 pers) 320-1 589 € selon taille et saison.* Très beau camping, assez luxe et bien organisé, avec des emplacements pas bien grands, mais étagés sur la colline. Ensemble bien ombragé par de généreux arbres avec vue sur la montagne. Sanitaires neufs. Bien belle piscine aménagée avec faux rochers, parasols, transats et séduisante terrasse de bois. Grande salle de muscu-fitness, très bien équipée (accès gratuit pour les campeurs). Pizzeria, bar, sauna. Rivière à deux pas pour la baignade en milieu naturel. Et pas mal d'animations en saison (des chants corses à l'initiation à la plongée !).

⅄ ***Camping Funtana al Ora*** *(hors plan par B2,* ***8****) : route d'Évisa (à env 2 km sur la droite). ☎ 04-95-26-11-65. • funtanaalora@orange.fr • funtanaalora.com • ♿ Ouv avr-oct. Pour 2 pers avec petite tente et voiture, compter env 18-28,80 € selon saison. Chalets (2-10 pers) env 290-1 500 € selon taille et saison. CB refusées.* Beaux espaces en terrasses, avec beaucoup d'arbres. Très bien ombragé et à 200 m de la baignade dans le torrent. Un site vraiment relax et une bonne ambiance familiale, même s'il y a du monde en août (comme partout). Piscine bien agréable, terrains de basket, de football, et bien sûr le bar et la pizzeria. Chalets avec sanitaires et cuisine extérieure (mais couverte).

⅄ ***Camping municipal de Porto*** *(plan B2,* ***9****) : route de la plage. ☎ 04-95-26-17-76. • contact@campingmunicipal-otaporto.fr • campingmunicipal-otaporto.fr • Accès par la petite route menant à la plage de Porto, qui se prend depuis la route de Piana. ♿ Pas de résas. Pour 2 pers avec tente et voiture, compter 19-22 € selon saison.* Grand camping très simple, disposant d'un terrain absolument plat en bord de rivière. 300 emplacements environ, mais non délimités. Pour tentes ou camping-cars seulement (aire de service à l'entrée), pas de locations. Congélateur à la réception. Zone réservée pour les groupes, un peu à l'écart.

Chalets

Casa del Torrente *(hors plan par B2,* ***13****) : à 1 km de Porto, sur la route d'Évisa. ☎ 04-95-22-45-14. • casadeltorrente@orange.fr • casadeltorrente.com • Ouv fin mars-début nov. Pour 4 pers, env 380-870 €/sem selon saison ; à la nuit, 60-137 € pour 4. CB refusées. En basse saison (mars-avr et 20 sept-nov) 10 % de réduc sur présentation de ce guide.* D'abord, on gare son véhicule à l'extérieur, histoire de garantir la tranquillité du site. Puis on découvre un charmant ensemble de chalets en bois impeccables, pouvant accueillir jusqu'à 6 ou 8 personnes (selon qu'ils contiennent 2 ou 3 chambres, dont 1 avec lits superposés). Bon confort : literie très convenable, suffisamment d'ustensiles de cuisine... D'ailleurs, celle-ci se trouve, selon les modèles, à l'intérieur du chalet ou sur la terrasse. Original ! Accès gratuit à la piscine du *Camping Funtana al Ora* (à 400 m), mais on peut aussi se contenter de la rivière en contrebas qui forme une piscine naturelle. Nettement plus romantique ! Une formule sympathique, d'autant que l'accueil du jeune propriétaire est exemplaire.

De prix moyens à chic

Hôtel Le Vaïta *(plan B1-2,* ***14****) : quartier Vaïta, à l'entrée de*

DE CALVI À AJACCIO

Porto-village. ☎ *04-95-26-10-37.* • *hotel-vaita@wanadoo.fr* • *le-vaita.com* • *Congés : de mi-oct à début avr. Doubles 53-79 € selon saison.* 💻 📶 Une bonne adresse dans sa catégorie. D'abord on y trouve un ascenseur, ensuite les chambres se révèlent agréables (avec clim, TV, et un balcon côté rue), enfin l'accueil est souriant et arrangeant. Alors on pardonne sans hésiter l'absence de double vitrage (d'autant que, à la nuit tombée, c'est plutôt pépère) et l'insonorisation moyenne.

🏠 ***Hôtel Bon Accueil*** *(plan B2,* ***11****) : quartier Vaïta, à l'entrée de Porto-village.* ☎ *04-95-26-19-50.* • *bonaccueil20150@gmail.com* • *bonaccueilporto.com* • *Tte l'année. Doubles 50-85 € selon saison.* 📶 Petit hôtel classique, avec son bar et ses habitués, proposant des chambres sans prétention donnant sur rue ou sur une agréable cour intérieure fleurie. Ne pas s'attendre à du grand luxe : c'est propre, très simple et les salles de bains sont souvent riquiqui. En revanche, c'est l'un des rares à être ouverts l'hiver. Accueil souriant.

🏠 ***Hôtel Brise de Mer*** *(plan zoom,* ***3****) : à Porto-marina.* ☎ *04-95-26-10-28.* • *brise-de-mer@wanadoo.fr* • *brise-de-mer.com* • *Ouv de mi-avr à mi-oct. Doubles 59-97 € selon confort, vue et saison. ½ pens possible.* 📶 Édifice sans charme particulier mais fonctionnel. Chambres claires à la déco d'une redoutable sobriété, mais d'un bon rapport confort-prix : toutes ont douche ou bains et w-c, clim, double vitrage, TV et un balcon agréable. Demandez-en une avec vue sur la mer.

De chic à plus chic

🏠 ***Hôtel Le Marina*** *(plan zoom,* ***5****) : à l'entrée de Porto-marina.* ☎ *04-95-26-10-34.* • *info@residence-marina.com* • *residence-marina.com* • *Ouv de fin avr à mi-oct. Doubles standard 73-99 € selon saison, plus cher pour les panoramiques.* 💻 📶 *Le Marina* est un établissement bien tenu (chambres avec balcon, classiques et sans mauvaise surprise), mais il se distingue surtout grâce à deux atouts : sa piscine plus qu'agréable et sa tranquillité (éloigné de la route, c'est l'un des rares hôtels à être central tout en se préservant de l'agitation). En plus, l'accueil est sympa.

🏠 ***Bella Vista*** *(plan B1,* ***6****) : route de Calvi.* ☎ *04-95-26-11-08 (hôtel).* • *info@hotel-bellavista.net* • *hotel-corse.com* • *Ouv avr-oct. Doubles 62-108 € selon saison et confort.* 📶 À l'entrée de Porto, en bord de route, un charmant petit établissement offrant une quinzaine de jolies chambres confortables (AC, TV). Vue sur le jardin ou sur la montagne (certaines disposent de super terrasses !). Excellent service qui compense le fait que l'hôtel soit un peu éloigné du port et du village. Petit déjeuner de grande qualité.

🏠 🍽 ***Le Belvédère*** *(plan zoom,* ***4****) : Porto-marina.* ☎ *04-95-26-12-01.* • *info@hotelrestaurant-le-belvedere-porto.com* • *hotelrestaurant-le-belvedere-porto.com* • ♿ *Avr-oct (ferme mi-oct pour le resto). Selon saison, doubles standard 55-95 € et supérieures 95-135 €. Menus 21-29,50 €.* 💻 📶 Un établissement parfaitement tenu, aux chambres classiques de très bon confort (AC, TV câblée... et même une terrasse pour les catégories supérieures). Celles côté port sont un peu chères tout de même, mais quelle jolie vue ! On a également affaire à une vraie table, à la cuisine élaborée et de qualité régulière, servie sur une terrasse superbe, donnant sur le port. Accueil prévenant.

🏠 ***Hôtel Le Romantique*** *(plan zoom,* ***12****) : sur le port.* ☎ *04-95-26-10-85.* • *info@hotel-romantique-porto.com* • *hotel-romantique-porto.com* • *Ouv de mi-avr à mi-oct. Doubles 70-98 € selon saison.* Seulement une dizaine de chambres, propres, fonctionnelles et de bon confort, donnant toutes sur le port. Clim, coffre, baignoire, double vitrage et vue dégagée sur la mer. Un bon établissement, classique et sans histoires. Restaurant.

🏠 ***Hôtel Subrini*** *(plan zoom,* ***10****) : Porto-marina.* ☎ *04-95-26-14-94.* • *subrini@hotels-porto.com* • *hotels-porto.com* • ♿ *Ouv de Pâques à la Toussaint. Doubles 100-174 € selon saison, petit déj inclus.* 💻 📶 Un établissement de bon confort général, très propre, aux chambres fonctionnelles assez spacieuses et dotées d'une loggia et d'un petit balcon. Ascenseur, TV satellite, etc.

Où manger ?

Prix moyens

|●| L'hôtel ***Le Belvédère*** sert de bons menus, sur une agréable terrasse (voir « Où dormir ? »).

|●| ***Restaurant Romulus*** *(plan B2, **22**) : route de Calvi. ☎ 04-95-26-11-58. Congés : nov-mars. Menu 23 €, pizzas 8-10 €.* Menu corse classique, pâtes et pizzas (les spécialités maison). Vue sur la marina, que l'on domine (à condition d'avoir une table près des fenêtres).

De prix moyens à chic

|●| ***Restaurant La Mer*** *(plan zoom, **21**) : tt au bout de la marina, face à la tour génoise. ☎ 04-95-26-11-27. • laora5@wanadoo.fr • Ouv avr-fin oct. Tlj en saison. Menus 18,50 € et 26 € ; carte env 38 €.* Elle passerait presque inaperçue, cette maison en pierres de taille retirée au bout du quai, avec sa belle terrasse à l'étage ombragée par des mûriers-platanes et de larges parasols. La vue est plus qu'agréable, l'atmosphère tranquille (on échappe à la foule) : idéal pour profiter du petit menu de bon aloi. À la carte, c'est une autre histoire. Plats travaillés avec finesse, tournés vers les produits... de la mer, évidemment.

|●| ***L'Oasis*** *(plan A2, **20**) : sur la plage, rive gauche. ☎ 04-95-24-71-16. 📱 06-71-09-16-35. • l.oasisbleu@orange.fr • Ouv Pâques-Toussaint. Tlj en saison. Plats 16-27 €.* On l'aperçoit de loin, cette oasis, et elle n'a rien d'un mirage. Avec sa déco soignée et son mobilier en bois flotté, c'est sans doute la plus belle terrasse de Porto... et certainement l'endroit idéal pour savourer des couchers de soleil d'anthologie. La cuisine est à son image, sans complication, parfumée et pleine de soleil. Les amateurs de poisson seront à la fête car, ici, on privilégie la pêche du jour. Sinon, le chaleureux patron saura vous guider vers des pâtes aux oursins, un tajine et, bien sûr, le vin le plus approprié (c'est un véritable amateur !). Une adresse pour se faire plaisir.

Où dormir ? Où manger dans les environs ?

Pensez également aux adresses situées à Ota et à Évisa (voir plus loin).

Camping

⛺ ***Camping E Gradelle :*** *20147 **Osani,** à env 20 km au nord de Porto, route de Galéria. ☎ 04-95-27-32-01. • francoisfelix@corsica-gradelle.fr • corsica-gradelle.fr • Au niveau du col de la Croix, petite route à gauche, étroite et sinueuse, qui mène au village d'Osani et se poursuit jusqu'à la plage de Gradelle, 5 km plus bas. Le camping est à 300 m de la plage (de galets). Ouv de mai à mi-oct. Forfait 2 pers env 23 €.* Camping en terrasses de confort modeste, mais en pleine nature, tranquille et ombragé par des oliviers et chênes-lièges. Sol caillouteux. Petit bar sympa avec restauration le soir. Location de *Zodiac* et kayaks sur la plage : un bon plan pour visiter les criques, et pas si cher. En revanche, le camping ne prend pas de résa et fonctionne selon le principe du 1er arrivé, 1er servi. Passez un coup de fil avant de prendre la route.

Gîte d'étape

🏠 |●| ***Gîte d'étape L'Alivi :*** *à **Serriera,** à 6 km au nord de Porto. ☎ 04-95-10-49-33. 📱 06-17-55-90-51. • gite.etape.alivi@wanadoo.fr • alivi.fr • Congés : de nov à mi-mars. Compter 40-42 €/pers en ½ pens en chambre 4 pers et 50 €/pers en chambre double.*

CB refusées. Au cœur du village, une maison traditionnelle restaurée dans le respect du patrimoine local. 8 chambres de 4 lits, chacune avec toilettes et douche. Salle de resto très sympathique, avec le moulin à huile qui y a été conservé. Également une aire de bivouac aménagée *(9 €/pers).* Excellent accueil de Régine Luccioni, qui peut vous préparer un panier-repas. Ambiance musicale certains soirs.

Hôtel

L'Aiglon : *à 1 km de la plage de Bussaglia,* **Serriera.** *☎ 04-95-26-10-65. • hotelaiglon@gmail.com • claiglon.fr • Ouv avr-oct. Chambres 52-75 € selon confort et saison. ½ pens possible : 55-70 €/pers. Menus 19,50 € et 25 €. Digestif offert sur présentation de ce guide.* Cet hôtel de granit rose surplombant la rivière est une étape connue des randonneurs, mais aussi un bon hôtel pour qui désire se poser entre mer (la plage est proche) et montagne, sans les inconvénients de la marine de Porto, comme la foule et les embouteillages. Si l'on ajoute que les tarifs sont plus que raisonnables pour le secteur, il n'y a pas à hésiter un instant. Les chambres, certes, sont simples, mais situées dans un magnifique environnement. Également un pavillon avec quelques chambres, dans le maquis, avec jardin privatif, ainsi que 3 appartements *(A Merendella)* à quelques centaines de mètres. Et le plus incontestable est la personnalité attachante des propriétaires, qui savent s'occuper de leurs hôtes.

À voir. À faire

La tour génoise (plan zoom) **:** *☎ 04-95-26-10-05. Avr-oct, tlj 9h-19h (20h juil-août). Avr-juin et sept-oct, 11h-19h. Fermé l'hiver. Entrée : 2,50 € ; gratuit moins de 7 ans.* Historiquement connue sous le nom de tour de Sia, l'une des premières construites par Gênes. On peut y grimper et profiter depuis sa terrasse du panorama sur le golfe. Abrite une expo permanente sur les fortifications des rivages de la Corse. En contrebas de la tour, une maisonnette renferme une courte expo sur la bruyère (et son importance pour l'économie locale : en 1919, 800 personnes vivaient de l'extraction de souches, utilisées pour la fabrication de pipes).

L'aquarium de la Poudrière (plan zoom) **:** *sur la marina. ☎ 04-95-26-19-24. Avr-oct, tlj 8h-19h ; nov-mars, lun-ven 8h-17h. Entrée : 5,50 € ; réduc ; gratuit moins de 7 ans. Billet groupé avec la tour : 6,50 €.* Ce petit aquarium présente la faune et la flore aquatiques corses, et particulièrement celles du golfe de Porto et de la réserve de Girolata. Mérou, rascasse pustuleuse (qui fait un concours de beauté avec la rascasse brune), murènes, poulpes et tritons... Environ 150 espèces pour 500 bêtes en tout.

Les calanche de Piana : elles commencent à 7 km de Porto, sur la route qui monte à Piana. Attention : circulation difficile. Des à-pics vertigineux de 300 m de haut, des falaises de granit rouge (du porphyre) déchiquetées, ravagées par le temps. Maupassant, de passage en 1880, décrivit ainsi les *calanche* : « Une vraie forêt de granit pourpré... des roches aux formes étranges, des moines en robe, diables cornus, oiseaux démesurés, tout un peuple monstrueux, une ménagerie de cauchemar pétrifiée

SATAN ET LES CALANCHE

La légende raconte que Satan, ne parvenant pas à séduire une bergère corse fière et farouche, piqua une noire colère et décida de rendre l'endroit invivable en créant un chaos rocheux. On peut deviner aujourd'hui une bergère et son mari, un cœur entre les époux, la tête d'un chien, un évêque... et bien d'autres formes minérales sorties d'un imaginaire délirant.

par le vouloir de quelque dieu extravagant. » À voir, si on le peut, aux heures crépusculaires, entre chien et loup. Une brochure, à demander à l'office de tourisme de Porto, recense les formes fantasmagoriques.
Belles balades à faire à travers les pins et les rochers. Cinq circuits en boucle bien balisés (de 1h30 à 6h de marche). Se renseigner à l'office de tourisme (de Piana ou de Porto). En période de sécheresse, l'accès au massif est interdit.

➢ ***L'ascension du capo d'Orto*** *(capu d'Ortu)* **:** point culminant des *calanche* (1 294 m), accessible par un magnifique sentier partant du stade municipal de Piana. Du haut des murailles géantes qui soutiennent le sommet, la vue est fantastique sur la marine et le golfe de Porto. C'est assurément l'une des plus belles randonnées de l'île. Mais attention : très éprouvant l'été. Prévoir au moins 2 l d'eau par personne. Évidemment, être bien chaussé.

Plongée sous-marine

Temps fort de la plongée en Corse. Les eaux cristallines de Porto renferment de « l'or rouge » ; entendez : de précieux jardins de corail rouge par moins de 30 m de profondeur. C'est exceptionnel ! Également de très beaux poissons à proximité immédiate de la réserve de Scandola, interdite à la plongée. En tout, une vingtaine de spots et au moins autant d'émotions.

Club de plongée

■ ***Centre de plongée du golfe de Porto :*** *au port, un petit chalet face à la capitainerie et à la boutique (pont de Porto). ☎ 04-95-26-10-29. 📱 06-84-24-49-20. • plongeeporto.com • Ouv d'avr à mi-oct. Résa conseillée. Baptême 50 €, plongée 30-50 € selon équipement et snorkelling 18-22 € ; forfaits dégressifs 4, 6 et 10 plongées. Suppléments pour certains sites et pour les plongées de nuit. CB et chèques-vacances acceptés.* La plongée en comité restreint est de rigueur sur les embarcations rapides de ce centre sérieux (FFESSM, ANMP et PADI), pour goûter à la beauté des fonds en toute quiétude. Animée par Sylvie Lannoy – la sympathique patronne –, une équipe de moniteurs assurent baptêmes (personnalisés : un seul débutant par moniteur), formations jusqu'au niveau III et brevets PADI, et vous guident sur les plus beaux spots du coin en respectant toutes les règles de sécurité. Bravo ! Également des plongées de nuit, du snorkelling, des plongées familiales (avec initiations enfants dès 8 ans), et des sorties à la journée, sur demande, pour vraiment apprécier la beauté des sites. Équipement complet fourni. Possibilité d'hébergement (camping, bungalows, hôtel, résidence) et baby-sitting (sympa !), le tout à prix intéressant.

Nos meilleurs spots

Vardiola : à partir du niveau II. En braquant votre lampe torche sur les parois voûtées de cette surprenante cheminée (de 8 à 33 m), vous enflammez littéralement de somptueux jardins de corail rouge (inutile de faire le ☎ 18 !). Mérous et mostelles sont déjà fascinés par l'incendie, alors que de jolies langoustes indifférentes montent la garde auprès des précieuses branches (ne touchez à rien !).

Punta Mucchilina : pour plongeurs débutants (niveau I et plus). À la limite de la réserve de Scandola, les poissons ont souvent des tailles impressionnantes. Mérous balèzes, chapons énormes, murènes monstrueuses, dentis géants et mostelles colossales se partagent les moments forts de cette plongée. De 17 à 30 m de fond, plusieurs balades sont possibles : une épave, le *Saint-Mathieu* (19 m) et de beaux tombants. Explo à plus de 40 m pour plongeurs de niveau III confirmés.

DANS LES ENVIRONS DE PORTO

➢ ***Sorties en mer vers Scandola et Girolata :*** c'est LA balade incontournable des environs de Porto. Alors, certes, ce n'est pas donné, mais il serait tout de même dommage de rater le spectacle fascinant des falaises dentelées plongeant abruptement dans la mer (voir la description plus loin). Une dizaine de compagnies proposent des promenades de 2 à 3h. En fonction de vos goûts, vous avez le choix entre les gros bateaux, plus stables et plus confortables, ou les petites unités, plus rapides et donc plus turbulentes, mais qui ont l'avantage de se faufiler facilement parmi les reliefs géologiques, voire au cœur même de failles impressionnantes. À vous de voir. Au retour, arrêt possible selon les options au village de Girolata (voir plus loin).

■ ***L'Alpana :*** 📱 *06-69-69-04-05.* • *excursions-peche-corse.fr* • *Billets à la boutique* Baobab *de la rue piétonne. Sinon, à Piana, au libre-service* Castellani. *À partir de 26 € pour le petit tour : Scandola,* calanche *et Girolata* « calanche *de Piana-capo Rosso ». Résa recommandée. Compter 3h30 pour le grand tour (55 €).* Embarcation familiale de 12 places (pas de bateau-usine) avec, comme capitaine, François René, moniteur diplômé. Propose une visite détaillée des grottes.

■ ***Compagnie Nave Va :*** ☎ *04-95-26-15-16.* 📱 *06-17-11-63-41.* • *naveva.com* • *De Pâques à mi-oct. Kiosque situé devant la terrasse de l'hôtel* Cyrnée. *Le grand classique est la promenade de 3h15 (départs en principe à 9h30 et à 14h30) remontant la côte jusqu'à la réserve de Scandola. Résa conseillée. Prix : 38 € ; réduc pour les 5-10 ans. Sans arrêt à Girolata, excursion de 2h ; 3 départs/j. ; 36 €.* Le bateau s'approche très près des côtes et des incroyables failles de la roche. Propose également le tour complet du golfe. On longe d'abord les *calanche* de Piana (vers le sud-ouest), puis on remonte vers Scandola et Girolata. À noter enfin, en saison, une balade à la tombée du soir le long des *calanche* de Piana *(env 25 €).* Également des sorties en semi-rigide *(plus cher : Piana 28 €, Scandola 40 € ou tour complet 55 €).*

■ ***Le Pass'Partout :*** 📱 *06-75-99-13-15 ou 06-85-12-29-15.* • *lepasspartout.com* • *Rens et billetterie chez* Anthony Boutique, *pl. de la Marine. Pâques-Toussaint. Prix : 26-42 €. Réduc enfants.* 1 départ quotidien pour les *calanche* de Piana et 2 départs pour Scandola. C'est Philippe qui vous emmène sur son petit bateau *(12 pers max).* Très sympa. Également, avec un nouveau semi-rigide de 12 places, un départ pour « l'intégralité des Golfes » *(4h ; 55 €).*

■ ***Corse Émotion :*** 📱 *06-68-58-94-94.* • *corse-emotion.com* • *Kiosque pl. de la Marine, au rdc de l'hôtel* Les Flots Bleus. *Résa conseillée. Env 40-42 €/pers pour Scandola et Girolata (2h30). Sorties dans les* calanche *de Piana et vers capo Rosso (1h30) : 25-27 €. Tour complet (Scandola, Girolata, Piana, capo Rosso) : 55-60 €. Réduc 4-12 ans.* Sorties en bateau semi-rigide de 11,50 m avec 2 moteurs puissants (700 chevaux !) : les amateurs de sensations fortes seront à la fête ! Cela dit, si effectivement ça décoiffe, c'est tout de même confortable (fauteuils sur amortisseurs), et, comme c'est très rapide, cela laisse plus de temps sur place pour explorer coins et recoins. Équipe dynamique.

➢ ***Location de bateaux :*** on peut aussi faire soi-même sa balade en mer en louant au port un bateau avec ou sans permis, d'octobre à avril. Compter env 75 € la demi-journée et 115 € la journée (9h-18h). Location également de kayaks de mer.

■ ***Le Goéland :*** *le port.* 📱 *06-09-49-06-10.* • *goeland-porto.fr* • Propose également des sorties en mer.

■ ***Porto Marine :*** *le port.* 📱 *06-81-41-70-03.* • *patrickettoussaint.com* •

■ ***Porto Bateaux Location :*** *le port.* 📱 *06-88-84-49-87.* • *location-bateau-porto.com* •

LES PLAGES ENTRE PORTO ET GIROLATA

La route, étroite et escarpée, offre de splendides points de vue. Au nord de Porto, on trouve la ***plage de Bussaglia.*** Large et longue, mais composée de petits cailloux (au moins on n'a pas à enlever le sable du maillot !) et dangereuse en cas de rouleaux. Deux restos sur la plage.
Un peu plus au nord, au village de Partinello, une petite route permet de gagner en 1,5 km la jolie ***petite plage de Caspio.*** Tranquille et très agréable, car bien protégée par des collines couvertes de maquis. Location de kayaks de mer pour une petite balade dans la baie.

GIROLATA (20147)

À une vingtaine de kilomètres au nord de Porto, ce ravissant hameau est connu pour sa rade et sa tour génoise très photogénique. Aucune route n'y mène, on ne peut s'y rendre que par un sentier pédestre (chaussures de marche nécessaires), qui part du col de la Croix, *bocca della Croce,* à 260 m d'altitude, en 2h environ (2h30 pour le retour). Très jolie balade sur ce chemin appelé « sentier de Guy-le-Facteur » (c'est une partie du Tra Mare e Monti). Après la plage de Tuara, dans le raidillon, prendre à gauche pour faire la variante plus intéressante. Ceux qui ont le vertige resteront sur le chemin principal. Des promenades en mer sont également organisées de Porto dans la journée. Résultat : ce site superbe, dominé par la fameuse tour génoise (privée), est bondé en été, et parfois un peu souillé. Si le village recroquevillé sur les hauteurs est quelque peu préservé de la foule, le rivage est, à l'inverse, entièrement phagocyté par les terrasses des restos. Dès 10h, on voit les tables dressées pour accueillir les groupes qui vont débarquer pour midi ! C'est la rançon du succès. Côté couchage, deux gîtes, et puis c'est tout. C'est là que tous les randonneurs posent leurs sacs.

LA GALÈRE POUR TOUS

En 1540, les Génois capturent lors d'une bataille navale devant Girolata un célèbre pirate turc, Dragut, protégé de Barberousse. C'est leur première victoire sur mer contre les Turcs. Dragut passera 4 ans comme galérien avant d'être racheté par Barberousse. En remerciement, et avec l'appui de la... France, il s'attaquera quelques années plus tard à Bonifacio et pillera la cité.

Où dormir ? Où manger ?

Gîte d'étape Le Cormoran Voyageur : *en arrivant par le port, c'est sur la gauche. ☎ 04-95-20-15-55. • cormoranvoyageur@hotmail.fr • Ouv avr-fin sept. Env 40 € la ½ pens (obligatoire). 3 dortoirs 6-8 lits. CB refusées.* Dans une petite maison pittoresque les pieds dans l'eau. Pas beaucoup de place et confort sommaire, mais l'ensemble est propre, le couchage satisfaisant, et surtout l'ambiance se révèle conviviale. Notamment à l'heure du (bon) repas à base de poisson.

Le Gobi : *sur le port, à l'extrémité gauche. 06-12-10-17-52. • jarsaillon@gmail.com • Ouv avr-oct. En-cas et plats 5-18 €. Plat du jour 13 €. CB refusées.* 2 bonnes raisons pour faire une halte au *Gobi Caffè* : une jolie terrasse fleurie côté montagne, donc paisible, et toutes sortes d'en-cas et de petits plats préparés avec de bons produits (sandwichs au fromage corse, quiche maison, planches de charcuterie...). Très sympa.

A Bastella : *sur le port, à gauche de la capitainerie. 06-12-10-17-52. • magaperrin@yahoo.fr • Ouv avr-sept. 15 juin-30 sept, pizzas 10-14 €,*

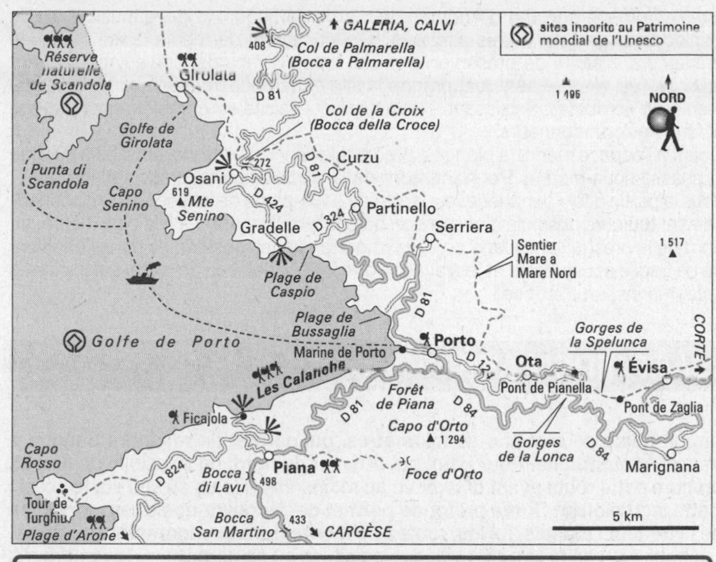

PORTO ET SES ENVIRONS

sur place le midi, à emporter le soir. Toute petite échoppe où l'on ne manquera pas de s'arrêter pour faire le plein de *bastelle,* gâteaux à la châtaigne, et autres gourmandises juste sorties du four. Délicieux !

LA RÉSERVE NATURELLE DE SCANDOLA

Inscrite au Patrimoine mondial de l'Unesco, cette presqu'île désertique située au nord du golfe de Girolata, réputée pour ses décors montagneux sauvages, est une partie du site dénommé « golfe de Porto ». Un projet d'extension est à l'étude : il s'agirait de quadrupler la zone de protection (toute pêche sous-marine interdite et pêche professionnelle réglementée), qui inclurait la baie de Fuculara au nord et la baie de Girolata au sud. Les curiosités géologiques ne manquent pas : falaises déchiquetées, orgues de pierre volcanique renversées, failles abyssales, flancs érodés, magie des couleurs et de curieux trous appelés *tafoni,* qui restent encore un mystère pour les spécialistes. Et, de loin en loin, une tour génoise qui n'en finit plus de monter la garde... Stupéfiant de beauté.

Le maquis recouvre une partie des 919 km^2 de la réserve. On y trouve une flore particulièrement riche pour une région côtière (on a répertorié 36 plantes endémiques), parmi laquelle des bruyères arborescentes pouvant atteindre 4 m de haut. Sous l'eau, les fameux herbiers de posidonies (qui sont bien des herbes et non des algues, et qui, en tant que telles, réalisent la photosynthèse et donc oxygènent la Méditerranée), sur lesquels les scientifiques continuent leurs recherches. Côté bébêtes, la réserve n'est pas en reste, avec notamment le sauvetage des derniers spécimens de balbuzards pêcheurs (une trentaine de couples aujourd'hui, contre quatre en 1973) et la plus grande chauve-souris d'Europe, le molosse. Avec un peu de chance, vous verrez au cours de la balade des nids d'aigle perchés au sommet de pics acérés, mais aussi quantité d'autres oiseaux, certains

rares comme le goéland d'Audouin, le cormoran huppé, la grive musicienne, le troglodyte mignon et autres pitchous ! On leur a tout de même laissé quelques prédateurs, histoire de préserver le milieu naturel : renards, couleuvres... Quant aux chèvres, elles se sont réapproprié le site et gambadent à flanc de falaise à la manière d'acrobates. Saisissant ! Heureusement, le site est complètement protégé et fermé aux randonneurs.
Quant à l'espace marin, la plongée avec bouteille y est interdite, ainsi bien sûr que la chasse sous-marine. Pourtant, hors de la partie appelée « réserve intégrale », dans la partie dite « périphérique » (sorte de sous-partie de la réserve), il est curieusement toujours possible d'ancrer son bateau (mouillage limité à la baie d'Elbo, au nord de la presqu'île). Quand on sait l'importance des posidonies dans l'équilibre de ce fragile écosystème et les ravages que font ces pièces de métal sur les fonds sous-marins, on s'étonne !

L'ARRIÈRE-PAYS DE PORTO

Circuit d'une soixantaine de kilomètres, qui permet de rejoindre Sagone à travers la montagne. Pour ceux qui arrivent du nord, on conseille de ne pas prendre cette route avant d'avoir vu au moins Piana (plus au sud sur la côte) ! Cette incursion en Corse profonde permet de découvrir quelques merveilles de l'intérieur : maquis, forêts, routes de montagne aux panoramas multiples, cochons sauvages et petits villages paisibles où se perpétuent les traditions insulaires...

OTA (20150) 540 hab.

À 5 km à l'est de Porto, par la D 124. C'est de cette commune que dépend Porto. En pleine montagne, bâtie à flanc de coteau, Ota se présente comme une charmante petite cité typiquement corse, avec ses grosses maisons de pierre. Après la côte souvent surpeuplée, voici un coin idéal pour se reposer. Autour du village, panorama de rêve sur les collines déchiquetées, envahies par le maquis.

Où dormir ? Où manger ?

Bon marché

Gîte d'étape, Chez Félix : *pl. de la Fontaine, au centre du village. ☎ 04-95-70-68-49 • ceccaldilr@wanadoo.fr • gite-chez-felix.com • Congés : nov-fév. Gîte env 40 €/pers en ½ pens. Également des doubles 50-60 €. Plat du jour + dessert 17,50 € ; menus 23-28 €.* Chez Félix, c'est en réalité 2 établissements distincts, gérés toutefois par la même famille. Infos et réception au bar-resto à droite en venant de Porto. Le gîte est de l'autre côté de la rue, dans une haute maison de pierre. Dortoirs de 6 à 8 personnes simples et classiques (sanitaires communs corrects). Chambres doubles et studios 2-4 personnes également. Au resto, spécialité de cannellonis au *brocciu* et plats du jour servis dans une agréable salle panoramique.

***Bar des Chasseurs** (gîte d'étape) : à l'entrée du village, sur la droite. ☎ 04-95-26-11-37. • gite.chezmarie@wanadoo.fr • gite-chez-marie.com • Ouv tte l'année. 19 € le lit en dortoir et 40 €/pers en ½ pens. Également 2 doubles 50-60 € selon confort. Menus 18-23 €. Digestif offert sur présentation de ce* *guide*. Une adresse bien connue depuis des lustres. Situé sous le resto (entrée individuelle), le gîte propose 3 dortoirs propres avec lits superposés pour 6 à 8 personnes. Très simple (à noter que 2 d'entre eux profitent d'une vue d'enfer, tandis que le 3e... n'a pas de fenêtre). Toute petite cuisine (2 plaques électriques). À table, on déguste une solide cuisine traditionnelle corse, servie en terrasse ou dans une salle dont les baies vitrées ouvrent sur la vallée. Accueil sans chichis et décontracté.

Prix moyens

Chambres d'hôtes, Chez Joëlle Chiaroni : *Le Casone, en haut du village.* *06-86-61-77-73.* • *joelleota@hotmail.fr* • *joelleota.fr* • *Laisser son véhicule à la fontaine du centre du village. Prendre la ruelle qui monte sur la gauche. Au resto* U Fragnu, *prendre à droite puis tt droit. À la minuscule placette-parking, suivre le chemin qui descend. C'est la 1re maison sur la gauche. Ouv tte l'année. Double 65 €. Table d'hôtes 23 €.* Joëlle, votre sympathique hôtesse, accueille avec gentillesse ses visiteurs dans sa maisonnette pittoresque (maison familiale depuis 300 ans). Un salon de poche coloré et chargé de mille objets, des toilettes incrustées de petites pierres et 2 petites chambres rustiques et chaleureuses qui partagent la même salle de bains. L'ensemble dégage beaucoup de chaleur.

DANS LES ENVIRONS D'OTA

Pour ceux qui ont du temps, nombreuses promenades à faire dans les environs. Parmi les plus intéressantes :

➢ ***Les gorges de la Spelunca (Spilonca) et les ponts génois :*** un sentier balisé relie Ota à Évisa en 6h minimum aller et retour. Partir tôt le matin (mais possibilité de faire la partie la plus caractéristique en 2h). Départ de *Chez Félix*. On parvient en 40 mn au pont génois *a Pianella* (XVe s), classé Monument historique, doublé par un autre pont, moderne, qui franchit la rivière. Le sentier qui part à droite de la seconde rivière conduit à Évisa par les gorges de la Spelunca ; là, deux rivières se rejoignent et passent au pont génois dit « de Zaglia » (XVIIIe s), lui aussi classé Monument historique. En cours de route, quelques beaux points de vue sur les gorges et baignade possible (notamment au niveau du premier pont génois). Les paresseux pourront prendre la voiture pour rejoindre le premier pont, 2 km sur la D 124 après le village. En continuant pour rejoindre la D 84, belle vue sur Ota.

➢ ***Les gorges de la Lonca :*** la Lonca, c'est, avec l'Aïtone, l'autre joyau de cette vallée de Porto. Elle se glisse sous les parois gigantesques des *Cascioni* (crêtes dentelées en forme de peigne), appelées par les gens d'Ota « les monts phénoménaux » ! Pour la visite de cette vallée sublime, un sentier à la sortie est d'Ota gagne un petit col avant de redescendre jusqu'à la rivière (balade courte et très sympa). Plus loin, ce chemin remonte le long du torrent, avant de s'élever sur la gauche pour gagner les bergeries de Corgola et de Larata. Retour alors possible sur Ota en rejoignant le balisage orange du Tra Mare e Monti, à proximité du séchoir à châtaignes de Pedua et de l'inoubliable belvédère du San Petru.
Compter 8h pour cette boucle. C'est vraiment une très belle rando, mais ATTENTION, ne s'adresse qu'aux marcheurs expérimentés et sachant parfaitement lire une carte et s'orienter (balisage parfois insuffisant).

ÉVISA (20126) 200 hab.

Dans ce joli village d'altitude (850 m), à 23 km de Porto, l'air est plus frais, plus cristallin que sur la côte, torride en été. Entre la forêt d'Aïtone et les

gorges de la Spelunca, sur un promontoire rocheux, Évisa se présente comme la gardienne des secrets de la Corse profonde. Ici commence la route de l'« âme corse », qui conduit vers les hauts sommets. La région, sillonnée de sentiers, constitue un véritable petit paradis pour les marcheurs.

Arriver – Quitter

➢ ***En autocar :*** liaison Marignana-Ajaccio via Évisa et Vico ; 2 départs/j. sf dim et j. fériés avec les *Autocars Ceccaldi (☎ 04-95-21-01-24 ou 38-06).* Et le bus de la ligne Corte-Porto, en été, passe aussi par Évisa (voir « Arriver – Quitter » à Porto).

Où dormir ? Où manger ?

Camping

⛺ ***Camping L'Acciola :*** *sur la D 70, à 2 km au nord du bourg. ☎ 04-95-26-23-01. • acciola.com • Ouv de mi-mai à fin sept. Forfait pour 2 env 19,50 €. CB refusées.* Petit camping tout simple et sans chichis : on plante la tente sous les châtaigniers et on profite de la vue superbe sur les environs. L'ensemble est propre, les sanitaires ont été récemment refaits. L'accueil est gentil comme tout.

Gîte d'étape

⌂ |●| ***U Poghju :*** *quartier Luca, dans le bas du village (500 m après le panneau). ☎ 04-95-26-21-88. • gite-etape-upoghju@orange.fr • gitedetape-evisa.com • Ouv mars-oct. Nuitée env 18 €/pers. Env 40 €/pers en ½ pens. CB refusées.* 5 dortoirs de 4 lits et 2 dortoirs de 9 lits, draps fournis. Une vraie adresse de randonneurs ! Car les dortoirs se résument dans l'ensemble à des espaces compartimentés par des cloisons et fermés par des rideaux. Les sanitaires sont dans le même genre, un rien bricolés mais convenables. Côté parties communes, on se partage un salon TV avec cheminée, et un bout de jardin au calme avec quelques transats. Bon accueil de Marie-France Ceccaldi, qui propose, sur réservation, une cuisine familiale simple *(menu corse : 22 €).*

Gîtes ruraux

⌂ ***Gîtes du Belvédère :*** *au centre du village et en contrebas (à droite) du parking. S'adresser à M. Gianni, dans la maison attenante aux gîtes. ☎ 04-95-26-20-95. • lebelvedere.evisa@yahoo.fr • Ouv début juin-fin sept. Gîtes 2-6 pers 400-700 €/sem selon taille et saison. Apéritif ou café offert sur présentation de ce guide.* Des 2, 3 et 4-pièces avec une vue plongeante sur la vallée, pas tout neufs et aménagés à l'ancienne mode, mais calmes et très bien tenus. Certains disposent d'une terrasse avec barbecue. Accueil très gentil des propriétaires.

Prix moyens

⌂ |●| ***La Châtaigneraie :*** *à l'entrée d'Évisa en venant de Porto. ☎ 04-95-26-24-47. • hotel-la-chataigneraie@wanadoo.fr • hotellachataigneraie.com • ♿ Fermé autour de Noël. Doubles avec douche ou bains 49-65 € selon saison. ½ pens en doubles 105-155 €.* Wi-Fi Cette auberge typique toute de granit gris renferme une douzaine de chambres, petites mais rénovées et bien tenues. À table, sûre et authentique cuisine corse, franche et bien réalisée (même carte qu'au restaurant *A Tràmula* ci-après).

|●| ***A Tràmula, le Caffè di a Posta :*** *au cœur du village, sur la route principale. ☎ 04-95-26-24-47. • ceccaldi_patrizia@wanadoo.fr • Ouv tte l'année, tlj (sur résa nov-mars le soir slt). Formule 19 € à midi et menu 24 € ; à la carte, env 25 €. Digestif offert sur présentation de ce guide.* Ici, on ne fait pas les choses à moitié. À la fois bar, resto et épicerie fine, le *Caffè di a Posta* peut se targuer de proposer dans tous les cas le meilleur de la Corse ! Au menu, d'excellentes charcuteries, des lasagnes au *brocciu,* noix de veau au

cédrat confit, ou encore des crêpes à la farine de châtaigne, à savourer dans le cadre pittoresque d'une salle de bistrot de village, à moins de préférer la vue géniale depuis la terrasse cachée derrière la maison. Une halte de choix.

À faire

Nombreuses randonnées dans le coin.

➢ ***Les gorges de la Spelunca :*** on en parle plus haut, « Dans les environs d'Ota ». Départ au niveau du cimetière (à l'entrée du village en venant de Porto).

➢ ***Les cascades d'Aïtone :*** *à l'entrée de la forêt du même nom.* Prendre la très belle route (D 84) qui mène au col de Vergio. Pour les marcheurs, compter 40 mn d'Évisa. Site charmant au milieu des arbres par le chemin des Châtaigniers. Inconvénient : l'endroit est très, trop fréquenté en saison, à tel point que l'ONF a décidé d'en limiter l'accès. On peut voir les ruines d'un ancien moulin et, au milieu des petites cascades, des piscines naturelles *(A Madre).*

Fête

– ***Fête du Marron :*** *nov. Rens : ☎ 04-95-26-20-09 (mairie).* Voici l'occasion d'honorer le marron et de mieux le connaître. Celui du pays, l'*insitina,* vaut son pesant de cacahuètes. Quelques champignons sont aussi de la fête. Une manifestation unique au monde et 100 % rurale et corse ; en un mot, authentique !

DANS LES ENVIRONS D'ÉVISA

♣♣ ***La forêt d'Aïtone :*** sans conteste l'une des plus belles de l'île, réputée pour ses gigantesques pins laricio. Des sentiers de randonnée encouragent à de belles promenades, notamment jusqu'à des sommets montagneux flirtant avec les 1 500 m.

➢ ***Randonnée pédestre en forêt d'Aïtone :*** compter 2h-2h30 aller et retour. Départ en face du *Bar de la Poste* d'Évisa, au niveau du sentier Mare a Mare. De là, chouette promenade familiale (sentier du châtaignier). On traverse la châtaigneraie, puis on arrive à la *grotte des Bandits* (halte ! qui va là ?), ensuite vue splendide du belvédère et retour via les piscines naturelles d'Aïtone. Sentier pédagogique très bien conçu sur la châtaigneraie.

LA CÔTE, DE PIANA À AJACCIO

PIANA (20115) 445 hab.

À 12 km de Porto par une route très sinueuse. Niché au-dessus des fameuses *calanche* (ou calanques) rouges, assurément l'un des plus beaux spectacles naturels de la mer Méditerranée. Le village, bien préservé, est charmant et pimpant, avec quelques vieilles maisons de pierre et, bien sûr, la mer et une vue à couper le souffle ! Pour s'en persuader, il suffit de

DES MULES ET DES ARMES

C'est un petit chemin muletier partant de la plage d'Arone qui a permis, en février 1943, de livrer aux maquisards corses leurs premières armes (450 mitraillettes tout de même, et pas moins de 60 000 cartouches), acheminées par le sous-marin Casabianca *des Forces françaises libres.*

descendre dans le bas du village, juste après le *Gîte de la Fontaine*. Très belle plage de sable, encadrée de rochers roses, mais à 12 km du village quand même (la plage d'Arone). Attention, forte pente : on perd vite pied (bon à savoir pour les enfants). Sur la route (la D 824, appelée « route Danielle-Casanova » en mémoire de la grande résistante corse dont la famille était originaire de Piana), un peu avant la plage, voir la stèle qui rend hommage aux résistants.

Adresse utile

Office de tourisme : *en plein centre, avec les bâtiments administratifs, sur la gauche en venant de Porto. ☎ 04-95-27-84-42. • otpiana.com • Juin-août : lun-ven 9h-12h, 13h-17h ; w-e 9h-13h. En mi-saison : lun-ven 8h30-11h30, 13h-17h ; sam 9h-12h.*

Où dormir ? Où manger à Piana et dans les environs ?

Camping

Camping Plage d'Arone : *le plus proche de Piana (mais à 12 km tt de même, par une sublime route en corniche), et à 500 m de la plage d'Arone. ☎ 04-95-20-64-54. Ouv de mi-mai à fin sept. Forfait pour 2 env 24-29 € selon saison. CB refusées.* Camping s'étendant sur 3,5 ha. Très ombragé par des eucalyptus et des oliviers. Emplacements spacieux. Familial et agréable. Confort de base : épicerie de dépannage, lave-linge, eau chaude, et sanitaires bien entretenus. La plage d'Arone, accessible à 500 m à pied par un sentier, est vraiment belle.

De bon marché à prix moyens

Le Gîte de la Fontaine : *pl. de la Fontaine. ☎ 04-95-27-80-77. 06-24-64-54-34. • gitedelafontaine@sfr.fr • location-piana.com • Double 50 €. CB refusées.* Donnant sur une placette tranquille, cette petite maison entièrement réservée aux hôtes est la bonne surprise de Piana : au rez-de-chaussée, la cuisine commune, dans les étages, 4 chambres agréables et confortables (douche et w-c nickels) et, sous les combles, un salon avec TV, bibliothèque et quelques jeux à disposition. Bon accueil.

Maison d'hôtes San Pedru : *en plein centre. ☎ 04-95-72-01-22. • pianizzola@orange.fr • san-pedru.e-monsite.com • Ouv mai-sept. Doubles avec lavabo 50-60 € (ajouter 5 € côté jardin). Chambres quadruples avec lavabo 80-100 €. Petit déj 5 €. Un petit déj/pers offert sur présentation de ce guide.* Une vieille maison patinée par le temps, qui a su garder tout son cachet ancien. C'est rétro mais bien propre et plein de charme. On aime bien ces chambres au plancher de bois brut, à la solide armoire chenue. Les salles de bains et toilettes sont à l'étage, ce dont les tarifs raisonnables tiennent compte. Préférer les chambres donnant sur le jardin.

L'Onda : *plage d'**Arone** (prendre à droite à la bifurcation quand on a fini la descente). ☎ 06-32-57-69-08. • thomas-2a@live.fr • Tlj juin-sept 7h30-23h (avr-mai et oct-nov 11h-18h). Menus 23-28 €, pizzas 10-13 €, pâtes 12-23 €.* Quasi les pieds dans l'eau, dans ce cadre enchanteur, un confortable et sympathique restaurant offrant une cuisine chantante de saison et de grande qualité. Tout est concocté à partir de produits ultra-frais (pêche du jour par pêcheur local et fromages de l'un des derniers bergers de Piana). Grand choix à la carte avec deux coups de cœur : les croustillants de langoustine au miel et le cabri corse rôti au feu de bois... Pour juste casser une petite graine, le *Cabanon de Livia*, en contrebas du resto, propose une restauration rapide fort correcte.

|●| ***La Voûle :*** *dans le centre, à côté de l'église.* ☎ *04-95-27-80-46. Ouv tte l'année, tlj midi et soir. Menus 20-22 €, plats 14-25 €. Digestif maison offert sur présentation de ce guide.* Qu'il s'agisse du menu corse ou de celui « du pêcheur », tout est bon : cabri rôti, pâté aux langoustes, poissons du golfe grillés, achetés à Antoine, le pêcheur du village... Terrasse abritée au calme. Frais et familial.

Chic

⌂ ***Hôtel Mare e Monti :*** *route des Calanche.* ☎ *04-95-27-82-14.* • *contact@mare-e-monti.com* • *mare-e-monti.com* • *À la sortie de Piana vers Porto. Ouv avr-sept. Doubles 75-130 € avec petit déj.* Petit hôtel familial dont les chambres ont toutes été rénovées : confort très correct (salle de bains, TV à écran plat), mais, surtout, on profite sur l'arrière de balcons qui permettent d'admirer les *calanche* au loin.

|●| ***Le Café de la plage :*** *sur la plage d'****Arone,*** *à env 12 km de Piana.* ☎ *04-95-20-17-27.* • *lecafedelaplagearone@orange.fr* • *Ouv avr-début nov. Tlj midi et soir en hte saison (service en continu). Plats 26-29 €. Digestif offert sur présentation de ce guide.* Vaste, résolument tendance, le *Café de la plage* déploie sa terrasse cosy et aménagée avec soin (les espaces en bois flotté sont très réussis) face à la Grande Bleue. Une situation exceptionnelle, donc, pour goûter de jolies assiettes aux accents méditerranéens, sympathiques et colorées, copieuses et goûteuses. Également un snack, Côté Snack,pour les plus petits budgets (hamburgers, panini, *bruschette*...).

Plus chic

⌂ |●| ***Hôtel-restaurant Les Roches rouges :*** *à l'entrée de Piana quand on vient de Porto.* ☎ *04-95-27-81-81.* • *hotellesrochesrouges@wanadoo.fr* • *lesrochesrouges.com* • *Ouv de mars à mi-nov. Doubles 120-141 €. ½ pens possible. Menu 25 € à midi puis 38-80 €.* Une vaste bâtisse construite en 1912, au charme fou malgré sa façade un peu fatiguée, qui surplombe merveilleusement les *calanche*. Vue sublime de la terrasse, où il est agréable de venir boire un verre au coucher du soleil. Grandes chambres simples et claires, bien tenues, certaines avec vue sur mer et toutes avec un vrai cachet. Parfois, le parquet du dessus a tendance à craquer et l'animation du bar-resto s'entend de certaines chambres. C'est aussi cela, le charme de l'ancien... Mais *Les Roches rouges*, c'est également une excellente table. On prend ses repas dans une superbe salle à manger, classée pour son plafond, ses fresques et son parquet. Indéniablement une halte culinaire recommandable.

DANS LES ENVIRONS DE PIANA

Les calanche : panorama d'ensemble absolument divin (surtout au coucher du soleil) quand on arrive par la route de Cargèse. Mais on se fait une meilleure idée de ce que sont les *calanche* en sortant de Piana pour aller vers Porto. Là aussi, au coucher du soleil, c'est le choc assuré. Attention, la circulation est infernale dans la journée (nombreux cars) et la visibilité est bien souvent réduite à pas grand-chose, sans parler des nombreux piétons sur la route descendus de leur véhicule garé un peu n'importe où. N'oubliez pas de demander dans l'un des offices de tourisme du secteur la brochure « Calanche de Piana » qui vous aidera à découvrir les surprenantes formes de certains rochers (l'Evêque, le Lion, l'Indien...).

La marine de Ficajola : *de la route d'Arone, une tte petite route y descend. Vertigineux (faire très attention, surtout si l'on a un véhicule un tant soit peu* *volumineux). Env 5-10 mn de marche après le parking.* Quelques cabanons, une plage de poche... et du monde en saison.

La plage d'Arone : *à env 12 km de Piana.* La belle route qui y mène dispense de somptueux points de vue. Belle plage de sable offrant toutes les activités nautiques possibles et imaginables. En arrivant, prendre à gauche (accès public).

➢ ***Randonnée au capo Rosso*** *(capu Rossu) : compter 3h30 A/R.* Attention, pénible par grand soleil, prévoir de l'eau. Le capo Rosso est cette presqu'île qui ferme au sud le golfe de Porto.
De Piana, prendre la D 824 qui mène à la plage d'Arone et se garer dans le large virage à gauche signalé par un panneau du Conservatoire du littoral, au niveau de la buvette. Il ne faut ensuite que 1h30 à 2h pour gagner le sommet du capo Rosso, le long d'une sente caillouteuse en excellent état mais non balisée, qui s'approche à plusieurs reprises du bord de la falaise. On remarque un peu partout les restes d'anciennes exploitations agricoles (terrasses, aires de battage, bergeries...).
Au pied véritablement de la pyramide du capo Rosso, il est conseillé d'emprunter une sente cairnée (jalonnée d'empilements de gros cailloux), qui part à l'assaut du sommet en passant un peu plus haut à côté d'une cavité facile à remarquer. Un peu difficile tout de même pour les personnes qui n'aiment pas l'escalade (on peut éviter ce passage). La fin est plus chaotique, entre escarpements rocheux et buissons piquants que l'on s'efforce d'éviter au mieux. Évidemment, être bien chaussé.
On atteint ainsi la *tour de Turghiu,* parfaitement restaurée (avec même une cheminée à l'intérieur), et son panorama admirable sur le golfe de Porto, enchâssé dans son écrin montagneux. Pour le retour, redescendre vers le sud, pour rejoindre une bergerie restaurée (cairns également). On peut éviter l'accès le plus escarpé à l'aller en passant par cette bergerie.

CARGÈSE / CARGHJESE (20130) 1 160 hab.

Cargèse la Grecque, à 19 km au sud de Piana, par une bonne route. C'est en 1676 que des immigrés grecs originaires de la farouche région du Magne (sud du Péloponnèse), fuyant la tyrannie de l'Empire ottoman, s'établirent en Corse après quelques tribulations. Mais pas à Cargèse : à Paomia, pas très loin, d'où ils furent chassés en 1731. Ajaccio les accueillit alors, mais bientôt, à la suite de nouvelles frictions avec les Corses, les Français de Marbeuf les installèrent à Cargèse, en 1774. De là vient qu'aujourd'hui encore certains Corses de Cargèse parlent le grec (ceux qui sont d'origine grecque se reconnaissent à la terminaison de leur nom, « -acci », qui est l'adaptation du grec « -akis »). La petite église catholique grecque de rite oriental est décorée d'icônes, dont certaines sont fort belles. La municipalité est d'ailleurs jumelée avec Itylo, la bourgade grecque d'où sont venus les ancêtres de certains des habitants actuels.
Est-ce ce particularisme ou la présence du *Club Med,* plage de Chiuni, à 8 km au nord, qui a mis Cargèse à la mode ? Toujours est-il qu'en été on se bouscule ici, mais l'ambiance reste agréable. Cargèse est également le terminus du sentier de randonnée Tra Mare e Monti.

Adresses utiles

Office de tourisme *(plan B1) : rue du Docteur-Dragacci.* ☎ *04-95-26-41-31.* • *cargese.net* • *Dans le centre. Mai-sept, lun-sam*

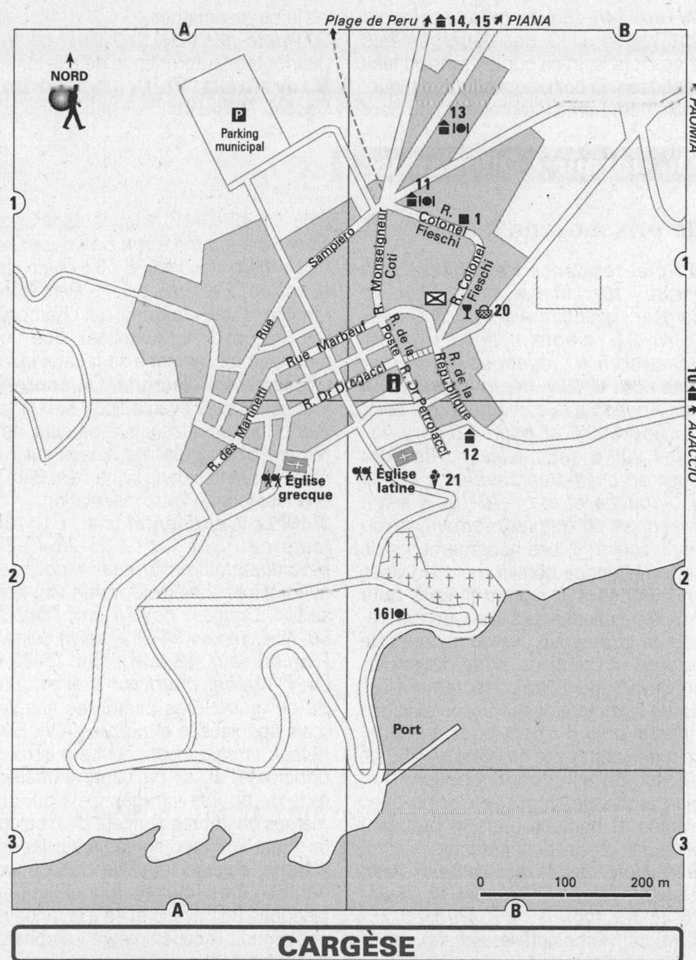

CARGÈSE

■ **Adresses utiles**

- Office de tourisme
- 1 Laverie

Où dormir ? Où manger ?

- 10 Hôtel-résidence Hélios
- 11 Hôtel-restaurant Le Saint-Jean
- 12 Hôtel Cyrnos
- 13 Le Continental
- 14 Hôtel-restaurant Les Lentisques
- 15 Motel Ta Kladia
- 16 U Rasaghiu

Où déguster de bons vins ? Où acheter de bons produits corses ?

- 20 Épicerie Leca

Où déguster une glace ?

- 21 A Volta

9h-13h, 14h-18h. Horaires restreints hors saison. Liste des hébergements et des loisirs, infos sur les randonnées pédestres du coin. Accueil dynamique. Également borne Internet gratuite pour les infos touristiques.

✉ ***Poste*** *(plan B1) : en plein centre.* Distributeur automatique de billets.

■ ***Laverie*** *(plan B1,* ***1****) : rue du Colonel-Fieschi. Tlj 8h-20h.*

Où dormir ? Où manger ?

De prix moyens à chic

Hôtel-résidence Hélios *(hors plan par B2,* ***10****) : Menasina, à 2 km de Cargèse, direction Ajaccio. ☎ 04-95-26-41-24. • hotel.helios.cargese@wanadoo.fr • locations-corse-cargese.com • Ouv de mi-mars à fin nov. Apparts à la sem : pour 2-4 pers, env 350-900 € et pour 4-6 pers env 500-1 200 € selon saison. Ils sont loués en chambres doubles à la nuit (TV, douche et w-c), 70-100 € selon saison, slt au dernier moment, selon disponibilité.* Les hébergements de cette résidence hôtelière sont divisés en 3 entités. Les appartements pour 2 ou 4 personnes se situent en contrebas de la réception, avec un bout de pelouse et barbecue sur le devant. Ils ont l'avantage d'être correctement isolés de la route. Les autres installations *(apparts pour 4-6 pers loués à la sem)* sont de l'autre côté de la route, à 50 m. L'ensemble est propre, fonctionnel et bien aménagé. Terrasse sympa avec piscine et hamacs dans le bâtiment principal, et jeux pour enfants.

Hôtel-restaurant Le Saint-Jean *(plan B1,* ***11****) : pl. Saint-Jean. ☎ 04-95-26-46-68 (hôtel) ou 04-95-20-73-82 (resto). • contact@lesaintjean.com • lesaintjean.com • À l'entrée du village en venant de Piana, sur la gauche. Ouv fév-déc. Doubles 65-100 € selon vue et saison. Petit déj 8 €. ½ pens 30 €. Plat du jour 12 €, menus 22-30 €. Parking privé.* Établissement de construction récente, aux chambres de bon confort, aménagées de façon agréable (tons pastel, AC, TV, douche et w-c). 2 types de chambres, côté mer avec loggia (mais aussi côté route et terrasse du resto...), ou sur l'arrière, plus petites et sans balcon. Fait aussi resto : on y mange très bien.

Hôtel Cyrnos *(plan B2,* ***12****) : rue de la République. ☎ 04-95-26-49-47. 📱 06-08-42-03-17. • leshautsdetorraccia@wanadoo.fr • torraccia.com • Ouv tte l'année. Doubles 38-68 € selon vue et saison. Petit déj 6 €.* Petit hôtel familial d'une poignée de chambres (propres et fonctionnelles), que l'on reconnaît facilement à sa façade jaune et ses volets bleu-gris. On conseille vraiment celles avec balcon et vue sur mer pour quelques euros de plus, nettement plus agréables, celles sur rue étant bruyantes dans la journée. Bien le préciser lors de votre réservation.

Le Continental *(plan B1,* ***13****) : route de Piana. ☎ 04-95-26-42-24. • continentalhotel@free.fr • continentalhotel.free.fr • Resto fermé ven hors saison. Congés : nov-fin janv. Doubles 50-75 €, triples 64-98 € selon saison. Plat du jour 12 €, menus 15-22 €. Apéritif offert sur présentation de ce guide.* Des chambres simples mais spacieuses et propres (TV). Seul défaut, la plupart donnent sur la route principale, assez passante en saison (pas de double vitrage). Cela dit, ces mêmes chambres profitent d'un balcon et d'une vue bien agréable sur la mer. À table, cuisine familiale très convenable : pâtes fraîches à la châtaigne, lasagnes du pays, crêpes à la farine de châtaigne... Accueil naturel, ambiance décontractée.

Motel Ta Kladia *(hors plan par B1,* ***15****) : sur la plage de Pero. ☎ 04-95-26-40-73. • motel.takladia@wanadoo.fr • motel-takladia.com • À l'extrémité nord de la plage, à env 3 km du village. Ouv d'avr à mi-oct. Studios 68-158 € selon saison et taille (pour 2-4 pers). Linge et ménage en sus. Digestif offert sur présentation de ce guide.* Un minivillage de maisonnettes méditerranéennes blanches plantées sur un promontoire et étagées au-dessus de la plage. Plutôt sympa visuellement, même si l'ensemble est un tantinet vieillissant. Studios malgré tout bien tenus avec lits superposés, canapés, sanitaires complets, kitchenette et terrasse donnant sur la mer. Certains peuvent accueillir jusqu'à 6 personnes (plus chers). Confort simple et sans prétentions. Bar et resto sur place en saison.

Hôtel-restaurant Les Lentisques *(hors plan par B1, **14**) : à 200 m de la plage de Pero. ☎ 04-95-26-42-34. • info@leslentisques.com • leslentisques.com • Ouv mai-sept. Doubles avec douche ou bains 88-154 € selon confort et saison ; resto slt le soir en juil-août. Café offert sur présentation de ce guide.* Le calme de cet établissement moderne, son côté discret et tranquille, ses chambres confortables (TV à écran plat, clim, bonne literie), claires et assez spacieuses, avec petite loggia pour chacune d'entre elles, toutes avec vue sur mer, en font une bonne adresse. D'autant que l'accueil est prévenant et que la piscine se révèle plus qu'agréable !

U Rasaghiu *(plan B2, **16**) : sur le port. ☎ 04-95-26-48-60. Ouv d'avr à mi-nov. Menus 18 et 24 €, carte env 25 €. Digestif offert sur présentation de ce guide.* Il y a en réalité 2 adresses. D'un côté, le resto, avec une grande et agréable terrasse couverte sur le port de Cargèse. Dans l'assiette, plusieurs formules, comme le menu corse, présentant un rapport qualité-prix correct, ou le poisson du jour. Sinon, le bar attenant s'est spécialisé dans les pizzas et les petits menus tout simples (du genre brochettes-frites). Basique, mais bien pratique pour un repas rapide et pour profiter de la terrasse sans se ruiner. De mai à fin octobre, les lundi, mercredi et vendredi, chants corses.

Où déguster de bons vins ?
Où acheter de bons produits corses ?

Épicerie Leca *(plan B1, **20**) : rue du Colonel-Fieschi. ☎ 04-95-78-51-95. • epicerieleca@orange.fr • Avr-oct, tlj 9h-minuit et les w-e en déc, janv et mars. Congés : nov et fév. Bruschetta 12 €, pain montagnard 12,50 €.* À côté de l'épicerie fine, bien approvisionnée, le bar à vins est l'un des lieux animés du village. Agréable pour découvrir les crus insulaires (belle sélection) ou les bières locales. Petite restauration également (*U Spuntinu* : assiettes de charcuterie ou de fromages, tapas corses, bruschettas, glaces artisanales), histoire d'accompagner les boissons...

Où déguster une glace ?

A Volta *(plan B2, **21**) : à côté de l'église latine, pl. du Chanoine-Mattei. ☎ 04-95-26-41-96. Ouv avr-sept. Coupes glacées 11-15 €.* Dominant le petit port du haut de la corniche, cette terrasse accueillante offre une vue extra. Idéal pour déguster les créations de Géronimi, célèbre maître glacier de Sagone. Également des salades-repas et des assiettes-brunch.

À voir. À faire

Le panorama : de la terrasse de l'église catholique, vue superbe sur le golfe, le charmant petit port et les vieilles maisons fleuries du village. On peut descendre au port par un chemin, depuis l'église catholique latine.

L'église catholique latine *(plan B2)* **et l'église catholique grecque de rite oriental** *(plan A2) : l'une en face de l'autre.*
L'église catholique, de style baroque, a des airs très méditerranéens avec sa façade blanche. Elle fut construite au début du XIXe s. Intérieur richement décoré. Entre autres, un amusant trompe-l'œil et divers tableaux anciens.

L'église grecque, quant à elle, est de rite byzantin et date de la fin du XIXe s. On y trouve quatre icônes venues de Grèce, dont un *Saint Jean-Baptiste* (ailé) peint au XVIe s au mont Athos et une *Vierge à l'Enfant* de style byzantin, qui daterait du XIIe s. Ne pas manquer la Pâque orthodoxe. En été, des concerts y sont organisés.

Les plages : il y en a six sur la commune. Celle de *Chiuni,* 8 km au nord, est sans doute la plus belle (c'est celle du *Club Med*). C'est sur cette plage que, dans la nuit du 14 au 15 décembre 1942, le sous-marin *Casabianca* débarqua hommes et matériel : c'était la première de sept missions capitales pour la Résistance. L'autre plage bien sympa est celle de *Peru* (Pero), la plus proche. On peut y descendre à pied par le sentier de Funtanella (il se prend à l'opposé du *Saint-Jean*, à gauche de la route de Peru). Plusieurs paillotes pour prendre un verre ou se restaurer (on recommande l'*Ustaria a Piaghia*). Également la belle *plage de Menasina,* au sud-est de Cargèse et accessible uniquement à pied depuis la route.

➢ ***Randonnées :*** à partir du hameau de *Revinda,* accessible par une route à moitié goudronnée, partant sur la droite à 7,5 km de Cargèse, direction Piana, on gagne à pied le hameau abandonné de *E Case* où a été restaurée, sur le trajet du Tra Mare e Monti, une maison qui sert désormais de *refuge (☎ 04-95-26-48-19 ; ouv avr-sept ; repas du soir sur résa env 35 € en ½ pens ou 10 € la nuitée ; sympathique accueil de M. et Mme Charrol).*
– Également une autre balade au départ de la plage de Peru (Pero) pour rejoindre la tour génoise d'Omigna, avec possibilité de baignade.
– Enfin, balade jusqu'au menhir à partir de la route de Paomia.

➢ ***Promenades en mer à Girolata-Scandola :***
– Balade à bord d'un bateau rapide, ***U Filanciu.*** *Billets en vente à l'hôtel* Cyrnos *(à Cargèse), au* Café de la Plage *(plage d'Arone, à Piana) ou au resto* L'Ancura *(à Sagone). 📱 07-60-14-03-04. Env 55 € pour les balades en journée (le « grand tour », durée : 3h30). Jusqu'à 5 départs/j. (de Cargèse et de la plage d'Arone).* Seulement 12 personnes maximum embarquent à bord de ce semi-rigide piloté par un jeune sympathique. Léo Serreri, fils et petit-fils de pêcheur, vous fera profiter de sa connaissance des sites remarquables et vous emmènera dans les moindres recoins grâce à son petit bateau. Propose également une sortie plus courte à Scandola *(2h30 : 45 €)* et la visite des calanques de Piana *(1h45 : 35 €)* ainsi qu'un service de bateau-taxi pour les soirées (Arone, Porto, Girolata).
– ***Nave Va :*** *📱 06-17-11-58-02. Voir à Sagone la rubrique « À faire ». Mêmes tarifs.* La vedette part de Sagone à 9h et fait halte à Cargèse à 9h30 pour embarquer des passagers.
– La compagnie des croisières ***Grand Bleu*** (rue Marbeuf) propose le même genre de promenade au départ de Cargèse seulement. *Également un bureau sur le port. Infos : ☎ 04-95-26-40-24. • croisieregrandbleu.com • Compter 50 €/pers ; réduc enfants.*

DE CALVI À AJACCIO

Plongée sous-marine

À Cargèse et dans les environs, les montagnes de granit aux couleurs chaudes dégringolent dans l'azur profond de la Méditerranée, pour y poursuivre leurs extravagances chaotiques. Ici, la vie sous-marine est sauvage et intense, mais peu de plongeurs y prennent part, car le spot est encore assez confidentiel. Foncez !

Club de plongée

■ ***Explorasub*** *(plan B2) : sur le port. 📱 06-11-01-19-54. • explorasub.fr • ♿ Ouv 1er avr-15 nov. Résa très conseillée en juil-août. Résa conseillée. Baptême env 65 € et plongée 45-50 € selon équipement ; forfaits* *dégressifs 5-10 plongées. Snorkelling 30 €. Réduc de 5 % sur présentation de ce guide ou de la carte d'étudiant.* Plongée à la carte et en comité restreint dans ce club (FFESSM et PADI), où le dynamique Jean-Marc Frère et sa petite équipe très sympa assurent un encadrement exemplaire dans une ambiance conviviale. Depuis leurs bateaux rapides, ils proposent : baptêmes, formations jusqu'au niveau III et brevets PADI, sans oublier des explorations grandioses (l'équipe recherche de nouveaux sites en hiver) dont vous garderez de grands souvenirs. 1 fois par semaine, journée vers la réserve de Scandola et randonnées palmées (snorkelling) possibles. Plongée au *Nitrox* (air enrichi en oxygène), sans supplément, pour les confirmés : stages découverte, biologie et photo. Initiation enfants dès 8 ans. Accueil des personnes à mobilité réduite. Équipement complet fourni (pas de portage des bouteilles). Boutique sur place.

Nos meilleurs spots

La Pierre marine : devant le port de Cargèse. Idéal pour les baptêmes et plongeurs de tous niveaux. C'est une roche émergeante assez pelée mais très poissonneuse (de 0 à 30 m de fond). Des girelles paons joliment colorées et peu farouches viennent à votre rencontre, alors que mérous et barracudas vivent leur vie sans vous prêter la moindre curiosité. Une plongée sympa.

La grotte de la Femme nue : dans la baie de Chiuni, au nord du village. Idéal pour les baptêmes et plongeurs de tous niveaux. Cette magnifique petite crique (pour faire crack !), bien abritée, tient son nom d'une nymphette anonyme qui venait ici se faire bronzer !... Ce n'est donc pas étonnant que, sous l'eau, on se rince l'œil sans compter en explorant éboulis, grotte, tunnel, puis une cheminée qui aboutit à une piscine naturelle. Belles éponges rouges, mostelles, beaucoup de rougets, oursins diadèmes, sans oublier un homard super costaud.

Capo Rosso : au nord de Cargèse. Idéal pour les baptêmes et plongeurs de tous niveaux. Un étonnant bouquet de pics rocheux posés sur le sable (de 2 à 40 m de fond) et magnifiquement colorés par les éponges, spirographes, anémones et gorgones. Classiques compagnons de plongée de la Méditerranée, parmi lesquels murènes et mérous débonnaires ont investi les failles. Également d'impressionnantes raies pastenagues fouillant le sable à la recherche de leur nourriture et, rarement, des raies aigles d'une rare élégance. Une plongée sublime et très sauvage.

La pointe de Locca : sans doute le tombant le plus impressionnant de la région. Le relief superbe est composé d'un festival de rochers fantastiques, parmi lesquels on découvre de belles gorgones bleues, des langoustes, du corail rouge...

SAGONE / SAVONE (20118 ; commune de Vico)

À 13 km au sud-est de Cargèse. L'origine du village est très ancienne puisque l'on y découvrit d'importants menhirs, des ruines romaines et les vestiges d'une cathédrale romane (l'une des plus anciennes de Corse). De son passé glorieux, seule subsiste une imposante tour génoise. Sagone, grâce aux grandes plages formées par son golfe, est devenue une station balnéaire agréable, même si les constructions récentes ont atténué son charme.

Où dormir ?

Camping Le Sagone et Village Le Sagone : *route de Vico, à 1,5 km de Sagone, sur la gauche.* ☎ *04-95-28-04-15.* • *contact@camping-sagone.fr* •

camping-sagone.fr • contact@villagevacances-sagone.fr • village vacances-sagone.fr • Camping ouv avr-sept, village résidentiel ouv tte l'année (sf autour de Noël). Compter, pour 2 avec tente et voiture, env 17,50-33,30 €. Également des bungalows pour 2-8 pers 240-1 549 €/sem selon taille, confort et période. Immense camping très arboré, donc ombragé, et fleuri. Grands emplacements bien délimités, nombreuses locations, du bungalow toilé aux chalets de standing, avec AC, TV et wifi et une ribambelle de prestations : restaurant *(La Palmeraie)*, piscine et plusieurs terrains de tennis, volley, golf et football. Location de VTT. Supermarché et laverie à 100 m. Animations très festives en haute saison.

Où dormir dans les environs ?

Résidence Funtanella : *à 4 km au nord de Sagone et 10 km au sud de Cargèse, bien fléché en bord de route. ☎ 04-95-28-02-49. • contact@residence-funtanella.com • residence-funtanella.com • Ouv tte l'année. Studios, apparts et minivillas pour 2, 4 et 6-8 pers, à la sem. Pour 2, compter 382-700 € (70-140 € la nuitée) ; pour 4, compter 450-860 € (90-160 € la nuitée).* Un ensemble de petites constructions agréables qui débute en bord de route et qui s'étend en profondeur sur un terrain fleuri (réserver les plus éloignées de la chaussée). Propres, clairs et fonctionnels, tous avec kitchenette, salle de bains et petite terrasse. La mer est juste en face, mais la plage est à Sagone, à quelques kilomètres de là. Une option très pratique (draps et produits de bain sont fournis, comme à l'hôtel).

Où manger ?

Crêperie A Spusata : *sur la plage, dans le centre de Sagone. ☎ 04-95-28-07-47. • aspusatasagone@hotmail.fr • Formule 14,50 €. Café offert sur présentation de ce guide.* Petite crêperie simple comme tout, nichée dans un lotissement moderne, avec terrasse donnant sur la plage. Spécialités de galettes à la farine de châtaigne et de crêpes avec figues maison. Une solution bonne et pas chère.

A Stonda : *à la sortie sud de Sagone, sur le bord de la route. ☎ 04-95-28-01-66. • a.stonda@wanadoo.fr • En saison, fermé lun midi ; hors saison (de mi-déc à Pâques), fermé lun (tte la journée), soir mar-mer et dim. Plats 16-23 €, pizzas 12-14 €.* Le resto possède une longue terrasse en bois un peu à l'écart de la route, on y propose une cuisine excellente, notamment de bonnes grillades et du poisson, ainsi que de belles pizzas au feu de bois. Ici, on ne connaît pas le surgelé et le bruccio n'est proposé qu'en saison. Le patron mûrit lui-même sa viande. Le résultat se fait sentir au palais. Une adresse régulière, appréciée des locaux. C'est bon signe !

L'Ancura : *sur le port. ☎ 04-95-28-04-93. • ancura@orange.fr • Congés : nov-fév. Le midi, plat du jour env 15-16 € ; le soir, menu 25 €, repas à la carte env 40-50 €. Digestif offert sur présentation de ce guide.* Une terrasse couverte aménagée avec goût sur le charmant petit port de Sagone, où quelques pointus de pêcheurs se dandinent à quai. Côté cuisine, on vous régale de poissons qu'apporte la pêche du jour. Tables de bois avec une terrasse au bord de l'eau. Service jeune et cordial. Plats traditionnels soignés. Une adresse raffinée, mais plus chère.

Où manger une glace ?

Glaces Géronimi : *dans le centre de Sagone. ☎ 04-95-28-04-13. • glacesgeronimi@orange.fr • Env 3 € la boule. Coupes glacées 8-15 €.* C'est ici que vous goûterez les fameuses glaces de M. Géronimi, un maître glacier célèbre pour avoir remporté de prestigieux concours (notamment, il a gagné le prix du Meilleur Glacier d'Europe). Pas donné, mais divinement original quant aux parfums proposés..

À faire

Se baigner, bien sûr, mais nous vous mettons en garde contre les DANGERS DE LA PLAGE DE SANTANA, qui se trouve juste après la station le long de la route d'Ajaccio. C'est vrai qu'elle est tentante, mais, chaque année, de mauvais courants y font des victimes. Bon à savoir, surtout avec des enfants. À noter qu'elle est surveillée en juillet-août.

➢ ***Promenade en mer à Girolata-Scandola :***
– Balade à bord d'un bateau rapide, ***U Filanciu.*** *07-60-14-03-04. Billets en vente à l'hôtel* Cyrnos *(à Cargèse), au* Café de la Plage *(plage d'Arone, à Piana) ou au resto* L'Ancura *(à Sagone). Env 55 € pour les balades en journée (le « grand tour », durée : 3h30). Jusqu'à 5 départs/j. (de Cargèse et de la plage d'Arone).* Seulement 12 personnes maximum embarquent à bord de ce semi-rigide piloté par un jeune sympathique. Léo Serreri, fils et petit-fils de pêcheur, vous fera profiter de sa connaissance des sites remarquables et vous emmènera dans les moindres recoins grâce à son petit bateau. Propose également une sortie plus courte à Scandola *(2h30 : 45 €)* et la visite des calanques de Piana *(1h45 : 35 €),* ainsi qu'un service de bateau-taxi pour les soirées (Arone, Porto, Girolata).
– ***Nave Va :*** *06-17-11-42-40. Résa impérative la veille. Prix : 50 € ; réduc enfants (5-10 ans).* Du petit port de Sagone, départ à 9h et retour vers 17h15. Pause pique-nique et baignade à Girolata, visite des *calanche* et de capo Rosso, puis découverte de la réserve de Scandola. Possible aussi en semi-rigide (12 places max : un peu plus cher). Également un départ à 17h pour les *calanche* de Piana *(33 €).*

– ***Activités nautiques :*** *au centre* ***UCPA Triu Funtanella,*** *à 5 km de Sagone, pont de Stagnoli. ☎ 04-95-28-02-21. Ouv mai-fin oct.* Kayak de mer, planche, catamaran, plongée sous-marine. En été, les jeunes sont acceptés en externat.

➢ ***Super virée dans l'arrière-pays :*** une boucle partant de Sagone et ralliant ***Vico*** (baignade en piscines naturelles), ***Murzo*** (piscines naturelles, où se baigner sous le pont de Belfiore, *Maison du miel – Casa di U Mele* – ouverte par le parc naturel régional – *en été tlj 9h-12h, 14h-19h, GRATUIT),* ***Muna*** (hameau de 20 maisons du XVIIIe s, tout à fait pittoresque et ignoré), ***Rosazia, Salice, Azzana*** (belle piscine naturelle sous le pont entre Azzana et Lopigna), puis ***Lopigna*** (somptueux panoramas) et retour sur la côte, à 5 km au sud de Sagone. Petit détour possible, à ***Rezza*** (à quelques kilomètres d'Azzana), où le parc régional a ouvert une Maison de la vallée avec un parcours d'orientation et de découverte. Compter une demi-journée en voiture. Routes empruntées : Sagone-Vico, 13 km, D 70 ; Vico-Murzo, 6 km, D 23 ; Murzo-Rosazia-Azzana, 22 km, D 4 ; et descente sur la côte par la D 125, puis la D 25 (une trentaine de kilomètres).

VICO / VICU (20160) 900 hab.

Moins spectaculaire qu'Évisa, mais encastré dans un amphithéâtre de montagnes vertes, Vico est un bourg typique, avec ses hautes maisons, ses ruelles, ses placettes écrasées de chaleur (curieux monument aux morts avant le *Caffé Naziunale*). C'est la vraie vie des hauteurs, loin de la frime des plages. Non, pas de plage ici, mais une rivière, le Liamone, où l'on peut se baigner en

été (à 3 km environ de Vico, sous le pont de la D 23 direction Poggiolo) et la mer, à Sagone, n'est tout de même qu'à 14 km.

Où dormir ? Où manger ?

Chambres d'hôtes

🏠 |●| ***Chambres d'hôtes Santa Carlotti :*** *route du Stade, au col de Saint-Antoine. Prendre à droite au carrefour, c'est la 3e maison sur la droite. 📱 06-87-20-25-31. • santacarlotti@live.fr • a-santina.com • Double 80 €. Repas sur résa 30 €. Apéritif ou digestif offert sur présentation de ce guide.* Dans sa jolie maison récente aux volets verts, l'adorable Santa vous accueille avec gentillesse. Chambres très bien tenues et soignées, toutes avec salle de bains. Certaines offrent une sympathique vue sur la vallée. Et puis ça vaut le coup d'y prendre un repas, car tout est fait maison : entrée généralement à base de *brocciu,* sanglier ou autre viande, fromage bio avec sa confiture de figues, dessert et vin compris. Après, on peut s'installer au salon pour papoter, car la maison est réservée aux hôtes (Santa habite juste à côté). Comme des coqs en pâte !

De bon marché à plus chic

🏠 ***Le couvent Saint-François :*** *à la sortie de Vico, direction Murzo. ☎ 04-95-26-83-83. • accueilcouventvico@orange.fr • Lit en dortoir 9 € ; doubles sans ou avec sdb 35-47 €. ½ pens possible. CB refusées.* Monacal ! Ce qui signifie hyper tranquille, fonctionnel et spartiate (chambres de 2 à 6 lits d'un âge indéterminé, qui se partagent presque toutes les douches et w-c). Seules concessions au confort moderne : une cuisine géniale (une dizaine de fourneaux !), une salle à manger voûtée au cachet indiscutable... et même une salle TV (où l'on regarde plus les murs recouverts de fresques que l'écran !). Très sympa dans son genre.

🏠 |●| ***Hôtel U Paradisu, restaurant Saint-Pierre :*** *sur la route du couvent Saint-François, à la sortie de Vico. ☎ 04-95-26-61-62. • hotel.uparadisu@cegetel.net • hoteluparadisu.com • Congés : nov-début déc. Doubles 71-99 € selon confort et saison. ½ pens (à partir de 3 nuits) 69-76 €/pers. Formule 20 € (midi). Menus 25-28 €. 📶 Café maison offert sur présentation de ce guide.* Longue et solide bâtisse à la mode corse. Chambres classiques, parfois un peu datées, profitant pour certaines d'une fort jolie vue. Piscine. Restaurant. Une ambiance pension de famille pas désagréable et un bien bon accueil.

|●| ***Café National :*** *en plein centre. ☎ 04-95-26-60-25. • francoispaoli@orange.fr • Avr-sept tlj ; en hiver, les w-e slt. Pizzas 9-11 €, assiette nationale 16 €, viandes 15-16 €.* Sympathique terrasse qui vaut pour son ombre généreuse. La carte est assez courte, s'y distinguent les pizzas, très appréciées, et la belle assiette nationale, très complète, qui vous cale un repas (on y trouve jusqu'aux légumes du potager). En été, en principe le jeudi, soirées musicales (chants traditionnels corses).

Où dormir ? Où manger dans les environs ?

Prix moyens

🏠 |●| ***L'Auberge des Deux Sorru :*** *à* ***Guagno-les-Bains,*** *20125* ***Poggiolo.*** *☎ 04-95-28-35-14. • ibagni@orange.fr • hoteldesdeuxsorru.com • ♿ À 12 km à l'est de Vico. En arrivant à Guagno-les-Bains, sur la gauche de la route. Resto fermé mar midi en basse saison. Congés : de nov à mi-mars. Doubles 59-90 € selon saison. Menu 21 €. 📶 Café offert sur présentation de ce guide.* Un bâtiment de construction récente, abritant des chambres fonctionnelles et nickel, et même plutôt mignonnes avec leurs couvre-lits et rideaux aux tons chauds. Au resto, grande salle claire et terrasse côté vallée. Cuisine familiale.

Auberge U Fragnu : *à* ***Murzo,*** *à 5 km à l'est de Vico, sur la route de Guagno. ☎ 04-95-26-69-26. Fermé dim soir et lun hors saison. Congés : nov-fin mars. Plat du jour 12,80 € ; formules et menus 15,80-24,80 €. Digestif offert sur présentation de ce guide.* Une jolie auberge aménagée dans un ancien moulin à huile d'olive. Honnête « menu du berger ». Cannellonis, agneau au feu de bois, et pizzas au feu de bois également. À noter : le village de Murzo organise la plus importante Foire au miel de Corse (le dernier dimanche de septembre).

U Paese : *Umbricia, 20125* ***Soccia.*** *☎ 04-95-28-31-92. • hotel.u.paese@wanadoo.fr • hotel.u.paese.corse.monsite.orange.fr • Congés : janv. Env 68-74 € la double selon saison. Petit déj 8 €. Réduc à partir de 3 nuits.* Dans une grande maison de pierre, très Corse profonde, un hôtel sympathique, sur 3 niveaux (ascenseur). Bar et salon-bibliothèque. Fréquenté par les randonneurs qui apprécient l'authenticité du lieu et les bons conseils des propriétaires.

Randonnée : le lac de Creno

Encore un lac créé par le diable selon la légende, bien agréable à découvrir l'été, car on pourra pique-niquer sur ses rives, à l'ombre généreuse des pins laricio (c'est le seul lac de montagne en Corse à proposer un tel confort à sa clientèle !). Compter 2h30 aller et retour (et 3h30 aller et retour en partant d'Orto). Être bien chaussé. Carte IGN Top 25 Monte d'Oro, Monte Renoso. À noter qu'il est également possible de partir en balade à dos d'âne ou à poney. *Loc depuis le parking au départ du lac de Creno. 06-10-78-56-22. • astalla.e-monsite.com • Compter 40 € la journée.*

➢ De Vico, aller à Soccia. On s'arrêtera à proximité du deuxième lacet au-dessus du village de Soccia : une croix géante et un panneau indicateur sont là pour signaler le début du chemin qui s'élève paisiblement sur le versant nord-ouest du *Sant'Eliseo* (un sommet orné d'une petite chapelle qui est en août un lieu de pèlerinage très couru). Avant d'atteindre le lac de Creno, le sentier balisé passe au-dessus des bergeries et du petit lac de l'Arate, puis à côté de la fontaine de Veduvella (parfois à sec), deux lieux de pause fort sympathiques.
Au passage, il croise le chemin, lui aussi balisé, qui monte à Creno du village voisin d'Orto, un point de départ plus sportif – la dénivelée est pratiquement double –, mais plus attrayant, car le parcours s'y déroule en partie dans une châtaigneraie, et les panoramas y sont plus variés ; par ailleurs, Orto est un patelin plutôt dépaysant.

➢ ***Canyoning au canyon de Zoicu :*** *au-dessus de Soccia. 06-15-05-28-42. • canyon-corse.com • Tlj en été. Compter 50 €/pers.* Le canyon de Zoicu peut se pratiquer en famille (descente accompagnée possible dès 7 ans). Le rendez-vous se fait devant l'hôtel *U Paese* à Soccia en début d'après-midi. Le matin est réservé aux « descentes sensation ». Une activité décoiffante à la portée de tous ou presque.

Où méditer sur la finalité des choses ?

Le couvent Saint-François : *à la sortie de Vico, direction Murzo. Ouv à la visite tlj tte la journée.*
À flanc de montagne, entouré de jardins et de bois, c'est une grande bâtisse blanche dans un paysage bien vert. Fondé par des franciscains en 1489, reconstruit entre 1627 et 1785, occupé de nos jours par une poignée de missionnaires de

la congrégation des oblats de Marie. Remarquer, dans l'église, le Christ en croix, le plus vieux de Corse, les fresques à l'italienne et, dans la sacristie, un meuble du XVIIe s en châtaignier.
Mais le plus intéressant pour les profanes que nous sommes, c'est l'intérieur même du couvent. Visite libre. On peut découvrir les couloirs, la bibliothèque, des cellules, une chapelle et une salle de TV des plus insolite sous ces fresques colorées.

Festival

– ***Sorru in Musica :*** *juil. Rens : ☎ 04-95-26-60-08. ● sorru-in-musica.com ●* Animations culturelles en fin d'après-midi, concerts délocalisés dans plusieurs villages du canton (Vico, Renno, Balogna, Soccia, Coggia, Poggiolo, Arbori, Murzo et Sagone). Pour les musiciens, académie de musique en résidence au couvent et *master classes.*

TIUCCIA

(20111 ; commune de Sari-d'Orcino)

À 7 km au sud de Sagone et à une trentaine de kilomètres d'Ajaccio. Une petite station qui a de plus en plus la cote auprès des estivants grâce à ses très belles plages, encaissées dans le golfe de la Liscia, et son accès rapide à Ajaccio. Beau point de vue sur le site quand on arrive d'Ajaccio, au col de San Bastiano.

Où dormir dans les environs ?

Campings

⛺ |●| ***Camping La Liscia :*** *route de Tiuccia, 20111* ***Calcatoggio.*** *☎ 04-95-52-20-65. ● francois.ferraro@wanadoo.fr ● la-liscia.com ● À 2 km de Tiuccia. Ouv avr-sept. Pour 2 avec tente et voiture env 20-26,50 € selon saison. Loc de bungalows pour 2-5 pers 380-930 €/sem selon saison. Également des studios 330-840 € selon taille et saison.* Vaste et bien ombragé. Bon accueil. Snack-bar, pizzeria, épicerie, laverie, aire de jeux pour les enfants : bon équipement, en somme. Son défaut : situé côté route et non côté mer (plage à 600 m). Planter sa tente vers le fond.

⛺ ***Camping A Marina :*** *golfe de la Liscia, 20111* ***Calcatoggio.*** *À 3 km de Tiuccia, en bord de mer. ☎ 04-95-52-21-84. ● contact@camping-amarina.com ● camping-amarina.com ● Ouv avr-oct. Forfait pour 2 env 25-31 € selon saison. Également chalets et mobile homes qu'on peut louer à la nuit hors saison ou à la sem (420-1 090 € selon type et saison).* Un camping plaisant, car isolé dans un coin calme au bout d'un chemin privé. Espaces ombragés et agréables. Sanitaires propres en nombre suffisant, et équipements convenables (snack-bar, pizzeria, épicerie, aire de jeux pour les enfants). Et, surtout, la plage est juste devant.

Chambres d'hôtes

Chambres d'hôtes Le Ruone : *chemin de Petra Nera, 20111* ***Calcatoggio.*** *☎ 04-95-25-62-11. ● leruone@gmail.com ● ruone.fr ● En arrivant d'Ajaccio, ne pas prendre la route de Calcatoggio mais poursuivre sur la D 81 pdt 1,9 km : c'est un chemin qui descend abruptement à droite. Congés : de mi-nov à avr. Doubles selon saison et confort env 100-160 €. Familiales 150-230 €. CB refusées.* C'est d'abord la situation qui retient l'attention : isolées à flanc de montagne, les 2 maisons modernes profitent d'une vue superbe sur le golfe. Ensuite, les chambres : aménagées avec goût dans un style actuel, elles se révèlent très confortables. Impeccable pour se ressourcer, à l'image de la terrasse sur pilotis avec vue panoramique ou de la belle piscine. Accueil dynamique.

Gîtes ruraux

☗ ***Gîtes de la famille Stephanopoli*** *(Gîtes de France)* **:** *à* ***Canaggiola-Casaglione.*** *Résas auprès des Gîtes de France : ☎ 04-95-10-54-30/31.* • *gites-casaglione-corse-sud-ouest.com* • *À 9 km à l'est de Tiuccia, par la D 25. Ouv juin-sept. Selon type de gîte, de 309-389 €/sem en basse saison à 529-949 €/sem en hte saison.* Une bonne situation pour ces 7 gîtes pas trop éloignés des grandes plages de Tiuccia ou Sagone (15 à 20 mn en voiture) et profitant d'un cadre pittoresque de village d'arrière-pays, ceint de montagnes. Commerce à 6 km (mais le boulanger passe). Gîtes simples et fonctionnels, répartis entre 2 maisons récentes se partageant un vaste terrain clos (un 7e gîte pour 2 personnes est mitoyen à la maison des propriétaires dans le village). Lave-vaisselle, congélateur, TV, micro-ondes. Lave-linge commun aux gîtes. Location de draps et serviettes en sus, salon de jardin, cheminée. Bois et chauffage en sus. Aire de jeux pour les jeunes enfants (toboggan, balançoires).

☗ ***Gîte de M. Caruso Matteoni*** *(Gîtes de France)* **:** *à* ***Calcatoggio.*** *Résas auprès des Gîtes de France : ☎ 04-95-10-54-30/31. Fax : 04-95-10-54-38. À 5 km de la station de Tiuccia, direction Ajaccio et sur la gauche la D 201. Tt en haut du village, dans l'ancienne caserne de gendarmerie. Ouv tte l'année. Compter 320 €/sem en basse saison, 395 €/sem en juin et sept, 660 €/sem en juil-août.* Gîte sur 2 niveaux (accès indépendant) dans une grande bâtisse en granit. Bel espace intérieur (60 m²). Aménagement plutôt coquet. Grand séjour-cuisine avec convertible 2 places et, à l'étage, chambre mansardée (3 lits de 1 personne), douche et w-c. Lave-linge, lave-vaisselle, TV, location de linge. Salon de jardin et terrain dégagé devant la maison, avec vue superbe sur le golfe. Plage et commerces à 5 km. En prime, proprios adorables. Et toutous bienvenus.

AJACCIO ET SA RÉGION

AJACCIO / aiacciu (20000) 65 540 hab.

Pour le plan d'Ajaccio, se reporter au cahier couleur.

Même si Ajaccio n'est pas en soi une destination de séjour, voilà une ville plutôt agréable. Certains peuvent la trouver un peu bruyante, encombrée (on y circule difficilement), mais on a vite fait de se perdre dans ses vieilles rues aux maisons colorées. Il y a en quelque sorte deux Ajaccio : la vieille ville, concentrée autour du port, avec ses hautes bâtisses, sa rue Fesch, piétonne et animée, son marché et ses terrasses de cafés, et la partie plus moderne qui s'étire tout le long du grand boulevard de bord de mer et dont les constructions, à l'architecture pas toujours heureuse, se disséminent jusque sur les collines. Les environs d'Ajaccio méritent également qu'on s'y attarde : les îles Sanguinaires, les plages de Porticcio et la montagne toute proche, qui offre à la baie d'Ajaccio un cadre vraiment superbe.

Bien sûr, on ne peut parler d'Ajaccio sans évoquer Napoléon, l'enfant du pays, maître de l'Europe et génie militaire et politique – pour d'autres, tyran et boucher, mais nous n'entrerons pas dans cette discussion, et d'ailleurs à quoi bon ? On ne refait pas l'Histoire, et les millions de morts ne se relèveront pas. Du reste, Tino Rossi mettra tout le monde d'accord : « Aaaah, Catarinetta bella tchi-tchi, Aja, Aja, Ajacciiiiiiii-ooooo ! »

NAPOLÉON EMPESTAIT !

C'est à l'arrivée des Français en Allemagne en 1801 que l'usage de l'eau de Cologne se popularisa. Son plus célèbre utilisateur était Napoléon, qui en versait un flacon dans ses bottes avant de monter à cheval. Il en consommait jusqu'à 43 l par mois. À Sainte-Hélène, privé de son eau favorite, il parvint à en retrouver la formule en faisant appel aux souvenirs de ses compagnons d'infortune.

Arriver – Quitter

En bus

Attention : les horaires ou fréquences peuvent varier d'une année à l'autre...

***Gare routière** (plan couleur B3) : bd Sampiero.* ☎ *04-95-51-55-45.* Les compagnies ont leur guichet dans le nouveau bâtiment de la gare routière.

➢ ***De/vers Santa-Maria-Sicchè, Propriano, Sartène, Pianottoli, Porto-Vecchio, Bonifacio :** Autocars Eurocorse (☎ 04-95-21-06-30 ; • eurocorse.com •)* Lun-sam, 4 bus/j.

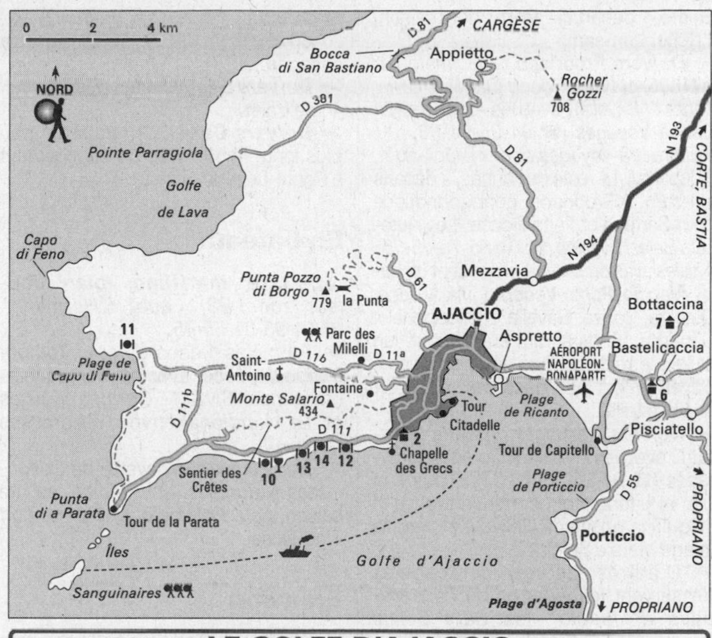

LE GOLFE D'AJACCIO

Où dormir ?	**Où manger ? Où boire un verre ?**
2 Hôtel Les Mouettes	**10** L'Ariadne Plage
6 Motel L'Orangeraie	**11** Le Pirate, chez Pierre Tou
7 Les Hameaux de Bottaccina	**12** L'Altru Versu
	13 Restaurant Chez Pech
	14 Le Beau Rivage

1er juil-31 août (2 départs slt dim et j. fériés), dont 2 vont jusqu'à Porto-Vecchio, les 2 autres ayant pour terminus Bonifacio ; 3 bus hors saison (1 le mat et 2 l'ap-m). Compter 1h45 de route pour Propriano et 3h30 pour Porto-Vecchio et Bonifacio.

➢ ***De/vers Tiuccia, Sagone, Cargèse, Plana, Porto, Ota :*** *Autocars S.A.S.A.I.B./Ceccaldi Voyages (☎ 04-95-22-41-99).* Lun-sam, 2 départs/j. tte l'année (1 le mat et 1 l'ap-m), plus dim et j. fériés en juil-août. Compter 2h pour Porto.

➢ ***De/vers Tiuccia, Sagone, Vico, Évisa et Marignana :*** *Autocars Ceccaldi (☎ 04-95-21-38-06).* Lun-sam, 2 départs/j. (1 le mat et 1 l'ap-m). Le 2e départ n'a lieu qu'en période scol. Un 3e départ, jusqu'à Vico slt, se fait, également en période scol, depuis la gare SNCF.

➢ ***De/vers Bocognano, Vizzavona, Venaco, Corte, Ponte-Leccia, Bastia :*** *Autocars Eurocorse, (☎ 04-95-21-06-30 ; ● eurocorse.com ●)* 2 liaisons/j. (1 le mat et 1 l'ap-m en juil-août). Pas de départ dim sept-juin. Compter 3h de route d'Ajaccio à Bastia. À Ponte-Leccia, correspondance pour ***Calvi*** avec *Beaux Voyages (☎ 04-95-65-11-35).*

➢ ***De/vers Porto-Pollo et Olmeto-Plage*** *(via Bisinao et Pila Canale)* ***:*** avec les *Autocars Alta Rocca Voyages (ex-Autocars Ricci),* ☎ *04-95-51-08-19.*

En été, 1 départ tlj l'ap-m ; hors saison, 1 départ lun-sam.

➢ ***De/vers Propriano** (via Olmeto par la N 196)* ***et l'Alta Rocca** (Sartène, Levie, Zonza et Bavella) :* avec les *Autocars Alta Rocca Voyages (☎ 04-95-51-08-19 ; • altarocca-voyages.com •).* Juil-août, 3 départs/j. Le reste de l'année, 2 départs lun-sam. À Propriano, correspondance pour Sartène et l'Alta Rocca. Les *Autocars Balesi Évasion (☎ 04-95-70-15-55 ; • balesievasion.com •)* proposent un trajet ***Ajaccio/Porto-Vecchio,*** via Aullène, Quenza, Zonza, Bavella et L'Ospédale. Départ à 15h tlj sf dim en juil-août, lun et ven le reste de l'année (hors saison, Bavella n'est pas desservi). Compter 3h45 de trajet.

➢ ***De/vers Porticcio (jusqu'à Verghia) :*** avec les *Autocars Corse Méditerranée (☎ 04-95-25-40-37).* 2 bus/j. sf dim et j. fériés, qui continuent ensuite jusqu'à la pointe de l'Isolella et Verghia (plage Mare e Sole).

➢ D'autres petites compagnies desservent les ***villages de l'arrière-pays d'Ajaccio*** : les *Cars Bellini (☎ 04-95-52-88-99)* font la liaison Ajaccio-Peri-Carbuccia. Les *Cars Santoni (☎ 04-95-22-64-44)* montent jusqu'à Zicavo, via Cauro et Sainte-Marie-Sicchè.

En train

***Gare ferroviaire** (plan couleur B2) : à proximité du port. ☎ 04-95-23-11-03. Ouv lun-sam 5h50-20h30 et dim 9h10-20h15.* Consignes à bagages.

➢ ***De/vers Bastia :*** 4 à 5 dessertes/j., 4h de trajet.

➢ ***De/vers Calvi :*** 2/j., trajet un peu plus long, 4h30. Avec un changement à Ponte-Leccia.

En bateau

***Gare maritime** (plan couleur zoom B3) : quai L'Herminier. ☎ 04-95-51-55-45.*

➢ Au moins 1 départ/j. pour ***Toulon, Marseille, Nice,*** avec les compagnies maritimes *SNCM, Corsica Ferries* et *La Méridionale* (voir « Adresses utiles »).

➢ Sans oublier la navette de *Découvertes Naturelles,* env 5 fois/j. en hte saison, pour ***Porticcio.*** Départ du port Tino-Rossi.

En avion

✈ ***Aéroport Napoléon-Bonaparte** (carte Le golfe d'Ajaccio) : situé à 6 km d'Ajaccio, à Campo dell'Oro, sur la route de Porticcio. ☎ 04-95-23-56-56. • 2a.cci.fr • Pour s'y rendre, prendre le bus n° 8 au rond-point de la gare ferroviaire.* Départ ttes les heures env 5h-23h (durée : 15 mn) ; de l'aéroport, même fréquence. Env 4,50 €. Point info dans le hall.

AJACCIO

Adresses utiles

ℹ ***Office de tourisme** (plan couleur zoom B3) : 3, bd du Roi-Jérôme. ☎ 04-95-51-53-03. • ajaccio-tourisme.com • Juil-août : lun-sam 8h-20h ; dim 9h-13h, 16h-19h. En mi-saison : lun-sam 8h-19h, dim 9h-13h. Nov-mars : lun-ven 8h-12h30, 14h-18h ; sam 8h30-12h30, 14h-17h ; fermé dim et j. fériés.* Dirigé par une équipe dynamique. Plan gratuit de la ville et des environs, documentation (avec quelques itinéraires de balades pas trop difficiles, dont 2 circuits thématiques en ville), horaires des bus, trains, bateaux, et infos sur l'hébergement et les activités du secteur. Borne Internet. Propose aussi des visites guidées – *Les Rendez-vous curieux de l'été* –, à thème (renouvelé chaque année), ainsi que des concerts – *Les Polyphonies de l'été* – chaque mercredi soir (se renseigner pour connaître le lieu) de juillet à mi-septembre. Également le « shopping de nuit » (en juillet-août). Renseignements et inscriptions à l'office de tourisme.

■ ***Bureau d'information du parc naturel régional de Corse** (plan couleur zoom B3,* ***1****) : 2, rue du Sergent-Casalonga. ☎ 04-95-51-79-00 ou 04-95-50-59-04. • parc-naturel-corse.com • Lun-ven 8h30-12h, 14h-17h.*

Personnel extrêmement sympa et efficace. Bonne doc sur les sentiers de randonnée et les gîtes d'étape pour marcheurs, cavaliers, cyclotouristes. On peut y acheter de nombreux topo-guides avec cartes et se procurer des dépliants sur les balades en boucle dans les microrégions.

✉ **Poste** *(plan couleur zoom B3)* **:** *13, cours Napoléon.* ☎ *04-95-51-84-65. Lun-sam 8h-18h30 (12h sam).*

■ **Relais régional des Gîtes de France** *(plan couleur B2,* **3***)* **:** *77, cours Napoléon, BP 10.* ☎ *04-95-10-06-14.* • *gites-corsica.com* • *Ouv lun-ven 8h-12h30, 14h-17h30 (16h30 ven).* Propose la liste de gîtes de séjour, chambres d'hôtes et campings à la ferme dans toute l'île.

■ **Parkings :** *parkings payants sous la pl. du Général-de-Gaulle (pl. du Diamant) ou quai L'Herminier. Également un autre parking bd Sampiero.* Très pratiques en été, où il devient difficile de trouver à se garer, à moins d'arriver le matin avant 10h.

@ **Le Bistrot du Cours** *(plan couleur zoom B3,* **60***)* **:** *10, cours Napoléon. Tlj 7h-22h (19h dim).* On peut aussi y manger (salades, tartines, pizzas...) et bien plus encore (soirées café philo, cours de corse).

■ **Capitaineries des ports de plaisance :** *port Tino-Rossi,* ☎ *04-95-51-55-43. Port de l'Amirauté (Charles-d'Ornano),* ☎ *04-95-22-31-98.* Pour les plaisanciers : canal VHF 9. Sur place : douche, w-c, carburants...

Transports

■ **Air France :** ☎ *36-54 (0,34 €/mn). Agence à l'aéroport, tlj 6h-20h. Dans le centre-ville : 3, bd du Roi-Jérôme. À droite de l'office de tourisme. Lun-ven 8h45-11h45, 13h45-16h45.*

■ **Air Corsica :** *représenté par* Air France. ☎ *36-54 (0,34 €/mn).* • *aircorsica.com* • Vols réguliers au départ de Paris, Nice, Lyon et Marseille. Vols saisonniers à partir nombreuses villes de province.

■ **Ollandini Voyages :** *1, rue Paul-Colonna-d'Istria.* ☎ *0892-23-40-30 (0,34 €/mn).* • *la-corse.travel* • *Bureau à l'aéroport ouv en fonction des horaires des charters.* Vols saisonniers pour les 4 aéroports corses depuis les principales villes de province.

■ **SNCM :** *à la gare maritime.* ☎ *32-60 (dites « SNCM » ; 0,15 €/mn) ou 04-95-29-66-99.* • *sncm.fr* • Ferries pour Marseille et Nice.

■ **Corsica Ferries :** *à la gare maritime.* ☎ *0825-095-095 (n° Azur).* • *corsicaferries.com* • Ferries pour Nice et Toulon.

■ **La Méridionale :** *port de commerce, 15, bd Sampiero, entre la gare maritime et la gare ferroviaire.* ☎ *04-95-11-01-00 ou 0810-201-320 (n° Azur).* • *lameridionale.fr* • Cargos mixtes passagers-marchandises pour Marseille.

■ **TCA (Transports en commun d'Ajaccio) :** *75, cours Napoléon.* ☎ *04-95-23-29-41.* • *bus-tca.fr* • Les bus desservent toute la ville. Il existe un *pass séjour,* valable 24h *(3 €)* ou une semaine *(10 €).* En été, des noctambus sont en service, notamment sur la ligne 5 (Sanguinaires).

■ **Stations de taxis :** *pl. du Général-de-Gaulle,* ☎ *04-95-21-00-87 ; av. Pascal-Paoli,* ☎ *04-95-23-25-70.*

Location de voitures

Une demi-douzaine de loueurs vous attendent à l'extérieur de l'aéroport d'Ajaccio. N'hésitez pas à demander un tarif spécial hors saison. Pensez à louer une petite voiture, pratique pour les routes étroites et sinueuses, avec un toit ouvrant ou la clim (il fait parfois très, très chaud !).

■ **Hertz :** *à l'aéroport.* ☎ *04-95-23-57-04.* • *hertzcorse.com* •

■ **Budget :** *à l'aéroport.* ☎ *04-95-30-05-04.* • *budget.fr* •

■ **Citer :** *à l'aéroport.* ☎ *04-95-23-57-15.* • *citer.fr* •

■ **Ada :** *à l'aéroport.* ☎ *04-95-23-56-57.* • *ada.fr* •

■ **Avis :** *à l'aéroport.* ☎ *04-95-23-56-90. En centre-ville : 1, rue Paul-Colonna-d'Istria.* ☎ *04-95-23-92-55 ou 0825-05-05-05 (n° Vert).* • *avis-corse@ollandini.fr* •

Location de vélos, scooters, motos et bateaux

■ **LSP 2 Roues** *(plan couleur B3-4)* **:** *13, bd Sampiero.* 📱 *06-07-28-84-81.*

À côté de l'hôtel Le Dauphin. Location de scooters, vélos électriques et traditionnels.

■ ***Rout'Évasion*** *(plan couleur D1) : 10, av Noël-Franchini. ☎ 04-95-22-72-87. • routevasion.com • Au début de la N 194, direction Mezzavia-Calvi par la côte.* Réparation, location et vente de VTT et vélos uniquement.

■ ***Moto Corse Évasion*** *(plan couleur D2) : résidence Mariani, quartier Saint-Joseph. ☎ 04-95-20-52-05. 📱 06-07-23-99-68. • corsicamoto.com •* Location de vélos, VTT, VTC et motos de 125 à 650 cm³. Organise aussi des randonnées et séjours à moto.

Où dormir ?

Ajaccio n'offre pas un grand choix d'adresses bon marché. Sinon, dans l'ensemble, le niveau de l'hôtellerie est plutôt satisfaisant.

Si tout est complet en saison, on conseille de chercher dans les environs proches, à 30 mn en voiture (Bastellicaccia à l'est, Porticcio au sud, voire Tiuccia ou Sagone au nord).

Pour les campings, pas grand choix, et ils ne sont pas centraux. D'autres à Porticcio, à 15 km (liaisons par car).

En ville

Camping

⛺ ***Camping Les Mimosas*** *(hors plan couleur par B1,* ***19****) : La Carosaccia, route d'Alata, puis à gauche vers « Les Baraques ». Fléché. ☎ 04-95-20-99-85. • campingmimosas@wanadoo.fr • camping-lesmimosas.com • ♿ À 3 km à l'est du centre-ville. De l'aéroport, bus n° 8 jusqu'à l'arrêt* Mercure *puis 20 mn de marche. Ouv d'avr à mi-oct. Pour 2 avec tente et voiture, compter env 18 €. Également mobile homes (avec sanitaires) 340-580 €/sem (pour 4) et petits chalets (sans ou avec sanitaires) 280-400 €/sem (pour 3-4) selon saison. CB refusées.* 📶 Assez tranquille, en retrait du tumulte ajaccien et pourtant pas loin de la ville, un petit camping sans chichis mais convenable. Sanitaires simples et propres (eau chaude). Petite épicerie.

De prix moyens à chic

🏠 ***Hôtel Marengo*** *(plan couleur A4,* ***12****) : 2, rue Marengo. ☎ 04-95-21-43-66. • hotel-marengo.com • Ouv début avr-fin oct. Réception au tél 9h-19h. Selon saison, doubles avec ou sans douche et w-c privés 67,80-97,80 €.* 📶 *Un petit déj/chambre offert sur présentation de ce guide, hors juin-sept.* L'une de nos adresses ajacciennes les plus anciennes et les plus régulières. Petit hôtel caché dans une cour intérieure, elle-même au fond d'une impasse, donc au calme, à proximité de la plage et du casino, juste au-dessus de la route des Sanguinaires. Les chambres, réparties entre la maison principale et l'annexe sur le côté, sont simples mais bien tenues, fonctionnelles, et dotées de tout le confort (téléphone, TV, AC, double vitrage...). Couleurs chaleureuses et un notable effort de déco. Certaines sont de plain-pied et donnent sur la cour et sa petite terrasse fleurie. Accueil attentionné.

🏠 ***Hôtel du Palais*** *(plan couleur B2,* ***11****) : 5, av. Beverini. ☎ 04-95-22-73-68. • hoteldupalais@wanadoo.fr • hoteldupalaisajaccio.com • Ouv de mi-mars à mi-nov. Selon saison et confort, doubles climatisées 65-85 €, petit déj compris.* 📶 Un immeuble assez central, dont le 1er étage a été transformé en tout petit hôtel 2 étoiles de 8 chambres. Double vitrage (mais l'insonorisation est moyenne), AC et TV dans chaque chambre. Déco moderne. Propre. Convenable, mais à condition d'éviter les annexes.

🏠 ***Hôtel Spunta di Mare*** *(plan couleur D2,* ***14****) : quartier Saint-Joseph. ☎ 04-95-23-74-40. • hotelspuntadimare@wanadoo.fr • hotel-spuntadimare.com • Doubles 62-100 € selon saison, avec petit déj.* 💻 📶 *Apéritif ou digestif offert sur présentation de ce guide.* Excentré (à 1,5 km du centre), mais pratique quand on vient de l'aéroport (tout de suite à droite avant le cours Prince-Impérial). Immeuble moderne aux chambres impeccables, rénovées dans un style contemporain agréable. Bien tenu et tout confort : bains, w-c, AC, TV satellite, clim, téléphone et excellente literie. Panorama sur le golfe pour une bonne partie des chambres, salle de muscu et solarium au 4e étage. Ajoutez un accueil efficace et vous obtenez une bonne adresse.

Hôtel Le Dauphin *(plan couleur B3,* ***10****) : 11, bd Sampiero. ☎ 04-95-21-12-94. • ledauphinhotel@wanadoo.fr • ledauphinhotel.com • Juste en face de la gare maritime. Doubles 60-91 € selon saison, avec petit déj. Garage motos et vélos offert sur présentation de ce guide (selon disponibilité).* Bar-resto au rez-de-chaussée. Le principal atout de cet hôtel sans prétentions à la façade toute rose est sans doute sa situation. Chambres avec sanitaires, double vitrage et clim, fonctionnelles avant tout. En demander une dans les étages et avec balcon (meilleure vue... du moins côté mer : un peu tristoune sur l'arrière). Pour une étape, donc.

De chic à plus chic

Hôtel Impérial *(plan couleur A4,* ***16****) : 6, bd Albert-Ier, BP 39. ☎ 04-95-21-50-62. • info@hotelimperial-ajaccio.fr • hotelimperial-ajaccio.fr • Ouv d'avr à début oct. Doubles standard 88-98 € ; en catégorie supérieure, compter 98-130 €. TV LCD, Canal+.* Dans le quartier calme et prisé du bord de mer, au début de la route des Sanguinaires et à deux pas du centre et de la citadelle. Hall de style et d'époque Empire. 3 niveaux de standing pour les chambres.

Hôtel Best Western Ajaccio Amirauté *(plan couleur D1,* ***23****) : 20, bd Georges-Pompidou (route de Sartène). ☎ 04-95-27-22-57. • contactajaccio@corsica-hotels.fr • corsica-hotels.com • À 1,5 km du centre. Doubles 59-149 € selon saison, j. de la sem et confort. Sur présentation de ce guide, remise de 10 % (résas en direct).* Pas très approprié sans doute pour ceux qui aiment avant tout les vieilles pierres dans les centres historiques, mais cet hôtel récent de bon standing offre des chambres spacieuses, fonctionnelles, tout confort (AC, TV), et au final agréables. Également des appartements bien conçus (avec terrasse), dans le bâtiment voisin : impeccables pour les familles. Terrasse-solarium, piscine (chauffée). Accueil efficace et souriant.

Hôtel Fesch *(plan couleur zoom B3,* ***13****) : 7, rue Cardinal-Fesch. ☎ 04-95-51-62-62. • hotelfesch@yahoo.fr • hotel-fesch.com • Ouv tte l'année. Selon confort (douche ou bains) et saison, doubles standard 72-142 €, confort 80-160 € (si vous voulez la terrasse, au dernier étage, c'est plus cher). Petit déj 10 €. Sur présentation de ce guide, 1 petit déj/chambre offert (sf en août).* Le gros avantage du *Fesch,* c'est sa situation stratégique au cœur de la ville, dans la rue piétonne la plus populaire et animée. Pour le reste, il occupe un bâtiment ancien et renferme des chambres dans le même esprit : bien tenues, confortables (minibar, AC et TV satellite), mais datées pour certaines.

Hôtel du Golfe *(plan couleur zoom B3,* ***15****) : 5, bd du Roi-Jérôme. ☎ 04-95-21-47-64. • contact@hoteldugolfe.com • hoteldugolfe.com • Doubles standard 132-202 € selon saison ; plus cher pour bénéficier de la vue sur la mer.* Face au marché et au port (pratique pour les départs matinaux), cet hôtel à l'élégante façade aux balcons de pierre abrite à l'inverse des chambres neutres et fonctionnelles (clim, sèche-cheveux, TV...), mais impeccables (bien qu'un peu petites). Plus on monte dans les étages, plus large est la vue sur le golfe d'Ajaccio (les chambres du 6e étage, avec terrasse, sont plus chères). Extra quand on ouvre les volets le matin. Les moins chères donnent sur l'arrière. On prend le petit déj sur la terrasse donnant sur la rue, en observant l'animation du matin.

Hôtel Napoléon *(plan couleur zoom B3,* ***22****) : 4, rue Lorenzo-Vero. ☎ 04-95-51-54-00. • info@hotel-napoleon-ajaccio.com • hotel-napoleon-ajaccio.com • Congés : 21 déc-15 janv. Doubles 89-123 € selon saison.* En plein centre-ville, dans une rue calme, perpendiculaire au cours Napoléon. Des chambres assez petites mais cosy, dans un style très classique. Clim, double vitrage, TV. Joli hall style Empire. Bon confort. Réception accueillante et compétente.

■ ***Hôtel San Carlu*** *(plan couleur zoom B4,* ***17****)* ***:*** *8, bd Danielle-Casanova. ☎ 04-95-21-13-84. • reception@hotelsancarlu.com • hotel-sancarlu.com • ♿ Tte l'année. Doubles 67-199 € selon confort et saison. Parking payant à proximité.* 💻 📶 Belle vue pour les chambres (cependant, certaines sont un peu exiguës) côté mer, et bon confort, car l'établissement vient d'être rénové : bains ou douche et w-c, téléphone, TV satellite, AC et chauffage, bar. Quelques chambres plus grandes (plus chères). Bien tenu et accueil souriant. Plage de Saint-François à 100 m.

Sur la route des Sanguinaires (Ajaccio ouest)

Beaucoup plus chic

■ ***Hôtel Les Mouettes*** *(carte Le golfe d'Ajaccio,* ***2****)* ***:*** *9, cours Lucien-Bonaparte, sur la route des Sanguinaires, à 1,5 km du centre-ville. ☎ 04-95-50-40-40. • info@hotellesmouettes.fr • hotellesmouettes.fr • ♿ Congés : de début nov à fin mars. Doubles standard 95-220 € selon saison ; chambres charme ou supérieures 150-345 €. Également des suites. Petit déj 19 €.* 💻 📶 Plus qu'un hôtel, c'est surtout une belle villa de charme à la déco raffinée, lumineuse, et stratégiquement située les pieds dans l'eau. Chambres élégantes et tout confort, la plupart avec terrasse privative ou balcon. Celles sur l'arrière sont tout de même moins « classe », car proches de la route, mais bien plus abordables. En revanche, tout le monde profite de la piscine en surplomb de la Grande Bleue, de la pelouse et du bout de plage en contrebas (rochers et sable). Accueil pro et souriant.

Où dormir dans les environs ?

Quelques adresses à Bastelicaccia, à 13 km à l'est d'Ajaccio, sur les hauteurs de l'arrière-pays.

Prix moyens

■ ***Les Hameaux de Bottaccina*** *(carte Le golfe d'Ajaccio,* ***7****)* ***:*** *20129* ***Bastelicaccia.*** *📱 06-46-37-83-38. • motel-hameaux-bottaccina.com • Venant d'Ajaccio, prendre la direction Sartène-Porticcio, puis à gauche vers Bastelicaccia ; au centre du village, prendre à gauche en épingle vers Bottaccina ; c'est à 2 km sur la gauche. Congés : Toussaint-fin mars. Bungalows 2-5 pers 280-670 €/sem selon taille et saison. Loc à la nuit possible hors saison. CB refusées.* Des bungalows en dur avec 1 ou 2 chambres, séjour, coin cuisine, douche, w-c, clim et terrasse (jolie vue). Confort simple, mais bon, c'est assez bon marché. Environnement fleuri et animalier (daims, tortues...), endroit tranquille et propriétaire gentil et arrangeant. Petite bibliothèque.

■ ***Motel L'Orangeraie*** *(carte Le golfe d'Ajaccio,* ***6****)* ***:*** *à Funtanaccia, 20129* ***Bastelicaccia.*** *☎ 04-95-20-00-09. • motel.orangerie@wanadoo.fr • motel-orangeraie.com • Dans le village, direction Porticcio, à gauche. Ouv tte l'année. S'y prendre à l'avance, car souvent complet. Selon saison et taille, pavillons 2-6 pers 50-120 €. À la sem, 330-830 €. Petit déj en sus.* 📶 Des pavillons noyés dans une invraisemblable végétation méditerranéenne : palmiers, orangers, arbousiers... Un cadre superbe, donc, et un bon accueil, jeune et dynamique. Location de studios (T2) pour 1 à 3 personnes ou 2 pièces (T3) pour 3 à 6 personnes, à la nuit ou à la semaine. Rénovés et bien équipés : bonne literie, isolation thermique, TV, sèche-cheveux, barbecue, terrasse, cuisine... Petite piscine très agréable. Bref, une excellente adresse.

Où manger ?

Les Ajacciens savent vivre, c'est sans doute pourquoi on trouve ici de bonnes petites tables un peu partout. Évitez toutefois les pièges à touristes disséminés autour du port : la bouillabaisse sent parfois la conserve, les prix augmentent fortement en été, alors que les portions diminuent (!). Attention : beaucoup de restos terminent leur service à 14h pile. Ce n'est pas l'heure espagnole !

Bon marché

– ***Sur le marché*** *(plan couleur zoom B3) : pl. du Maréchal-Foch (pl. des Palmiers).* Vous avez de la chance, le marché est ouvert tous les jours (mais moins de stands lundi). On conseille d'acheter des petits feuilletés aux blettes ou aux oignons (pas chers), de se faire couper une tranche de jambon, un bout de fromage et d'acheter du pain : chouette casse-croûte en perspective. Les Corses vous le diront : évitez d'acheter *figatelli* (saucisse de foie) et *brocciu* (fromage de brebis) en été ; ce n'est pas la saison !

I●I Et puisque vous êtes dans le coin, montez donc jusqu'au nº 3 de la rue Cardinal-Fesch, à la ***boulangerie-pâtisserie Galéani*** *(plan couleur zoom B3, **37**) : ouv dim jusqu'à 13h et fermé lun.* Superbes *canistrelli* au citron, à l'anis ou au vin blanc, et plein d'autres bonnes choses à découvrir... Quelques tables sur place.

I●I ***Ind'é Zézé*** *(plan couleur zoom B4, **31**) : 1, rue Forcioli-Conti.* ☎ *04-95-28-39-63. Tlj sf dim 7h-19h (plus tard l'été). Fermé 2 sem en fév. Sandwichs env 5-7 €. Plat du jour 13 €.* Parfait pour la pause, quelle que soit l'heure : le matin, on y sert des petits déj, et, le reste du temps, de gros sandwichs (aux compositions originales) et des salades. Le tout se déguste dans une salle riquiqui ou, mieux, en terrasse.

I●I ***Fesch Fresh Caffè*** *(plan couleur zoom B3, **43**) : 29, rue Cardinal-Fesch.* ☎ *04-95-10-80-94. • doubil2a@wanadoo.fr • Tlj sf dim 8h-19h. Plats du jour 12-16 €, salades 11-14 €.* Duos tartes-salades, assiettes-salades, tout est appétissant ! Du coup, ça part vite, et les retardataires se contenteront d'un sandwich ou d'un panini. Propose aussi des petits déj. Sympa et pas compliqué, comme l'accueil.

I●I ***Pizzeria U Papacionu*** *(plan couleur zoom B4, **32**) : 16, rue Saint-Charles.* ☎ *04-95-21-27-86. Slt le soir, sf dim. En basse saison, slt mer-sam soir. Réserver en saison. Pizzas 9-13 €.* Nichée dans une ruelle piétonne, cette pizzeria est depuis longtemps l'une des préférées des Ajacciens. La salle étant minuscule, les tables sont presque toutes en terrasse. On y déguste donc de bonnes pizzas classiques, mais aussi des salades réussies. La déco simple et fraîche et une équipe agréable contribuent à faire de cette petite adresse une valeur sûre.

Prix moyens

I●I ***Le Temps des Oliviers*** *(plan couleur zoom B3, **36**) : 1, rue des Halles.* ☎ *04-95-28-36-72. • letempsdesoliviers@live.fr • Entre la rue Cardinal-Fesch et le bd du Roi-Jérôme. Tlj sf dim (fermé tlj le midi en juil-août). Congés : nov. Pizzas env 11-14 €.* Les Ajacciens apprécient beaucoup cette adresse pour son cadre agréable (une salle voûtée à la déco actuelle : mobilier contemporain, un coin salon et un vieux pressoir pour la touche rustique), et surtout ses bonnes pizzas à pâte fine... servies en format XL ! Accueil jeune et dynamique.

I●I ***Da Mama*** *(plan couleur zoom B3, **30**) : passage Guinguette (porche et escalier donnant cours Napoléon, face à la poste).* ☎ *04-95-21-39-44. • damama@voila.fr • Fermé dim (sf dim soir en saison) et lun midi. Congés : janv-mars. Résa souhaitable. Formule 12 € (jusqu'à 13h30), menus 17-29 €. Digestif offert sur présentation de ce guide.* Une adresse discrète et dotée d'une terrasse ombragée agréable, sous le caoutchouc géant, retranchée dans une ruelle pentue reliant le cours Napoléon à la rue Cardinal-Fesch. Service prompt et attentionné – et pourtant il y a du monde ! – pour une cuisine qui se tient, notamment le menu corse, d'excellente facture. N'oublions pas la réserve maison, qui se boit toute seule, ainsi qu'une sélection de bons vins corses.

|●| ***Le Spago*** *(plan couleur zoom B4,* ***42****) : rue Emmanuel-Arène. ☎ 04-95-21-15-71. • le-spago@wanadoo.fr • Fermé sam midi et dim. Plats du jour le midi 10,50-12 €, à la carte env 20-30 €.* Un resto à la déco intérieure résolument branchée qui plaît beaucoup à la jeunesse locale. Terrasse large et tranquille (dotée d'un improbable gazon synthétique !), impeccable pour goûter une cuisine très honnête (de l'assiette corse au club sandwich en passant par des recettes sucrées-salées, il y en a pour tous les goûts). Service bien cool, aimable.

|●| ***Auberge Colomba*** *(plan couleur zoom B3,* ***34****) : 3, rue des Trois-Marie. ☎ 04-95-51-30-55. Fermé dim en basse saison. Congés : janv. Plats du jour 11 €, menu 30 €, plats env 16-23 €. Digestif offert sur présentation de ce guide.* Salle voûtée et vieilles pierres, tel est le cadre agréable de ce bon resto où le chef travaille à merveille foie gras et magrets de canard, sans oublier les recettes traditionnelles qui font la réputation culinaire de l'île. Présentation soignée et service impeccable.

|●| ***Le Trou dans le mur*** *(plan couleur zoom B3,* ***40****) : 1 bis, bd du Roi-Jérôme. À deux pas de la pl. du marché. ☎ 04-95-21-49-22. Ouv le midi (service non-stop jusqu'à 19h en hte saison), fermé lun hors saison. Congés : 3 sem en fév-mars. Formule plat du jour-dessert env 17,80 € ; sinon, plats env 10-15 €. Café offert à partir d'une addition de 17,80 € hors boissons.* À l'origine un bar, mais, au fil du temps, l'agréable terrasse du *Trou,* déployée sur le trottoir, est devenue le rendez-vous des Ajacciens travaillant dans le coin. Généreuses salades-repas, *crostini,* spécialité de lasagnes et toutes sortes de plats de brasserie simples et copieux. Service sympa.

|●| ***Il Passegero*** *(plan couleur zoom B3,* ***35****) : 3, bd du Roi-Jérôme. ☎ 04-95-21-30-52. • ilpassegero@orange.fr • De mi-avr à mi-oct, tlj midi et soir. Hors saison, fermé le dim ainsi que le soir, mar et mer. Congés : janv. Menu 22 €. Salades-repas et pâtes 13-16 €, raviolis artisanaux ou risotto env 18 €. Digestif offert sur présentation de ce guide.* Un restaurant italien disposant d'une petite terrasse sur le trottoir, à deux pas de l'office de tourisme. On vient principalement pour ses plats de pâtes (mention spéciale aux risottos et aux raviolis maison), plus que pour les pizzas. Belle sélection de vins italiens. Accueil agréable.

|●| ***Don Quichotte*** *(plan couleur zoom B3,* ***36****) : rue des Halles. ☎ 04-95-21-27-30. ♿ Entre la rue Cardinal-Fesch (passage entre les nos 26 et 28) et le bd du Roi-Jérôme. Fermé dim. Congés : nov. Formule Coup de cœur 16 €, formule du Patron 26 €. Café offert sur présentation de ce guide.* Terrasse agréable sur une ruelle piétonne. Une adresse classique très appréciée des touristes pour sa cuisine familiale méditerranéenne (encornet farci, civet de seiche), qui s'est récemment offert une touche plus moderne. Ici, on est marseillais autant que corse : le vendredi, c'est aïoli. À voir, dans la salle de resto, la statue trouvée au cours des derniers gros travaux de rénovation : une *Vierge à l'Enfant* Renaissance italienne d'une beauté rare, gracieuse comme un Botticelli.

|●| ***Restaurant Les Champs de Blé*** *(plan couleur zoom B3,* ***39****) : 11, bd du Roi-Jérôme. ☎ 04-95-51-39-26. Tlj sf dim midi et soir. Formules 16,50-19,50 €, menu 21,80 € ; salades 13-15 €, pizzas 10-14 €.* Moderne dans sa déco, sans pourtant se la jouer trop tendance, une petite adresse bien dans sa cuisine, où les spécialités italiennes côtoient en toute amitié les préparations plus insulaires. Soupe de poisson goûteuse et plusieurs salades copieuses. Terrasse agréable.

|●| ***L'Estaminet*** *(plan couleur zoom B4,* ***41****) : 7, rue du Roi-de-Rome. ☎ 04-95-50-10-42. • paolily2a@orange.fr • Ouv le soir slt ainsi que dim midi. Menus 19,50-27 €.* Gentil néobistrot à la mode des villes, qui mène bien la danse à travers des plats classiques soigneusement tournés : gratin de poisson, tartare de bœuf, choucroute de poisson, tagliatelles aux fruits de mer. On y traite les produits de la mer comme ceux de

la terre, avec la même sympathique réussite. Belle sélection de vins, de Corse bien sûr, mais aussi de la plupart des régions de France métropolitaine.

|●| ***L'Amirauté*** *(plan couleur B2,* ***44****) : port Charles-d'Ornano (port de l'Amirauté). ☎ 04-95-22-48-22. ● amiraute@wanadoo.fr ● Tlj midi et soir en saison, sf dim midi. Hors saison, fermé lun. À la carte slt, pizzas 10-16,50 €, salades-repas 11-18 €, viandes et poissons plus chers.* Avec sa terrasse sur le quai d'Honneur, *L'Amirauté* est du genre vaste brasserie qui ne désemplit pas. Salades-repas, pizzas, plats du jour et, le week-end, poisson frais grillé. Les Ajacciens s'en repaissent et, plus que les touristes, constituent le gros de la clientèle.

|●| ***Restaurant Côté Port*** *(plan couleur B2,* ***47****) : port de l'Amirauté. 📱 06-22-07-25-24. ● jean-toussaint-paoletti@wanadoo.fr ● ♿ Fermé dim. Congés : 15 j. en fév. Plats du jour (midi) 12,40-14 €, pizzas 10-15 € ; carte env 35 €. Digestif offert sur présentation de ce guide.* « Côté port », oui, incontestablement, la salle et la terrasse le regardent, mais la carte, elle, est mixte : les spécialités de poisson partagent la vedette avec de bons plats de viande. Pâtes fraîches également. Une adresse qui joue sur une belle déco, un service amène et, côté assiette, de bonnes choses.

De prix moyens à chic

|●| ***A Nepita*** *(plan couleur B2,* ***46****) : 4, rue San-Lazaro. ☎ 04-95-26-75-68. ● anepita@sfr.fr ● Ouv le midi lun-mer, midi et soir jeu-ven et sam soir. Fermé en août. Menu le midi 29 € et 42 € le soir.* Du sur-mesure ! En salle, c'est Julien (le pâtissier maison) qui accueille ses hôtes avec ce mélange de décontraction et de compétence qui met tout le monde à l'aise. Et, en cuisine, c'est Simon, qui se (nous !) fait plaisir, en élaborant chaque jour un menu en fonction du marché et de l'inspiration. Sa maîtrise et sa générosité (il a laissé son étoile pour se consacrer sans pression à sa passion), la qualité des produits et une présentation soignée sont la garantie d'un repas toujours raffiné et savoureux. Et comme le cadre est à l'unisson (un bistrot chic contemporain), on comprend mieux pourquoi la liste des habitués s'allonge !

|●| ***U Pampasgiolu*** *(plan couleur zoom B4,* ***45****) : 15, rue de La Porta. ☎ 04-95-50-71-52. ● pampa.zdt@orange.fr ● Ouv le soir sf dim hors saison. Menus 26 et 28 €, carte env 35 €.* Dans une maison datant du XVIe s, 2 petites salles assez intimes. Terrasse qui s'est étendue sur la rue piétonne. La déco coquelicot est de fait inévitable, *pampasgiolu* étant le terme corse désignant cette fleur. On y vient surtout pour la planche de dégustation (spécialement conçue aux bonnes dimensions par un artisan menuisier) sur laquelle sont servis, en début de repas, tous les plats qui constituent un menu très copieux. De la soupe paysanne au *brocciu* en passant par les aubergines à la bonifacienne et la tarte aux blettes, l'ensemble est plaisant et de qualité. Même formule pour la planche de la mer.

|●| ***Le Grand Café Napoléon*** *(plan couleur zoom B3,* ***60****) : 10, cours Napoléon. ☎ 04-95-21-42-54. ● grand.cafe.napoleon@orange.fr ● Ouv tte l'année sf Noël-Nouvel An. Fermé sam soir, dim et j. fériés. Le midi en sem, menu du marché 19 € ; autres menus 30-45 €.* Dans une grande salle aux tons clairs, qui semble surveillée par Napoléon, dont 2 grands portraits occupent les murs, voici la table préférée des notables d'Ajaccio-centre, à des prix abordables. Emmanuel Primot a su s'imposer en peu de temps auprès des Ajacciens, et, le midi, ça ne désemplit pas. Le menu du marché (incluant le café) présente un très bon rapport qualité-prix ! Service discret et efficace.

|●| ***Le 20123*** *(plan couleur zoom B4,* ***38****) : 2, rue du Roi-de-Rome. ☎ 04-95-21-50-05. ● contact@20123.fr ● Ts les soirs en saison ; fermé lun soir hors saison. Menu unique 36 €. CB refusées. Digestif offert sur présentation de ce guide.* Auparavant situé à Pila Canale (CP 20123 !), dans l'arrière-pays d'Ajaccio, ce resto a déménagé dans cette rue piétonne, emportant avec lui son décor, à savoir la reconstitution d'un village corse, avec fontaine,

maisonnettes et lanternons. Au menu, charcuteries corses, tarte au *brocciu*, puis viande au choix, grillée ou en ragoût, cochon, tripettes de veau à la corse, fromage et dessert typique (flan chaud à la farine de châtaigne). C'est simple, bon et efficace, caressant gentiment la corsitude dans le sens du poil (de sanglier). Mais on se laisse embarquer facilement dans le jeu, surtout quand les chanteurs sont de la partie. Pour l'eau, on va même la chercher à la fontaine avec la cruche ! Également un bar à vins.

|●| *A Merendella Citadina* *(plan couleur zoom B4,* ***48****) : 19, rue Conventionnel-Chiappe. ☎ 04-95-21-99-13. ● michel.caprino@orange.fr ● Tte l'année, tlj sf dim. Compter env 40 €/pers.* Ceux qui ont mangé à Soccia dans le restaurant de Michel Caprino savent à quoi s'attendre : ce sont les mêmes qualités que l'on retrouve ici dans son nouveau restaurant. S'il a abandonné la tranquillité du Sorru pour Ajaccio, il a gardé le même savoir-faire, à base de produits frais. Petite carte évolutive en fonction de la saison : par exemple lasagnes au figatellu, carpaccio de veau corse et, en dessert, moelleux à la châtaigne.

Où manger dans les environs ?

Ici, on n'hésite pas à faire 20 km pour passer une bonne soirée en montagne et s'offrir des menus autour de 30 € ou plus, avec charcuterie et gibier à volonté ! Si vous avez le temps et les moyens, faites comme les Corses, vous en garderez un fabuleux souvenir... On peut aussi s'éloigner un peu pour trouver de belles plages, où l'on pourra manger un morceau : la plage de capo di Feno est certainement la plus chouette des environs d'Ajaccio.

De prix moyens à plus chic

|●| *Le Pirate, chez Pierre Tou* *(carte Le golfe d'Ajaccio,* ***11****) : plage de* ***capo di Feno.*** *☎ 04-95-52-03-68. À 12 km à l'ouest d'Ajaccio. Direction les Sanguinaires, puis sur la droite la D 111 b (capo di Feno) ; suivre le bitume jusqu'à redescendre en vallée, à 6 km à proximité de la mer ; là, sur la gauche, chemin pour la plage (le 2d). Ouv mai-fin sept, midi et soir. Env 30-35 € à la carte. CB refusées. Café offert sur présentation de ce guide.* Le Pirate est une paillote appréciée des Ajacciens pour son ambiance décontractée et sa situation sur la plage superbe de capo di Feno. Pas un grand choix, mais, selon les jours, brochettes, pan-bagnats, poissons grillés (le soir), gambas au pastis ou salades copieuses s'y dégustent agréablement. On peut aussi simplement y prendre un verre.

|●| *L'Ariadne Plage* *(carte Le golfe d'Ajaccio,* ***10****) : route des Sanguinaires. ☎ 04-95-52-09-63. ● contact@ariadneplage.com ● Hors saison, fermé le soir. Congés : 10 oct-10 nov. Salades-repas env 16-19 €, plats du monde 17-23 €, menus « Mer » ou « Terre » env 28 €. Café offert sur présentation de ce guide.* La paillote la plus ancienne de l'île, où déjà vers 1900 des Anglais venaient se faire rôtir la couenne en tenue de bain. Restent les cabines de plage, multicolores. Fred a donc repris cette institution pour lui redonner une seconde jeunesse, à coups de cuisine antillaise, thaïe ou marocaine. On peut aussi opter pour le poisson et les « plats du monde ». Mais ce qui fait la différence ici, c'est l'atmosphère décontractée et festive. Dans la journée, on peut participer aux matchs de beach-volley ou aux cours d'aquagym. Et tous les soirs en saison, DJs, concerts ou soirées à thème (jeudi, vendredi, samedi) qui déménagent. Super ambiance.

|●| *Restaurant Chez Pech* *(carte Le golfe d'Ajaccio,* ***13****) : route des Sanguinaires, Barbicaja. ☎ 04-95-52-00-90. Fermé dim soir et lun. Réserver le w-e. Formule 16 € le midi (mar-ven) et menu 26 €, carte env 40 €. Digestif offert sur présentation de ce guide.* Une belle adresse, sans concession au bling-bling ambiant (certains déploreront les chaises en plastique...), très appréciée des Ajacciens qui investissent la grande terrasse dès les premiers beaux jours. La cuisine y est classique et régulière. On vient avant tout « chez Pech » pour le poisson, toujours de qualité et choisi par le patron (pêche du jour, poisson en croûte de sel).

🍽 ***Le Beau Rivage*** *(carte Le golfe d'Ajaccio,* ***14****) : route des Sanguinaires.* ☎ *04-95-21-12-07.* • *roger.raccah@orange.fr* • ♿ *Fermé dim soir et lun sf juin-sept. Fermé en fin d'année. Plat du jour 14,50 € en sem et menu poisson 29,50 €, carte env 40-45 €. Digestif offert sur présentation de ce guide.* Surplombant les flots, une bien agréable table de la mer. Salle coquette et lumineuse à la déco marine ou terrasse les pieds dans l'eau, service prévenant, et poisson frais bien cuisiné et sans artifices. Et des prix raisonnables, notamment pour le menu avec sa pêche du jour ou, en saison, ce beau denti au corail d'oursins. Bref, un bon rapport qualité-prix et une belle régularité. L'une des valeurs sûres d'Ajaccio, appréciée des insulaires.

🍽 ***L'Altru Versu*** *(carte Le golfe d'Ajaccio,* ***12****) : route des Sanguinaires, les 7-Chapelles.* ☎ *04-95-50-05-22. Fermé mar et mer tte la journée, sf en hte saison (fermé le midi slt). Plats env 15-30 €.* Longtemps proche de la gare maritime, *L'Altru Versu* a pris son envol pour la route des Sanguinaires et, sous la houlette des deux frères Mezzacqui, s'est également élevé dans la direction d'une cuisine ambitieuse. Ici, la tradition insulaire est revisitée avec une belle inventivité, qui, peut-être, pourra dérouter les plus classiques de nos lecteurs. Les produits de la mer, en particulier, sont à l'honneur. Desserts redoublant d'originalité dans l'appellation et dans l'assiette. Les 2 terrasses, dont une donnant sur la mer, se révèlent agréables, penser à réserver le soir pour le coucher de soleil.

Où boire un verre ?

🍷 ***Le Grand Café Napoléon*** *(plan couleur zoom B3,* ***60****) : 10, cours Napoléon.* ☎ *04-95-21-42-54. Fermé sam soir, dim et j. fériés.* Parfait pour prendre un rafraîchissement ou l'apéro, ou une *Pietra,* servis avec une assiette d'olives, en terrasse sur le cours Napoléon. Vue sur la préfecture, les automobiles vitres baissées et les passants, jolies jeunes femmes corses, gars du pays itou, beaux et fiers, et touristes en short et en sueur : tout un spectacle !

🍷 ***La Part des Anges*** *(plan couleur B4,* ***62****) : bd Lantivy, à deux pas du casino.* ☎ *04-95-21-29-34. Fermé dim.* 📶 Un bar à vins bien situé, qui propose une petite carte sympathique de vins corses au verre (entre autres...). Cadre contemporain sympa, bonne ambiance, c'est l'un des repaires de la jeunesse locale.

🍷 ***L'Ariadne Plage*** *(carte Le golfe d'Ajaccio,* ***10****) : voir « Où manger dans les environs ? ».*

Où acheter de bons produits ?

🧺 ***U Stazzu*** *(plan couleur zoom B3) : 1, rue Bonaparte.* ☎ *04-95-51-10-80. Ouv lun-sam 9h-12h, 15h-19h.* De la charcuterie de Bocognano et plein d'autres bonnes choses provenant des meilleurs producteurs.

🧺 ***Le Chemin des Vignobles*** *(plan couleur D1) : 16, av. Noël-Francini.* ☎ *04-95-51-46-61.* • *info@chemin-des-vignobles.com* • *Lun-sam 9h30-12h, 14h30-20h.* Nicolas Stromboni est surnommé « l'Empereur des cavistes » : avec près de 2 500 références de vins, difficile de faire mieux dans l'île. Et c'est sans parler de l'épicerie fine... Également des cours d'œnologie sur place.

AJACCIO

À voir

La cathédrale Santa Maria Assunta *(plan couleur zoom B4) : ouv 8h-11h30, 14h30-18h (fermée dim ap-m).* On la dit de Giacomo Della Porta, architecte romain du XVIe s. Bon, elle a une certaine tenue, cette cathédrale, avec sa façade baroque, et l'on peut toujours rêver au futur Empereur, baptisé ici le 21 juillet 1771. Eugène Delacroix a peint la *Vierge du Sacré-Cœur* dans la première chapelle à gauche, une œuvre de jeunesse aussi connue sous le nom de *Triomphe de la Religion.* Bien qu'il fasse sombre, on constate que le sujet ne devait pas passionner le maître. On est loin des *Femmes d'Alger !*

Le Salon napoléonien *(plan couleur zoom B3) : dans l'hôtel de ville. En été, 9h-11h45, 14h-17h45 ; hors saison, jusqu'à 16h45. Fermé le w-e. Entrée : 2,50 € ; réduc.* La salle de réception de la mairie est ouverte au public. Portraits de la famille Bonaparte, copie de l'acte de naissance de l'Empereur, masque mortuaire du même (la boucle est bouclée !) et, dans un cabinet attenant, une petite collection de pièces et de médailles... Surtout pour les fans.

La maison Bonaparte *(plan couleur zoom B4) : rue Saint-Charles. ☎ 04-95-21-43-89. • musees-nationaux-napoleoniens.org • Tlj sf lun : avr-sept 10h30-12h30, 13h15-18h ; oct-mars 10h30-12h30, 13h15-16h30. Dernière admission 30 mn avt la fermeture. Entrée : 6-7 € (un peu plus cher en cas d'expo temporaire) audioguide compris ; réduc ; gratuit pour les moins de 26 ans et pour ts le 1er dim du mois.*

C'est la maison où vécurent les Bonaparte à partir de la fin du XVIIe s, l'occupant d'abord en partie, puis entièrement, rachetant un à un les étages (on dit qu'habitaient au-dessus de leur appartement des cousins Pozzo Di Borgo qui allaient devenir, pendant la Révolution, des ennemis mortels). C'est qu'il en fallait, de la place, pour cette famille nombreuse et assez modeste. Carlo-Maria Bonaparte, notable important et père du futur empereur, apportera quelque lustre au foyer. Meubles, étoffes, huisseries... qui seront totalement pillés par les Anglais en 1793. Remeublée par l'Empereur (en réalité, son frère Joseph), la maison sera à nouveau vidée par le cousin Levie en 1844. Et ce n'est qu'avec Napoléon III qu'elle deviendra telle qu'on la voit aujourd'hui, c'est-à-dire qu'il ne reste rien du cadre où naquit et grandit Napoléon. En revanche, à la suite de la dernière campagne de restauration, les murs ont été soigneusement grattés pour dégager et rétablir le décor typique du Second Empire.

POURQUOI NAPOLÉON POSAIT-IL LA MAIN SUR SON VENTRE ?

En fait, il appuyait la main sur son estomac pour se soulager d'un ulcère persistant (trop de soucis, sans doute !). Mal soignée, cette maladie se transformera en tumeur qui l'emportera à l'âge de... 51 ans. Il n'est pas mort d'un empoisonnement à l'arsenic comme on l'a prétendu.

À noter, la qualité de la présentation, très didactique, et l'intérêt des textes pédagogiques accompagnant les œuvres et documents (des audioguides multilingues viennent compléter le dispositif). La maison, dans l'ensemble meublée simplement, malgré le rang social de la famille – du moins le décor et le mobilier n'ont-ils rien d'impérial –, dispose tout de même de nombreuses jolies pièces : au 2e étage où la visite commence, immense carte de la Corse du milieu du XVIIIe s, où l'île apparaît particulièrement joufflue. Gravures sur l'enfance du petit Bonaparte. Puis des bustes, des portraits de Madame Mère, de l'Empereur et ses frères (début XIXe s), un canapé et une commode Louis XVI ici, une console rocaille là, des lustres italiens... Doc sur le retour de la famille en Corse (chassée par les Anglais), infos sur l'autre empereur, Napoléon III. Impressionnant masque mortuaire de l'Empereur (le plus ancien qui soit, l'original) et curieux arbre généalogique des Bonaparte, réalisé par une Cortenaise admiratrice... avec ses cheveux ! Dans les vitrines à côté, d'autres objets fétiches, liés à l'Empereur. La visite s'achève par un petit tour dans les écuries (matériel ancien).

LA FORTUNE DU CARDINAL FESCH

Joseph Fesch, l'oncle de Napoléon, devint prêtre mais se défroquera lors de la Terreur. Il fera fortune en devenant fournisseur des armées d'Italie (piston du neveu). Il reprendra la soutane pour devenir cardinal. Passionné d'art, il constituera sa collection à Rome, surtout après la chute de l'Empire. À sa mort, il possédait 16 000 œuvres alors que le Louvre en détenait moins de la moitié.

Le palais Fesch, musée des Beaux-Arts *(plan couleur zoom B3) : 50, rue Cardinal-Fesch. ☎ 04-95-26-26-26. • musee-fesch.com • Mai-sept, lun, mer et sam 10h30-18h, jeu, ven et dim 12h-18h (et 20h30 ven en juil et août) ; oct-avr, lun, mer et sam 10h-17h, jeu et ven 12h-17h et 3e dim du mois 12h-17h. Fermé mar. Entrée : 8 € ; réduc. Visites guidées lun et sam 14h30 (surcoût de 2 €).*
Construit au XIXe s, ce vaste bâtiment, dessiné par Frasseto et conçu pour abriter la collection Fesch (450 tableaux exposés), ne manque pas de prestance avec sa belle cour d'apparat où trône la statue du cardinal. Le grand homme le mérite largement. Pas seulement pour avoir réussi l'exploit de réunir une collection fabuleuse à l'occasion de ses séjours romains, mais pour avoir permis à la Corse de créer son premier grand musée. Le cardinal, qui rêvait d'un institut des arts et des sciences, a disparu avant la fin des travaux, mais serait enthousiasmé par l'actuel palais. Car, depuis sa rénovation, la nouvelle muséographie privilégie un accrochage à la manière des palais italiens, c'est-à-dire cadre contre cadre, sans tenir compte du thème ou de l'époque du tableau. Une présentation digne de la plus vaste collection de peintures italiennes après celle du Louvre !
Les œuvres sont logiquement présentées dans un ordre chronologique : les primitifs italiens, bien sûr, mais aussi toute la période qui couvre la Renaissance jusqu'aux dernières tendances à Rome au XVIIIe s. Au gré de la visite, on s'attarde devant Giovanni Bellini *(Vierge à l'Enfant)*, Titien *(L'Homme au gant)*, Véronèse *(La Léda)*, ou encore Botticelli *(La Vierge à l'Enfant)*. On reste subjugué par cet art si poétique, cette technique parfaite et cette inspiration. On découvre également quelques peintres « mineurs », tel ce Santo Di Tito (seconde moitié du XVIe s) à qui on attribue les *Quatre âges de la vie*, série de portraits féminins allant de l'enfant émerveillée devant un papillon à l'ancêtre courbée par les ans. Dans la grande galerie, toiles monumentales, dont celles sombres et torturées d'un certain Luca Giordano (XVIIe s).
Après les sections consacrées aux natures mortes (toujours italiennes), changement de registre au rez-de-chaussée avec le département napoléonien : nombreux portraits et bustes de la famille Bonaparte (dont celui du cardinal Fesch par Canova), mais également une section réservée au Second Empire.
Enfin, le sous-sol renferme une intéressante collection de peintures, dessins et gravures corses, situés principalement entre le milieu du XIXe s et la fin du XXe s (œuvres de Lucien Peri, François Corbellini, ou encore Charles-Léon Cannicioni).
– **La bibliothèque :** *aile gauche du palais Fesch (se présenter à l'accueil du musée). Lun-mer 9h-12h, 14h-16h45 ; jeu-ven 14h-16h45. GRATUIT.* Inaugurée en 1865. L'intérieur vaut le coup d'œil. Salle classique immense aux hauts murs entièrement recouverts d'une impressionnante bibliothèque en bois sombre. Quelques trésors dont l'*Atlas de Blaeu*, de 1657, où sont représentées les principales villes européennes d'alors. Prière de ne pas troubler le silence.
– **La chapelle impériale :** *aile droite du palais Fesch. Mêmes horaires que le musée. Entrée : 3 €.* Cette bâtisse de style néo-Renaissance construite au XIXe s renferme les tombeaux de la famille Bonaparte... Elle est décorée de peintures en grisaille, tandis que les sépultures sont recouvertes de marbre noir.

Les marchés : *ts les mat (lun, il y a moins de stands), pl. du Maréchal-Foch (pl. des Palmiers).* Produits laitiers et maraîchers, salaisons et, dans la halle couverte, beaux étals de poisson. Des éleveurs-agriculteurs ont leurs éventaires le long du grillage. On peut se faire emballer sous vide la charcuterie et le fromage pour le voyage. Et, devant la piscine Rossini, départ de la route des Sanguinaires, marché aux puces le dimanche matin.

Le musée d'Histoire de la Corse A Bandera *(La Bannière ; plan couleur B3)* **:** *1, rue du Général-Levie. ☎ 04-95-51-07-34. • musee-abandera.fr • 1er juil-15 sept, tlj 10h-19h (13h dim) ; 16 sept-30 juin, lun-sam 10h-17h, fermé dim. Entrée : 5 € ; 4 € sur présentation de ce guide ; réduc pour scolaires et groupes.*
Animé par une association d'amoureux de la Corse, ce musée à l'ancienne mode présente les aspects culturels, historiques et sociaux de la « corsitude ». Très intéressant. On apprend, par exemple, que les premiers peuplements de l'île remontent sans doute au XIIe millénaire av. J.-C., que la Corse comptait 111 châteaux au Moyen Âge, qu'elle a eu 33 capitaines corsaires, dont une femme, Louise Antonini, ou encore que le prince impérial, fils de Napoléon III, fut tué par les Zoulous en 1879. Pasquale Paoli, les bandits corses, les *Corsican Rangers* (troupes ayant servi la couronne d'Angleterre ; eh oui ! la Corse connut son heure anglaise) sont évoqués, et différents objets exposés illustrent telle ou telle facette du pays (stylets, grappin et fusil de *La Sémillante,* épée d'apparat de « Napoléon IV »...). La Résistance corse occupe une place de choix dans le musée, avec l'évocation de grandes figures de la lutte contre l'occupant nazi.
Une bonne entrée en matière pour qui veut connaître l'île et sa culture. Par ailleurs, expos temporaires autour de thèmes variés.

La citadelle *(plan couleur zoom B-C4)* **:** bel ouvrage militaire qui ne se visite pas. C'est en fait le noyau originel de la ville, un promontoire rocheux choisi par les Génois en 1492 pour la construction du *castello* (château) flanqué d'un donjon. Renforcée par une nouvelle enceinte édifiée au milieu du XVIe s, la citadelle conserve aujourd'hui deux beaux bastions et une échauguette.

Le quartier des Étrangers *(plan couleur A-B4)* **:** *entre la pl. du Général-de-Gaulle (du Diamant) et la statue de Napoléon (voir plus bas).* Sous le Second Empire, on a créé à Ajaccio un nouveau quartier, avec des bâtiments luxueux destinés à une nouvelle espèce de l'humanité : le touriste. Une aristo écossaise, miss Campbell, avait fait la promotion d'Ajaccio qui accueillait, dès la fin du XIXe s, une moyenne de 1 000 touristes hivernaux. Elle écrivit en 1868 un des premiers guides touristiques *(Notes sur l'île de Corse),* traduit dès 1872. Le *Grand Hôtel Continental* (où siège aujourd'hui la Collectivité territoriale), le *Cyrnos-Palace,* l'*Hôtel Germania,* tout au long du cours Grandval *(plan couleur B4),* étaient les fleurons de l'industrie touristique d'alors. Matisse a passé quelque temps dans le coin en 1898 (villa Della Rocca, place Miot). Sur le même cours Grandval, quand il devient le cours du Général-Leclerc, on peut même voir une petite église anglicane (c'est aujourd'hui une école de danse !).

La statue de Napoléon (Casone *; plan couleur A4)* **:** *pl. d'Austerlitz. À l'ouest du centre-ville, au fond du cours du Général-Leclerc.* Monument colossal élevé à la gloire de l'enfant du pays : c'est la copie d'une statue du sculpteur Émile Seurre, qui surmontait la colonne Vendôme à Paris et qui se trouve aujourd'hui dans la cour d'honneur des Invalides. Intéressant pour la vue sur la ville depuis le sommet des marches. Tandis qu'on les arpente, on peut lire les noms gravés dans la pierre des 33 victoires du génial stratège : Arcole, Wagram, Austerlitz, c'est entendu, mais Montmirail ou Bautzen, vous connaissiez ? Une petite grotte (appelée évidemment Napoléon) complète le site : le futur empereur serait venu méditer ici entre ces gros blocs de granit.

🚶🚶 ***Le parc des Milleli :*** *route d'Alata, à env 10 mn en voiture au nord.* C'est fléché. Il s'agit de la maison de campagne des Bonaparte, au milieu de l'oliveraie (toujours exploitée). Le parc et l'arboretum méritent le détour. La maison, elle, ne se visite pas.
L'été, visite guidée sur résa auprès de l'office de tourisme. Plus haut, on aperçoit le ***château de la Punta,*** propriété de la famille Pozzo Di Borgo, grande rivale des Bonaparte.

LES TUILERIES... EN CORSE !

Incendiée en 1871 pendant la Commune, une aile du palais des Tuileries à Paris n'a jamais été reconstruite et a été rasée en 1882. Un entrepreneur racheta les vestiges pour les revendre. C'est ainsi que le duc Jérôme Pozzo Di Borgo en acquit un important lot, pour faire construire son propre château, très marqué par l'influence architecturale du palais parisien.

À faire

➢ ***Le petit train d'Ajaccio :*** *2, quai Napoléon. ☎ 04-95-51-13-69. En bas de la pl. du Maréchal-Foch. Avr-oct. Tour de la vieille ville : 45 mn ; env 7 €. Circuit Sanguinaires : 1h30 ; compter 10 €.*
➢ ***Ajaccio Vision :*** *quai Napoléon. En bas de la pl. du Maréchal-Foch. Résas : 📱 06-20-17-50-33. • ajacciovision.fr • 2 circuits : Ajaccio (45 mn ; 7 €) et Ajaccio-Sanguinaires (1h20 ; 10 €) ; ½ tarif 7-12 ans.* Visite commentée en bus à impériale.

⛱ ***Bains de mer :*** il y a plus d'une vingtaine de plages dans le golfe d'Ajaccio. À Ajaccio même, près de la citadelle, la *plage Saint-François (plan couleur B4)* est plutôt étroite, mais elle est en plein centre-ville. Sinon, vers l'aéroport, vous trouverez la *plage de Ricanto.* C'est sur la route des Sanguinaires que vous découvrirez les plus beaux coins, des plages pas bien grandes qui s'égrènent tout du long, comme celle de *Trottel,* située à côté du square Trottel et de l'*Hôtel Impérial,* toute proche du centre-ville. Inconvénient, toutes ces plages sont bondées l'été (et desservies par bus). Le mieux, si vous êtes motorisé, est encore d'aller à la plage très agréable de *capo di Feno,* à environ 15 km à l'ouest d'Ajaccio (prendre la route des Sanguinaires, puis à droite la D 111 b vers capo di Feno ; après le col, laisser la piste à gauche et continuer la route étroite et sinueuse). Magnifique au couchant, mais parfois dangereuse (courants puissants). On peut y manger. Possibilité également de s'y rendre à pied depuis le site de la Parata (voir ci-après).

OPÉRATION ESCARGOT

L'escargot corse n'existe que sur une mince bande côtière, la plage du Ricantu, à côté de l'aéroport d'Ajaccio, et nulle part ailleurs. Menacé d'extinction, il est si discret qu'on a même cru qu'il avait disparu, aucun scientifique ne l'ayant observé entre 1912 et 1994 ! Il faut dire qu'il passe ses journées sous le sable (jusqu'à 60 cm de profondeur) et ne sort que la nuit... Du coup, le Conservatoire du littoral a aménagé la lande pour le sauver !

🚶🚶🚶 ***Les îles Sanguinaires :*** *à 12 km à l'ouest d'Ajaccio. Accès en voiture, en bus (ligne n° 5) ou par le petit train. Point info tourisme (tlj en saison 10h-17h). • parata-sanguinaires.com • Pour les marcheurs, possibilité de rejoindre la plage de capo di Feno (2h30 A/R ou 3h en faisant une boucle).* Au coucher du soleil, ces îles (en fait des îlots) de porphyre qui prolongent la presqu'île de la Parata prennent des reflets rougeâtres – et surtout la mer et le ciel, car les îles elles-mêmes ne sont ensoleillées le soir qu'un ou deux mois l'hiver. C'est un superbe spectacle, à ne pas manquer. Alphonse Daudet qui, sorti de son moulin, laissait vagabonder sa plume, fit des Sanguinaires le cadre de l'une de ses nouvelles. La municipalité a aménagé le site de la Parata qui dispose d'un grand parking (payant pour les non-résidents). On va donc désormais à pied jusqu'à la pointe, compter 40 mn aller-retour (navette électrique pour les personnes à mobilité réduite).

Les randonneurs peuvent rejoindre la route des Sanguinaires par le ***sentier des Crêtes*** : départ d'Ajaccio, du bois des Anglais *(plan couleur A3)*, lui-même situé 400 m au-dessus du *Casone* et de la statue de Napoléon (on s'y rend par le bus n° 7) et, après 3h de marche pas bien difficile, on rejoint la côte à Vignola, juste avant la route pour capo di Feno (possibilité de rentrer en prenant le bus n° 5).

SOLEIL EN STOCK

À l'ouest d'Ajaccio, face aux Sanguinaires, le parc solaire expérimental de Vignola, ouvert en 2012, ne ressemble à aucun autre : il est bien constitué de panneaux photovoltaïques, mais la nouveauté est qu'on y stocke l'électricité solaire sous forme d'hydrogène, ce qui permet de l'utiliser même la nuit quand les panneaux ne fournissent plus. Une première mondiale à laquelle l'Université de Corse est associée.

Randonnées et activités de plein air

■ ***Couleur Corse*** *(plan couleur A4) : 6, bd Fred-Scamaroni.* ☎ *04-95-10-52-83.* 📱 *06-15-05-28-42.* • *couleur-corse.com* • Laetitia et son équipe dynamique proposent des séjours nature fort bien organisés (à la carte ou clés en main). Rando (le GR 20 en 1 semaine...), trekking, escalade, c'est super ! Activités à la journée possibles. De bonnes prestations, vraiment.

Promenades en mer

Toutes ces adresses sont situées sur le port Tino-Rossi *(plan couleur zoom B-C3)*, en bas de la place du Maréchal-Foch, ou sur le port Charles-d'Ornano *(plan couleur C2)*.

■ ***Nave Va :*** ☎ *04-95-51-31-31.* • *naveva.com* • Propose d'avril à octobre des virées à la journée pour Scandola-Girolata *(55 €)* et Bonifacio *(59 €)*. Également une sortie dans le golfe d'Ajaccio dans l'après-midi avec arrêt baignade *(25 €)* et en soirée (coucher de soleil aux îles Sanguinaires avec atelier découverte des AOC d'Ajaccio : *49 €)*. 30 mn après le départ d'Ajaccio, le bateau passe prendre d'autres passagers à Porticcio. Réduction pour les 5-10 ans.

■ ***Découvertes Naturelles :*** ☎ *04-95-21-83-97.* 📱 *06-24-69-48-81.* • *promenades-en-mer.org* • Promenade en mer vers les Sanguinaires, avec escale pédestre guidée *(28 €)* ou au moment du coucher du soleil *(35 € avec apéro dinatoire offert)*. Excursion vers Scandola également *(55 €)*. Départs de Porticcio et Propriano également. *Réduc pour les 5-10 ans.*

AJACCIO

Équitation

■ ***Ajaccio Équitation*** *(poney-club et centre équestre d'Ajaccio) : plaine de Campo dell'Oro, route de Bastia.* ☎ *04-95-23-03-10.* • *ajaccioequitation@wanadoo.fr* • *ajaccioequitation.com* • *À 10 km à l'est du centre-ville (prendre la route de Bastia, puis à droite ; bien indiqué), à côté de l'aéroport. En été 8h-12h, 16h-21h ; en hiver 8h-12h, 14h-19h ; fermé jeu. Env 15 € la balade de 1h en campagne. Promenades sur la plage à partir de 38 €.* Un club bien cool, ouvert à tous, des plus jeunes aux adultes et aux cavaliers confirmés. Idéal pour découvrir l'arrière-pays d'Ajaccio. École d'équitation pour les 3-6 ans, avec une approche ludique, activités poney et double poney pour les enfants un peu plus âgés. Bon resto (plat du jour, crêpes, paninis...).

Plongée sous-marine

Assurément, le golfe d'Ajaccio offre des plongées impériales ! Ici, peu d'épaves, mais d'infinies richesses vivantes que contempleront fiévreusement nos routards plongeurs, néophytes et aguerris, le long de tombants souvent vertigineux. Quelques spots particulièrement remarquables – près de la côte ou aux îles Sanguinaires – où, malheureusement, vous ne croiserez pas le fameux poisson Napoléon, trop exotique !

Clubs de plongée

Le premier se trouve dans Ajaccio, alors que les deux autres sont installés après Porticcio, sur de jolies plages plutôt sauvages. À vous de voir lequel vous convient le mieux.

■ ***E Ragnole** (hors plan couleur par A4) : 12, cours Lucien-Bonaparte, sur la plage Trottel. ☎ 04-95-21-53-55. 📱 06-08-47-25-51. • eragnole.com • ♿ Ouv de mars à nov. Résa conseillée. Baptême env 55 € et plongée 35-40 € selon équipement, forfaits dégressifs (individuels et famille) 5-10 plongées ; snorkelling env 30 €. Remise de 10 % sur les plongées sur présentation de ce guide.* Tout proche du centre-ville, ce petit centre (FFESSM, CMAS et PADI), réputé pour son sérieux, vous embarque en comité restreint sur l'un de ses bateaux rapides. Au menu : baptêmes, formations jusqu'au monitorat et brevets PADI, et de belles balades sous-marines toujours encadrées par Christian Aragon, Éric Olivi et leur équipe. Une sortie par semaine à la réserve de Scandola et, autant que possible, à la Vallée des Mérous, site d'exception dans le golfe. Plongée au *Nitrox* (air enrichi en oxygène) et au *Trimix* (mélange d'air et d'hélium) pour les confirmés, et stages enfants à partir de 8 ans. Randonnées palmées (snorkelling). Équipement complet fourni. Hébergement possible.

■ ***Corse Plongée :** centre commercial du rond-point de l'Isolella (à 8 km au sud de Porticcio). ☎ 04-95-25-50-08. 📱 06-07-55-67-25. • corseplongee.fr • ♿ Ouv tte l'année sur résa. Baptême env 50 €, plongée 34-46 € selon équipement ; forfaits dégressifs 6-10 plongées ; snorkelling env 30 €. Réduc de 10 % sur les baptêmes et de 5 % sur les explorations (hors forfaits).* Très bien équipé, ce petit club (FFESSM, ANMP et PADI) arme plusieurs navires rapides pour acheminer ses plongeurs sur les meilleurs spots du golfe. Embarquement sur la jolie presqu'île sauvage de l'Isolella, où Nicolas Caprili – le proprio sympa – assure également, avec son équipe de moniteurs : baptêmes, formations jusqu'au niveau IV et brevets PADI. Initiation enfants dès 8 ans, et plongée au *Nitrox* et au *Trimix* pour les confirmés. Plongée de nuit 1 fois par semaine. Équipement complet fourni et locaux confortables.

■ ***Agosta Plongée :** à l'hôtel* Agosta Plage, *juste au sud de Porticcio. 📱 06-20-90-22-30. • agosta-plongee.fr • Ouv mai-oct. Résa très conseillée. Baptême env 50 € et plongée env 35-50 € selon équipement ; forfaits dégressifs 5-10 plongées.* Ce petit club familial (FFESSM et ANMP), sérieux et sympa, dispose d'un bateau de 28 places pour partir explorer les meilleurs spots du golfe en toute sécurité. Également au programme : baptêmes et formation jusqu'au niveau III. Plongée enfants dès 8 ans. Équipement complet fourni. Ambiance amicale.

Nos meilleurs spots dans le golfe d'Ajaccio

La Tête de Mort : pour plongeurs de tous niveaux. Au sud du golfe, un « caillou » bien plus accueillant que son nom pourrait le suggérer ! Son architecture généreuse (de 0 à 46 m de fond) offre d'excellents refuges à la faune luxuriante qui s'y est installée. Murènes farouches et poulpes malins à débusquer dans les failles, tandis que dentis, liches et mérous « pépères » entament un bal de bienvenue au-dessus de gorgones majestueuses. De petits barracudas effilés (pas de panique !) passent, sans pour autant arrêter le dandinement gracieux des lièvres de mer, véritables danseuses espagnoles !

La Campanina : pour plongeurs de tous niveaux. Sur la côte sud du golfe, un magnifique écueil surmonté d'une balise rouge et noir plonge à pic dans l'azur limpide (de 0 à 45 m de fond) qui nous fait tant rêver. Les rochers, littéralement enrobés d'éponges, d'anémones, de spirographes et de gorgones splendides, sont survolés par des poissons de taille XXL : dentis, liches, barracudas, et même parfois des raies mantas. Également des murènes et langoustes dans les trous. Une plongée sublime et haute en couleur.

Les Trois Frères : à partir du niveau I. Entre la surface et 36 m de fond, cet ensemble de pics, grottes et de canyons est le royaume incontesté des délicates dentelles de Neptune (ne pas toucher !). En palmant nonchalamment le long de la roche, vous apercevrez murènes et chapons aux mines patibulaires (mais presque !). Pas mal de dentis.

L'épave du remorqueur Mario gît entre 6 et 9 m de fond. Agréable plongée accessible à tous. Pour y accéder, aller à la plage de la Stagnola en prenant le chemin qui part de la route D 55 en face de la résidence *A Stagnola.* Une fois sur la plage, se diriger sur la droite jusqu'au second portail. L'épave est à 100 m au large.

La vallée des Mérous : à partir du niveau II. À la pointe sud du golfe, lovée entre deux barrières rocheuses, c'est une vallée sous-marine pittoresque (de 22 à 45 m de fond) magnifiquement tapissée de gorgones rouges et jaunes. Un site exceptionnel en Corse où l'on croise de nombreux mérous débonnaires.

Fêtes et manifestations

– ***Saint-Érasme :*** *fin mai ou début juin, sur le port Tino-Rossi.* Une fête de la Mer et des Pêcheurs *(Pescadori in festa),* avec régate de voiles latines, réunion de confréries de marins et de pêcheurs et, pour clore la fête, un bal populaire. Une manifestation qui connaît d'année en année un succès grandissant, et qui est couplée aux fameuses *Régates impériales,* réunissant des vieux gréements *(• regates-imperiales.com •).*

ET POURQUOI PAS LA SAINT-NAPOLÉON ?

Eh bien, l'Empereur, qui n'avait peur de rien, l'institua dès 1805. Il choisit le 15 août, sa date de naissance, qui était aussi la fête de la Vierge. Le pape Pie VII (eh oui !) faillit avaler sa tiare. Supprimée évidemment par Louis XVIII, cette fête fut rétablie par Napoléon III.

– ***Festival de jazz (Jazz in Aiacciu) :*** *fin juin-début juil, au Casone ou au Lazaret Ollandini. • jazzinaiaccu.com •*

– ***Relève de la garde impériale :*** *chaque jeu en juil-août, à 19h, pl. du Maréchal-Foch (face à la mairie). Spectacle de 45 mn.* 25 grognards (chasseurs à pied de la garde) exécutent une relève dans les règles de l'art, au son du fifre et du tambourin. Tirs de fusil pour conclure, *pan pan !*

– ***Journées napoléoniennes :*** *autour du 15 août (jour de naissance de Napoléon).* Défilé, parade et spectacles commémorent la naissance de l'Empereur. Populaire (il peut y avoir 1 000 figurants) et joyeux.

PORTICCIO / purtichju ET LA PLAGE D'AGOSTA

(20166 ; commune de Grosseto)

De l'autre côté de la baie, une station balnéaire récente, sorte d'annexe d'Ajaccio. Elle s'étend tout en longueur, sans donner l'impression d'avoir véritablement une âme. En août, bouchons garantis sur l'unique route qui longe la plage. Quelques centres commerciaux, deux ou trois discothèques et quelques campings où l'on se bouscule, le charme de la Corse n'opère pas à Porticcio, malgré ses fort belles plages (la Viva, Agosta, quoique à Agosta on ne soit déjà plus sur la même commune).

Arriver – Quitter

➢ ***De/vers Ajaccio :*** par la navette maritime *Découvertes Naturelles (☎ 04-95-22-97-42),* 3-5 départs/j. en hte saison 8h-18h (5 € l'aller, 8 € l'A/R). Ou avec les *Autocars Corse Méditerranée (☎ 04-95-25-40-37),* 2 fois/j. en hte saison, sf dim et j. fériés. Ils continuent ensuite jusqu'à la pointe de l'Isolella et Verghia.

Adresse utile

ℹ ***Office de tourisme :*** *plage de la Viva. ☎ 04-95-25-01-01. • porticcio-corsica.com • Juste devant le ponton de débarquement. Mai-oct, 8h30-12h30, 14h-19h ; nov-avr, 9h-12h, 14h-18h.* Toutes les infos pour trouver son bonheur à Porticcio. Le siège se situe rue des Échoppes, à 200 m, dans un petit centre commercial *(☎ 04-95-25-10-09).*

Où dormir ?

Prix moyens

⌂ ***Motel Le Rivoli :*** *au sud de Porticcio, et au début de la plage d'Agosta, sur la droite. ☎ 04-95-25-06-02. • motel.orangerie@wanadoo.fr • motelrivoli.fr • ♿ Ouv tte l'année. Quelques studios (pour 2) 58-102 € env selon saison et 380-695 €/sem. Également des apparts T2-T3 (2-5 pers). CB refusées.* 💻 M. Grisoni propose des studios accolés les uns aux autres (devant la route mais face à la mer), ainsi que des appartements, refaits à neuf, climatisés, de plain-pied, avec coin cuisine, douche, w-c, TV, mobilier récent et accès direct à la plage (petite à cet endroit, quasiment entourée de rochers, presque une crique). Petite terrasse et salon de jardin pour chaque location.

Où manger ?

Prix moyens

|●| ***Chez Alain :*** *résidence Harmonie, face à la plage d'Agosta, dans le petit ensemble de boutiques. ☎ 04-95-25-97-54. Tlj en saison, fermé mer et dim soir en basse saison. Congés : déc et 1re quinzaine de janv. Moules env 13,50 €, salades-repas 16-18 €. Repas complet env 28-35 €. Digestif offert sur présentation de ce guide.* Une adresse pas bégueule, sympa comme tout. On s'y arrête surtout pour les bonnes moules, corses évidemment, préparées à toutes les sauces (plus de 20 recettes). Parfait pour une halte du

midi. Même les jours d'affluence, le service est efficace et pro.

Chic

I●I ***Auberge La Ferme :*** *Agosta-Plage, quartier Molini.* ☎ *04-95-25-02-09. À l'extrémité sud de Porticcio, prendre à gauche au rond-point devant la plage (panneau), c'est derrière le nouvel hôtel* Radisson. *Ouv ts les soirs en été (hors saison, fermé lun). Congés : nov-fév. Réserver. À la carte env 35 €, plats 16-23 €. CB refusées.* Dans un cadre rustique, avec quelques tables sous une tonnelle de genévriers, ce petit resto sert une excellente cuisine corse traditionnelle et généreuse. Dans l'assiette, soupe paysanne, charcuterie, veau aux olives, civet de sanglier, cannellonis au *brocciu*... Hmm, nos papilles s'en souviennent encore ! Accueil chaleureux.

I●I ***L'Oasis :*** *presqu'île de l'Isolella.* ☎ *04-95-25-58-40. À env 7 km du centre de Porticcio, au bout de la presqu'île. Ouv midi et soir en hte saison (de mi-juin à début sept), sinon le midi slt. Salades 13-15 €, plats 19-28 €.* Face à la petite île si photogénique à l'extrémité de la presqu'île de l'Isolella, une adresse familiale vite remplie le midi par les plagistes et le soir par les habitués qui aiment la tranquillité de ce restaurant. La cuisine est simple : poisson grillé à l'honneur, salades et viandes, sans chichis.

I●I ***Le Piano :*** *sur la gauche de la route, juste en arrivant à Porticcio en venant d'Ajaccio.* ☎ *04-95-20-87-93. ● toinou22@orange.fr ● Ouv midi et soir sf lun en basse saison et lun et mar midi en hte saison. Hors saison, fermé lun tte la journée. Congés : de mi-nov à fin janv. Menus 36-39,90 €. Compter min 40 € à la carte. Digestif offert sur présentation de ce guide.* Familièrement appelé Toinou, le patron, qui officia durant 2 décennies à Ajaccio, a planté son élégant resto un peu en bord de route, mais les Ajacciens l'ont suivi, car il concocte toujours, avec son équipe, une savoureuse cuisine, où le produit est traité avec rigueur et doigté. Du simple veau en cocotte au superbe croustillant de saint-pierre en passant par les roulés de soles farcis aux Saint-Jacques sauce corail d'oursin, on a été vite convaincus. Même si les aphorismes dont il parsème la carte peuvent dérouter (c'est vrai qu'il y en a beaucoup !), Toinou a un cœur gros comme ça : chaque année, à la période de Noël, il offre un repas aux familles défavorisées.

Où dormir ? Où manger dans l'arrière-pays ?

⛺ 🏠 I●I ***A Funtana :*** *à* ***Bisinao,*** *à 20 mn de Porticcio (accès par la D 302).* ☎ *04-95-24-21-66.* 📱 *06-73-55-84-28. ● contact@giteafuntana.com ● giteafuntana.com ● Ouv d'avr à mi-oct. En gîte d'étape 38-42€/pers en ½ pens. En chambre d'hôtes 105-115 € en ½ pens. Studios 2-4 pers : 55-90 €. Camping : compter 18-21 € pour 2. Table d'hôtes sur résa. CB refusées.* Gîte d'étape récent, proposant 2 chambres de 4 ou 5 lits. Également 2 chambres d'hôtes. Pour les campeurs, quelques emplacements ombragés et des tentes à louer. Table d'hôtes le soir sur résa (essentiellement pour les randonneurs). Une bonne étape sur le sentier Mare e Monti Sud.

🏠 I●I ***Auberge du col Saint-Georges :*** *chez Mme Renucci, au* ***col Saint-Georges,*** *avt de passer dans la microrégion du Taravo.* ☎ *04-95-25-70-06. ● auberge-corse.fr ● Tte l'année. Gîte 44 €/pers en ½ pens. Plats du jour à partir de 13 €, menu corse 30 €.* Mme Renucci tient également une auberge-resto à quelques mètres en contrebas du gîte ; c'est d'ailleurs là qu'il faut aller vous présenter. Gîte un peu impersonnel (insistez pour avoir de la place au gîte même et pas dans l'hôtel...). Côté dîner, c'est réussi : les repas sont copieux, servis au resto dans un cadre agréable. Une bonne étape sur le Mare e Mare Centre.

🏠 I●I ***L'Acquella :*** *N 196, Piscia, 20117* ***Cauro.*** ☎ *04-95-21-15-89. ● auberge.acquella@orange.fr ● aubergeacquella.com ● À 3 km du village en montant vers le col Saint-Georges. Ouv tlj midi* *et soir. Congés : janv-mars. Doubles 60-70 € avec petit déj. ½ pens possible.* *Menus 17-23 €. À la carte, compter 20-25 €. Apéritif offert sur présentation de ce guide.* Petite auberge de bord de route (mais les chambres, qui bénéficient d'une belle vue, donnent sur la vallée) avec des chambres à prix doux. Bonne cuisine traditionnelle (civet de sanglier, rôti de porcelet, tripes de veau) : la table est connue dans les environs.

À faire

Lézarder sur la ***plage,*** bien sûr. Celle de la *Viva* est la plus connue. Très propre et beau panorama sur le golfe. Sinon, la grande plage d'*Agosta,* à 2 km au sud, est plus sympa et beaucoup plus tranquille. Désormais dominée par l'hôtel *Radisson,* véritable mastodonte, elle a perdu son charme. Attention aux courants et à la houle : la mer y est parfois dangereuse. À 8 km au sud d'Agosta, la plage *Mare e Sole,* qui est prolongée par celle de Verghia (voir plus loin), est splendide, comme celles de la *presqu'île d'Isolella* (à 4 km d'Agosta).

■ ***Location et cours de planche à voile et catamaran :*** *à la* ***Société des Loisirs Nautiques de Porticcio,*** *plage de la Viva.* *06-74-98-06-21. Face à l'office de tourisme. Point plage ouv 15 mai-30 sept.* Les pieds dans l'eau, c'est l'un des meilleurs clubs de voile de la région, pour prendre des cours (à partir de 7 ans) ou louer du matériel.

➢ ***Promenades en mer :*** *avec les bateaux* ***Nave Va,*** *au départ de l'embarcadère de la plage de la Viva, devant l'office de tourisme. Rens : ☎ 04-95-25-94-14. • naveva.com •* Excursions (demi-journée) aux îles Sanguinaires et à Scandola-Girolata.

– ***Plongée sous-marine :*** *avec* ***Corse Plongée*** *et* ***Agosta Plongée.*** *Voir « Plongée sous-marine » à Ajaccio.*

Randonnées

➢ Deux itinéraires de randonnée élaborés par le parc régional terminent leur route longue d'une semaine au voisinage de Porticcio : l'un est la traversée ***Ghisonaccia-Porticcio*** *(Mare a Mare Centre)* ; l'autre, le parcours ***Propriano-Porticcio*** *(Mare e Monti Sud).*
Ces deux itinéraires sont prévus pour être parcourus en 1 semaine par étapes de 4h à 7h, mais on peut aussi y randonner à la journée. Toujours se renseigner auprès du service infos du parc : *☎ 04-95-51-79-10.*

➢ Nous conseillons en particulier le parcours de crêtes allant de ***Coti-Chiavari*** à ***Pietrosella*** en passant par le col routier de *Gradello,* un chemin sans grandes dénivelées et avec les plus belles vues qui soient sur le golfe d'Ajaccio (durée 4h30, avec possibilité de fractionner cette étape au col de Gradello en deux demi-étapes de respectivement 2h et 2h30).

➢ Nombreuses possibilités, par ailleurs, de balades pédestres et à VTT en ***forêt domaniale de Coti-Chiavari,*** grâce à un réseau de pistes forestières très étendu. Les eucalyptus et autres chênes verts offrent une ombre généreuse qui rend ces balades agréables même en été. On peut, par exemple, aller visiter le hameau et l'ancien four à pain de *Santa Manza* et, si l'on est à VTT, rejoindre Pietrosella par une succession chaotique de pistes et de sentiers raides, avant une ultime et folle descente technique jusqu'à la *chapelle de Cruciata,* dominant la Punta di Sette Nave (parcours balisé en orange des hauteurs de Santa Manza jusqu'à Cruciata). Pour ceux qui ne veulent pas s'aventurer trop loin, sentier d'interprétation accessible à tous.

COTI-CHIAVARI / COTI È CHJAVARI (20138) 490 hab.

Petit village à 41 km au sud d'Ajaccio et à 11 km de la plage de Verghia, par une route tortueuse, très cahoteuse également. Situé à flanc de colline (à 500 m d'altitude), on y découvre une vue superbe sur le golfe d'Ajaccio, le soir. En y montant, à 2,5 km de la mer, on passe par l'ancien pénitencier où, de 1855 à 1906, on a entassé des forçats condamnés à de lourdes peines. Les conditions de vie y étaient difficiles : les magnifiques eucalyptus n'avaient pas encore été plantés et les détenus mouraient de la malaria (30 par an en moyenne)... Rénové, il est devenu une salle de spectacles et d'exposition.

Où dormir ? Où manger ?

Hôtel-restaurant Le Belvédère : *à gauche de la route d'Acqua Doria, 800 m au sud-ouest du village. ☎ 04-95-27-10-32. • le.belvedere@wanadoo.fr • lebelvederedecoti.com • Resto ouv le soir et dim midi à partir de fin mai. Congés : de mi-nov à fin févr. Mieux vaut toujours téléphoner avt de venir, pour l'hôtel comme pour le resto. Doubles avec douche et w-c 60-75 €. Compter 114-130 € la ½ pens pour 2, obligatoire en saison. Formule 22 € et menu 30 €. CB refusées.* Longue bâtisse de construction récente, isolée et donnant sur la baie d'Ajaccio par une large terrasse en arc de cercle. La vue est sublime, tout simplement l'un des plus beaux panoramas de l'île. Certains soirs, la mer est recouverte d'une couche de nuages. On est alors comme dans un nid d'aigle : au-dessus de tout. Caroline, une très gentille dame, est aux petits soins pour ses hôtes. Cuisine corse copieuse et familiale. Chambres simples, très propres ; balcon. Loin du tapage onéreux du littoral, une adresse solide et qui a du cœur.

A Storia : *dans le village. ☎ 04-95-27-13-14. • residence-a-storia.com • Tte l'année. Selon saison, 320-680 €/sem pour 4. Possibilité de loc à la nuit selon disponibilité. CB refusées.* Grande demeure sur 4 niveaux, autrefois siège de l'administration du pénitencier ! Magnifique vue. 15 appartements confortables et spacieux pour 4 à 6 personnes. Lave-vaisselle et lave-linge. Restauration sur place en saison, au restaurant *Chez Véro (menus 16-23 €, plats 12-18 €).*

À voir. À faire

La plage de Verghia : *à 11 km du village de Coti-Chiavari, le long de la D 55 (route d'Ajaccio).* C'est un peu la plage communale (elle prolonge celle de *Mare e Sole*). Vraiment très chouette, cette jolie plage limitée au sud par une avancée rocheuse plantée de pins parasols a tout l'air d'un petit coin de paradis. Attention, la baignade peut être dangereuse (fonds profonds).

À ***capo di Muru,*** environ à 8 km plus au sud, jolie plage de *cala d'Orzu,* accessible en voiture mais sur la fin, c'est un long chemin de terre qui vous y mène. La plage la plus célèbre de Corse, en raison d'une certaine paillote qui brûla il n'y a pas si longtemps...

L'ARRIÈRE-PAYS D'AJACCIO

Historiquement, Ajaccio est le débouché commercial de trois vallées *(I Tre Vaddi)* : celle de la Gravona, celle du Prunelli et celle, méconnue, du Cruzzinu, un peu plus éloignée au nord (villages de Lopigna, d'Azzana, de Rezza). Elles sont appréciées des Ajacciens pour leur fraîcheur (relative).

LA VALLÉE DE LA GRAVONA

Cette vallée suit le cours de la Gravona, qui naît dans le monte Renoso et va se jeter dans la mer, après avoir rejoint son frère, le Prunelli, à côté de l'aéroport de Campo dell'Oro. Une dizaine de villages occupent ce territoire, à l'ouest et à l'est de la N 193 qui continue sur Corte, en gros entre Sarrola-Carcopino et Bocognano. La microrégion a souffert, pendant l'été 2006, d'un terrible incendie qui a ravagé des étendues de forêt entre Vero et Bocognano. Elle reste néanmoins un lieu propice à la rando.
Si on aime les boucles, possibilité de passer dans la vallée de Prunelli par Tavera, puis le col de Scallela (D 27).

Où dormir ? Où manger dans la basse vallée de la Gravona ?

Gîtes de M. Jean-Baptiste Giorgiaggi *(Gîtes de France)* **:** *plaine de Peri, 20167* ***Peri,*** *à 12 km au nord-est d'Ajaccio (route de Corte, puis à droite par la D 1 qui monte vers Cuttoli ; les gîtes se trouvent à env 4 km sur la droite). Résas auprès des Gîtes de France : ☎ 04-95-10-54-30/31. Fax : 04-95-10-54-38. Ouv tte l'année. En basse saison 328-339 €/sem ; juin et sept, 497-509 €/sem ; juil-août, 610-622 €/sem.* Là encore, un bon plan dans l'arrière-pays d'Ajaccio, à 15 mn seulement de la ville mais dans la nature et à prix intéressant. Maison récente et isolée (le propriétaire, exploitant agricole, habite à 500 m). Environnement fleuri et ombragé. Grands gîtes de 75 m² environ, correctement équipés (congélateur, lave-linge, lave-vaisselle). Séjour (convertible 2 places), cuisine, 2 chambres ou chambre et mezzanine (1 lit double et 2 lits), salle de bains avec w-c. Pas de vis-à-vis d'un gîte à l'autre. Douche extérieure également, et terrasse avec barbecue. Terrain clos de 3 ha. Animaux acceptés.

L'Ustaria *(Chez Martin)* **:** *N 193, à env 15 km d'Ajaccio direction Corte, plaine de Peri (20167), lieu-dit* ***Chioso-Novo.*** *☎ 04-20-01-67-93. • ustaria.peri@gmail.com • Fermé j. fériés ainsi que dim soir et lun soir sept-juin. Congés : fév. Menus 18 € (le midi)-35 €. Café offert sur présentation de ce guide.* Un resto en bord de route, de construction récente, qui ne paie pas de mine. C'est pourtant une table correcte, avec notamment des plats du jour copieux et bien tournés.

À voir. À faire

La Cité des Tortues A Cupulatta : *à 21 km d'Ajaccio, en bordure de la N 193, route de Corte. ☎ 04-95-52-82-34. • acupulatta.com • 16 mai-15 sept, 9h-19h ; avr-15 mai et 16 sept-11 nov, 10h-17h30. Entrée : 11 € ; 8 € pour les 5-11 ans. Compter 1h de visite. Un chemin a été adapté pour les pers en fauteuil. Pique-nique autorisé à l'entrée du parc.* Une initiative originale que la création, en 1998, de ce centre assez unique puisqu'on y trouve 170 espèces de tortues. Toutes ne sont pas exposées au public, mais on peut y voir les plus significatives pour chaque continent. Tortues géantes des Seychelles et des Galápagos, tortues de Madagascar et bonnes vieilles tortues de Hermann... Signalons aussi la tortue-boîte, à plastron articulé, la belle tortue-gouttelette et la terrifiante tortue-alligator, qui capture ses proies sans bouger, juste en ouvrant la gueule. Les repas sont donnés devant les visiteurs, en fin de matinée. En saison, éclosion des bébés en direct ! Site agréable, arboré et bordé d'une rivière rafraîchissante en contrebas. Snack (petite restauration).

➢ ***Rêves de cimes*** *(parcours aventure) :* ***à Vero.*** *☎ 04-95-21-89-01. ● revesdecimes.fr ● Prendre la N 193 et la quitter sur la gauche pour la D 4, puis continuer sur 10 km (fléché). Ouv Pâques-Toussaint : tlj de mi-juin à mi-sept 10h-19h (nocturne mer soir en juil-août, sur résa) ; les autres mois, slt le w-e ou dim sf vac scol. Compter 12-22 € selon parcours. CB refusées. Accès gratuit pour un accompagnateur non équipé. Bon à savoir : il est interdit aux adultes de monter sur les parcours réservés aux plus petits (parcours vert, moins de 1,20 m). Inutile donc de payer l'accès si vous accompagnez un jeune enfant.* Le plus grand parcours aventure de Corse (14 parcours, 172 ateliers, durée 2h-4h) s'adresse aussi bien aux plus jeunes (à partir de 3 ans) qu'aux adultes. Après s'être équipé de l'indispensable harnais et d'une poulie, petit briefing et essai encadré avant de s'élancer en toute sécurité sur les parcours, adaptés à la taille de chacun (un code couleur permet de s'y retrouver). Tyroliennes géantes, saut de Tarzan, lianes, tout un programme ! Aires de pique-nique sur place. Propose également d'autres activités *(canyoning à partir de 38 €/pers, via ferrata à Tolla pour 40 €/pers, randos pédestres, randos aquatiques...).*

➢ ***Randonnées :*** se procurer, à l'office de tourisme d'Ajaccio, à la communauté de communes de la haute vallée de la Gravona ou à la mairie de Bocognano *(☎ 04-95-27-41-86 ; ouv lun-ven 9h-17h)* le dépliant « Gravona, la vallée secrète », qui recense 12 balades (dont la moitié en boucles), pour la plupart faciles (entre 30 mn et 3h45 de marche).

BOCOGNANO / BUCUGNÀ (20136) 465 hab.

Un village en corniche, à 9 km au sud du col de Vizzavona et à 38 km d'Ajaccio, entouré de belles châtaigneraies et réputé pour la pureté de son air (on est à 650 m d'altitude). Plus proche d'Ajaccio que de Corte, chef-lieu de la vallée de la Gravona, c'est un lieu de passage ancestral entre le Nord et le Sud de l'île. On y passe un peu vite aujourd'hui, surtout depuis qu'on a construit le tunnel qui évite le passage dans le village. À tort, car on y mange bien, et les environs recèlent quelques chouettes petites balades.

BELLACOSCIA, PROFESSION : BANDIT

Le village fut au XIXe s le lieu de naissance de deux célèbres bandits corses : Antoine et Jacques Bellacoscia. Après avoir tué le maire du village, les deux frères prirent le maquis, et Antoine, le plus résistant des deux, resta une quarantaine d'années dans la vallée de la Pentica, à 4h de marche de Bocognano. L'Europe des curieux défila dans la région pour le rencontrer : de Pierre Loti à la princesse de Saxe-Weimar ! Antoine mourut de sa belle mort dans son lit à l'âge de 95 ans ; comme quoi, le maquis, ça conserve !

Où manger ?

I●I ***Ferme-auberge A Tanedda :*** *à gauche en contrebas de la route en venant d'Ajaccio, à la hauteur du monument aux morts. ☎ 04-95-27-42-44. ● achille.martinetti@wanadoo.fr ● Ouv tlj de mi-mars à mi-déc. Résa conseillée. Formule 18 €, menus 22-26 €. Café offert sur présentation de ce guide.* Maison moderne avec petite terrasse face aux montagnes. On y propose des plats élaborés à partir des produits de la ferme, de la saine charcuterie et du fromage non moins valable ; on aime cette cuisine de saison. Très bon accueil.

Où dormir dans les environs ?

***Gîtes de M. Gaëtan Ricci** (Gîtes de France) : hameau de Pruniccia, 20163 **Tavera.** Résas auprès des Gîtes de France : ☎ 04-95-10-54-30/31. Fax : 04-95-10-54-38. Tavera se trouve à 10 km à l'ouest de Bocognano, direction Ajaccio puis à gauche à 7 km. Tte l'année. 372 €/sem (hors saison)-665 €/sem (juil-août). Possibilité de loc le w-e. Café ou apéritif offert sur présentation de ce guide.* Dans le haut du village, maison récente. Gîte de 85 m² au rez-de-chaussée de la maison du propriétaire. Séjour (lit 1 personne), cuisine, 2 chambres (lit double et lits jumeaux), douche et w-c. Lave-linge, congélateur, lave-vaisselle, micro-ondes, téléphone, cheminée. Terrasse, jardin, barbecue, garage. Chauffage en sus. Pas un mauvais plan que ce gîte, qui n'est guère qu'à 35 km de la côte par la nationale et profite du calme de la Corse intérieure. Belle salle de bains et séjour spacieux, agréable. Également un 2nd gîte, très cher mais avec piscine, pour 6 personnes (3 chambres), classé 4 épis *(selon saison 565-1 695 €).* On prend parfois l'apéro avec Gaëtan, relax.

À voir

La clue de la Richiusa : une curiosité naturelle proche du village et du moulin à châtaignes, signalée par un panneau dans Bocognano (à la sortie direction Corte, prendre une route très étroite à gauche qui descend sur 1,6 km). Le torrent de la Cardiccia, affluent de la Gravona né sur le flanc sud du Migliarello, s'y engouffre entre deux falaises hautes de 60 m pour en sortir par une succession de vasques limpides. À la source de ce même torrent, on trouve une seconde curiosité, le *glacier de Busso,* réceptacle d'un couloir d'avalanche où viennent s'accumuler, dit-on, les seules neiges éternelles de Corse ! Accès dans les deux cas grâce à une passerelle qui franchit la Gravona à proximité du parking de la minicentrale électrique. Cinq opérateurs sont autorisés à organiser les sorties de canyoning. Attention ! En 2002, deux jeunes non encadrés sont morts, victimes de la montée des eaux après deux jours de pluie.

À l'extrême opposé, au sud de Bocognano, on atteint la ***cascade du Voile de la Mariée*** après 3 km de route goudronnée et 10 mn de marche en rive droite du torrent. Site charmant, surtout à la fonte des neiges ou après une forte pluie qui donnera au voile toute son ampleur (en plein été, on est un peu déçu...).
– *Corsica Natura* a aménagé une *via cordata* (escalade encadrée sur une paroi rocheuse, avec une tyrolienne et un rappel sur plus de 100 m). *Rens : ☎ 04-95-10-83-16. 📱 06-85-03-19-90. ● corsicanatura.fr ● Compter 35-45 €/pers.*

Manifestation

– ***Foire à la châtaigne*** *(feria di a castagna)* ***:*** *3 j. début déc. Rens : ☎ 04-95-27-41-76.* Un des temps forts de la vie économique, culturelle et sociale de l'île. Cette foire, créée en 1983, est aujourd'hui la plus importante des manifestations rurales corses et accueille environ 30 000 visiteurs ! Châtaignes mais aussi toutes sortes de produits artisanaux et agricoles sont présentés et vendus dans le village. Les gens se parlent, se rencontrent, échangent marchandises, argent et idées.

LA VALLÉE DU PRUNELLI

À partir de Cauro, des routes tortueuses vous invitent à de bien belles balades dans la montagne. C'est déjà le pays des châtaigniers, des cochons sauvages et des maisons en pierre. On vous conseille de faire une boucle :

monter à Bastelica par la D 27 et redescendre sur Ajaccio par la D 3 qui passe dans les gorges du Prunelli, par Tolla et Ocana.

BASTELICA (20119) 460 hab.

À 40 km d'Ajaccio. Après avoir traversé de vastes forêts, on parvient dans la patrie de l'illustre Sampiero Corso. « Le plus corse des Corses », né à la fin du XVe s, servit les rois de France avant de lancer une insurrection contre les Génois. Valeureux combattant, il contribua à donner des Corses une image de guerriers redoutables. Bastelica, constituée de cinq quartiers, s'étage en amphithéâtre dans un décor montagneux réputé pour son air pur et ses charcuteries. Nombreuses randonnées à faire dans le secteur.

Où dormir ? Où manger ?

Prix moyens

🏠 I●I ***Chez Paul :*** *quartier Stazzone, en haut du village. ☎ 04-95-28-71-59 ou 73-13. • paul.mocanetti@wanadoo.fr • ♿ Ouv tte l'année. Menus 12-26 €.* Salle avec vue panoramique sur le village et les montagnes. Cuisine classique et très honnête, prix serrés et service efficace. Une adresse qui tourne, incontestablement. Le patron fait son petit numéro pour amuser la clientèle et tout le monde est content. Gîtes (labellisés « Gîtes de France » no 14311/3) à louer également, à proximité du resto. *Résas auprès des Gîtes de France : ☎ 04-95-10-54-30/31. Fax : 04-95-10-54-38. Ouv mai-oct. Compter 340-509 €/sem et 400-543 €/sem selon saison.* 3 gîtes pour 4 et 5 personnes. Location à la nuitée possible hors saison.

Chic

🏠 ***Hôtel Artemisia :*** *quartier Boccialacce. ☎ 04-95-28-19-13. • contact@hotel-artemisia.com • hotel-artemisia.com • Congés : 12 nov-27 déc. Doubles standard 94-154 € et supérieures 134-194 € selon saison. Petit déj (excellent) 13 €. Restaurant : env 30 €.* 📶 Un hôtel ouvert en 2010 qui a fait le pari audacieux du chic encore abordable dans un bourg de moyenne montagne. L'établissement, qui ne compte que 11 chambres, affiche une déco résolument contemporaine. Les chambres bénéficient de grandes surfaces vitrées pour profiter au maximum de l'environnement bucolique. Petite piscine. Restaurant (sur réservation) : la carte est courte avec des produits locaux pour l'essentiel à l'honneur.

Où dormir ? Où manger dans les environs ?

⛺ ***Camping à la ferme Minocchi :*** *pont de Minocchi, sur la D 27, à 4 km de Bastelica, direction Bocognano. ☎ 04-95-28-70-27 ; 📱 06-07-57-28-54. Ouv juin-sept (téléphoner pour s'assurer de l'ouverture). Forfait env 14 € pour 2. CB refusées.* Camping à la ferme, familial et planté de chênes. Rivière à 50 m. Bloc sanitaire correct. Très bon accueil.

🏠 ***Gîtes de M. Christian Lorenzoni*** *(Gîtes de France)* **:** *au* ***col de Cricheto,*** *à 5 km de Bastelica, réputé pour son air pur et sa charcuterie et tt proche du plateau d'Èse et de sa station de ski. Résas auprès des Gîtes de France : ☎ 04-95-10-54-30/31. Fax : 04-95-10-54-38. Ouv tte l'année. Oct-mai, 335-430 €/sem ; juin et sept, 407-540 €/sem ; juil-août, 485-640 €/sem. Possibilité de réserver également pour un w-e.* Dans une maison indépendante sur un grand terrain clos, 2 gîtes à l'étage. Le rez-de-chaussée est constitué par la miellerie du propriétaire, qui est également éleveur et produit sa charcuterie. Le 1er gîte, pour 5 personnes (56 m²), comporte un séjour-cuisine, 2 chambres, salle de bains et w-c ; le 2d gîte, pour 6 personnes (78 m²), est composé d'un séjour-cuisine, 2 chambres (possibilité de 3 couchages pour enfants en soupente), salle de bains et w-c. Les 2 gîtes disposent également de terrasse, salon de jardin, barbecue, et offrent un bon équipement : lave-linge, lave-vaisselle (pour le gîte le plus grand), congélateur (pratique en montagne), TV, téléphone, location de linge de maison. Animaux acceptés. Le propriétaire a par ailleurs créé, au col de Cricheto, 2 circuits de découverte, à faire à pied ou en petit train (*● cricheto.com ●*).

I●I ***U Castellu :** à **Ocana** (20117), lieu-dit Rignosa, 7 km plus bas que Tolla. ☎ 04-95-27-01-99. ● ucastellu@yahoo.fr ● À la sortie nord du village. Fermé oct-mars et lun en basse saison. Compter env 26 € à la carte. Digestif offert sur présentation de ce guide.* Certes, il faut près de 30 mn pour accéder à ce beau village haut perché. Et juste à la sortie, faisant face à la vallée encaissée, on trouve ce resto saisonnier tenu par un jeune couple aimable. Cuisine simple et sincère. Viande grillée, pizzas et « vraies frites » excellentes, bonne charcuterie (surtout en début de saison), fromages du même genre, 100 % corses.

À voir. À faire

Vous trouverez un plan du village et des environs au pied de la statue de Sampiero Corso, face à l'église. Un parcours culturel (dépliant) permet de se repérer dans ce village très étendu.

***La maison de Sampiero Corso :** quartier Dominicacci.* En fait, la demeure où est né le héros corse fut brûlée par les Génois. On l'a reconstruite au XVIIIe s.

➢ ***La route panoramique :*** prendre la tortueuse D 27a, direction val d'Èse. Panoramas sublimes sur les montagnes, jusqu'au plateau d'Èse.

DANS LES ENVIRONS DE BASTELICA

– ***La via ferrata :** au **col de Mercujo,** près du belvédère, 1,5 km à l'ouest de Tolla. Infos auprès de* Rêves de Cimes *(lire « À voir. À faire » dans le chapitre « La vallée de la Gravona »).*

– ***Le centre nautique du lac de Tolla :** ☎ 04-95-27-00-48 (juin-sept). ● centre-nautique-de-tolla.fr ●* Location de canoës, kayaks, stand-up paddles, embarcations à pédales pour des balades à la demi-journée sur le lac. À proximité, buvette-crêperie et centre équestre.

■ ***APART :** 20117 **Tolla.** ☎ 04-95-27-03-31. 📱 06-74-06-46-47. ● apart-corse.com ● Tte l'année.* Rando et base nautique sur le lac de Tolla. Kayak de rivière.

Randonnées

➢ ***Le canal de la Volta :*** une randonnée à ne pas manquer, mais un peu difficile au début pour les jeunes enfants (ça grimpe sec). Aller et retour en 2h30. Il a été un temps question de canaliser cette vieille construction rurale, perchée à flanc de montagne et qui sert à l'irrigation des jardins et de quelques vergers autour du village. En dépit des fuites et des obligations d'entretien qu'occasionne cet ouvrage d'adduction à l'air libre, la raison et la préservation du patrimoine paraissaient toutefois devoir l'emporter ! Heureusement, car il s'agit d'un ouvrage remarquable

le long duquel vous découvrirez, à l'occasion d'une balade facile (mais non sans danger : les rochers peuvent être glissants et dangereux), un résumé saisissant de la Corse intérieure, de forêts en cascades, de village en montagne.
Empruntez la bretelle routière supérieure du village et garez-vous près de *Chez Paul.* Le sentier s'élève à proximité, à partir d'une fontaine couverte, puis se perd un peu au milieu des châtaigniers (balisage orange). On atteint après 30 mn la crête et le canal d'arrosage. La suite remonte le cours de cet ouvrage par un excellent sentier qui ne quitte ce canal remarquablement conservé qu'un bref instant, dans la partie la plus escarpée du versant. Un peu plus haut, on arrive à la prise d'eau au pied des *cascades d'Ortala,* dont on peut gagner l'amont en continuant le sentier, toujours bien marqué.
On entre alors dans l'univers des pins laricio et dans un décor de haute montagne qui remonte beaucoup plus haut, jusqu'aux petits lacs de *Pozzolo* et à la *punta alle Vetta* (2 255 m, point culminant de la vallée).

➢ ***Le monte Renoso*** *(monte Renosu)* **:** le sommet le plus élevé de la vallée (2 352 m), un géant insulaire qui se distingue des sommets plus au nord (monte d'Oro, Rotondo, Cinto...) par ses formes plus aplanies. L'accès le plus classique remonte la vallée du Prunelli jusqu'à sa source au lac de Vitalaca. Mais la création de la route du plateau d'Èse a créé la possibilité d'un accès détourné, moins fatigant, par la *crête de Scaldasole* et le *site des Pozzi,* d'anciens lacs en voie d'assèchement (compter malgré tout 7h de marche aller et retour ; pas d'obstacle technique à prévoir de juin à octobre, à part l'état très caillouteux du chemin). Sentier non balisé.

Ski alpin et ski de fond

Malgré des problèmes à répétition, le ***stade de neige du plateau d'Èse*** *(A Nivata),* à 14 km de Bastelica par la D 27a, fonctionne l'hiver, plus ou moins longuement en fonction de l'enneigement. Mais le coin est mieux adapté à la pratique du ski de fond ou de randonnée ou des raquettes, avec des parcours faciles conduisant sous les hêtres à la pointe de la *Cuperchiata* (la « tortue », du nom d'un bloc insolite à la carapace de granit) et au col de *Foce d'Astra* (petit refuge sommaire).
L'été, le plateau d'Èse n'a certes pas été embelli par tous ces aménagements, mais on appréciera malgré tout de monter à la *Cuperchiata* (50 mn d'ascension sous les hêtres en suivant le téléski ; plateau perché très agréable offrant une vue extraordinaire) ou, comme expliqué précédemment, au *monte Renoso.*

LE HAUT TARAVO / TARAVU

Le Taravo *(Taravu),* qui finit son existence entre Porto-Pollo et Olmeto-Plage, a façonné dans la partie haute de la vallée (entre Petreto-Bicchisano et le col de Verde) de magnifiques paysages. D'Ajaccio, prendre la N 196 et la quitter sur la gauche, avant Grosseto, pour Santa-Maria-Sicchè.

SANTA-MARIA-SICCHÈ (20190) 360 hab.

À 35 km à l'est d'Ajaccio, à gauche de la route menant à Propriano. On entre dans la vallée du Taravo, l'une des plus grandes de Corse. La commune de

Santa-Maria n'a rien d'extraordinaire, mais l'air y est pur et on y est tranquille. Le village a vu naître Vanina d'Ornano, qui épousa Sampiero Corso. Celui-ci l'étrangla, la soupçonnant de trahison. Sa maison natale, du XVᵉ s, se trouve un peu plus loin que l'église. À proximité, sur la route de Vico, les ruines d'une maison fortifiée construite, dit-on, par Sampiero.

Où dormir ? Où manger ?

🏠 |●| ***Hôtel Le Santa Maria :*** *au centre du village.* ☎ *04-95-25-70-29.* ● *info@santa-maria-hotel.com* ● *santa-maria-hotel.com* ● *Ouv tte l'année. Doubles avec TV satellite 76-86 € selon confort et saison, petit déj compris. ½ pens possible : pour 2, 114-138 €. Menus 17-25 €. Parking.* Établissement traditionnel, assez Corse profonde, et le patron et l'hôtel (grande et solide bâtisse aux chambres sobres et propres) sont bien du pays aussi. Fait aussi resto : cuisine familiale.

Où dormir dans les environs ?

Gîtes ruraux

🏠 ***Gîte de Mme Marie-Dominique Quilici*** *(Gîtes de France)* ***:*** *à* ***Campo,*** *à 3 km au nord-est de Santa-Maria-Sicchè. Résas auprès des Gîtes de France :* ☎ *04-95-10-54-30/31. Fax : 04-95-10-54-38. À l'entrée du village (mais commerces à Santa-Maria-Sicchè). Tte l'année. Compter 270 €/sem en basse saison, 305 €/sem en juin et sept, 452 €/sem en juil-août.* Parfait pour un séjour en Corse profonde, au calme dans un petit village de moyenne montagne. Dans une ancienne maison de maître en granit, grand gîte pour 5 personnes (90 m²), bien équipé (lave-linge, congélateur, TV et magnétoscope) et avec mobilier de caractère. Séjour-cuisine, salon (convertible 2 places), 2 chambres avec lit double, douche et w-c. Linge de maison fourni. Belle grande terrasse avec barbecue et salon de jardin. Animaux acceptés. Un excellent rapport qualité-prix.

🏠 ***Gîtes de Mme Véronique Cianfarani*** *(Gîtes de France)* ***:*** *à* ***Prugna*** *(à 1 km au sud de Grosseto). Résas auprès des Gîtes de France :* ☎ *04-95-10-54-30/31. Fax : 04-95-10-54-38. Ouv tte l'année. 2 gîtes pour 4-6 pers 280-310 €/sem en basse saison, 310-390 €/sem en moyenne saison et 390-545 €/sem en juil-août. Promotion : pour 2 sem louées en basse saison, la 3ᵉ est offerte !* Noble bâtisse de granit très bien rénovée et d'un confort presque cossu. Environnement verdoyant. 2 gîtes de 41 et 52 m², respectivement en rez-de-jardin et au 2ᵉ étage, avec chacun séjour-cuisine (convertible 2 places), 2 chambres avec lit double, salle de bains et w-c indépendants, prise TV, lave-linge et lave-vaisselle, cheminée. Draps, chauffage et bois en sus. Là encore, un rapport qualité-prix très performant. Le genre d'adresse qui permet à tous ou presque de s'offrir la Corse. Bon, c'est vrai, la mer est un peu loin, mais piscine et rivière à 5 km. Commerces à Grosseto, à 1 km. Animaux acceptés.

ZICAVO / ZICAVU (20132) 245 hab.

À 27 km de Santa-Maria, à 800 m d'altitude et entouré de montagnes, Zicavo, dans le haut Taravo, est sur la ligne de partage des eaux. Pays de châtaigniers et de hêtres, le maquis est constellé de vieux hameaux aux maisons de granit. L'endroit est un petit paradis pour les randonneurs.

Le village, bâti en amphithéâtre, est immense et s'anime l'été. L'eau murmure dans les caniveaux, le regard se perd dans la vallée, tout semble si reposant tout d'un coup...

Arriver – Quitter

➢ ***De/vers Ajaccio :*** *Transports Santoni (☎ 04-95-22-64-44).* De la gare routière, 1 liaison/j. tte l'année (sf dim et j. fériés). Durée du trajet : 1h30.

Où dormir ? Où manger ?

🏠 🍴 ***Chambres d'hôtes et gîtes ruraux Le Paradis :*** *sur la D 69 (route du col de Verde en direction du plateau de Coscione). ☎ 04-95-24-41-20. • pirany.louise@orange.fr • zicavo-paradis.com • Ouv tte l'année. Double 62 € (petit déj inclus). Repas 20 €. CB refusées.* Un ancien gîte d'étape qui propose 5 chambres doubles confortables. Les groupes peuvent être accueillis dans 2 gîtes ruraux. Coin cuisine. Bonne table. Charcuterie maison, légumes du potager.

🏠 🍴 ***Chambre d'hôtes A Casella, chez Jacques-Philippe Giorgi :*** *lieu-dit Acqua-di-Maria, à 200 m du village. ☎ 04-95-24-44-03. 📱 06-87-56-82-55. • giorgi@wanadoo.fr • acasella.e-monsite.com • Ouv avr-oct. Compter 75 € pour 2. CB refusées. Apéritif offert sur présentation de ce guide.* Dans la maison (moderne) des propriétaires, entourée d'un grand jardin, 1 seule et unique chambre (entrée indépendante). Séjour avec cheminée, que l'on partage avec les propriétaires. Excellent petit déjeuner avec confitures maison. Beaucoup d'activités nature à proximité et plein de conseils avisés pour profiter du grand air de Zicavo.

🍴 ***Le Pacific Sud :*** *à la sortie du village, tt en haut, direction Aullène. ☎ 04-95-24-41-37. • scaglia.pierre@wanadoo.fr • Ouv avr-oct, midi et soir. Menus 14,50-18,50 €, pizzas 7-10 €. Compter 20-25 € à la carte. CB refusées.* Adresse conviviale où randonneurs et campeurs viennent se régaler de quelques spécialités insulaires ou de copieuses pizzas au feu de bois. Beaucoup d'animation en saison.

Où dormir ? Où manger dans les environs ?

🏠 🍴 ***Auberge A Filetta :*** *à* ***Cozzano,*** *à 5 km au nord-est de Zicavo, le long de la D 757. ☎ 04-95-24-45-61. • renucciauberge@wanadoo.fr • auberge-afiletta.com • Congés : fin sept-1er avr. En chambre double, compter 85 € la ½ pens pour 2. Menu 16 €. CB refusées. 📶 Café ou digestif offert sur présentation de ce guide.* La grande terrasse fleurie et l'accueil discret mais chaleureux de Mme Renucci charment le touriste sensible. Des chambres simples vraiment pas chères, des plats corses classiques et authentiques (comme l'entrecôte aux cèpes), c'est tout ce qu'on demande. Piscine.

🏠 ***Gîtes de Mme Anita Renucci*** *(Gîtes de France)* ***:*** *lieu-dit A Filetta, à* ***Cozzano.*** *Résas auprès des Gîtes de France : ☎ 04-95-10-54-30/31. • gites-anita-renucci.com • Sur place : ☎ 04-95-24-44-57. Ouv tte l'année. En basse saison 250-260 €/sem ; en moyenne saison 300-350 €/sem ; juil-août 400-450 €/sem. Possibilité de résa pour le w-e. Café offert sur présentation de ce guide.* Situé en montagne, à 750 m d'altitude, Cozzano est le village idéal pour les promenades en pleine nature. Les propriétaires, exploitants agricoles, vous indiqueront les meilleurs itinéraires, vous accueilleront dans leur exploitation avec chevaux, vaches et cochons, et vous feront goûter leur production de charcuterie. Ils vous proposeront également de les accompagner lors d'une de leurs parties de chasse et vous feront partager leur butin (à savoir un bon sanglier ou encore pigeons, merles ou faisans selon la saison). 5 gîtes de 50 à 68 m² pour 5 personnes avec séjour cuisine, 2 chambres, salle d'eau et w-c. Ils sont équipés de lave-linge, micro-ondes et possèdent terrasse avec salon de jardin et barbecue. Petit plus : les draps et le linge sont fournis gratuitement. Les animaux sont naturellement les bienvenus.

Bergerie de Basseta : *route de Saint-Pierre (D 428). 06-27-25-95-33. • reservation@bergeriedebasseta.fr • bergeriedebasseta.com • À 15 km de Zicavo. Direction col de Vaccia, puis, à 8 km de Zicavo, embranchement à gauche vers le plateau du Coscionu ; l'auberge se trouve à 7 km de là, en contrebas de la route (mais à 1 360 m d'altitude !), à gauche. Pour les randonneurs, le GR 20 est à 1h de l'auberge, depuis le col de l'Agnone en venant du Nord et depuis la passerelle en venant du Sud (fléchage). Ouv 15 avr-15 oct. Compter 37,50-42,50 € en ½ pens en dortoir ou en chalet. Menu 23 €. CB refusées.* Une halte bien sympathique. Pour le gîte, dortoir de 11 personnes, bergerie pour 8 personnes et 4 chalets pour 6 personnes. À table, une vraie cuisine corse à base de bons produits du pays (charcuteries, cabri, fromages, confitures...). On se régale.

Ferme-auberge Col de la Vaccia *(Gîtes de France) : col de la Vaccia, 20140* ***Olivese.*** *06-43-62-55-62. • coldelavaccia@orange.fr • Sur la D 69, à 13 km de Zicavo et à 12 km d'Aullène, à la limite entre le Taravo et l'Alta Rocca. Tlj 15 avr-15 oct. Compter 70 € pour 2 ; en ½ pens, ajouter 27,50 €/pers. Menus 20-30 €. CB refusées. Digestif offert sur présentation de ce guide.* Maison ancienne en pierre, à l'intérieur rénové par les propriétaires eux-mêmes, exploitants agricoles. Magnifique vue panoramique (pas une maison à la ronde) sur la vallée et les montagnes ; par beau temps, jusqu'au mont Cinto. 4 chambres équipées de 1 lit double et 1 lit simple, avec salle d'eau et w-c privatifs. Terrain clos et arboré avec salon de jardin. Prévoir une petite laine (on est à 1 150 m d'altitude). Bon accueil.

Randonnée pédestre

➢ Au départ de Zicavo, une boucle de 2 jours passant par ***Cozzano, Tasso*** et ***Guitera,*** puis retour à Zicavo. Dans chacun de ces villages, des ***gîtes d'étape*** bien connus des randonneurs du Mare a Mare Centre. En pleine saison, il vaut mieux réserver. On aime bien, en particulier, les deux que voici :

Gîte Bella Vista : *à* ***Cozzano*** *(20148). ☎ 04-95-24-41-59. • gitepantalacci@aol.com • gitecozzanohebergementcorse.com • Ouv de début avr à mi-oct. Compter 15 €/pers en gîte et 45 € en chambre (1-2 pers). ½ pens (gîte) 39 €/pers ; petit déj 5,50 €. Repas 18,50 €.* L'un des plus grands gîtes du sentier, avec des chambres collectives de 6 lits et 3 doubles. Allez donc faire un tour au resto quelques mètres plus bas, également tenu par Baptiste Pantalacci et sa famille, proprios du gîte, très sympas et qui connaissent bien la région. Le repas est bon et, si le cœur vous en dit, passez donc côté bar taper le carton ou discuter avec Baptiste, vous ne verrez pas le temps passer. Pharmacie et poste *(ouv 14h-16h)* dans le village. Possibilité de planter sa tente *(0 €/pers).*

Pour reposer vos jambes, vous pouvez, du gîte, vous rendre à la source d'eau très chaude de *Guitera-les-Bains* : la source a été captée pour alimenter l'ancien lavoir du village. Compter 30 mn de marche.

Gîte d'étape et ferme-auberge chez Paul-Antoine : *U Scalonu, chez Paul-Antoine Lanfranchi, 20153* ***Guitera.*** *☎ 04-95-24-44-40. 06-84-22-40-47. • chezpaulo@wanadoo.*

fr • chez-paul-antoine.com • Ouv presque tte l'année (sur résa), sf vac scol Toussaint. Nuitée en dortoir 18 €/pers ; 44 € en ½ pens. Menus 18-25 €. CB refusées. Un gîte chaleureux et agréablement situé. Après un petit verre sous la tonnelle (quittez-la sans regret, vous y reviendrez pour le digestif !), on passe à table, et là, on en a plein les papilles, parce que, en plus d'être copieux, c'est très bon (charcuteries maison et produits du terroir) ! Un bon moment passé en compagnie de Paul-Antoine et Geneviève, qui visiblement aiment ce qu'ils font. Une vingtaine de lits. Possibilité de planter sa tente à quelques mètres de là *(8 €/pers, avec accès aux commodités du gîte).*

LE GOLFE DU VALINCO ET LE SARTENAIS

Une région superbe, qui profite des grandes plages du golfe du Valinco et de l'animation estivale de Propriano, et de l'arrière-pays montagneux où Sartène, « la plus corse des villes corses », fait figure de petite capitale de caractère. Et l'on est par ailleurs à deux pas des splendeurs de l'Alta Rocca, via Sainte-Lucie-de-Tallano.

Le Valinco est un golfe large et très profond, qui offre des facettes très variées. Au nord, la petite station de Porto-Pollo, précédée de plages tranquilles et familiales. Au sud, au creux du golfe, Propriano, son port, ses restaurants et ses plages. Et puis, à l'extrême sud-ouest de la côte, la petite station de Campomoro, sa généreuse plage et ses habitués qui voient en cette étroite route en cul-de-sac un havre de paix (surtout hors saison).

PORTO-POLLO / PORTI PODDU

(20140 ; commune de Serra-di-Ferro)

À 18 km de Propriano, ce petit village, autrefois modeste hameau, offre une vue sublime sur le golfe de Valinco. L'explosion du tourisme a fait de ce patelin une vraie petite station balnéaire, la plus prisée du golfe en fait, avec son petit port, ses quelques hôtels et résidences hôtelières, et sa gentille animation nocturne. Quelques bateaux de pêche et des voiliers se balancent mollement dans le port si bien abrité. Le « port trouble », c'est la traduction de son nom. On ne sait pas pourquoi, car les eaux de ses plages sont particulièrement limpides, parfaites pour les familles. Le soleil se fait plus doux, le vent se calme. Porto-Pollo a fait son nid dans un recoin de la côte et invite à la sieste.

Arriver – Quitter

➢ ***De/vers Ajaccio : Autocars Alta Rocca Voyages,*** *à Ajaccio, gare routière : ☎ 04-95-51-08-19.* D'Ajaccio (via Bisinao et Pila Canale), en juil-août, 1 départ/j. l'ap-m, même dim et j. fériés ; retour vers Ajaccio le mat ; hors saison, également 1 départ/j. sf dim et j. fériés. Prévoir 1h15-1h30 de trajet.

Adresse utile

@ ***Café Les Oliviers :*** *sur la gauche, dans le centre du village.* Jolie terrasse équipée du wifi et quelques ordinateurs à l'intérieur. Seule exigence, y boire un coup. Normal !

Où dormir ? Où manger ?

Les Eucalyptus : *sur la droite en entrant dans le village. ☎ 04-95-74-01-52. • sarlleseucalyptus@gmail.com • hoteleucalyptus.*

com • Congés : début oct-début avr. Doubles 82-138 €. Également des triples et des quadruples. Café offert sur présentation de ce guide. Structure d'une trentaine de chambres, un peu massive, sur 3 étages, située en retrait de la route et en hauteur, ce qui assure le calme en plus d'une vue superbe sur la baie. Jolies chambres rénovées et confortables, toutes avec sanitaires, TV, AC, coffre. Bon équipement. Intéressant pour les terrasses avec vue. Les autres ont des balcons. Le tout au milieu d'un beau jardin fleuri de bougainvillées et de lauriers. La plage est à 1 mn, en traversant la petite route. Tennis en bon état. Grand parking en contrebas. Accueil adorable et prévenant.

Hôtel Le Kalliste : *dans le centre, côté route. ☎ 04-95-74-02-38. • hotel-lekalliste@orange.fr • lekalliste.fr • Pour 2, compter 65-122 € en chambre standard et 75-132 € pour celles avec grande terrasse (petit déj en sus). 10 % de remise sur présentation de ce guide (résa en direct).* L'hôtel est en bord de route, certes, mais c'est plutôt calme le soir (la route est un cul-de-sac et il y a un double vitrage). Chambres sobres, impeccables, toutes avec sanitaires et la plupart avec AC. On se sent tout de même un peu à l'étroit (pas d'espaces verts autour), mais l'établissement tient bien sa place dans l'hôtellerie locale. Restaurant (le soir).

Les Figuiers : *dans le centre, 300 m avt le port. ☎ 04-95-70-13-30. 06-07-62-76-38. • menage.dominique@wanadoo.fr • lesfiguiers.com • Ouv mars-nov. Compter env 290-550 €/sem selon saison pour un studio 2 pers et 590-1 250 €/sem pour un appart 4 pers. Également un très grand appart pour 4-6 pers au rdc de la maison 975-1 950 €/sem selon saison. Loc au w-e possible hors saison (2 nuits) dans un studio 2 pers. Réduc de 3 % sur la loc (min 1 sem) sur présentation de ce guide au moment de la résa.* Cette maison corse de caractère, tout en pierre et aux volets lilas, a été entièrement et joliment restaurée. Une réussite. On y trouve 2 appartements décorés avec soin, comportant chacun 2 chambres, cuisine équipée, salle de bains, plus un balcon donnant sur la baie. Également une poignée de studios tout confort, dont 2 avec vue. Le grand appartement comprend 2 salles de bains et 2 toilettes, avec grande terrasse sur le devant (en léger surplomb de la route). À l'extérieur, un salon de jardin, 2 barbecues et une petite cuisine à disposition à l'ombre des oliviers. Lave-linge. La plage de sable fin n'est qu'à 30 m... juste de l'autre côté de la route. Une demeure calme et pourtant au cœur du village.

Hôtel Le Golfe : *sur le port même, tt au bout du village. ☎ 04-95-74-01-66. • contact@hotel-porto-pollo.com • hotel-porto-pollo.com • Ouv de mi-mars à début nov. Chambres standard 105-315 € selon saison. Petit déj 19 €. Menus le midi (lun-sam) 16,50 €, le soir 29 €. Carte env 35 €.* Ce très chic et moderne établissement, vraiment bien équipé et offrant d'impeccables prestations (chambres spacieuses et lumineuses, avec AC), n'est pas vraiment dans notre gamme de tarifs, en tout cas en haute saison, mais il s'avère d'un excellent rapport qualité-prix hors saison, compte tenu des prestations. Mais si nous vous indiquons cet établissement, c'est aussi pour sa table, *La Cantine du Golfe*. Le petit menu brasserie du midi notamment, que l'on prend sur l'élégante terrasse design, sur le port, a parfaitement répondu à nos attentes : fraîcheur, qualité, quantité. Alors, on est revenus le soir et c'était très bien également. Plats bien réalisés, essentiellement tournés vers la mer et joliment présentés. Accueil professionnel.

A Pignata : *dans le centre du village. ☎ 04-95-24-77-95. • apignata2a@gmail.com • Ouv de début avr à mi-oct. Salades 13-17 € et plats 16-23 €. Digestif offert sur présentation de ce guide.* S'il fallait retenir une adresse à Porto-Pollo (outre *Le Golfe*), ce serait sans doute celle-ci, pour la fraîcheur du poisson. Rien de bien sorcier quant au savoir-faire, mais l'ensemble tient bien la route et les salades constituent un déjeuner léger de bon aloi. Agréable terrasse donnant directement sur la mer.

Où dormir ? Où manger dans les proches environs, sur les hauteurs ?

⛺ 🏠 ***U Turracconu :*** *20140* ***Serra-di-Ferro.*** ☎ *04-95-74-00-57.* ● *info@turracconu.com* ● *turracconu.com* ● *Sur les hauteurs, à 5 km de Porto-Pollo et à 400 m du village de Serra-di-Ferro. Ouv avr-oct. Compter env 29 € pour 2 avec voiture et tente. CB refusées.* 📶 Camping de taille moyenne, sur les hauteurs de la côte, bien agréable en demi-saison mais dans lequel on est vraiment entassé au mois d'août, autant le savoir. Sanitaires en nombre insuffisant à cette période. Sinon, le reste du temps, c'est vraiment une agréable adresse très tranquille. Piscine près du bar et atmosphère familiale. Pas mal d'ombre sous les pins. Également une quinzaine de studios et d'appartements à louer, pour 4 à 6 personnes. Accueil fort sympathique.

🏠 |●| ***Auberge U Mulinu Di Calzola :*** *pont de Calzola, 20140* ***Casalabriva.*** ☎ *04-95-24-32-14.* 📱 *06-84-79-21-86.* ● *info@umulinu.net* ● *umulinu.net* ● *Au niveau du pont de Calzola. Ouv de mi-avr à fin oct. Doubles 72-92 €. Possibilité de ½ pens 30 €/pers. Resto ouv le soir slt. À la carte, env 30 €.* Très joli site, en bordure du Taravo sauvage, et une grande bâtisse corse, ancien moulin entièrement retapé. De bien belles chambres, donc, avec bonne literie, douche, clim et w-c. Quelques-unes donnent sur la rivière. Petit déj servi sur la terrasse. Le resto se révèle de qualité sous la houlette d'un chef qui maîtrise son affaire. Plats classiques, type tripes, cannellonis au *brocciu,* seiches à la mode corse, sauté de veau... Vins bien choisis. Bon accueil.

⛺ 🏠 |●| ***Domaine Kiesale Abbatucci*** *(Gîtes de France)* ***:*** *pont de Calzola, 20140* ***Casalabriva.*** ☎ *04-95-24-36-30 et* 📱 *06-67-57-78-39.* ● *restaurantlefrere@gmail.com* ● *domainekiesale@gmail.com* ● *domainekiesale.com* ● *À env 10 km de Porto-Pollo : suivre la D 757 vers Petreto-Bicchisano en longeant le Taravo ; à droite au carrefour de Calzola, passer le pont (étroit), puis tourner à gauche ; c'est à 500 m plus loin. Ouv Pâques-Toussaint (camping et resto). Resto fermé mar. Camping, compter 18,50-21 € pour 2 avec voiture et tente. Également 3 gîtes. Sur le même domaine, le resto* Le Frère. *Carte slt : compter 35 € le repas complet.* En pleine nature, sous les oliviers et les chênes-lièges. Paysage de hautes collines et maquis de la vallée du Taravo. Côté resto, on se régale avec grillades au feu de bois (la Vache Tigre, emblématique du domaine, est dans l'assiette, et l'agneau, du domaine également, vaut aussi le déplacement) et desserts maison. Vin du domaine.

|●| ***Restaurant U San Petru :*** *au cœur du village de* ***Serra-di-Ferro.*** 📱 *06-19-94-79-95. Ouv midi et soir. Chants corses certains soirs (appeler pour infos). Menu du jour 13 €. Viandes grillées 11-17 €, pâtes fraîches 10-12 €.* La terrasse, en léger surplomb de la placette, ombragée par un généreux olivier et offrant une vue bien dégagée, se révèle bien tentante. Et on s'est laissé tenter. La viande était grillée comme il faut, fondante à souhait, et le dessert était simple et bon. On est redescendus dans la vallée en chantant.

Où dormir à Olmeto-Plage (sur la route de Porto-Pollo) ?

Dépendant de la commune d'Olmeto (village situé en semi-altitude au-dessus de Propriano), Olmeto-Plage est en fait une côte constituée de nombreux petits bouts de plage, plus ou moins grands, en chemin vers Porto-Pollo. Sur plusieurs kilomètres, on trouve plusieurs *campings* qui se trouvent tout au long de la route D 157, cette dernière débutant (ou s'arrêtant c'est selon) dans un virage où l'on laisse la N 196 (Ajaccio-Propriano), à 4,5 km de Propriano et à 13,5 km de Porto-Pollo. Nous avons classé les campings selon leur distance depuis Porto-Pollo, du plus proche au plus éloigné. Les plus éloignés de Porto-Pollo sont donc, logiquement et inversement, plus proches de Propriano...

Campings

⛺ ***U Libecciu :*** *D 157, à 8,5 km de Porto-Pollo. ☎ 04-95-74-01-28. • campingulibecciu@orange.fr • campingpropriano.eu • Compter, selon saison, env 18-23 € pour 2 avec voiture et tente. Nombreux bungalows env 330-1 200 €/sem selon taille et saison.* Grand camping bien ombragé, organisé en multiples terrasses en surplomb de la route de Porto-Pollo. Calme. Piscine chauffée, machine à laver. Plage à 250 m (de l'autre côté de la route).

⛺ ***Camping Campitello, Chez Antoine :*** *D 157, à 11,5 km de Porto-Pollo. ☎ 04-95-76-06-06. • campingantoine@orange.fr • Compter env 19-21,50 € pour 2 avec voiture et tente. Quelques bungalows au-dessus du camping, mais ils restent discrets : 360-750 €/sem pour 5 selon saison.* Le gros avantage de ce camping est qu'il se situe directement sur la plage. Seule une haie de verdure naturelle (qui protège bien du vent) vous sépare du sable. Terrain plat et partiellement ombragé (eucalyptus, genêts, lauriers...) mais également des zones sans ombre (mieux vaut bien choisir son emplacement). Mini-snack au-dessus du camping. Globalement simple et assez peu équipé, ce qui lui confère par ailleurs un certain calme.

⛺ ***Camping L'Esplanade :*** *D 187, à 12,5 km de Porto-Pollo. ☎ 04-95-76-05-03. • campinglesplanade@gmail.com • campingesplanade.com • Ouv avr-oct. En été, env 25,40 € pour 2 avec tente et voiture ; également des bungalows 387-1 086 €/sem pour 5 selon saison.* Sur 5 ha, un site charmant, très en pente et en terrasses, à l'ombre des chênes, des pins et des oliviers. Très fréquenté dès début juillet *(résas possibles)*. Jolie piscine à débordement tout en haut du camping, où il fait bon se détendre. Gentille atmosphère familiale, c'est pourquoi on y retrouve tant d'habitués. Alimentation, restaurant *(début juin-sept)* et accès direct à la plage en une dizaine de minutes à pied.

⛺ ***Camping Vigna Maggiore :*** *D 157 (et aussi N 196), à 13,5 km de Porto-Pollo, au niveau de la bifurcation avec la N 196. ☎ 04-95-76-02-07. 📱 06-20-55-51-78. • vignamaggiore@orange.fr • vignamaggiore.com • Ouv avr-sept. Compter 24,80 € pour 2 avec tente et voiture. Bungalows et chalets à louer : pour 4-5 pers 340-960 €/sem et pour 6 pers 450-1 000 €/sem.* Situé légèrement sur les hauteurs d'Olmeto-Plage, le camping s'étage en terrasses sur plusieurs hectares et propose des emplacements bien délimités, ce qui n'est pas si fréquent. Petite épicerie. Sympathique piscine prolongée par une belle terrasse avec vue plongeante.

Hôtel

Hôtel-résidence Abbartello : *Olmeto-Plage. ☎ 04-95-74-04-73. • hotelabbartello@wanadoo.fr • hotelabbartello.com • Ouv mai-sept (et dès le 10 avr pour la résidence). Selon saison et standing, doubles 110-230 €. Minivillas (type T2) 390-1 140 €/sem et 520-1 340 €/sem (type T3).* L'hôtel a achevé sa mue et propose désormais de belles chambres 3 étoiles... à prix 3 étoiles ! De l'autre côté de la route, c'est une résidence avec des minivillas (T2-T3). Les chambres sont dotées de tout le confort moderne, épurées et agréables. Avantage appréciable et apprécié : on est les pieds dans l'eau et la plage est adorable. Bar-resto fort bien aménagé, dans une zone ombragée. Terrasse en surplomb pour dîner tranquillou.

Où acheter du vin ?

A Cantina : *au lieu-dit Vettrichionu, un peu après Stilliocionu, 20123* ***Cognocoli.*** *☎ 04-95-24-35-54. • vaccelli@aol.com • De Porto-Pollo, prendre la route de Pila-Canale, sur le côté gauche de la route. En saison,* *tlj 9h-12h30, 15h30-19h30 (dim, slt le mat). Personnalisation des bouteilles, par gravure sur verre, offerte sur présentation de ce guide.* *Cantina* signifie « cave » en corse. Et cette *Cantina*-là abrite de belles bouteilles, comme celles du domaine de Vaccelli. Les propriétaires possèdent 28 ha de vignes et produisent des vins dans les 3 couleurs. Le domaine de Vaccelli s'est « converti » au bio il y a quelques années. Visite de la cave sur rendez-vous et dégustation gratuite. Le muscat et le vin de pêche valent le détour. Bon accueil.

À faire

Belle et grande ***plage,*** entre Porto-Pollo et Olmeto-Plage, étroite mais très longue, à laquelle on accède (entre autres) par le chemin de terre à gauche à l'entrée du village (fléchage camping).

Plongée sous-marine

La côte sauvage de Porto-Pollo et le grand golfe de Valinco offrent des fonds aux reliefs granitiques exubérants et vraiment superbes. Les plongeurs sont ravis d'y contempler sans compter la vie sous-marine dense et colorée.

Clubs de plongée

■ ***Porto-Pollo Plongée :*** *dans l'enceinte de l'*Hôtel du Golfe, *sur le port.* *06-85-41-93-94.* ● *portopollo-plongee.fr* ● *Ouv avr-nov. Résa conseillée. Baptême env 48 € et plongée selon équipement 32-37 € ; forfaits dégressifs 3, 6 et 10 plongées ; snorkelling 25 €.* Ce petit centre (FFESSM), encadré par Patrick François et son équipe, propose baptêmes et formations jusqu'au niveau III. Également des explorations sur les meilleurs spots du golfe, que l'on rejoint en bateau confortable et rapide pour une mise à l'eau en comité restreint. Initiation pour les enfants dès 8 ans, randonnées palmées (snorkelling), et plongée au *Nitrox* (air enrichi en oxygène) pour les confirmés. Équipement complet fourni. Et, en plus, on ne porte même pas les bouteilles ! Hors saison, formules hôtel + plongée.

■ ***Association Subaquatique du Taravo (AST) :*** *sur la droite dans le centre, c'est la maison blanche aux volets bleus, un peu avt d'arriver au port.* *06-09-06-00-30 ou 06-10-63-33-89.* ● *laurentcarducci@hotmail.com* ● *ast-plongee-portopollo.com* ● *Ouv juin-sept. Résa conseillée. Baptême env 40 € et plongée 25-35 € selon équipement ; forfaits dégressifs 6-10 plongées ; snorkelling env 30 €.* Un petit club (FFESSM) sympathique, tenu avec sérieux par Alain et Laurent Carducci. Au programme : baptêmes, bien sûr, mais aussi formations jusqu'au niveau III. Stages enfants dès 8 ans (plongeurs de bronze, d'argent et d'or). Équipement complet fourni et bateaux confortables. Ambiance amicale et sérieuse à la fois.

Nos meilleurs spots

Le rocher de Taravo : juste devant Porto-Pollo. Idéal pour les baptêmes et le snorkelling. Exploration aisée de ce joli caillou (de 3 à 10 m de fond) avec les classiques compagnons de plongée de la Méditerranée en pleine forme : girelles, sars, saupes, castagnoles, rascasses, murènes...

Également les fameuses cathédrales, pics rocheux qui s'élancent de - 50 à - 18 m, très riches en gorgones. Superbe qualité de corail rouge autour de - 30 m. Question faune : dentis et mérous. Et puis également la Petite Vallée où les beaux mérous ont élu domicile. Super pour les niveaux I. Plusieurs autres plongées à proximité.

Voir aussi le descriptif des plus beaux spots du golfe de Valinco dans le texte « Campomoro ».

SOLLACARO / SUDDACARO (20140) 340 hab.

À l'écart de la N 196, mais sur la route entre celle-ci et Porto-Pollo, un village qui s'enorgueillit de posséder le site de Filitosa, mais aussi d'avoir compté parmi ses habitants un certain Alexandre Dumas, venu ici chercher l'inspiration pour écrire son roman *Les Frères corses.* Début août, foire artisanale et agricole.

Où dormir ?

Plusieurs gîtes disséminés dans la vallée du Taravo, à proximité du site préhistorique. Les plages (Porto-Pollo, Propriano) ne sont pas loin (à 15-20 mn en voiture).

Chambres d'hôtes et gîtes ruraux

■ ***Chambres d'hôtes, chez Annita Torres*** *(Gîtes de France)* **:** *lieu-dit Cigala,* ***Filitosa,*** *commune de Sollacaro. ☎ 04-95-74-29-48. 📱 06-62-43-13-69. • annitat20@orange.fr • À 3 mn du site préhistorique de Filitosa, par la D 57 (direction Sollacaro). Ouv tte l'année. Compter 80 €/nuit pour 2, petit déj compris.* Au rez-de-chaussée de la maison des propriétaires, 3 chambres d'hôtes (1 avec 1 lit double et 2 avec 2 lits simples), toutes avec sanitaires. Accès indépendant. Séjour, coin salon et cheminée communs aux hôtes et aux propriétaires. Petit déj servi sur la terrasse. Terrain clos de 1 ha, salon de jardin pour chaque chambre, cuisine d'été, barbecue avec pergola, coin repas réservé aux hôtes, TV. Lit bébé et chaise haute à la demande. Vaisselle fournie. Excellent accueil.

■ ***Gîtes de Tappa*** *(Gîtes de France)* **:** *chez Jean-Laurent et Dominique Colonna d'Istria,* ***Tappa,*** *commune de Sollacaro. Résas auprès des Gîtes de France : ☎ 04-95-10-54-30/31. Fax : 04-95-10-54-38. À 1,5 km du site préhistorique de Filitosa (D 457). Ouv tte l'année. Hors saison 305 €/sem ; juin et sept 418 €/sem ; juil-août 610 €/sem.* Cette bâtisse de granit a brûlé en... 1700 ! C'est un ancien moulin à huile rénové, qui possède tout le charme des vieilles habitations de caractère, ajouté à celui de la campagne environnante. Grand calme et vue dégagée (sur un bout de mer depuis les chambres). 2 gîtes mitoyens identiques de 50 m², sur 2 niveaux, avec séjour-cuisine (convertible 2 places), 2 chambres (lit double et 2 lits), douche et w-c. Très bon équipement : lave-linge, lave-vaisselle, micro-ondes, congélateur, téléphone, cheminée (bois fourni), TV. Location des draps en sus. Vaste terrain et terrasse avec salon de jardin et barbecue. Bon accueil des proprios, Jean-Laurent et Dominique, exploitants agricoles. Commerces et mer à 7 km. Bref, un bon plan de vacances confortables à prix démocratiques.

■ ***Gîtes ruraux Les Oliviers chez Paul et Marie-Rose Luccioni*** *(Gîtes de France)* **:** *à* ***Filitosa,*** *commune de Sollacaro. Résas auprès des Gîtes de France : ☎ 04-95-10-54-30/31. Infos auprès des proprios : ☎ 04-95-74-00-98. À 1 km du site de Filitosa, sur la D 57 direction Sollacaro. Ouv tte l'année. Hors saison 311 €/sem ; juin et sept 429-452 €/sem ; juil-août 542-565 €/sem. Apéritif ou café offert sur présentation de ce guide.* Dans une maison ancienne, agrandie et rénovée, en pierre taillée, en dehors du village, 2 gîtes (de 45 m²) pour 2 personnes, au rez-de-chaussée de la maison des propriétaires, des gens avec qui on prend parfois l'apéro, avec plaisir. Séjour-cuisine (convertible 2 places), chambre avec lit double, lit pliant possible, douche et w-c. Bon équipement : lave-linge, lave-vaisselle, congélateur, micro-ondes, TV... Terrasse et jardin, barbecue. Propriétaires charmants.

Domaine La Ritonda : *à 500 m avt d'arriver au hameau de* ***Calvese*** *(20140 Sollacaro). 06-83-83-64-98. • domainelaritonda@gmail.com • chambresdhotesaritonda.com • Sur la D 57, env 5 km après Filitosa en montant vers Sollacaro. Tte l'année. Chambres 80-90 € pour 2 et 160-180 € pour 4 selon saison, petit déj compris.* Très belle situation pour cette maison d'hôtes, où l'intérieur et les chambres s'avèrent tout à fait charmants et décorés avec soin (peignoir, sèche-cheveux, TV, lecteur DVD...). Petite terrasse pour chacun. Bon accueil. Les propriétaires proposent également des randos (programme sur • baladesdecouvertes.com •).

Où manger ?

Restaurant Le Moulin Farellacci : *au hameau de* ***Calvese.*** *04-95-74-62-28. • info@farellacci.com • Calvese est situé au-dessous de Sollacaro, sur la route du site (D 57). Ouv juin à mi-sept, midi et soir. À la carte, plats 13-25 € et pizzas 10-15 €. Menu dégustation 38 €.* On dîne dans le jardin de cette maison typique (avec moulin à huile), vue sur la vallée et sur un bout de mer au loin. Excellente cuisine traditionnelle « à l'ancienne » : tripettes ou jarret de porc au miel. Tout est fait maison, bien sûr, et beaucoup de plats passent par le four à bois, comme les pizzas. On se régale, on prend son temps, c'est une vraie soirée corse. Alex et Vincent entonnent souvent certains de ces chants corses qu'on n'oublie pas.

À voir

Le site préhistorique de Filitosa : *à 5 km de Sollacaro et à 10 km au nord de Porto-Pollo, à l'intérieur des terres. Bien indiqué (D 57). 04-95-74-00-91. • filitosa.fr • Avr-oct, tlj de 8h au coucher du soleil ; nov-mars, sur rdv. Accès au site : 7 €.*

Filitosa est l'un des sites préhistoriques les plus importants de Corse, et même de Méditerranée. Il témoigne de plus de 8 000 ans d'histoire. Pendant le Néolithique ancien, des hommes plantent leur campement ici, s'abritant sous les rochers. Un peu plus tard (Néolithique récent, environ 3300 av. J.-C.), d'autres s'installent sur la butte et dressent les premiers menhirs. 1 500 ans plus tard (âge du bronze), les occupants sculptent la pierre (ici des statues-menhirs) et construisent des habitations en dur. Puis Filitosa devient un lieu de culte important, comme l'attestent les autels monumentaux. Ce sont les menhirs sculptés, en tout cas, qui font l'originalité de ce site : ici œuvrèrent les premiers artistes de Corse !

Compter 1h environ pour visiter l'ensemble du site, au milieu des oliviers.

L'INSPECTEUR MÉRIMÉE EN ÉCHEC

Prosper Mérimée, en tournée d'inspection des Monuments historiques de Corse en 1839, ne trouva rien à Filitosa, malgré ses recherches dans le secteur ! Ce n'est qu'en 1946 que Jean Cesari, alors qu'il débroussaillait le terrain de son oncle, Charles-Antoine Cesari, découvrit cinq statues qui s'ennuyaient ferme. Nul doute qu'elles sont très heureuses de toute l'attention qu'on leur porte depuis lors...

Dommage qu'il n'y ait pas plus d'explications au pied des différents monuments, mais les quatre bornes audio installées sont bien utiles. Assez peu d'ombre, prévoir couvre-chef et eau. Boutique, bar et point d'information 100 m avant.

– ***Filitosa V :*** un peu après l'entrée, sur le chemin. C'est le nom donné à la statue-menhir la mieux « armée » du site. L'épée du personnage est très bien sculptée. Remarquez la colonne vertébrale sculptée à l'arrière du menhir. Le plus beau mégalithe de toute la Corse.

– ***La clôture cyclopéenne :*** c'est l'entrée du site proprement dit, au pied de l'éperon fortifié. Les gros blocs de pierre sont pour la plupart d'anciens monuments réemployés par les constructeurs de l'enceinte (vers 1600 av. J.-C.).

– ***Le monument central :*** sur la butte principale, des escaliers et des murs de pierre au milieu desquels se dressent de superbes statues-menhirs. Ne pas rater cette mystérieuse statue (Filitosa IX) dont le visage, avec les jeux d'ombre et de lumière, est empreint d'une gravité surprenante. Autour, nombreux abris, puits et habitations. Au centre de cette enceinte fortifiée avaient lieu, selon les archéologues, les rites religieux des occupants : offrandes, prières, incinérations, etc.

– ***L'alignement :*** au pied de la butte, au bout du chemin, cinq menhirs sculptés, en forme de colonne. La statue de gauche est la plus réussie, avec son visage sombre et son bras serrant un poignard. Derrière, un olivier magnifique, vieux de 1 200 ans.

– ***Le musée :*** à l'entrée du site. Vitrines et panneaux explicatifs sur les diverses civilisations qui se succédèrent sur le site.

L'atelier-boutique Terra e Focu : *à 200 m après le site (quand on vient de la mer). ☎ 04-95-74-09-05. Ouv en été tlj 10h-19h.* Avec un peu de terre corse et du feu, de ses mains, M. Mondoloni façonne des vases, plats à four et toutes sortes de poteries joliment décorées. On peut le voir travailler normalement les lundi, mardi et mercredi. Agréable terrasse avec quelques tables et chaises en teck.

OLMETO (20113) 1 215 hab.

Entre Filitosa et Propriano, sur la N 196 (route d'Ajaccio). Le village corse typique, accroché à flanc de montagne. En le traversant, la route Ajaccio-Propriano lui a sérieusement ôté son calme, mais ceux qui prendront le temps de s'y arrêter, de fouiner dans ses ruelles à l'écart du passage, en contrebas de la route, seront récompensés. Quelques venelles, des impasses, de hautes maisons de granit... À Olmeto, le temps n'existe plus, on y croise Colomba et ses sœurs (la vraie Colomba, de Fozzano, mourut à Olmeto)... Quant à Olmeto-Plage, qui n'est pas un village, c'est en fait la façade maritime du village, qui s'étend entre Propriano et Porto-Pollo. On y trouve plusieurs adresses pour dormir (surtout des campings), que nous avons classées dans les environs de Porto-Pollo, puisque c'est sur la route.

Adresses utiles

Office de tourisme *(antenne de l'office de tourisme intercommunal du Sartenais Valinco) : dans la descente de l'église, derrière la mairie et sur le flanc gauche de l'église. ☎ 04-95-74-65-87. • lacorsedesorigines.com • En été, ouv en principe lun-ven 9h-12h30, 15h30-19h. Mai-juin et sept, ouv lun-ven 10h-17h.* Petit office bien pratique et assez riche en doc.

■ ***Ravitaillement et petits bobos :*** on trouve dans le village une boulangerie *(Point chaud)*, une épicerie, une boucherie. Également une pharmacie sur place.

Boutique U Paese : vente de produits régionaux juste à côté du resto *Chez Antoine* (c'est sa maman qui tient la boutique), histoire de refaire le plein d'énergie sur le chemin de randonnée qui traverse Olmeto. Charcuteries maison.

Où dormir ? Où manger ? Où boire un verre ?

Hôtel L'Aiglon : *sur la N 196, cours Balisoni, en plein centre. ☎ 04-95-74-66-04. • laiglonolmeto@orange.fr • hotel-aiglon.fr • Congés : nov-mars. Double 68 €, petit déj compris. Chambre pour 4 92 €. Café offert sur présentation de ce guide.* Dans une jolie bâtisse ancienne en pierre, un gentil hôtel-bar de village, qui a une âme, vraiment idéal pour les randonneurs et tous les routards qui se respectent. Chambres propres et impeccablement tenues, avec ou sans sanitaires privatifs, selon votre budget. Elles sont toutes petites, autant le savoir, mais avec AC. L'hiver, téléphoner. Bon rapport qualité-prix et accueil aimable.

Hôtel-restaurant U Santa Maria (Chez Mimi) : *1, pl. de l'Église. ☎ 04-95-74-65-59. • ettorinathalie@aol.com • hotel-restaurant-santamaria.com • Congés : nov-déc. Doubles 48-62 € selon saison. Compter 47,50-58 €/pers en ½ pens (demandée en août). Resto ouv slt le soir. Menu 25 € et carte. Café offert sur présentation de ce guide.* Charmant petit hôtel en pierre d'une douzaine de chambres, dans une haute maison aux chambres pas bien grandes mais propres et confortables (clim). Sur la petite terrasse, on profite d'une sympathique cuisine corse autant familiale que traditionnelle.

Chez Antoine : *12, cours Balisoni. 06-13-52-13-14. Ouv midi et soir, tte l'année, sf dim et lun soir en hte saison. Plats 12,50-16,50 €. Digestif offert sur présentation de ce guide.* Bonne petite adresse, parfaite pour une jolie grillade ou un plat traditionnel bien ficelé. C'est d'ailleurs là que l'*Hôtel L'Aiglon* envoie ses clients. Et personne n'en est jamais sorti déçu ! Charcuteries maison, légumes du jardin, plats corses en sauce dans lesquels intervient le *brocciu*... Et, pour mettre tout le monde d'accord, une superbe entrecôte de 400 g à prix défiant toute concurrence. Bravo Antoine !

PROPRIANO / PRUPRIÀ (20110) 3 255 hab.

Des montagnes rocheuses, couvertes de maquis, dévalant jusqu'à la Grande Bleue. De belles plages de sable fin (Porto-Pollo, Campomoro, Baracci) et, dans le fond du golfe du Valinco, le port de Propriano animé par le va-et-vient des bateaux qui déversent chaque année 60 000 passagers dans les rues de la petite ville, à peine réveillée d'un hiver paisible. Autant dire que l'endroit est très touristique. Beaucoup d'embouteillages en été.

Rien de spectaculaire à Propriano même, qui a poussé de manière désordonnée, mais la ville est bien située sur la carte de la Corse, à deux pas d'un arrière-pays fabuleux. Alors, à peine débarqué du continent, ne filez pas comme des dingues sur les routes du Sud. Propriano peut constituer une étape agréable pour combiner plages et montagnes, bronzette et promenade, farniente et découverte des environs, même si l'on n'y séjourne pas forcément très longtemps.

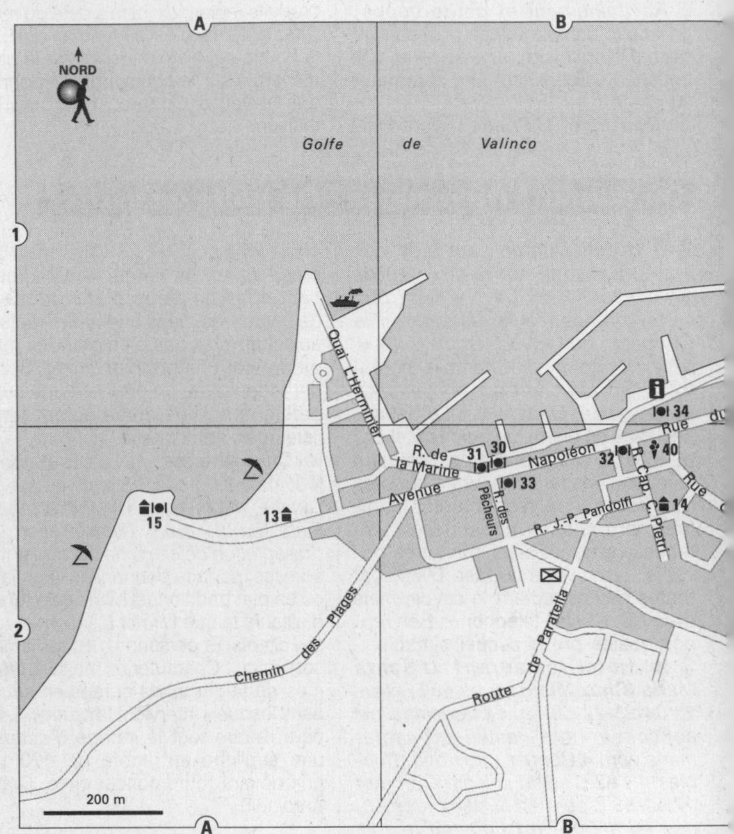

■ **Adresse utile** 🅸 Office de tourisme intercommunal du Sartenais Valinco ☗ **Où dormir ?** **11** Motel Aria Marina	**12** Résidence U Frusteru **13** Le Beach Hôtel **14** Hôtel Le Claridge **15** Hôtel-restaurant Le Lido **16** Hôtel Neptune

Arriver – Quitter

En autocar

➢ ***De/vers Ajaccio, Bonifacio et Porto-Vecchio : Autocars Eurocorse*** *(☎ 04-95-76-13-50).* 1er juil-15 sept, 5 liaisons/j. pour Ajaccio lun-sam, et 2 liaisons/j. dim et j. fériés. Hors saison, 3 liaisons/j. sf dim et j. fériés. Pour Bonifacio et Porto-Vecchio, 2 liaisons/j. en hte saison.

➢ ***De/vers Ajaccio, Sartène, Levie, Zonza et Bavella : Alta Rocca Voyages,***

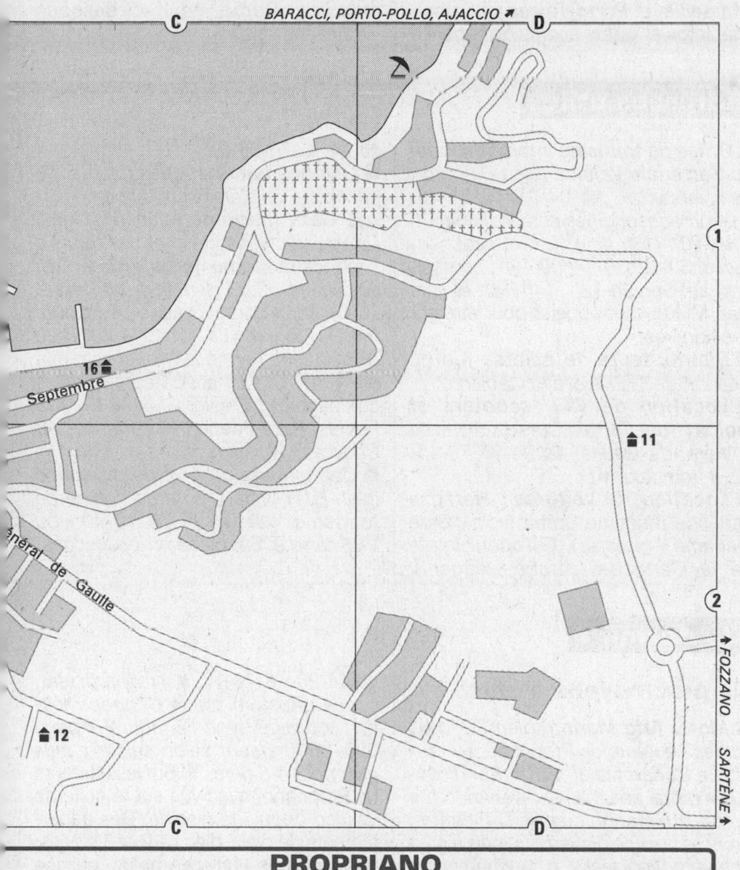

Où manger ?

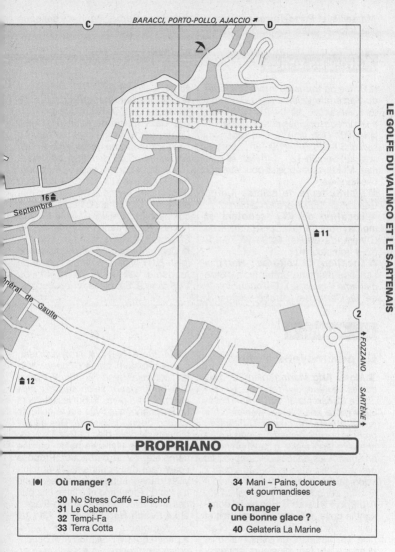

30 No Stress Caffé – Bischof
31 Le Cabanon
32 Tempi-Fa
33 Terra Cotta
34 Mani – Pains, douceurs et gourmandises

Où manger une bonne glace ?

40 Gelateria La Marine

6, rue du Général-de-Gaulle (☎ 04-95-76-25-59). 15 juin-15 sept, 2 liaisons/j. lun-sam, et 1 liaison/j. dim et j. fériés. Hors saison, 1 liaison/j. sf dim et j. fériés. – *Attention* : le départ pour Ajaccio se fait pl. de l'Église.

➢ ***De/vers Porto-Pollo, Sartène et Campomoro : Ollandini-Segat,*** *2, rue du Général-de-Gaulle (☎ 04-95-76-05-36).* Propose 2 A/R par jour, slt en juil-août. Le reste de l'année 2 A/R de/vers Sartène tlj sf dim.

En bateau

➢ Plusieurs traversées/sem pour

Marseille, et ***Porto-Torres*** en Sardaigne. Infos et billets auprès de l'*agence maritime Sorba* (voir ci-dessous « Adresses utiles »).

Adresses utiles

■ ***Office de tourisme intercommunal du Sartenais Valinco*** *(plan B1)* **:** *port de plaisance.* ☎ *04-95-76-01-49.* ● *lacorsedesorigines.com* ● *Juil-août, tlj 9h-20h (13h dim) ; juin et sept, lun-sam 8h30-12h30, 14h30-19h ; hors saison, lun-ven 9h-12h, 14h-18h et sam mat.* Mieux vaut appeler pour être sûr des horaires.

■ ***Distributeurs de billets :*** *rue du Général-de-Gaulle et av. Napoléon.*

■ ***Location de VTT, scooters et motos : Tout Terrain Corse,*** *25, rue du Général-de-Gaulle.* ☎ *04-95-76-15-32.* ● *ttcmoto.fr* ●

■ ***Location de voitures : Hertz,*** *à l'agence maritime Sorba (voir « Gare maritime » ci-après).* ***Europcar,*** *route de la Corniche (garage Peugeot).* ☎ *04-95-76-00-91.*

■ ***Laveries automatiques :*** *sur la rue principale, en s'éloignant du port.*

■ ***Gare maritime*** *(plan A1)* **:** *quai L'Herminier. Infos et achat des billets à l'****agence maritime Sorba,*** *juste à côté, également quai L'Herminier.* ☎ *04-95-76-04-36.* ● *sorbavoyages@wanadoo.fr* ● *Ouv lun-ven 8h-11h45, 14h-17h30 (16h30 ven). Fermé le w-e, sf sam mat (8h-11h15) en juil-août.* Représente les compagnies : *SNCM, CMN* et *Corsica Ferries.* Pour l'aérien : *Air France, Air Corsica* et *XL Airways.*

■ ***Capitainerie du port de plaisance*** *(plan B1)* **:** *juste à côté de l'office de tourisme.* ☎ *04-95-76-10-40, ou VHF canal 9.* Sur place : w-c, douches.

Où dormir ?

De prix moyens à chic

■ ***Motel Aria Marina*** *(plan D2,* ***11****)* **:** *sur les hauteurs de Propriano, au lieu-dit La Cuparchiata.* ☎ *04-95-76-04-32.* ● *motel.aria.marina@wanadoo.fr* ● *motel-ariamarina.com* ● *Du centre, prendre la route de Sartène, puis à gauche vers Viggianello, à gauche encore en suivant les panneaux. Congés : fin oct-début avr. Studios 73-120 € pour 2 selon saison (petit déj 9 €), sf juil-août (à cette période, loc à la sem slt : 790-910 € pour 2 pers).* Bon motel dominant le golfe, à l'écart de l'agitation et de la ville (voiture très conseillée), organisé en plusieurs grosses maisons, chacune abritant plusieurs appartements. Ensemble très au calme. Studios et également des appartements 2 ou 3 pièces bien équipés et spacieux, nickel. C'est surtout fonctionnel, sans charme particulier. Ce que l'on aime bien, outre la tranquillité et l'accueil souriant, c'est la jolie piscine avec terrasse et la vue sur le golfe.

■ ***Résidence U Frusteru*** *(plan C2,* ***12****)* **:** *5, quartier Pinedda.* ☎ *04-95-76-16-17.* ● *info@ufrusteru.com* ● *ufrusteru.com* ● *Congés : nov-avr. Minivillas type T2 (pour 2-4 pers) 390-1 500 €/sem selon saison ; plus cher pour 4-5 pers.* Sur les hauteurs de Propriano, avec vue sur le golfe de Valinco depuis la piscine. Des appartements de plain-pied de 2 et 3 pièces, bien équipés (salle de bains, cuisine complète, TV et barbecue). Propose également des appartements et mini-villas dans 2 autres résidences, l'une à 4 km de Propriano et à 2 km des plages d'Olmeto, l'autre à Olmeto-Plage.

■ ***Le Beach Hôtel*** *(plan A2,* ***13****)* **:** *38, av. Napoléon.* ☎ *04-95-76-17-74.* ● *beach.hotel@wanadoo.fr* ● *beach-hotel-propriano.com* ● *Ouv avr-oct. Doubles 56-92 € selon saison. Chambres pour 3-4 également : 76-108 €.* *(à la réception). Réduc de 10 % en avr et oct sur présentation de ce guide.* Établissement d'aspect peu amène (construction cubique) proposant des chambres propres et fonctionnelles (toutes climatisées, avec sanitaires et TV), un peu à l'ancienne, mais d'un bon rapport qualité-prix, un peu à l'écart de l'animation du centre. Évitez les quelques chambres donnant sur rue (il y en a 3 et ce sont des familiales). Environnement pas particulièrement charmant, mais on est au calme, la vue est dégagée sur la mer et l'accès est direct à la plage du port, à deux pas. Bon accueil.

Hôtel Le Claridge *(plan B2, **14**) : rue Bonaparte. ☎ 04-95-76-05-54. • info@hotels-propriano.com • hotels-propriano.com • Doubles 49-119 € selon saison et confort, petit déj compris (14 juil-30 sept). Parking.* Édifice de 4 étages, couleur crème, sans charme particulier. Toutes les chambres avec clim et petit balcon. Choisir de préférence celles avec vue sur le Sud-Ouest (panorama dégagé). Ascenseur. Hôtel en retrait du port, mais à 2 mn de celui-ci. Chambres pas bien grandes mais confortables et fonctionnelles. Un petit hôtel pratique. Bonnes prestations. On prend le petit déj sur une terrasse au rez-de-chaussée. Propose également des locations à la semaine (du studio au 3 pièces) à la *Résidence Villa Romana,* à environ 10 mn à pied du centre.

Chic

Hôtel Neptune *(plan C1, **16**) : 39, rue du 9-Septembre. ☎ 04-95-76-10-20. • info@hotels-propriano.com • hotels-propriano.com • Doubles 76-165 € selon saison et vue, petit déj compris.* Un 3-étoiles de bon aloi, aux chambres pas bien grandes mais bien équipées et confortables : AC, petite baignoire... Déco sobre. Pour la faible différence de prix, préférez largement les chambres donnant sur la mer plutôt que celles sur la rue. Parking privé et gratuit, spa... Au rez-de-chaussée, grande terrasse dominant la baie.

Hôtel-restaurant Le Lido *(plan A2, **15**) : av. Napoléon. ☎ 04-95-76-06-37 ou 04-95-73-19-49 (en hiver). • le.lido@wanadoo.fr • le-lido.com • Ouv mai-sept. Doubles 130-240 € selon confort, orientation et saison ; petit déj 15 €. Le resto ne fonctionne que le soir (sur résa). Menu dégustation unique 75 € (sans les boissons).* Très belle situation en bout de jetée, fermant une sympathique plage et pourtant à 5 mn à pied du centre-ville. Petit hôtel de charme à la façade corail, les pieds dans l'eau, de très bon confort (AC, écran plat). Toutes les chambres ont vue sur mer et une déco personnalisée (fer forgé, mosaïque, etc.) à tendance exotique. Beaucoup de charme dans l'aménagement général, notamment dans les parties communes, design, épuré sans être ostentatoire. Certaines donnent directement sur la plage, avec petite terrasse privative. Juste à côté, la petite plage familiale du Lido. Le resto est d'excellente tenue, avec un vrai chef au piano, Romuald Royer, par ailleurs gendre du patron, sublimant avec adresse les superbes produits locaux qu'il choisit avec amour. C'est cher, évidemment, mais s'il y a un moment pour casser la tirelire, voilà un excellent choix.

Où dormir dans les environs ?

Camping

Camping Le Colomba : *route de Baracci, à 2 km du centre de Propriano. Prendre la route d'Ajaccio et à droite au rond-point (station Total). ☎ 04-95-76-06-42. • camping.colomba@orange.fr • campingcolomba.com • Ouv d'avr à mi-oct ; bar-resto ouv de mi-juin à mi-sept. Compter 17-25 € pour 2 selon saison. Bungalows (4-6 pers) 350-1 200 €/sem selon saison et chalets Luxe 550-1 400 €/sem.* Ce camping accueillant, s'étendant sur 3,5 ha, se trouve dans un bel environnement ombragé (chênes). Loue également une trentaine de bungalows en bois. Chiens acceptés. Pizzeria-resto *L'Atlantis,* bien agréable, et épicerie. Formations musicales de temps en temps. Petite piscine façon lagon entourée de transats. Pas très loin, sports équestres. Bon accueil.

Prix moyens

Gîte-hôtel U Fracintu : *Burgo, 20143 **Fozzano.** ☎ 04-95-76-15-05.*

• *ufracintu@gmail.com • gite-hotel-valinco.fr • À 7 km à l'est de Propriano : prendre la route des bains de Baracci (D 257), les dépasser et continuer sur 4 km à droite la D 557 jusqu'au hameau de Burgo. Ouv avr-fin oct. Compter env 45 €/pers en dortoir et en ½ pens (obligatoire) ; 55 €/pers en chambre double, toujours en ½ pens. Hébergement seul (possible slt en chambre double), compter 60 € pour 2 (sans petit déj). Au resto, menu unique très complet 25 € (vin compris).* 1re étape sur le Mare a Mare Sud quand on part de la côte ouest. Dans une grande bâtisse surplombant la vallée, plusieurs dortoirs 4 lits et des chambres pour 2 personnes (2 lits doubles ou 2 lits simples). Bien tenu et accueil extra. Cuisine traditionnelle de madame (civet de sanglier, cannellonis, veau, *figatelli,* charcuterie...) et bons conseils de Patrick, très accueillant. Vue exceptionnelle depuis la terrasse, où les repas sont servis. Quand il fait froid, on les prend dans la vaste salle aux grandes tables conviviales. Cuisine régionale et familiale très roborative.

Où manger ?

Pour manger sur le pouce, la boulangerie *A Tramuntana (rue des Pêcheurs ; ☎ 04-95-76-02-83 ; ouv tlj sf lun jusqu'à 19h30)* offre un bon choix de gâteaux sucrés ou salés. Les restos sur le port sont assez chers de manière générale. Mais, si vous avez juste besoin de grignoter un petit morceau, rien ne vous empêche de faire halte ***Chez Georgette,*** pour une crêpe ou un sandwich *(av. Napoléon ; ouv tlj en saison, 12h-22h env).* Sachez aussi que le marché de Propriano a lieu les 1er et 3e lundis de chaque mois...

De bon marché à prix moyens

I●I ***Le Cabanon*** *(plan B2, **31**) : av. Napoléon. ☎ 04-95-76-07-76. • restaurantlecabanon@yahoo.fr • Ouv avr-fin sept. Tlj midi et soir. Formule 19 € (plat et dessert en choix unique), sinon menus 24,50-26 €. Digestif offert sur présentation de ce guide.* Une table familiale et régulière, qui se tient bien au fil des années. C'est simple, copieux et réussi, à l'image de cette belle soupe de poisson ou de ces plats à base de produits de la mer fraîchement pêchés. Rien de véritablement extraordinaire, mais le boulot est fait et bien fait, alors on y revient à chaque fois.

I●I ***No Stress Caffé – Bischof*** *(plan B2, **30**) : 24, av. Napoléon. ☎ 04-95-51-27-78. • mbischof20@aol.com • ♿ Congés : déc. Fermé lun soir et mar soir hors saison. Formule 19,90 €, menus 23,80-33 €. À la carte, compter env 30 €.* On s'installe sur la jolie terrasse du port, moderne et confortable, ou, encore mieux, sur celle à l'étage, surplombant toute l'animation. Spécialités de viande. Le menu corse tient bien la route également. Une adresse globalement fiable sur le temps.

I●I ***Mani – Pains, douceurs et gourmandises*** *(plan B1, **34**) : 2, av. Napoléon-III (en face de l'office de tourisme). ☎ 04-95-73-54-27. • romualdroyer@hotmail.com • Tlj en saison 7h-19h30. En basse saison, fermé lun ainsi que dim soir. Compter 15-20 € en fonction de l'appétit et des plats.* C'est le chef de l'hôtel-resto *Le Lido* qui a eu l'idée et l'envie de décliner son savoir-faire sur des produits plus simples. Le pain tout d'abord (car c'est une boulangerie), des pâtisseries ensuite (car c'est une pâtisserie), mais aussi le midi des plats types *Burger de veau corse* (mais attention, on n'est pas chez *McDo* !). Mentionnons également les *wraps* et quelques propositions du jour, selon l'humeur. Le lieu se veut tendance, un peu trop peut-être pour Propriano, mais personne ne va se plaindre de secouer un peu le cocotier des habitudes. Terrasse.

Chic

I●I ***Terra Cotta*** *(plan B2, **33**) : 31, av. Napoléon. ☎ 04-95-74-23-80. • restaurant.terracotta.old@orange.fr • Fermé dim hors saison, slt dim midi en hte saison (de mi-juin à mi-sept). Congés : fin oct-fin mars. Petite formule déj 24 € en sem (plat et dessert), menus 49-55 € ; à la carte,* *compter min 50 €.* Un échantillon de salle décorée avec goût ou, de l'autre côté de la rue, une jolie terrasse en bois, fermée par des voilages, intime et élégante, donnant sur le port de plaisance. Vous venez de mettre les pieds sous LA table fine de Propriano. Cuisine de caractère, créative, aux saveurs subtiles et inventives, préparée avec les produits frais du cru : viande, poisson, fruits de mer et légumes sont allègrement agrémentés de saveurs du monde (herbes, épices...). Les modes de cuisson sont aussi très inspirés. Cela donne des assiettes magnifiques de couleurs et de formes, qui flattent l'œil autant que les papilles. Une adresse remarquable et qui a rapidement su poser son empreinte dans le Landerneau culinaire du Sud corse. En saison, service un peu débordé évidemment.

|●| ***Tempi-Fa*** *(plan B2,* ***32****)* **:** *7, av Napoléon. ☎ 04-95-76-06-52. • info@tempi-fa.com • Ouv tlj midi et soir. Congés : nov-avr. Résa conseilllée. Formule 19,90 € ; à la carte, compter 35 €.* Ces derniers temps, l'adresse qui fait le plein à Propriano : on s'installe, juché sur un tabouret, un tonneau devant soi en guise de table, ou on choisit plus de discrétion en optant pour la petite salle à l'arrière de l'épicerie fine (dont le nom signifie le « temps d'avant »). Outre l'effet de mode, le succès est justifié par la qualité des produits (charcuteries, fromages, en vente dans la boutique) et la cuisine proposée, des petits plats (*piattini,* façon tapas) aux casseroles ou assiettes créatives à l'ardoise. Quant à la carte des vins, bien entendu, elle n'est pas en reste !

Où manger dans les environs ?

|●| ***Grill I Bagni*** **:** *aux bains de Baracci, à 3 km env à l'est de Propriano par la D 257. 📱 06-10-45-15-08. • ettori.marie@yahoo.fr • Ts les soirs juin-sept. Viandes 6-14 €. Café ou digestif offert sur présentation de ce guide.* Sans chichis, cette adresse familiale propose, sur une terrasse qui voisine les bains, une carte très courte consistant essentiellement en des grillades au feu de bois, surtout des viandes (veau le mercredi), mais aussi au moins un poisson par jour, souvent du loup. Accueil très sympathique. Soirées musicales parfois, se renseigner.

|●| ***Auberge San Ghjuvani*** **:** *route de Baracci. ☎ 04-95-76-03-31. • auberge-san-ghjuvani@wanadoo.fr • Sortir de Propriano en direction d'Ajaccio. Au rond-point, prendre à droite (D 257) vers Baracci et faire 1,5 km. C'est sur la droite. Ouv tte l'année. Fermé lun midi en saison et lun hors saison. Résa conseillée. Menus 17-35 € (entrée, plat, fromage et dessert pour ce dernier), servis midi et soir. Carte env 30 €.* Produits de la ferme et bonne cuisine familiale (la maman Clary est aux fourneaux et elle passera sûrement vous saluer) dans cette auberge à se casser le ventre. Quelques spécialités bien tournées, comme les tripettes à la mode sartenaise, les cannellonis. Goûtez aussi le *u ventru,* sorte de boudin à la viande de porc et aromates, à prendre en plat ou à se partager en entrée. Bonnes charcuteries bio. Une chouette adresse. Le vendredi soir, de juin à fin septembre normalement, chants polyphoniques toute la soirée. Ces jours-là, participation de 8 € par personne demandée en plus du repas.

Où manger une bonne glace ?

🍦 ***Gelateria La Marine*** *(plan B2,* ***40****)* **:** *av. Napoléon. Tlj en saison, très tard les soirs d'été. 📱 06-10-62-78-63.* De belles glaces artisanales. Plus de 30 parfums !

À faire

➢ ***Randonnées pédestres :*** le premier itinéraire passe par le sentier Mare a Mare Sud. Une promenade fantastique, de Propriano à Porto-Vecchio. On conseille de

l'effectuer dans l'autre sens. Le sentier est balisé dans les deux sens. Départ de Burgo, à 7 km de Propriano, par la D 557. L'autre itinéraire suit le sentier Mare e Monti Sud, jusqu'à Porticcio (voir « Randonnées » à Porticcio).
La *vallée du Baracci,* à proximité de Propriano, voit passer les parcours des deux sentiers, mais ces chemins se prêtent mal à la réalisation de boucles courtes et faciles à la demi-journée. Si l'on fait l'une des étapes proposées (par exemple, d'Olmeto à Burgo, traversée boisée très plaisante de 5h environ, ou bien encore, plus courte, la chouette montée, mais raide, de Burgo à Fozzano en un peu moins de 1h30), il faut donc prévoir le taxi ou l'auto-stop (ou un ami qui aime rendre service !) afin de revenir au point de départ.

***Les bains de Baracci :** à env 3 km à l'est de Propriano, par la D 257. ☎ 04-95-76-30-40. Ouv tte l'année (horaires en fonction de la saison, téléphoner). Entrée : 7 € (bain collectif, 30-45 mn max).* Juste devant un ancien hôtel de luxe laissé à l'abandon, voici d'anciens thermes romains, connus depuis toujours pour leurs eaux sulfureuses (chaudes) excellentes pour les problèmes de peau et les rhumatismes. Hammam, jacuzzi, également des baignoires individuelles hydromassantes. Attention, pour les messieurs, slip de bain uniquement (pas de short). Apporter sa serviette. Au début du XXe s, des émigrés russes construisirent ici un établissement thermal. Les petits bassins sont alimentés en eau chaude (environ 37-38 °C) par la source.

– ***Baracci Natura :** à 4 km de Propriano. 06-20-95-45-34. • baraccinatura.fr • De la ville, prendre direction Ajaccio, puis au rond-point de la station* Total, *à droite la D 257 et faire 2 km. C'est sur la droite, bien fléché. Ouv tlj en saison 10h-19h. Pour ttes les activités proposées ici, nécessité de réserver par tél.* Sur place, *Parc aventure* (c'est de l'accrobranche), constitué de deux parcours, l'un de 20 mn *(15 €)* et un autre de 1h environ *(17 € ; ou les 2 parcours 20 €).* Également du canyoning dans la rivière Baracci *(2h dans l'eau, 35 €/pers),* ainsi qu'une via ferrata, parcours en montagne câblé et sécurisé, niveau initiation découverte *(durée 1h30, 30 €/pers).*

– **Location de bateaux : Locanautic,** *port de plaisance. 06-50-17-38-28. • locanautic.com •* Selon vos moyens, location de bateaux pneumatiques ou rigides (certains sont même habitables), avec ou sans permis. L'idéal pour longer la côte et découvrir des petites plages sympas.

➢ ***Promenades en mer :** avec **Promenade en mer Valinco,** sur le port de plaisance. 06-12-54-99-28 ou 06-12-04-25-56. • promenade-en-mer-à-propriano.com •* Plusieurs sorties par jour dans le golfe du Valinco, à bord de la vedette à moteur *Valinco (12 pers max),* avec découverte du golfe et pour entracte une « baignade musicale », grâce à l'émission sous la mer de « vibrations acoustiques ». *Compter env 24 € pour 1h30 en mer (½ tarif 2-12 ans).* Également une sortie « coucher du soleil » *(28 € avec apéro offert)* ainsi que, plus original, une sortie « lever de soleil » *(32 €).*
– ***Promenades en mer – Vision sous-marine :** sur le port de plaisance. 06-23-16-63-12 ou 06-34-02-76-44. • promenades-en-mer.org • Avr-oct, slt sur résa.* Propose des sorties en mer à bord d'une vedette à vision sous-marine. Diverses sorties : côte sud-ouest (Conservatoire du littoral sartenais), à la journée *(9h30-17h ; 45 €).* Sortie dans le golfe du Valinco *(23 € pour 2h ; ½ tarif 6-12 ans).*

➢ ***Excursions en taxi :*** Débora Bardini *(**Taxi Bardini,** ☎ 04-95-74-64-38 ; 06-87-22-27-92 ; • taxibardini.com •)* propose des excursions en taxi climatisé, genre *Espace,* à la journée ou à la demi-journée. *Calanche* de Piana, Bavella, Ajaccio, Filitosa... Tarifs intéressants pour 6 personnes et jusqu'à 10 (dans 2 véhicules), à peine plus cher que les excursions en car, et on s'arrête quand on veut ! Et puis elle est sympa, Débora.

➢ ***Balade à dos d'âne : Asinu di Figuccia**, route du Maggiese (D 257), après Baracci en continuant vers Olmeto, lieu-dit Figuccia. 📱 06-03-28-92-00 ou 81-85. • dominique.istria@gmail.com • Avr-sept. Résa conseillée.* Une aventure réservée aux enfants et qui peut durer de 1h à 1 journée ; les parents marchant sur le sentier à côté de l'âne, accompagné ou pas selon les parcours. *(Exemple de prix : 20 € pour 1h et 75 € la journée.)*

Plongée sous-marine

Le golfe du Valinco est plébiscité pour ses fonds extraordinairement accidentés ; souvent d'étonnantes montagnes de granit surgies des profondeurs bleutées, dont les sommets, assez proches de la surface, offrent déjà de belles sensations aux débutants. Le coin est aussi largement poissonneux, et réputé pour son « or rouge », entendez le précieux corail rouge de Méditerranée...

Club de plongée

■ ***U Levante Plongée Évasion** (plan B1) : sur le port de plaisance. ☎ 04-95-76-23-83. 📱 06-22-44-75-99. • plonger-en-corse.com • Ouv avr-oct. Résa conseillée. Baptême env 50 € (enfants 40 €) et plongée 30-44 € selon équipement ; forfaits dégressifs (3-5-10 plongées).* Dans ce centre (FFESSM, ANMP et PADI), Denis et Hector proposent d'explorer les plus beaux sites du golfe et des environs depuis leurs bateaux rapides. Également baptêmes, formations jusqu'au niveau III et brevets PADI. Plongée au *Nitrox* (air enrichi en oxygène) et stages enfants à partir de 8 ans.

Nos meilleurs spots

Les Trois Maisons : tout proche de la côte. Idéal pour les baptêmes. Étonnant méli-mélo de sable et de roches (6 m de fond maxi), où éponges, oursins et poulpes ont trouvé refuge. Également pas mal de girelles, castagnoles, et parfois de petits barracudas inoffensifs. Une plongée tranquille, histoire de se mettre dans le bain.

Olmeto Plage : tout proche de la côte. Idéal pour les baptêmes. Une crique abritée où l'on survole le sable avant d'atteindre cette jolie barre rocheuse (6 m de fond maxi) largement peuplée d'éponges, de sabelles, spirographes, castagnoles, girelles, sars, soles, seiches, poulpes... Observez comme les poissons ont toujours l'impression de faire la fiesta !

Voir aussi le descriptif des plus beaux spots du golfe de Valinco dans la partie « Campomoro ».

DANS LES ENVIRONS DE PROPRIANO

***Fozzano** (Fuzzà) : à 12 km à l'est de Propriano, par la D 19 (jolie route de montagne).* Sur son éperon rocheux, un village plein de charme et de caractère, protégé par ses deux grosses tours (l'une du XIVe s, l'autre du XVIe s). C'est dans l'une de ces tours que naquit Colomba Carabelli-Bartoli, héroïne corse qui inspira à Mérimée son roman du même nom. On trouve aussi, dans le bas du village, la maison de Colomba (avec boutique de souvenirs !) et une chapelle, récemment restaurée, où elle fut enterrée. La vraie Colomba ne ressemble que fort peu à la belle héroïne de Mérimée : elle était déjà âgée quand, par sa hargne, elle a provoqué une vendetta où elle a finalement perdu son fils. Un peu plus loin, un tourneur pipier *(Legnu Nustrale)*. Mignonne église du XVIIe s, dans laquelle on peut admirer une Vierge sculptée dans du bois de figuier.

– À noter qu'on organise en juillet des « Journées Colomba ».

Où manger ?

I●I ***Auberge U Pitraghju :*** *à 300 m au-dessus du village de Fozzano, en allant vers Santa-Maria-Figaniella. ☎ 04-95-76-33-93. ● upitraghju@laposte.net ● Tlj en saison (hors saison, fermé sam midi et dim midi). Formule 20 €, menu 25 €. CB refusées. Digestif offert sur présentation de ce guide.* Sympathique petite adresse, un peu excentrée mais bien pratique si l'on fait un pèlerinage sur les traces de Colomba. On mange en terrasse, d'où la vue est magnifique, ou, si le temps n'est pas de la partie, dans la petite salle joliment arrangée. Sont proposés les grands classiques de la cuisine corse (comme les tripettes) et, sur commande, porcelet et agneau. Bon accueil.

Santa-Maria-Figaniella : *village voisin de Fozzano, 2 km plus au nord.* Très belle église romane, *Santa Maria Assunta* (XIIe s), connue pour la remarquable frise sculptée qui orne les murs extérieurs. Demander la clé à M. Ange-Toussaint Giovacchini.

CAMPOMORO / CAMPUMORU (20110)

À 17 km au sud-ouest de Propriano. Charmant village situé à l'extrême pointe sud du golfe du Valinco, sur un site classé et protégé. Le long de ce littoral préservé, de Campomoro à Senetosa, s'étirent 15 km de côte sauvage où alternent criques et pointes rocheuses. Campomoro est lové dans une anse bien abritée et possède une très grande plage. On y accède par une petite route sinueuse et vraiment étroite dans sa dernière partie, où il n'est pas rare de rencontrer moutons, ânes et vaches en liberté. Dès les premières pluies, quelques sangliers se hasardent même hors du maquis ! Alors prudence, prudence...
Campomoro (autrefois « camp des Maures » et « Porto d'Elice ») est une adorable bourgade qui a su garder un caractère familial ; pas de marina ou d'ensemble bétonné, mais de jolies maisons disséminées sur les collines (même si les constructions vont bon train). Juste une mer émeraude, une généreuse et jolie anse familiale : tout y est bien rangé : les quelques barques de pêcheurs, l'important mouillage pour les plaisanciers, qui, l'été, occupent largement la baie, la zone baignade, le chenal d'entrée, une chouette rando... Une étape sympa, qui évidemment attire beaucoup de monde, surtout en août (problème de stationnement – voir « Adresse et infos utiles »), mais pas plus qu'ailleurs. Et, pour finir, quelques adresses bien sympas.

Arriver – Quitter

➢ ***Par la route :*** de Propriano, emprunter la N 196 en direction de Sartène. Après le pont sur le Rizzanese, prendre tt de suite à droite la D 121 (direction aérodrome). Sublimes points de vue panoramiques au-dessus de Portigliolo et à Belvédère, avant de redescendre vers Campomoro. Pas de liaison par bus.

Adresse et infos utiles

✉ ***Poste :*** *à l'entrée du village, sur la gauche.*
– ***Attention : PAS de distributeur de billets*** à Campomoro. Prendre ses précautions avant.
– ***Parking :*** attention, peu de places

où stationner par rapport au nombre de voitures dans le village même. Ne vous garez pas n'importe où, car les PV pleuvent l'été ! À environ 200 m avant d'arriver dans le village, juste avant la dernière petite descente, grand parking public et gratuit situé à droite de la route. Pas d'ombre, mais c'est vraiment le plus pratique. Autre conseil : arrivez tôt si vous venez juste à la journée. D'abord parce qu'il n'y a pas grand monde sur la plage, et tout est plus facile !

– ***Location de kayaks de mer :*** en arrivant à Campomoro, juste sur la plage. Location à l'heure.

Où dormir ? Où manger ?

Camping

⛺ |●| ***Camping Peretto Les Roseaux :*** *à gauche, après la poste, à 300 m en direction de la tour génoise. ☎ et fax : 04-95-74-20-52. Ouv avr-15 oct. Résa vivement conseillée. Compter env 14,50 € pour 2 avec tente et voiture. CB refusées.* La plage est à 300 m. Un camping étagé au pied de la colline, parmi orangers, roseaux, palmiers, peupliers et eucalyptus. Emplacements en terrasses, délimités. Douche payante (jetons). Calme (on est d'ailleurs prié de ne pas faire la fiesta après 22h : beaucoup d'habitués du camping apprécient la quiétude du lieu, son caractère simple et familial, et l'accueil très bonhomme). Nous aussi. Petite épicerie et resto également, proposant des pizzas à prix modérés.

Bon marché

|●| ***Snack-bar La Mouette :*** *en face de la petite chapelle, sur la droite en arrivant, et faire 100 m. Se garer impérativement avt, car accès interdit aux véhicules sur cette portion du village. ☎ 04-95-74-22-26. • mouettecorse@gmail.com • ♿ Ouv de mi-avr à fin sept. Fermé le soir en avr. Plat du jour env 13-15 €, salades 11-13 €, carte env 30 €. CB refusées.* Terrasse ouverte juste au-dessus de la plage et dominant celle-ci, et ça c'est un vrai plus. Propose de copieuses salades et des petits plats du jour tout simples à des prix raisonnables. *La Mouette* est un peu le cœur du village, l'endroit où tout le monde se retrouve, autour d'un verre, autour d'un plat après une plongée, dans une ambiance généralement animée et bon enfant. Rien de sorcier côté cuisine, mais on ressort le ventre plein. Antoine organise par ailleurs des concours de boules pendant la saison.

Prix moyens

🏠 |●| ***Hôtel-restaurant Le Ressac :*** *en arrivant sur la mer, à droite ; accès par une petite rue qui part de l'église. ☎ 04-95-74-22-25. • hotelressac@free.fr • hotel-ressac.fr • Ouv de mi-avr à fin sept. Selon saison et orientation, doubles 67-92 € ; ½ pens obligatoire 1er juin-25 sept : pour 2 pers, compter 124-156 € selon période. Formule entrée-plat 14 € et plat-dessert 16 €. Menus env 20 et 28 € ; carte.* 📶 Dans un bâtiment moderne, sans charme particulier, un hôtel calme d'une vingtaine de chambres, orientées mer ou sur l'arrière, un peu à l'écart du cœur du village, donc au calme. Niveau de confort correct, sans rien qui dépasse (pas d'AC). TV et minibar pour les plus chères. Au resto, bonne cuisine régulière, que l'on peut prendre soit en salle, soit sur la grande et belle terrasse de teck, ombragée et tranquille. Si les plats restent simples, ils sont réalisés avec beaucoup d'application et présentés avec soin. Pizzas au feu de bois et charcuteries maison.

|●| ***U Spuntinu – Brasserie de plage (Chez Pierre-Paul) :*** *en arrivant sur la plage, c'est juste en face. 📱 06-12-32-00-86. • whatelsu@uspuntinu.fr • Ouv d'avr à mi-oct. Fermé lun soir. Salades-plat et plat du jour env 12-14 € le midi. Le soir, préparations au wok et grillades. Compter 25-30 €.* La terrasse est indéniablement séduisante, surplombant la plage, et les plats, du burger au poisson grillé en passant par le wok de langouste, tout ce qu'il y a de plus honnête. Glaces artisanales pour finir en beauté.

À voir. À faire

Belle ***plage*** de sable fin (900 m), en arc de cercle. Myriade de petits poissons de roche multicolores à observer. À vos masques et tubas ! Dans la baie, près de la ferme marine d'élevage de loups, ces dernières années, il n'était pas rare de voir batifoler une famille de dauphins, évoluant sans complexe non loin de touristes ébahis !

➢ ***Randonnée palmée – Sentier sous-marin*** *(snorkelling)* ***:*** *avec* ***Torra Plongée*** *(voir « Plongée sous-marine » plus loin). ☎ 04-95-70-02-56. 📱 06-83-58-81-81. Sur résa. Compter 20 €. À partir de 3 pers, 17 €/pers. Durée min 45 mn.* Une chouette balade sur un sentier sous-marin qui démarre de la plage, avec accompagnateur breveté qui vous raconte la faune et la flore locales, l'importance des posidonies... Palmes, masque, tuba et planche fournis (un plan du site est même dessiné sur la planche !). Observation et explications. Une initiative pédagogique à saluer. Et si l'expérience vous a plu, pourquoi ne pas tenter un baptême de plongée ?

La tour génoise : *au bout de la plage, au sommet de la pointe. 📱 06-27-61-33-96. 15 avr-27 sept, lun-ven 10h-16h30. Visite : 3,50 € ; réduc ; gratuit moins de 12 ans.* Édifiée par la république de Gênes vers 1586, c'est la plus imposante de Corse. Aujourd'hui protégée au titre des Monuments historiques, le Conservatoire du littoral l'a restaurée et ouverte au public. Expo permanente (les Barbaresques), très intéressante, sur l'histoire de sa construction.

➢ ***Randonnée de Campomoro à Senetosa :*** compter 5h de marche, vers le sud. Magnifique rando (site Natura 2000). Ce sentier littoral part de Campomoro et suit la côte au plus près. À la *cala d'Accuda,* possibilité de revenir par un sentier en boucle ou de poursuivre plus au sud vers le phare de Senetosa. Retour par le même sentier. Demander dans les commerces de Campomoro la brochure qui décrit bien le parcours.

Plongée sous-marine

Notre spot préféré dans le golfe de Valinco. La côte chaotique de Campomoro révèle des plongées magnifiques où la vie sous-marine est particulièrement sauvage. C'est aussi le coin où l'on trouve les plus beaux sites de tout le golfe de Valinco. Ici, pour débutants et confirmés, le bonheur est forcément dans le bleu ! Même ceux qui ne feront qu'un baptême y trouveront largement leur compte tellement le site est intéressant dès les premiers mètres. Autre avantage : même quand la mer est mauvaise, il y a toujours par ici des coins bien abrités. À découvrir absolument.

Club de plongée

■ ***Torra Plongée :*** *juste au carrefour devant la poste, en arrivant dans le village. ☎ 04-95-70-02-56. 📱 06-83-58-81-81. • torra-plongee.com • ♿ De fin mars à mi-nov. Résa conseillée. Baptême 55 €, plongée 39-48 € selon équipement. Forfaits dégressifs (non nominatifs) pour l'achat de 4 baptêmes ou de 4 plongées ; réduc de 10 % sur les baptêmes, les plongées à l'unité (hors forfait) sur présentation de ce guide.* Rendez-vous sur la plage de Campomoro pour embarquement immédiat sur les 2 bateaux rapides de ce club (FFESSM, ANMP et PADI) sympa, où Fabien et son équipe encadrent avec passion baptêmes, formations jusqu'au niveau III et brevets PADI, et des explorations grandioses sur les spots sauvages du coin. Plongée de nuit ou à l'aube, dès 5 ans. Équipement nickel. Idéal pour faire ses premières bulles, comme pour les plongeurs confirmés. Une adresse sérieuse, une équipe compétente, une ambiance décontractée. Un coup de cœur ! Hébergement possible à prix intéressant (hors juillet-août) pour les clients du club.

Nos meilleurs spots dans le golfe du Valinco

Le Tonneau : tout proche de la côte sud du golfe. Pour plongeurs de tous niveaux. C'est un caillou ressemblant à un tonneau qui flotte et plongeant dans l'azur sublime (de 0 à 40 m de fond). Sur cet éblouissant tombant enrobé d'éponges et de gorgones aux couleurs vives, fantastique ballet argenté des sars, corbs, dentis et parfois même des barracudas sous les rayons perçants du soleil. À quelques encablures, les plongeurs confirmés braquent leur lampe torche dans une jolie grotte tapissée de corail rouge pour allumer un incendie de couleurs chaudes, parmi crabes, chapons, langoustes, mérous...

Le Sec de la Tour : au pied de la tour de Campomoro. À partir du niveau I. Il s'agit de deux avancées rocheuses (de 6 à 40 m) prolongeant sous la mer la colline de la Tour. Nombreuses failles recouvertes de magnifiques gorgones rouges surveillées par des corbs, dentis, mérous. Également des branches de corail rouge.

Les Cathédrales : au sud de la pointe de Porto-Pollo. Pour plongeurs niveau I confirmés. C'est la plongée emblématique du golfe, et aussi certainement la plus spectaculaire. Imaginez une série de pics rocheux (10 à 40 m de fond) ressemblant à des flèches de cathédrales et littéralement recouverts de gorgones rouges flamboyantes. Fantastique, non ? Tout autour, va-et-vient incessant des sars, dentis, barracudas, mérous... dans une forme épatante. Et, avec un peu de chance, un poisson-lune vient parachever la féerie de cette plongée sublime.
– Et également le ***tombant de Senetosa,*** qui se caractérise par la présence de mérous sauvages, celui de la ***vallée des Mérous*** à l'extrémité nord du golfe, et encore plein de sites sauvages où les plongeurs confirmés trouveront leur bonheur... et la solitude.

SARTÈNE / SARTÈ (20100) 3 055 hab.

« La plus corse des villes corses », selon Prosper Mérimée. C'est toujours vrai. Quel caractère dans ces hautes et hautaines façades grises et brunes, rempart de granit dominant la vallée, dans ces ruelles pavées, ces escaliers tors et ces arches de la vieille ville, et dans les quelques « palais » décrépis du quartier des notables ! Et dans cette grand-place, LA place corse par excellence... On aime vraiment bien cette ville.
Sartène est célèbre aussi pour la *procession du Catenacciu.* Une manifestation haute en couleur, peut-être aujourd'hui un peu trop courue, mais enfin, Sartène n'en reste pas moins authentique, bien éloignée de l'esprit mercantile que le tourisme alimente et développe trop souvent. Notons enfin que, sur le territoire de la commune, l'une des plus grandes de France en superficie, se trouvent des plages extraordinaires. La ville la plus minérale de Corse tutoie la Grande Bleue tout en la laissant à distance. Les Sartenais possèdent la mer mais y mettent rarement les pieds. Pas le moindre de ses paradoxes.

UN PEU D'HISTOIRE

Malgré l'aspect fort ancien de la vieille ville, Sartène n'est pas si âgée que ça. Les Génois l'ont édifiée vers 1550 (bon, ça fait tout de même 5 siècles !), sur ce promontoire d'accès difficile qui devait garantir la sécurité des habitants. D'ailleurs, auparavant, il n'y avait pas de ville à proprement parler, mais différents hameaux – qui constituaient la *pieve,* le territoire de Sartène – éparpillés aux alentours.

Ce furent les raids barbaresques, et notamment ceux de l'affreux Turc Dragut, vers 1545, qui incitèrent les Génois à bâtir une cité fortifiée, où se réunirent les habitants de la *pieve*. Mais, malgré ses fortifications, la ville fut prise en 1583 par Hassan Veneziano, roi d'Alger, qui emmena 400 Sartenais en esclavage et en massacra plus d'un.

Puis la vie reprit son cours, et Sartène resta longtemps favorable aux Génois. D'où le siège que durent mener les paolistes, jusqu'à sa capitulation au XVIIIe s. Au XIXe s, d'incroyables vendettas animèrent la cité, qui opposèrent notamment les Rocca Serra aux Pietri, vieilles noblesses locales, les uns royalistes, les autres libéraux (bon prétexte pour se mettre des coups de fusil !). Pour finir, le conflit se généralisa, des centaines de partisans de l'un et l'autre camp se battant à mort... En 1834, un traité de paix fut tout de même signé entre les parties, difficilement négocié par le gouverneur de Corse. Mais les règlements de comptes se poursuivirent et, un siècle plus tard, lors d'un voyage en Corse, Paul Valéry observait que les fenêtres étaient murées et que des hommes en armes étaient postés en ville, toujours prêts au coup de feu. De ce lourd passé, la ville a conservé une certaine gravité.

TRADITION

Ceux qui ont la chance de se trouver en Corse le jour du Vendredi saint suivront la *procession du Catenacciu* (le Pénitent qui est « enchaîné »). Ce spectacle représente la Passion du Christ, montant au calvaire sur le mont Golgotha. Le « grand Pénitent » porte une croix de 30 kg et une chaîne de 15 kg au pied. Comme le Christ, il tombe et se relève trois fois, à des endroits bien précis. Il est aidé par un pénitent blanc, figurant Simon de Cyrène, qui aida Jésus à porter la croix. Derrière eux suivent huit pénitents vêtus de tuniques et cagoules noires, transportant sous un dais un Christ gisant sur un linceul blanc. Tous vont pieds nus. La foule les accompagne et chante avec la confrérie. La manifestation religieuse dure 3h, la foule est dense, l'atmosphère pesante, fascinante et troublante à la fois, même si elle est devenue aujourd'hui, pour certains, une sorte d'attraction. Pourtant la magie est toujours là...

OÙ IL Y A DE LA CHAÎNE...

Le « grand Pénitent » est un Sartenais anonyme, un différent chaque année, dont l'identité reste secrète et dont on dit qu'il est parfois choisi pour la gravité de ses fautes. Folklore ? Vérité ? Dissimulé sous une cagoule et une robe rouge, impossible de savoir. Ce qui est sûr, c'est que l'homme est à la peine. Et quand on pose la question sur son identité... personne ne sait. Omerta, omerta.

Adresses utiles

Office de tourisme *(antenne de l'office de tourisme intercommunal du Sartenais Valinco, plan A2)* **:** *cours Sœur-Amélie.* ☎ *04-95-77-15-40.* ● *lacorsedesorigines.com* ● *Juin-sept. Lun-sam 9h-18h (17h sam). Fermé dim. Le reste de l'année, lun-ven 9h-12h, 14h-18h.*

Poste *(plan A2)* **:** *en bas de l'échauguette. Ouv lun-ven 8h30-12h, 14h-17h (et sam mat).*

@ **Internet – Point d'accès multimédia** *(PAM ; plan B2,* **2***)* **:** *au 1er étage du centre culturel. Ouv lun-ven 14h-18h. Plusieurs ordis. C'est un service municipal, gratuit pour ts.*

Distributeurs de billets : *à* **La Poste ;** *au* **Crédit Lyonnais,** *pl. de la Libération (pl. Porta) ; et au* **Crédit Agricole,** *rue Hyacinthe-Quilichini.*

Hôpital local *(hors plan par A1,* **1***)* **:** *prendre la route de Bonifacio, puis à droite celle de Tizzano, faire env 1,5 km, l'hôpital est sur la droite.* ☎ *04-95-77-95-00.* Service d'urgence 24h/24.

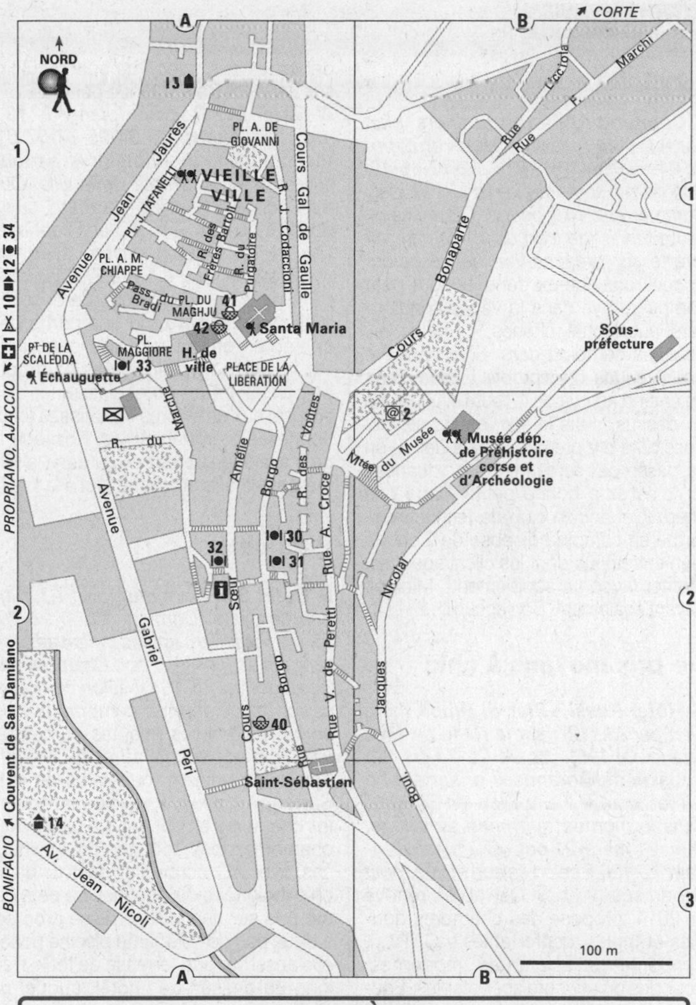

SARTÈNE

Adresses utiles

- Office de tourisme
- 1 Hôpital local
- @ 2 Internet – Point d'accès multimédia

Où dormir ?

- 10 Camping U Farrandu
- 12 Hôtel Rossi – Fior di Ribba
- 13 Hôtel Les Roches
- 14 Hôtel San Damianu

Où manger ?

- 30 Chez Jean-Noël
- 31 A Cantinetta
- 32 Aux Gourmets
- 33 Le Jardin de l'Échauguette
- 34 Auberge Santa Barbara

Où acheter de bons produits ?

- 40 M.A.J. 31
- 41 U Maggiu
- 42 La Cave Sartenaise

Où dormir ?

Camping

⛺ ***Camping U Farrandu*** *(hors plan par A1,* ***10****)* ***:*** *route de Propriano. ☎ 04-95-73-41-69. 📱 06-22-70-41-49. Congés : fin sept-Pâques (et 15 j. en mai). Compter env 16 € pour 2. CB refusées. 1h de tennis (de jour) ou 1h de minigolf offerte sur présentation de ce guide.* Accueil chaleureux dans ce tout petit camping noyé dans la végétation (lauriers, eucalyptus, chênes...). Pas un lieu pour les camping-cars. Bloc sanitaire vieillot, certes, mais propre. Évidemment, on entend le bruit de la route située juste au-dessus, mais le soir, c'est paisible. Possibilité d'y prendre le petit déj. Si on ne passe pas forcément ses vacances ici, c'est une bonne petite étape pas chère. Cet ancien club de tennis transformé en camping dispose de 2 courts bien entretenus dont les clients peuvent profiter (avec un supplément). Minigolf payant également. Bon accueil.

De prix moyens à chic

🏨 ***Hôtel Rossi – Fior di Ribba*** *(hors plan par A1,* ***12****)* ***:*** *sur la route de Propriano (N 196). ☎ 04-95-77-01-80. • rossihotel@orange.fr • sartenehotelrossi.com • À env 1 km avt Sartène, dans la montée qui mène au village. Ouv 21 mars-21 oct. Doubles standard 72-120 € selon saison et vue, petit déj en sus (9 €).* 📶 Cet hôtel, rénové en 2014, propose des chambres doubles et triples, confortables (AC, TV...), pimpantes et éclatantes, modernes, pour des prix encore acceptables. Également des studios et appartements du même tonneau pour 2 à 6 personnes, et loués à la semaine. Vue sur la vallée ou le jardin. Belle petite piscine, pas bien grande mais en terrasse et à débordement, avec vue spectaculaire sur Sartène. Bonne tenue générale.

🏨 ***Hôtel Les Roches*** *(plan A1,* ***13****)* ***:*** *rue Jean-Jaurès. ☎ 04-95-77-07-61. • contact@sartenehotel.fr • sartenehotel.fr • ♿ À l'entrée de la ville. Ouv tte l'année. Doubles standard (avec douche ou sdb, TV, AC et téléphone) env 74-102 € selon saison ; avec vue sur la vallée, env 87-116 €. Possibilité de ½ pens.* 💻 📶 Une grande et solide bâtisse de schiste, où une partie des chambres offrent un large panorama sur la vallée et sont dotées d'un petit balcon. C'est un hôtel classique, bien équipé, aux chambres climatisées fonctionnelles et impeccables. Possède le gros avantage de se trouver dans la ville même et d'être au calme tout à la fois.

Plus chic

🏨 ***Hôtel San Damianu*** *(plan A3,* ***14****)* ***:*** *quartier Saint-Damien. ☎ 04-95-70-55-41. • sandamianu@sandamianu.fr • sandamianu.fr • Avr-oct. Chambres de 3 catégories, 75-164 € selon confort et saison, petit déj non compris (9,50 €/pers).* À 5 grosses minutes du centre-ville à pied, voici l'adresse luxe de Sartène, dominant toute la vallée et le Sartenais depuis les balcons (toutes les chambres en ont un). De bien belles chambres, donc, tout confort, lumineuses, avec AC, écran plat, salle de bains chic (baignoire ou douche). Le petit déj est pris sur une jolie terrasse arborée, à deux pas de l'élégante piscine posée elle aussi sur une terrasse de teck. Parking au-dessus de l'hôtel, auquel on accède par un ascenseur. La classe ! Seul vrai bémol : malgré le double vitrage, la rumeur de la route en contrebas reste présente.

Où dormir dans les environs ?

Campings

⛺ ***Camping Olva (Les Eucalyptus) :*** *à env 5 km de Sartène par la D 69, par la route de la Castagna. Fléché sur la droite. ☎ 04-95-77-11-58. • camping.olva@gmail.com • camping-olva.com • Ouv mai-sept. Compter 19-23 € pour 2* *avec tente et voiture. Bungalows pour 5 340-710 €/sem ; mobile homes 400-835 €/sem et tentes-lodges 240-530 €/sem selon taille et période.* 💻 📶 *Apéritif ou café offert sur présentation de ce guide.* Un camping de taille raisonnable, très au calme, dans sa forêt d'eucalyptus et de chênes. De grands emplacements en terrasses, très bien ombragés. Tout en haut du camping, on trouve les tentes-*lodges* (toile plastique avec plancher et coin gazinière sur un bout de terrasse). Bon, à l'intérieur on est quand même bien serré. Piscine au niveau de l'accueil, dans la partie basse. Resto (qui fait de vrais efforts), petite épicerie et aire de jeux pour les enfants. Petite salle de remise en forme (payante) et location de vélos. Tout en haut du camping, un terrain de tennis.

⛺ ***Camping à la Ferme, La Rivière :*** *à env 5 km de Sartène, par la route de Lovio. Fléché sur la gauche, direction Arbellara.* ☎ *04-95-50-51-16.* 📱 *06-13-61-21-53. • lariviere@encorsedusud.fr • camping.la.riviere.encorsedusud.fr • Compter 21 € pour 2 avec tente et voiture.* Très grands espaces, qui s'étendent sur plusieurs hectares, plantés par endroits de chênes-lièges notamment, sous lesquels on plante sa tente. Blocs sanitaires minimalistes propres. On aime bien le coin snack, bien arrangé et sympa comme tout, avec sa terrasse aménagée avec goût, où règne une ambiance agréable, à deux pas de la rivière. Possibilité de s'y baigner. Ensemble parfaitement au calme.

Où manger ?

D'abord, sachez que le marché de Sartène a lieu tous les jours, mais principalement le samedi matin.

Prix moyens

🍴 ***Chez Jean-Noël*** *(plan A2,* ***30****) : 27, rue Borgo.* 📱 *06-12-77-75-70. • resto.jeannoel@aliceadsl.fr • Dans la rue qui part en biais sur la gauche de la rue principale, depuis le centre-ville, sur la pl. de la Mairie. Ouv Pâques-Noël. En saison, tlj midi et soir. Fermé lun hors saison et parfois d'autres jours, « c'est Jean-Noël qui décide ». Menu 23 € servi midi et soir, plats 15-17 €. CB refusées. Café offert sur présentation de ce guide.* Quelques tables à l'intérieur et 3 ou 4 en terrasse. C'est dire si les places sont comptées. Aux murs, quelques affiches ou drapeaux militants, évoquant les combats de minorités opprimées du monde entier (on ne refait pas sa corsitude !). Bien bon menu corse avec fromage ou dessert (mention spéciale pour les courgettes farcies au *brocciu*, ou les aubergines, mais aussi la daube de veau corse et flan à la châtaigne), que l'on accompagne volontiers d'un petit vin de pays. L'une des adresses les plus régulières de la ville, et ce depuis fort longtemps.

🍴 ***A Cantinetta*** *(plan A2,* ***31****) : 29, rue Borgo.* ☎ *04-95-77-08-75. Tlj midi et soir en saison, fermé le soir en basse saison. Congés : nov-mars. Assiette de charcuteries 14 €.* Dans la toute petite salle où son père tenait sa cave, Marie-Dominique vous accueille avec son charmant sourire. Elle l'a transformée en un lieu de dégustation où l'on peut goûter les vins de tout le Sartenais (Saparella, San Michèle...) que l'on accompagne d'une belle assiette de charcuteries ou de fromages, avec sa confiture de figues. Et puis on terminera par un gâteau à la farine de châtaigne, en goûtant l'unes des belles liqueurs, qu'elle soit de clémentine, de myrte ou de châtaigne. Vraiment sympa, tranquille et familial.

🍴 ***Le Jardin de l'Échauguette*** *(plan A1,* ***33****) : pl. Vardiola.* ☎ *04-95-77-12-86.* 📱 *06-20-40-71-49. • lejardindelechauguette@wanadoo.fr • Ouv de mi-avr à fin sept. Tlj midi et soir. Menus 16,90-27,90 € et carte env 30 €. Café offert sur présentation de ce guide.* Une pancarte dit qu'on voit la mer depuis la terrasse : sans doute, mais à condition d'être très bien placé, en bordure de celle-ci et de se pencher un peu ! Peu importe, la terrasse vaut par elle-même, au calme et bien ombragée, suffisamment rare dans cette ville de pierre. Dans l'assiette, spécialités corses comme de délicieuses terrines, daube de veau à la polenta ou cannellonis au *brocciu*, sans oublier la soupe corse. Du classique, mais du bon. Le menu corse tient fort bien la route. Service aimable et attentif.

|●| ***Aux Gourmets*** *(plan A2,* ***32****)* ***:*** *10, cours Sœur-Amélie. ☎ 04-95-77-16-08. En saison, tlj midi et soir sf dim ; hors saison, fermé le soir. Congés : janv. Formule plat-dessert 15 €, menu 20 €.* Une adresse familiale et vraiment pas bégueule. Banale, dirait-on, pas touristique pour un bout de *prisuttu*. Une cuisine saine, franche et à prix doux. Tripettes à la sartenaise, sauté de veau à la Pietra, cannellonis à la brousse...

Chic

|●| ***Auberge Santa Barbara*** *(hors plan par A1,* ***34****)* ***:*** *route de Propriano, à 2 km de Sartène. Fléché sur la droite. ☎ 04-95-77-09-06. ● aubergesantabarbara@wanadoo.fr ● Ouv de mi-mars à début oct. Fermé lun tte la journée et mar midi hors saison (slt le midi en saison). Résa indispensable. Menu unique 34 € ; à la carte, compter 50-60 €.* Joli jardin dans un cadre campagnard. Une très bonne table où Mme Lovichi, qui a transmis les rênes à sa fille, Marie-Pierre, veille toujours. Une auberge où la cuisine corse est respectée et les produits sublimés. La salle est très moderne, lumineuse et épurée, un bien bel écrin ma foi, mais si le temps le permet (ni trop chaud ni trop froid), on optera pour la jolie terrasse s'ouvrant sur un bout de verdure très soigné. Le sanglier comme le poisson sont travaillés avec respect et classicisme. On regrettera cependant le choix un peu limité au menu et les prix qui s'envolent un peu à la carte.

Où manger dans les environs ?

Prix moyens

|●| ***Restaurant La Bergerie d'Acciola :*** *à* ***Orasi,*** *au carrefour de Giuncheto. ☎ 04-95-77-14-00. ● andre.henry123@orange.fr ● À 8 km de Sartène, à droite le long de la route nationale, direction Bonifacio. Resto ouv juin-fin sept, mais boutique ouv quasiment tte l'année. Compter 18-22 €/pers.* Dans la boutique, on trouve d'excellents produits triés sur le volet (miel, charcuteries, farine de châtaigne, fromages toujours artisanaux... le tout à prix corrects). Quant au resto, il est plus que recommandable, situé derrière le magasin (que l'on doit traverser). C'est une belle terrasse panoramique (vue sur la vallée) pour prendre un verre ou déguster les plats proposés : pour commencer, on conseille vivement la terrine de chèvre frais aux herbes et son coulis de tomates, qu'on pourra faire suivre par des aubergines farcies ou une jolie grillade, accompagnées d'une goûteuse ratatouille. Les galettes à la farine de châtaigne tiennent fort bien la route aussi. Bref, tout est excellent ! Service aimable et addition tout en retenue. Une bonne halte.

|●| ***Auberge U Sirenu :*** *au lieu-dit* ***Orasi,*** *route de Bonifacio (N 196). ☎ 04-95-77-21-85. ♿ À 10 km de Sartène, sur la droite de la route nationale. Ouv tlj tte l'année sf en mars. Menu 19 €, carte env 30 €. Digestif maison offert sur présentation de ce guide.* Une halte bienvenue sur cette nationale où il n'y en a pas tant. D'autant qu'on mange plus que correctement au *Sirenu*, auberge familiale toute simple, propre et honnête. Cuisine corse classique, bien servie, savoureuse et reconstituante. Les beignets de poireau et la terrine maison sont parfaits, le sanglier en sauce va bien (copieux), tout comme les tripettes de bœuf. Le fromage aussi. En digestif, délicieuse eau-de-vie de sa fabrication, et vous ne devinerez jamais à base de quelle plante elle est faite. On vous rassure, on n'a pas deviné non plus ! Mais c'est bigrement bon.

Où boire un verre ?

Sur la place Porta (ou place de la Libération), face à l'église, plusieurs ***terrasses*** vous tendent leurs chaises en osier. Très agréable à l'heure du petit déj, ou au retour de la plage. On ne sait pas bien pourquoi, mais on lui trouve un charme unique, à cette place. C'est en tout cas un plaisir toujours vérifié d'y prendre un verre, relax, mode corse. C'est aussi là qu'atterrit un hélico dans le film *L'Enquête corse*...

Où acheter de bons produits ?

M.A.J. 31 *(plan A2,* ***40****) : 31, cours Sœur-Amélie.* ☎ *04-95-77-03-27. Fermé dim ap-m. Ouv jusque tard en été (env 20h). Congés : janv-fév.* Un excellent charcutier-traiteur doublé d'une épicerie fine. On a bien aimé les feuilletés aux blettes et les chaussons au *figatellu*. Ça peut remplir le panier pour un bon pique-nique.

U Maggiu *(plan A1,* ***41****) : dans la vieille ville, juste après avoir franchi la porte.* ☎ *04-95-77-21-36.* Vins, fromages, charcuteries, miels, confitures, etc., à des prix plutôt raisonnables.

La Cave Sartenaise *(plan A1,* ***42****) : dans la vieille ville, juste à gauche de la porte, sous la mairie.* ☎ *04-95-77-12-01. Tlj, tte la journée en été.* Bons produits là encore, notamment une bonne sélection de vins, fromages et charcuteries (même si elles se paient !).

Autre bonne adresse, la ***Bergerie d'Acciola*** (voir plus haut « Où manger dans les environs ? »).

À voir

– ***Visite audioguidée de la ville :*** *résas à l'office de tourisme. Prix : 5 € (carte d'identité en caution).* Une sympathique balade audioguidée d'environ 1h30 et en une quinzaine d'étapes, qui arpente l'histoire de la ville en même temps que ses ruelles. Vraiment intéressant, car on y découvre mille informations qui font parler le sévère granit gris dont se parent les hautaines maisons.

L'église Santa Maria *(plan A1) : pl. de la Libération.* Construite au XVIIIe s, elle abrite un riche mobilier : tableaux, statues et maître-autel en marbre classé. Remarquez les accessoires (crucifix et chaînes) servant pendant la procession du *Catenacciu*. À côté, l'hôtel de ville, installé dans un ancien palais génois.

La vieille ville *(plan A1) :* derrière l'église, étrange labyrinthe de venelles pavées, de passages secrets, d'escaliers de pierre, de couloirs obscurs, de maisons hautes et fières, dont les seuls yeux sur le monde extérieur ont la forme de persiennes. On y accède depuis la place centrale par le *passage de Bradi,* sous l'hôtel de ville, à gauche de l'église. Moins de monde de l'autre côté de la place, autour de la rue Borgo.

L'échauguette *(plan A1-2) : en descendant sur la gauche, après le passage de Bradi.* Cette tour du XVIe s est un vestige de la citadelle.

Le musée départemental de Préhistoire corse et d'Archéologie *(plan B2) : à 100 m en montant de la pl. de la Mairie.* ☎ *04-95-77-01-09. Ouv juin-fin sept, tlj 10h-18h. Le reste de l'année, mar-sam 10h-17h. Entrée : 4 € ; réduc.*
Voici un superbe musée à ne surtout pas manquer. Il regroupe de manière didactique et sur deux niveaux d'importantes et remarquables collections d'objets préhistoriques illustrant la vie quotidienne des civilisations insulaires depuis le IXe millénaire av. J.-C. et jusqu'à la fin de l'âge de fer. À cela s'ajoutent un département d'antiquité classique et un autre concernant la période médiévale en Corse-du-Sud. Avec le musée de Levie dans l'Alta Rocca, c'est le seul à présenter la

préhistoire corse dans toute sa richesse. La terrasse (au niveau de l'accueil) offre une vue superbe sur la ville et le Sartenais.

– ***Le niveau - 1 :*** on procède chronologiquement. Évocation de l'*habitat des premiers hommes* arrivés sur l'île il y a plus de 10 000 ans, ainsi que de la faune disparue de l'époque comme le *Prolagus* (lapin-rat), dont on a retrouvé des squelettes, ou le vautour de Malte. Plusieurs vitrines sur le *Néolithique ancien* (environ - 5800-4800 av. J.-C.). Premières céramiques, parures, vases peints, flèches tranchantes... Avec le *Néolithique moyen,* c'est le début de la sédentarisation. On retiendra les premières traditions funéraires : coffres, pointes de flèches, mortiers... Noter le biberon en céramique. Le *Néolithique récent* (- 3800-3000 av. J.-C.) : les populations sont sédentarisées, on commence à créer de vrais villages. Outils de meunerie, belles pointes de silex, bracelets de pierre. Voir la belle statuette sur galet du Fiumorbu et les pandeloques de tradition funéraire. Les *âges de cuivre et de bronze* suivent, avec force vases, coupes, objets funéraires et parures étonnantes. L'habitat répond alors à des préoccupations sécuritaires. C'est la culture des *taffoni* (trous, cavités). On a trouvé pas mal de céramiques dans les tombes de cette période. Beaucoup de parures de pierre et de métal et belles aiguilles en os. Apparition de la métallurgie : creuset, moules à lames de poignards... Remarquables vitrines de bijoux. Nombreux colliers en pâte de verre, superbes boucles de ceinture, fibules... Et toujours des urnes funéraires. La *période romaine* présente une intéressante gamme de lampes à huile, de tuiles estampillées, de galets de plomb. Superbe tête d'Atis, de provenance incertaine, bout d'étrave de navire romain, peigne de bois (type peigne à poux). La *section médiévale,* du XIIIe au XVIe s, présente des matériels culinaires, fers, cruches trilobées et quelques céramiques.

– Expos temporaires ***au niveau - 2.***

Fête

– ***Catenacciu :*** *à Pâques, le soir du Vendredi saint.* Une manifestation religieuse étonnante (voir « Tradition » dans l'introduction à Sartène).

DANS LES ENVIRONS DE SARTÈNE

Le parc naturel d'Olva (ferme de découverte) : *route de la Castagna (D 69), à 5 km de Sartène. 06-11-75-29-64. • parc-animalier-corse.com • Juil-août tlj 9h30-19h (dernière entrée à 18h) ; 15 avr-30 juin et 15-30 sept mar-dim 10h-18h ; 1er-15 avr et oct 10h-17h30 sf lun et jeu. Le reste de l'année, appeler. Entrée : 7,50 € ; réduc 4-18 ans 5 € ; gratuit moins de 4 ans.* Sur 22 ha, plus de 150 animaux (lapins, chèvres, moutons, chevaux, cochons miniatures, ânes et plein d'animaux de basse-cour...). Panneaux explicatifs, sentier botanique, l'accent est mis sur la pédagogie. Baptêmes à dos de poney *(3,50 ou 5 € selon le tour).* Une initiative intéressante, essentiellement à l'intention des enfants qui n'ont que rarement l'occasion de sortir des villes. Pique-nique possible sur une aire aménagée.

Spin a Cavallu : *à env 9 km au nord-est de Sartène, un peu en retrait de la route de Sainte-Lucie-de-Tallano. Mal indiqué : repérer sur la gauche de la route, en allant vers l'Alta Rocca, une stèle, 500 m env après le lycée*

ON NE SAIT PLUS TRAVAILLER

Toussaint 1993 : de fortes pluies entraînent une crue dévastatrice du Rizzanese. Le « vieux pont » tient bon : certes, le parapet est bien endommagé, mais les fondations de l'ouvrage passent avec succès le test comme lors des précédentes crues. En revanche, le « pont moderne » d'Aréna Bianca, un peu plus bas, est emporté, lui, par les eaux...

agricole. C'est l'un des plus beaux ponts de Corse, construit au XIIIe s. Remarquez la forme étrange de son arche, en triangle. D'où son nom, qui signifie en corse « dos de cheval »... Possibilité de baignade, mais en été c'est assez couru.

Tizzano : *à 14 km au sud de Sartène, par la D 48.* Au fond d'un cul-de-sac, un petit havre, malheureusement un peu trop construit et pas toujours de manière élégante (euphémisme !), perdu entre les rochers, avec son port de pêche, ses criques, et une plage bordée par de l'eau très claire. Tizzano (qui dépend de la commune de Sartène) fut jadis un paradis des nudistes, qui ont été priés d'aller se rhabiller... Entre une bronzette et une partie de pêche, on peut partir à la découverte de cette côte encore sauvage, jusqu'à Roccapina.

Chez Antoine : *sur le charmant petit port, tt au fond du village (poursuivre la route presque jusqu'au bout, le resto est sur la gauche). ☎ 04-95-77-07-25. Ouv mai-sept. Fermé lun en mai, juin et sept. Résa conseillée, l'adresse est connue. Compter 40 €/pers. CB acceptées à partir de 20 €.* Dans l'assiette : poissons grillés ultra-frais (pageot, mustelle, chapon...), en fonction de la pêche du jour, à déguster sous une agréable tonnelle surplombant joliment l'adorable petit port. Des grillades également, bien faites. Bar également, *Le Beach (ouv 18h-2h).* Petite assiette de charcuteries, *frito misto...*

Le circuit des menhirs : *en allant à Tizzano.* Plusieurs sites mégalithiques ont été mis au jour dans cette zone sauvage, parmi les plus importants du Sud de la Corse. Nos lecteurs qui connaissent Carnac ne risquent pas de tomber à la renverse, mais ce parcours donne l'occasion de faire d'agréables promenades dans une lande riche en végétation : arbousiers, lentisques, chênes-lièges... Attention, ici le soleil tape dur en été ! Gourde et chapeau ne seront pas de trop.

– **Les alignements de Pagliaghju :** *sur la D 48. À env 4 km avt Tizzano, sur la droite. Dans une propriété privée mais accessible. Après le parking, marcher 15 mn sur le sentier.* C'est l'un des alignements les plus importants de Méditerranée, avec quelque 260 mégalithes, la plupart couchés ! Certains sont sculptés. Il arrive qu'on reparte déçu, car on ne se rend pas compte du nombre...

– **Les mégalithes de Cauria :** *à Pagliaghju, reprendre la D 48 vers Sartène puis tourner à droite dans la D 48a et poursuivre sur env 4 km. Il faut ensuite laisser la voiture et marcher 1 km.* Le plateau de Cauria fut habité dès l'âge du bronze et il continue à être fouillé (10 menhirs découverts en 2004).

On y trouve en fait trois sites distincts :

– *L'alignement de Stantari :* au bout du chemin, dans un pré. Une vingtaine de statues-menhirs classées Monuments historiques. Elles sont presque toutes sculptées : visages, bras armés, etc. Les experts pensent qu'elles seraient plus anciennes que celles de Filitosa, même si elles leur ressemblent beaucoup.

– *L'alignement de Rinaiu (Rinaghju) :* à 400 m plus loin, au milieu des arbres. Également des menhirs gravés, certains armés. Un habitat rectangulaire y a été découvert en 2006.

– *Le dolmen de Funtanaccia :* à 300 m en revenant par le sentier qui fait une boucle. Ce dolmen en granit, découvert par Prosper Mérimée en 1840, est le plus important et le mieux conservé de l'île de Beauté. Une légende locale en a fait un endroit diabolique, voué à quelque culte sacrificiel. D'où son surnom corse : *a stazzona di u Diavuli,* « la forge du Diable » !

– **Vitalba, distillerie Listincu :** *domaine Saparella, vallée de l'Ortolo, route de Bonifacio, fléché sur la gauche à env 14 km au sud de Sartène, puis petit chemin un peu cabossé. 📱 06-86-96-28-26. • info@vitalba.fr • Ouv lun-ven 10h-19h.* Une petite distillerie que l'on vous fera visiter avec gentillesse. On y concocte des huiles essentielles, notamment l'immortelle, qui, sur le terroir corse, développe des qualités toutes particulières. Mais on y trouve également de la criste marine, l'inule odorante, le genévrier nain des montagnes ou encore le myrte vert et le pistachier lentisque. Petite boutique.

LE GRAND SUD CORSE

La végétation se fait plus rare, plus courte, et la côte sud apparaît, superbe, au niveau de Roccapina, comme un décor de théâtre, avec une longue plage de rêve en contrebas de la route. Peu après Roccapina, la côte déchiquetée se découpe comme un miracle. À chaque virage et sur environ 5 km, c'est un nouveau panorama qui s'offre à vos mirettes. Quelques aires de stationnement sont là pour prendre le temps d'admirer le paysage. Au large, l'écueil des Moines et son phare, quelques roches traîtresses qui ont mis en vrac plus d'un navire. Quelques kilomètres plus au sud, des villages tranquilles (comme Monaccia-d'Aullène ou le hameau de Caldarello...), l'aéroport de Figari, puis voici Bonifacio aux falaises impressionnantes, enfin Porto-Vecchio et son golfe : plages parmi les plus belles de Corse, et pas mal de monde – ayant les moyens : cette région est la plus chère de l'île. On trouve cependant dans ce secteur de nombreux et bons campings. Et notons aussi, vers Monaccia ou Figari, la présence de gîtes ruraux ou de chambres d'hôtes abordables, avec la proximité de plages moins courues que celles de Porto-Vecchio et tout aussi belles. Le vrai bon plan !

ROCCAPINA (20100)

Sur la route de Bonifacio et à 22 km au sud de Sartène, dont elle dépend, la baie de Roccapina jouit d'une situation idéale. On la voit en contrebas de la route, au loin. La mer, couleur turquoise, offre une plage longue et large sans équivalent, bien protégée et bordée sur la crête par une série de rochers dont l'un ressemble à s'y méprendre à un gros lion couché. Beaucoup de monde en été, ce qui se comprend : l'endroit est vraiment fabuleux... En 2014, la piste pour y descendre avait été refaite et les véhicules standard passaient ; cela peut changer d'une année sur l'autre en fonction des intempéries hivernales, prévoir 45 mn de marche si vous devez vous garer au niveau de la nationale.

Où dormir ? Où manger à Roccapina et dans les environs ?

Campings

⛺ ***Camping à la ferme U Cavaddu Senza Nome :*** *à* ***Ranfone,*** *vallée de l'Ortolo, à 14 km de Sartène en direction de Bonifacio (N 196).* 📱 *06-10-39-14-29. • u.cavaddu@hotmail.fr • ucavaddu.fr • Après le pont de l'Ortolo (situé 3 km env au nord de la piste pour Roccapina), prendre à gauche puis continuer sur 2,5 km sur la route du pont de Curgia. Congés : nov-fév. Emplacements env 19-25 € pour 2. CB refusées.* Heidi et ses enfants sont installés en Corse depuis pas mal d'années. Quelques emplacements seulement, dispersés sur une colline arborée. Calme total, et on n'est pas gêné par les voisins pour une fois. Bonne ambiance, un peu bohème. Nombre de sanitaires un peu juste, mais bon, le lieu est superbe et la masse rocheuse qui domine le site est remarquable. Buvette. Tiens, au fait, le nom de ce camping nous rappelle quelque chose, mais quoi ? Ah, oui, bien sûr ! le vieux tube beatnik du groupe America, *A Horse With No Name*.

Prix moyens

Auberge Coralli : *sur la route de Bonifacio, à l'embranchement de la plage de Roccapina, à droite, près du col. ☎ 04-95-77-05-94. • hotel-coralli-roccapina.com • Ouv avr-oct. Fermé mer sf 15 juil-1er sept. Doubles 60-81 € selon saison. ½ pens demandée 16 juil-31 août 27 €/pers en plus de la chambre. Au resto, ouv le soir slt, compter env 35 € à la carte.* Une douzaine de chambres impeccables et donnant sur le jardin. Les plus confortables sont situées dans un édifice en retrait, plus au calme, avec clim, coffre-fort. Elles sont insonorisées. C'est l'hôtel le plus proche de la plage de Roccapina, juste au départ de la piste qui y descend. Bon resto qui bénéficie d'un magnifique emplacement, avec vue imprenable sur le rocher du Lion. Dans l'assiette, spécialités de poisson principalement, préparées de manière classique. Côté viandes, le carré d'agneau au romarin se défend.

Où acheter de bons produits dans les environs ?

Miel San Martino : *à 5 km de Roccapina, sur la route de Sartène, sur la droite (panneau), juste avt le pont de l'Ortolo. 06-17-98-02-55. Tlj. Si c'est fermé, klaxonnez !* Une petite entreprise familiale qui produit 3 excellents miels AOC (châtaignier de printemps et maquis de printemps). Bon accueil.

À voir. À faire

Les rochers : on les aperçoit bien de la route, au lieu-dit Roccapina (il faut pour cela dépasser de quelques kilomètres l'*Auberge Coralli*). Attention à bien vous garer sur l'accotement prévu, au col, sinon, c'est très dangereux, vu la circulation en saison. Sur la crête rocheuse qui ferme la baie, vous ne pouvez pas manquer le rocher qui figure assez bien un gros lion couché. On y voit également une ***tour génoise.*** En regardant attentivement, bien plus près dans le champ de vision, légèrement sur la gauche, on aperçoit aussi un rocher en forme de tête d'éléphant avec sa longue trompe de profil ! On ne doit ces braves bêtes de granit rose ni à des hallucinations ni à des sculpteurs fous... Ce sont de simples phénomènes naturels, dus à l'érosion. L'imagination humaine a fait le reste.

La Casa di Roccapina : *juste au col de Roccapina, sur la gauche de la route, face au point de vue. ☎ 04-95-71-56-30. Ouv avr-sept, tlj 10h-18h (fermé dim en avt-saison). Entrée : 2 € ; réduc. Compter 1h30 pour la visite, avec audioguide.* Dans une ancienne maison cantonnière, sur deux niveaux et dans une demi-douzaine de petites salles, le conseil général a eu la bonne idée d'ouvrir un bel espace consacré en grande partie aux *taffoni,* ces blocs rocheux qui se creusent, souvent à leur base, et prennent des formes fantastiques. Le lion de Roccapina voisin en est l'exemple le plus connu. Le phénomène géologique (dû à l'action conjuguée du vent, de la pluie, du soleil et du sel) est bien expliqué au cours de la visite. Évocation également de la vie d'autrefois. Projection d'un petit film restauré de 1923, tourné sur place, *Amour et Vendetta.* Ne pas manquer de prendre le petit sentier menant à un *oriu* (un *taffonu* aménagé en bergerie) ; de l'autre côté de la route, un autre sentier mène à un belvédère, d'où l'on admire un remarquable point de vue.

La plage : *accès par une piste de 2,5 km qui démarre devant l'*Auberge Coralli. Superbe, comme on le dit plus haut. Pas mal d'emplacements aménagés pour se garer. Merci à la mairie de Sartène ! On la remercie moins, en revanche, de ne pas rouvrir le camping municipal de Roccapina, fermé depuis plusieurs années. Autant le dire, des fois que cela l'inciterait à prendre une décision positive... Évidemment, la plage est bondée en été (force Italiens). Ceux qui préfèrent rester dans l'intimité trouveront, en cherchant bien, de discrètes petites criques dans la région et, de l'autre côté du Lion (à droite en regardant la mer), on trouve la longue et superbe plage d'*Erbaju,* peu connue car inaccessible en voiture ; 3 km de sable blond et quasiment personne, même en août, dont profitent les plaisanciers...

MONACIA-D'AULLÈNE / MUNACIA D'AUDDÈ

(20171) 485 hab.

À égale distance de Sartène et de Bonifacio, en retrait de la nationale. Un charmant village fleuri, au calme et bien situé (la mer n'est qu'à 4 km) et qui a depuis quelques années retrouvé un vrai dynamisme. Bonne atmosphère. Un endroit typique du Sud de la Corse, blotti au pied de l'*uomo di Cagna,* cette montagne qui constitue une excellente randonnée en été comme hors saison, et qui a la particularité d'être coiffée par une énorme roche qui joue les équilibristes au sommet. Au centre du village, la place de la Caserne (mais il n'y a plus de caserne depuis belle lurette), où jeunes et vieux se retrouvent pour jouer aux boules après la plage.

UN PEU D'ARCHÉOLOGIE

Et puis signalons que, depuis 2005, dans le secteur de Monacia, en bord de mer, des fouilles archéologiques sont menées : a été découvert un site de l'époque mésolithique (7000 à 9000 av. J.-C.), qui semble bien être le tout premier habitat de l'île, rien que ça ! Pas moins de 1 700 vestiges ont été découverts en 2006... À cette époque, les gens du coin allaient à pied aux Moines, ces îlots granitiques qu'on aperçoit au large de la côte quand on vient de Roccapina. Il faut dire qu'en ces temps-là le niveau de la mer était bien plus bas.

Où dormir ?

Gîtes ruraux du Riolo** (Gîtes de France)* ***et studio : *lieu-dit « Le Riolo ». Infos pour les gîtes et le studio : 06-09-23-24-23. Résas pour les gîtes directement auprès des Gîtes de France. ☎ 04-95-10-54-30/31. • gites-riolo-sud-corse.com • Pour le studio 06-09-23-24-23. À 300 m du village, sur un grand terrain isolé et arboré, avec une vaste pelouse au centre. Ouv tte l'année. Pour 4-6 pers, 530 €/sem en basse saison et pdt les petites vac scol ; 640 €/sem en juin et sept, et 980 €/sem en juil-août.* De grands et beaux gîtes indépendants les uns des autres, confortables, spacieux, parfaitement au calme, avec vue sur la mer au loin. Décoration pleine de charme (pochoirs, peintures au chiffon, couleurs chaudes...) et équipement intérieur très complet. Chaque gîte (63 m²) comprend 2 chambres, une cuisine-bar équipée (lave-linge, lave-vaisselle, micro-ondes...) et un vaste salon donnant sur une généreuse terrasse couverte de canisses pour vos dîners aux chandelles (hamac, barbecue, salon de jardin). Beaucoup d'espace et pelouse pour les enfants. Une adresse idéale et soignée pour de vraies vacances reposantes, à l'écart de la foule de Porto-Vecchio et de Bonifacio. Très bon rapport qualité-prix, en saison comme hors saison. Outre les 6 gîtes, 1 grand studio agréable est à louer *(ouv juin-fin sept, en rdc ; pour 2-3 pers (1 grand lit et 1 lit simple), en juil-août, compter 430 €/sem ; juin et sept, 410 €/sem).* Au calme et au cœur du village, entièrement équipé, dans une vieille bâtisse retapée bien qu'un peu sombre.

U Furconu, chez Janie et Antoine : *au cœur du village. ☎ 04-95-71-80-29. Studio (30 m²) 320-480 €/sem ; appart (55 m²) 400-620 €/sem.* Location d'un studio à l'étage d'une petite maison indépendante, tout équipé et au calme. Cuisine américaine et salle d'eau. Louent également un appartement de 55 m², pour 4 personnes, avec 2 chambres, salle à manger, cuisine et salle d'eau. Possibilité de louer à la nuit toute l'année.

Où manger ?

A Cuncaredda : *juste à la sortie du village en allant vers Pianottoli, sur la gauche. 06-15-51-16-19. • eric.tomasina0036@orange.fr • De mi-mai à fin sept, tlj, le soir slt. Pizzas 8-13 €. À la carte, compter env 25 €. CB refusées. Café ou digestif offert sur présentation de ce guide.* Bonnes pizzas au feu de bois (notamment celle à base de chèvre, figues et miel) et jolies grillades. Terrasse soignée ou salle agréable et fermée pour les soirs où il y a du vent. En général, soirée corse le lundi soir en saison.

À faire

Nombreuses ***plages*** superbes dans ce coin de la côte, à quelques kilomètres du village et autour de Pianotolli. Parfois connues, souvent secrètes... à vous d'ouvrir l'œil.
Parmi celles-ci, la ***plage de Canijonu*** (la plaine des Joncs) : c'est la plage du village, à environ 4 km de Monacia. Reprendre la route nationale vers Sartène. À environ 800 m, sur la gauche, un chemin pénètre dans les plaines. La plage est au bout. Une jolie baie bien abritée, où se retrouvent les familles du village et celles revenues au pays pour les vacances. Pas mal de monde en août, évidemment, mais franchement rien à voir avec celles de Porto-Vecchio. L'atmosphère est bonne, et tout le monde se connaît. Zone de baignade matérialisée, sans danger et bien au calme.

À noter, à l'entrée du village, sur la gauche, un ***ancien cimetière*** dont les tombes de pierre présentent de jolies croix de granit. D'autres ne sont signalées que par de modestes cailloux. Bel éclairage le soir.

– La dynamique ***Association U Furnellu*** propose au mois d'août plein d'activités dans le village (course à pied, concours de boules, compétition de natation...), et tout au long de l'année de chouettes randos encadrées dans différentes régions de l'île.

Randonnée

➢ ***Uomo di Cagna :*** *une randonnée à ne pas manquer (pour bons randonneurs, tt de même). A/R en 6h env (3h30 aller, 2h30-3h retour). Attention, notre commentaire n'est que descriptif. Il ne remplace nullement un topoguide. Il est vivement conseillé de partir avec un vrai topoguide ou avec quelqu'un qui connaît bien cette rando ou un guide. Marquage aléatoire et les cairns se contredisent.*
Ce bilboquet rocheux est longtemps resté invaincu. Les derniers mètres de son ascension étant infranchissables sans moyens artificiels, il a fallu utiliser la

technique du lancer de corde pour hisser une cordée sur son sommet ! Heureusement, l'approche de cette montagne tutélaire des rivages du Sud (en gros, de Sartène à Porto-Vecchio) vaut bien davantage que les derniers mètres d'escalade dont on se passe. On reste au pied de la masse granitique et c'est très bien comme ça.
Son ascension part du hameau de *Giannuccio* (prononcez « Yanoutch' »), à environ 8 km au-dessus de Monacia-d'Aullène (fléché depuis l'église de Monacia). Garez votre véhicule sur la petite place de l'église tout au bout du village de Giannuccio et empruntez le petit chemin bétonné. À mi-pente, un sentier part sur la droite, passe au voisinage d'un réservoir et se faufile entre bruyères et chênes verts. Déjà, plusieurs rochers révèlent les silhouettes insolites d'une ménagerie rocheuse et d'un peuple de pierre qui annoncent leur roi commun, le célèbre *uomo.*
Une crête secondaire vous attend, avant que le sentier ne pénètre sous les pins maritimes et poursuive sa route vers le nord-est. Au niveau d'une clairière, le sentier (mal indiqué) se dirige vers le nord-est en direction d'un bilboquet rocheux, visible au loin – l'étonnant *uomo d'Ovace* avec sa forme d'œuf –, avant de revenir vers le sommet (nombreuses balises).
– ***Un guide de moyenne montagne,*** Jean-Jacques (*06-11-89-60-57),* très sympa, habite le hameau de Giannuccio et accompagne régulièrement des randonneurs dans ce massif qu'il connaît comme sa poche. Il propose également des randos à la demi-journée ou à la journée dans la forêt de L'Ospédale, les aiguilles de Bavella...

PIANOTTOLI / PIANOTTULI (20131) 835 hab.

À 20 km de Bonifacio, voici un petit village bien situé, installé à deux pas des côtes encore sauvages de la baie de Figari. Intéressant pour ceux qui voudraient profiter de la mer tout en campant à proximité de Bonifacio. Le village n'a pas en soi d'attrait particulier, car il est traversé par la route nationale, mais la vie y est paisible. Le hameau de Caldarello, à 1 km de là vers la mer, est plus tranquille.

Adresses utiles

Magasin Spar : *sur la gauche en arrivant de Sartène. Ouv tlj 8h-21h en saison.* Pratique car c'est le seul point de ravitaillement entre Sartène et Bonifacio. On s'y bouscule en été à la sortie des plages !
– ***Essence :*** 2 pompes à essence, une à chaque entrée du village.

Où dormir ? Où manger ?

Camping Kevano Plage : *route du Bord-de-Mer, à 400 m de la mer. ☎ 04-95-71-83-22. • campingkevano@gmail.com • campingkevano.com • De la route principale, prendre la route du Bord-de-Mer, direction la plage, avt d'y arriver, tourner à droite vers la plage de Chevano ; c'est à env 3 km, sur la gauche. Ouv avr-oct. Résa conseillée. Compter env 20-30 € pour 2 selon saison avec tente et voiture. Bungalows-chalets pour 5 env 820 €/sem en été. Snacks-pizzas 10-15 €.* Site très agréable, vert et fleuri, resto, épicerie. Camping bien tenu à tous égards, avec de beaux emplacements en terrasses parmi les roches de granit. Pas trop de monde et superbes plages à proximité, dont celle de Chevano.

Chambres d'hôtes, chez

***M. Bernard et Brigitte Labbé** (Gîtes de France) : lieu-dit Favalli. En venant du nord, env 800 m avt l'entrée de Pianottoli, panneau sur la droite de la route. Puis faire env 800 m par une bonne piste. ☎ 04-95-71-86-18. • bernard.labbe4@wanadoo.fr • Ouv tte l'année. Compter 62 € pour 2 et 95 € pour 3, petit déj compris. Table d'hôtes 24 € (apéro, vin et café compris). Apéritif offert sur présentation de ce guide.* Une bien jolie adresse, parfaitement au calme, située dans un environnement verdoyant et superbement arboré. Normal, le proprio est un ancien pépiniériste. 5 chambres simples et agréables, toutes avec une entrée indépendante et une petite terrasse attenante. La tendance bio-écolo de l'endroit se retrouve au petit déjeuner, avec de belles confitures maison, mais aussi à la sympathique table d'hôtes, où les légumes et les fruits du jardin sont à l'honneur. Bon accueil du jovial Bernard.

***Chambres d'hôtes, chez M. et Mme Berquez** (Gîtes de France) : à l'entrée de Pianottoli, sur la droite quand on vient de Sartène. ☎ 04-95-71-83-82. • jberquez@wanadoo.fr • Ouv tte l'année. Compter 65 € pour 2, petit déj compris. Table d'hôtes 25 €/pers, apéro et vin compris. Café ou digestif offert sur présentation de ce guide.* Dans une maison moderne et sans caractère particulier, proche de la route (dont on entend la rumeur), 4 chambres coquettes, au rez-de-chaussée ou à l'étage de la maison. Salle d'eau et w-c privatifs pour chaque chambre. Accès indépendant, véranda et salon de jardin. Bon accueil. Un lieu simple mais qui dépanne bien, car il n'y a pas énormément d'adresses dans le secteur. Le soir, pour la table, c'est le fiston qui cuisine (veau aux olives, soupe corse, truite de rivière...).

***Hôtel U Libecciu** : route du Port, Pianottoli. ☎ 04-95-71-87-93. • libecciucorsica@aol.com • hotellibecciu.com • Avr-oct. Doubles 124-216 € selon saison, petit déj compris.* Cet hôtel-club, à 2 km seulement du village de Pianottoli, est directement situé en bord de mer, dans un très joli site : les chambres (doubles, triples, quadruples), avec TV et AC, sont réparties dans plusieurs bâtiments reliés entre eux. Belle piscine donnant sur la plage privée. De nombreuses activités et animations sont proposées : miniclub pour les 3-10 ans, centre de plongée sur la plage de l'hôtel, activités nautiques, tennis. Restaurant (demi-pension possible). Une bonne adresse !

***Boulangerie artisanale Maniccia** : au centre du village, sur la nationale, sur la droite un peu après le carrefour quand on vient de Sartène.* Propose un excellent pain à l'huile d'olive, si bon que c'est un régal de le croquer nature, comme ça, comme un gâteau. D'autres pains encore dans cette boulangerie, au lard, aux noix, aux figues...

***Chez Mika** : 06-17-11-04-81. De la nationale, prendre la route du Bord-de-Mer et Caldarello (D 122), direction le port. À un peu plus de 2 km plus loin, prendre à droite (fléchage de l'hôtel* U Libecciu*). C'est à env 800 m plus loin, sur la droite. Ouv fin mars-fin sept, tlj midi et soir, jusque tard (l'hiver, Mika tourne dans les villages avec son camion). L'été, au cœur de la saison, résa conseillée. Pizzas 10-16,50 €. Quelques plats également env 18 €. CB refusées. Café offert sur présentation de ce guide. Quant au petit verre de myrte, il est normalement offert à tt le monde.* Oui, il s'agit d'une simple pizzeria ! Et pourtant, le généreux Mika a su faire de son resto un rendez-vous des gens du coin et des familles en vacances. Pizzas hyper copieuses et goûteuses, il n'en faut pas plus pour nous contenter.

***Snack 23-19** : 06-13-50-08-15. • bruzzi2a@orange.fr • Même direction que pour* Chez Mika, *mais à 900 m plus loin, sur la droite. Tlj en continu, de 11h à tard le soir, mai-fin sept env. Env 23 €/pers. Café ou digestif offert sur présentation de ce guide.* Ce petit snack a attiré notre œil grâce à ses espaces aménagés en différents petits kiosques, savamment arborés d'essences diverses. On est confortablement installé, aussi bien pour un simple panini, une salade, que pour une bonne grosse entrecôte (viande de qualité), et ce tout au long de la journée. Parfait pour les familles quand on a la flemme de cuisiner. Accueil prévenant.

Où se baigner ?

La plage de Chevano : du centre du village, prendre la direction du Camping Kevano ; *emprunter la route à droite face à celui-ci, puis, 1,5 km plus loin, après le panneau « Bruzzi, site protégé », une piste à gauche, qui se sépare en deux 50 m plus loin : prendre à droite, parking à 30 m.* Un court sentier mène alors à la plage, large baie paradisiaque. Dorer au soleil, s'y baigner, quel bonheur !

FIGARI (20114) 1 020 hab.

Le golfe du même nom est un abri très prisé des navigateurs, car il est tranquille, bien échancré et très beau. Le village, pour sa part, installé tranquillement dans la vallée à quelques kilomètres à l'intérieur des terres, sur la route D 859, est agréablement situé entre les côtes ouest et est. On y trouve un supermarché, une pharmacie et une pompe à essence. Quelques chambres d'hôtes et gîtes dans le secteur. Ça change de la foule de Porto-Vecchio. C'est aussi dans cette vallée que s'est niché l'aéroport de Figari-Sud/Corse, imposé par les promoteurs de Sperone, qui a aussi permis de revitaliser un peu la région. Tant mieux. Du terroir de Figari est issu un vin de bonne qualité.

Infos utiles sur l'aéroport

L'aéroport de Figari – ***Figari-Sud/Corse*** – se situe à 22 km au nord de Bonifacio et à environ 22 km au sud-ouest de Porto-Vecchio. C'est de loin le plus pratique pour ceux qui vont directement dans le sud de l'île. Parking payant. Café, boutique-presse, tabac. Liaisons en bus *(Navettes Rossi : ☎ 04-95-71-00-11)* avec Bonifacio (3 liaisons/j. en saison et 2 hors saison, sf dim) et Porto-Vecchio (4 liaisons/j. en saison et 2 hors saison, sf dim).

✈ ***Aéroport :*** *☎ 04-95-71-10-10. • 2a.cci.fr/Aeroport-Figari-Sud-Corse.html •*

➢ En saison, nombreux vols depuis/vers les aéroports de province avec *HOP !, Air Corsica.* Liaisons également depuis/vers Bruxelles *(Brussels Airlines)* et Bruxelles-Charleroi *(Ryanair).*

Où dormir dans les environs ?

Chambres d'hôtes Sheranée : *au hameau de **Vallicella,** sur la route des bergeries de Piscia. 📱 06-52-07-18-21. • sheranee@wanadoo.fr • sheranee.com • À 6 km de Figari-centre et à mi-distance entre Bonifacio et Porto-Vecchio. Ouv tte l'année. 1er sept-14 juil, loc possible chambre par chambre : 95 € pour 2 et 110 € pour 3, petit déj inclus. Apéritif ou café offert sur présentation de ce guide.* 5 chambres (dont 3 peuvent loger 3 personnes) avec w-c privatifs et accès indépendant, dans une exploitation agricole. La maison est d'aspect récent, mais la bâtisse est ancienne (l'étage où sont les chambres a été construit sur les anciennes caves à vin). Chambres de bon confort, joliment décorées.

Où acheter du bon vin ?

Cave du Domaine de Tanella : *vers la sortie de Figari, sur la droite en allant vers Porto-Vecchio. ☎ 04-95-70-46-23. Ouv en saison en théorie lun-sam*

9h-19h30. Horaires restreints dim. Petit parking juste en face, sur la gauche. Des tonneaux indiquent l'entrée. Primé de nombreuses fois, le domaine de Tanella propose des vins de qualité dans les 3 couleurs.

DANS LES ENVIRONS DE FIGARI

La chapelle San Quilico : *de Figari, direction Porto-Vecchio, et à env 4 km sur la droite, petite route qui monte sur 1 km jusqu'au hameau de* ***Montilati*** *(chapelle XIIe s indiquée).* En plein hameau, un petit bijou de chapelle romane à tuiles de pierre plate, dédiée à San Quilico, enfant martyr. Vraiment mignon.

BONIFACIO / BUNIFAZIU (20169) 2 870 hab.

Bonifacio est un miracle. Un miracle naturel et humain. Comme une pierre précieuse, le bijou brut a été sublimé par l'homme au fil des siècles qui en a fait l'une des plus belles villes qu'offre la Corse au visiteur ébahi. Ici, l'île de granit, gris ou rose, cède la place à la blancheur éblouissante du calcaire. Allez savoir pourquoi ! Alors il vous faut imaginer de hautes falaises crayeuses, taillées par le vent et les embruns, au sommet desquelles ces fous de Génois construisirent un fort, puis toute une ville fortifiée, entourée de 2,5 km de remparts ! Et par un curieux caprice de la nature, au pied de la ville, un fjord, un goulet, un aber ou une calanque, appelez-le comme bon vous semble, profond de 1,5 km, et qui fait du port de Bonifacio le meilleur mouillage de la Méditerranée occidentale. C'est tout simplement sublime, magique et bouleversant à la fois.

Pourtant, les aoûtiens pourront trouver un rien pesant l'atmosphère, le flot de ceux qui – selon leur budget – lèchent des glaces à l'eau le long de la marine (on en fait partie !) ou arpentent le pont de leur yacht (on n'en fait pas partie !). Il faut dire que, à moins de venir hors saison, on s'expose ici à la grande foule... sauf si l'on vient dès potron-minet ! Et là, le plaisir est total.

Même ceux qui ne supportent pas la foule auront du mal à résister à Bonifacio : la vieille ville est sans conteste l'une des plus pittoresques que l'on connaisse avec ses hautes et hautaines maisons de pierre qui, serrées les unes contre les autres, bravent les éléments depuis des siècles. Et puis ces incroyables falaises, en partie accrochées au-dessus du vide, sont tout bonnement époustouflantes, et les couchers de soleil vraiment divins. Pas étonnant qu'on se soit tant battu pour posséder ce site unique...

– CONSEIL IMPORTANT : pour profiter pleinement de la ville, si vous désirez n'y passer que quelques heures, arrivez tôt le matin (vers 8h-8h30) et repartez en fin de matinée (ce qui n'empêche pas de revenir le soir !). Ainsi vous profitez de la Ville Haute pour vous tout seul ou presque, avant que n'ouvrent les commerces, et c'est un enchantement total. En saison, dès 10h il faut s'attendre à 3 km de bouchon pour entrer dans Bonifacio. On est bloqué parfois pendant une bonne heure, on n'exagère pas ! Cherchez à vous garer dès votre arrivée (grand parking sur la gauche en arrivant en ville et d'autres encore plus à l'arrière de celui-ci s'il est complet), mais ne cherchez pas à monter dans la Ville Haute en voiture. Tous les parkings sont payants et chers... Vous voilà prévenu.

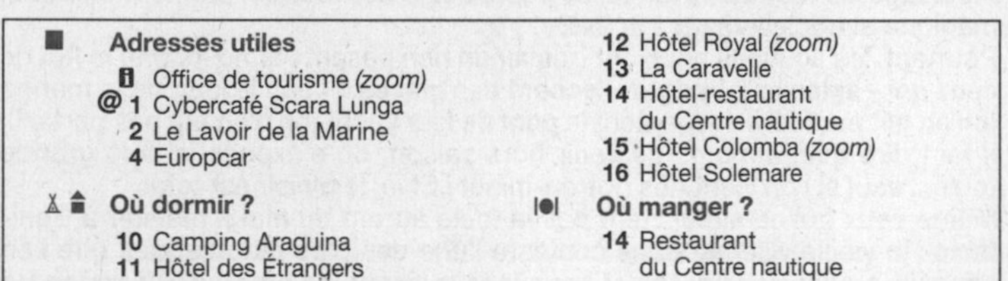

Adresses utiles

- Office de tourisme *(zoom)*
- @ 1 Cybercafé Scara Lunga
- 2 Le Lavoir de la Marine
- 4 Europcar
- 12 Hôtel Royal *(zoom)*
- 13 La Caravelle
- 14 Hôtel-restaurant du Centre nautique
- 15 Hôtel Colomba *(zoom)*
- 16 Hôtel Solemare

Où dormir ?

- 10 Camping Araguina
- 11 Hôtel des Étrangers

Où manger ?

- 14 Restaurant du Centre nautique

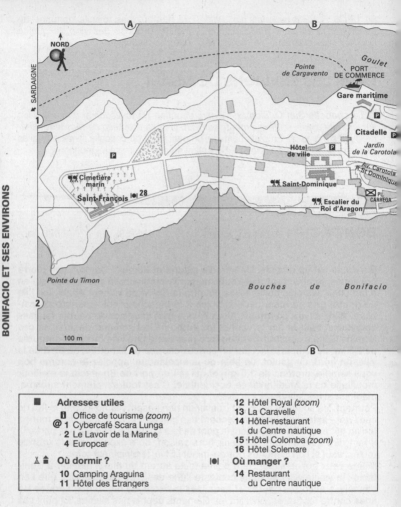

UN PEU D'HISTOIRE

Le marin le plus connu de l'Antiquité, Ulysse, fit sans doute escale à Bonifacio : la description qu'il donne d'un port dans *L'Odyssée* correspond à s'y méprendre à celle de l'étroit goulet de Bonifacio.

En tout cas, le site est habité depuis la préhistoire, comme l'atteste la Dame de Bonifacio, vieille de plus de 8 500 ans, dont on retrouva le squelette dans un abri sous roche, en face de l'actuel camping Araguina. Plus tard, commerçants grecs et militaires romains s'implantent dans la région. Un camp fortifié est édifié, sans doute vers 830, par Boniface II, marquis de Toscane. Pendant 2 siècles, la cité est contrôlée par la république de Pise. Jusqu'à ce que les Génois s'en emparent, à la fin du XIIe s, profitant paraît-il d'un mariage, une fois la population ivre ! Ils en font

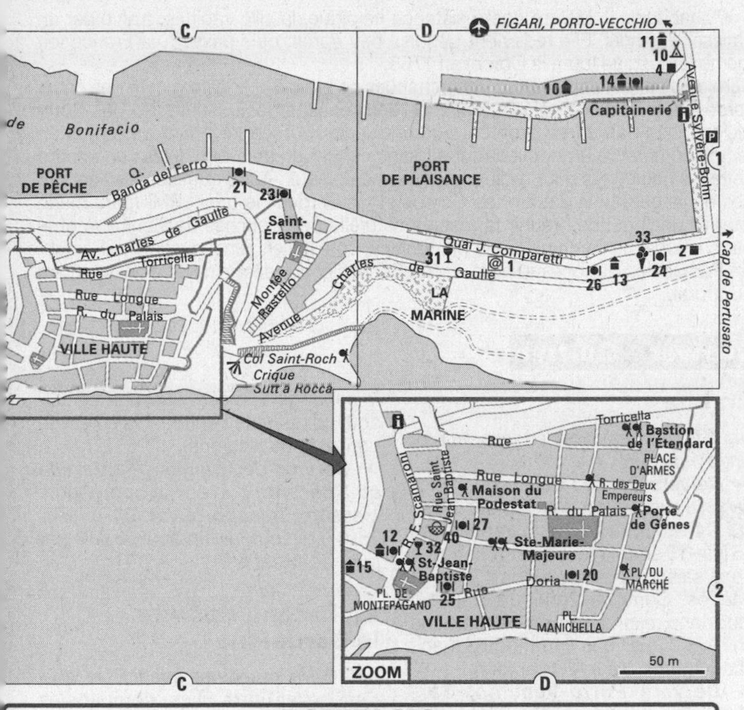

BONIFACIO

20 Cantina Doria *(zoom)*
21 The Kissing Pigs
23 Cantina Grill
24 Les Voyageurs
25 Stella d'Oro *(zoom)*
26 L'Albatros
27 Ciccio *(zoom)*
28 Le Pti Café Resto

Où boire un jus de fruits ? Où prendre un verre ? Où manger une glace ?

31 Côté Fruits
32 Café Niçois *(zoom)*
33 Glacier Le Rocca Serra

Où acheter de bons produits ?

40 Le Comptoir Bonifacien *(zoom)*

une forteresse imprenable (2,5 km de remparts de 8 m de haut, une douzaine de tours), chassent les habitants (remplacés par des colons ligures, ce qui explique qu'on y parle un dialecte ligure, différent du corse) et dotent la ville de statuts à part, dignes de ceux d'une république indépendante. Bonifacio va ainsi prospérer et résister aux tentatives de conquêtes.

En 1420, le roi d'Aragon manque de peu la prise de la ville. Malgré un siège de 5 mois, les habitants parviennent à tenir, notamment grâce à l'ingénieux escalier (baptisé à tort « escalier du roi d'Aragon ») creusé dans la falaise, qui leur permet de se ravitailler en eau.

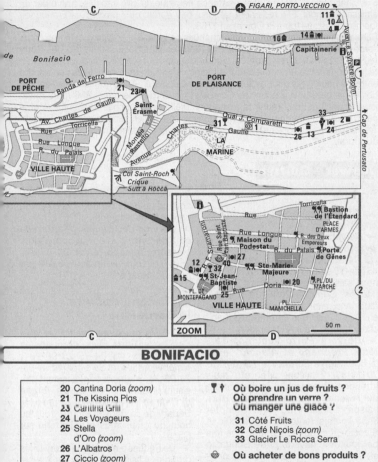

Au siècle suivant, c'est au tour des Français d'assiéger le port, aidés par l'affreux pirate turc Dragut qui massacre la garnison, mais aussi par l'épidémie de peste de 1528 qui vient de décimer la population (plus de 4 300 morts sur les

5 000 habitants !). Malgré une résistance héroïque, la ville capitule, trahie par un émissaire génois. Elle redevient génoise peu après, puis passe à la France (en même temps que toute la Corse) en 1768.
Dernières péripéties au XIXe s : les échanges de bandits. Vu la proximité des côtes sardes, la fuite des criminels, dans les deux sens, empoisonne la vie des Bonifaciens. Les Sardes en profitent autant que les Corses, revenant de temps en temps commettre un nouveau forfait sans risquer d'être repris. Il faut un accord entre les deux pays pour régler ce problème épineux. Autre question demandant des échanges de vue entre les Corses et les Sardes : le projet PMI (parc marin international) qui doit réunir la réserve naturelle des Bouches de Bonifacio et le parc national de l'archipel de la Mâddâlena, côté italien, ainsi que le site Ramsar Tre Padule de Suartone (au nord-est de Bonifacio) et les terrains du Conservatoire du littoral.

Arriver – Quitter

En bus

🚌 ***Station des cars :*** *en face du parking P1 du port.*
➢ ***De/vers Bastia :*** départ de Porto-Vecchio avec un car des *Rapides Bleus (☎ 04-95-70-96-52),* 2 départs tlj 15 juin-15 sept (1 le mat et 1 l'ap-m) ; hors saison, pas de départ dim et j. fériés. Compter 2h45 de trajet. Il faut donc rejoindre Porto-Vecchio (ou en revenir) par une ligne locale (dans chaque sens, 3 à 4 A/R par jour).
➢ ***De/vers Porto-Vecchio, Sartène, Propriano et Ajaccio :*** avec la compagnie *Eurocorse (☎ 04-95-70-13-83),* 2 liaisons tlj en été, mais attention, là encore, il faut rejoindre ou revenir à Porto-Vecchio. Hors saison, 1 liaison lun-sam. Compter 3h30 de trajet (entre Porto-Vecchio et Ajaccio). Il existe également, une fois par jour, une navette entre Bonifacio et Scopetto (près de Figari au croisement entre la N 196 et la D 859), où l'on récupère le bus pour Ajaccio. Même chose dans l'autre sens. Le guichet de vente des billets, devant le parking P1, n'est ouvert qu'en juil-août (le reste de l'année, les billets se prennent dans le bus).
➢ ***Service des plages (Piantarella et Spérone) :*** avec la compagnie *Massimi Transports (☎ 04-95-73-15-07).* Début juil-fin août, 6 A/R par jour. Compter 5 €.

En bateau de/vers la Sardaigne

⛴ ***Gare maritime*** *(plan B1)* ***:*** *quai Banda-del-Ferro.* Les compagnies *Moby Lines (☎ 04-95-73-00-29 ; ● mobylines.fr ●)* et *Saremar (☎ 04-95-73-00-96 ; ● saremar.it ●)* assurent plusieurs liaisons tlj avec ***Santa Teresa di Gallura*** en Sardaigne. Durée : 1h. Départ de la gare maritime, tout au bout du quai. Infos et billetterie sur place.
➢ De Pâques à mi-sept, la *Moby Lines* propose 4 liaisons/j. dans les 2 sens. La *Saremar* en propose 3/j. l'été. Le reste de l'année, seule la *Saremar* assure la liaison, 2 fois/j. Infos et billetterie à la gare maritime.

Adresses utiles

ℹ ***Office de tourisme*** *(plan zoom)* ***:*** *2, rue Fred-Scamaroni. ☎ 04-95-73-11-88. ● bonifacio.fr ● Mai-fin sept, tlj 9h-19h (20h en juil-août) ; le reste de l'année, lun-ven 10h-17h.* Bien documenté et très bon accueil. Plan de la ville, guide pratique avec liste des hébergements, horaires des bus et ferries... Location d'audioguides et visites guidées de la ville (lire les infos au début de la rubrique « À voir »). Pour ceux qui ne souhaitent pas monter dans la Ville Haute : *une annexe sur le port, à côté de la capitainerie, plan D1, ouv 1er juin-fin sept, lun-dim 9h-19h (20h en juil-août).*
✉ ***Poste*** *(plan B1)* ***:*** *dans la Ville Haute, sur la petite pl. Carrega. Pl. Bir-Hakeim*

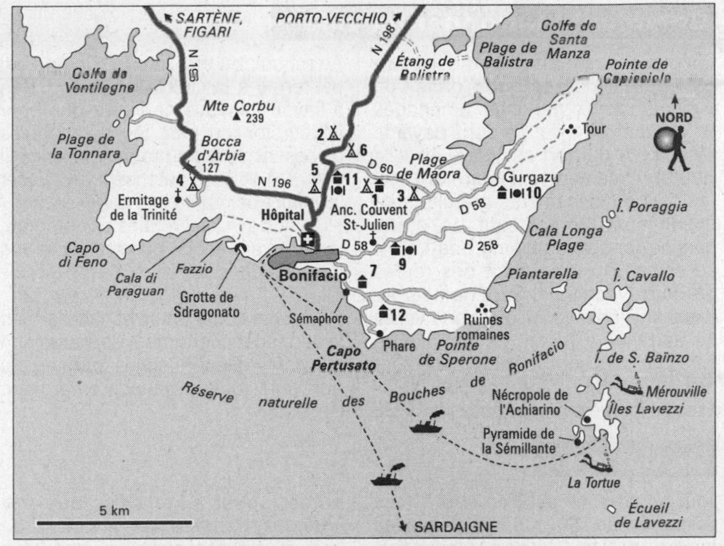

LES ENVIRONS DE BONIFACIO

Où dormir ? Où manger ?

1 Camping La Pomposa
2 Camping Campo di Liccia
3 Camping Pian del Fosse
4 Camping La Trinité
5 Camping Cavallo Morto
6 Camping Pertamina Village – U Farnionto
7 Domaine de Licetto
9 Hôtel A Trama
10 Hôtel-restaurant du Golfe
11 Chambres d'hôtes Le Poisson Rouge et Villa Rach-Gia
12 Chambres d'hôtes A Manichetta

(ou de l'Europe) : lun-ven 8h30-12h15, 13h30-16h ; sam 8h30-12h.

■ ***Distributeurs de billets :*** *sur le port* ***(Crédit Agricole),*** *près de la capitainerie (plan D1), ou à la* ***Société Générale,*** *au début de la montée Rastello (plan C1) ; et un troisième Ville Haute (plan B1) se trouve à* ***La Poste.***

■ ***Hôpital de Bonifacio*** *(carte Les environs de Bonifacio)* ***:*** *à env 2 km au nord de Bonifacio par une petite route qui prend sur la N 196 (route de Sartène).* ☎ *04-95-73-95-73.* Service d'urgence 24h/24. Un hôpital tout beau tout neuf !

@ ***Cybercafé Scara Lunga*** *(plan D1,* ***1****)* ***:*** *sur le port ; 55, quai Jérôme-Comparetti.* ☎ *04-95-73-55-45. Ouv tte l'année. En été, tlj 7h-23h.*

■ ***Laverie : Le Lavoir de la Marine*** *(plan D1,* ***2****), sur le port; au début du quai Jérôme-Comparetti. Tlj 7h-21h. Également* ***La Laverie du Port*** *(fermé dim) sur le quai d'en face.*

■ ***Location de voitures : Europcar,*** *à la station* Esso *(plan D1,* ***4****), située à l'entrée de la ville juste sur la gauche quand on arrive au port.* ☎ *04-95-73-10-99.* 📱 *06-52-54-56-17. Ouv tlj 8h-12h, 16h-19h.*

■ ***Taxis*** *(plan D1)* ***:*** *borne d'appel sur le port. Les taxis attendent devant le parking P1.* ☎ *04-95-73-19-08. Sinon, plusieurs taxis :* 📱 *06-14-65-25-68, 06-08-56-75-63 ou 06-82-59-29-33.*

■ ***Capitainerie du port de plaisance*** *(plan D1)* ***:*** *av. Sylvère-Bohn, à l'extrémité du port.* ☎ *04-95-73-10-07, ou VHF canal 9. Sur place : douches (payantes), toilettes. Tlj 7h-21h.*

Comment stationner en ville ?

Circulation très difficile en saison. Il est conseillé de se garer dans l'un des nombreux parkings aménagés en arrivant en ville. Ils sont payants (deux près du port et quatre en Ville Haute). Paiement à l'heure ou forfait. Les emplacements gratuits sont quasi inexistants... sauf un grand parking (appelé « parking des Valli ») au niveau du rond-point des routes de Porto-Vecchio et Sartène (tourner direction Porto-Vecchio si vous venez de Sartène), à 1,5 km du centre. Les camping-cars sont interdits de stationnement de 23h à 7h et ne sont autorisés en journée que sur deux parkings. Attention : en été, le quai Comparetti est fermé à la circulation le soir. Bon à savoir : si vous ne venez que pour l'excursion en mer, les compagnies disposent de leurs propres parkings (il y en a 3) et vous autorisent à y laisser la voiture pendant votre sortie en mer.

– Si vous avez les rotules en compote, le *petit train* est là, qui trimbalera vos vieux os dans la vieille ville *(☎ 04-95-73-15-07 ; en été, 9h-21h ou 22h ; 5 €).* Visite commentée et halte là-haut (il redescend chercher la cargaison suivante). Départ sur le parking du port (P1), juste à gauche en arrivant sur le port.

Où dormir ?

Tout ou presque est trop cher ! Vous voilà prévenu. Si vous n'avez pas les moyens ou si tout est déjà complet (fréquent en saison), plusieurs solutions s'offrent à vous dans les environs.

Camping

Camping Araguina *(plan D1,* **10***) : av. Sylvère-Bohn, juste à l'entrée de la ville. ☎ 04-95-73-02-96. • camping.araguina@wanadoo.fr • campingaraguina.fr • Ouv mars-fin oct. Compter 20,40-21,70 € pour 2 avec tente et voiture. CB refusées.* Tout petit camping bien pratique pour les routards à pied, car ils peuvent de là arpenter Bonifacio. Organisé en minuscules terrasses. En revanche, route très fréquentée juste devant, embouteillée toute la matinée et entassement garanti en saison. Se mettre bien au fond pour espérer avoir un peu de tranquillité. Faiblement ombragé et sol dur. Sanitaires simples mais très propres. Camping-cars acceptés, regroupés pour la plupart de l'autre côté de la route. Location de bungalows, dans un terrain à part, à 50 m *(480-890 €/sem).* Snack en bordure du camping, près de la route, pour prendre un petit déj.

Prix moyens

Hôtel des Étrangers *(plan D1,* **11***) : av. Sylvère-Bohn. ☎ 04-95-73-01-09. • hoteldesetrangers@orange.fr • hoteldesetrangers.fr • À 300 m du port, mais il est caché sous une falaise, sur la droite en venant d'Ajaccio. Ouv d'avr à mi-oct. Doubles 45-88 € selon confort et saison. Box clos pour les motos, parking gratuit (précieux à Bonifacio). Wifi. Sur présentation de ce guide, réduc de 10 % 1er-15 avr et en oct.* On est collé à la route, certes, mais assez bonne isolation phonique. Et ne râlez pas, c'est tout simplement l'hôtel le moins cher de la ville. Bon, on conseille tout de même de réserver une chambre sur l'arrière si possible, car, au cœur de l'été, c'est le défilé incessant des voitures. Accueil de qualité. Chambres simples, pas bien grandes mais propres. Les moins chères n'ont ni clim ni TV. Bonne tenue générale au fil des années. Une adresse pratique et finalement un excellent rapport qualité-prix pour Bonifacio.

Chic

Hôtel Royal *(plan zoom,* **12***) : pl. Bonaparte (ou 8, rue Fred-Scamaroni). ☎ 04-95-73-00-51. • leroyal4@wanadoo.fr • hotel-leroyal.com • À l'angle de la rue Fred-Scamaroni, dans la Ville Haute. Ouv tte l'année. Doubles 56-116 € selon saison et standing ; ½ pens possible (26 €/pers). Fait aussi café et resto (fermé lun en hiver). Parking. Wifi. Apéritif offert sur présentation* *de ce guide.* Petit hôtel familial bien situé (une quinzaine de chambres), au cœur de la Ville Haute. Chambres bien refaites et confortables, climatisées *(juil-août)* et agréables. Toutes avec sanitaires privés, AC et TV. Vraiment cher en août tout de même ! Tarifs corrects le reste de l'année. Bon accueil, souriant.

Beaucoup plus chic

La Caravelle *(plan D1, **13**) : 35, quai Jérôme-Comparetti. ☎ 04-95-73-00-03. • restaurant.la.caravelle@wanadoo.fr • hotelrestaurant-lacaravelle-bonifacio.com • Congés : fin oct-Pâques. Chambres standard, sans vue sur le port, 83-130 €, petit déj non compris ; beaucoup plus cher pour une chambre avec vue sur le port, compter 108-168 € et 132-198 € pour les supérieures. Petit déj 12-16 €. Parking gratuit pour les clients (ouf !).* Belle situation sur le port et l'un des meilleurs établissements de Bonifacio, pour le confort et le standing. Chambres impeccables, de taille variable (très spacieuses pour certaines), dotées de tout le confort (AC, bains, coffre, sèche-cheveux, TV, insonorisation pour celles côté port, etc.). Quelques superbes suites également. Les moins chères n'ont en revanche rien d'extraordinaire, et sont assez banales finalement. Accueil professionnel. Ascenseur pour descendre directement sur le port. À noter que les chambres côté port sont clairement bruyantes en juillet-août à cause de l'animation estivale, et ce malgré le double vitrage. Autant le savoir. Resto très (très) cher, vous l'avez compris.

Hôtel-restaurant du Centre nautique *(plan D1, **14**) : Nouvelle-Marine, sur le port de plaisance, quai nord, à côté de la capitainerie. ☎ 04-95-73-02-11. • info@centre-nautique.com • centre-nautique.com • Congés : nov-mars. Duplex avec vue sur le port 90-200 € selon saison ; moins cher avec vue sur le jardin : 75-150 € selon saison. Petit déj 15 €.* Isolée sur son quai bien calme par rapport à celui d'en face, cette grande et belle bâtisse dispose de 10 chambres en duplex, de vrai bon standing. Espace, confort, déco moderne et claire, salon en bas (canapé-lit), chambre en mezzanine... Douche, TV, AC. Cher, mais c'est mérité. Fait aussi resto : voir plus bas « Où manger ? ».

Hôtel Colomba *(plan zoom, **15**) : 4-6, rue Simon-Varsi, au cœur de la Ville Haute. ☎ 04-95-73-73-44. • colomba@hotel-bonifacio.fr • hotel-bonifacio-corse.fr • Chambres env 80-150 € selon saison.* Une vénérable et haute maison de famille transformée avec intelligence et respect en un bel hôtel de semi-luxe, niché dans une ruelle tranquille. Réhabilitation pas facile mais réussie. La dizaine de chambres sont petites, certes (on ne peut tout de même pas pousser les murs !), mais elles sont coquettes et confortables, dotées de la clim, d'un écran plat et de beaux sanitaires. Une petite adresse cosy pour les amoureux qui pourront dès potron-minet profiter de la Ville Haute pour eux tout seuls. Volets à jalousies, ce qui ici n'est pas un vilain défaut, mais permet d'observer le va-et-vient de la ruelle. Jolie salle de petit déj, aux pierres apparentes.

Hôtel Solemare *(plan D1, **16**) : sur la Nouvelle-Marine, juste en face du quai Jérôme-Comparetti. ☎ 04-95-73-01-06. • hotelsolemare@wanadoo.fr • hotel-solemare.com • Doubles 115-195 € selon saison. Également triples, quadruples et suite. Petit déj 15 €. Parking.* Si l'édifice ne dégage aucun charme particulier, les chambres s'avèrent vraiment soignées, modernes, avec des touches design. Elles donnent toutes sur le port et bénéficient d'un calme total, car ce quai-ci n'abrite qu'un seul resto et aucun bar. C'est même d'ici que l'on embrasse la meilleure vue sur le port, puisqu'on est en face ! Pour le confort, AC, écran plat, et certaines avec balcon. Grande piscine sur le côté de l'hôtel, avec belle terrasse de bois et transats. Manque toutefois quelques plantes pour casser l'univers un peu froid.

Où prendre un petit déjeuner ?

En pleine saison, Bonifacio (le port comme la Ville Haute) peut devenir rapidement insupportable à cause de la foule. Un truc sympa à faire si vous séjournez dans les environs : se lever tôt et aller prendre un petit déj sur le port, quand les gens des bateaux se lèvent à peine et avant l'arrivée des livreurs (et quand les scooters ne circulent pas encore sur la partie piétonne de la marine !). Un moment délicieux. Arpenter le quai et choisir les sièges les plus confortables après avoir repéré les tarifs des petits déjeuners. ***Le Marina*** propose des formules petit déj à des tarifs très honorables *(4,50 € le petit déj simple)*... et les fauteuils sont effectivement confortables.

Où manger ?

Beaucoup de restaurants en enfilade le long des quais du port et dans la Ville Haute. Pas toujours évident de dégoter des adresses bonnes, fiables dans la durée et à prix raisonnables dans un site aussi touristique. Sinon on trouve 2 supérettes sur le port, à l'extrémité du quai Comparetti *(plan D1)*, ouvertes de 7h à 21h en haute saison. Le marché de Bonifacio a lieu le mardi matin dans la Ville Haute (loggia de l'arsenal).

Prix moyens

– Dans la Ville Haute, plusieurs ***pizzerias*** ou ***crêperies*** permettent de se sustenter à bon compte. On n'en conseille pas en particulier, elles se valent à peu près toutes. On peut aussi se contenter de *fugazzi* ou de beignets et de gâteaux au *brocciu* à la boulangerie *Faby*, rue Saint-Jean-Baptiste (Ville Haute). Ceux qui sont trop affamés pour faire l'ascension le ventre vide iront à la pâtisserie *Sorba*, au 3, rue Saint-Érasme au pied de la montée vers la Ville Haute *(plan C1)*. ☎ *04-95-73-03-64. Tlj en saison, 7h-20h.* On y trouve de bons *fugazzi* et du *pain des morts*. À noter, également une autre boulangerie *Faby* sur le quai Comparetti.

I●I ***Cantina Doria*** *(plan zoom,* ***20****)* **:** *27, rue Doria.* ☎ *04-95-73-50-49.* • *cantinagrill@wanadoo.fr* • *Ouv mars-fin oct. Fermé sam hors saison. Menus 16-22 €. Plats du jour 14,50-17,50 €. À la carte, env 25 €.* La petite adresse familiale pas chère, qui ravit nos lecteurs depuis bien des années. Et il n'y en a pas tant que ça, dans la Ville Haute de Bonifacio. Bonne soupe corse, lasagnes aux fromages du cru et aubergines à la bonifacienne particulièrement réussies. Savoureux desserts maison (charlotte aux figues, gâteau aux châtaignes...). Une cuisine de bon aloi, robuste et généreuse, sans forfanterie et qui nourrit bien son homme. Petit bout de terrasse agréable dans la rue. Très fréquenté en haute saison, donc venir tôt en début de service... ou tard.

I●I ***The Kissing Pigs*** *(plan C1,* ***21****)* **:** *15, quai Banda-del-Ferro.* ☎ *04-95-73-56-09.* • *kissingpigs@orange.fr* • *Ouv tte l'année, tlj midi et soir. Formule salade-dessert 13 € (le midi, en été). Menus « traditionnel », « Castagna » et « maritime » env 20 €, un peu plus à la carte. Assiettes « incontournable » (charcuteries) et « demi-incontournable » : 20 et 10 €.* Sur le port, un bistrot spécialisé dans les belles assiettes de charcuteries essentiellement issues de porc *nustrale* (race corse AOC !), les fromages (« assiettes moitié-moitié » pour panacher), ainsi que les vins. Petits poêlons chauds sympathiques également, comme celui à l'agneau et aux figues ou porc et châtaignes. Bon rapport qualité-prix. Chouette terrasse à l'étage, qui permet de dominer le goulet.

I●I ***Ciccio*** *(plan zoom,* ***27****)* **:** *6, rue Saint-Jean-Baptiste.* ☎ *04-95-73-18-46.* 📱 *06-16-98-81-68.* • *gerald.larrieu@hotmail.fr* • *Tte l'année sf janv-fév. Le midi formule 16 €, le soir menu env 26 €. Apéritif offert sur présentation de ce guide.* Ce traiteur a eu la bonne idée d'installer quelques tables dans la ruelle, puis d'ouvrir une terrasse couverte et à l'écart du passage, à quelques mètres seulement. Les plats préparés vous sont présentés avec soin, parmi lesquels les grands classiques : lasagnes de la Mama, raviolis au *brocciu*, mais aussi raviolis au corail d'oursin, sans parler des aubergines à la bonifacienne. Excellent accueil.

I●I ***Cantina Grill*** *(plan C1,* ***23****)* **:**

3, quai Banda-del-Ferro, sur le port. ☎ *04-95-70-49-86.* • *cantinagrill@wanadoo.fr* • *Tlj midi et soir. Menus 17-22 € et assiette dégustation 18 €. Plats 10-20 €.* Une petite adresse pas bégueule, simple et sans coup fourré sur la marine. Comme sa grande sœur de la Ville Haute *(Cantina Doria)*, on y sert aubergines à la bonifacienne, lasagnes au fromage corse, saucisses à Jojo, grillades. Moins corse que la maison mère de la Ville Haute, mais tout aussi sympathique dans un genre différent. On en a pour son argent et l'ensemble est vraiment satisfaisant, et ce, au fil des années.

I●I ***Les Voyageurs*** *(plan D1,* ***24****) : 15, quai Jérôme-Comparetti, au début de la marine.* ☎ *04-95-73-00-46.* • *cpiriottu@aol.com* • *Tlj midi et soir. Plusieurs formules à env 15 €. Menus 16,50-20 €.* Si les classiques de la cuisine corse sont bien présents à la carte, on prépare ici très bien les moules et les lasagnes au four, servies généreusement. Une adresse familiale et régulière, qui conviendra parfaitement aux couples et familles peu argentés, qui peuvent ici se « payer » la Marine sans étrangler le porte-monnaie. Accueil souriant du personnel.

I●I ***L'Albatros*** *(plan D1,* ***26****) : quai Jérôme-Comparetti, en plein milieu de la marine.* ☎ *04-95-73-01-97.* • *restaurant-albatros@wanadoo.fr* • *Ouv d'avr à mi-oct. Tlj midi et soir. Congés : janv-mars. Menus 16,50 € (servi jusqu'à 21h slt), puis 20-36 € et carte.* Sans constituer le génie de la marine, ce resto, éminemment touristique comme tous ses voisins, sort un peu du lot en proposant un petit menu, qui permet aux bourses modestes de profiter du quai sans se ruiner. Service un rien expéditif en saison. Mais ça, c'est partout sur le quai.

Prix moyens à chic

I●I ***Le Pti Café Resto*** *(plan A1,* ***28****) : La Poudrière.* ☎ *04-95-73-01-45. Ouv mai-oct. Fermé dim. Compter 30 €/pers. CB refusées.* L'adresse se mérite quelque peu, discrète, à l'écart du circuit traditionnel, sauf si l'on a programmé la visite du cimetière marin (un must). De la terrasse en hauteur, à la déco originale avec ses grandes tables de bois pour des petits groupes d'amis ou une grande famille, la vue sur le grand large est magnifique : on aura tout loisir de la contempler puisque, ici, on prend son temps (c'est annoncé). Plats à l'ardoise, en nombre limité, comme la salade « coin-coin », l'assiette méditerranéenne, le ceviche de rascasse ou les aubergines à la bonifacienne et, pour terminer, la tarte du jour. Une adresse qui a de la personnalité, comme sa patronne.

I●I ***Stella d'Oro*** *(plan zoom,* ***25****) : 7, rue Doria.* ☎ *04-95-73-03-63.* • *stella.d.oro@orange.fr* • ♿ *Avr-oct, tlj. Formule le midi 20 € et menu 28,50 € ; à la carte, compter 50-60 €.* Belles petites salles genre cave à vin avec poutres apparentes, objets campagnards. Tables nappées et joliment dressées. Autre salle à l'étage. Une adresse bourgeoise et intime, un service souriant et un petit fond musical bien soft. L'adresse est assez connue pour ses délicieuses aubergines à la bonifacienne et ses raviolis au *brocciu*, mais les pâtes fraîches au four valent aussi le détour. Beaux poissons également. Accueil pro. Prix assez élevés à la carte, mais le menu permet de s'en sortir honorablement et de profiter déjà du travail du chef.

I●I ***Restaurant du Centre nautique*** *(plan D1,* ***14****) : quai nord.* ☎ *04-95-73-50-44. Tlj sf lun. Congés : nov-mars. Formule 28 € midi et soir (mais pas servie en juil-août). Pâtes 14-28 €. Env 45-50 € à la carte. Café offert sur présentation de ce guide.* Coup de chapeau à cet établissement qui ne vit pas que sur la clientèle estivale. Le resto, comme l'hôtel, joue la carte maritime et on ne peut les en blâmer : chaises et tables en teck, lampes à pétrole, grande toile blanche pour ombrager la terrasse... Ce côté chicos bon teint (tous les pauvres de Sperone n'y ont-ils pas leur rond de serviette ?) n'empêche en rien le service pro et décontracté, bien que parfois un peu long. Les poissons sont bons mais vraiment chers, aussi nous vous conseillons surtout les pâtes, cuisinées avec précision et très goûteuses ; d'autant que le chef ne lésine pas sur les portions. Elles constituent un repas à elles seules. Quelques demi-bouteilles de vin à prix acceptables.

Où dormir ? Où manger dans les environs ?

Campings

Pour tous ces campings, il est nécessaire d'être motorisé car ils sont assez éloignés des plages et il n'y a aucun moyen de transport.

Camping La Pomposa *(carte Les environs de Bonifacio,* **1***) : à 3 km sur la N 198, sur la droite en venant de Bonifacio, prendre la D 60 ; c'est à 800 m.* ☎ *04-95-73-00-58. Ouv mai-début sept. Compter 20 € pour 2. Également 4 chambres, pas données : 100 € en pleine saison. Quelques chalets aussi, 70 € la nuit pour 2-3 pers (min 5 nuits) et 100 € pour 4 pers. CB refusées.* Petit camping (60 emplacements) sans prétentions mais bien tenu, situé sur un terrain planté d'oliviers. Calme et propre : une bonne petite adresse familiale et tranquille. Pas de piscine, donc très au calme. Sanitaires pas dernier cri mais corrects. Grands emplacements bien ombragés.

Camping Campo di Liccia *(carte Les environs de Bonifacio,* **2***) : lieu-dit* **Parmentil,** *sur la N 198, à 4 km de Bonifacio.* ☎ *04-95-73-03-09. • info@campingdiliccia.com • campingdiliccia.com • Ouv avr-sept. Compter env 15,40-22,80 € pour 2 avec tente et voiture selon saison. Loc de bungalows, mobile homes et chalets climatisés 288-950 €/sem.* Sur 5 ha, un camping offrant pas mal d'espace, à l'ombre des oliviers séculaires et des chênes-lièges. Pizzeria-grill *(slt juin-sept),* épicerie. Bonne ambiance générale. Pas mal d'habitués. Sanitaires récents et bien entretenus. Piscine près du resto, terrain de pétanque, animations diverses régulières. Aire de service pour les camping-cars. Indispensable d'être motorisé.

Camping Pian del Fosse *(carte Les environs de Bonifacio,* **3***) : route de Santa Manza.* ☎ *04-95-73-16-34. • pian.del.fosse@wanadoo.fr • piandelfosse.com • À 3,5 km de Bonifacio, sur la D 58. Ouv de Pâques à mi-oct. Compter 15,20-24 € pour 2 avec tente et voiture selon type d'emplacement (délimité ou pas) et saison. Loc de bungalows en toile ou à armatures en bois, de chalets, ainsi que de minivillas (2-6 pers, 350-1 000 €/sem). Petit déj offert sur présentation de ce guide pour séjour de 4 nuits min, 15 juin-15 sept.* Très vaste camping ombragé (oliviers, chênes verts et pins) sur un terrain assez plat. Emplacements bien délimités de 40 à 100 m² (prix variant selon la superficie). Sous une oliveraie composée de plusieurs terrasses. Pas de piscine. Épicerie et snack en été *(de mi-juin à mi-sept).*

Camping La Trinité *(carte Les environs de Bonifacio,* **4***) : sur la route de Sartène.* ☎ *04-95-73-10-91. 06-23-38-95-07. • info@campinglatrinite.com • campinglatrinite.com • De Bonifacio, direction Sartène sur env 5 km. Le camping est sur la gauche, juste au pied de l'ermitage de la Trinité (le grand rocher surmonté d'une croix). Ouv d'avr à mi-oct. Pour 2 avec tente et voiture, compter env 18,20-24 € selon saison. Chalets 2-3 pers 336-560 €/sem ; pour 5 pers, 460-965 €/sem en hte saison.* À proximité de la route, certes, voici un camping qui s'étire en pente douce sous une vaste pinède bien agréable. Évitez simplement de planter votre tente trop près de la route. En fait, le mieux est de la planter en contrebas de la piscine. Sinon, belle situation, avec vue sur la mer et sous la protection de l'ermitage de la Trinité où se tient chaque année un pèlerinage. Beaucoup d'emplacements bien ombragés. Sanitaires impeccables. Snack, piscine agréable, entourée par le resto. Bonnes prestations générales.

Camping Cavallo Morto *(carte Les environs de Bonifacio,* **5***) : sur la route de Porto-Vecchio, à 900 m du rond-point de Bonifacio, sur la gauche.* ☎ *04-95-73-04-66. • contact@camping-cavallomorto.com • camping-cavallomorto.com • Ouv d'avr à mi-oct. Pour 2, compter env 20-26 €. Nombreux chalets et bungalows. Pour 4, env 550-950 €/sem ;*

BONIFACIO ET SES ENVIRONS

pour 6, 600-1 100 €/sem. Grand terrain plat qui s'enfonce loin sous les arbres. Très bien ombragé et fort bien tenu. Piscine à côté de la réception mais malheureusement proche de la route (passante). Sanitaires impeccables. Aire de jeux.

Camping Pertamina Village – U Farniente *(carte Les environs de Bonifacio,* ***6****) : sur la route entre Bonifacio et Porto-Vecchio, juste en face du* Camping Campo di Liccia. ☎ *04-95-73-05-47. • pertamina@wanadoo.fr • camping-pertamina.com • Compter 25-43 € pour 1 tente et 2 pers. Nombreuses loc en dur : mobile homes, chalets, minivillas, tentes-*lodges... *à ts les prix et de ttes tailles (350-1 760 €/sem) ; loc à la nuit possible.* LE camping 4 étoiles du secteur. On trouve ici à peu près tout ce que l'on est en droit d'attendre d'un camping grand format : de beaux emplacements ombragés pour les campeurs, de nombreux bungalows, et puis, côté infrastructures ludiques, un resto, 2 piscines chauffées avec toboggan, tennis, terrain de volley, sans oublier toutes sortes d'animations diverses et régulières (aquagym...). Bref, le camping dans tous ses états, dans le genre grand format, pour le plus grand bonheur des familles qui y viennent et y reviennent !

Camping Rondinara : *à* **Suartone.** ☎ *04-95-70-43-15. • reception@rondinara.fr • rondinara.fr • À 15 km au nord de Bonifacio, sur la route de Porto-Vecchio. Ouv de mi-mai à fin sept. Compter env 20,40-28,60 € pour 2 avec tente et voiture selon saison. Mobile homes à louer à la sem : pour 2 pers, env 500-860 € selon saison. Pour 5-6 pers, 900-1 400 €/sem selon saison.* Grand, très fleuri et arboré, avec des terrasses au milieu de petits rochers, et bien équipé. Épicerie, bar, pizzeria-grill, plats à emporter, téléphone. Réception aimable. Un petit sentier à travers le maquis descend jusqu'à la plage, à 10 mn à pied. Très grande piscine.

De prix moyens à chic

Domaine de Licetto *(carte Les environs de Bonifacio,* ***7****) : route du phare de Pertusato.* ☎ *04-95-73-03-59. • sarllicetto@wanadoo.fr • licetto.com • À 2 km du port. Congés déc-janv. Selon saison, 55-90 € la chambre avec douche et w-c, 70-110 € avec bains ou douche spacieuse et 90-130 € pour avoir une terrasse privative. Petit déj en sus. Sur présentation de ce guide, 10 % de réduc pour 1 sem passée mai-sept et 15 % à partir de 3 nuitées nov-mars (hors petit déj).* On a d'ici une vue assez originale sur Bonifacio, que l'on surplombe par l'arrière, Ville Haute et Ville Basse. Le domaine est en plein maquis, et la partie hôtelière, moderne, dispose de 7 chambres et de 12 studios pour 2 ou 3 personnes, avec douche ou bains, tous avec AC, d'un excellent rapport qualité-prix pour Bonifacio. Également une villa pour 6 personnes à louer à la semaine. On est parfaitement au calme et chaque chambre dispose d'un petit bout de terrasse. Sur l'arrière, une pelouse, quelques transats, un champ d'oliviers et le maquis à perte de vue. Du solarium, vue époustouflante sur la Ville Haute de Bonifacio au loin. Accueil très aimable.

Plus chic

Chambres d'hôtes A Manichetta *(carte Les environs de Bonifacio,* ***12****) : route de Sperone. 06-66-79-31-94. • roghistephane@yahoo.fr • amanichetta.sitew.com • À 3 km de Bonifacio. En arrivant en ville, prendre à gauche puis à droite (à la boutique* Tam-Tam*) vers Pertusato. Au 1er embranchement, prendre à gauche vers Sperone et Piantarella. C'est 2 km plus loin, sur la droite. Ouv avr-10 oct. Selon période, compter 67-110 €, petit déj compris. CB refusées.* Au milieu d'une oliveraie, une maison récente, tout en longueur, qui propose 5 chambres et 1 gîte. Des chambres très au calme, vraiment soignées, avec plein de détails charmants. Toutes avec petite terrasse et l'air conditionné. Douches à l'italienne. Un lieu plein de goût, tenu par un couple d'éleveurs de brebis qui font leurs propres fromages, notamment le *brocciu* en saison (mais les brebis ne pâturent pas sur la propriété). Une belle adresse. Le gîte peut quant à lui accueillir 4 personnes.

Villa Rach-Gia *(plan Les environs de Bonifacio, **11**) : Caprili. 06-14-99-00-47. • philippe.liechty@wanadoo.fr • villarachgia.com • Avr-oct. Pour 2, 75-135 € petit déj compris. CB refusées.* Dans une maison récente, au calme, 5 chambres à la déco légère et de bon goût, fonctionnelles. Douche à l'italienne dans chacune d'elles, air conditionné, cafetière. Les extérieurs ne manquent pas de charme : jardin avec piscine, terrasse ombragée où il fait bon paresser, avec de petits espaces communicants, très appréciables au petit déjeuner notamment. Excellent accueil de Brigitte.

De plus chic à beaucoup plus chic

Hôtel A Trama *(carte Les environs de Bonifacio, **9**) : à **Cartarana,** route de Santa Manza. ☎ 04-95-73-17-17. • hotelatrama@aol.com • a-trama.com • À 1,5 km du centre-ville. Hôtel fermé en janv ; resto fermé de mi-nov à fin mars. Doubles 93-206 € selon saison. Petit déj : 12 €. Possibilité de ½ pens. Menu 38 €. Apéritif offert sur présentation de ce guide.* Dans un très beau cadre de verdure. Grand calme et bon standing dans ce petit complexe composé de petites unités modernes, comportant plusieurs chambres chacune, bien entretenues. 25 chambres en rez-de-jardin, la plupart tournées vers la charmante piscine (pas très grande) et avec petite terrasse privative, impeccable pour le petit déj. Literie « dorsopédique ». Tout confort : écran plat, minibar, AC, etc. Déco sobre, sans particularité. Une bien agréable villégiature, où l'accueil se révèle courtois et professionnel. À l'heure de l'apéro, le jacuzzi vous tend ses bulles. Le resto, *Le Clos Vatel,* propose une bien belle cuisine. Beaux poissons (à réserver, c'est plus sûr) et produits très frais. Service aimable et pro.

Hôtel-Restaurant du Golfe *(carte Les environs de Bonifacio, **10**) : dans le golfe de Santa Manza, à 6 km à l'est de Bonifacio, par la D 58. ☎ 04-95-73-05-91. • golfe.hotel@wanadoo.fr • hoteldugolfe-bonifacio.com • Ouv mars-début nov. Résa conseillée en saison. Compter pour 2 pers 130-180 € en ½ pens (imposée). Chambres triples également. Formule 15 €, menus 23-28 €, carte env 35 €.* La mer est juste en face, en traversant la petite route. Une douzaine de chambres seulement, dans cet établissement familial et tranquille. Toutes les chambres avec clim dans ce petit hôtel un peu isolé, tenu par la même équipe depuis 3 décennies. Chambres vraiment petites mais agréables. Cuisine fine et copieuse, composée de spécialités locales.

Chambres d'hôtes Le Poisson rouge *(carte Les environs de Bonifacio, **11**) : lieu-dit **Caprille.** De Bonifacio, prendre la route de Porto-Vecchio. Juste au niveau de l'embranchement de la D 60 (direction Santa Manza, qu'on ne prend pas), prendre la petite route sur la droite de celle-ci et aller jusqu'au bout. C'est bien indiqué. 06-24-98-23-75. • poissonrougebonifacio@hotmail.it • poissonrougebonifacio.com • Congés : nov-mars. Doubles 85-1805 € et suites 110-230 € selon saison, petit déj compris. Juil-août, ½ pens obligatoire. Table d'hôtes slt le soir 30 €. Apéritif offert sur présentation de ce guide.* Uniquement 2 chambres et 3 suites, toutes avec AC, écran plat... Une belle maison moderne sur un généreux espace verdoyant. Les chambres se situent dans 2 petites unités juste à l'écart de la piscine, bien séparées l'une de l'autre. Ce que l'on apprécie ici, c'est la grande tranquillité du site, la vaste pelouse bien entretenue et la jolie piscine qui confère une ambiance reposante au lieu. Accueil avec un charmant accent italien. Beaucoup de charme, donc, dans les parties communes pour cette adresse assez haut de gamme, parfaite pour un séjour loin de la foule tout en étant à quelques kilomètres de l'animation de Bonifacio. Les chambres sont en revanche assez simples mais spacieuses. Jolies salles de bains. Au resto, cuisine méditerranéenne en général, mais les accents italiens ne sont jamais loin (gnocchis maison aux fleurs de courgettes, raviolis aux blettes...).

Où boire un jus de fruits ? Où prendre un verre ? Où manger une glace ?

Côté Fruits *(plan D1, **31**) : 57, quai Jérôme-Comparetti. 06-15-03-57-44. Ouv de fév à fin nov, tlj 7h-1h du mat env en été. Le jus 3,60 € (et les grands 6,50 € !).* Ça fait plusieurs saisons qu'on se pose ici pour prendre un jus de fruits frais pressé à la minute, avec un grand choix : pamplemousse, banane, melon, pastèque ou citron... Jus de légumes également et milk-cocktails. C'est bon, c'est frais, mais les grands jus sont tout de même un peu chers !

Glacier Le Rocca Serra *(plan D1, **33**) : quai Jérôme-Comparetti. ☎ 04-95-73-10-08. Tlj en saison, jusque très tard.* Élaborés dans des ateliers maison, des glaces et sorbets chantant par tous les parfums la corsitude de cet artisan glacier. Jugez plutôt : figue noire, pêche de vigne, melon de Bonifacio, farine de châtaigne et *canistrelli*, et même une au *brocciu* et au corail bonifacien !

Café Niçois *(plan zoom, **32**) : rue Fred-Scamaroni.* De toutes les terrasses de la Ville Haute, on a indéniablement un faible pour celle-ci. La façade bleu ciel et son étroit balcon légèrement en surplomb de la rue possèdent un vrai charme et se prêtent merveilleusement à l'observation de la rue. On prend son café ou son pastaga, un sirop d'orgeat pour les mouflets et on est content.

Où prendre un verre tard le soir ? Où danser ?

Le soir, les ***terrasses de la marine*** *(quai Jérôme-Comparetti)* sont bien attractives pour prendre un petit verre. Les fauteuils confortables permettent de regarder passer la faune... et la flore.

La dernière adresse où ça bouge est indéniablement le ***B'52,*** *quai Jérôme-Comparetti (plan D1).* C'est un bar mais on y danse, on y danse. Ambiance endiablée. Quand ça ferme, à 2h du matin, on migre à quelques pas de là, sur le même quai, au ***Lolla Palooza*** *(plan D1).* Et la fête continue avec les mêmes dans cette discothèque tout habillée couleur argent, jusqu'à 6h du matin, à l'heure où les pêcheurs prennent le large. Étrange mélange des genres sur la marine.

Où acheter de bons produits ?

Le Comptoir Bonifacien *(plan zoom, **40**) : 9, rue Saint-Jean-Baptiste. ☎ 04-95-73 58-54. • comptoir-bonifacien.com • Tlj avr-oct.* Joëlle, la patronne, qui s'est formée en œnologie, et son mari, Christian, éleveur-charcutier, proposent dans leur boutique de bien beaux produits (charcuteries, bien sûr, fromages, miels, *canistrelli*, vins... et on en oublie). On peut aussi y déguster une assiette de (bonnes) charcuteries à 18 € et participer, certains soirs, à des soirées dégustation où les vins corses sont à l'honneur, en particulier ceux du terroir de Patrimonio.

À voir

Il serait dommage de ne pas prendre le temps de découvrir la ville. Un conseil, partez à sa découverte tôt le matin. Pas mal non plus en fin de journée ; de plus, vous profiterez du coucher de soleil, généralement somptueux. Et n'oubliez pas les promenades en bateau : touristiques et sympathiques. C'est d'ailleurs le seul moyen de découvrir les falaises et les grottes, sauf si vous êtes venu avec votre yacht, évidemment. Et c'est un grand moment. Cette appréhension des falaises par la mer permet d'en saisir toute la majesté.

– ***Visites guidées de la ville :*** l'office de tourisme a mis en place des visites avec guide bien intéressantes : *infos et résas directement à l'office. Durée : env 1h15-1h30 (5 €).* À 19h30, chaque jour en juillet-août, une visite thématique (la cité génoise, l'évocation militaire, les invasions, les confréries...). En mi-saison, mardi et jeudi à 18h30 (à vérifier auprès de l'office de tourisme, cela peut changer d'une année à l'autre). Sinon, location d'audioguide à la demi-journée (5 €). Prévoir une pièce d'identité.

Le port

Il occupe presque toute la Ville Basse de Bonifacio. Au fond du goulet qui protège les marins de la pleine mer, les bateaux de plaisance ; la moindre embarcation de moins de 10 m vous classe au rang de plouc de la mer. On se croirait aussi bien à Saint-Trop', ou ailleurs : yachts, restos, terrasses de cafés, boutiques vendant de tout (et n'importe quoi), etc. Pourtant, après avoir dépassé le premier quai, on parvient au petit port de pêche, bien plus charmant avec ses « pointus », barques colorées et ses filets entassés. Au retour de la pêche, quand ceux des yachts roupillent encore, c'est vraiment sympa. En tournant la tête, belle vue sur les fortifications et les remparts de la Ville Haute.

➢ Les excursions en bateau aux ***îles Lavezzi*** et ***Cavallo*** ainsi que celles des ***falaises, calanques*** et ***grottes marines*** partent toutes du port de Bonifacio. Voir le texte plus loin dans la rubrique « Sorties en mer ».

La Ville Haute

Tout est beau dans la vieille ville. Les maisons hautes et étroites laissent à peine filtrer la lumière et font juste la place aux ruelles qui sinuent afin que le vent perde son souffle. D'un balcon à l'autre, on pourrait se toucher. On se demande si l'on ne va pas croiser Charles Quint ou Napoléon. Ils se reposèrent d'ailleurs – à quelques siècles d'intervalle – dans deux maisons très proches l'une de l'autre dans la rue des Deux-Empereurs. Un on-ne-sait-quoi d'oriental rôde dans l'air et hante la Ville Haute : la voûte d'une fenêtre à arcades, le dessin de la loggia de l'église Sainte-Marie-Majeure (XIIIe s), les passages obscurs imbriqués les uns dans les autres, le côté caché de la vie derrière les persiennes...
Bien entendu, il faut flâner au petit matin, pour prendre le rythme de la cité. Monter au *belvédère* qui permet de voir la côte découpée par la mer, les énormes falaises crayeuses, rongées par les siècles, et, les jours de grand vent, la Sardaigne si proche qu'on penserait presque pouvoir la toucher...
– *À noter :* un *pass* à 3,50 € *(15 juin-15 sept)* permet de visiter deux sites touristiques de la Ville Haute (le bastion de l'Étendard et l'escalier du Roi-d'Aragon) dont l'entrée est à 2,50 € chacun. On le prend directement sur l'un des deux sites.

🚶 ***Le col Saint-Roch*** *(plan C1) : accès du port par la montée Rastello.* Après avoir grimpé cette longue rampe, on trouve le belvédère à gauche de la montée Saint-Roch, qui mène à l'une des portes de la Ville Haute. On traverse la route et on reprend son souffle en embrassant un panorama grandiose sur les falaises d'un côté, les remparts de l'autre. En contrebas, la mer turquoise, l'écume qui vient se fracasser au pied des falaises et une petite crique, à laquelle mène un sentier. Remarquez les maisons construites juste au bord de la falaise. La plus à gauche (avec un balcon à colonnades) appartient à la belle et talentueuse actrice Marie-José Nat, une enfant du pays.

🚶🚶🚶 ***Balade à pied le long des falaises*** *(carte Les environs de Bonifacio) :* depuis le col Saint-Roch, sur la gauche en regardant la mer, un sentier balisé (appelé sentier de Campu Romanellu et Pertusatu) court le long de la côte jusqu'au

BONIFACIO ET SES ENVIRONS

phare de Pertusato *(compter 1h30 env)* et offre des vues sublimes sur les falaises. De là, on réalise bien qu'une partie de la Ville Haute est comme suspendue dans le vide. L'effet est saisissant et la balade vraiment chouette. Évidemment, on a moins chaud si on part tôt le matin ou en fin d'après-midi, avant l'apéro.

La porte de Gênes (plan zoom) **:** *prendre la montée Saint-Roch.* Porche imposant et pont-levis du XVIe s. On passe dessous pour pénétrer dans la Ville Haute proprement dite.

Le bastion de l'Étendard (plan zoom) **:** *à droite en sortant du passage. Ouv avr-oct. L'été, lun-ven 9h-20h, w-e 10h-17h. Entrée : 2,50 €, comprenant le bastion, le mémorial et le jardin des Vestiges. Possibilité de billet jumelé avec l'escalier du Roi-d'Aragon : 3,50 €.* On vous remet un petit dépliant explicatif. Fortifications construites à la fin du XVe s pour protéger la porte de Gênes (alors seul accès à la Ville Haute). On se balade sur les différentes terrasses et coursives du bastion (attention, certaines sont interdites d'accès). Dans les profondeurs *(même billet)*, le ***mémorial du Passé bonifacien*** : reconstitution de quelques scènes historiques dans les vieilles salles. La visite vaut sans doute plus pour les salles que pour les reconstitutions qu'on y trouve, vraiment modestes. Heureusement, quelques panneaux explicatifs remettent les scènes en perspective : importance de l'eau, le marché, le corps de garde génois au XVIIe s, évocation de la Dame de Bonifacio... Également quelques objets d'intérêt variable : outils agricoles, quelques objets issus des fouilles de la *Sémillante...* Visite à terminer par le ***jardin des Vestiges*** *(même billet)*, de modestes ruines médiévales (remparts du XIIIe s) dans un cadre vaguement bucolique.

La rue des Deux-Empereurs : cette minuscule ruelle s'enorgueillit encore d'avoir abrité deux personnages d'importance. C'est au n° 4 de la rue que Charles Quint séjourna du 3 au 6 octobre 1541, et c'est juste en face, au n° 7, que le lieutenant-colonel du deuxième bataillon de volontaires corses, un certain Napoléon Bonaparte, s'installa entre le 22 janvier et le 3 mars 1793.

La place du Marché (U Masgilu ; *plan zoom)* **:** *au bout de la rue Portone.* Superbe belvédère donnant sur les falaises et la mer. Remarquer ce curieux îlot rocheux, surnommé « grain de sable ». Sur la place, quand les visiteurs sont partis, les habitués reprennent leur partie de boules...

L'église Sainte-Marie-Majeure (plan zoom) **:** *au centre de la vieille ville. Fléchée de la rue Doria. Ouv 8h-18h30.*
On la remarque à son superbe clocher de pierre blanche, du XIVe s. D'un côté du clocher, noter les fenêtres aux chapiteaux sculptés. Encore plus typique : ces curieux arcs-boutants appuyés aux maisons voisines. En fait, il s'agit d'un système de canalisation des eaux de pluie, dont le réseau couvrait autrefois toute la ville, allant de toit en toit.
Le bâtiment est considéré comme l'un des plus vieux de Bonifacio : sa construction remonte au XIIe s, par les Pisans. Mais l'ensemble fut plusieurs fois remanié, jusqu'à sa récente restauration (réussie).
Très beau parvis, de type halle, appelé « loggia » et doté de belles arcades : c'est ici que les « anciens » se réunissaient. Intérieur à la décoration intéressante : marbre en trompe l'œil (assez maladroit) sur les épaisses colonnes et quelques représentations de la Vierge. Au fond du chœur, voûte en cul-de-four. Également un beau tabernacle de la Renaissance italienne.

La maison du Podestat (plan zoom) **:** *en face de l'église Sainte-Marie-Majeure.* Bien belle façade de pierre blanche, décorée d'arcatures et de deux blasons sculptés. Les podestats, sortes de maires de l'époque, représentaient le pouvoir génois et détenaient les clés de la ville.

L'église Saint-Jean-Baptiste (plan zoom) **:** *rue Saint-Jean-Baptiste, un peu avt la pl. Bonaparte.* Toute petite et bien mignonne. À l'intérieur, grande scène sculptée de la Décollation de saint Jean Baptiste (bois polychrome, XVIe s), portée sur sa châsse lors des processions le Vendredi saint et le 29 août.

L'escalier du Roi-d'Aragon *(plan B1-2)* **:** *accès par la rue des Pachas. Avr-oct, tlj. En été, 9h-20h (10h-18h w-e). Entrée : 2,50 €. Possibilité de billet jumelé avec le bastion de l'Étendard : 3,50 €.*
Cet escalier taillé dans la falaise jusqu'à la mer est l'une des curiosités de la ville. La légende veut qu'il ait été construit en une seule nuit ! Les hommes du roi d'Aragon auraient ainsi essayé de pénétrer dans la Ville Haute, lors du siège de 1420... Mérimée, à qui on ne la faisait pas, indique qu'en fait cet escalier serait bien plus ancien et permettait d'atteindre une nappe d'eau douce (toujours présente). Ça paraît effectivement plus plausible...
Bref, les courageux peuvent tenter la descente des quelque 187 marches... et la remontée. Au pied des marches, un rocher que l'érosion a bizarrement façonné en forme de... Corse. Un petit sentier creusé à même la falaise mène ensuite à une vaste grotte où l'on ne peut pénétrer.

L'église Saint-Dominique *(plan B1)* **:** *toujours sur la falaise, mais à l'écart de la vieille ville. Ouv 1er juil-15 sept, lun-sam 11h (10h sam)-18h. Fermé dim. Entrée libre.* La seule église gothique de l'île, construite au XIIIe s. Beau campanile. À l'intérieur, mobilier particulièrement riche comprenant un maître-autel en marbre, de nombreux tableaux italiens du XVIIIe s et de superbes groupes sculptés, portés en procession lors des cérémonies de la Semaine sainte.

Le cimetière marin *(plan A1)* **:** *situé à l'extrémité ouest de la falaise, sur un petit plateau dénudé.* Pour y aller, on passe devant une vaste zone désaffectée, durant de longues années occupée par la Légion étrangère. Puis, plus loin, c'est l'entrée du cimetière, petite ville de l'au-delà entourée d'une enceinte et peuplée de tombeaux blancs orientés face au soleil couchant. Les Corses ont, dans la vie comme dans la mort – qu'ils craignent mais narguent –, une vision plutôt familiale des choses. Les nombreuses chapelles funéraires, aux noms des familles du pays, le démontrent assez bien. Elles sont vastes et cossues pour certaines, et l'ensemble prend presque des allures de village. Joli carré de sépultures plus modeste, envahi de coquelicots. Alors, comme les chats dans ce lieu entre terre et ciel : soyez discret !

Sorties en mer

Excursions vers les falaises, les calanques et les grottes marines en bateau **:** *la grande attraction de Bonifacio. Rens au fond du port, juste en arrivant, auprès du long kiosque de bois. 4 sociétés de promenades en mer se sont regroupées sous l'enseigne SPMB (Société des promenades en mer de Bonifacio • spmbonifacio.com • ☎ 04-95-10-97-50) et se partagent la clientèle :* ***Gina*** *(☎ 04-95-23-24-18 ; • ginacroisiere.com •),* ***Rocca Croisières*** *(☎ 04-95-73-13-96 ; • rocca-croisieres.com •),* ***Thalassa Croisières*** *(☎ 04-95-73-01-17 ; • vedettesthalassa.com •) et* ***Le Corsaire*** *(☎ 04-95-10-42-84 ou 04-95-73-04-47 ; • vedetteslecorsaire.com •). Les bateaux sont ts au même tarif, 17,50 € (tarif 2014), et ils proposent la même prestation. Réduc 8-12 ans (9 €), 13-17 ans (12 €) et étudiants (15 €) ; gratuit moins de 8 ans. Parking gratuit, en principe, pour l'achat d'une excursion. L'excursion dure env 1h. Par gros temps, le bateau ne peut pas pénétrer dans les grottes, autant le savoir. Mais, sf exception, en début de matinée la mer est rarement formée.*
Après avoir admiré les falaises depuis la Ville Haute, quelle sensation de les découvrir depuis la mer ! C'est un complément obligatoire. On se sent littéralement écrasé par la masse de calcaire savamment découpée par les assauts incessants du vent, des embruns et des flots combinés. Après la sortie du long goulet, visite de la *grotte du Dragon (Sdragonato),* connue pour l'ouverture de son plafond qui

ressemble à la carte de Corse ! Belles couleurs arc-en-ciel des fonds marins. Il est d'ailleurs conseillé de faire la promenade par temps calme, sinon l'eau est agitée et vous ne pourrez pas admirer les fonds multicolores. Ensuite, la *calanque de Fazio*, aux eaux turquoise, où le centre de voile des *Glénan* a élu domicile (bonjour la galère pour sortir de la calanque à la voile !). Demi-tour et cap sur le « bunker » et la *grotte Saint-Antoine* (dont la silhouette rappelle, bien sûr... le chapeau de Napoléon !), le *puits Saint-Barthélemy* et l'*escalier du Roi-d'Aragon*. Bel aperçu de la vieille ville, avec ses maisons accrochées au bord de la falaise.

– ***Bateau à fond de verre :*** la **Compagnie Gina** et la **Compagnie Rocca** proposent également une sortie avec un bateau à fond de verre, qui permet d'admirer les fonds sous-marins. Même circuit « Falaises, calanques et grottes », mais un peu plus cher et un peu plus long (1h15). *Prix adulte : 22,50 €, réduc 8-12 ans (13 €), 13-17 ans (15 €) et étudiants (20 €). Sortie nocturne également. Départs ttes les heures lun-ven 9h30-17h30 (dernier départ). Le w-e, slt 5 départs/j.*

– ***L'Autre Croisière :*** *06-17-62-31-06. Compter 85 €/adulte, 70 € pour les 13-17 ans, 50 € pour les 8-12 ans, 25 € pour les 3-8 ans.* Pour une sortie à la journée en plus petit comité (mais vous ne serez pas seul !), vous est proposé, toujours par la *SPMB*, ce circuit comportant un bon repas (pâtes à la langouste). Départ à 9h30, retour vers 18h.

Excursions aux îles Lavezzi et Cavallo : *à 3-4 km au large de Bonifacio. Sur le port, les mêmes compagnies qui font la visite des grottes proposent l'excursion aux Lavezzi. On vous dépose sur les Lavezzi, puis vous prenez le bateau retour à l'heure que vous voulez. Le circuit retour passe devant la marine à Cavallo, le célèbre golfe de Sperone, puis, avt de revenir, on visite les grottes. 1er départ vers 9h-9h30 en été et 1er retour à partir de 12h30. Dernier retour 18h30. Trajet de 30 mn pour les Lavezzi. Env 35 € le billet (tarif 2014) ; réduc 8-12 ans (17,50 €), 13-17 ans (25 €) et étudiants (30 €) ; gratuit moins de 8 ans. Là encore, parking gratuit pour les clients.*

Les îles Lavezzi, c'est un amas d'énormes blocs de granit gris, superbes et étranges, polis par l'érosion marine, qui donne un aspect énigmatique à ces îlots sauvages. Des langues de sable blanc s'étirent presque en cachette, formant de merveilleuses zones de repos et de sérénité visuelle au milieu de ce cahot minéral. Sur les îles Lavezzi, réserve naturelle et à ce titre non habitée, on trouve un âne, quelques vaches et la pyramide de la *Sémillante*, commémorant le naufrage de 1855, raconté par Alphonse Daudet dans *Les Lettres de mon moulin* et qui fit tout de même 750 victimes. Pas grand-chose, donc, mais un superbe paysage des Seychelles (sans les cocotiers !), avec quelques plages sublimes. L'excursion comprend une halte sur l'île, plus ou moins longue (1h ou davantage) : ne vous précipitez pas sur la première plage venue, qu'on rencontre d'abord, assez petite et dans une crique ; en poursuivant le chemin côtier, on accède à une autre plage, magnifique et grande, et moins bondée, même si, en août, on n'évite pas la cohue. Flots d'un bleu paradisiaque. Prévoir de l'eau si l'on veut y passer quelques heures.

Quant à Cavallo, hors réserve (ben oui, il ne manquerait plus que la loi s'applique aux milliardaires...), circulez, y a rien à voir ! La marina est vraiment laide, façon béton triste, et à la voir on ne se doute pas que cette île fût occupée par la jet-set, qui y possédait de sérieuses baraques dont on entraperçoit encore quelques restes par endroits. C'est tout ce que vous verrez de Cavallo, car on ne débarquait ici que sur invitation. Une partie de l'île est aujourd'hui à l'abandon, et la plupart des âmes fortunées qui venaient s'y faire chauffer la couenne sont parties sous d'autres cieux.

Plongée sous-marine

À quelques encablures au sud de Bonifacio, la ***réserve naturelle des îles Lavezzi*** est un véritable sanctuaire de la vie sous-marine – réputé mondialement pour ses eaux cristallines très poissonneuses. C'est aussi l'endroit de Corse où l'on croise le plus de plongeurs, attirés sans doute par les sirènes de *Mérouville*, un spot surfréquenté où les clubs-usines du coin font leurs choux gras en gavant une gigantesque colonie de mérous (c'est pourtant interdit !). Souvent surchargés en été, certains clubs proposent un service laissant parfois à désirer et les tarifs sont un peu élevés.

Nos meilleurs spots

La Tortue : pour plongeurs niveau I confirmés. Entre les îles Lavezzi et Cavallo. C'est un beau caillou sauvage qui émerge avec une forme de tortue. Sous l'eau limpide (14 m de fond), les blocs rocheux sont enrobés d'éponges multicolores et abritent mostelles, chapons, congres, murènes et toute une multitude de jolis poissons engagés dans une grande valse majestueuse... Quelques apparitions éclairs de mérous, guidés par leur curiosité légendaire. Également quelques loups et dentis. Attention au courant.

Mérouville : aux îles Lavezzi. Impossible de ne pas évoquer ce site qui rassemble chaque jour des centaines de plongeurs pour voir quelques dizaines de mérous apprivoisés et trop nourris. Ambiance assez déplorable, même si la vue de tant de mérous de si belle taille reste intéressante. Attention, il arrive que les bestioles soient agressives.

DANS LES ENVIRONS DE BONIFACIO

Cala di Paraguan : *accessible en 1h de marche. Le sentier dallé (sentier de Strada Vecia et Madonetta) part juste avt le camping* (Araguina), *c'est tt droit.* Magnifique plage encadrée par des falaises calcaires (à gauche) et des roches granitiques (à droite). C'est de fait le point de séparation des deux types de roches. Curieux effet. La plage, elle, accueille des bancs de posidonies. Au retour, crochet possible par *Fazio,* autre superbe plagette au fond d'un minigoulet, où le club nautique des Glénan élit domicile tous les étés. Ne pas rentrer à Bonifacio par les falaises, il n'y a pas de sentier jusqu'au bout et on s'égare dans le maquis...

La plage de Cala Longa : *depuis Bonifacio, prendre la D 58, c'est à env 5 km.* Plage de sable et, vers le sud, plusieurs petites criques. La mer reste très peu profonde. Dans certaines conditions de vent, on peut pratiquer la planche à voile.

La plage de Piantarella : *depuis Bonifacio, prendre vers le phare de Pertusato, faire env 2 km et poursuivre tt droit et jusqu'au bout (cul-de-sac) vers Sperone et Piantarella. Attention : parking difficile, se garer dès qu'on peut (il y a parfois jusqu'à 2 km de voitures garées le long de la route !). Face au débarcadère, continuer à droite et dépasser les rochers.* Si la plage de Piantarella n'est en elle-même pas formidable, c'est l'un des sites de planche à voile les plus courus de l'île, grâce au vent régulier et aux eaux peu profondes qui permettent d'incroyables *runs*. Belles petites plages de sable fin, sous le golf de Sperone, épatantes hors saison, accessibles en longeant la mer à droite, juste après les ruines romaines. On peut s'arrêter à la première ***(Petit Spérone),*** mais si l'on aime marcher un peu, après une belle volée de marches, un joli sentier, qui traverse le golf, permet d'accéder à la plage du ***Grand Spérone,*** orientée plein sud.

■ ***Bonifacio Windsurf :*** *à* ***Piantarella.*** *☎ 04-95-73-52-04 (dans la journée). 06-82-88-31-22 (10h-18h).* • *bonifacio-windsurf.com* • *Sur la droite après la paillote, quelques pas à faire sur les rochers puis chemin pour arriver sur la plage du club. Ouv mai-fin sept.* École de planche à voile la plus méridionale de France ! Location de planches à voile, leçons particulières et cours collectifs (kayak, planche et *stand-up paddle* – sorte de surf à pagaie). Le lagon de Piantarella est certainement l'endroit idéal pour l'initiation aux sports de glisse ! Il s'agit d'un lagon aux couleurs incroyables, avec un banc de sable fermant complètement la baie. De l'eau à la taille pour apprendre et se déplacer sans crainte. En pleine eau, tous les pratiquants trouveront leur plaisir, du débutant au plus chevronné.

■ ***Bonif'Kayak :*** *au milieu de la plage de Piantarella. 📱 06-27-11-30-73. • bonifacio-kayak.com • Ouv de mi-avr à mi-oct, tlj 9h-19h. Balades accompagnées allant de 1h30 (35 €/pers) à 4h30 (65 €/pers) ; réduc enfants. Loc de kayaks : pour 2, de 14 € (1 h) à 45 € (la journée).* Loin des sorties en vedette au départ du port de Bonifacio, on peut, plus sportivement, en kayak de mer, partir à la découverte des grottes et falaises ou des Lavezzi (le must). Jeo syca et son équipe proposent ainsi des balades accompagnées (par guide diplômé) qui permettent d'approcher de la façon la plus naturelle qui soit les beautés des environs de Bonifacio. Très original. Des kayaks sont aussi proposés à la location pour 2, 4 ou 6, voire en solo (équipement fourni). Autres activités proposées : *stand-up paddle,* stages de *fun boat* (minicatamaran)... Équipe jeune et dynamique.

Le golfe de Santa Manza : *à 6 km à l'est de Bonifacio par la D 58.* La partie est du golfe, longée par une petite route, offre plusieurs plagettes aux eaux tranquilles, qui s'étirent jusqu'à la pointe (la route se termine un peu avant en cul-de-sac, par un parking). Beaucoup de monde l'été, mais ceux qui se lèvent tôt n'auront pas trop de problèmes pour trouver un bon spot pour étaler la serviette. Un coin propice à la pratique de la planche à voile. Près de l'*Hôtel du Golfe,* location de bateaux ***Pouss'Vague*** *(📱 06-07-94-25-82 ; • poussvague.com •).* Tous types de bateaux, avec ou sans permis.

La plage de Maora : la route pour s'y rendre commence juste à côté de celle pour Santa Manza. 1,4 km plus loin, on arrive sur une belle baie, bordée, côté nord, par des falaises tirant sur le rouge. Resto de plage.

La plage de Balistra : *à 8 km de Bonifacio, sur la N 198, prendre une piste (qui a été refaite) sur 2,5 km.* Longue plage avec un grand étang derrière. Sauvage, mais la baignade est tout de même surveillée en haute saison.

La plage de Rondinara : *à 18 km au nord de Bonifacio. De Bonifacio, emprunter la RN 198, direction Porto-Vecchio, puis tourner à droite (D 158). Route étroite et sinueuse sur 7 km. Pour mieux l'apprécier, venez plutôt le mat. Parking payant (5 €).* Un petit golfe en forme de coquillage avec deux pointes qui se touchent presque, comme pour en faire un lagon bleu du Pacifique. Dommage qu'en saison les plaisanciers ne soient pas plus respectueux de l'environnement (et ils ne sont pas les seuls).

PORTO-VECCHIO / PURTIVECCHJU (20137) 11 060 hab.

L'aéroport de Figari à 20 km et les lignes maritimes directes avec le continent et l'Italie soutiennent l'explosion touristique de la région de Porto-Vecchio, l'ancienne « Cité du Sel » devenue la troisième agglomération de l'île derrière Ajaccio et Bastia et la première sur le plan touristique. À la base de ce dynamisme, une grande attractivité : les plages des environs (Santa Giulia, Palombaggia, Cala Rossa, Pinarellu) sont parmi les plus belles de Corse, l'arrière-pays (l'Alta Rocca) est splendide, et Bonifacio, autre joyau de l'île de Beauté, n'est qu'à 20 mn en voiture. L'explosion immobilière de ces 20 dernières années a créé un appel d'air en termes de nombre de lits dans une région qui en manquait cruellement.

Alors, évidemment, il y a un revers à la médaille, un prix à payer. Et d'abord en monnaie sonnante et trébuchante : les tarifs dans ce secteur sont parmi les plus élevés de Corse avec Bonifacio. Alors quoi ? Trop cher, trop snob, trop couru, Porto-Vecchio ? Il y a du vrai là-dedans, surtout quand on sait que la population passe de 10 600 à près de 100 000 au cœur de l'été, et que la ville peut recevoir jusqu'à 150 000 visiteurs par jour...
Oui mais voilà, elles sont superbes ces plages, même si elles sont bondées (encore, cela n'est-il valable qu'en août), et la ville elle-même, la Ville Haute notamment, blottie autour de la jolie place de l'Église, avec ses commerces, ses terrasses, ouverts l'été jusqu'au milieu de la nuit (hors saison, c'est en revanche assez mort), est tout à fait charmante. Et puis cette folie ne dure que quelques semaines.
– *Attention :* en saison, et surtout à partir de la mi-juillet, circulation et parking sont impossibles dans la Ville Haute, elle-même fermée le soir aux voitures.

UN PEU D'HISTOIRE

Encore une création génoise (plus précisément de l'Office de Saint-Georges, auquel Gênes avait confié la gestion de l'île). C'est en 1539 qu'est bâtie la Ville Haute, citadelle aux cinq bastions défensifs... Une partie de ces fortifications subsiste encore, mais, au contraire de Calvi ou de Bonifacio, on ne les remarque guère en se promenant dans la Ville Haute, ou en la regardant depuis le port. Nul assaut, nulle bataille historique à Porto-Vecchio, qui a aménagé par la suite des marais salants, toujours en activité et qui lui ont valu le surnom de « Cité du Sel ». Aujourd'hui, l'activité portuaire et l'activité touristique sont les deux mamelles de Porto-Vecchio, mamelles bien fermes et productrices de revenus confortables.

Arriver – Quitter

En bus

Tous les départs de bus se font de la gare routière, à côté du port de plaisance, y compris les bus desservant les plages.
➢ ***De/vers Bastia :*** avec la compagnie *Les Rapides Bleus-Corsicatours (☎ 04-95-70-96-52),* 2 départs tlj en été, 15 juin-15 sept (1 le mat et 1 l'ap-m ; hors saison, pas de départ dim et j. fériés). Compter 3h de trajet.
➢ ***De/vers Ajaccio :*** avec la compagnie *Eurocorse (☎ 04-95-70-13-83),* 2 départs tlj en juil-août et 2 hors saison, sf dim et j. fériés. Compter env 3h30 de trajet. Également 1 autre liaison pour Ajaccio par la montagne avec les *Autocars Balesi (☎ 04-95-70-15-55).* Départ tôt le mat (7h ou 7h30), tlj sf dim en juil-août, avec arrêts à *L'Ospédale, Zonza, Bavella, Quenza* et *Aullène.* Hors saison, slt lun et ven (même itinéraire mais pas d'arrêt à Bavella).

■ **Adresse utile**

- Office de tourisme *(zoom)*

Où dormir ?

- **10** Hôtel Da Mama
- **11** Hôtel Panorama
- **12** Le Golfe Hôtel
- **13** Hôtel Holzer II *(zoom)*

Où manger ?

- **20** U Spuntinu *(zoom)*
- **21** Version Originale
- **22** A Stonda *(zoom)*
- **23** A Furana *(zoom)*
- **24** A Cantina di l'Orriu *(zoom)*
- **25** Resto de l'hôtel Le Goéland
- **26** Chez Anna *(zoom)*

Où boire un verre ? Où écouter de la musique ? Où manger une glace ?

- **40** La Taverne du Roi *(zoom)*
- **41** Le Glacier de la Place *(zoom)*

Où acheter de bons produits corses ?

- **50** L'Orriu *(zoom)*
- **51** U Tavonu *(zoom)*

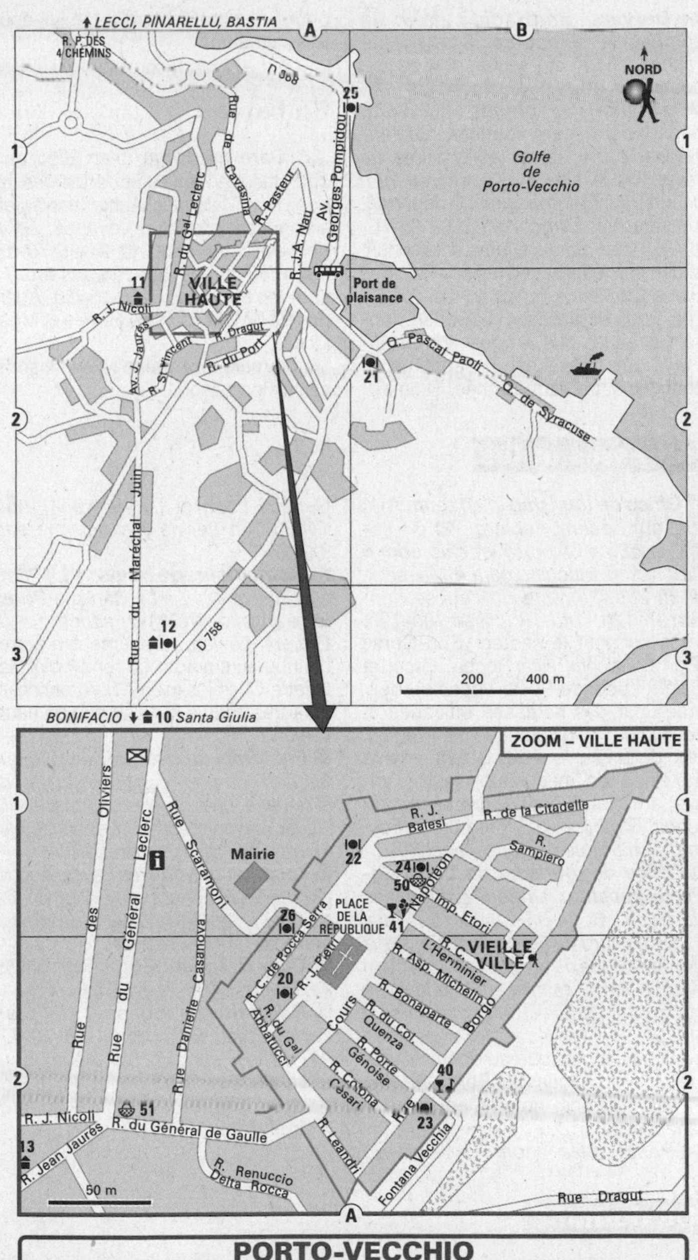

PORTO-VECCHIO

➢ ***De/vers Bonifacio :*** avec la compagnie *Eurocorse,* 3 cars/j. tte l'année, sf dim et j. fériés, et 4 en juil-août, tlj.

➢ ***Service des plages :*** juil-août, départ de la gare routière. Se renseigner par tél pour les horaires ou consulter le site • *ot-portovecchio.com* • Pour **Palombaggia,** 3 départs/j. lun-sam avec *Eurocorse (☎ 04-95-70-13-83).* Pour **Santa Giulia,** 4 liaisons/j. sf dim et j. fériés, avec les bus *Rapides Bleus-Corsicatours (☎ 04-95-20-20-20).* Pour **Pinarellu,** 3 liaisons/j. lun-sam avec les bus *Bradesi (☎ 04-95-71-40-09).* Itinéraires susceptibles de changements chaque année. Et enfin, pour Sperone-Piantarella, en juil-août, 5 fs/j lun-sam.

En bateau

Gare maritime *(plan B2) : quai de Syracuse. Arrivée et départ des ferries pour Marseille. Achat des billets à l'agence* Inter Sud Voyages, *sur le port de commerce.* ☎ *04-95-70-06-03.* • *intersudvoyages@wanadoo.fr* • *Lun-ven 8h-11h45, 15h-18h30.* Agent pour la *SNCM, Corsica Ferries* et *Moby Lines.*

➢ ***De/vers Marseille :*** 3-4 liaisons/sem selon saison.

Adresses utiles

Office de tourisme *(plan zoom A1) : rue du Général-Leclerc.* ☎ *04-95-70-09-58.* • *ot-portovecchio.com* • *destination-sudcorse.com* • *Mai-sept, tlj 9h-20h. Le reste de l'année, lun-ven 9h-12h, 14h-18h ; sam 9h-12h.* Infos sur tout le secteur Sud-Corse (Porto-Vecchio, Alta Rocca, Lecci et Sainte-Lucie-de-Porto-Vecchio), délivrées par des hôtesses efficaces et souriantes : guide pratique de la région, plan de la ville, liste des hébergements (hôtels, gîtes, meublés...), restos, loisirs, artisans et petits producteurs du terroir. Organise en septembre le *Festival de musique de Porto-Vecchio.*

Office de tourisme de Lecci-de-Porto-Vecchio : *au centre du village de Lecci.* ☎ *04-95-71-05-75. À env 12 km au nord de Porto-Vecchio, sur la gauche le long de la nationale, direction Bastia. Ouv tte l'année en théorie, tlj en hte saison, 9h-20h (13h dim). Lun-sam 8h-12h, 14h-18h les autres mois.* Bien pratique, ce petit bureau donne toutes les infos touristiques sur Porto-Vecchio et ses environs, notamment sur les randonnées.

✉ ***Poste*** *(plan zoom A1) : rue du Général-Leclerc. Lun-ven 9h-11h50, 14h30-16h (fermé mer ap-m) ; sam 9h-12h.*

■ ***Distributeurs de billets :*** *à* **La Poste** *(voir ci-avant), et à* **La Banque Populaire** *(plan zoom A1-2) située rue du Général-Leclerc.* Également d'autres distributeurs autour du rond-point des Quatre-Chemins *(plan A1).* Attention, ils sont très courus le week-end en haute saison.

■ ***Petit train touristique :*** *en juil-août, fait l'A/R du port (depuis le parking de la douane, près du* Wind Club*) à la Ville Haute (devant l'église). Départ ttes les 15 mn 10h-13h, 17h-minuit.*

■ ***Location de voitures :*** *sur le port de plaisance.* ***Europcar :*** *à la capitainerie.* ☎ *04-95-72-13-10.* ***Citer :*** *à la capitainerie.* ☎ *04-95-71-02-00.*

■ ***Taxis Brönner :*** 📱 *06-12-54-58-38.* ***Taxi Pietri :*** 📱 *06-21-31-04-64.*

■ ***Capitainerie du port de plaisance*** *(plan B2) :* ☎ *04-95-70-17-93, ou VHF canal 9.* Sur place : douches *(8h30- 20h30),* toilettes, laverie *(ferme à 21h)* et location de voitures (voir plus haut).

Où dormir ?

Comme à Bonifacio, tout est très cher, surtout en été. Soyons francs, au mois d'août, les tarifs dépassent souvent les bornes pour une famille aux revenus moyens. En plus, encore faut-il trouver de la place...

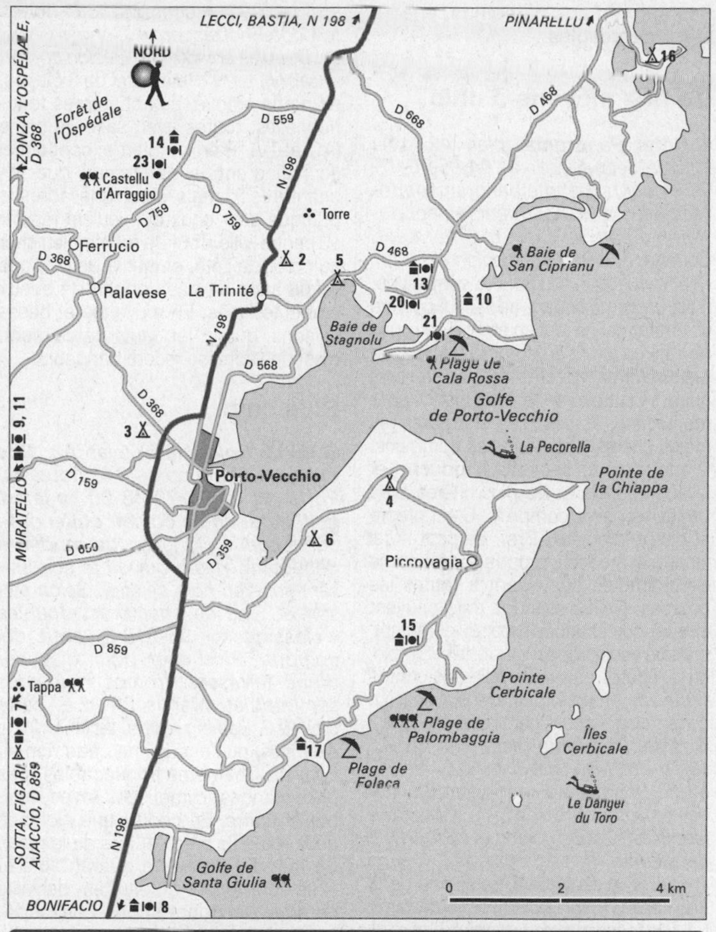

LES ENVIRONS DE PORTO-VECCHIO

Où dormir ?

2 Campingo La Vetta et Pitrera Village
3 Camping Arutoli
4 Camping U Pirellu
5 Camping Golfo di Sogno
6 Camping Les Jardins du Golfe
7 Village de Gallina Varja – Hôtellerie de plein air
8 Chambres d'hôtes L'Hôte Antique
9 Chambres d'hôtes Chez Bati
10 Hôtel-résidence Caranella Village
11 Le San Giovanni
13 Hôtel Kilina
14 Chambre d'hôtes et gîte, chez Joseph Nicoli
15 Chambres d'hôtes Littariooia
16 Camping California
17 Chambres d'hôtes Rocca Rossa

Où manger ?

14 La Casette d'Araggio
20 Le Passe-Temps
21 Le Ranch'o Plage
23 L'Orée du Site

Restent certains campings, encore assez abordables.

De prix moyens à chic

Hôtel Panorama *(plan A2,* ***11****) : 12, rue Jean-Nicoli. ☎ 04-95-70-07-96. ● contact@hotelpanoramaporto-vecchio.com ● hotelpanoramaporto-vecchio.com ● Ouv mai-fin sept. Compter 50-99 € selon confort et saison. Petit déj 7,50 €.* Dans le centre-ville, mais un rien à l'écart, ce qui lui confère un certain calme tout en étant à deux pas de l'animation et au cœur de la ville. Un petit hôtel-bar comme on n'en fait plus guère ! On traverse le petit bistrot pour monter aux étages. Les chambres les moins chères font sanitaires communs. D'autres avec seulement douche et lavabo intérieur et les plus chères avec sanitaires privés complets. C'est propre et plutôt lumineux. Bref, ce petit hôtel familial et modeste propose une gamme de chambres convenant à toutes les bourses. Celles sous les toits peuvent être un peu chaudes l'été, évidemment, mais on vous propose un ventilo. Simple, on le répète, mais ensemble très convenable. On prend le petit déj sur un bout de terrasse. Accueil gentil comme tout.

Hôtel Da Mama *(hors plan par A3,* ***10****) : rue du Maréchal-Juin. ☎ 04-95-70-56-64. ● hoteldamama@wanadoo.fr ● damama.com ● Ouv avr-fin sept. Doubles 64-98 € selon confort et saison. Petit déj 8 €/pers. Parking dans l'enceinte de l'hôtel.* À seulement deux pas de la Ville Haute (10 mn à pied), cet hôtel familial, à la façade un rien défraîchie et sans charme, légèrement en surplomb de la route, propose une dizaine de chambres (2 à 4 personnes) simples et bien tenues, refaites de manière sobre, certaines avec balcon. Toutes avec sanitaires. Prix relativement raisonnables pour le coin. Petit bémol : quelques problèmes d'insonorisation entre les chambres, autant le savoir, et la présence de la route passante en contrebas pourra en gêner certains malgré le double vitrage.

Chic

Hôtel Holzer II *(plan zoom A2,* ***13****) : 12, rue Jean-Jaurès. ☎ 04-95-70-05-93. ● contact@hotel-holzer.fr ● hotel-holzer.com ● Congés : Noël slt. Doubles env 60-140 € selon confort et saison.* Petit hôtel de 3 étages, en partie rénové, aux chambres fonctionnelles, toutes avec salle de bains (AC et TV). Rien de bien exceptionnel (le hall d'entrée est mieux que les chambres !), mais c'est une adresse pratique pour ceux qui veulent résider au centre-ville. Tout de même bien cher au cœur de l'été, et inutile de dire que la rue juste en bas connaît de beaux embouteillages. En moyenne et basse saisons, quand les tarifs se calment, c'est une adresse recommandable.

Plus chic

Le Golfe Hôtel *(plan A3,* ***12****) : rue du 9-Septembre-1943 (route du Port). ☎ 04-95-70-48-20. ● info@golfehotel-corse.com ● golfehotel-corse.com ● Congés : de mi-déc à début janv. Resto ouv slt le soir lun-sam (lun-ven hors saison). Selon saison et type de chambres, doubles « classiques » 95-219 €, petit déj compris. Plus cher pour disposer d'une terrasse. Promos régulières sur Internet. Menus 23-32 €, carte env 40 €. Parking fermé.* Un vrai 3-étoiles, où l'accueil ne cède rien au confort. Chambres impeccables, pas bien grandes, climatisées, avec minibar et coffre. En choisir une éloignée de la route (le préciser lors de la résa). En fait, il y en a une quarantaine et elles sont toutes différentes, de taille comme de conception. Les supérieures possèdent toutes une petite terrasse. Celles dans le corps de bâtiment principal sont les plus modestes et sont très au calme. Un inconvénient général : on est dans un quartier assez excentré et sans charme, en bordure d'une route passante (heureusement, les chambres sont tranquilles, car en retrait, ce qui n'est pas le cas de la piscine, de laquelle on entend la rumeur des voitures). Accueil efficace et souriant. Resto recommandable, dans un cadre agréable (cheminée l'hiver, près de la piscine en été), où l'on travaille les produits frais : terrine maison, beignets corses à la pomme, tagliatelles aux gambas...

Où dormir dans les environs ?

Campings

⛺ ***Camping La Vetta*** *(carte Les environs de Porto-Vecchio,* ***2****) : 20137* ***La Trinité.*** *☎ 04-95-70-09-86. • info@campinglavetta.com • campinglavetta.com • Direction Bastia ; le camping est sur la droite passé le village de La Trinité. Ouv juin-oct pour le camping. Compter env 20-29 € pour 2 avec tente et voiture selon saison ; mobile homes pour 2-8 pers à ts les tarifs. (sur la terrasse). Réduc de 5 % sur le prix du camping (sf juil-août) sur présentation de ce guide (sf mobile homes).* Sur 8 ha, des emplacements (non délimités) bien larges et un cadre superbe de vaste chênaie, en terrasses. Très vert et ombragé, donc. Un camping où l'on se sent bien. Resto ouvert en juillet-août, avec soirée corse une fois par semaine en haute saison. Petite épicerie. Également une villa à louer. Piscines (jacuzzi dans la principale).

⛺ ***Camping Pitrera Village*** *(carte Les environs de Porto-Vecchio,* ***2****) : route de Bastia, 20137* ***La Trinité.*** *☎ 04-95-70-20-10. • pitrera@wanadoo.fr • pitrera.com • À 3 km de Porto-Vecchio et 5 km de la plage. Mai-oct. Compter env 18-26,10 € pour 2 avec tente et voiture selon saison. Loc de chalets et bungalows, et même d'une yourte climatisée.* On est accueilli par une très belle allée de lauriers-roses. On est un peu à l'étroit, mais le lieu est sympa. Sanitaires tout beaux tout neufs. Bel environnement arboré et fleuri, piscines (2 !) avec super-toboggan, tennis, ambiance familiale. Petit resto appréciable aussi. Animation musicale 3 fois par semaine en saison (soirée corse, karaoké...).

⛺ ***Camping Arutoli*** *(carte Les environs de Porto-Vecchio,* ***3****) : route de L'Ospédale. ☎ 04-95-70-12-73. • info@arutoli.com • arutoli.com • ♿ Ouv avr-oct. Compter env 20-23,50 € pour 2 avec tente et voiture selon saison. Bungalows (2-5 pers) à louer à la sem 375-1056 € selon saison.* Très beau camping de 4 ha, un peu à l'écart de la ville mais pas trop (1 km), et ombragé. Emplacements non délimités, alors on s'entasse un peu en haute saison. Ombragé par de beaux arbres. Grande et belle piscine, mais d'où l'on entend la route voisine. Alimentation, bar-resto *(juin-fin sept)*... Bon accueil.

⛺ ***Camping U Pirellu*** *(carte Les environs de Porto-Vecchio,* ***4****) : route de Palombaggia, à une dizaine de km de Porto-Vecchio. ☎ 04-95-70-23-44. • u.pirellu@wanadoo.fr • u-pirellu.com • Ouv fin avr-fin sept. Compter env 20-29 € selon saison avec petite tente et voiture. Chalets familiaux (2 adultes et 2 enfants) 400-990 €/sem selon confort et saison.* Beau camping organisé en terrasses successives, sous les oliviers. Emplacements bien délimités et un bouquet de chalets en bois (certains avec clim). Sympathique piscine chauffée et à débordement, surplombant la petite route. Et, juste à côté, la pizzeria *L'Amandella,* bien sympathique et pleine d'ambiance. Blocs sanitaires modernes et propres. Supérette, jeux pour enfants...

⛺ ***Camping Golfo di Sogno*** *(carte Les environs de Porto-Vecchio,* ***5****) : route de Cala Rossa. ☎ 04-95-70-08-98. • reception@golfo-di-sogno.fr • golfo-di-sogno.fr • Ouv mai-fin sept. Compter, selon période, 20,40-30 € pour 2 avec tente et voiture. Beaucoup de bungalows, mobile homes et mini-villas de ttes sortes, avec ou sans AC. Chalets 4-5 pers 485-1 090 €/sem. Duplex 6-8 pers 590-1 440 €/sem.* Très vaste et moderne, fort bien équipé, il s'étend sur plusieurs hectares sur un terrain plat. Beaucoup de monde, évidemment, mais le gros avantage est la proximité immédiate de la plage. Bien sûr, c'est un peu l'usine en haute saison, et ce camping satisfera nos lecteurs qui apprécient les animations estivales. Bonnes prestations (resto, libre-service, bar, laverie...). Et, en bordure du camping, une longue et belle plage.

⛺ ***Camping Les Jardins du Golfe*** *(carte Les environs de Porto-Vecchio,* ***6****) : route de Palombaggia, à env 4 km après avoir quitté la route de Porto-Vecchio, sur la droite.*

☎ *04-95-70-46-92.* • *campingles jardinsdugolfe@yahoo.fr* • *camping-jardinsdugolfe.fr* • *Ouv fin mai-fin sept (avr-oct pour les loc). Compter env 17-21 € pour 2 avec tente et voiture. Chalets 5-6 pers 330-780 €/sem.* Géré par un Esat (ancien CAT, Centre d'aide par le travail), qui emploie ici une bonne vingtaine de personnes en difficulté, ce camping familial, sous une pinède, conviendra essentiellement à une clientèle jeune qui s'endort tard. Situé à une relative proximité de la grande boîte du Sud-Corse, le *Via Notte*, on y entend jusque tôt le matin les notes de musique, surtout les graves. Parfait pour les petits groupes de noctambules qui peuvent rentrer à pied. Pour les familles, c'est une autre histoire. Blocs sanitaires en bon état, petite piscine, laverie, petit snack en journée, et personnel sympathique.

Gîte rural

Gîte de Mme Marie-Joséphine Polacci *(Gîtes de France)* **:** *à* **Muratello,** *à une dizaine de km à l'ouest par la D 159. Résas auprès des Gîtes de France :* ☎ *04-95-10-54-30/31. Fax : 04-95-10-54-38. Ouv de mi-avr à fin sept. Compter 477-873 €/sem selon saison.* En pleine campagne, au rez-de-chaussée de la maison des propriétaires (adorables) qui élèvent poules, vaches, biquettes, sans oublier la ribambelle de chats. Le gîte de 95 m², de plain-pied, dispose de 3 chambres, séjour, cuisine, salle d'eau, w-c, lave-vaisselle, congélateur, micro-ondes ; lave-linge commun avec les proprios. Salon de jardin sur la terrasse couverte, barbecue. Mieux qu'à la maison. Pas de commerces, mais une ferme, juste à côté, permet de s'approvisionner en volailles et légumes. Draps fournis ; possibilité d'avoir un lit bébé.

Bon marché

Village de Gallina Varja – Hôtellerie de plein air *(hors carte Les environs de Porto-Vecchio,* **7***)* **:** *20146* **Sotta,** *à 10 km au sud-ouest de Porto-Vecchio.* ☎ *04-95-71-23-22.* • *contact@gallinavarja.com* • *gallinavarja.com* • *Juste à l'entrée de Sotta, sur la D 859 (route de Figari), tourner à gauche en direction de Chera, puis faire 2 km, et petite route à droite en direction de Ghjaddinavarghja (imprononçable, mais tel quel en bon corse !) ; terminus ! Ouv avr-oct. Juil-août, compter 42 et 49 €/pers, sous tente, respectivement en ½ pens et en pens complète (sur la base de 2 pers). En petit chalet, 50-57 €/pers en pens complète. Également des grands chalets. CB refusées. (dans la salle commune). Petite bibliothèque à disposition des clients.* 3 formules : hébergement avec petit déjeuner, pension complète ou demi-pension. Dans un cadre agréable, calme et ombragé, autour d'une grande prairie en pente et plantée d'oliviers, un ensemble de tentes familiales et de petits bungalows de bois (4 couchages). Plusieurs petits blocs sanitaires sur le terrain, en nombre suffisant. Pour ceux qui choisissent la pension complète, à noter qu'on mange bien (déjeuner-buffet et dîner varié). L'ambiance décontractée et conviviale ainsi que le bon accueil des patrons font de ce lieu une alternative sympathique et peu onéreuse, qui compense largement le relatif éloignement des plages.

De prix moyens à plus chic

Chambres d'hôtes L'Hôte Antique *(hors carte Les environs de Porto-Vecchio,* **8***)* **:** *à* **Pétralonga-Salvini,** *20137 Porto-Vecchio.* ☎ *04-95-71-20-17.* *06-22-24-85-73.* • *hote-antique@wanadoo.fr* • *lhote-antique.com* • *À 14 km au sud de Porto-Vecchio. De Porto-Vecchio, suivre la N 198 (vers Bonifacio), prendre à droite la D 459, puis suivre la direction Pétralonga-Salvini. Ouv tte l'année. Doubles 75-115 € selon saison (et 105-145 € pour 3 pers), petit déj compris. Table d'hôtes régulièrement 27 €/pers (apéro, vin, café et digestif compris). CB refusées.* Au cœur d'un petit village tout tranquille, dans la campagne, sur les hauteurs. Suffisamment éloigné pour avoir la paix, mais pas trop pour rester proche des plages. Dans une partie de leur grande demeure, les hôtes, Jean-Luc et Françoise Pietri, proposent 5 chambres impeccables, spacieuses et claires, décorées avec goût. Elles possèdent presque toutes un balcon et la plupart offrent une vue sur de splendides baies turquoise au loin, notamment Santa Giulia. Excellent niveau d'équipement et de confort (TV, clim, coffre). Petit déj de très bonne tenue (confitures extra et gâteaux savoureux).

🏠 ***Chambres d'hôtes Chez Bati*** *(hors carte Les environs de Porto-Vecchio,* ***9****) : à* ***Muratello,*** *lieu-dit Cipponu, à 8 km env de Porto-Vecchio, 20137 Porto-Vecchio. ☎ 04-95-26-78-21. 📱 06-03-29-73-26 ou 06-18-40-22-65. • chezbati@gmail.com • chezbati.com • Pour s'y rendre, prendre la rocade qui contourne Porto-Vecchio et suivre « Muratello ». Dans le village, suivre le fléchage sur la droite, la maison est à env 1 km. Ouv fév-nov. Chambres doubles 60-105 € selon saison, petit déj compris (15 € supplémentaires pour une seule nuit !). Apéritif offert sur présentation de ce guide.* Dans cette longue maison moderne bâtie par Bati (facile, certes !), on trouve 5 chambres, spacieuses et bien équipées, confortables et fonctionnelles à la fois : grande salle de bains, frigo, AC, écran plat... Une sympathique adresse (malgré une notable augmentation des prix). Vue dégagée depuis la terrasse.

🏠 ***Chambres d'hôtes Rocca Rossa*** *(carte les environs de Porto-Vecchio,* ***17****) : Asciaghju. ☎ 04-95-25-97-32. 📱 06-19-21-95-79. • nadia.stephane@wanadoo.fr • roccarossa.net • Ouv avr-début nov. Compter 65-130 € selon saison en chambres d'hôtes ; studio pour 2, 450-850 €/sem.* Bien situées, à mi-chemin entre Palombaggia et Santa Giulia et à 800 m de la plage d'Asciaghju, relativement moins connue, ces chambres d'hôtes, dans un secteur hautement touristique qui en compte assez peu, sont une aubaine. Dans leur maison récente, Nadia et Stéphane sont aux petits soins pour leurs clients. Les chambres et le studio, dans un bâtiment séparé de la maison des propriétaires, s'avèrent très confortables. Piscine. Stéphane, skipper, propose par ailleurs des sorties en mer (pour ses hôtes seulement).

🏠 ***Chambres d'hôtes U Barraconu :*** *faire 6 km sur la D 368 quand on prend la route de L'Ospédale depuis Porto-Vecchio. Bien fléché sur la gauche. Faire ensuite env 800 m sur un chemin et c'est au bout. 📱 06-15-08-53-71. • a-francoisfilippi@live.fr • barraconu.com • Selon saison, doubles 85-130 €, avec petit déj. Compter 20 €/pers supplémentaire.* Voici une généreuse maison de granit parfaitement au calme, qui abrite des chambres simples et spacieuses donnant toutes sur la cour intérieure. Belles salles de bains. Le couple s'occupe par ailleurs de produire des huiles essentielles, notamment à base de myrte, genévrier, calendula et surtout d'immortelles. Une bonne initiative. Ils vous en diront plus si vous le désirez. Bon accueil.

🏠 |●| ***Villa La Greck :*** *Capu-di-Lecci, 20137* ***Lecci-de-Porto-Vecchio.*** *☎ 04-95-50-06-93. 📱 06-78-13-81-57. • agnesb62@yahoo.fr • villalagreck.com • À 12 km au nord de Porto-Veccio, tourner au rond-point de Lecci, direction Capu (fléché). Pour 2, 75-125 €, petit déj compris. Apparts 850-1 500 €/sem selon période. Table d'hôtes sur résa : 32 € (vin compris).* Agnès et Hervé sont venus de leur Bretagne natale ouvrir cette maison d'hôtes, disposant de 3 chambres doubles et, depuis peu, de 2 appartements pour 6 personnes. L'adresse est bien située, dans un quartier résidentiel calme, au pied de la forêt mais à 1 km de la nationale, et finalement pas bien loin des plages. Les chambres, climatisées, sont confortables, bien pensées. Cuisine extérieure. Petite salle de remise en forme. Piscine, jacuzzi. Une bonne adresse pour la détente.

🏠 ***Hôtel-résidence Caranella Village*** *(carte Les environs de Porto-Vecchio,* ***10****) : route de Cala Rossa. ☎ 04-95-71 60 01. • info@caranella.com • caranella.com • ♿ À 7 km de Porto-Vecchio ; route de Bastia sur 3 km, puis à droite à l'entrée de La Trinité (Cala Rossa fléché) ; à gauche au rond-point, puis direction Cala Rossa au carrefour suivant ; l'hôtel se trouve un peu plus loin sur la gauche. Congés : nov-fin mars. Résa très conseillée. Chambres standard (hôtel) 82-152 € selon saison*

(½ pens demandée en juin-août : 36 €/pers) ; d'autres plus chic 100-294 € en ½ pens ; studios (résidence) avec coin cuisine 322-1 134 €/sem selon saison ; également des villas et apparts de confort varié, pour 4-6 pers. ᯤ *Réduc de 10 % sur les chambres en avr et oct.* Quelques chambres doubles et des studios et appartements pour 2 à 6 personnes, bien équipés (four, micro-ondes, TV, téléphone, lave-vaisselle en option), de plain-pied ou en étage, avec terrasse pour la plupart, autour d'une piscine chauffée. Pour les logements à la semaine, location du linge en sus, service ménage et laverie possibles. La résidence est conçue comme une sorte de petit village mexicain, composée d'un ensemble de maisons blanches, donnant toutes plus ou moins sur la pelouse ou du côté de la piscine. Entretien général de qualité au fil des années, ce qui n'est pas si fréquent. Environnement fleuri, salle de fitness, location de vélos, bar et resto. Gros plus : la plage de Cala Rossa à 300 m. Un bon plan, à prix plutôt corrects pour Porto-Vecchio. Accueil aimable et ambiance relax.

PORTO-VECCHIO ET SES ENVIRONS

🏠 🍽 ***Le San Giovanni*** *(hors carte Les environs de Porto-Vecchio,* ***11****) : route d'Arca.* ☎ *04-95-70-22-25.* • *info@hotel-san-giovanni.com* • *hotel-san-giovanni.com* • *À env 5 km de Porto-Vecchio, dans la verdure de l'arrière-pays. Ouv de mars à début nov. Doubles standard 75-150 € selon saison et confort (chambre ou pavillon) ; petit déj 12 €. Possibilité de ½ pens (obligatoire en juil-août) 32 €/pers.* ᯤ Espace commun généreux, particulièrement soigné et arboré. Bonnes prestations : piscine chauffée, jacuzzi, sauna, tennis, prêt de bicyclettes. Également TV et wifi dans le bar. Accueil franc et souriant. Chambres mignonnes, avec AC, donnant sur le beau parc fleuri de 3 ha (palmiers et eucalyptus) où coassent les grenouilles dans une petite mare. On prend ses repas dans la salle intérieure ou sous une ronde paillote au cœur du jardin. Tennis, table de ping-pong.

🏠 🍽 ***Hôtel Kilina*** *(carte Les environs de Porto-Vecchio,* ***13****) : route de Cala Rossa, à env 1,5 km de la plage.* ☎ *04-95-71-60-43.* • *info@kilina.fr* • *kilina.net* • ♿ *Ouv 20 avr-4 oct. Chambres 69-204 € selon standing et saison. Petit déj 12 €. ½ pens 25 €.* ᯤ Dans un grand parc arboré (pins et chênes-lièges), réparties dans des pavillons sous une pinède, des chambres claires, toutes de plain-pied, pas bien grandes mais correctes, avec une petite terrasse. Bon, le chic de l'espace bar-resto-piscine n'est pas tout à fait en adéquation avec la relative simplicité des chambres, dotées toutefois d'un honnête confort, sans plus (TV, AC). Resto-grill. Bien jolie piscine, donc *(ouv de mi-juin à début sept),* avec son palmier central et sa grande terrasse de bois qui s'étend vers le bar et le coin salon, cosy et chic à la fois, équipé de généreux fauteuils où l'on se prélasse avec plaisir. On y propose d'ailleurs un « menu-piscine » le midi, qui donne droit à l'après-midi à la piscine de l'hôtel. Les plages ne sont pas très loin non plus. 2 soirées musicales par semaine.

🏠 ***Chambre d'hôtes et gîte, chez Joseph Nicoli*** *(carte Les environs de Porto-Vecchio,* ***14****) : dans le village d'****Araggio****, sur la droite en arrivant.* ☎ *04-95-70-31-97.* 📱 *06-21-54-62-11.* • *d.nicoli@wanadoo.fr* • *Chambres 65-90 € pour 2 et 100 € pour 3, petit déj compris. Gîte pour 3 pers 350-550 €/sem selon saison.* Sous leur petite maison de pierre, les proprios ont aménagé une chambre mignonne comme tout, avec des sanitaires tout beaux. Le gîte (Gîte de France) est juste à côté, dans la même maison et dispose d'un petit coin cuisine, mais pas vraiment de salon. En revanche, on peut s'installer dehors, où un coin relax a été aménagé, commun aux 2 hébergements.

Beacoup plus chic

🏠 🍽 ***Chambres d'hôtes Littariccia*** *(carte Les environs de Porto-Vecchio,* ***15****) : sur la route de Palombaggia, 20137 Porto-Vecchio.* ☎ *04-95-70-41-33.* • *littariccia@orange.fr* • *littariccia.com* • *Ouv tte l'année (sur résa). Bien fléché sur la droite de la route, puis 400 m de chemin caillouteux. 5 chambres, la plupart avec clim, 70-215 € selon saison et confort, dont 2, les moins chères, partagent les sanitaires.*

Apéritif offert sur présentation de ce guide. Voici un ensemble de 3 maisons nichées dans une belle oliveraie, très au calme – calme auquel tiennent les proprios au vu des petits panneaux qui invitent au silence un peu partout. Les chambres sont jolies, dans les tons blanc, beige et bois, assez minimalistes dans le style, bien équipées sur le plan du confort, mais c'est surtout l'ensemble, le cadre et l'atmosphère sereine qu'on retient. Une adresse de charme, donc, avec, de la terrasse du petit déjeuner, une vue extra sur la mer. Jolie piscine entourée d'une terrasse de bois du plus bel effet. Si vous êtes du genre bruyant, cette adresse n'est pas pour vous.

Où manger ?

– ***Le marché de Porto-Vecchio*** *(plan zoom A1) se tient dim mat sur la pl. de la Mairie.* L'office de tourisme propose une liste de petits producteurs du terroir des environs pour s'approvisionner en fromages, vins, miels, huile d'olive...

– Sinon, la plupart des nombreux restos de Porto-Vecchio sont saisonniers. Difficile de recommander ces adresses, qui n'existent que de juin à septembre et changent de cuistot à la petite semaine. Quant aux autres restos, ouverts à l'année, ils ont bien du mal à faire face à l'énorme demande estivale. Voici toutefois une petite sélection de tables plutôt fiables dans le temps, certaines pratiques, d'autres tout bonnement excellentes.

Dans la Ville Haute

Bon marché à prix moyens

U Spuntinu *(plan zoom A2,* ***20****) : rue Joseph-Pietri. ☎ 04-95-72-28-33. • p.orsucci@orange.fr • Sur la pl. de l'Église. Ouv midi et soir. Congés : de mi-oct à mars. Assiette de charcuteries env 17 €. Digestif offert sur présentation de ce guide.* Sylvie et Philippe ont repris l'ancienne *Orca* et l'ont agrandi. Dans la boutique attenante, on peut faire ses emplettes de cochonnailles, mais l'on peut également prendre place en terrasse et procéder à la dégustation de tous ces bons produits corses sans tarder. En plus des assiettes, également quelques plats comme les *fritelle* (beignets au *brocciu*).

Version Originale *(VO ; plan B2,* ***21****) : port de plaisance. ☎ 04-95-70-38-75. • alainapo@wanadoo.fr • Fermé dim. Congés : mi-nov à début avr. Wraps 9 €, salades et hamburgers 13-14 €.* Une sympathique terrasse ouverte sur le port avec du mobilier design et une atmosphère frisant l'élégance. L'un des avantages du *VO* réside dans le fait qu'on y sert à manger en continu dans la journée, et jusque tard le soir. Dans les assiettes, voici des salades, sandwichs, hamburgers au foie gras, tartines et *wraps* en tout genre, confectionnés avec les produits frais du cru et selon des recettes originales. Un vrai « générique de faim » comme dit sur le menu ! Les assiettes sont jolies, bien présentées, mais on reprochera simplement les portions petiotes de certains plats.

A Stonda *(plan zoom A1,* ***22****) : 6, rue Camille-de-Rocca-Serra. ☎ 04-95-70-15-51. Sur la pl. de l'Église, quasiment face à l'office de tourisme. Fermé dim hors saison. Congés : 1 sem en fév. Salades 10-14 €, hamburgers et quelques plats pas sorciers.* La petite affaire toute simple, avec quelques tables sur une terrasse, et même pas de salle, pour manger une bricole sur le pouce. C'est une petite adresse qui tourne à l'année, fréquentée par pas mal de gens qui travaillent dans le coin.

De prix moyens à chic

A Furana *(plan zoom A2,* ***23****) : 47, rue Borgo. ☎ 04-95-70-58-03. • restaurant.furana@gmail.com • L'été, tlj slt le soir. Le reste de l'année, midi et soir, sf lun soir et mar midi. Congés : de mi-nov à mi-mars. Formule entrée + plat env 24 €, et 28 € avec dessert ; menu dégustation 48 € ; carte env 38 €.* On adore la terrasse, offrant un superbe panorama sur les alentours et le port en contrebas. Voici une jolie cuisine corse, simple sur le fond, mais tout bonnement réussie, composée d'une sélection de plats de viandes et de poissons (quelques suppléments pour certains d'entre eux), accommodés aux recettes insulaires et présentés avec soin.

|●| ***A Cantina di l'Orriu*** *(plan zoom A1,* ***24****)* ***:*** *5, cours Napoléon.* ☎ *04-95-25-95-89.* ● *lorriuportovecchio@gmail.com* ● *En saison, ouv midi et soir. En basse saison, fermé lun midi et dim. Congés : janv-mars. Salades 13-15 €, plats 15-29 €.* Attenant à la boutique du même nom (voir plus loin « Où acheter de bons produits corses ? »), ce petit resto tenu par la même famille vous tend les quelques tables de sa double terrasse (de chaque côté du resto) pour déguster des assiettes de fromage, charcuteries, ou quelques bons petits plats (superbe aubergine à la bonifacienne, cannellonis, escalope de veau pané à ma façon...), accompagnées si l'on veut de vin au verre (et ils en ont du bon !). Original tartare de veau corse, raviolis maison, aubergines à la bonifacienne. On peut aussi se contenter de venir y siffler un verre à l'intérieur, accoudé au superbe zinc.

|●| ***Chez Anna*** *(plan zoom A1,* ***26****)* ***:*** *16, rue Camille-de-Rocca-Serra.* ☎ *04-95-70-19-97. Dans la Ville Haute, à côté de l'église. Tlj mais slt le soir (en général jusqu'à 23h). Congés : mi-oct à début avr. Carte slt.* Dollari *22,50 € ; plats 20-24 €. Repas complet env 35-40 €.* Une excellente adresse qui tient la route depuis de nombreuses années sans défaillir, et c'est rare à Porto-Vecchio ! Alors nous, on y tient très fort. Un resto très apprécié par les gens du cru également, pour ses pâtes fraîches ou ses spécialités italiennes (les *dollari*) ou corses (les aubergines farcies au *brocciu*), à déguster sur l'une des 2 terrasses (l'une minuscule et une autre sur l'arrière, plus grande, au pied des remparts), ou dans une longue salle claire et agréable, résolument moderne. C'est tout simplement délicieux et les plats sont hyper copieux. Gnocchis sauce napolitaine, lasagnes *al forno* et quelques plats napolitains comme cette escalope de veau corse façon *romana*. Toujours un vin du mois à prix raisonnable. D'ailleurs, un plat peut suffire, même si les desserts sont à recommander sans hésiter. De bien belles assiettes en vérité, aux jolies saveurs. Bon accueil du personnel, même pendant le coup de feu.

|●| ***Resto de l'hôtel Le Goéland*** *(plan A-B1,* ***25****)* ***:*** *av. G.-Pompidou.* ☎ *04-95-70-14-15.* ● *contact@hotelgoeland.com* ● *Du port, suivre la route en laissant la mer sur la droite. C'est à 300 m sur la droite. Ouv de début mars à mi-nov. Formules déj en sem 23-30 €. Plats 17-30 €.* On traverse l'hôtel pour gagner la superbe terrasse prolongée par une pelouse tenue à l'anglaise, ombragée par de grands pins. Devant vous, une petite plage et la baie de Porto-Vecchio... et dans l'assiette, des saveurs franches, des compositions réussies et généreuses, à base de produits de la mer, qui se laissent facilement emporter par le vent de l'ailleurs. Une créativité tout en douceur et fraîcheur, jamais désarmante. Les entrées façon tapas permettent de multiplier les petits plaisirs gustatifs. Et le midi en semaine, on profite du savoir-faire du chef sans se ruiner.

Où manger dans les environs ?

Prix moyens

|●| ***Le Passe-Temps*** *(carte Les environs de Porto-Vecchio,* ***20****)* ***:*** *route de Cala Rossa, 20137* ***Lecci-de-Porto-Vecchio.*** ☎ *04-95-71-63-76.* ♿ *À 7 km de Porto-Vecchio, route de Bastia sur 3 km, puis à droite à l'entrée de La Trinité (Cala Rossa fléché) ; à gauche au rond-point, puis petite route à droite au carrefour suivant (resto fléché). Ouv mai-fin sept, slt le soir. Pizzas 10-13 € et grillades 15-29 €. Apéritif, café ou digestif maison offert sur présentation de ce guide.* L'une des plus vieilles adresses porto-vecchiaises (depuis 1967 !), connue et fréquentée essentiellement des gens du coin. Valeur très sûre de la grillade et de la pizza. Cuisine simple et généreuse. Viande de premier choix (*pancetta,*

gigot d'agneau, brochettes de bœuf...) et légumes farcis ou une poêlée de gambas pour les non-viandards. Et puis un cadre agréable, vaste patio circulaire et verdoyant, où les tables ne sont pas serrées.

I●I ***L'Orée du Site*** *(carte Les environs de Porto-Vecchio,* ***23****) : dans le village d'****Araggio.*** *06-11-83--48-76. ● oreedusite@yahoo.fr ● De Porto-Vecchio, prendre la route de Bastia (N 198) sur env 7 km, puis à gauche la D 957 (panneau), vers Araggio. Le resto est à env 1 km du site mégalithique. Ouv d'avr à fin oct, tlj midi et soir sf lun en basse saison. Plat du jour 10-14 €, menus 16-26 €. Digestif offert sur présentation de ce guide.* Sous les grands oliviers de ce terrain en terrasse, dans un cadre rustique, une bonne cuisine de terroir vous est préparée : porcelet grillé à la broche, aubergines farcies, *sciaccia* (un plat de l'Alta Rocca à base de pomme de terre et de tomme de brebis). Rien de très compliqué mais c'est sincère et c'est bien tout ce qui compte.

I●I ***La Casette d'Araggio*** *(carte Les environs de Porto-Vecchio,* ***14****) : dans le village d'****Araggio.*** *☎ 04-95-72-05-23. ● info@lacasettedaraggio.fr ● En arrivant à Araggio, c'est indiqué sur la droite. Fermé dim soir en basse saison, dim midi en hte saison. Congés : fin oct-fin mars. Galettes 4-8,50 €, plats 8-18 €. Menu 26 €. Digestif offert sur présentation de ce guide.* Des omelettes, une assiette de charcuteries corses, de bonnes galettes... C'est le fruit de l'association corso-bretonne de monsieur et madame. Le resto est adorable, avec une jolie terrasse en contrebas de la maison, ombragée par un gros figuier et donnant sur un bout de vallée verdoyant. Tranquillité totale. Très sympa pour une petite grignote après la visite du site d'Araggio voisin. Juste à côté, une chambre d'hôtes et un gîte (voir « Où dormir dans les environs ? »).

Chic

I●I ***Le Ranch'O Plage*** *(carte Les environs de Porto-Vecchio,* ***21****) : sur la plage de Cala Rossa. ☎ 04-95-71-62-67. ● info@restaurant-rancho-plage.com ● À 10 km de Porto-Vecchio : direction Bastia puis à droite à La Trinité, vers Cala Rossa (indiqué). Ouv fin avr-fin sept, midi et soir. Résa conseillée. Le midi, plat du marché 17 €. Le soir, menu tradition 29 € et menu découverte 34 €. Compter 45 € à la carte.* La plage de Cala Rossa est bien sympathique, et une table en terrasse à 3 m des flots, surplombant la vague, c'est tout de même quelque chose. Mais le secteur étant un peu huppé, et comme il y a souvent du vent, ces 2 éléments conjugués font que l'addition s'envole, un peu sans raison. La cuisine est bonne, un peu tendance, et le service soigné, mais il faut choisir ses plats si l'on veut tenir le budget. Quelques entrées fraîcheur de bon aloi (bien que petites) et des plats de pâtes également, auxquels on peut ajouter des préparations dans le goût du jour. Burgers de qualité à prix raisonnables, et pizzas au feu de bois. Dans l'après-midi, carte restreinte.

Où boire un verre ? Où écouter de la musique ? Où manger une glace ?

🍸 ♩ ***La Taverne du Roi*** *(plan zoom A2,* ***40****) : 43, rue Borgo. ☎ 04-95-70-41-31. ● latavernedu roi.com ● À l'entrée de la vieille ville en venant du port. Env 10 € l'entrée et la boisson (renouvelable chaque heure et demie !). Ven-sam hors saison et ts les soirs en saison, soirées chansons corses à partir de 22h30.* Un endroit exceptionnel pour son cadre. Vraiment agréable d'y boire un verre, mais attention, c'est cher. Il faut dire qu'on en a pour ses sous, car guitaristes et chanteurs alternent vieux chants corses et chansons plus connues avec entrain et sincérité, dans une bonne ambiance. Si l'envie vous prend de danser, les musiciens seront ravis. Mais attention : venir de bonne heure pour avoir une place (vers 22h). Enfants refusés passé une certaine heure.

🍸 ***Le Glacier de la Place*** *(plan zoom A1, **41**) : 4, pl. de la République.* ☎ *04-95-70-21-42. Ouv jusqu'à au moins 1h du mat en saison. Congés : nov-mars.* Grand café sur la place de l'Église, avec imposante terrasse. S'il n'y en avait qu'un, ce serait celui-là ! À l'intérieur, choix impressionnant de bières (plus de 130 !) et d'alcools divers à faire pâlir d'envie les gens du Nord et de Belgique. Et, bien sûr, une belle carte de glaces et sorbets artisanaux (plus de 40 !). Pour les mômes, on choisira les sirops Monin. Rien que du bon.

🍸 Sur la même place de la République, plusieurs autres cafés en terrasse (***Au Bon Coin, Les Beaux Arts, Le Bel Ombra,*** etc.). Cette place, avec son bel ombra (autrement dit un *Phytolacca diolca* tout tordu), est certainement l'endroit le plus agréable en ville. Y prendre un verre s'impose. Quelques terrasses sortent leur matériel à DJ le soir, et les feuilles des arbres se mettent à trembler. De la branchitude, avec de vrais morceaux dedans... ou quand Porto-Vecchio se prend pour Saint-Trop'...

Où danser ?

♫ ***Via Notte :*** *à la sortie sud de Porto-Vecchio, après le rond-point.* ☎ *04-95-72-02-12.* • *vianotte.com* • *Ouv juin-sept. Compter 12-35 € l'entrée (si, si !) selon DJ invité, sans conso. En revanche, gratuit en général dim. Boisson alcoolisée à partir de 10 €.* Le club incontournable du Sud de l'île. DJs grosses pointures tout au long de la semaine (thème musical différent chaque soir). 5 bars (dont 1 à sushis), 1 piste, 1 piscine et 1 resto. N'en jetez plus ! Amateurs d'intimité, s'abstenir : compter dans les 3 000 personnes en moyenne chaque soir d'été !

Où acheter de bons produits corses ?

L'Orriu *(plan zoom A1, **50**) : 5, cours Napoléon.* ☎ *04-95-70-26-21. Dans la vieille ville, à 50 m de la pl. de l'Église. Tlj en saison 9h-22h (13h dim). Congés : 15 fév-31 mars et en nov.* Murs couverts de pots et de bouteilles, plafond squatté par les jambons, arrière-boutique croulant sous les saucissons, bel étalage de fromages... Une véritable anthologie des produits corses de qualité. Excellent accueil de la famille, toujours prête à vous renseigner et à vous expliquer les différents produits.

U Tavonu *(plan zoom A2, **51**) : 9, rue du Général-de-Gaulle.* ☎ *04-95-72-14-03. Tlj en saison, en général 9h-12h30 ; 15h... jusque tard. Fermé lun et dim hors saison. Congés : fin fév-fin mars.* Autre très belle boutique. Le patron, Christian Santoni, est de bon conseil. Grand choix de charcuteries, vins et liqueurs, fromages et autres produits naturels (confitures, miels, huiles, farine de châtaigne). On vous recommande la *vuletta* (joue de porc), forte en goût et au gras fondant (les amateurs de charcuterie adorent). Coppa, *lonzo*, *figatelli* (en hiver seulement), etc.

À voir

La vieille ville (ou ville haute) : les Génois édifièrent une citadelle sur le promontoire rocheux (en porphyre rose). Il en reste de belles fortifications, dont quelques bastions et l'imposante porte (dite « génoise ») d'où l'on a une jolie vue sur le golfe et les salines. Sur la place principale, très animée en été, une adorable petite église en pierre, au clocher décoré de trèfles.

À faire

– ***Voile : Club nautique Santa Giulia,*** *route du Moby-Dick, dans la baie de Santa Giulia, à 7 km au sud de Porto-Vecchio (tourner à droite au niveau du Vival).* *06-22-74-49-53. • voile-santa-giulia.com • Mai-début oct, tlj 9h-19h.* Cours de planche à voile, de dériveur ou de catamaran ; location de planches, de canoës et de catamarans. Également ***Anim'Plage,*** *sur la plage de Cala Rossa. • anim-plage-golfo.fr • Loc et cours de catamaran et planche à voile.* On navigue dans la baie, sans danger aucun.

– ***Location d'embarcations à pédales et de bateaux à moteur avec permis : Locorsa,*** *route du Moby-Dick, au milieu de la plage de Santa Giulia (tourner à droite au niveau du Vival). ☎ 04-95-70-64-43. • locorsa.com • Ouv avr-oct.* Bateaux à partir de 50 CV.

➢ ***Sortie en mer :*** avec les bateaux *Ruscana* et *Amour des îles.* *☎ 04-95-70-33-67. • croisieres-ruscana.com • D'avr à mi-nov.* Départ du port de plaisance de Porto-Vecchio, direction les Lavezzi, avec bouillabaisse servie à bord. *Départ à 9h, retour vers 18h. Compter 65 €/pers ; réduc 5-12 ans.* Bon, on est tout de même une centaine à bord !

➢ ***Balade avec un Nez :*** *serres de Ferrucio, route de L'Ospédale. ☎ 04-95-70-34-64. 06-19-89-65-36. • plante-aromatique.com • Sur résa slt, Pâques-Toussaint. Compter env 20 € pour une belle ½ journée de balade (12 € moins de 14 ans). Âge min : 6-8 ans. En général, départ vers 7h30 et retour vers 12h-12h30. Max 15 pers/groupe. Balades à la carte pour les familles.* Stéphane Rogliano propose de faire partager ses connaissances en botanique au cours de balades, où il fait découvrir et sentir les essences du maquis. Randonnée pédestre à la demi-journée, tout en observation et pédagogie.

– ***La cinémathèque de Corse Porto-Vecchio :*** *espace J.-P.-de-Rocca-Serra, derrière la mairie. ☎ 04-95-70-35-02. • casadilume.com •* Et la culture, elle n'aurait pas droit de cité ? Eh bien si ! La *Casa di lume,* cinémathèque de Corse, possède un riche fonds et assure une programmation de qualité, reconnue au-delà de l'île. Nombreux festivals tout au long de l'année.

Plongée sous-marine

Au large des plages qui bordent le littoral de Porto-Vecchio, les eaux turquoise et limpides vous réservent d'étonnantes balades sous-marines, où relief granitique et nature préservée rivalisent d'extravagance. Les plus belles plongées se déroulent certainement autour des îlots protégés Cerbicale. On s'y est vraiment régalés !

Clubs de plongée

Voici quelques clubs qui officient dans les environs de Porto-Vecchio.

■ ***Dolfinu Biancu :*** *sur la plage de la Folacca-Asciaghju, au sud de Porto-Vecchio, 2 km après le village de Bocca-d'Oro. ☎ 04-95-72-01-33. 06-21-46-71-49. • dolfinu.biancu.fr • Ouv juin-fin sept. Compter 55-60 € pour un baptême et 40-50 € pour une exploration ; forfaits dégressifs 6 et 10 plongées. Snorkelling 30 €. Club FFESSM, PADI et ANMP. 8 pers max sur le bateau, ce qui est une bonne chose. Enfants à partir de 8 ans.* On plonge sur les îles Cerbicale et sur celle du Taureau. En tout, une quinzaine de sites qu'on gagne en 10 mn de bateau.

■ ***Plongée Nature*** *(plan A1)* ***:*** *9, av. Georges-Pompidou, à côté de l'hôtel La Shegara. 06-19-26-26-51. • plongee-nature.fr • Ouv avr-nov. En hte saison, baptême 65 €, exploration 49-55 € selon équipement ; forfaits 3, 6 et 10 plongées. Enfants à partir de*

8 ans. Un autre club (FFESSM, Green Star, ANMP, PADI) recommandé par des lecteurs. Formations du niveau I au niveau IV. Plongées sur les îles Cerbicale ou sur l'épave du Pinella. Accueil (dans la mesure du possible) des personnes à mobilité réduite.

Nos meilleurs spots

La Pecorella : à la sortie du golfe de Porto-Vecchio. Idéal pour les débutants. Ce petit cargo, posé à plat sur le sable depuis les années 1960, est l'occasion d'une plongée fastoche et sympa. Par moins de 15 m de fond, entre les ponts, les coursives, les cales, et jusqu'à la déchirure de la proue, un nouvel équipage de sars, saupes, chapons, corbs... a pris le commandement et barbote joyeusement. Pour votre sécurité, évitez toute incursion dans l'épave.

Le Danger du Toro : devant l'îlot du Toro, au cœur de l'archipel-réserve des Cerbicale. Un must dans le coin, mais réservé aux plongeurs confirmés. Voici deux roches particulièrement sauvages, dévalant de 3 à 40 m de fond dans un capharnaüm de failles, d'éboulis, d'arches et de canyons enrobés d'éponges multicolores et de gorgones qui ondulent majestueusement dans l'eau cristalline. À travers la vitre du masque : congres, murènes, mostelles et langoustes sont survolés par des mérous, dentis, sars, corbs, girelles, et même parfois des barracudas. À quelques encablures, l'*îlot du Toro* offre aux débutants plusieurs plongées tout aussi vivantes et mémorables...

DANS LES ENVIRONS DE PORTO-VECCHIO

La plage de Palombaggia : *à 12 km au sud.* Un petit paradis bordé par des dunes ombragées de pins maritimes gigantesques. Le coin n'a pas été dénaturé, comparativement à d'autres, et, une fois sur la plage, on ne voit quasiment pas une construction. Quelques paillotes plutôt discrètes. En été seulement, liaison possible en bus depuis Porto-Vecchio. Parkings payants *(compter env 3,50 €, douche comprise),* mais encore des possibilités de se garer gratuitement. Un lieu splendide, vraiment, mais littéralement envahi en été.

Le golfe de Santa Giulia : *à 7 km au sud de Porto-Vecchio par la N 198 (beaucoup plus long si l'on passe par la route de Picovagia qui dessert d'abord Palombaggia).* Plage vraiment superbe, mais sa réputation lui vaut une fréquentation soutenue en été, d'autant plus que les collines environnantes sont très construites et donc très habitées en saison (difficile donc de se garer puisque les résidents s'ajoutent aux visiteurs). Cette plage a la particularité d'être refermée au trois quarts sur elle-même, offrant un dessin d'une rare perfection. Pour plus de tranquillité, dépasser le centre nautique et continuer vers le bout de l'anse. On ne peut que vous recommander d'y venir hors saison, si vous le pouvez, bien sûr.

La plage de Cala Rossa : *à 10 km au nord de Porto-Vecchio.* Ni très grande ni très large, elle bénéficie d'une belle situation dans le golfe de Porto-Vecchio, avec vue sur la pointe de la Chiappa. Moins de monde peut-être qu'à Santa Giulia ou à Palombaggia... Mais la bande de sable est franchement étroite.

La baie de San Ciprianu : *à 12 km au nord.* Belle et longue plage de sable fin. Adaptée aux enfants car peu profonde.

Castellu d'Araggio *(ou d'Araghju)* ***:*** *à 8 km au nord de Porto-Vecchio, par la route de L'Ospédale puis la D 759 à droite ; fléché. Être bien chaussé.* Une fois dans le village d'Araggio, compter 20 bonnes minutes de montée à pied (très raide et sans ombre). Du sommet, la récompense : panorama magnifique. Le site, qui date de 2000 av. J.-C., est une étrange forteresse bâtie sur un promontoire rocheux. Porche d'entrée titanesque, niches et remparts bien conservés.

Le site archéologique de Tappa : *en bordure de la D 859 sur la route de Figari, avt Sotta, 1,5 km après le cimetière de Ceccia, sur la gauche. GRATUIT.* Complexe archéologique datant de 2000 av. J.-C., composé d'une enceinte circulaire cyclopéenne et d'une tour centrale. Visite agréable, au milieu de ces assemblages de pierre mal dégrossie et d'une nature intacte. Merci de ne pas souiller l'endroit, et prévoir des chaussures bien stables. Amusant, le petit passage sous roches aménagé dans l'enceinte. Une visite bien sympathique.

Randonnée pédestre Mare a Mare Sud

➢ ***Traversée de Porto-Vecchio à Propriano :*** un itinéraire très varié, qui traverse l'Alta Rocca. Parmi les curiosités et les richesses naturelles rencontrées au détour du sentier, la forêt de L'Ospédale, l'église romane de Carbini, les *castelli* de Cucuruzzu et Capula, les jolis villages aux maisons de granit de Levie, Quenza et Sainte-Lucie-de-Tallano...

Cette randonnée de moyenne montagne comporte quelques montées très raides et exige une bonne condition physique. Sentier fréquentable en principe toute l'année : peu enneigé l'hiver et suffisamment ombragé en été. Attention toutefois au franchissement de certains ruisseaux. Compter une trentaine d'heures de marche pour arriver à Propriano. Le topoguide du parc régional prévoit six étapes de 5h, mais les très bons marcheurs peuvent effectuer ce parcours en 4 jours.

Pour rejoindre le sentier, fléché et balisé en orange, qui démarre à 7 km de Porto-Vecchio, prendre la D 159 en direction de Muratellu, puis suivre la direction Nota. Continuer la route jusqu'au pont qui enjambe la rivière de Bola. Prendre le premier chemin à droite après le pont. On arrive, quelques jours plus tard, à *Burgo,* à 7 km de Propriano que l'on rejoint en suivant le CD 557. Emportez de l'eau et quelques provisions, mais ne vous encombrez pas de trop de nourriture, vous en trouverez facilement dans les villages. De Propriano, deux bus par jour pour Porto-Vecchio. Trajet en 1h45 environ.

– Le GR 20 part de *Conca,* à une vingtaine de kilomètres de Porto-Vecchio. On peut le rejoindre à partir de Sainte-Lucie-de-Porto-Vecchio. Navette Conca/Sainte-Lucie-de-Porto-Vecchio au départ du gîte d'étape de Conca, *La Tonnelle (☎ 04-95-71-46-55),* voir plus loin. Appeler pour avoir les horaires.

Gîtes d'étape : *accessibles aux randonneurs évidemment, mais aussi aux cyclotouristes et aux cavaliers. Nombreux gîtes avec ½ pens. N'oubliez pas que les gîtes n'ouvrent que vers 16h30-17h. Pensez toujours à réserver. Possibilité de portage de sac : d'un gîte à l'autre, compter 20-25 € les 5 premiers bagages et 2,50 €/bagage supplémentaire.*

LE GOLFE DE PINARELLU / PINAREDDU

(20144 ; commune de Zonza)

À une petite vingtaine de kilomètres au nord de Porto-Vecchio. Avec celui de Rondinara, c'est l'un de nos golfes préférés au sud de la Corse. L'eau est claire, les plages sont jolies et très agréables, le port est mignon. Une tour génoise veille sur l'ensemble. Autre endroit sympa situé dans les environs, au-delà de Taglio-Rosso, la rivière de Cavu et ses piscines naturelles, qui réunissent tous les avantages de la thalasso !

➢ Les bus de la ligne Bastia/Porto-Vecchio s'arrêtent à Sainte-Lucie-de-Porto-Vecchio (2 km).

Adresses utiles

Office de tourisme de Zonza-Sainte-Lucie-de-Porto-Vecchio : *dans la mairie de* **Sainte-Lucie-de-Porto-Vecchio,** *route de Pinarellu.* ☎ *04-95-71-48-99.* • *zonza-saintelucie.com* • *tourisme.saintelucie@wanadoo.fr* • *Pas très loin de l'église. Ouv tte l'année. Juil-fin août, lun-sam 8h30-19h30, dim 9h-12h. Le reste de l'année, lun-ven 8h-12h, 13h30-17h30 (slt le mat mer et jusqu'à 16h ven).*

✉ **Poste :** à **Sainte-Lucie.**

■ **Cinéma A Ruscana :** *cinéma de plein air à* **Sainte-Lucie,** *sur la route de Pinarellu.* 📱 *06-22-20-51-11. Juil-août, ts les soirs vers 22h.*

Où dormir ? Où manger ?

Camping California *(plan Les environs de Porto-Vecchio,* **16***)* **:** *capu di Fora, en bord de mer et à 2 km du village (panneaux). Tt au bout d'une petite route, donc très tranquille.* ☎ *04-95-71-49-24.* • *info@camping-california.net* • *camping-california.net* • *Ouv de mi-mai à mi-oct. Compter env 30 € pour 2 avec petite tente et voiture. CB refusées.* *(sur la terrasse).* Dans un petit coin de nature sauvage (7 ha de pinède) et bordé par la plage (accès direct à 100 m environ), voici un agréable camping 3 étoiles, propre et généreusement ombragé par des pins parasols. Sanitaires en bon état. Sur place : bar, pizzeria, épicerie, tennis, volley-ball, jeux pour enfants... Bref, tout ce qu'il faut pour passer de chouettes vacances. Pas de piscine, donc calme, et la mer à deux pas.

|●| **Restaurant Focu di Legna :** *lieu-dit Grazzoso, route de Pinarellu. Le resto est à 500 m du rond-point, sur la droite.* ☎ *04-95-51-30-07.* 📱 *06-27-91-22-87.* • *focudilegna@hotmail.fr* • *Ouv avr-oct. Juin-sept, ts les soirs ; avr-mai et oct, midi et soir. Formule 25,50 €, menu complet 31,50.* Vladimir et Elsa, qui ont tenu *L'Orée du Site* à Araggio, ont repris cette ancienne pizzeria dont la jolie terrasse surplombe la petite route. Au menu : lasagne de sanglier, viandes marinées cuites au feu de bois, poissons grillés. Soirées musicales corses le vendredi soir. Une bonne adresse.

CONCA

(20135) 790 hab.

À une vingtaine de kilomètres au nord de Porto-Vecchio, entre mer et montagne. Village connu des randonneurs car il est le point de départ ou d'arrivée du GR 20.

Où dormir ? Où manger ?

|●| **Gîte d'étape La Tonnelle :** ☎ *04-95-71-46-55.* • *latonnelleconca@hotmail.com* • *gite-conca-tonnelle.com* • *En arrivant à Conca par la route. Congés : oct-mars. Une cinquantaine d'emplacements de camping (12 € pour 2 pers). En gîte, compter 19 €/pers, sans le petit déj, et 38 €/pers en ½ pens (obligatoire en juil-août). Loc de tentes possible. Au resto, carte slt, compter env 20 €.* Le gîte se compose de 8 chambres en tout *(2-5 pers)*, et le reste en dortoirs de 6-7 lits. Coin cuisine à disposition. Également un service de navette payante de Sainte-Lucie-de-Porto-Vecchio ou de Porto-Vecchio à Conca, ou l'inverse. Téléphoner pour

avoir les horaires et les tarifs. Resto.

I●I *U Paesu :* *à Taglio-Rosso, 20144* ***Sainte-Lucie-de-Porto Vecchio.*** *☎ 04-95-71-45-42. ♿ De Sainte-Lucie-de-Porto-Vecchio, prendre la direction Conca ; le resto est 3 km plus loin, sur la droite, à Taglio-Rosso. Ouv de début juin à mi-sept, slt le soir. Le midi sur résa avt le 15 juil et après le 20 août. Plats 13-20 €, pizzas 7,50-11 €, viandes 12-23 €. Digestif offert sur présentation de ce guide.* Établissement familial, avec salle climatisée et terrasse-jardin bien agréable. Salle toute simple. Petite carte avec de fort bons raviolis au *brocciu* et une entrecôte grillée maousse et fondante. Sinon, pizzas au feu de bois. La petite affaire simple et plaisante.

L'ALTA ROCCA

Nous voici dans l'Alta Rocca, « les hautes roches », relief montagneux du Sud de l'île, riche de villages typiques et d'une nature splendide, dont le fleuron est sans doute le massif de Bavella, avec ses aiguilles lancées vers le ciel : spectacle grandiose, vraiment.
Le circuit proposé ici peut se faire de multiples manières selon votre point de départ (Propriano, Sartène, Porto-Vecchio, Solenzara) et l'endroit où vous comptez vous rendre ensuite, bien sûr.
– Info utile : stations-service à Sainte-Lucie-de-Tallano et à Levie slt.

➢ ***Grande boucle :*** Porto-Vecchio, L'Ospédale, Zonza, Quenza, Aullène, Sainte-Lucie, Levie, (re-)Zonza, col de Bavella et retour sur Solenzara. C'est l'itinéraire que nous indiquons plus bas.
➢ ***Petite boucle :*** Sartène, Sainte-Lucie, Levie et Cucuruzzu, Zonza, Quenza, Aullène et retour par la D 69 vers Sartène.
➢ ***Variantes :*** d'Aullène, rejoindre Zicavo (26 km au nord) ou Petreto-Bicchisano (via le très beau col de Saint-Eustache) pour filer ensuite vers Ajaccio.
– ***Pour ceux qui ont du temps :*** séjourner dans le secteur (plein d'auberges très sympas et quelques gîtes d'étape, notamment à Sainte-Lucie-de-Tallano, Levie, Zonza ou Aullène...) pour visiter les villages à sa guise et faire quelques randonnées.
➢ Le parc naturel régional a balisé une douzaine de boucles, ***itinéraires de petite randonnée*** qui relient entre eux chacun des nombreux villages et hameaux de l'Alta Rocca : il faut compter en moyenne 2 à 3h pour aller de l'un à l'autre. Les parcours ont le mérite de se dérouler pratiquement partout sous un couvert végétal foisonnant de chênes verts, de châtaigniers, de pins ou d'arbousiers : l'air de la montagne aidant (les villages s'étagent entre 500 et 800 m d'altitude), ces sentiers sont donc très agréables même en été, d'autant qu'ils franchissent tous à un moment ou à un autre l'un des ruisseaux affluents du Rizzanese.

– Le plus beau parcours ? Sans doute celui qui va de *Quenza* à *Levie* : paysage agricole au début avec, en prime, les aiguilles de Bavella à l'horizon et quelques vergers au bord du torrent ; puis c'est la remontée le long d'un chemin encadré par d'imposants murets ; plus loin, les vestiges préhistoriques et médiévaux de Cucuruzzu et Capula, avant la plongée finale sur le bourg de Levie.
– *Petites boucles de randonnées :* 6 boucles (une seule de 1h), les autres de 4 à 6h, numérotées de 1 à 6. À noter, Serra-di-Scopamène/Quenza/Serra-di-Scopamène (5h) et Zonza/Saint-Antone/Quenza/Zonza (4h15). Brochures dans tous les offices de tourisme de l'Alta Rocca.
– Également des sentiers du patrimoine (1h à 1h30) à Carbini, Levie, Serra-di-Ferro et Sainte-Lucie-de-Tallano.
– À VTT, le secteur est particulièrement intéressant aussi (c'est la région de Corse la mieux adaptée). Essayez notamment de faire cette même liaison Quenza-Levie en effectuant toutefois à l'aller un crochet par Zonza : les passages techniques sont de toute beauté... Quant aux itinéraires VTT moins sportifs, il faut aller les chercher entre Pacciunituli et Zonza (chemin large, globalement descendant) ou sur les pistes pastorales du plateau du Coscione. Dépliant disponible au bureau du parc.

Canyoning dans l'Alta Rocca

Le canyoning est une activité qui monte... qui monte dans la région. De plus en plus de sportifs préfèrent descendre... plutôt que monter. Question de culture ! Et avant d'être grimpeurs, on aborde la montagne par la glisse et par les sauts. Le canyoning n'est pas pour autant une activité de fainéants, et les sauts sont parfois impressionnants. Il est donc nécessaire d'être motivé. À la fin de la balade aquatique, on est plein de sensations mais souvent totalement vidé.
Les massifs de Bavella et L'Ospédale se prêtent merveilleusement à cette activité, à condition qu'elle soit bien encadrée.
Voici quelques infos pour vous allécher... Les temps moyens sont donnés pour des groupes d'une dizaine de personnes.

– **Le canyon du Polischello :** *dans le massif de Bavella. Parcours à la ½ journée. Durée totale du parcours : 2h-2h30. Temps de marche : pour l'approche, 20-30 mn ; au retour, 5 mn.* Canyon ludique et facile d'accès, le Polischello permet de découvrir toutes les joies du canyon au cœur d'un site grandiose. Vue en contre-plongée sur les aiguilles qui bordent cet imposant ravin. Nombreux toboggans, sauts et multiples possibilités pour adapter le tout aussi bien aux enfants qu'aux amateurs de sensations fortes, avec un final en apothéose.

– **Le canyon de la Vacca :** *dans le massif de Bavella. Parcours à la journée. Durée totale du parcours : 3h-3h30. Temps de marche : pour l'approche, 30-40 mn ; au retour, 45 mn-1h.* La Vacca est un imposant ruisseau qui collecte toutes les eaux du massif. Le canyon se déroule entre les aiguilles d'Ornucciu et celles des Ferriate. Il correspond au franchissement du dernier verrou rocheux bloquant l'accès de ces eaux à la Solenzara puis à la mer. C'est un étroit défilé, bien ensoleillé et très aquatique. Les sauts, nombreux (mais non obligatoires), alternent avec de longues portions de nage dans des biefs d'eau verte cristalline. Le cadre est grandiose, l'endroit sauvage, un extraordinaire voyage entre l'eau et la roche. Un must !

– **Le canyon du Purcaraccia :** *dans le massif de Bavella. Parcours à la journée. Durée du parcours : 3h30-4h. Temps de marche : à l'approche, 1h-1h15 ; au retour, 30-40 mn.* Le Purcaraccia est le deuxième grand ravin de Bavella après le Polischello. Ici, l'eau a creusé à même le granit un fantastique enchaînement de toboggans naturels et de rappels. Les marmites turquoise se succèdent, les toboggans sont tous plus beaux les uns que les autres et la vue est à couper le souffle. Deux grands rappels de 40 m ponctuent la descente.

– **Le canyon de piscia di Gjhiaddu :** *dans le massif de L'Ospédale. Parcours à la ½ journée. Durée du parcours : 3h-3h30. Temps de marche : à l'approche, 20-30 mn ; au retour, 45 mn.* Cette descente est surtout connue pour la magnifique cascade de 60 m qui clôt le parcours. Un superbe rappel qui laissera des souvenirs marquants. Mais le début du parcours n'est pas anodin non plus. C'est un défilé étroit et encaissé où s'enchaînent plusieurs sauts et rappels entre arc-en-ciel et grondement de l'eau... Bienvenue aux amateurs de sensations fortes !

L'OSPÉDALE / U SPIDALI (20137)

À 19 km à l'ouest de Porto-Vecchio (mais administrativement parlant, on est toujours sur la commune de Porto-Vecchio). Charmant village, à 850 m d'altitude environ, d'où l'on jouit d'un vaste panorama sur le golfe de Porto-Vecchio en contrebas. Il s'y trouvait autrefois un hôpital (l'air pur des hauteurs y était apprécié, surtout quand on sait que Porto-Vecchio, en raison de

ses marais, connaissait la malaria), d'où son nom. Mignon tout plein avec ses petites maisons de pierre. Superbe forêt à proximité, traversée par plusieurs sentiers de randonnée, notamment le *sentier des Tafoni* (les trous), qu'on découvre sur la route de Cartalavonu.
La forêt de L'Ospédale, vraiment charmante, est particulièrement fragile (les derniers grands incendies remontent aux années 1990). Marcheurs, respectez les consignes concernant le feu !

Où dormir ? Où manger ?

***U Spitaghju** (Gîtes de France) : dans le village. ☎ 04-95-26-77-53. 06-12-51-01-25. • nadetdom@wanadoo.fr • Ouv tte l'année (sur résa nov-mars). Doubles 80-90 € selon vue, petit déj compris.* Dans une grande maison typique, 4 chambres impeccables et soignées, dont 2 avec petit balcon et vue (magnifique) sur le golfe de Porto-Vecchio. Les 2 autres donnent sur le devant et la petite route (mais parfaitement calme le soir). Petit déj (confitures maison) et accueil de Nadine et Dominique excellents. On aime bien cette maison cool et tranquille, au mobilier aux touches Art déco et modernes à la fois. Chouette ambiance générale. Salon à partager avec bouquins et jeux (attention en descendant l'escalier, le plafond est bas). Derrière la maison, le petit jardin, très agréable, s'étage en terrasses, arboré et équipé de transats. C'est là qu'on prend le petit déj, tranquillou. On a même ajouté une petite terrasse en bois surplombant la vallée, tel un poste de vigie.

***U Funtanonu** : dans le village même de L'Ospédale. ☎ 04-95-70-47-11. De mi-mars à mi-oct env, tlj midi et soir. Menus 21-30 €, carte env 35-40 €. CB refusées.* La terrasse de cette auberge, en surplomb de la route, est bien attrayante. L'adresse, récemment reprise, affiche de belles ambitions. Au menu, des spécialités corses classiques et bien tournées.

À voir

La route jusqu'à Zonza : on passe d'abord le long d'un lac artificiel, niché au creux d'une montagne, dans un décor lunaire (l'été surtout, où, quasiment à sec, le lac fait place à une cuvette hérissée d'une multitude de souches d'arbres, spectacle insolite). On découvre brutalement un paysage de forêts et de montagnes digne de la Suisse ! À environ 3,5 km après le passage du barrage, sur la droite, chemin pour la cascade de *piscia di Gallu* (orthographié localement *piscia di Ghjaddu*). Un parking (payant) et deux buvettes-snacks ont été aménagés au départ du chemin, si bien qu'il y a foule en saison. Compter 30 mn aller, 40 mn pour le retour (ça grimpe un peu), et avoir de bonnes chaussures, le terrain peut être glissant s'il a plu. Pas vraiment de baignade possible à la cascade. En poursuivant la route, on aperçoit ces fameux rochers suspendus, en équilibre sur de petites collines. La route poursuit dans un chaos de roches jusqu'à la forêt de Zonza, paraît-il la plus grande forêt communale d'Europe.

À faire

– ***X-Treme sud*** : *en arrivant au lac de L'Ospédale, 1,7 km après le village du même nom. Résas : ☎ 04-95-72-12-31. 06-18-97-03-46. • info@xtremsud.com • xtremsud.com • Sur résa, tlj de mai à mi-sept. Compter 22 € (18 € jusqu'à 18 ans) ; réduc enfants, familles et groupes.* Beau parcours accrobranche qui comprend une section de via ferrata (rochers équipés en câbles) qui peut prendre jusqu'à 3h. Dans un site bien agréable et très ombragé, d'où l'on domine d'un côté le lac et de l'autre la côte orientale et le Sud. Nouveauté 2014 : le saut à l'élastique (X-Jump). Propose également d'autres activités comme du canyoning (piscia di Gallu, La Vacca, Polischello, Purcaraccia) à la demi-journée ou à la journée *(compter 45 à 55 €)*.

ZONZA

(20124) 2 225 hab.

À une vingtaine de kilomètres au nord de L'Ospédale et à 7 km au nord de Levie. C'est simple : quelle que soit la route – il y en a quatre – par laquelle on arrive à Zonza (prononcer « Tsonza », avec un « a » à peine audible, l'accent tonique sur le « tson »), c'est superbe ! À 784 m d'altitude, ce village carrefour, niché au-dessus des bois de chênes et des forêts de pins maritimes, n'a rien à envier aux villages de la côte. Figurez-vous que cette commune, énorme par sa superficie (134 km²), descend jusqu'à la mer. Résultat : ***Pinarellu*** **et son superbe golfe, à plus de 50 km d'ici, font partie de Zonza ! Grâce à son infrastructure hôtelière, Zonza est devenue en quelque sorte la capitale touristique de l'Alta Rocca. Vous n'y serez donc pas seul en saison. On est ici entre amoureux de la montagne, et les promenades dans les environs sont suffisamment riches pour que tout le monde ait de la place.**

PÉRÉGRINATIONS ROYALES

En 1953, le gouvernement français trouve que le soutien du sultan du Maroc au mouvement indépendantiste n'a que trop duré : il « dépose » donc le souverain et l'envoie, avec toute sa famille, à Zonza, dans l'hôtel Le Mouflon d'Or, *qui est réquisitionné pour l'occasion. Mais quand l'hiver arrive, le sultan a froid et obtient d'être envoyé dans un hôtel de L'Île-Rousse avant de rejoindre une autre île, Madagascar, d'où il rentrera triomphalement 2 ans plus tard comme roi d'un Maroc devenu indépendant !*

Arriver – Quitter

➢ ***En autocar de/vers Ajaccio via Propriano :*** *Autocars Alta Rocca Voyages (☎ 04-95-51-08-19 à Ajaccio, ou 04-95-76-25-59 à Propriano).* Tlj, normalement 2 liaisons/j. (sf dim et j. fériés hors saison). D'Ajaccio, env 3h15 de trajet ; de Propriano, compter 1h15. À Zonza, le bus continue vers Bavella. Également 1 liaison assurée par *Eurocorse (☎ 04-95-21-06-30).* Lun-sam, départ d'Ajaccio à 16h (passage à Zonza vers 18h et continuation vers Porto-Vecchio). La fréquence de ces parcours pouvant varier, appeler pour les horaires.

Adresse utile

ℹ ***Office de tourisme :*** *au centre du village, à 30 m du rond-point, sur la route de Levie. ☎ 04-95-78-56-33. • tourisme-altarocca@orange.fr • zonza saintelucie.com • Juin-sept, tlj 9h-18h30 (13h dim).* Doc sur la région. Accueil très sympathique. Dans le même bâtiment, petit musée de la Résistance *(ouv lun-ven 9h-12h, 14h-17h, plus sam en juil-août ; GRATUIT).*

Où dormir ? Où manger ?

Plusieurs adresses à prix moyens, imposant souvent la demi-pension. Si tout est complet, rendez-vous à Quenza, Aullène, Levie ou Bavella, toutes proches.

Campings

⛺ ***Camping municipal :*** *à 3 km du village, sur la D 368 vers Porto-Vecchio. ☎ 04-95-78-62-74. • mairiedezonza@*

orange.fr ● *Ouv de mi-mai à fin sept. Env 14 € pour 2 avec tente et voiture.* En pleine forêt, un site calme sous les pins. Confort modeste, mais endroit plaisant et sanitaires très corrects. Un peu isolé, mais le boulanger passe le matin en été.

⛺ ***Camping Bavella Vista :*** *route de Quenza, à env 300 m du rond-point central du village.* 📱 *06-24-35-56-08.* ● *mallory.cucchi@laposte.net* ● *Ouv 10 avr-10 oct. Compter env 18 € pour 2 avec tente et voiture.* Le gros avantage de ce petit camping est sa proximité du village. Tout en pente et en petites terrasses, parfaitement ombragé par de hauts pins. En bas, également des emplacements sur une zone plate et très agréable. Pas de piscine, pas de jeux, donc juste le calme du vent dans les grands pins. Gestion familiale sympathique. Sanitaires simples et convenables.

⛺ ***Camping de la Rivière :*** *route de Quenza, à 2 km de Zonza.* ☎ *04-95-78-68-31.* ● *camping-lariviere@sfr.fr* ● ♿ *Ouv début avr-fin sept. Env 14 € pour 2 avec tente et voiture.* Organisé en grandes terrasses sous les pins. Tranquille, agréable et familial, malgré la rumeur discrète de la route en contrebas (choisir un emplacement éloigné). Bon, c'est pas l'autoroute non plus et c'est vraiment tranquille le soir ! Sanitaires simples et impeccables. 2 barbecues à disposition.

De prix moyens à chic

🏠 ***Hôtel Le Mouflon d'Or :*** *à env 1 petit km avt l'entrée de Zonza quand on vient de Levie, sur la droite.* ☎ *04-95-78-72-72.* ● *info@lemouflondor.com* ● *lemouflondor.com* ● *Ouv avr-oct. Doubles 70-100 € selon saison (en ½ pens, ajouter 32 €/pers). Petit déj 7 €. Loc à la sem possible.* 📶 Une excellente adresse à plus d'un titre. Si la bâtisse principale, ancien grand hôtel qui accueillit le roi du Maroc en exil durant quelques mois en 1953, n'a toujours pas été réhabilitée, tout autour, la grande et superbe pinède abrite des minivillas par groupes de 4, chacune pouvant accueillir jusqu'à 6 personnes (1 lit double en mezzanine, 2 lits simples et 2 autres lits à tiroir en dessous). Sans charme particulier mais spacieuses, bien équipées et dotées d'une petite terrasse. On a de la place (les minivillas sont bien espacées), une tranquillité totale, et la pinède offre de belles zones d'ombre. Vraie cerise sur le gâteau, une magnifique piscine de 25 m x 8 m (entretien au top !), entourée d'une généreuse terrasse de teck, avec même un petit bar-pizzeria attenant pour l'apéro ou une petite grignote. 2 terrains de tennis également.

🏠 🍴 ***Hôtel-restaurant La Terrasse :*** *dans le centre du village mais un peu en retrait de la route principale, sur la droite quand on vient de L'Ospédale.* ☎ *04-95-78-67-69 ou 66-03.* ● *contact@hotel-laterrasse.fr* ● *hotel-delaterrasse-zonza.com* ● *Congés : 20 oct-début avr. Doubles 40-75 € selon saison et confort (douche/w-c ou bains/w-c ; et 1 chambre avec lavabo moins chère, 42-46 € selon saison). Compter 60-65 €/pers en ½ pens. Formule 19 € et menus 22,50-36 €. La ½ pens est souhaitée, du moins est-on prié de dîner sur place (ce qui est loin d'être une punition !). Parking privé.* 📶 *Réduc de 10 % sur le prix de la chambre avr-juin et en oct sur présentation de ce guide.* Un établissement bien nommé, puisqu'on peut y manger en terrasse, mais pas n'importe laquelle : la mieux située du village, avec vue sur les toits de Zonza et la montagne grandiose. Très agréable au coucher du soleil. On a beau être juste au-dessus du centre du village, calme total. Chambres très correctes, assez « vieille France » pour l'aspect, confortables et bien tenues (c'est bien là l'essentiel), certaines avec terrasse côté vallée (notamment les chambres n°s 1 à 5). Par ailleurs, c'est une vraie bonne table corse. Les charcuteries maison notamment sont délectables, et les plats régionaux (sanglier avec gnocchi, cannellonis au *brocciu,* desserts à la châtaigne) copieux et authentiques. Les Mondoloni-Pietri reçoivent dans la bonne humeur (à condition, et c'est bien normal, de ne pas les fâcher).

🏠 ***Hôtel Chiar di Luna (Clair de Lune) :*** *à la sortie du village, route de Levie, sur la gauche.* ☎ *04-95-78-56-79.* ● *info@hotelclairdelune.com* ●

hotelzonza.com • ♿ Ouv tte l'année. Selon confort et saison, doubles 60-76 €. Petit déj 10 €. 📶 Remise de 10 % sur présentation de ce guide. Dans une belle maison de pierre, une quinzaine de chambres relativement spacieuses, claires et avec tout le confort, dont 1 adaptée aux personnes handicapées. La plupart donnent sur la vallée. On préfère celles de la maison principale. La n° 3 et la n° 7 disposent d'un balcon. Décoration aux tons vifs évoquant le Mexique. Les plus chères ont la clim (pas franchement utile) et donnent sur la vallée.

Le Pré aux Biches : *de Zonza, prendre la route de Levie. Env 150 m avt d'arriver à l'hôtel* Chiar di Luna *(sur la gauche), prendre un chemin sur la droite (tt petit panneau), sur env 1,2 km ; attention, la piste n'est pas en bon état (laissez la Porsche au garage). 06-27-52-48-03. • info@lepreauxbiches.com • lepreauxbiches.com • Résa indispensable auparavant, auprès de Nicole. 8 yourtes mongoles qui peuvent accueillir 4-8 pers. Compter 50 € pour 2, 80 € pour 4 et 90 € pour 6. ½ pens possible 22 €.* Voici une bien belle idée ! Les petites yourtes font 27 m² chacune, et les grandes 35 m², l'ensemble formant une sorte de petit village, plantées dans une clairière parfaitement tranquille et décorées comme là-bas : lit, armoire et canapé ! La yourte est une grande tente de toile et de peau, constituant l'habitat nomade en Mongolie. On est en Corse, certes, mais curieusement, ça se fond vraiment bien dans le paysage. Spacieux, confortable (si, si !) et sympathique. Une vraie solution originale et séduisante, idéale pour les familles. Sanitaires privés pour chaque yourte, simples et propres, et situés à l'extérieur, dans un bloc commun.

L'Eternisula : *au tt début de la route de Quenza, face à l'hôtel* Le Tourisme. *☎ 04-95-27-44-71. Tlj en saison à partir de 9h. Congés : janv-mars. Sandwich 6 €, planche de charcuteries 13 €, planche mixte (charcuteries-fromages) 17 € ; formule 16 € le soir (sf de mi-juil à fin août).* Idéal pour une petite halte, sur la terrasse un peu à l'écart du passage. Les sandwichs sont préparés à votre demande, avec les ingrédients que vous choisissez. La carte est limitée, mais c'est une garantie de qualité : les assiettes de charcuteries-fromages sont très bonnes. Fait aussi épicerie avec tout plein de bons produits (évidemment charcuteries et fromages, mais aussi confitures, nougats...). Accueil jeune et sympathique.

Restaurant Le Randonneur : *au cœur du village. ☎ 04-95-78-69-97. • le.randonneur@orange.fr • Ouv de mi-fév à mi-oct, tlj sf mer en basse saison midi et soir. Formule 12 €, menus 16 et 22 €. Apéritif offert sur présentation de ce guide.* Il est difficile de trouver des adresses qui tiennent le pavé (de sanglier !) au fil des années à Zonza (à part *La Terrasse*). *Le Randonneur,* avec sa cuisine simple, sans esbroufe ni coup fourré, fait doucement son trou. Des grillades sincères, des pizzas au feu de bois, un service aimable. Après une bonne marche, on ne cherche pas midi à 14h (surtout que 14h, ça fait tard pour déjeuner), alors on s'attable en terrasse et on se cale gentiment l'estomac.

Hôtel-restaurant Incudine : *dans la rue principale de Zonza, à 50 m du petit rond-point. ☎ 04-95-78-67-71. • info@hotel-incudine.com • hotel-incudine.com • Tlj en saison. Doubles 62-78 € selon saison. ½ pens possible. Menus 16-23 € midi et soir, carte env 30 €.* Des chambres simples et colorées, toutes avec sanitaires, certaines plus lumineuses que d'autres, mais en général la plupart de bonne taille. Le resto propose une cuisine franche et copieuse, dont certains plats se distinguent par de belles saveurs, comme ceux préparés au feu de bois de la cheminée (les choisir plutôt à la carte). Service prévenant et tout en douceur, tant à l'hôtel qu'au resto.

Plus chic

Chambres d'hôtes Aux Bords du Temps : *dans le centre, juste face au resto* Le Randonneur. *06-22-23-44-73. • auxbordsdutemps@gmail.com • location-chambresdhotes-zonza.com • Chambre 90 € tte l'année et 110 € en août, petit déj compris. 📶 Tte l'année, réduc de 10 % sur présentation de ce*

L'ALTA ROCCA

guide. Une maison de village, toute simple, cachant bien ses 5 chambres charmantes, aménagées avec beaucoup de goût : fer forgé, vasque de pierre, salle de bains à l'italienne. Il y en a même une avec lit au sol, posé sur une structure ronde, presque « déco ». La plupart avec vue sur la vallée. Une belle adresse.

■ ***Hôtel Le Tourisme :*** *route de Quenza, à 50 m du rond-point principal, au cœur du village.* ☎ *04-95-78-67-72.* ● *letourisme@wanadoo.fr* ● *hoteldutourisme.fr* ● *Ouv de mi-avr à fin oct. Doubles standard 89-159 € selon saison. Petit déj 12 €.* Bien qu'assez chères, les chambres de cet établissement conviendront à ceux qui voudront à tout prix profiter d'une petite piscine (extérieure, panoramique et chauffée), avec superbe vue surplombant la vallée et jolie terrasse de bois autour (transats). Également spa, jacuzzi, sauna... Les chambres sont confortables et soignées (bon matelas, écran plat, mobilier de qualité), et quasiment toutes avec petit balcon. Chambres familiales également. Annexe avec 5 chambres design.

Où dormir dans les environs ?

■ ***Chambres d'hôtes Hameau de Cavanello :*** *à 2 km de Zonza sur la D 268 en direction de Bavella (situé à 7 km), bien indiqué sur la droite.* ▯ *06-09-50-05-01.* ● *info@locationzonza.com* ● *locationzonza.com* ● *Chambres 77-89 € selon saison, petit déj compris.* Incroyable vue sur les aiguilles depuis la belle terrasse ou la charmante piscine en forme de haricot. Les chambres sont dans une bonne grosse maison rose, sans déco particulière mais absolument impeccables, toutes avec salle de bains et équipement de qualité. Pas de restauration, mais une formule avec le restaurant *Le Mouflon d'Or* est proposée.

DANS LES ENVIRONS DE ZONZA

Les environs de Zonza sont magnifiques. On peut sillonner les petites routes de montagne (***col de Bavella, forêt de L'Ospédale,*** environs de ***Levie*** et ***Aullène***) ou prendre le temps de marcher dans les coins qu'indiqueront les hôteliers.

– ***Canyoning, randonnées, accrobranche, escalades, via ferrata :*** *avec* ***Corsica Madness.*** *Bureau dans le centre de Zonza, juste en face de l'office de tourisme.* ☎ *04-95-78-61-76.* ▯ *06-13-22-95-06.* ● *corsicamadness.com* ● *Réduc sur présentation de ce guide pour les clients de l'hôtel* Chiar di Luna *(c'est le même patron).* Nombreuses prestations proposées dans la région.

– ***VTT :*** *avec* ***Alte Cime,*** *dans le même local que* Corsica Madness. ▯ *06-11-01-63-16.* ● *altecime.fr* ● Location de matériel mais aussi école de VTT, organisant des stages. David Giuliani est également accompagnateur en montagne.

QUENZA (20122) 220 hab.

À 7 km de Zonza mais sur le versant nord de la vallée du Rizzanese, cet agréable village de montagne constitue le point de départ de belles randonnées à pied, à cheval, à ski (si, si, mais en hiver !), sur le *Coscione,* vaste plateau pastoral où deux rivières importantes, le *Taravo* et le *Rizzanese,* prennent leur source. Un coin très chouette, plus retiré encore.

Adresses utiles

■ ***A Montagnola :*** ☎ *04-95-78-65-19.* • *a-montagnola.com* • Randonnées en groupe en moyenne montagne.

■ ***ABC Canyon :*** 📱 *06-12-39-54-75.* • *canyoningcorse.fr* • Robert organise des sorties canyoning dans l'Alta Rocca.

■ ***Épicerie A Sporta :*** *dans le centre.*

Où dormir ? Où manger ?

Gîtes d'étape et de séjour

🏠 🍽 ***Chambres de séjour Corse Odyssée :*** *quartier Pentaniella.* ☎ *04-95-78-64-05.* • *gite-corse-odyssee.com* • *Sur les hauteurs, un peu à l'écart du village. Prendre la 1re route à droite quand on arrive à Quenza depuis Zonza ; ensuite, fléché (c'est à env 800 m du village). Ouv d'avr à mi-oct. Compter 60 €/pers en ½ pens (35 € pour les enfants de moins de 10 ans). Possibilité de venir y dîner (25 €) si on n'y réside pas, mais résa impérative. Apéritif offert sur présentation de ce guide.* Un gîte de séjour proposant 8 chambres doubles et familiales de bon aloi, à la sympathique déco corse du XIXe s au rez-de-chaussée et rappelant l'odyssée des Corses dans le monde à l'étage (Maghreb, Afrique, les Amériques...). Belle vue, car on est sur une butte. Convivial, propre, et bonne literie. Une bonne adresse, différente, soignée et tenue par un couple qui a le souci de bien faire, même si on trouve les tarifs un rien surestimés compte tenu du fait que les toilettes sont à l'extérieur de la chambre. Salle à manger très colorée. À table, un mélange de cuisine corse et cuisine du monde : tajines au citron confit, pain de viande, cannellonis au *brocciu,* salades variées et composées, petits légumes frais bien préparés... Au petit déj, confitures artisanales, pain maison bio.

Chic

🏠 🍽 ***Auberge Sole e Monti :*** *dans le village, à l'entrée sur la gauche.* ☎ *04-95-78-62-53.* • *info@solemonti.com* • *solemonti.com* • *Ouv mai-fin sept. Selon saison, doubles standard 100-130 €, petit déj compris. ½ pens pour 2 en chambre standard 150-180 €. Également des chambres supérieures et grand confort encore plus chères. Formule charcuterie-fromage et verre de vin env 15 €. Compter min 30 € pour un repas.* Une auberge chaleureuse, tenue depuis 1968 par la famille Balesi, qui sait recevoir ses hôtes en amis. En été, son grand jardin avec tables et petits canapés posés sur une jolie pelouse, de l'autre côté de la rue, fait le bonheur de la clientèle. L'hôtel abrite des chambres qui ont toutes été rénovées. Si on ne souhaite pas y dormir, se rappeler que la table est recommandable (bon cabri rôti à la pointe d'ail et lie de vin).

Où dormir ? Où manger dans les environs ?

🏠 🍽 ***Gîte d'étape, table d'hôtes et centre équestre :*** *chez Pierrot Milanini, hameau de* ***Ghjalicu,*** *à 6 km de Quenza, direction plateau du Coscione.* ☎ *04-95-78-63-21.* • *chezpierrot.jimdo.com* • ♿ *Du centre du village, prendre la petite route face à l'église, puis immédiatement à gauche (panneau discret), puis grimper par une route étroite et improbable, sur plusieurs km, le gîte est sur la gauche. Ouv tte l'année. Résa obligatoire. Compter env 45 €/pers la ½ pens en dortoir. Double env 120 € en ½ pens. CB refusées. Apéritif offert sur présentation de ce guide.* Refuge de montagne (1 260 m d'altitude) sur le beau plateau du Coscione, pelé et rocailleux. On dort soit dans l'un des minuscules dortoirs de 4, 6 et 8 lits nichés dans la maison principale (on est vraiment à l'étroit), soit dans une bâtisse un peu à l'arrière, tout en longueur, très simple mais proposant 4 chambres sans fioritures, avec sanitaires privés, cuisinette et frigo. Pierrot, bientôt 80 printemps, est un passionné de chevaux, un vrai personnage, gentil et accueillant. Il organise et accompagne encore et toujours des randonnées à cheval en montagne *(1h30 : 45 € ; 2h : 55 € ; ½ journée : 65 €)*. À table, des plats rustiques et copieux, qui tiennent au corps. Après une rando ou une balade à cheval, c'est tout ce qu'on demande.

Ferme-auberge Funtana Bianca : *sur le plateau du Coscione, à env 500 m après le gîte d'étape de chez Pierrot (voir ci-avant). La ferme-auberge est sur la gauche, bien indiquée. ☎ 04-95-25-44-40. 06-33-70-16-56. • reservation@funtana-bianca.com • funtana-bianca.com • Resto tlj midi et soir, mai-fin sept. Hors saison, slt le w-e. Chambre 70 € pour 2 avec petit déj. Plat env 16 €. Assiette de charcuteries 13 €.* Marie-France tient son lieu avec amour et douceur. Autour de sa maison basse parée de vieilles pierres où est situé le resto, elle a retapé et aménagé quelques casettes (petites maisons de poupée), où l'on peut passer la nuit. Chacune possède 2 chambres, équipées de sanitaires et d'une petite terrasse. Une bien belle adresse dans un site exceptionnel, perché au bout du monde. Et puis on passe à table, pour déguster une assiette de remarquables charcuteries maison. Et c'est un moment unique : la vue sur le plateau et les crêtes depuis la jolie terrasse et tous les parfums de la montagne qui remontent subtilement. Les viandes en sauce comme les aubergines à la Corse sont goûteuses, tout simplement. Allez, assez de mots, place au silence.

À voir

La chapelle Santa Maria : *en bas du village, en contrebas de la route principale.* Construite au Xe ou au XIe s par les Pisans, c'est la plus ancienne de la région. À l'intérieur, jolies statues en bois peint.

L'église Saint-Georges : *demander les clés à M. ou Mme Balesi, pl. de l'Église.* Voir la vieille chaire sculptée et les peintures du XVIe s.

À faire

➢ ***Randonnées à cheval :*** avec Pierrot (voir « Où dormir ? Où manger ? »).

– ***Ski de fond :*** en hiver, sur le plateau du Coscione.

➢ ***Randos pédestres et aquatiques encadrées et canyoning :*** avec *ABC Canyon*. Voir « Adresses utiles ».

SERRA-DI-SCOPAMÈNE / A SARRA DI SCOPAMENA

(20127) 120 hab.

Commune située à 8 km au sud-ouest de Quenza, sur la route d'Aullène, et possédant un très beau moulin à eau ainsi que de nombreux séchoirs à châtaignes. Elle est située sur le sentier Mare a Mare Sud.

Où dormir ? Où manger ?

Camping municipal de l'Alta Rocca : *à la sortie du village, direction Aullène. ☎ 04-95-78-72-20. • campingserradiscopamena@orange.fr • Prendre la petite route fléchée sur la droite. C'est à env 400 m, sur les* *hauteurs. Ouv juil-août. Compter 13 € pour 2. CB refusées.* Superbement ombragé par des châtaigniers de toute beauté. Grands espaces. Confort d'un 2-étoiles. Bon accueil. Très apprécié des randonneurs. C'est à côté que se tient l'asinerie (où l'on élève les ânes, voir la rubrique « À faire »).

■ |●| ***Gîte d'étape Le Scopos :*** *à la sortie du village direction Aullène, sur la droite. ▯ 06-62-81-52-47. ● lescopos@orange.fr ● gite-corse-scopos.com ● Ouv de mi-mars à fin oct. Compter 42 €/pers en ½ pens. ᯤ Apéritif maison offert sur présentation de ce guide.* Grande bâtisse, ancienne caserne de pompiers, avec à l'étage une vaste terrasse qui surplombe la vallée et les montagnes. 5 chambres de 4 ou 6 lits (lits superposés, 26 couchages en tout), spacieuses, lumineuses et confortables, absolument impeccables, toutes avec sanitaires à l'intérieur. Très bonne literie. Annie, la souriante et dynamique gérante, tient son gîte avec tout son cœur. Longue terrasse au 1er étage, avec vue extra sur la vallée. Aux longues tables communes, bonne cuisine corse et, au petit déj, confitures et miels du village.

Où dormir ? Où manger dans les environs ?

■ |●| ***Chambres d'hôtes U Rughjonu, chez Mme Marie-Claire Comiti*** *(Gîtes de France) :* ***20116 Zérubia.*** *▯ 06-85-33-44-88. ● comiti@wanadoo.fr ● chambre-dhotes-alta-rocca-corse.com ● Dans le village de Zérubia, à 3 km à l'ouest de Serra-di-Scopamène. À la hauteur de l'église, en bas du village, tourner à gauche, encore 50 m et c'est le 1er chemin à droite. Ouv avr-fin oct. Pas de table d'hôtes dim soir. Compter 60 € pour 2 (et 75 € pour 3), petit déj compris. À la table d'hôtes, repas tt compris (apéritif maison, vin, café...) 20 €. CB refusées. ᯤ* À 830 m d'altitude, maison en granit vieille de plus d'un siècle. 5 petites chambres d'hôtes, à l'atmosphère campagnarde, toutes de plain-pied, avec sanitaires privés. Un peu partout, des peintures réalisées par le père de la maîtresse des lieux vous feront découvrir les paysages et villages de Corse. Un bout de jardinet sur le devant, commun à toutes les chambres. Accueil chaleureux.

■ |●| ***Chambres d'hôtes Le Ranch :*** *au village de* ***Sorbollano,*** *situé à quelques km de Serra-di-Scopamène sur la route de Quenza. ☎ 04-95-78-64-61. ▯ 06-24-13-82-22. ● marianipascale@yahoo.fr ● ♿ De Sorbollano, le ranch est indiqué à la sortie du village, juste après l'embranchement de la D 420, sur la droite. Ouv tte l'année sf en janv. Compter 65-80 € selon saison, petit déj compris. Table d'hôtes possible (le soir slt et sur résa) : 35 € (repas complet avec le vin). Promenades à cheval : 20 €/h. CB refusées. ᯤ Digestif offert sur présentation de ce guide.* Une maison bien isolée sur un mamelon, avec une vue dégagée, proposant 3 chambres agréables, pas bien grandes mais pimpantes, avec de jolies salles de bains. Bon accueil de Pascale Mariani, la maîtresse des lieux, dans sa maison de famille. L'extérieur est habilement aménagé en un salon-jardin agréable, avec coussins, fauteuils et canapés sous le gros cerisier. Adresse sympathique, hyper tranquille, où l'on se sent bien. À table, un savant mélange de saveurs : rôti de porc aux châtaignes et sauce Cap Corse, canard à la clémentine, mousse de *brocciu* à l'eau-de-vie et pancake de châtaignes...

À faire

– ***Alta Rocc'ânes, balade à dos d'âne :*** *juste à côté du* Camping municipal de l'Alta Rocca, *à Serra-di-Scopamène (voir « Où dormir ? Où manger ? »). ▯ 06-83-40-70-48. ● altaroccanes.com ● À la sortie du village direction Aullène, prendre la petite route fléchée sur la droite. C'est à env 400 m, sur les hauteurs. Avr-sept, slt sur résa. Tlj 9h-13h, 15h-19h.* Balades de toutes sortes à dos d'âne *(30 mn : 8 € ;*

1h : 15 €, mais aussi à la journée, voire sur plusieurs journées). Sympa comme tout, surtout dans ce cadre ! Propose aussi le portage de bagages pour les randonneurs.

AULLÈNE / auddè (20116) 180 hab.

À 13 km à l'ouest de Quenza et à 850 m d'altitude, un charmant village de pierre, encore préservé du tourisme et dont le nom signifie « carrefour ». L'air y est pur et l'on y vit très vieux. L'un de nos chouchous dans le coin, ne serait-ce que pour l'atmosphère particulière qui se dégage de la rue principale. Prenez un verre à la terrasse fleurie du vieil *Hôtel de la Poste,* endroit stratégique pour apprécier le panorama. En fin de journée, le cirque des montagnes voisines se découpe sur le ciel, dans une lumière souvent pleine de magie.

Où dormir ? Où manger ?

Hôtel de la Poste : *au centre du village, sur la route de Quenza. ☎ 04-95-78-61-21. • hoteldelapos teaullene@orange.fr • hotel-de-la-poste-aullene.com • Fermé début oct-fin avr. Double avec douche 50 €. Formule 17 €, menu 23 €. ½ pens possible (min 3 nuits). Digestif offert sur présentation de ce guide.* Ancien relais de diligence construit en 1880, c'est l'un des plus vieux hôtels de Corse et qui tient toujours parfaitement la route, puisque les rênes en sont tenues par la même famille depuis sa création. Chambres simples, propres et très correctes, avec les toilettes à l'étage. En terrasse, à l'ombre du tilleul et des cerisiers, vous profiterez d'une cuisine familiale d'excellente tenue. Ne manquez pas le sanglier (en saison) et les remarquables charcuteries maison (quel parfum, quelle puissance !) ou la soupe corse, où l'on retrouve des morceaux de jambon qui lui donnent toute sa saveur. Accueil cordial et service efficace. Livret-guide de randonnées prêté aux clients. Même si vous n'êtes que de passage dans le coin, arrêtez-vous prendre un verre sur la terrasse surplombant la petite rue. Un moment délicieux.

Villa Cardellini *(Gîtes de France) : quartier Cardelli. ☎ 04-95-21-33-80. • villa.cardellini@orange.fr • villacardel lini.fr • Ouv tte l'année. Compter 80 € la double. CB refusées.* Dans une maison de construction récente et bien conçue, située sur les hauteurs d'Aullène, d'où la vue est superbe, 4 belles chambres tout confort, spacieuses, chacune portant le nom d'un arbre. Salon pour les hôtes avec cheminée et TV. Accueil chaleureux de Laetitia et Hervé, qui savent faire vivre leur maison et sont de bon conseil pour les randos à faire dans l'Alta Rocca (le Mare a Mare Sud passe juste à côté) ou pour les visites à faire dans le secteur.

À voir. À faire

Même si la région d'Aullène a subi de plein fouet les violents assauts des feux fin juillet 2009 qui ont cerné le village et brûlé une partie de la vallée, nul doute que l'épais tapis de maquis et les forêts couvrant les profondes vallées retrouveront rapidement leurs plus beaux atours. Car, en Corse, c'est toujours la nature qui reprend le dessus. Mais de nombreux châtaigniers pluricentenaires sont partis en fumée.

L'église du village : *souvent fermée ; demander la clé à la mairie.* L'église est réputée pour sa chaire sculptée (du XVIIe s), que supportent de curieux dauphins belliqueux. Remarquez, sous les queues de ces espèces de dragons, la tête de Maure.

Le col de Saint-Eustache et la vallée du Chiuvone : *à l'ouest d'Aullène, par la D 420, route sublime ponctuée de points de vue et d'étonnants chaos rocheux.* Boucle possible en descendant ensuite la vallée du Baracci jusqu'à Propriano : la pinède y a brûlé autrefois, ce qui rend austère ce paysage dominant les gorges du Baracci, un canyon profond qui, comme le Chiuvone, est régulièrement parcouru par les amateurs de « canyonisme » (possibilités fantastiques de sauts et autres glissades sur toboggans naturels, mais plusieurs rappels obligatoires réservent ces parcours à des pratiquants chevronnés).

SAINTE-LUCIE-DE-TALLANO / SANTA LUCIA DI TALLÀ

(20112) 365 hab.

Un beau village corse, perché à 450 m d'altitude, au-dessus de la vallée du Rizzanese, à 19 km de Sartène. De hautes maisons de granit, une place ombragée, une fontaine d'eau potable et, tout autour, les montagnes de l'*Alta Rocca.* Des scènes de *L'Enquête corse* y ont été tournées. Le village est célèbre dans le monde des minéralogistes pour son filon de diorite orbiculaire, dite aussi « corsite », une pierre gris-vert avec des ronds plus clairs. Rare et recherchée, elle a servi à la construction de la chapelle des Médicis à Florence, alors respect ! Notons aussi l'excellente huile d'olive produite ici, ainsi que la visite d'un ancien moulin à huile restauré, fort intéressante. À quelques kilomètres de là, à Zoza (rien à voir avec Zonza), superbes vasques naturelles pour faire trempette. Ajoutez quelques bonnes adresses de bouche, et l'on vous dit tout net : Sainte-Lucie, halte obligatoire !

Adresse utile

Point info : *à côté de la fontaine, dans le centre. ☎ 04-95-21-54-71. • sainteluciedetallano.com • Ouv en juil-août slt, tlj sf dim 9h-12h, 14h-17h (16h ven). Le reste du temps, s'adresser à l'accueil mairie, juste à côté.* Infos diverses et pas mal de dossiers à consulter, sur l'olive, le village, l'histoire, les gens...

Où dormir ? Où manger à Sainte-Lucie et dans les environs ?

Gîtes ruraux et chambres d'hôtes

Gîte de M. Philippe Dainesi *(Gîtes de France)* **:** *à* **Olmiccia,** *à 3 km après Sainte-Lucie, direction Sartène (D 268). Résas auprès des Gîtes de France : ☎ 04-95-78-85-83 ou 04-95-10-54-30/31. À 20 m en contrebas de l'église. Selon saison, gîte 4 pers 407-599 €/sem. Produits du terroir offerts à ts les clients.* Belle rénovation d'une maison mitoyenne en pierre du hameau d'Olmiccia. Gîte de 63 m² pour 4 personnes (toute l'année) : séjour avec cuisine, 2 chambres avec lit double, douche, w-c, lave-linge et lave-vaisselle, TV. Draps, bois et chauffage en sus. Inconvénient, peu d'espace extérieur (mais balcon de 12 m²). Intérieur coquet, avec belle cuisine intégrée, cheminée et tout : un petit nid douillet dans l'Alta Rocca.

Chambres d'hôtes U Palazzu di Tallà (Chez M. Jean-Christophe Arrii) : à Sainte-Lucie-de-Tallano, au début de la route de Zoza, sur la gauche. ☎ 04-95-70-23-01. 📱 06-45-64-52-21. • upalazzu@hotmail.fr • tallano-location.fr • Ouv avr-nov. Selon saison, doubles env 50-75 €, triples 55-90 €, petit déj compris. Dans une vénérable demeure qu'on appelle le *Palazzo,* 5 belles chambres réparties sur 2 niveaux, toutes assez différentes. Plein de jolies couleurs au mur (comme dans la « Mille et une nuits », par exemple). L'une d'elles est sous voûte et possède également son petit cachet. On prend normalement le petit déj en terrasse dans le jardinet, bien plus agréable que dans la salle au fond. Bon accueil.

Gîtes de M. Paul Serra (Gîtes de France) : à ***Loreto-di-Tallano.*** *Résas auprès des Gîtes de France : ☎ 04-95-10-54-30/31. Ou directement : ☎ 04-95-78-81-37. • serrarosemarie@wanadoo.fr • De Sartène, prendre la D 268 (direction Sainte-Lucie) et la quitter sur la gauche pour la D 69 : Loreto est 8,5 km plus haut. Ouv tte l'année. Compter 236-380 €/sem selon saison. Produits corses offerts sur présentation de ce guide.* Dans le village même, en contrebas de la route et dans la maison des propriétaires (entrée commune), 2 gîtes pour 4 personnes, très bien équipés. Séjour-cuisine (avec canapé convertible), 1 chambre, salle d'eau et w-c. Lave-linge, lave-vaisselle, micro-ondes. Salon de jardin. Vue sur la vallée. Calme assuré. Excellent accueil.

De bon marché à prix moyens

Gîte d'étape U Fragnonu (Gîtes de France) : route de Zoza. ☎ 04-95-78-82-56. • piredda.palma@aliceadsl.fr • alta-roc.fr • Ouv avr-fin oct. Compter 45 €/pers en ½ pens. Digestif offert à ts à la fin du repas. Superbe gîte dans une grande bâtisse typique de pierre, bien retapée, au-dessus du moulin. On est légèrement à l'écart du centre, ce qui confère au lieu une vraie tranquillité. 8 chambres de 4 lits, spacieuses et très bien entretenues. Lits superposés, bien confortables. Salon à disposition. Très bon accueil de Palma. On prend ses repas en bas, aux grandes tables communes, et c'est à chaque fois un régal, qu'on se le dise !

Chambres Chez Dume : au cœur du village. ☎ 04-20-03-85-44. À la fontaine, prendre direction Zoza et c'est à 50 m sur la droite (petit panneau). Compter 60-80 € la double. Plat du jour 16 €, menu 26 €. Café offert sur présentation de ce guide. Dans une étroite bâtisse, Doumé a ouvert quelques chambres (une par étage), claires, simples et équipées de manière moderne (salles de bains soignées), toutes donnant sur la petite rue. Également 1 studio (avec cuisine, donc). En traversant la rue, on trouve le resto avec son agréable terrasse.

Le Santa Lucia : sur la pl. du Monument-aux-Morts. ☎ 04-95-78-81-28. • talla@orange.fr • Fermé dim (hors saison). Congés : janv. Menus env 19 et 25 €. Belle terrasse ombragée face à la fontaine de la place. Une bien bonne table corse. Le 1er menu est bien, le second a l'avantage de proposer un choix de plats. Des assiettes joliment présentées, des mets goûteux, préparés comme il faut, bien cuits et parfaitement assaisonnés, bref, un vrai travail de vrai cuisinier. Le civet de sanglier, par exemple, ou le lapin fermier au vin de myrte sont fameux. Et que dire des tripettes à la tallanaise... Accueil naturel et souriant du patron.

A Machja : route de Levie, 20112 ***Olmiccia*** *(à 3 km de Sainte-Lucie) ☎ 04-95-77-00-88. En saison, tlj midi et soir. Menu corse 28 €. Plats 14-19 €.* On mange dans un cadre reposant, sur l'agréable terrasse ombragée par des mûriers-platanes, superbement aménagée par le fils de la maison. Grillades de veau ou de sanglier, tripettes, charcuterie, une excellente cuisine traditionnelle à base de produits du terroir, dont bon nombre proviennent de la ferme familiale. Une bonne adresse.

Où acheter de l'huile d'olive ?

Ici l'huile d'olive est reine. *A festa di l'oliu novu* se tient chaque année en mars.

Chez Jacques Léandri : au centre du village, à côté de l'église.

☎ *04-95-78-81-94.* La boutique de M. Léandri, un gentil capharnaüm, respire la production artisanale : un peu partout, des bouteilles que M. Léandri remplit et étiquette, en prenant soin de noter le numéro de la bouteille et la date de péremption... Ses huiles d'olive, de noix, de pignon de pins, d'amande ou d'argan sont excellentes. Vente par correspondance possible. Propose également des craquouillants (prononcez, comme M. Léandri, « crrrraquouillants »), le biscuit qui, comme son nom l'indique, craquouille, à base de farine de noix, noisette et amande à l'huile d'olive.

La Cave à huile d'olive *(huile Santa Lucia) : un peu derrière l'église, à côté de la tour.* ☎ *04-95-78-81-03.* 📱 *06-13-05-43-23. Ouv mars-sept. En saison, tlj sf dim 9h-13h, 14h-17h.* Agréable boutique de l'un des spécialistes de l'huile d'olive. Belle présentation des produits proposés, que l'on peut goûter sur place. Accueil sympathique. 2 sortes d'huiles, celle des olives tombées de l'arbre toutes seules (olives plus mûres, donc, huile plus douce et goûteuse) et celle des olives issues du secouage de l'arbre (olives plus vertes, huile plus acide et plus vive).

À voir

L'église paroissiale : édifice baroque du XVIIe s. Voir le *retable de la Crucifixion* attribué au Maître de Castelsardo (un primitif du XVIe s).

Le couvent Saint-François : *à la sortie du village, en direction de Levie. L'église du couvent est ouverte... quand elle le veut bien.* Belle église conventuelle fondée en 1492. Bénitier en marbre blanc du XVe s et stalles du XVIIe s. L'un des bâtiments accueille la *Maison de l'énergie (ouv normalement lun-ven, horaires fluctuants ; GRATUIT)* où l'on pourra voir une exposition permanente sur les différents types d'énergie.

Le moulin à huile : *indiqué depuis la place centrale, à 200 m. En été tlj sf dim, 9h-12h, 15h-18h. Visite guidée : 2 €.* Un moulin à huile restauré, datant de 1848, la bâtisse quant à elle étant du XVIIe s. Visite intéressante et sympa, où l'on apprend les différentes étapes de la production d'huile d'olive, et ce qu'est, par exemple, l'*huile d'enfer.* Même si l'on n'y presse plus d'olives, on voit encore tout le mécanisme.

La tour *(a turri) :* cette maison fortifiée aux XVe et XVIe s se trouve dans une ruelle derrière l'église. Noter les contreforts à la base de l'édifice. Par les mâchicoulis, on jetait soit des essaims d'abeilles soit de l'huile d'olive bouillante sur les assaillants ; comme quoi, l'huile régionale avait différentes utilisations !

DANS LES ENVIRONS DE SAINTE-LUCIE-DE-TALLANO

Les bains de Caldane : *à 5 km au sud de Sainte-Lucie par la route de Sartèno, puis à gauche par la petite D 148, c'est à 500 m après le pont sur la gauche.* ☎ *04-95-77-00-34. Accès 9h-20h (minuit en juil-août). Horaires restreints l'hiver (slt le w-e). Entrée : env 5 € pour 20 mn de bain max et 0 € pour les séances après 20h (tarif 2014) ; réduc enfants.* Dans un très joli cadre naturel, un bassin d'eau sulfureuse à 37 °C, d'environ 2 m x 8 m (attention, vite plein l'été, venir plutôt le matin ou tard le soir). Gros effet relaxant et tout le bienfait de l'eau sulfureuse (affections cutanées ou ORL). Possibilité de restauration sur place (hors juillet-août, commander) et d'hébergement *(Domaine Rosa de Caldane).*

La piscine naturelle de Zoza : *à 4 km au nord de Sainte-Lucie. Accès par la D 20 qui part du centre de Sainte-Lucie.* Jolies cuves naturelles pour faire trempette. Depuis la mise en eau du barrage sur le Rizzanese, EDF mène une campagne de prévention concernant le risque de lâchers d'eau au niveau du barrage, qui peuvent faire monter le niveau de la rivière de manière dangereuse en quelques minutes seulement. Soyez prudent et surveillez les enfants !

LEVIE / Livia (20170) 760 hab.

À 9 km à l'est de Sainte-Lucie et à 10 km au sud de Zonza, sur la D 268. Nous avons apprécié ce gros bourg montagnard, à 600 m d'altitude, loin du tohu-bohu de la côte et situé en plein cœur de l'Alta Rocca. À en croire les archéologues et à voir l'importance du site de *Cucuruzzu*, la région est habitée depuis des millénaires. Début septembre, le village vit, pendant un gros week-end, au rythme des « Médiévales » (spectacles et animations).

Où dormir ? Où manger ?

De bon marché à prix moyens

Gîte d'étape de Levie « Bienvenue en Alta Rocca » *(Gîtes de France) : dans la partie basse du village, à côté du cimetière et de la gendarmerie (quartier Concurutta). ☎ 04-95-78-46-41. • annauberto@sfr.fr • Ouv avr-oct. Nuitée 29 €. Compter 40 € la ½ pens. Café offert sur présentation de ce guide.* Une grande maison récente. Quelques dortoirs de 4 lits, propres et bien aménagés, ainsi qu'une salle commune. À l'extérieur, petits espaces aménagés et tables. Bon accueil.

Restaurant La Pergola : *rue Sorba (la rue principale), face à la mairie de Levie. ☎ 04-95-78-41-62. Ouv avr-nov. Fermé mer hors saison. Plat du jour 14 €, menu 20 €. CB refusées. Digestif maison offert sur présentation de ce guide.* Minuscule terrasse couverte de vigne vierge. À l'intérieur, salle toute simple, tout aussi minuscule, ne laissant la place qu'à quelques tables. Bonne cuisine familiale (comme on aime), franche et copieuse (rôti de veau, gigot d'agneau), et accueil excellent. Spécialités corses. Jean-Paul Maestrati prépare aussi de copieux sandwichs à la coppa.

Où dormir ? Où manger dans les environs ?

Bon marché

U Spuntinu, chez Joseph : *à 1 km avt le site de Cucuruzzu, bien indiqué sur la gauche. ☎ 04-95-78-41-16. Ouv en saison, en général jusqu'à env 19h30 (fermé lun sf juil-août). Sandwich 6 €, omelettes 6-7 € et assiette env 13 €.* Une petite terrasse pour grignoter un morceau, prendre un généreux sandwich ou une assiette de charcuteries et fromages. Également quelques grillades.

De chic à plus chic

Chambres d'hôtes Aravina *(Chez M. et Mme Morgon ; Gîtes de France) : à 6 km de Levie, route du Pianu (direction de Cucuruzzu). ☎ 04-95-72-21-63. 📱 06-33-87-04-14. • domi.jy@wanadoo.fr • gites-corsica.com • De Levie, direction Sainte-Lucie et faire env 3 km, puis à droite vers Cucuruzzu et faire encore env 3 km, c'est indiqué sur la droite. Ouv tte l'année sf nov. Double 85 €, petit déj compris. Également 1 suite familiale pour 4-5 pers 145 € avec petit déj. Table d'hôtes, le soir, 30 € avec apéro et vin (pour les non-résidents). CB refusées. En pleine nature, une maison de granit au milieu d'un grand terrain de 7 ha. 3 chambres spacieuses, chacune avec un thème différent et sa décoration propre, élégante et soignée. Également à côté, une maisonnette familiale avec 2 chambres. Salon avec un pan de mur de granit, une bibliothèque et une cheminée, TV, accès Internet. Bonne table d'hôtes (Jean-Yves est passé par une école hôtelière) avec des produits maison. Miel maison puisqu'on est chez des apiculteurs, dont on profite au petit déj, ainsi que les confitures maison et une bonne sélection de thés (c'est rare). On aime bien la terrasse devant la maison. Excellent accueil. On allait oublier : bonne charcuterie maison produite sur place à base de porcs Nustrale, la race régionale.

Ferme-auberge A Pignata : *à 5 km de Levie, route du Pianu. ☎ 04-95-78-41-90. • apignata2a@yahoo.fr • apignata.com • De Levie, direction Sainte-Lucie sur 3 km, tourner à droite vers le site de Cucuruzzu, puis, 1,5 km plus loin, sur la gauche ; après une petite montée, prendre le portail à gauche. Congés : janv-mars. Sur résa slt. Doubles standard ou charme, en ½ pens slt, à partir de 92,50 €/pers ; plus cher pour les supérieures. Menu unique 45 € (sans le vin). Digestif maison offert sur présentation de ce guide.* Une ferme-auberge, plus grande maison que ferme, terriblement discrète et pourtant fameuse. En étage d'un bel édifice de pierre, des chambres « charme » et « supérieures », toutes avec sanitaires et certaines avec terrasse. Elles sont spacieuses et assez luxueuses, à la décoration très actuelle. Tons chauds, mobilier choisi, salles de bains raffinées. Il y en a même une, bien plus chère, qui est nichée dans les chênes ! Sous la grande terrasse, une superbe piscine chauffée, donnant sur de généreuses baies vitrées, prolongée par une terrasse de bois et une pelouse. Vue extra et ensemble possédant un charme indéniable. Mais passons à table : dans la grande salle à manger et sur la terrasse ombragée, on sert d'authentiques spécialités corses, considérées par les habitués comme parmi les meilleures de toute la région : cannellonis au *brocciu,* aubergines farcies, daube de sanglier, agneau au four, etc. Et, pour boire, une bonne cuvée maison. Propose aussi des locations de VTT et des balades à cheval.

Où boire un verre ?

Café du Progrès : *au cœur de Levie, sur la route principale.* Sympathique et convivial, voici le café branché du village.

À voir

Le musée de l'Alta-Rocca : *route de Carbini, dans le bas du village, à 700 m du centre (fléché discrètement). ☎ 04-95-78-46-34. Ouv tte l'année : juin-fin sept, tlj sf j. fériés 10h-18h ; 10h-17h le reste de l'année, sf dim et lun. Entrée : 4 € ; réduc.* Un bien beau musée en vérité, complétant celui de Sartène. C'est ici qu'on vient admirer la fameuse *Dame de Bonifacio,* un squelette vieux de près de 8 600 ans, découverte en 1972, mesurant 1,54 m et dont on estime l'âge du décès entre 30 et 35 ans. La Dame était malade, handicapée, et l'on pense qu'elle a dû survivre grâce à la solidarité de son groupe. On pourra aussi admirer la *Dame de Capula* (témoin de l'âge du fer), trouvée en 1978, mesurant quant à elle 1,57 m et morte entre 20 et 30 ans. Même si ces dames n'avaient pas la taille mannequin (plutôt petiotes même), elles constituent les pièces majeures des collections qui brossent un large panorama de la Corse depuis son peuplement initial au Mésolithique (en gros, 10 000 ans av. J.-C., peu après la séparation de la Corse et de la Sardaigne) jusqu'au Moyen Âge. Pas mal d'infos sur la faune disparue (comme le lapin-rat, alias *Prolagus*), dont on a retrouvé des squelettes. Vitrines du Mésolithique, outils, nombreuses meules. Début de la poterie (vases, pots...). Poinçons en os. Voir l'énigmatique petite « Vénus de Denesse ». Quelques bijoux également (notamment avec des coquillages, fibules, chaînettes, pendeloques...). Les panneaux sont bien faits et instructifs : en sortant, vous serez incollable sur les *casteddi* (pluriel de *casteddu* ou *castellu*) et les *torre !* Dans une petite salle annexe, quelques objets religieux, dont un superbe christ en ivoire du milieu du XVIe s (origine incertaine).

– ***Atelier du Lotus (coutellerie de l'Alta Rocca) :*** *après le centre du village (direction Zonza), sur la gauche. Ouv tlj en saison.* ☎ *04-95-74-05-13.* Voici une coutellerie traditionnelle travaillant avec des méthodes ancestrales, dans une grande exigence de qualité. Beaucoup de créativité dans les formes et manches superbes (qu'ils soient en bois ou en corne). Et puis l'artisan parle vraiment bien de son travail.

DANS LES ENVIRONS DE LEVIE

Castellu de Cucuruzzu et le site archéologique de Capula : *maison d'accueil, route du Pianu.* ☎ *04-95-78-48-21. La route d'accès se prend à 3 km sur la droite en allant de Levie à Sainte-Lucie. Puis faire env 3 km. Parking sur la droite. Ouv avr-fin oct, tlj 9h30-18h (19h en juin-sept). Attention, la caisse ferme 2h avt les horaires indiqués. Compter 2 bonnes heures de balade. Entrée payante (au moment de boucler ce guide, la nouvelle politique tarifaire de la collectivité territoriale n'était pas encore connue). Attention : les poussettes ne peuvent pas emprunter le sentier.*

Avec Filitosa, sans doute le site préhistorique le plus intéressant de Corse, et une balade pleine de romantisme dans les sous-bois, par un agréable sentier aménagé (mais attention, passages glissants s'il a plu : prévoir des chaussures correctes et fermées ; oubliez les tongs !). À l'entrée, on vous remet un itinéraire et un appareil audio, distillant des explications très bien faites (sur fond de polyphonies corses !). Pour ceux qui connaissent déjà la Corse, les commentaires pourront peut-être paraître un peu courts, mais ils sont dits agréablement ; pour les autres, c'est tout bon.

Et ça vaut vraiment le coup d'y aller car les vestiges de cette forteresse de l'âge du bronze, gros blocs de rochers assemblés à des muretins *(castellu),* ont quelque chose d'énigmatique, au milieu de cette immense mer d'arbres et de maquis qui moutonne à l'infini dans la vallée du Rizzanese. Après le *castellu,* la visite se poursuit avec le site de Capula, occupé de l'âge du bronze jusqu'au Moyen Âge. Ruines dans un paysage, là aussi, fabuleux. Ce site permet de mieux comprendre le mode de vie particulièrement rustique des temps passés. Une chouette visite, instructive et relaxante, jamais barbante, dans un cadre particulièrement serein.

Carbini : *à 8 km au sud de Levie par la D 59.* Ce village un peu perdu est connu pour avoir été, vers 1350, le foyer d'une secte ou confrérie religieuse, les *Giovannali,* mystiques à la piété exacerbée, qui prônaient le dénuement et le partage des biens matériels, ainsi que l'égalité (même entre hommes et femmes). La papauté s'en inquiéta et les excommunia bientôt (1355). Dès lors, les *Giovannali* disparurent rapidement, victimes de la répression. Au village subsiste l'église *San Giovanni* (Saint-Jean-Baptiste), où ils se réunissaient, édifice roman du XIIe s. Le campanile, érigé sur la gauche de l'église et lui aussi de type roman, est une reconstruction du XIXe s, au demeurant fort gracieuse.

Au centre du village, sympathique *Café du Centre* avec une grande terrasse.

SAN-GAVINO-DI-GARBINI (20170) 990 hab.

À quelques kilomètres au nord-est de Levie, en direction de Zonza, on trouve ce gentil village où il fait bon faire halte. Avant le village, monument en hommage à la Résistance (importants combats en 1943). Jean Nicoli, héros de la

Résistance corse, a vécu ici. Il était le directeur de l'école et une plaque sur la maison qu'il habitait honore sa mémoire. Rien de spécial à faire, si ce n'est d'apprécier le calme de la région. Et, par chance, on y trouve une chouette chambre d'hôtes, un resto et un agréable petit camping.

Où dormir ? Où manger ?

⩟ ***Camping municipal d'Ora :*** *☎ 04-95-78-48-17. • campingora.com • À 500 m du village par la D 67. Ouv 15 mai-fin oct. Compter 15 € pour 2 avec tente et voiture. CB refusées.* On s'installe tranquillement s'il n'y a personne à la réception. Un gentil petit camping familial, sur terrain plat, bien à l'ombre sous les grands pins, avec un équipement minimal, mais très agréable pour ceux qui recherchent le calme. Sanitaires propres et simples. Machine à laver.

Chambres d'hôtes et resto Un' Antru Versu : *dans le centre du village. ☎ 04-95-78-31-47. 📱 06-87-31-28-60. • aubergeunantruversu@gmail.com • aubergeunantruversu.com • Congés (resto) janv-fév ; fermé lun en mars. Compter 85-120 € la double, petit déj compris. À table, pizzas au feu de bois 8-11 € ; formule 13 € et menu 26 €. Digestif offert sur présentation de ce guide.* Voici une bien belle maison de village, entièrement réhabilitée et transformée en 5 chambres d'hôtes, très réussies, confortables et aménagées avec goût. Chacune possède une dominante de couleur, avec souvent un pan de mur en pierres apparentes. Au rez-de-chaussée, le resto est du même tonneau. Les assiettes ont du goût, les viandes sont de qualité et les préparations soignées. Mention spéciale pour la côte de bœuf-purée maison, de 450 g (la côte, pas la purée !).

LE COL ET LES AIGUILLES DE BAVELLA

(20124 ; commune de Zonza)

À 9 km au nord de Zonza et à 40 km de Solenzara. La grande attraction de l'Alta Rocca. Malgré l'incendie qui ravagea la forêt en 1960 (on a reboisé depuis), le coin a gardé tout son magnétisme. Les fameuses aiguilles y sont pour quelque chose, évidemment. Imaginez de mystérieuses silhouettes effilées dressées dans le ciel : orgues de porphyre mauve, cheminées de fées, arêtes rouges et dents aiguisées... À savourer, comme il se doit, aux aurores ou au crépuscule. Autour, la forêt de Bavella, peuplée de pins, de cèdres, de sapins et de châtaigniers.

La route, au détour des virages, offre de somptueux points de vue sur de multiples curiosités naturelles. Mais c'est du col, à 1 218 m d'altitude, que le panorama est le plus saisissant. Très fréquenté l'été, on s'en doute. À cette période, la route depuis la côte est infernale car, sur un long tronçon, elle est si étroite qu'on peut à peine se croiser... Certains ont trouvé la parade : attendre que le flot de visiteurs s'estompe en faisant trempette dans les piscines naturelles de la rivière !

Arriver – Quitter

➢ Si vous n'avez pas de véhicule, les *Autocars Balesi (☎ 04-95-70-15-55)* et *Alta Rocca Voyages (☎ 04-95-51-08-19)* ont pensé à vous, puisqu'ils effectuent des correspondances pour Bavella à partir de Zonza (l'*Autocar Alta Rocca Voyages* part de Marinca-Propriano et l'*Autocar Balesi* de Porto-Vecchio ou d'Ajaccio). Slt de début juil à mi-sept.

Où dormir ? Où manger ?

2 gîtes d'étape au col de Bavella, toujours bondés l'été. Mieux vaut réserver à l'avance.

🏠 |●| ***Gîte d'étape – Auberge du col de Bavella :*** *au col, mais à 300 m plus bas que le grand parking. ☎ 04-95-72-09-87. • auberge-bavella@wanadoo.fr • auberge-bavella.com • Ouv avr-début nov. Nuitée 25 € avec petit déj ; 39 € en ½ pens. Menu 25 €. ½ pens jamais imposée, ce qui est assez rare, surtout en hte saison. Digestif offert sur présentation de ce guide.* Dortoirs de 4-5 personnes, situés sous le resto. Le gîte vient d'être refait et est agréable. Sanitaires corrects. Côté resto, c'est une étape appréciée par les randonneurs et par nous itou. Plats de qualité régulière : soupe corse goûteuse, aubergines farcies délicieuses, grillades, civet de sanglier. Desserts maison.

À voir. À faire

Le col de Bavella : amusant tertre décoré d'une statue de la Vierge (Notre-Dame-des-Neiges) et d'ex-voto posés sur des cailloux. 200 m plus loin, deux auberges et une petite épicerie où les randonneurs se procureront des produits corses et des recharges de gaz. Remarquez, à flanc de montagne, ces espèces de maisonnettes (cabanes en pierre et en tôle ondulée) qui ne sont autres que des bergeries. Il paraît que chaque enfant né dans le canton de Conca se voit attribuer une bergerie pour 99 ans ! En contrebas, dans le grand virage, ne pas rater le belvédère, observatoire de choix pour les aiguilles. À partir du col débute un sentier de rando.

➢ ***La route de Bavella à Solenzara :*** attention, très belle route, mais très sinueuse. Elle a été récemment élargie sur certains tronçons, mais on n'a pas supprimé les virages !

Après le col, on longe de hautes murailles de pierre, véritables forteresses naturelles, puis des arêtes longilignes, des blocs polis et des arbres isolés. Plus loin, remarquez cette aiguille creusée. En poursuivant, on aperçoit des sentinelles de pierre rouge qui ne sont pas sans rappeler certains parcs de l'Ouest américain. Après les aiguilles, à 9 km, vous pourrez vous baigner dans une eau claire et ravigotante. Pas indiqué mais connu dans la région. Garez-vous le long de la route, sur la droite, puis pénétrez dans la forêt et descendez jusqu'à la rivière. Halte très agréable : piscines naturelles, cascades et toboggans amuseront petits et grands. Au col de Larone, on distingue au premier plan les immenses dalles orangées des *Teghje Lisce* et dans le ciel, sur leur droite, les yeux sombres de l'aiguille de *Lunarda*. Le regard s'échappe et la route en profite pour se resserrer encore plus ! On peut ensuite admirer, en contrebas, la rivière *Solenzara* qui tente de se frayer un cours parmi les blocs de pierre charriés par d'anciens torrents. Baignade possible à certains endroits, en des sites très agréables.

– ***Escalade :*** le site de Bavella est le haut lieu de l'escalade en Corse. Le guide de haute montagne (doyen des guides corses) Jean-Paul Quilici a équipé tout le massif (enfin, pas lui tout seul !) et propose escalades et descentes de canyons. Il pourra aussi vous tuyauter sur le canyoning et la randonnée en montagne et même des randos à raquettes en hiver. *Rens : ☎ 04-95-78-64-33. 📱 06-16-41-18-53. • canyoningcorse.net •*

➢ ***Balade sympa :*** du parking sentier pour le *Trou de la Bombe (U Cumpuleddu)*, une cavité circulaire de 8 m de diamètre, qu'on atteint en 1h environ. Un peu raide au début, mais la récompense (cet énorme trou dans la paroi rocheuse) est à la hauteur. Bien balisé. Retour par le même chemin ou en faisant une boucle (dans ce cas compter près de 3h pour l'ensemble de la balade).

LA CORSE INTÉRIEURE

Pôle touristique de première importance, le « Centru di Corsica » se compose de six territoires : Niolo, pays de Corte (Curtinese), vallée de l'Asco, Ghjuvellina, Venacais (Venachese) et Bozio.

CALACUCCIA ET LE NIOLO / NIOLU (20224) 325 hab.

« Le Niolo, la patrie de la liberté corse, la citadelle inaccessible d'où jamais les envahisseurs n'ont pu chasser les montagnards. Ce trou sauvage est d'une inimaginable beauté. Pas une herbe, pas une plante : du granit, rien que du granit », voilà ce qu'écrivait Maupassant dans *Un bandit corse,* en 1882. Pas une herbe, pas une plante... il exagère un peu quand même, sauf pour la Scala di Santa Regina, défilé dantesque, où il n'y a, pour le coup, quasiment que du granit.

Quelle que soit la route choisie pour y arriver (la Scala en venant de l'est ou le col de Vergio, par l'ouest), c'est un choc ! Voici donc le cœur de la Corse, son noyau dur, quelque chose comme son « âme intouchable ». Un monde clos et haut perché, entouré des plus hauts sommets de l'île : le *monte Cinto* (point culminant avec ses 2 706 m), le *Paglia Orba* (2 525 m), le *capu Verdattu* (2 586 m), etc. Des merveilles ! Dans cette sorte de cuvette longtemps coupée du monde, on rencontre parfois des Corses blonds aux yeux bleus et au teint clair. Depuis toujours, le Niolo est une terre de bergers et de traditions. Il faut goûter aux fromages niolins : ils ont une pâte molle mais, pour être vraiment bons, la pâte doit être un peu ferme, onctueuse, sans trous, et être affinée dans toute son épaisseur.

La première chose à faire pour un routard, c'est d'abandonner sa voiture 1 ou 2 jours (ou plus !) pour découvrir les environs de Calacuccia à pied. Il y a plein de balades superbes à entreprendre. On vous en signale quelques-unes parmi les plus significatives. Le Niolo, c'est le royaume de la randonnée.

Adresses utiles

i ***Office de tourisme du Niolo :*** *av. Valdu-Niellu.* ☎ *: 04-95-47-12-62. Sept-avr :* ☎ *04-95-48-05-22.* • *otniolu@club-internet.fr* • *office-tourisme-niolu.com* • *Lun-ven 9h-12h, 14h-18h ; juil-août, ouv aussi le w-e. Sinon, se présenter au syndicat intercommunal, plus bas sur la route de Corte.* Héberge également l'Association sportive et culturelle ; mêmes coordonnées (• *haute-montagne-corse.com* •). Infos sur les sentiers, les sites d'escalade (à Cuccia et Calasima), le sentier nature du refuge de l'Ercu et les chapelles romanes à visiter. C'est ici que vous pourrez rencontrer Paul-André Acquaviva, guide chevronné qui organise notamment une ascension du monte Cinto avec visite de la bergerie de Cesta (excellent commentaire sur le milieu naturel). Prix intéressant si l'on se regroupe.

■ ***Compagnie régionale des guides et accompagnateurs de montagne :*** *route de Cuccia. ☎ 04-95-48-10-43.* ● *compagnieamm@club-internet.fr* ● Propose toute randonnée et tout sport nature dans l'île.

■ ***Médecin :*** *13, av. Valdoniello. ☎ 04-95-35-48-18.* Ça peut servir aux randonneurs du GR 20...

Où dormir à Calacuccia et dans les environs ?

Campings et gîtes d'étape

Camping et chambres d'hôtes L'Arimone *(Chez M. Flori) :* *route du monte Cinto, 20224* ***Lozzi.*** *☎ 04-95-48-05-51. 06-10-68-57-42.* ● *williamflori1@gmail.com* ● *Ouv juin-sept. Compter 18 € pour 2 au camping. Chambre d'hôtes (petite) env 47 €. CB refusées. Réduc de 10 % sur les chambres en juin et sept sur présentation de ce guide.* Adresse toute simple mais agréable pour sa situation exceptionnelle sur un plateau à flanc de montagne. Pour randonneurs, évidemment, mais aussi pour routards, chevaliers errants et vagabonds célestes. Bar-tabac-pizzeria au village, 1 km plus bas. Accueil chaleureux.

Camping Acquaviva : face à L'Acqua Viva Hôtel *(voir plus loin). ☎ 04-95-48-00-08.* ● *info@acquaviva-fr.com* ● *acquaviva-fr.com* ● *Ouv 15 avr-fin oct. Selon taille de la tente, compter 20,50-22 € pour 2 avec tente et voiture.* Petit camping avec une jolie vue sur le lac et les montagnes. De l'ombre sous les châtaigniers et de l'espace (grandes parcelles). Sanitaires très propres. Petite buvette, barbecue à disposition. Accueil chaleureux.

Gîte d'étape *(Chez Toussaint Mordiconi) : à Calacuccia. ☎ 04-95-48-00-04. Ouv 15 mai-20 sept. Compter 25 €/pers.* Hébergement en chalets simplissimes, à 400 m de l'*Hôtel des Touristes* (même proprio). Lave-linge, TV. Literie récente. Accueil chaleureux.

Gîte d'étape communal *(tenu par Mme Ingrand) : à* ***Casamaccioli.*** *☎ 04-95-48-03-47. À 5 km de Calacuccia, sur la rive sud du lac. Ouv avr-oct. Compter 15 € la nuit.* Un gîte situé dans les combles de l'église. 12 couchages (3 « box » de 4 lits). Possibilité de cuisiner. On est aux premières loges pour la foire du Niolo.

Gîte d'étape *(tenu par M. José Albertini) : à* ***Albertacce.*** *☎ 04-95-48-05-60. À 3,5 km à l'ouest de Calacuccia. Congés : 15 oct-31 mars. Nuitée 20 €/pers. ½ pens (repas dans un des restos voisins) 40 €/pers.* Une petite adresse, en bord de route, dans une solide maison aux pierres apparentes. Dortoirs de 4 et 8 lits.

Prix moyens

L'Acqua Viva Hôtel : *à 400 m de Calacuccia, au bord de la D 84, en allant vers Porto et le col du Vergio. ☎ 04-95-48-06-90.* ● *info@acquaviva-fr.com* ● *acquaviva-fr.com* ● *Ouv tte l'année. Doubles avec bains et w-c 65-85 € selon saison. Parking, garage à motos et vélos.* À côté d'une station-service, une maison récente, bien arrangée intérieurement, avec 12 chambres calmes, très confortables avec bains, dotées de TV satellite et d'un petit balcon donnant sur les montagnes. Très propre, une bonne adresse pour ceux qui veulent un peu plus de confort après avoir crapahuté sur le monte Cinto !

Hôtel des Touristes : *au centre du village de Calacuccia. ☎ 04-95-48-00-04.* ● *j-e.mordiconi@wanadoo.fr* ● *hotel-des-touristes.com* ● *Ouv fin avr-30 oct. Doubles avec lavabo ou douche et w-c 63-68 €.* Dans une grande et ancienne bâtisse en granit gris, des chambres spacieuses, comme on en faisait dans le temps. Literie récente, climatisation dans 10 chambres et bon entretien. Le gîte est bien équipé : lave-linge, TV. Une étape pour les randonneurs avant ou après le grand air des montagnes du Niolo.

Auberge Casa Balduina : *à 1 km de Calacuccia, direction Albertacce.*

☎ *04-95-48-08-57.* • *casabalduina@sfr.fr* • *casabalduina.com* • *Ouv 1er mai-15 oct. Téléphoner hors saison. Doubles 62-79 € selon saison et standing. Petit déj 9 €. Parking gratuit.* 7 chambres doubles, claires, dotées de TV à écran plat et décorées avec goût. Jolie vue sur le lac de Calacuccia. Une bonne adresse.

Chic

Casa Vanella : *à* **Casamaccioli,** *à 150 m de l'église de la Santa.* *06-15-75-16-37.* • *casavanella@gmail.com* • *casavanella.com* • *Congés : déc-janv. Doubles 80-110 €, petit déj non compris. ½ pens possible. CB refusées.* Dans une maison moderne, 5 chambres d'hôtes bénéficiant d'un excellent niveau de confort, salle de bains avec baignoire, TV satellite... Riche petit déj. Les propriétaires sont accompagnateurs de moyenne montagne et gèrent également la *Casa Cappellini* à Poggio (Bozio).

Où manger à Calacuccia et dans les environs ?

Restaurant Le Corsica : *en bordure de la D 84, à 200 m à gauche après* L'Acqua Viva Hôtel. ☎ *04-95-48-01-31. Congés : oct-avr. Compter 25-30 €.* En rez-de-chaussée d'une grande maison, un petit resto qui sert une cuisine corse simple et bonne, à prix sages. Spécialités à base de *brocciu*, petit salé aux haricots blancs et crêpes à la farine de châtaigne. Service efficace de la maîtresse des lieux, Thérèse Leca-Grisoni, qui prend le temps de s'assurer que le client est satisfait. Terrasse en couloir aux beaux jours.

A Casa Niulinca : *à l'entrée de Calacuccia, quand on arrive du défilé de Santa Regina.* ☎ *04-95-48-04-85.* • *acquaviva.jeanjoseph@neuf.fr* • *Ouv en saison, tlj. Plats 14-19 €.* La charcuterie artisanale de Jean Acquaviva, producteur et patron du restaurant, est évidemment à l'honneur, mais pas seulement : les viandes plus largement sont bien préparées et copieusement servies. On aura aussi droit à d'excellents fromages du Niolu.

Restaurant Paglia Orba : *à* **Albertacce,** *en bordure de route, en arrivant de Calacuccia, sur la gauche.* ☎ *04-95-48-01-13. De mi-avr à fin oct, tlj. Menus 20-25 €. CB refusées. Digestif offert sur présentation de ce guide.* Vous entrez en vous demandant si vous êtes dans un resto ou chez des particuliers : 5 mn plus tard, si le courant passe avec la patronne, c'est comme si vous étiez un enfant de la maison. Attention : on n'entre pas ici pour consommer vite fait et repartir aussitôt. On prend son temps. Cuisine familiale (l'adjectif n'est pas ici usurpé) avec des parts généreuses (et vous vexeriez la patronne si vous n'en repreniez pas !).

Bar-restaurant du Lac : *à* **Sidossi.** ☎ *04-95-48-02-73.* • *finosello@aim.com* • *À 2 km à l'ouest de Calacuccia par la D 218 (chouette petite route qui longe la rive nord du lac). Ouv mai-fin sept. Tlj en saison. Formules déj 16,50 €, et menu 25 €. Digestif offert sur présentation de ce guide.* Une grande maison proche du lac, mais sans vue sur celui-ci, avec une vaste salle à manger. La voilà, la vraie cuisine du Niolo : cailles aux champignons sauvages, *stuffatu* de veau aux olives, charcuteries artisanales, fromage niolin. C'est bon, copieux, avec une touche d'imagination, et les prix restent raisonnables.

Où dormir ? Où manger dans les environs ?

Hôtel Castel de Verghio : *col de Vergio,* **Albertacce** *(à 12,5 km d'Évisa et à 18,5 km d'Albertacce).* ☎ *04-95-48-00-01.* • *jl.luciani3@orange.fr* • *hotel-castel-vergio.com* • *Ouv de fin avr à mi-oct. Bivouac 6 €/pers. Gîte en ½ pens 48 €/pers (lit seul 18 €). Chambre double 100 €.*

LA CORSE INTÉRIEURE

Menu 25 €. Hôtel dont l'extérieur, du moins le flanc nord, est typique des années 1970, mais qui a été récemment relooké côté route, ce qui lui donne un air ancien et moderne à la fois. Bon niveau de confort avec de belles chambres, elles aussi rénovées, où le bois est à l'honneur. Gîte et bivouac 50 m plus bas.

À voir

🥾 ***Calacuccia :*** petite capitale du Niolo, à 850 m d'altitude, environnée de montagnes. Quelques maisons avec leurs escaliers extérieurs dans le village qui s'étire en longueur. Point de chute et de ravitaillement pour routards et randonneurs.
À la sortie du village, sur la route de Porto, remarquer la belle *église* blanche *Saints-Pierre-et-Paul* (christ en bois d'une expression émouvante).

🥾 ***Casamaccioli*** *(Casamacciuli)* ***:*** *à 5 km au sud-ouest de Calacuccia, sur la rive sud du lac artificiel.*
Au milieu des châtaigniers, un village tranquille s'animant chaque année autour du 8 septembre, pour la foire régionale du Niolo et de la ***fête de la Santa.***
Deux mots sur cet étonnant pèlerinage considéré comme le plus important, le plus vieux et le plus vivant de toute la Corse ! Pour les Niolins, c'est le grand moment de l'année. Les membres de la confrérie de la Santa, tout de blanc vêtus, portent une statue de la Santa sur leurs épaules et défilent ainsi dans le village, décrivant autour d'une croix un mouvement en spirale que l'on appelle la *Granitula* (l'Escargot). Ce rite très ancien s'accomplit au milieu d'une foule enthousiaste. Autrefois, à l'occasion de la fête de la Santa, les jeux d'argent étaient libres 3 jours et 5 nuits. On jouait, on achetait et on vendait toutes sortes de marchandises, on s'amusait, on se moquait des riches et des puissants au cours de joutes oratoires improvisées sur la place publique. Même si ce n'est plus vraiment ça aujourd'hui, il faut quand même participer à cette fête très animée où l'on voit encore des bergers poètes improviser des tirades et des joutes oratoires chantées ou parlées *(Chjam'e rispondi).*
Ah, on avait oublié l'essentiel : l'origine de la Santa ! Voici son histoire. Au Ve s de notre ère, le capitaine d'un navire en perdition au large de Galéria implora le secours de l'étoile de la Mer. Une étoile apparut alors dans le ciel en direction du couvent de la Selva. Et la tempête se calma. En signe de reconnaissance, le capitaine offrit au couvent une statue qui prit le nom de Santa Maria di a Stella : sainte Marie de l'Étoile. Plus tard, des pirates ravagèrent la région, et les moines durent s'enfuir en emportant la fameuse statue arrimée au dos d'une mule. Après une longue errance, le brave animal s'arrêta à Casamaccioli, à l'emplacement de la chapelle actuelle. Quelle aventure ! Depuis lors, chaque 8 septembre, jour de naissance de la Vierge, on célèbre la Santa du Niolu.

À faire

➢ ***Randonnées pédestres dans le Niolo :*** quatre sentiers de pays fléchés et balisés en orange (balisage parfois difficile à voir), accessibles à tous, ont été ouverts par le parc régional. Une très bonne idée ! Une brochure spéciale « Niolo » présente les différents itinéraires (boucles à la journée) ; la demander au syndicat d'initiative ou dans un bureau du parc. Quelques très belles balades y sont proposées, d'une durée de 3h à 6h30.

➢ ***Le tour des Cinque Frati :*** une superbe randonnée pédestre, réservée aux marcheurs très expérimentés. Ne pas s'y aventurer seul, et partir de préférence avec quelqu'un du coin. Le sentier balisé en orange forme une boucle de 7h au départ de Calasima (et retour à Calasima), le village le plus haut perché de Corse. Il culmine à 1 100 m !

➢ ***De Calacuccia à la bocca a l'Arinella :*** belle randonnée pas trop difficile, qui emprunte un morceau du sentier Mare a Mare Nord (balisé en orange). La *bocca a l'Arinella* est une montagne qui culmine à 1 592 m au sud de Calacuccia. La randonnée emprunte le même sentier à la montée (3h10 de marche) et à la descente (1h).

➢ ***Le monte Cinto*** *(Cintu)* **:** le plus haut sommet de la Corse, il culmine à 2 706 m. On peut en faire l'ascension, à condition d'avoir de bonnes chaussures de marche et une sacrée condition physique, car le parcours se fait essentiellement dans des roches et des éboulis rocailleux. Attention, le refuge de l'*Erco,* d'où commence l'ascension, n'est pas accessible par la route, à moins d'avoir un 4x4. Compter donc 2h de plus pour gagner à pied ce refuge et au total 9h à 10h pour une dénivelée de près de 1 700 m. Une magnifique randonnée à entreprendre à partir de mi-juin. Plus tôt en saison, de nombreux névés subsistent, et les accidents sont fréquents. La neige revient en principe fin octobre. Parcours non balisé, donc réservé aux randonneurs avertis. Le mieux est encore de se faire accompagner par un guide. Et on ne rigole pas : deux personnes, un père et son fils, sont morts de froid après une chute, en plein été, le 16 août 2008...

– **Le lac :** *kayaks et planches à voile à louer 1er juil-15 sept. Base à Sidossi.* S'adresser à l'Association sportive et culturelle à l'office de tourisme.

DANS LES ENVIRONS DE CALACUCCIA

★★★ ***Le défilé de la Scala di Santa Regina :*** la deuxième voie d'accès au Niolo est cet interminable ravin désolé, sorte d'étrange corridor de roches, de granit rouge, de rocaille et de caillasse. Un monde hostile, sauvage. Son nom vient des escaliers *(scala)* qui semblent taillés dans le roc de la rive gauche du Golo, que les Niolins empruntaient autrefois pour accéder à Calacuccia. Admirez le travail de la nature (tectonique et érosion conjuguées).
➢ Pour les randonneurs, un sentier balisé en orange au départ de Corscia (à 4 km à l'est de Calacuccia) permet de découvrir la Scala di Santa Regina par d'anciens chemins de transhumance. Compter 5h (aller-retour) pour effectuer cette randonnée !

★★ ***La forêt de Valdo-Niello*** *(Valdu-Niellu)* **:** l'une des grandes forêts d'altitude de la Corse, où poussent essentiellement des pins laricio, des hêtres et des bouleaux. Certains pins laricio dépassent les 400 ans et les 5 m de circonférence. Le GR 20 la traverse, ainsi que la D 84 de Calacuccia à Porto. Magnifique !

★ ***Le col de Vergio*** *(bocca di Verghju)* **:** le col routier le plus élevé de la Corse (1 467 m), porte du Niolo et ligne de partage des eaux entre la côte ouest et la côte orientale. En redescendant vers Evisa et Porto, on traverse la vallée et la grande forêt d'Aïtone, peuplée de pins laricio. Des échappées prodigieusement belles !

Randonnées pédestres

➢ ***Jusqu'au lac de Nino*** *(Ninu)* **:** l'aller et retour vous prendra entre 4h et 5h. Le plus fameux lac de Corse, avec ses cousins de Restonica (Melo et Capitello). C'est aussi la porte d'entrée du *Campotile,* cet espace pastoral aux formes apaisées, pourtant entaché d'une réputation maléfique tenace. C'est en plongeant dans l'onde de Nino que le diable rejoignait autrefois son enfer, et c'est de ses berges qu'il propulsa sa charrue pour trouer la célèbre montagne du Tafunatu (il sévit aujourd'hui dans des lieux plus accessibles !). Prenez garde enfin à ne pas rafraîchir votre bouteille d'apéro dans les eaux froides de Nino ; les bergers niolins sont formels : votre *Casanis* cuvée Vieux-Port serait inévitablement changé en eau !

Pour y monter, le plus simple est de partir de la maison forestière de *Poppaghia,* située à mi-chemin entre les villages du Niolo et le col de Vergio. Balisage jaune tout au long des 2h et 700 m d'ascension, un fléchage qui remonte le long du torrent jusqu'à la *bergerie de Colga.* Celle-ci se trouve à la sortie de la pinède et est signalée par d'inattendus merisiers et autres érables sycomores plantés en contrebas.
L'itinéraire se fait alors plus raide et gagne, entre buissons d'aulnes et escarpements rocheux, le *col de Stazzona* et ses blocs insolites erratiques (toujours l'œuvre de Satan, selon la légende), vue splendide sur le lac situé en contrebas, les « pozzines » alentour et l'horizon rocheux des cimes du Cortenais.

➢ ***Jusqu'aux cascades de Radule :*** aller et retour en 2h. C'est la seconde balade classique de la forêt de Valdo-Niello, plus aisément accessible encore que les rives perchées du lac de Nino. Le Golo, à peine né sous la Paglia Orba, quitte le vallon suspendu de Tula par une suite de chutes entre lesquelles s'intercalent de jolies vasques d'eau verte, où peu de visiteurs résistent en été au plaisir du plongeon.
Cette randonnée part dans le virage en épingle du *Fer à cheval,* situé à 4 km en contrebas du col de Vergio. Le sentier du GR 20 sert alors à gagner le voisinage des cascades et, par chance, il s'agit ici de l'une des rares portions peu accidentées du célèbre chemin des montagnes de Corse. En une vingtaine de minutes, on atteint les *bergeries de Radule,* puis on descendra un peu plus loin sous le sentier pour gagner le site des cascades proprement dit.
Les plus vaillants compléteront cette visite en remontant par le GR 20 la *vallée du haut Golo.* L'intérêt historique et patrimonial de ce chemin est important : sur une partie de son parcours, il coïncide avec l'ancienne voie de transhumance qui liait autrefois le Niolo à la région côtière de Galéria (Filosorma) via le col de Guagnerola ; il mène par ailleurs au refuge de *Ciuttulu di i Mori* (26 places et une aire de bivouac gardées en été), point de départ de l'ascension des deux sommets les plus spectaculaires du Niolo, la dent rocheuse de la *Paglia Orba* et la muraille percée du *Tafunatu.*
Ces sommets sont accessibles aux marcheurs expérimentés. Mais attention, là, ce n'est plus de la rando mais de l'escalade. Y aller uniquement en groupe avec guide, et si on n'a pas le vertige. Vues et paysages extraordinaires.

CORTE / CORTI (20250) 6 750 hab.

Une citadelle juchée au sommet d'un piton rocheux, avec en contrebas les entrelacs des ruelles de la Ville Haute, de vieilles et hautes demeures ; et encore plus bas, la Ville Basse, plus récente, moins authentique et pourtant très animée, dont l'axe central est le cours Paoli. Tout autour, une couronne de montagnes, coupées par des gorges sauvages avec des torrents aux eaux limpides, impétueuses et transparentes : voilà le cœur géographique de la Corse, le symbole de son histoire mouvementée. Ville de cœur de Pasquale Paoli, qui y établit pendant 14 ans le siège du gouvernement de la Corse et lui donna une université. Corte, avec seulement 6 750 habitants (et 4 100 étudiants !), condense tous les souvenirs de combats et les rêves d'émancipation des Corses. Ici, on a la Corse à fleur de peau, et on ne badine ni avec l'identité ni avec la mémoire insulaire.
Étape incontournable du tour de Corse, point de chute sur la route Ajaccio-Bastia, Corte est aussi un point de départ idéal pour d'admirables randonnées en montagne, ainsi que pour la remontée de la vallée de la Restonica, chef-d'œuvre de la nature.

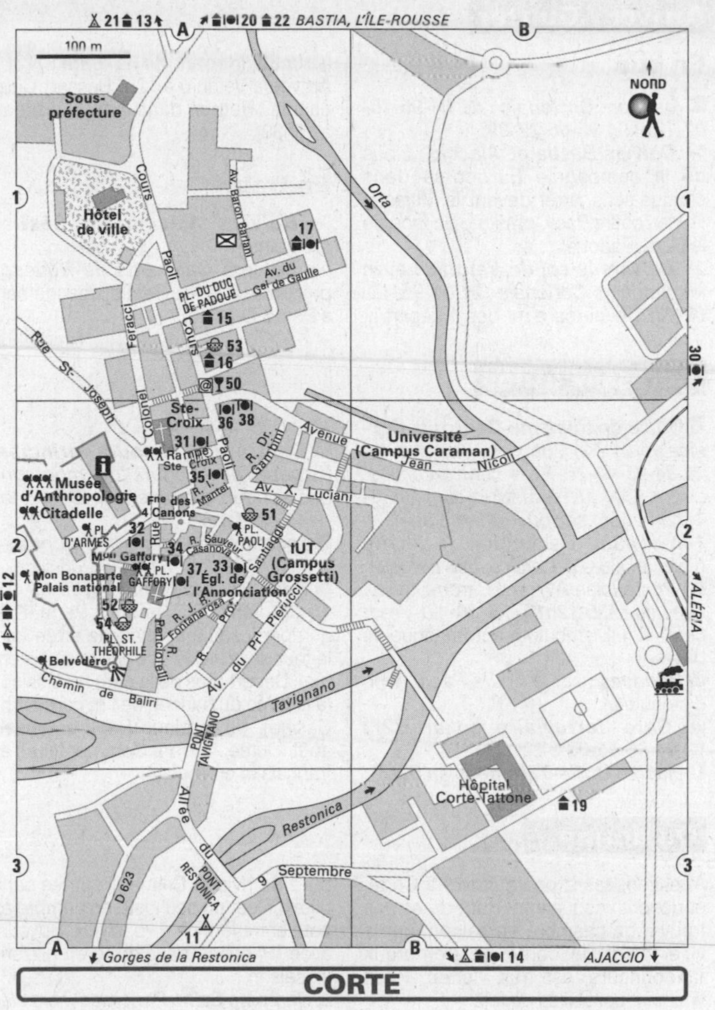

CORTE

■ **Adresses utiles**

- Office de tourisme
- Centru di Corsica
- @ 50 Le Café du Cours

Où dormir ?

- 11 Camping Alivetu
- 12 Camping et gîte d'étape U Tavignanu
- 13 Motel A Vigna
- 14 L'Albadu
- 15 Hôtel Duc de Padoue
- 16 Hôtel du Nord
- 17 Hôtel de la Paix
- 19 Hôtel HR
- 20 Osteria de l'Orta
- 21 Camping Saint-Pancrace
- 22 Hôtel Si Mea

Où manger ?

- 30 L'Oliveraie
- 31 Rivière des Vins
- 32 U Museu
- 33 A Scudella
- 34 Pâtisserie Marie et Jean-Luc
- 35 A Merenda
- 36 Le Bip's
- 37 U Campanile
- 38 Le Nicoli

Où boire un verre et déposer son sac à dos ?

- 50 Le Café du Cours

Achats

- 51 U Granaghju, produits corses
- 52 Ghjoculi Smuntevuli ou Casa di u Legnu
- 53 L'Andatu
- 54 A Casa Curtinese, alimentation Ghionga

Arriver – Quitter

En bus

■ ***Autocars Cortenais :*** ☎ *04-95-46-02-12 et 04-95-46-22-89.*
➢ ***De/vers Bastia et Ajaccio :*** 2 bus de la compagnie *Eurocorse* dans chaque sens, arrêt devant le *Majestic* (19 ter, cours Paoli, presque en face de la pl. de Padoue).
➢ ***De/vers le col de Verghju :*** avec les *Autocars Cortenais* (☎ *04-95-46-02-12*). De mi-mai à mi-oct, 1 départ/j., à 10h30 (départ de la gare SNCF). Arrivée à Verghju à 12h. Dessert Calacuccia. Retour dans l'ap-m (départ à 15h30).

En train

➢ ***De/vers Ajaccio ou Bastia :*** 4-5 trains/j.
➢ ***De/vers Calvi et L'Île-Rousse :*** prendre le train de Bastia, changement à Ponte-Leccia.

Adresses utiles

ℹ ***Office de tourisme Centru di Corsica*** *(plan A2) : dans la Ville Haute.* ☎ *04-95-46-26-70.* • *centru-corsica.com* • *Ouv juil-sept : lun-sam 8h30-18h30 ; hors saison : lun-ven 9h-12h, 14h-17h30.* Demander le guide d'accueil *Core di Corsica,* très complet.
✉ ***Poste*** *(plan A1) : av. Baron-Bariani. Lun-ven 8h30-12h15, 13h30-17h ; sam 8h30-12h.* Distributeur automatique de billets.
■ ***Banques :*** *sur le cours Paoli.* Avec distributeur.
🚂 ***Gare ferroviaire*** *(plan B2) :* ☎ *04-95-46-00-97.*
✚ ***Hôpital Corte-Tattone*** *(plan B2-3) :* ☎ *04-95-45-05-00.*
■ ***Centre de secours principal*** *(Groupe de secours de montagne des sapeurs-pompiers) :* ☎ *112, ou 04-95-46-04-52.*
■ ***Location de voitures : Europcar,*** *à la gare.* ☎ *et fax : 04-95-46-06-02.*
■ ***Petit train (u trenu) :*** 📱 *06-09-95-70-36. Tarif : 7 € ; réduc.* Permet de grimper jusqu'à la citadelle et de faire le tour de la vieille ville (visite commentée). Départ près de la gare hors saison (à l'entrée du parking de l'hypermarché *Casino*), de la place Paoli en juillet-août. Durée : 30 mn. Commentaires en français et en anglais.

Où dormir ?

Attention, assez peu d'hôtels à Corte, et donc un risque important de ne pas trouver de chambre en saison, car la ville, point de chute de nombreux randonneurs, est très visitée. Résa vraiment conseillée de fait.

Campings

⛺ ***Camping Alivetu*** *(plan A3,* ***11****) : fg Saint-Antoine.* ☎ *04-95-46-11-09.* • *camping-alivetu@laposte.net* • *camping-alivetu.com* • *À 15 mn à pied du centre-ville. Ouv d'avr à mi-oct. Compter env 26 € pour 2 avec tente et voiture ; loue aussi chalets et bungalows pour 2-6 pers 360-821€/sem selon saison. CB refusées.* 📶 Emplacements bien à plat, ombragés, en bord de rivière. Calme. Pour les sanitaires, c'est un peu juste en nombre et, côté entretien, on a vu mieux. Buvette, avec TV, qui se transforme en pizzeria en saison.
⛺ ***Camping Saint-Pancrace*** *(hors plan par A1,* ***21****) : route de Saint-Pancrace.* ☎ *04-95-46-09-22.* • *saintpancrace@live.fr* • *campingsaintpancrace.fr* • ♿ *À 1,5 km du centre-ville. Ouv 15 avr-31 oct. Env 18 € pour 2 avec tente et voiture. CB refusées.* Petit camping (25 emplacements ombragés), situé tout au bout d'un quartier résidentiel. Très tranquille et correctement équipé. Location de tentes possible. Fromage fermier et produits régionaux sur place (les propriétaires sont agriculteurs et font du fromage de brebis).

⛺ 🏠 🍽 ***Camping et gîte d'étape U Tavignanu*** *(hors plan par A2,* ***12****) : dans la vallée du Tavignano. ☎ 04-95-46-16-85. • gitedtape.utavignanu@orange.fr • Ouv avr-oct. Pour le camping, compter 14,50 € pour 2 ; en gîte, ½ pens 41 €/pers. Café offert sur présentation de ce guide pour l'hébergement en gîte.* On y accède à pied par le chemin de Baliri dans les bois, bordé de murs en pierres moussues. Petit terrain de camping bon marché sur terrain boisé de 2 ha et quelques chambres sommaires pour 20 personnes. Vue sur la citadelle.

De bon marché à prix moyens

🏠 ***Motel A Vigna*** *(hors plan par A1,* ***13****) : chemin de Saint-Pancrace. ☎ 04-95-46-02-19. • tcampana@wanadoo.fr • ♿ À 800 m du centre-ville. En venant de Bastia vers Corte, prendre le chemin sur la droite (panneau) ; c'est au bout. Studios 60-62 € pour 2 la nuit, loc possible 400-465 €/sem (min 2 nuits demandé) ; prix dégressifs pour plusieurs sem. CB refusées. Réduc de 10 % pour 1 sem complète 1er-13 juil sur présentation de ce guide.* Petit immeuble récent sur 2 niveaux, avec 9 studios (dont 1 adapté pour l'accueil de personnes handicapées). Ils sont libérés de juin à septembre par des étudiants de l'université, qui les occupent le reste de l'année. Spacieux, très propres, avec cuisinette, douche et w-c. Les studios à l'étage sont dotés d'un balcon. Un très bon plan.

⛺ 🏠 🍽 ***L'Albadu*** *(chambres, table d'hôtes et camping à la ferme ; hors plan par B3,* ***14****) : rte du Calvaire, sur les hauteurs, à 2,5 km au-dessus de Corte, à 1,5 km de la gare. ☎ 04-95-46-24-55. • albadu@orange.fr • hebergement-albadu.fr • Du centre, prendre la N 193 en direction d'Ajaccio, passer les 2 ponts sur les rivières et tourner à droite juste après l'université. La route grimpe jusqu'à* L'Albadu *(fléchage). Ouv tte l'année. Compter 50 €/pers en ½ pens. Pour les groupes, dortoir. En camping, compter 15 € pour 2 avec tente et voiture. CB refusées. 📶 Apéritif offert sur présentation de ce guide.* Confort modeste (chambres pas bien grandes, avec lits gigognes ou superposés ; essayer d'avoir l'une des 6 chambres équipées d'un lit double), mais prix en rapport. Les chambres ont été refaites, avec une nouvelle décoration. Cadre rustique de ferme équestre et de bergerie, sympa comme tout. Cuisine familiale et fromages délicieux (qu'on peut acheter). Copieux menu bon marché, café et vin compris. Quelques emplacements aussi pour planter sa tente.

🏠 🍽 ***Hôtel de la Paix*** *(plan A1,* ***17****) : av. du Général-de-Gaulle. ☎ 04-95-46-06-72. • socoget@wanadoo.fr • hoteldelapaix-corte.fr • Congés : 15 j. en fin d'année. Doubles 47-75 € selon confort (lavabo, douche ou bains) et saison. Possibilité de ½ pens en saison. CB refusées. Parking pour les motos.* Belle bâtisse rénovée récemment, et certainement bien nommée, dans un quartier paisible mais central. Des chambres d'un bon confort, avec TV, bien entretenues. Accueil aimable.

🏠 ***Hôtel HR*** *(plan B3,* ***19****) : allée du 9-Septembre. ☎ 04-95-45-11-11. • hr2B@aol.com • hotel-hr.com • Un peu excentré, à 200 m de la gare. Avr-sept. Doubles env 50-65 € selon confort, également des triples et des quadruples. Petit déj 7 €. 📶* On a un peu l'impression d'une HLM, même cage d'escalier, même aspect extérieur avec ses étroites fenêtres. Mais agréable jardin sur l'arrière. Des chambres acceptables dans l'ensemble, mais certaines très simples. Les moins chères se partagent les sanitaires ; les plus chères ont vue sur le jardin à l'arrière. Également des appartements. Salle de gym, piscine et sauna. Plutôt une adresse de randonneurs, qui en sont en général satisfaits.

De chic à plus chic

🏠 ***Hôtel Duc de Padoue*** *(plan A1,* ***15****) : 2, pl. du Duc-de-Padoue. ☎ 04-95-46-01-37. • info@ducdepadoue.com • ducdepadoue.com • Dans la Ville Basse. Congés : de mi-nov au 30 mars. Doubles 75-125 € selon saison, petit déj 1 €. 💻 📶* Une dizaine de

LA CORSE INTÉRIEURE

chambres totalement refaites dans une bâtisse ancienne, entièrement rénovée en 2008, donnant sur une grande place ombragée ; elles ouvrent sur la place ou sur l'arrière, donc calmes. Bonne adresse qui manquait un peu dans le centre de Corte.

Hôtel du Nord *(plan A1,* ***16****) : 22, cours Paoli.* ☎ *04-95-46-00-68.* ● *info@hoteldunord-corte.com* ● *hoteldunord-corte.com* ● *Ouv tte l'année. Doubles avec TV 74-104 € selon saison, petit déj 1 €. Réduc de 10 % 1er nov-31 mars sur présentation de ce guide.* Le plus vieil hôtel de Corte, dans une haute maison aux murs épais. Entièrement rénové. Chambres assez grandes dans l'ensemble, insonorisées, ventilées. TV satellite. Celles donnant sur l'arrière sont plus calmes.

Hôtel Si Mea *(hors plan par A1,* ***22****) : 3, av. du Pont-de l'Orta.* ☎ *04-95-65-08-23.* ● *hotelsimea-corte.fr* ● *Ouv tte l'année. Doubles 60-118 € selon saison et standing, petit déj inclus.* Grande villa début XXe s, refaite à neuf, avec des chambres spacieuses (les plus chères disposent d'un balcon). Tous les avantages de l'ancien (les grandes pièces, l'impression d'aisance) avec le plaisir du moderne (le confort, avec excellente literie par exemple) : que demander de plus ? Bon petit déjeuner.

MAI] **Osteria de l'Orta** *(Gîtes de France ; hors plan par A1,* ***20****) : route de l'Orta, sortie nord de Corte.* ☎ *04-95-61-06-41.* ● *contacts@osteria-di-l-orta.com* ● *osteria-di-l-orta.com* ● *Ouv tte l'année (chambres), sur résa. Resto ouv ts les soirs en saison, sam soir de mi-sept à mai. Doubles 88-100 € ; suites 120-180 €, petit déj inclus. ½ pens possible. Menu (sur résa, lun-ven) 35 €. CB refusées.* Dans une grande demeure de famille, qui se voit de loin et qui est connue à Corte sous le nom de *Casa Guelfucci,* 5 grandes chambres confortables (AC, double vitrage) ainsi qu'une suite. Le charme de l'ancien et du neuf réunis (l'ensemble de la maison a été récemment restauré). À la ferme-auberge, menu très copieux à base de produits naturels de l'exploitation familiale.

Où dormir dans les environs ?

Voir également nos adresses situées dans les vallées de la Restonica, de l'Asco (plus loin), ainsi qu'au sud de Corte, à Venaco et à Vivario.

Camping

Aire naturelle Campita : *sur la D 84, lieu-dit Campita (20236* ***Francardo****), 1 km après Francardo, direction Calacuccia.* ☎ *04-95-47-44-15.* ● *battista.campita@yahoo.fr* ● *campita.fr* ● *De mi-mars à fin sept (camping). Compter 9 €/campeur sous tente, tt compris. CB refusées.* Une aire naturelle, au bord du Golo. Le camping proprement dit est situé dans une forêt de chênes. Équipements limités, mais l'essentiel est là. Très reposant. Également 5 gîtes, agréés « Gîtes de France ».

Chambres d'hôtes

Chambres d'hôtes A Chjusellina : *ferme Léonelli, lieu-dit Avantu, à env 3 km de Corte, sur la N 200.* ☎ *04-95-47-13-83.* *06-22-39-73-12.* ● *achjuselllina@gmail.com* ● *achjusellina.com* ● *Tte l'année. Doubles 95-110 € selon saison. Table d'hôtes 25 €. Digestif offert sur présentation de ce guide.* Jean-Max et Nathalie, les propriétaires qui, par ailleurs, dirigent une exploitation agricole bio, ont fait construire une grande maison disposant de 5 chambres spacieuses (34 m²), certaines pouvant accueillir 3 ou 4 personnes. Excellent niveau de confort dans chacune, belles salles de bains. Piscine. Table d'hôtes à conseiller. Une bonne adresse.

Gîtes ruraux

Gîte de M. Xavier Casanova *(Gîtes de France) : à* ***Badella,*** *commune de Casanova. Résas auprès des Gîtes de France :* ☎ *04-95-10-54-30/31. Fax : 04-95-10-54-38. À 8 km au sud de Corte (route d'Ajaccio et direction Casanova sur la gauche à 7 km). Ouv*

LA CORSE INTÉRIEURE

avr-sept. Gîtes 4 pers 315-450 €/sem. Dans le village, dans une maison de pierres sèches, rustique et biscornue. Pittoresque et charmant. Gîte indépendant de 48 m², pour 4 personnes, sur 2 niveaux. Salle à manger, cuisine, 2 chambres (dont 1 avec lits superposés et accès par échelle de meunier ou accès extérieur), possibilité de lit enfant. Lave-linge et cheminée. Terrain de 90 m², salon de jardin. Le proprio est sympa, et apiculteur (ce qui n'a rien à voir).

☗ ***Gîtes de Mme Regnoult-Luciani*** *(Gîtes de France) :* *à* ***Francardo.*** *Résas auprès des Gîtes de France : ☎ 04-95-10-54-30/31. Fax : 04-95-10-54-38. À 12 km au nord de Corte par la N 193. Selon saison et gîte, de 339-407 €/sem à 541-588 €/sem. Apéritif offert sur présentation de ce guide.* Au rez-de-chaussée d'une maison de 2 étages ou dans une maison indépendante, 4 gîtes de 30 à 81 m², pour 2 à 6 personnes. Pour chaque gîte, jardin clos privé bien agréable. Lave-linge, micro-ondes, congélateur, location de draps (lave-vaisselle et TV dans certains gîtes). Toutes sortes d'activités sympas dans les environs : randonnées, pêche dans le Golo, qui traverse le village, et même baignade (petite « plage » sur la rivière à 200 m). Bon accueil des propriétaires.

Où manger ?

Bon marché

I●I ***Pâtisserie Marie et Jean-Luc*** *(plan A2,* ***34****) :* *pl. Gaffory. ☎ 04-95-46-03-70. Fermé lun. Congés : fév.* On trouve à Corte un délicieux gâteau au *brocciu,* la *falculella,* qui est présentée sur une feuille de châtaignier (qu'on ne mange pas). Cette boulangerie-pâtisserie en propose de parfaits ainsi que des *migliacci* et des *canistrelli*. Très bien pour une petite faim.

I●I ***A Merenda*** *(plan A2,* ***35****) : à gauche du 3, cours Paoli. ☎ 04-95-46-30-99. • jeanclaude.fabiani@neuf.fr • Midi et soir sf dim. Congés en fin d'année. Env 15-18 €.* Le genre de petite adresse que l'on est bien content de trouver quand il s'agit de manger vite fait et pas cher. Les étudiants de Corte le savent bien, qui en ont fait leur cantine. Choix de *bruschette,* de tartines grillées et de paninis, quelques omelettes et salades, et voilà, on est prêt à repartir.

De bon marché à prix moyens

I●I ***L'Oliveraie*** *(hors plan par B1,* ***30****) : lieu-dit Perru. ☎ 04-95-46-06-32. • loliveraie@libertysufr.fr • ♿ Du centre-ville, prendre la direction de l'université ; au grand carrefour direction Bastia, prendre la route d'Erbajolo ;* L'Oliveraie *se trouve à 300 m plus loin, sur la gauche. Fermé lun soir hors saison. Congés : vac de Noël. Formule 12 €, menus 18 et 27 €. Digestif offert sur présentation de ce guide.* Grande maison de pierre avec une grande terrasse couverte où trône un olivier imposant, à l'écart de la ville et devant un jardin d'arbres fruitiers. On y déguste une savoureuse cuisine corse composée de *buglidicce* (beignets au fromage frais), tarte aux herbes, rôti de porc aux châtaignes et fenouil et, en dessert, la fameuse tarte aux noisettes et à la farine de châtaigne. Copieux et délicieux, c'est d'ailleurs la cantine des étudiants et des professeurs du campus voisin. Beaucoup de cars le midi.

I●I ***Rivière des Vins*** *(plan A2,* ***31****) : 5, rampe Sainte-Croix. ☎ 04-95-46-37-04. • lariviere desvins@gmail.com • Fermé sam midi et dim midi. Formules 10-15 €, plateau gourmand (avec figatellu, omelette, fromages, fruits de saison) 17 €.* Le succès de l'établissement, mérité, tient aux viandes cuites au feu de bois et aux « célèbres patatines » ainsi qu'à l'accueil, sympathique et sans façons. Petite terrasse et salle : il est prudent de réserver le soir, y'en n'aura pas pour tout le monde !

I●I ***U Museu*** *(plan A2,* ***32****) : 1, rampe Ribanelle. ☎ 04-95-61-08-36. • restaurant-umuseu@gmail.com • Au pied de la citadelle. Fermé mer sf juin-sept. Congés : oct-mars. Formule plat*

+ dessert 14 € ; menus 16-18 €. Digestif offert sur présentation de ce guide. Agréable terrasse abritée par 2 chapiteaux ronds, genre tonnelles. Carte très riche. Bonne cuisine copieuse dans un resto qui ne manque pas de charme. Tarte aux herbes, excellent civet de sanglier aux myrtes et délice aux châtaignes... délicieux.

I●I ***A Scudella** (plan A2, **33**) : 4, pl. Paoli. ☎ 04-95-46-25-31. ● restaurant.ascudella@orange.fr ● Fermé dim. Congés : 20 déc-20 janv. Formules 13,50-16,50 € et menus 20-25 €.* En terrasse sur la petite et circulaire place Paoli ou dans la salle voûtée (où l'on peut voir les cuisines, et le patron-cuistot, Hervé, travailler avec cœur), on trouve ici de quoi se restaurer agréablement. Honnête menu corse l'été, et des plats de saison (agneau de lait l'hiver, ou le rôti de porc aux figues en saison, par exemple) ou, moins commun en Corse, du magret de canard aux fruits rouges, que les Cortenais apprécient. L'hiver, on peut se réchauffer au feu de la cheminée. Service efficace, prix doux et propreté nickel.

I●I ***U Campanile** (plan A2, **37**) : pl. de l'Église. 📱 06-25-78-12-49. ● resto.ucampanile@gmail.com ● Ouv mai-fin oct, tlj midi et soir. Menus 16-17 €, à la carte, 30-35 €. Digestif offert en apéritif sur présentation de ce guide.* Petit restaurant situé au cœur de la vieille ville. Produits frais bien mis en valeur. Spécialité de lasagnes au foie gras aux morilles et aux châtaignes. Une adresse conviviale qui offre un très bon rapport qualité-prix.

De prix moyens à chic

I●I ***Le Nicoli** (plan A1-2, **38**) : 4, av. J.-Nicoli. ☎ 04-95-33-27-17. ● lenicoli@orange.fr ● Formule déj 15 €, menus 20-25€, plats 14-26 €.* Belle salle, haute de plafond (une ancienne quincaillerie !) : tous les regards se portent vers la grande rôtissoire où tournent les viandes (évidemment, il faut pour cela manger en salle, l'établissement disposant aussi d'une terrasse), mais cette « brocherie » ne s'enferme pas dans un genre unique : des plats comme le risotto ou le boudin noir sont très appréciés, tout comme les tapas (le soir). C'est également un bar à vins. Bons desserts (notre trio de tiramisùs était exquis, le cheese-cake aux framboises et spéculoos écrasés n'est pas mal non plus). Équipe jeune et dynamique.

I●I ***Le Bip's** (plan A2, **36**) : 14, cours Paoli (entrée par une ruelle, puis c'est à droite). ☎ 04-95-46-06-26. Ouv tte l'année. Carte slt : plats 13-25 €. 10 % de remise sur présentation de ce guide.* Une adresse qui fait l'unanimité tant pour la qualité de l'accueil que pour celle de la cuisine. On mange dans une belle salle, qu'on ne devinerait pas de l'extérieur, ou en terrasse, sur l'esplanade, un peu nue, du parking Tuffelli. La carte est davantage tournée vers la terre que vers la mer : le magret de canard au miel et figues, par exemple, emporte tous les suffrages, le sanglier en daube n'est pas mal non plus. Et, pour finir en beauté, assortiment de desserts qui force à des choix cornéliens.

Où manger dans les environs ?

Ne pas oublier les adresses de la vallée de la Restonica, à 2 km du centre. Si vous rayonnez plus loin, voici encore une adresse :

I●I ***Restaurant Chez Jacqueline :** à Pont-de-Castirla, 20218 **Ponte-Leccia.** ☎ 04-95-47-42-04. À 14 km au nord de Corte, ne pas prendre la route de Ponte-Leccia mais celle de la Scala di Santa Regina (D 18) ; au bord de la route, à l'entrée du défilé. Midi et soir en saison, midi slt en moyenne saison, dim midi slt en hiver. Congés : fév. Compter env 25 €. CB refusées.* Ce resto-bistrot est l'une des très bonnes tables du Cortenais. Menu unique, généreux, proposant de la charcuterie du Niolo (copieuse et délicieuse), des beignets farcis au *brocciu,* des lasagnes, du veau du pays et un dessert original, le *brocciu* à l'eau-de-vie... Terrasse ombragée par une vigne vierge et 3 petites salles rustiques.

Où boire un verre et déposer son sac à dos ?

🍸 @ ***Le Café du Cours*** *(plan A1,* ***50****)* **:** *22, cours Paoli.* ☎ *04-95-46-00-33. Ouv jusqu'à 2h.* Voilà bien 40 ans qu'on se le traîne, ce satané sac ! Ouf, il était temps d'arriver au *Café du Cours,* où une arrière-salle est spécialement réservée à la consigne (gratuite) de sacs à dos. On prend un verre, on laisse son sac, on part en balade et on le reprend ensuite – en reprenant un verre éventuellement, mais ce n'est pas obligatoire. Le café lui-même est le plus ancien de Corte, pas désagréable du tout. En hiver, des concerts y sont organisés régulièrement ; en plus, on y trouve un cyber.

🍸 ***Bar de la Haute Ville*** *(plan A2)* **:** *sur la pl. Gaffory.* ☎ *04-95-61-06-20.* ♿ 📶 On aime bien le *BHV,* cette étroite terrasse prisée par les Cortenais qui viennent y prendre un apéro bien mérité, et les *pinzuti* qui le méritent bien aussi, allez ! Sandwichs à partir de Pâques. Concert 1 fois par semaine en juillet-août.

Achats

🧺 ***A Casa Curtinese, alimentation Ghionga*** *(plan A2,* ***54****)* **:** *rue du Vieux-Marché, dans la Ville Haute, à deux pas de la pl. Gaffory. Tlj.* Une boutique à l'ancienne, débordant de bons produits – confitures, liqueurs, miels, charcuteries qui pendent du comptoir. Le patron est adorable, très doux, et saura vous aiguiller sur ce que vous recherchez.

🧺 ***U Granaghju, produits corses*** *(plan A2,* ***51****)* **:** *2, cours Paoli.* ☎ *04-95-46-20-28.* Liqueurs, vins et miel... On peut goûter à certaines liqueurs avant l'achat (dans la pièce du fond), avec de petites cuillères.

🧺 ***Ghjoculi Smuntevuli ou Casa di u Legnu*** *(plan A2,* ***52****)* **:** *pl. Gaffory.* ☎ *04-95-47-05-52.* Monsieur fabrique des jouets et de superbes objets en bois d'olivier, madame tisse des écharpes, des étoles en laine corse, fait de la vannerie, et on peut voir et acheter tout ça dans leur boutique.

🧺 ***L'Andatu*** *(plan A1,* ***53****)* **:** *dans l'impasse qui descend du 26, cours Paoli.* ☎ *04-95-46-11-98. Ouv tte l'année.* Bonnes charcuteries et les fromages sont maison (proprio éleveur de chèvres).

À voir

La Ville Haute et la citadelle se visitent à pied (d'ailleurs, les voitures n'y ont pas accès). Y monter tôt le matin ou en fin d'après-midi, à cause de la chaleur (pénible en été) et de la lumière (plus belle à cette heure-là). L'office de tourisme a organisé un « parcours patrimonial ». *Loc d'audioguides à la ½ journée (7 €).*

🚶 ***La place Paoli*** *(plan A2)* **:** *tt à fait au bout du cours Paoli.* Trait d'union entre la Ville Basse et la Ville Haute, point de départ de la balade. Au centre de la place, la statue en bronze de Paoli, le « héros » de la nation corse. Prendre la rue Scoliscia, bordée de hautes et vieilles maisons agrippées à la pente.

🚶🚶 ***La place Gaffory*** *(plan A2)* **:** au cœur de la Ville Haute, avec une statue de Gaffory, « chef suprême des Corses », en son centre. Sur les côtés de la place se dresse l'*église de l'Annonciation* (1450), coiffée d'un campanile. C'est le plus vieux monument de Corte (avec une partie de la citadelle).

UNE FEMME DE CARACTÈRE !

On peut voir, sur la façade de la maison du général Gaffory, les impacts des balles tirées par les Génois qui l'assiégèrent un jour de 1746. La femme de Gaffory, Faustine, entourée d'une poignée de patriotes, refusa de se rendre aux Génois : on dit que, pour convaincre ses compagnons de ne pas capituler, elle approcha la mèche allumée d'un baril de poudre... et ranima ainsi leur détermination vacillante.

🚶 ***Le Palais national*** *(plan A2)* **:**

grande bâtisse située derrière la pl. Gaffory, en allant vers la pl. du Poilu (entrée de la citadelle). D'abord occupé par les Génois, le bâtiment abrita le premier gouvernement de Corse institué par Pasquale Paoli entre 1755 et 1769. Le « généralissime » de la nation corse y installa la première université de Corte, qui fut fermée après 14 ans de fonctionnement. Paoli lui-même en fit sa résidence. Sa chambre était à l'est du 1er étage de la façade sud, son bureau et sa bibliothèque au centre, et la chapelle à l'ouest. Aujourd'hui restauré, le Palais national, haut lieu de l'histoire corse, abrite le siège de la présidence de l'université de Corte (un juste retour de l'histoire !).

⚲ **La place d'Armes** *(plan A2)* **:** toute petite place marquant l'entrée de la Citadelle. Au nº 1, remarquer la maison natale du général Arrighi de Casanova (1778), plus connu comme duc de Padoue et apparenté à Napoléon par sa mère, qui était la cousine germaine de Laetizia Ramolino. Avec de pareils liens familiaux, il ne pouvait qu'avoir une brillante carrière militaire (campagne d'Égypte, prise de Jaffa, Austerlitz, Wagram...). Charles-Marie Bonaparte, le père de l'Empereur, y séjourna en 1768 jusqu'à la naissance de Joseph, le fils aîné. Napoléon n'oubliait jamais les siens et, en bon petit frère, le nomma roi de Naples puis d'Espagne *(sí, señor !).*

⚲⚲ **La citadelle** *(plan A2)* **:** perchée sur un piton rocheux au-dessus de Corte, elle domine toute la région et offre de très beaux points de vue sur les gorges du Tavignano et les montagnes du Cortenais. Drôle de destin que celui de cette citadelle construite à la fin du XVe s, remaniée à diverses époques, occupée en 1962 par la Légion étrangère jusqu'en 1983 et transformée aujourd'hui en espace artistique et culturel. Elle abrite le Fonds régional d'art contemporain (FRAC), ainsi que le musée de la Corse et une phonothèque (dans l'ancien hôpital Serrurier). On en fait le tour par le chemin de ronde en même temps qu'on visite le musée, avant ou après (pas d'autre accès ; attention, l'accès à la citadelle ferme 1h plus tôt que le musée). Très beau point de vue sur la ville et le cirque de montagnes.

⚲⚲⚲ **Le musée d'Anthropologie de la Corse** *(Museu di a Corsica ; plan A2)* **:** *à la citadelle.* ☎ *04-95-45-25-45.* ● *musee-corse.com* ● *22 juin-20 sept, tlj 10h-20h ; 1er avr-21 juin et 21 sept-31 oct, tlj sf lun et 1er mai 10h-18h ; nov-mars, 10h-17h sf dim, lun et j. fériés (et 24 déc). Fermé 31 déc-14 janv. Entrée : 5,30 € (expo permanente plus expo temporaire) ; réduc. Expo permanente seule : 3 €. Audioguide (1,50 €). Visites guidées (1,50 €) en juil-août sur résa.*

Il était bien normal que Corte fût choisie pour abriter ce musée de la Corse, ouvert en 1997. Corte, l'ancienne capitale de Pasquale Paoli, centre géographique et historique de l'île. L'architecte piémontais Andrea Bruno a joliment conçu ce bâtiment en verre, béton et acier, parfaitement intégré à la citadelle et comme serti dans les fortifications.

À l'intérieur, sur deux niveaux (ascenseur), deux galeries de 600 m² chacune, lumineuses.

– *1er niveau :* exposition d'une bonne part des collections (3 000 objets !) de l'abbé Doazan, que ce père professeur de sciences naturelles a réunies de 1951 à 1978. Présentation claire et intéressante dans des vitrines thématiques. Petite section numismatique. Nombreux témoignages d'une vie rurale aujourd'hui révolue : métiers à tisser, récipient en bois de roseau utilisé pour la confection du *brocciu,* blague à tabac en peau de chat, bâton de berger ou encore curieuse omoplate de mouton dans laquelle le berger lisait l'avenir : chaque zone de l'os correspondait à un domaine de la vie du berger ! Espace du berger, justement, livrant des explications sur la transhumance. Quelques documents de voyageurs du XIXe s, comme ces photos faites par le prince Roland Bonaparte. Avant de quitter le 1er niveau, des extraits des 64 cahiers du père Doazan.

– *2e niveau :* la galerie supérieure est celle du « Musée en train de se faire ». Un peu ronflant comme nom : la première salle est d'ailleurs consacrée à vous expliquer de quoi il s'agit : on ne veut pas que ce musée ne soit qu'un sanctuaire, un

truc poussiéreux, non, on veut qu'il soit animé et reflète la vraie vie corse. Salles consacrées à l'industrialisation (ou plutôt aux tentatives, les hauts-fourneaux ayant fermé 50 ans après leur création) avec de curieuses poteries « amiantées », à l'histoire du tourisme (belles affiches anciennes), aux confréries et à leur renouveau dans les années 1950-1960.
– Expos temporaires généralement très intéressantes : celle intitulée « Les Corses et la Grande Guerre » dure jusqu'au 28 mars 2015.

Le point de vue du Belvédère *(plan A2)* **:** par une rampe qui longe la citadelle vers l'ouest, on arrive au bord du piton rocheux qui surplombe les vallées de la Restonica et du Tavignano. Superbe.

La rampe Sainte-Croix *(plan A2)* **:** *entre la rue du Colonel-Feracci et le cours Paoli.* Une fontaine, des maisons altières et patinées, et de belles marches montant vers la chapelle Sainte-Croix (XVIIe s), dont l'intérieur abrite des orgues à l'italienne, un beau retable baroque et quelques restes de fresques. C'est d'ici que part, chaque Jeudi saint (au soir), la fameuse et très ancienne procession de la *Granitula* (avec des pénitents).

Randonnées pédestres

Corte est située dans une région fantastique pour la randonnée. La traversée ***Mare a Mare Nord de Moriani-Plage à Cargèse*** se fait sur 9 jours et passe par Corte. Le topoguide *Corse, entre mer et montagne* est vraiment indispensable. En vente dans les librairies ou dans les bureaux du parc régional. Mais, pour avoir des informations « fraîches », le mieux est de contacter le *service infos du parc (☎ 04-95-51-79-10).*
➢ Départ à Moriani-Plage (se reporter à cette ville), puis une étape à Santa-Reparata-di-Moriani (4h) au gîte *Luna Piena (☎ 04-95-37-19-76),* Pied'Alesani (5h10), Pianello (4h40) où l'on trouve un *gîte* communal *(☎ 04-95-39-62-66 ou 61-59)* et enfin Sermano (4h50) dans les montagnes (vraiment belles) du Bozio.

Gîte San Fiurenzu : à **Sermano.** *☎ 04-95-48-68-08.* Voir plus loin « Le Bozio ».

L'étape suivante est le ***Refuge A Sega*** : *le long du Tavignano, à 1 196 m et à 5h de marche de Corte. ☎ 04-95-46-07-90. 06-10-71-77-26. ☎ 09-88-99-35-57 (satellite). Ouv mai-fin oct. Résas du couchage en bivouac (6 €) ou en refuge (12 €) auprès du parc régional de Corse : • parc-corse.org • Pour les « prestations supplémentaires » (couverture, oreiller... ou repas), résas auprès du refuge. Repas corse 25 €, panier repas complet 15 €, petit déj 8 €. Possibilité de repas végétarien. Café offert sur présentation de ce guide (pour un repas)* Aire de bivouac aménagée et coin cuisine. Capacité de 36 lits. Possibilité de louer également des tentes avec matelas et couverture *(40 €/pers en ½ pens, pique-nique sur demande). Apporter, dans ts les cas, son sac à viande (sinon, loc sur place : 2 €).* Également 4 chambres doubles.

Un autre ***gîte*** *à* ***Albertacce*** *: ☎ 04-95-48-05-60 (voir plus haut « Calacuccia et le Niolo »).* On passe par *Sidossi* après 3h30 de marche.

➢ Ensuite, c'est le col de Vergio (en 4h), où l'on croise le GR 20, et où l'on a le choix entre continuer par Évisa (en 6h30) sur Cargèse, ou partir sur Calenzana et de là arriver à Calvi (on rejoint l'itinéraire Mare e Monti, voir « Dans les environs de Calenzana »).

Les gorges du Tavignano *(Tavignanu)* **:** un sentier balisé (dont le départ, rue du Colonel-Feracci, est situé à proximité de la citadelle) remonte en effet toute cette vallée sauvage. Il faut environ 2h pour atteindre la *passerelle de Rossolino* (vasques superbes de part et d'autre de cette passerelle en dur où le chemin passe en rive droite du Tavignano) et 3h de plus pour rejoindre le

Refuge A Sega. Si l'on choisit d'y dormir le lendemain, retour par le plateau et les bergeries d'Alzu et descente par la vallée de la Restonica. L'itinéraire complet, sur deux journées, donc, constitue la « boucle des deux vallées » (dépliant à l'office de tourisme de Corte).

LA VALLÉE DE LA RESTONICA / A RESTONICA

(20250 ; commune de Corte)

15 ans après les incendies de l'été 2000, randonneurs et automobilistes peuvent s'y promener à nouveau et constater que la vallée a rapidement pansé ses plaies. Une vallée tellement belle et si fragile qu'elle a été classée Grand Site national en 1985. En plein cœur de la Corse, la Restonica naît à 1 711 m d'altitude au lac de Melo, dans le massif du Rotondo. Puis, devenue un fougueux torrent de montagne, elle caracole joyeusement au pied des forêts sur une quinzaine de kilomètres jusqu'à Corte, zigzaguant entre de gros rochers chauffés par le soleil, formant une ribambelle de piscines naturelles où l'on peut se baigner en été (un grand moment de volupté aquatique !) et offrant des points de vue d'une intrigante beauté. On peut y observer des espèces rares et protégées : pigeons des roches, renards, aigles royaux. Bref, l'une des sept merveilles de l'île de Beauté !

– **ATTENTION !** Accès interdit aux gorges pour les camping-cars et caravanes au-delà du camping de Tuani, et stationnement interdit en dehors des espaces aménagés (route très étroite). On vous demande vraiment de respecter ces consignes, garantes de la sécurité de chacun et de la protection de ce site unique. Enfin, sachez que le parking des bergeries de Grotelle, en bout de vallée, est payant *(5 €/voiture et 2 €/moto). Rens juin-sept, point info de la Restonica (situé entre l'*Hôtel L'Arena *et le camping de Tuani).*

– ***Conseil pratique pour apprécier au mieux les gorges :*** en été, il y a beaucoup de monde dans les gorges, et l'on peut même tomber sur de terribles embouteillages de voitures. La solution consiste à y passer une nuit ou deux (téléphoner à l'avance, car les adresses sont souvent complètes), puis à partir à la découverte du torrent et des montagnes à pied, de très bonne heure (6-7h), et à apporter le casse-croûte. Moments magiques en perspective. Époque idéale : juin et septembre, évidemment, mais même en pleine saison, en décalant bien ses horaires, on peut avoir les gorges à soi tout seul (enfin, façon de parler !).

➢ ***De Corte aux bergeries de Grotelle*** (le terminus)*:* 15 km par une route magnifique mais étroite. Circulation limitée en saison. Attention aux vaches et aux cochons sauvages qui errent sur la chaussée. À la bergerie, possibilité d'acheter directement aux bergers d'excellents produits (fromages, confitures et parfois charcuteries artisanales) en demandant gentiment. Ce sont des bergeries de Grotelle que partent les coureurs du *Grand Raid Interlacs,* qui passent ensuite par sept lacs d'altitude avant de revenir à Grotelle.

■ ***Autocars Cortenais :*** *☎ 04-95-46-02-12. Assurent la liaison en minibus entre le point info et les bergeries de Grotelle. Service d'autocars assuré en principe 15 juil-15-août, 4 fois/j. (départs le mat, retour l'ap-m). Tarif : 4 €.* Pratique pour les randonneurs qui veulent aller aux lacs et n'ont pas de voiture, sauf que de Corte au point de départ de la navette, rien n'a été prévu (3 km de marche !). Attention, ce dispositif, dépendant d'une subvention de la Mairie de Corte, peut ne pas être reconduit d'une année à l'autre. Et, en 2014, il n'y a pas eu de navette en raison d'un éboulement qui a détruit le dernier pont avant Grotelle...

Où dormir ? Où manger ?

Camping

⛺ 🍴 ***Camping de Tuani :*** *dans les gorges de la Restonica, 3 km après* Le Refuge. ☎ *et fax : 04-95-46-11-65.* • *contact@campingtuani.com* • *campingtuani.com* • *Ouv avr-fin sept. Compter env 24 € pour 2. Formule déj 16 €. CB refusées.* Site sauvage. À 7h du mat, votre voisin d'en face vous réveille ; c'est la cigale de service qui fait commencer le concert de la journée. Au bord de la rivière, la plupart des espaces sont en espaliers, ce qui n'empêche pas l'impression d'entassement en août. Restauration dans un chalet de rondins avec une terrasse abritée donnant sur la rivière. Bonnes *bruschette* et tartes maison.

De prix moyens à plus chic

🏠 ***Hôtel L'Arena – Le Refuge :*** *dans les gorges de la Restonica, à 2 km de Corte, sur la gauche de la route.* ☎ *04-95-46-09-13.* • *hotellerefuge@wanadoo.fr* • *hotel-arena-lerefuge.com* • ♿ *Congés : d'oct à mi-avr. Résa conseillée en été. Doubles 90-110 €.* 📶 Bel hôtel de montagne en contrebas de la route, avec des chambres ouvrant directement sur le torrent et avec solarium. Chambres climatisées et insonorisées. À côté, une grande terrasse couverte pour prendre le petit déj. C'est simple, propre et accueillant.

🍴 ***Restaurant Au Relais des Lacs, chez César :*** *au pont de Tragone, presque au bout des gorges de la Restonica, 20250* ***Corte.*** ☎ *04-95-46-14-50.* • *chezcesar@aliceadsl.fr* • *À 10 km de Corte. Ouv 15 avr-fin sept. Plat du jour 15 €, vin compris ; menu 23 €. CB refusées. Café offert sur présentation de ce guide.* Dans un site superbe, en pleine forêt, une maison genre chalet où il est très agréable de déjeuner en été à l'ombre des pins, tandis que le torrent gronde à quelques mètres des tables. Intérieur rustique et chaleureux. Cuisine copieuse à base de grillades au feu de bois.

🍴 ***L'Auberge de la Restonica :*** *à 1,5 km de Corte, sur la route des gorges de la Restonica.* ☎ *04-95-46-09-58.* • *aubergerestonica@hotmail.com* • *Ouv avr-oct (et hors saison pour les groupes de 10 pers min). Menu 26 €, carte 35-45 €.* Le long du torrent. Dans une grande maison ancienne en pierre, salon avec cheminée. Cuisine corse. Jardin agréable, resto avec terrasse couverte et belle piscine. Accueil chaleureux.

🏠 ***Hôtel Dominique Colonna :*** *juste à côté du précédent (entrée du parking commune).* ☎ *04-95-45-25-65.* • *info@dominique-colonna.com* • *dominique-colonna.com* • ♿ *Ouv avr-oct. Doubles 90-275 € selon standing (3 catégories) et saison. Petit déj en sus (14 €).* 📶 Grande bâtisse crépie, recouverte de vigne vierge. Chambres d'un bon confort, avec balcon et toutes les prestations d'un 3-étoiles : minibar, sèche-cheveux, téléphone, TV et tout. Celles de l'arrière donnent sur le torrent et le très agréable jardin ; celles de devant, moins chères, donnent sur le parking arboré. Piscine chauffée. Accueil professionnel (Dominique Colonna a été un grand pro du football) et courtois.

Randonnées pédestres

ℹ ***Bureau d'information :*** *à 1 km après* Le Refuge. ☎ *04-95-46-33-92. Petite guérite en bois au départ de la RD 623. Ouv en saison 9h-12h, 13h-16h30.*

➢ ***Les lacs de Melo*** *(Melu)* ***et de Capitello*** *(Capittellu)* **:** aller et retour en 2h (lac de Melo) ou en 3h30 (lac de Capitello). Ces durées sont valables pour de bons marcheurs. Partir de bonne heure le matin, avec aux pieds de bonnes chaussures de randonnée. Le terminus de la bergerie de Grotelle (parking payant), au bout de la route de la Restonica, est le point de départ de plusieurs excursions parcourant la série de vallons du principal massif lacustre de Corse. Le fond de la vallée est d'ailleurs dominé par la *pointe des Sept-Lacs,* ainsi nommée car on peut y admirer (allez le vérifier, ce sommet qui domine le lac de Capitello ne présente guère de difficultés techniques en été !) autant de pièces d'eau claire, ayant pour noms Goria, Nino, Melo, Capitello... Ces deux derniers lacs sont les plus visités. Attention : prévoir une petite laine et un vêtement de pluie, il fait souvent froid et humide là-haut. Prévoir également de bonnes chaussures. Enfin, contrairement à ce que l'on croit parfois, les randonnées vers ces lacs ne sont pas « familiales » : ne pas s'y engager avec des enfants.

– Le premier, *Melo* (1711 m), est à 1h de marche du parking et il est aussi simple de suivre la cohorte des touristes que de repérer les balises qui jalonnent cette montée. Attention toutefois, dans le verrou rocheux situé juste sous le lac, le terrain accidenté a nécessité l'installation de câbles de progression et de sécurité qui donnent lieu, à la belle saison, à des embouteillages cocasses et à des chutes fâcheuses de sacs à main ! Passer sur les côtés, c'est aussi facile et surtout plus rapide !

– Le second lac, *Capitello* (1930 m), est plus spectaculaire, surtout vers la fin du printemps, quand le lac et les sommets environnants sont encore pris sous la neige (le lac est d'ailleurs lui-même gelé 8 mois par an). D'imposantes murailles plongent littéralement dans l'eau ; tout cela est, croyez-nous, fort saisissant ! Là encore, l'accès est rapide (45 mn de Melo à Capitello), même s'il y a des passages plus difficiles s'apparentant à de l'escalade (prévoir donc une descente plus périlleuse).

LE BOZIO / BOZIU

Une microrégion totalement enclavée, un peu oubliée, même des pouvoirs publics (pas une seule école, les enfants sont quotidiennement emmenés à Corte dès la maternelle !). Région relativement boisée en son centre (hêtres et châtaigniers, à l'est, le Bozio jouxte la Castagniccia), beaucoup plus pauvre en végétation du côté d'Erbajolo, au sud. Outre le plaisir de la rando, le Bozio offre au visiteur quelques jolis villages et de belles chapelles romanes (à Sermano, Favallelo et Cambia).

Où dormir ? Où manger ?

Bon marché

⌂ |●| *Gîte San Fiurenzu :* *à* **Sermano.** *☎ 04-95-48-68-08. ● usanfiurenzu@gmail.com ● Ouv 1er avr-fin oct. Compter 48 €/pers en ½ pens (obligatoire) sf après le 20 sept, quand le resto est fermé. Au resto, menu 22 €.* 3 chambres de 4 lits. Très agréable.

Prix moyens

⌂ *Chambres d'hôtes A Casa Aperta :* *à Feo,* **Favallelo-di-Bozio.** *📱 06-80-58-31-50. ● contact@a-casaaperta.com ● a-casa-aperta.com ● Quand on vient de Corte, juste après la bifurcation pour Castellare-di-Mercurio (ne pas aller à Favallelo). Fermé nov-mars. Compter 80 € pour 2, petit déj compris.* Dans une maison moderne, aux chambres de plain-pied, 5 chambres agréables. Bon accueil d'un jeune couple qui vous fait vous sentir comme à la maison. Accès rapide à Corte.

Plus chic

⌂ |●| *Chambres d'hôtes Casa Capellini :* *à Poggio,* **Sant'Andrea-di-Bozio.** *☎ 04-95-48-69-33. ● casacapellini20212@gmail.com ● casacapellini.com ● Congés : de fin nov à mars.*

Doubles 85-105 € avec petit déj. Possibilité de ½ pens 27,50 €/pers. CB refusées. Des chambres d'hôtes de charme, dans une maison de famille du début du XXe s, impossible à rater dans le village. 5 chambres de standing, dont 3 avec une magnifique terrasse, joliment décorées, disposant de tout le confort (salle de bains avec baignoire, TV satellite, accès Internet...). Table d'hôtes soignée, cuisine préparée avec des produits naturels, bio aussi souvent que possible. Les 2 hôtes sont accompagnateurs de moyenne montagne et ont développé le concept de rando-confort (hébergement en 3-étoiles ou en chambres de charme), mais les non-randonneurs sont, évidemment, acceptés.

Balades

Le Bozio se trouve sur le tracé du Mare a Mare Nord (Moriani-Cargèse) et les randonneurs parcourant ce sentier traverseront donc la microrégion. On peut n'en faire qu'un petit tronçon, notamment la partie ***Alando-Sermano*** (passant par la célèbre chapelle, voir plus loin) – ***Castellare-di-Mercurio.***

➢ Ceux qui sont en deux ou quatre-roues arrivent en général de Corte : boucle à la journée (ou même à la demi-journée) en passant par la D 41 qui mène à *Castellare-di-Mercurio* (village-promontoire au bout de la route). On continue par ***Sermano,*** à 3 km. Ce village a été le berceau de la ***paghjella*** (chant polyphonique sur des textes de poésie profane) et accueille en août un festival de musique. Normal, puisque les violoneux y sont nombreux (du moins par rapport au nombre d'habitants) et que l'un des musiciens les plus réputés de Corse, *Petru Guelfucci,* y habite. À l'écart du village, à 15 mn de marche, belle *chapelle San Nicolao,* récemment restaurée et entourée de cyprès (demander la clé au village, chez Paulette, avant de descendre à l'église). Fresques (classées) réalisées entre 1450 et 1458. Retour sur la route, toujours aussi étroite vers Bustanicu, puis D 39 vers ***Sant'Andrea-di-Bozio*** : *couvent du Boziu,* au croisement de la D 15 et de la D 39, à l'abandon comme tant d'anciens bâtiments conventuels en Corse... On arrive ensuite à *Poggio,* l'un des hameaux de Sant'Andrea-di-Bozio, juste avant *Piedilacorte* et sa « cathédrale », dont le campanile élancé est visible de loin. Les autres hameaux du village, *Rebbia* et *Arbitro,* sont très proches. Retour sur *Favallelo* ou détour par ***Alando,*** où une statue rend hommage à Sambuccuciu, le « Père de la terre du Commun » qui, dit-on, déclencha une révolte antinobiliaire en 1358. Possibilité d'allonger la balade en descendant sur ***Erbajolo,*** un village qu'on atteint au bout d'une longue route traversant un paysage relativement ingrat, à la végétation rase. Joli point de vue depuis l'*église Saint-Christophe,* d'où part un sentier de 6 km, sans difficultés, pour découvrir le patrimoine du village. D'Erbajolo, pour rejoindre Corte, passer par *Altiani* ou, si l'on quitte la région pour rejoindre la côte, passer par ***Piedicorte-di-Gaggio*** et jeter un coup d'œil à l'étonnant campanile de l'église. Y est représenté un combat d'animaux inquiétants (monstre ailé, griffon et loups). Puis on rejoint *Pancheraccia* et, de là, la N 200.

LA VALLÉE DE L'ASCO / ascu

Réputée depuis toujours comme l'une des plus belles vallées montagneuses de Corse (avec sa voisine cortenaise de la Restonica). Dès que l'on quitte la plaine aride de Moltifao et ses rares bosquets de chênes verts, on remonte dans un paysage tourmenté de gorges superbement colorées, sur 5 km environ. Plus haut se niche le seul village de la vallée, Asco, coincé entre la

Dent d'Asco – l'une des aiguilles de Popolasca – et les territoires à mouflons du protecteur et paternel _monte Padro._ Un boisement séculaire, immense et pratiquement pur, de genévriers oxycèdres donne aux abords de ce village isolé un faux air désertique, et au miel produit localement (nombreuses ruches sur les pentes) sa saveur réputée dans toute la Corse. Enfin, on entre dans la vallée du haut Asco, la route change de rive et chemine pour finir à l'ombre des pins laricio et de murailles formidables qui, du Cinto au capu Larghia, écrasent la haute vallée. Pas mal d'espèces rares crèchent dans le coin : outre le mouflon, des amphibiens comme le discoglosse ou la salamandre de Corse, cinq variétés de chauves-souris, la sittelle et, bien entendu, des rapaces. Tout au long de la vallée, par endroits, accès possibles à la rivière et plans baignade (eau bien fraîche !).

Dommage toutefois qu'un si beau site souffre aujourd'hui de son succès, surtout l'été. Embouteillages à prévoir. L'aménagement du haut Asco, au terminus de la D 147, n'est pas une grande réussite... On vous laisse apprécier. Félix von Cube – un héroïque médecin allemand, précurseur de l'alpinisme en Corse – reconnaîtrait avec peine des lieux qu'il parcourut et cartographia avec passion dans les années 1900 !

Cela dit, la vallée de l'Asco ne se réduit pas à cela, son cours reste splendide et, si l'on ne craint pas de marcher un peu, les superbes coins à visiter alentour sont innombrables (attention, précautions d'usage obligatoires : chaussures adéquates, météo correcte, carte IGN, vivres et boisson, etc.).

➢ Si l'on arrive à Ponte-Leccia en train entre le 1er juillet et le 15 septembre, en principe un bus monte dans la vallée *(vers 12h, retour à 9h et 16h).* Dessert Asco et le haut Asco, jusqu'à l'hôtel le Chalet. ***Corsica Giru*** *06-47-39-32-04.*

Où dormir ? Où manger ?

Campings

Camping E Canicce : ***Moltifao.*** *☎ 04-95-35-16-75. • ecanicce@gmail.com • campingecanicce.com • Juste après l'embranchement pour Moltifao, sur la D 47 (route d'Asco), à droite. Fermé en déc. Forfait 2 pers 16 €. CB refusées. Café offert sur présentation de ce guide.* Camping tout simple en bord de rivière, offrant de grands emplacements à l'ombre de vieux chênes verts. Location de mobile homes *(280-690 €/sem)* et de maisons. Snack et piscine. Une adresse tranquille.

Camping Cabanella : *route de l'Asco, 20218* ***Moltifao.*** *☎ 07-81-94-24-61. • camping.cabanella@gmail.com • campingcabanella.com • À 7 km à l'ouest de Ponte-Leccia, juste à côté du pont génois. Ouv Pâques-15 sept. Compter env 15 € pour 2 avec tente et voiture. CB refusées.* Aire naturelle de camping en bord de torrent, bien ombragée, calme et propre. Location de mobile homes *(310-600 €/sem).* Petite buvette couleur locale, on est peinard.

Camping A Tizarella : *20218* ***Moltifao.*** *☎ 04-95-47-83-92. • contact@camping-tizarella.com • camping-tizarella.com • 500 m plus haut que le* Camping Cabanella, *face au village des Tortues. Ouv avr-oct. Compter env 19 € pour 2 avec tente et voiture. CB refusées.* Petit camping ombragé, plus grand que le *Camping Cabanella,* mais moins proche de la rivière. Équipement minimal, mais correct (sanitaires neufs). Piscine. Possibilité de manger sur place (pizzeria).

Camping Monte Cintu : *forêt du Haut-Asco, 11 km plus haut qu'Asco, sur la droite. ☎ 04-95-47-86-08. • campingmontecinto.asco@neuf.fr • campingmontecinto-asco.com • Ouv mai-fin sept. Plutôt bon marché, là encore : 14,50 € pour 2. CB refusées.* Camping proposant beaucoup d'espace sous les pins, en bordure de route et de rivière. Un site agréable, pas d'emplacements délimités. Location de caravanes. Petite restauration bon marché.

Refuge

🏠 ***Refuge du Parc :** à **Haut-Asco.** Pas de tél, pas de résas. Compter 10 €/ pers.* Pas de restauration (mais de quoi se ravitailler tout de même), pas de couverture, mais de vrais lits en chambres de 6, et cuisine aménagée à disposition. Possibilité de bivouac *(4 €).*

Prix moyens

🏠 🍽 ***E Cime** (chez Marie-Jeanne et Daniel) : lieu-dit Costa, 20276 **Asco.** ☎ 04-95-47-81-84. ● e. cime@orange.fr ● e-cime.com ● ♿ Congés : nov-mars. Double 75 €, triples 90-105 €, petit déj compris. Compter 16-25 € le repas. 💻 📶 Apéritif offert sur présentation de ce guide.* Gérants pendant 2 ans de l'*Acropole*, Marie-Jeanne et Daniel Franceschetti ont fait construire sur les hauteurs d'Asco une nouvelle maison, avec 4 chambres d'hôtes confortables. Magnifique vue panoramique sur les 2 vallées.

🏠 ***Auberge l'Acropole :** à l'entrée du village, lieu-dit Ranza, 20276 **Asco.** ☎ 04-95-47-83-53. ● jean-louis.ves perini@orange.fr ● acropole-asco. com ● Ouv de mi-mars à fin oct. Double 75 €, familiales 85-110 €. Petit déj en sus. ½ pens possible. Menu env 27 €. 💻 📶 Sur présentation de ce guide, digestif offert ainsi que 10 % de remise sur les chambres 15 mars-1er juin et 15 sept-30 oct.* Chambres confortables, récemment refaites et décorées avec goût. Les plus chères (chambres confort et suite) disposent d'un ordinateur. Piscine. C'est une bonne table également (entre autres, beignets de fromage et sanglier à l'honneur).

🏠 🍽 ***Hôtel Le Chalet :** 20276 **Asco,** au stade de neige, tt au bout de la route de la Vallée. ☎ 04-95-47-81-08. ● hotel.le-chalet@wanadoo.fr ● hotel-lechalet-asco.com ● Ouv de mai à mi-oct. Doubles 93-98 €. Petit déj en sus. Menus 19-25 €. Également, en gîte d'étape, une cinquantaine de lits pour les randonneurs (15 €/pers, 40 € en ½ pens).* Dans ce bout du monde coincé au cœur des plus hauts sommets de l'île, la vue lointaine est magnifique sur le Cinto. Côté gîte, box de 6 à 8 lits et dortoir de 28 lits. Coin cuisine pour les randonneurs, et spécialités du pays au resto. L'hôtel, dont toutes les chambres ont été rénovées, offre un bon niveau de confort. La localisation « stratégique » de cet hébergement justifie un séjour de quelques jours pour les amateurs de montagne avec, au programme, les musts du secteur : Cinto, punta Minuta via le cirque de la Solitude (l'un des hauts lieux du GR 20, mais ATTENTION ! Dangereux par temps de pluie, les roches devenant très glissantes), Muvrella, capu Larghia, pic Von Cube... Sur place, ravitaillement et matériel de rando.

🍽 ***Le Pont génois :** 20276 **Asco,** au sommet de la route de la vallée, à l'entrée du village, à droite. 📱 06-75-55-48-82. Service non-stop en saison. Salade 8,50 €, assiettes de charcuteries et de fromages (corses !) 7,50-11 €, omelettes 7,50-9 €.* Une adresse parfaite pour casser la croûte à l'ombre avec une vue époustouflante sur la vallée. Plats simples mais copieux, servis avec le sourire de toute la famille en salle et en cuisine. En hiver, un poêle pour réchauffer les téméraires arrivés jusqu'ici. À 500 m en contrebas par la gauche, le fameux pont génois (voir plus loin).

LA CORSE INTÉRIEURE

À voir. À faire

Les gorges de l'Asco : ne représentent qu'une partie de la vallée entre Moltifao et Asco. La route traverse ce défilé sauvage surplombé par des crêtes rocheuses dépassant 900 m. Moins longues et plus larges que la Scala di Santa Regina, ces gorges creusées dans le granit sont réputées pour la qualité du miel qui est récolté dans des ruches accrochées aux pentes.

***Le village des Tortues de Moltifao (u paese di e Cuppulate) :** route d'Asco, au lieu-dit Tizzarella, 20128 **Moltifao.** ☎ 04-95-47-85-03.*

06-71-66-43-69. Mai-sept, lun-ven ; juil-août également le w-e. Entrée : 5 € ; réduc. Visites guidées (prendre rdv). Un petit sentier de découverte (1h) part du village. La tortue d'Hermann ne survit en France que dans le massif des Maures et en Corse. Menacée de disparition par les incendies, les voitures (qui les écrasent) et les personnes (qui les ramassent), elle est ici protégée. Dans un cadre naturel de toute beauté, parmi les chênes verts, on emprunte un sentier d'interprétation, on peut voir l'enclos de reproduction, celui des juvéniles et la nurserie.

Asco : ce village d'une austère beauté, à 22 km à l'ouest de Ponte-Leccia, a vécu jusqu'en 1937 (année de la construction de la route) coupé du reste du monde. Maison du mouflon et de la nature à la mairie *(☎ 04-95-47-82-07).*
À la sortie amont du village, une route goudronnée fort raide descend au torrent franchi par un admirable *pont génois* du XVe s, en partie restauré en 1971 et classé Monument historique. Vasque splendide sous l'arche unique de cet ouvrage. Super endroit pour piquer une tête dans un magnifique cadre. Toujours s'assurer que le niveau d'eau est suffisant. On étend sa serviette et on saute de rocher en rocher. Sur l'autre rive, le sentier remonte la vallée de la Pinara ; c'est par ce chemin ancestral et le col de Serra Piana que communiquait autrefois Asco avec le Niolo. La vallée, désormais beaucoup moins fréquentée, est devenue délicieusement sauvage...
Si vous avez aimé ce vénérable pont, allez voir ses deux cousins, également génois, situés, eux, dans la basse vallée. Rejoindre pour cela la nationale Bastia-Calvi et prendre la direction de Calvi. À 600 m environ après le franchissement par cette route du torrent de l'Asco, immédiatement après son passage entre deux talus formant un encaissement de la voie, une piste descend jusqu'au torrent de la Tartagine. Un pont génois permet de passer sur l'autre rive et, en s'orientant au mieux pour éviter les épineux, on rejoint le second pont, plus large et tout aussi beau, bâti quant à lui au-dessus de l'Asco.

➢ **Rando, canyoning, kayak, via ferrata et escalade : In Terra Corsa,** *à la sortie de Ponte-Leccia, sur la RN en direction de Calvi. ☎ 04-95-47-69-48. • interracorsa.fr •* Organise toutes sortes d'activités dans la vallée de l'Asco. La via ferrata Dia Manicella est, historiquement, la première aménagée sur l'île.

DANS LES ENVIRONS DE L'ASCO

Moltifao et Castifao : un petit détour en dehors de la D 47 permet de jeter un coup d'œil aux villages voisins de Moltifao et Castifao. Entre les deux, au sommet d'un petit col, le couvent franciscain abandonné de Caccia *(cunventu di San Francescu),* où l'on se réunit en 1755 pour élaborer la Constitution voulue par Paoli. L'intérieur de l'église sert de cimetière, depuis 1824 ! Il faut dire que l'édifice avait été abandonné après l'effondrement de la voûte de l'église pendant une cérémonie...

Randonnées pédestres

Le GR 20

Ce sentier, balisé très régulièrement en rouge et blanc (une balise au minimum tous les 10 m, difficile de se perdre !), est l'occasion de deux superbes idées de randonnée.

➢ L'itinéraire le plus simple consiste à s'élever à l'ouest en direction du couloir qui remonte jusqu'à la ***crête de la Muvrella,*** puis de gagner ce sommet, dominant un petit lac blotti sur son versant nord-ouest. Sur ces hauteurs, vue splendide sur les rivages de Calvi, les aiguilles de Bonifatu et sans doute sur quelque femelle mouflon à l'origine du nom de ce merveilleux belvédère... Compter 2h de montée jusqu'au sommet, 2h30 jusqu'au lac.

➢ L'itinéraire le plus sportif part, quant à lui, vers le ***refuge de Tighjetu,*** en passant par les escarpements du cirque de la Solitude, terreur des néophytes de la randonnée et du GR 20. En réalité, cette portion du GR 20 étant sécurisée par des câbles et autres échelons en ferraille, il n'y a là rien de bien effrayant pour les marcheurs au pied averti. Mais la réputation du coin est devenue quasiment légendaire, sans doute confortée par les expériences plutôt audacieuses de skieurs de l'impossible qui se sont aventurés en hiver dans ce cirque encaissé... et ont mis plusieurs jours avant d'en trouver la sortie ! De Haut-Asco au confortable *refuge de Tighjetu,* compter 5h de marche.
Pour le retour, il est subtil de revenir à la station en passant par le col du Vallon ou, pourquoi pas, par le lac et le sommet du Cinto. Au total, circuit de 10 à 12h, qu'on fera plutôt en 2 jours, avec étape à Tighjetu.

ENTRE CORTE ET VIZZAVONA

Au sud de Corte, les montagnes s'élancent vers le ciel. La N 193, qui traverse la Corse en oblique (de Bastia à Ajaccio), passe par quelques beaux villages perchés (Venaco et Vivario), pénètre dans la forêt de Vizzavona, et l'on monte ainsi sous les pins laricio jusqu'au col de Vizzavona (1 163 m), sorte de charnière naturelle entre les deux départements de la Corse. Là-haut, les sommets culminent à plus de 2 000 m, comme le *monte d'Oro* (2 389 m) ou le *monte Renoso* (2 352 m).
Bien sûr, les randonneurs s'en donneront à cœur joie, tant la région se prête merveilleusement aux aventures pédestres. Comme ce fameux GR 20 (encore lui !), un sentier qui emprunte la ligne des crêtes, qui est également la ligne de partage des eaux. S'il fait beau, pas de problème. S'il pleut et tombe des cordes, abritez-vous d'abord (les orages peuvent y être très, très violents...) et observez ensuite les filets d'eau ; les uns dégoulinent vers la côte ouest, les autres vers la côte orientale, preuve qu'il s'agit bien là d'une sorte de limite naturelle entre la Haute-Corse et la Corse-du-Sud.

VENACO / VENACU *(20231 ; 745 hab.)*

Au pied du *monte Cardu* (2 453 m), les maisons de Venaco s'accrochent à la montagne, dominant le vaste paysage de la vallée du Tavignano où coule un torrent impétueux. Pays de bergers et de chasseurs, le Venacais est réputé pour ses truites et ses fromages de brebis, pensez-y à table ! Observez le nombre de terrasses, d'aires à blé *(aghje),* de paillers *(pagliaghji),* d'anciens moulins à châtaignes et à huile.
– Chaque année, le 1er week-end de mai, le village accueille *a fiera di u casgiu* (la Foire au fromage corse).
➢ ***Pour y aller :*** de Bastia, d'Ajaccio ou de Calvi, prendre le train qui s'arrête à la gare de Venaco *(☎ 04-95-47-01-32).* Le village est également desservi par les bus Ajaccio-Bastia (compagnie *Eurocorse*).

Où dormir ? Où manger à Venaco et dans les environs ?

Prix moyens

🏠 ***Chambres d'hôtes Le Venaco :*** *route de Lugo (D 340). ☎ 04-95-47-01-38. 📱 06-61-57-36-24. • levenaco@bbox.fr • levenaco.fr • En contrebas du village, à moins de 1 km du centre. Chambres doubles 60-65 €, familiales (4 pers)*

80-85 €. 4 chambres confortables et classiques, avec TV, dans la maison des propriétaires mais avec une entrée indépendante. Jolie situation : on a l'impression d'être à la campagne tout en étant dans un village ! Très bon accueil.

Casa Mathea : *rue Saint-Roch, à* **Poggio-di-Venaco.** *☎ 04-95-47-05-27. • casamathea@aol.com • auberge-casamathea-corse.com • De la N 193, prendre la D 140 en direction de Casanova ; Poggio se trouve quelques km après. Ouv tte l'année, mais resto fermé 15 déc-15 janv. Resto ouv le soir (le midi, sur résa 24h à l'avance). Doubles 51,55-67 € et studios-apparts (4-5 pers) 65-83,15 € ; ½ pens possible (24,50 €/pers). Menus 19-30 €. Apéritif offert (pour un repas) sur présentation de ce guide, ainsi qu'une réduc de 10 % sur les loc.* Ce village situé au cœur de l'île sert souvent de halte aux randonneurs des sentiers découverte nature. C'est pour cela que Jacques Rombaldi et son épouse ont retapé leur vieille maison et l'ont transformée en une moderne auberge rurale. Studios de 4 ou 5 couchages, de 25 à 40 m² (ces derniers avec mezzanine) tout confort, avec cuisine, mobilier moderne et TV ; le tout très propre. Également un F3 de 70 m². Piscine chauffée et balnéo. Excellent accueil.

Gîte d'étape communal : *rue Saint-Roch, à* **Poggio-di-Venaco.** *☎ 04-95-47-07-45 (bar) ou 09-61-46-00-40 (mairie). 06-83-18-00-00. • poggiodivenaco@aol.com • En face de la* Casa Mathea, *au-dessus du bar. Ouv tte l'année. Compter 13 €/pers (prévoir son sac à viande) ; chambres d'hôtes 35-40 €. Petit déj en sus.* L'établissement fait penser à une auberge de jeunesse, il est très bien tenu, propre, et a été récemment rénové. Complémentaire de son voisin la *Casa.* 2 dortoirs de 8 lits et 6 chambres d'hôtes, dont 2 se partagent une salle de bains. Accueil très sympa.

Ferme de Peridundellu : *de Venaco, prendre la D 143 vers la vallée du Tavignano ; c'est à 4 km plus bas (belle descente) sur la droite. ☎ 04-95-47-09-89. • campingvenaco@wanadoo.fr • campingvenaco.monsite-orange.fr • Ouv 1er avr-30 sept. Compter env 15 € pour 2 avec tente et voiture. Repas ts les soirs en juil-août (sur résa) 14 €/pers. Petit déj complet 6 €.* Petit camping sous les pins (25 emplacements) avec douche chaude, laverie, congélateur et barbecue. Torrent à côté. Maison récente, avec cheminée de pierre dans la salle à manger et jolie vue sur la région.

Chambres d'hôtes chez Antoinette et Charles Hiver *(Gîtes de France) : à* **Santo-Pietro-di-Venaco.** *☎ 04-95-47-07-29. • antoinette.hiver@laposte.net • antoinette.charles.free.fr • À 2 km au nord de Venaco. Fermé oct-mars. Ne pas arriver avt 17h. Chambre double 64 €, petit déj inclus. Repas 20 €/pers (vin compris). CB refusées. Réduc de 5 % à partir de la 5e nuit.* Dans une bâtisse de construction traditionnelle, 4 chambres d'hôtes, avec douche et w-c. Torrent tout proche et coins agréables pour paresser sous les arbres. Bonne cuisine traditionnelle corse préparée par Antoinette et petit déjeuner avec des confitures maison (qui sont d'ailleurs en vente).

Restaurant de la Place : *pl. du Pont, au centre de Venaco. ☎ 04-95-47-01-30. • restaurantdelaplacevenaco@orange.fr • Fermé lun sf en juil-août (ouv le soir). Congés : de nov à mi-déc. Menu env 20 €, compter 30 € à la carte.* En saison, quelques tables dehors. Très bonne cuisine familiale corse : *tianu* d'agneau, agneau au four aux herbes du maquis, tarte sablée aux courgettes et au *brocciu* et sauté de veau aux olives. Le fils des propriétaires possède l'*Hôtel Frascone,* à la sortie sud du village *(doubles 60-73 €).*

Bar Central : *à côté du* Restaurant de la Place. *☎ 04-95-47-00-84.* Bons et copieux paninis, et accueil bien sympa.

Randonnées pédestres dans le Venacais

Le parc régional a balisé en orange six sentiers de pays formant des boucles à la journée autour de Venaco.

➢ La balade la plus sportive, au départ de Santo-Pietro-di-Venaco, gagne à 1 555 m la ***chapelle Sant Eliseu*** (du nom du patron des bergers auquel est dédié chaque été sur ces hauteurs le plus haut pèlerinage de Corse) et fait une boucle grâce à un second sentier passant à des bergeries situées à la tête du vallon de Misongno.

➢ D'autres balades plus faciles vont de Venaco au ***pont de Noceta*** *(4h A/R)* avec possibilité de se baigner dans le Vecchio (très chouette, mais eau fraîche !). Demander la brochure *Balades en Corse, sentiers de Pays venacais* à Corte.

VIVARIO / VIVARIU (20219 ; 505 hab.)

Les Alpes mais en plus élancé, avec le grand ciel bleu au-dessus des pins. À 22 km au sud de Corte, à 12 km du col de Vizzavona, on découvre des torrents, des pics rocheux, des forêts à perte de vue (celles de Rospa-Sorba et Vizzavona). Nombreuses randonnées à faire. Pour toutes ces raisons, Vivario reste un point de chute formidable pour les randonneurs, les chasseurs (sangliers, bécasses) et les pêcheurs (truites). Pour ceux qui suivent le GR 20, mais aussi pour ceux qui veulent faire des boucles à la journée, rentrer au camping ou à l'hôtel le soir, puis repartir à l'aventure le lendemain, et ainsi de suite...
À la sortie du village, sur la route de Corte, au-dessus de la gare, les ruines visibles sont celles de l'ancien fort de Parciola construit en 1770 par les Français pour contrôler la vallée du Vecchio.

Adresse utile

Gare de Vivario : *☎ 04-95-47-20-13.*

Où dormir ? Où manger ?

Camping de Savaggio : *sur la N 193, à 4 km au nord de Vizzavona (route de Vivario). 06-81-96-08-98. • breuneval.veronique@orange.fr • C'est au bout du chemin qui descend. Ouv de mi-avr à fin sept. Compter env 14 € pour 2 avec tente et voiture. Petit déj 5 €, plat du jour 12 €. CB refusées.* 30 emplacements ombragés pour camper et un gîte d'étape avec 22 lits et une petite cuisine. Terrain en pente ne pouvant accueillir des caravanes. Terrasse avec table et chaises à disposition des campeurs pour leur repas ; fait aussi petite restauration. Présence d'une supérette. Accueil bien sympathique.

Camping Le Soleil : ***à Tattone.*** *☎ 04-95-47-21-16. • camping-lesoleil.com • À 3 km au sud de Vivario, sur la gauche. Ouv de mai à mi-oct. Compter 18-20 € pour 2 avec tente et voiture.* Camping sous les cerisiers, les pommiers et les pins. Gare de Tattone à 50 m, et monte d'Oro juste en face. Bar et point de ravitaillement pour les randonneurs. Petite restauration le soir (pizzas au feu de bois). Gentils proprios. Transport de Tattone à Vizzavona et l'inverse.

VIZZAVONA (20219) 50 hab.

Quelques maisons, des ruines (celles du *Grand Hôtel de la Forêt,* ouvert en 1893) et une petite gare, le tout perdu dans un vallon écrasé par des montagnes de plus de 2 000 m et enrobé d'une fabuleuse forêt de pins laricio, où

l'on peut vagabonder des journées entières sous les arbres ! Voilà Vizzavona. Cinquante habitants, mais un nom sur la carte de la Corse connu de tous les abonnés du GR 20 qui y font étape et autres mordus de randonnée pédestre.

➢ Autant vous dire que la façon la plus sympathique de débarquer ici, c'est le train. D'Ajaccio, compter env 1h10 ; de Bastia, env 2h30.

Adresse utile

Gare de Vizzavona : ☎ *04-95-47-21-02. 2 à 4 trains/j.* Pour le camping de *Savaggio,* arrêt facultatif juste devant : demandez-le au contrôleur.

Où dormir ? Où manger ?

Prix moyens

Restaurant du Chef de Gare (L'Altagna) : ☎ *04-95-47-24-41.* • *chefdegarevizzavona@gmail.com* • *1er avr-15 oct, tlj. Ouv en hiver slt en période de vac. Menu 18,50 €, formule « Presto » 14 €.* Marie-Ange, la fille des chefs de gare Rosy et Jean-Baptiste, a pris la relève. Aux fourneaux, elle se débrouille... comme un chef, évidemment. Bon (ah... les desserts maison !), copieux, bon marché et très sympathique.

Hôtel I Laricci : *gare de Vizzavona.* ☎ *04-95-47-21-12.* • *ilaricci@wanadoo.fr* • *ilaricci.com* • *Congés : oct-fin avr. En ½ pens, doubles 98-104 € selon confort (les moins chères ont douche et w-c sur le palier). Tarif dégressif à partir de la 2e nuit. Lit en dortoir avec ½ pens 37 €. Menu 19 €. Café offert sur présentation de ce guide.* Grande maison typique sur 3 niveaux, au confort rustique. Chambres simples et spacieuses. Ambiance reposante et décontractée. Beaucoup de randonneurs (en plus de l'hôtel, 14 places en dortoir de 5 lits).

Le Relais du Monte d'Oro : *au* **col de Vizzavona,** *en bord de route.* ☎ *04-95-47-21-06. Sur simple appel téléphonique, on vient vous chercher à la gare, distante de 3 km. Ouv de mai à mi-oct. Compter 14 €/pers en refuge, 19 €/pers en chambre de 4 lits en gîte (loc possible de draps en plus). En ½ pens, 39 € en refuge et 45 € en gîte. Resto à la carte.* Une étape sur le GR 20 avec des dortoirs de 4 couchages façon refuge de haute montagne. Cuisine à disposition.

Chic

Chambres d'hôtes Casa Alta : *à 500 m de Vizzavona, en direction d'Ajaccio.* ☎ *04-95-47-21-09.* *06-72-28-31-46.* • *info@casa-alta.fr* • *casa-alta.fr* • *Congés : 15 déc-31 janv. Selon période, doubles env 70-108 €, quadruples 110-160 € petit déj compris.* Au milieu des pins laricio, sur le chemin du GR 20, cette maison en pierre est la récompense du randonneur ou du touriste épris de l'arrière-pays. Car, en plus d'une tranquillité garantie, on trouve ici le confort des chambres joliment rénovées (double vitrage, belles salles de bains...) et l'accueil chaleureux de Vincent. Très convivial, à l'image du bon petit déjeuner servi sur une grande table commune ou en terrasse.

Hôtel-restaurant du Monte d'Oro : *au* **col de Vizzavona,** *à l'écart de la route.* ☎ *04-95-47-21-06.* • *monte.oro@vizzavona.fr* • *monte-oro.com* • *Si vous êtes à la gare (à 3 km), on vient vous chercher sur simple appel téléphonique. Ouv mai-début oct. Doubles 52-95 € selon confort (lavabo, bains ou douche) et saison. Petit déj en plus 15 €/pers. Menu (midi slt) 27 € ; à la carte, plats 17-28 € env. ½ pens possible.* *Apéritif offert sur présentation de ce guide.* Dans cette grosse maison du XIXe s, restée très rustique (un peu « hors du temps », comme le dit un texte qu'on peut lire à l'entrée), avec une grande terrasse ombragée, le lierre qui court des murs au plafond dans la salle de restaurant, des chambres rétro mais calmes et spacieuses, donnant sur la forêt. Cuisine traditionnelle corse. Les chambres dans le chalet (annexe) ont été rénovées.

Randonnées pédestres

➢ ***La Madonnuccia :*** 2h aller et retour au départ de La Foce (près de l'*Hôtel-restaurant du Monte d'Oro*). Superbe vue sur les montagnes et la vallée de la Gravona.

➢ ***La cascade des Anglais :*** 1h aller et retour de La Foce. Prendre un chemin carrossable qui descend dans les gorges de l'Agnone (au nord-ouest de Vizzavona) et rejoint en bas le GR 20. Le suivre jusqu'à cette belle cascade située dans un coin sauvage. Aller un peu au-delà pour trouver des coins tranquilles. On peut se baigner dans des piscines naturelles. Mais vous ne serez pas seul.

➢ Superbe balade vers ***bocca Palmente*** et les ***bergeries d'Alzeta*** : du tournant après la maison forestière de Vizzavona, emprunter le sentier balisé en rouge et blanc en direction du GR 20 Sud. Longer le chemin forestier qui s'étire en lacet jusqu'à bocca Palmente (une source se trouve dans l'avant-dernier lacet avant d'accéder au col). Franchir le col et suivre le chemin de ronde en courbe de niveau sur le versant est. Atteindre les bergeries d'Alzeta. Compter 5h aller et retour.

➢ ***L'ascension du monte d'Oro*** *(monte d'Oru)* **:** une randonnée magnifique mais pas facile, pour randonneurs chevronnés. Attention : pas d'eau sur le parcours. Compter, au départ de Vizzavona, 5h pour la montée, 3h30 pour la descente. Sentier balisé en partie, puis cairné. Les deux itinéraires sont décrits sur un panneau situé en face de la gare de Vizzavona. Du sommet (2 389 m), on voit Ajaccio au loin, le monte Cinto et la côte italienne ! Mais ATTENTION, on vous le répète : randonneurs du dimanche, abstenez-vous. Dans tous les cas, se renseigner auprès du parc régional pour avoir l'itinéraire exact de cette randonnée et connaître la météo.

➢ ***Les gorges du Manganellu :*** une randonnée facilement réalisable et accessible à tous. De Vizzavona, aller jusqu'au hameau de *Tattone* qui se trouve sur la route de Vivario (N 193). De là, descendre par une route carrossable jusqu'au hameau de *Canaglia,* environ 4 km plus loin. Un chemin forestier remonte (en le surplombant) le torrent du Manganellu pendant 4 km avant de rejoindre le GR 20 (balises rouge et blanc). Nombreuses possibilités de baignade dans des vasques naturelles. On peut pousser jusqu'à la *bergerie de Tolla* (abri possible).
Les plus sportifs suivront le GR 20 jusqu'au *refuge de Petra Piana* (ou *Michel-Fabrikant,* en l'honneur du plus célèbre explorateur des montagnes de Corse), situé à 3h30 de Canaglia et où l'on est à pied d'œuvre pour accéder au *lac du Rotondo* (ou de Bellebone, à 1h30 du refuge) puis au sommet du *Rotondo* (2 622 m, 3h de montée de Petra Piana).
Attention : la partie facile du Manganellu se situe au départ du chemin, entre Canaglia et la bergerie de Tolla. Après, ça monte sec !

– ***Vizzavona Parc Aventure :*** *au* ***col de Vizzavona.*** ☎ *04-95-37-28-41.* 📱 *06-03-56-24-33.* ● *corsicanatura.fr* ● *Au pied du monte d'Oro, à 1 100 m d'altitude, sur 2,5 ha de forêt. 15 juin-15 sept, tlj 9h-19h. Compter 25 € pour 4h (jeunes enfants 15 €). À partir de 4 ans pour les parcours les plus simples.* Une centaine d'ateliers, 12 parcours indépendants, du « vert » au « noir », dont un d'escalade de 25 m de haut (unique en Corse), et de nombreux ateliers. Cadre magnifique (la cascade des Anglais est au bout du parcours).

LA CÔTE ORIENTALE (COSTA SERENA)

La côte orientale n'est pas la plus belle de Corse. Néanmoins, elle dispose d'un atout non négligeable : une centaine de kilomètres d'une plage de sable fin. Toutefois, son appellation ne lui rend pas justice puisqu'il suffit de quelques kilomètres dans les terres pour retrouver les reliefs de la Corse montagneuse (d'ailleurs, tout le monde ne s'y retrouve pas puisque les communes de Sari-Solenzara, Solaro et, plus au sud, Conca, se sont regroupées sous le nom de côte des Nacres). Elle fut jadis une zone de marécages infestée de moustiques. En 1944, l'armée américaine passa toute la côte au DDT.
Du point de vue économique, cette côte orientale est aussi une région importante, vaste plaine agricole qui va de Solenzara à Moriani, soit environ 60 km, et s'arrête à l'ouest au pied du massif montagneux. Vignoble et cultures maraîchères et fruitières y produisent près du dixième des richesses de l'île.

SOLENZARA / SULINZARA (20145) 1 190 hab.

Le village, sans charme particulier, s'étire nonchalamment le long de la nationale, où des voies perpendiculaires mènent à la plage, belle, et au port de plaisance (l'un des plus importants de cette côte) et de pêche (quelques chalutiers). À 5 km au sud, la *plage de Canella,* plus belle que celle du village car blottie dans une anse, mais sans parking. Et, à 5 km au nord, une base militaire importante abrite quelques escadrilles françaises et belges ainsi que des nageurs de combat.

Adresses utiles

i ***Office de tourisme de la côte des Nacres :*** *à l'entrée nord du village, dans l'ancienne école.* ☎ *04-95-57-43-75.* • *cotedesnacres.com* • *Juil-août, lun-ven 9h-20h, w-e 9h-13h et 16h-19h ; juin-sept, lun-sam 9h-12h, 14h (15h sam)-19h et dim 9h-13h ; hors saison, lun-ven 9h-12h et 14h-18h.* Beaucoup de documentation sur la microrégion et sur la Corse.

✉ ***Poste :*** *rue Principale.* Distributeur automatique de billets.

■ ***Club de plongée de la côte des Nacres :*** *sur le port.* ☎ *04-95-57-44-19.* • *sccn.solenzara.org* •

Où dormir ?

Camping

⛺ ***Camping U Rosumarinu :*** *à 6 km à l'ouest du village, sur la route de Bavella.* ☎ *04-95-57-47-66.* • *urosumarinu@gmail.com* • *urosumarinu.fr* • ♿ *Ouv mai-fin sept. Pas de résa. Compter env 20,50-23,50 € pour 2* *avec voiture et tente.* ᯤ *(payant).* Belle situation en bord de rivière, dans un coin sauvage. Bonne ambiance, camping calme, récemment rénové. Restauration très correcte. Laverie. Via ferrata juste à côté et piscine naturelle dans la rivière.

De prix moyens à chic

■ |●| ***Hôtel-restaurant Orsoni :*** *rue Principale, sur la gauche quand on vient du sud.* ☎ *04-95-57-40-25.* ● *hotel-orsoni@orange.fr* ● *hotelorsoni.com* ● *Ouv avr-sept. Resto ts les soirs. Selon confort, doubles avec douche 63-80 €, petit déj non compris ; ½ pens demandée en août 140 €. Menus 18-20 €.* 💻 ᯤ C'est la maison blanche aux volets bleus avec une terrasse couverte devant, reprise par Alexandra, la fille de Mylène, qui a rénové les chambres. Déco personnalisée, dans une harmonie de blanc et de bleu, fleurs, lits confortables. Quant au resto *(Casa Corsa)*, il affiche toujours des prix agréablement doux pour une cuisine simple et copieuse, servie avec gentillesse et sourire.

■ |●| 🍸 ***Les Trois Terrasses :*** *rue Principale.* ☎ *04-95-57-40-44.* ● *info@hotel-les3terrasses.com* ● *hotel-les3terrasses.com* ● *Ouv tte l'année (resto fin avr-début oct). Selon saison (sf août), doubles standard 56-108 € ; ½ pens possible. Menu 17,90 €.* 💻 ᯤ *10 % de remise sur présentation de ce guide.* Des chambres simples assez spacieuses, récemment rénovées avec douche (ou bains), w-c et TV, donnant, au choix, sur la rue ou côté port. Également des chambres supérieures, bien plus chères. Bar-resto en bas, assez animé, ambiance bar-tabac-PMU, et accueil dans le même style. À table, raviolis maison, beignets, soupe de poisson... Terrasse (ou plutôt terrasses, car une nouvelle terrasse « suspendue » a été ajoutée), avec vue sur mer plutôt chouette.

De chic à plus chic

■ ***Hôtel La Solenzara :*** *quartier du Palais, rue Principale.* ☎ *04-95-57-42-18.* ● *info@lasolenzara.com* ● *lasolenzara.com* ● ♿ *À la sortie du village en direction de Bastia. Congés : nov-25 mars. Selon saison, doubles avec vue mer 85-150 €.* 💻 ᯤ Il s'agit tout simplement de l'ancienne demeure du maître de Solenzara, construite au XVIIIe s. Pièces immenses et hautes de plafond, décorées simplement mais avec goût. Chambres fraîches en été (elles sont néanmoins climatisées), toutes avec sanitaires récents, TV et téléphone. Chambres plus classiques dans la nouvelle maison. Les plus chères ont vue sur mer ou sur la piscine. Grand jardin orné de palmiers, avec une magnifique piscine à débordement. On peut y venir à la journée (forfait piscine, jacuzzi, hammam).

Où manger ?

|●| ***A Mandria :*** *pont de Solenzara, sur la route de Bastia.* ☎ *04-95-57-41-95.* ♿ *À 1 km du centre, à gauche après le pont. Fermé dim soir, lun midi en hte saison et lun tte la journée hors saison. Congés : déc-fév. Menus 29 et 35 €. Digestif offert sur présentation de ce guide.* Une ancienne bergerie avec pergola fleurie, joliment restaurée. Le maître des lieux a décoré les murs de la salle à manger avec des outils anciens en bois et métal patiné. Bonne cuisine régionale servie copieusement, où l'on trouve charcuteries, tripettes, aubergines farcies et viande de cochon grillée au four à bois.

Où manger dans les environs ?

|●| ***Ferme-auberge A Pinzutella :*** *route de Bavella (à 5 km de Solenzara).* ☎ *04-95-57-41-18.* ● *christiane.lucchini@wanadoo.fr* ● ♿ *Prendre une piste sur la droite de la route de Bavella, qui pénètre dans la propriété. Tlj sf lun de mi-avr à fin sept ; sur résa le reste de l'année. Plat du jour 15 €. Menu 24 €.*

CB refusées. Digestif offert sur présentation de ce guide. Les Lucchini élèvent chèvres et vaches, qu'on peut retrouver à la table de la ferme-auberge : cabri ou veau en sauce ou au four, qui sont un régal, et d'autres produits de la ferme encore, volailles, fromages et légumes... Excellent feuilleté aux herbes du jardin et savoureuse salade *Pinzutella* (abats au vinaigre de miel). De bons produits, donc, et l'atmosphère plaisante d'une ferme corse. En terrasse, vue sur les aiguilles de Bavella. Extra !

À voir. À faire

➢ Monter au ***col de Bavella,*** à 30 km, par une route assez ardue mais belle, qui longe la Solenzara ; nombreux points de baignade (voir plus haut « La route de Bavella à Solenzara » au chapitre « Le col et les aiguilles de Bavella » dans la partie « L'Alta Rocca »). ATTENTION : sur cette route étroite, de sérieux embouteillages sont à prévoir en été (malgré des travaux, certains tronçons restent difficiles). Sur le parcours, un peu plus haut que le camping *U Rosumarinu,* une ***via ferrata*** a été aménagée. Compter environ 2h30 aller-retour.

➢ Partir à la recherche de grands frissons en escaladant la ***via ferrata d'U Calanconi*** à ***Chisa,*** dans la vallée de Travo, entre Solenzara et Ghisonaccia. De Travo, prendre la D 645 jusqu'à Chisa (une quinzaine de kilomètres) et laisser la voiture au gîte d'étape *Bocca Bè (25 € pour l'accès et la loc de matériel).* Escalade vraiment sensationnelle, sur de grandes dalles de granit. Deux ponts de singe, trois ponts himalayens, quatre tyroliennes... La partie supérieure passe au milieu de gros blocs de pierre percés. Attention, elle est classée D (difficile). D'ailleurs, c'est interdit aux moins de 12 ans. Compter 4h. *Rens : ☎ 04-95-57-84-24. • viaferratachisa.fr • Tlj mai-sept, sur résa le reste de l'année. On peut aussi se renseigner au gîte : ☎ 04-95-56-36-61 ou 04-95-57-31-11 (mairie, lun-ven 9h-17h). Au gîte, compter 45 €/pers en ½ pens.*

– ***Randonnées en pirogue :*** *avec* **Acqua Vanua.** *Juin-sept, paillote sur la plage de Favone, à 5 km au sud de Solenzara (le reste de l'année, téléphoner pour prendre rdv). 📱 06-12-85-66-39 ou 06-03-60-87-29. • acquavanua.com • Compter 22 €/adulte pour 1h30, 38 €/adulte la ½ journée et 45 €/adulte la journée (réduc enfants).* Pirogues à balancier made in Corse *(of course !)* qui peuvent accueillir jusqu'à 4 personnes. Également des pirogues en plastique. Un moyen original de découvrir le littoral de cette partie de la Corse. *Acqua Vanua* propose aussi du rafting sur le Tavignanu (au printemps), ainsi que des randos aquatiques.

Le couvent de Sari-Solenzara : *à la sortie du village, sur la gauche, une route y grimpe ; c'est à 8 km (piste de 2 km sur la fin). ☎ 04-95-57-43-41. Magasin ouv mar-sam sf j. fériés, 9h-16h45.* À l'intérieur, chapelle ouverte à tous, en permanence, belle et dépouillée, et boutique de statuettes (et statues) souvent d'inspiration romane, fabriquées par les sœurs. Plutôt joli, surtout pour les amateurs d'images sacrées. Des belles faïences également.

GHISONACCIA / GHISUNACCIA (20240) 3 170 hab.

De la transhumance des bergers d'autrefois à la transhumance des troupeaux d'estivants en route vers le sud, la « capitale » de la plaine orientale n'a pas perdu sa vocation de carrefour. Bonne base pour découvrir un arrière-pays intéressant. Grandes plages de Vignale et Pinia, plutôt

sympathiques au nord-est de Ghisonaccia (accès par la D 144 bis, doublée par une piste cyclable).

Adresse utile

🅸 ***Office de tourisme :*** *au début de la route de Ghisoni, sur la gauche, dans la maison des services publics.* ☎ *04-95-56-12-38.* • *corsica-costaserena.com* • *Juil-sept, lun-sam 9h-12h30, 14h-20h ; dim 9h30-12h ; hors saison, lun-sam 8h30-12h30, 14h-17h30 ; fermé le w-e.* Efficace et bien documenté sur la région. Renseigne, en particulier, sur les disponibilités des meublés et propose, une fois par semaine en été, un circuit touristique en minibus pour découvrir la région du Prunelli.

Où dormir à Ghisonaccia et dans les environs ?

Campings

⛺ 🍽 🍸 ***Camping Arinella Bianca :*** *à Ghisonaccia, prendre la route de la Mer ; à 4 km env, au rond-point du Spar, un panneau indique le camping, tourner à droite.* ☎ *04-95-56-04-78.* • *arinella@arinellabianca.com* • *camping-corse.fr* • ♿ *Ouv de mi-avr à fin sept. Forfait 23-45 € pour 2 avec voiture et tente. Selon catégorie et saison, mobile homes et chalets (4-6 pers) 302-1 472 €/sem.* 💻 📶 Piscine. Bien ombragé sous les eucalyptus. Très bien équipé : une vraie petite ville pour tentes et camping-cars avec bar, resto *(de mi-mai au 20 sept)*, épicerie, laverie et soirées spectacles et activités pour enfants.

⛺ 🍽 ***Camping Campu Serenu :*** *au lieu-dit Quercetta, 20243* ***Casamozza-di-Fium'Orbu.*** ☎ *04-95-56-12-10.* • *maria72@free.fr* • ♿ *À 3 km au sud de Ghisonaccia, puis à gauche ; c'est indiqué. Ouv avr-nov (camping), avr-oct (resto). Resto ouv le soir slt, mer-dim (jeu-dim hors saison). Compter 19 € pour 2. Au resto, compter 25-30 €/pers.* Petit camping récent à l'ombre des bouleaux et des eucalyptus. Lave-linge et frigos. La plage n'est pas loin. Au resto (le soir seulement), de bonne tenue, spécialités et plats originaux corses. Également des pizzas maison, des grillades et du poisson au four.

Village de vacances

🏠 🍽 ***Perla di Mare : plage de Vignale,*** *à 5 km de Ghisonaccia.* ☎ *04-95-56-53-10.* • *perla.di.mare@wanadoo.fr* • *perla-di-mare.fr* • *Sur la D 144, tourner à gauche un peu avt d'arriver au bout de la route du bord de mer. Ouv avr-oct. Studios, minivillas et mobile homes de luxe climatisés pour 2-7 pers 784-1 897 €/sem en juil-août (hors saison, loc possible à la nuitée : dans ce cas, compter 40-196 €/j selon taille et période). Possibilité de ½ pens (juin-début oct).* 💻 📶 Village de vacances situé en bord de mer. Petites maisons (du studio au 3-pièces) dans un coin de verdure, sous les pins. Des mobile homes également. Beaucoup d'espaces verts, un resto correct *(mi-mai à début oct)* et une magnifique piscine. Activités sportives telles que tir à l'arc, canoë-kayak, planche à voile, etc. Prix intéressants hors juillet-août, mais qui prennent vraiment la grosse tête en haute saison.

Gîtes ruraux

🏠 ***Gîtes de M. François Gelormini*** *(Gîtes de France)* ***:*** *à Quarcetta, 20243* ***Prunelli-di-Fium'Orbu.*** *Résas auprès des Gîtes de France :* ☎ *04-95-10-54-30/31. Fax : 04-95-10-54-38. À 3 km à l'ouest de Ghisonaccia. Ouv avr-nov. Compter 339-588 €/sem selon saison. Corbeille de spécialités corses offerte sur présentation de ce guide.* 2 gîtes de 48 m² dans une maison indépendante récente, de plain-pied, isolée dans la plaine agricole (vigne). Les propriétaires habitent à une centaine de mètres à peine. Séjour-cuisine, une chambre avec lit double, une autre chambre avec lit double et lit simple, douche et w-c, congélateur, micro-ondes, TV, lave-vaisselle, cheminée. Lave-linge commun. Gros plus, le superbe parc arboré. Salon de jardin, barbecue, portique, ping-pong.

Chambres d'hôtes

Chambres d'hôtes chez Annonciade et Daniel Prieur *(Gîtes de France) : Villa le Cèdre bleu, Taglio-di-Sacramento, 20240* ***Vix.*** *06-24-29-58-84. • annonciade.prieur@wanadoo.fr • taglio-di-sacramento.com • 7 km au sud de Ghisonaccia, à 900 m de la nationale, par une petite route qui part en face du restaurant* A Galatela. *1er avr-15 oct. Pour 2 pers, compter 80-110 € selon type de chambre et saison, petit déj compris. Apéritif offert sur présentation de ce guide.* 2 chambres doubles et 1 familiale, chacune avec sa décoration et son atmosphère propres (marine, moissons, campagnarde). Petit déjeuner servi au bord de la piscine, entourée par un jardin magnifiquement arboré. Environnement très reposant. Les propriétaires habitent juste à côté.

Hôtel

Hôtel Casa di Maria Cicilia : *60, route de Ghisoni. ☎ 04-95-56-00-41. • hotel@casamariacicilia.com • casamariacicilia.com • Ouv tte l'année (en basse saison, resto fermé sam midi et dim ; en hte saison, fermé dim midi slt). Chambres doubles « confort » 70-95 €, petit déj 9 €. Menus 20-28 €. ½ pens possible. Des chambres plus chères également, ainsi que des apparts (2 chambres indépendantes). 1 petit déj/chambre offert sur présentation de ce guide.* L'ancien *Hôtel de la Poste* a fait peau neuve, mais il est resté dans la même famille, et entre de bonnes mains. Les chambres sont classiques (AC, TV) et confortables, avec une bonne literie. La clientèle de passage peut aussi y manger : une fois passé la réception, on a l'agréable surprise de découvrir une cour-terrasse intérieure joliment aménagée. Cuisine généreuse.

Où manger à Ghisonaccia et dans les environs ?

Le Cintra : *route nationale, juste à la sortie de Ghisonaccia, direction Solenzara, sur la gauche du rond-point (parking en face). ☎ 04-95-56-13-44. • le.cintra@wanadoo.fr • Menus 17 € (formule déj)-25 €.* Le cadre n'est pas formidable car la route n'est pas bien loin, mais ce resto, polyvalent, propose pizzas, poisson, viande et salades à prix abordables. Le service est rapide et c'est copieux. Parfait pour une halte.

Ferme-auberge U Sampolu : *à Sampolo, 20227* ***Ghisoni.*** *☎ 04-95-57-60-18. À 19 km au nord-ouest de Ghisonaccia, par la D 344, plus haut que le défilé de l'Inzecca, sur la gauche (bien indiqué). Ouv mai-sept, sur résa en juil-août. Fermé lun soir et mar soir sf juil-août. Formule déj à partir de 16 €. Menus 20-23 €. Digestif offert sur présentation de ce guide.* Bonne adresse dans le genre rustique et copieux. Des spécialités comme l'aubergine paysanne, l'agneau grillé, le veau et le bœuf (qui viennent de la ferme et qu'on déguste sur une agréable terrasse).

Ferme d'Urbino : *étang d'Urbino, 20240 Ghisonaccia. ☎ 04-95-57-30-89. • bronzini@wanadoo.fr • À 7 km au nord de Ghisonaccia. Juin-août, midi et soir ; midi slt en moyenne saison. Congés : 1er oct-15 avr. Plat du jour : 12 €, menus 19,50-24,50 € env.* Resto ou radeau ? Les deux à la fois... On se croirait presque sur un bayou de Louisiane. Près d'un hangar à coquillages, un petit ponton mène au resto flottant. Cadre très agréable, donc. Excellentes huîtres, tout comme « l'assiette spéciale Urbino » (poisson grillé, calamars et langoustines). Présentation littéraire et personnalisée des vins. Possibilité de balades digestives sur l'étang (location de bateaux à moteur ou à rames).

Où acheter de bons produits dans les environs ?

Fromagerie Xavier Baldovini : *dans le village de* ***Salastraco-Pietroso*** *(20227 Ghisoni), à 15 km de Ghisonaccia (direction Ghisoni, puis tourner* *à droite vers Vezzani).* ☎ *04-95-56-63-32.* • *fiore-di-muntagna.com* • *Lun-sam 8h-13h ; lun, mar, jeu, ven 10h-19h. Congés : oct.* Une fromagerie traditionnelle et moderne à la fois, qui transforme le lait de chèvre et de brebis depuis plusieurs générations. *Brocciu,* corsetin, tommette... belle diversité de produits et de saveurs.

DANS LES ENVIRONS DE GHISONACCIA

À voir

👓 ***Le Fium'Orbu :*** une région montagneuse et enclavée (réputée naguère pour son esprit d'indépendance et ses bandits), avec quelques villages en nid d'aigle. Autre curiosité de ce terroir : les *thermes de Pietrapola,* qui sont situés au sous-sol de l'hôtel lui-même, au-dessus de la rivière Abatescu. Les baignoires ont un côté très rétro, amusant !

👓 ***Les défilés des Strette et de l'Inzecca :*** *à une vingtaine de km au nord-ouest de Ghisonaccia, direction Ghisoni.* Intéressant surtout pour la couleur de la serpentine verte, cette roche caractéristique par son aspect brillant, que l'on trouve surtout dans le défilé de l'Inzecca. De Ghisoni, gros village entouré de montagnes boisées, une route sinueuse et étroite rejoint la route Ajaccio-Corte par le col de Sorba (1 311 m).

👓 ***L'étang d'Urbino :*** *à 7 km de Ghisonaccia, en direction d'Aléria, une route part sur la droite pour traverser une petite mer intérieure.* Une étendue aquatique de 3 km sur 3 km (zone Ramsar), reliée à la vraie mer par un étroit passage, superbe, mi-marin mi-terrien, des pinèdes secrètes, une île de promeneur solitaire et, à proximité, un pénitencier agricole *(Casabianda)* unique en France, où les détenus peuvent aller à la plage une fois terminé leur travail de la journée. 500 000 alevins poussent dans 750 ha d'eau salée, des kyrielles d'huîtres et de moules, des histoires de Romains et de malaria, une dynastie d'aristocrates bastiais passionnés par l'aquaculture... Non, ce n'est pas un roman, mais un étang, celui d'Urbino. S'y trouve une ferme ostréicole, qui fait aussi resto (voir plus haut « Où manger à Ghisonaccia et dans les environs ? »).

UNE PRISON MODÈLE

Sur la commune d'Aléria, la prison de Casabianda n'a pas de barreaux. Ici, il ne s'agit pas de punir mais de réinsérer. Tous les prisonniers doivent travailler. Le règlement est strict sur les horaires et toute tentative d'évasion mène aussitôt à une prison traditionnelle. Jamais aucun prisonnier ne s'y est risqué...

À faire

– De nombreux ***sentiers de village à village*** ont été balisés dans le Fium'Orbu par le parc naturel régional. La nature est superbe et les villages tout autant. On y a souvent l'impression de naviguer dans un océan de verdure, un musée naturel où les arbres sont rois et les curiosités cachées innombrables...

➢ Quelques exemples de parcours à faire sans l'ombre d'une hésitation : rejoindre, à partir de Solaro, le hameau perdu de Ruvoli. Aller dominer les gorges du Travo (parcours vedette du kayak héroïque en Corse) par le chemin qui vagabonde entre Chisa et Ventiseri. Gagner les crêtes et les cols de Prati, de Laparo, de Juva ou d'Usciolu à partir de San-Gavino, Ania ou Isolaccio-di-Fium'Orbu, et profiter de leur vue admirable sur l'étang de Palo, sur les rivages orientaux de l'île ou bien, à l'opposé, en direction de l'Incudine et du Renoso... Et puis, du Poggio à la Luvana, du Cipitosa à l'Arinella, il n'est aucun torrent dans ces parages sans vasque, gorge ou cascade paradisiaques...

➢ ***Randonnées en haute vallée du Fium'Orbu :*** aller et retour en 4h. Le village de ***Ghisoni*** est l'une des capitales de la montagne corse, au pied du massif du Renoso et de ses nombreux lacs d'altitude.
Plein de choses à faire autour, donc : aller se baigner sous le village dans les piscines naturelles du Fium'Orbu, monter au lac de Bastani et au Renoso de la « station de ski » fantomatique de Capannelle (3h d'ascension facile et balisée pour ce sommet débonnaire, le moins accidenté des « géants » de Corse) ou encore visiter la sapinière de Marmano et le fameux site des Pozzi. Ce terme (en français, pozzines), qui signifie « puits », s'applique à ces anciens lacs comblés partiellement où l'eau divague désormais en ruisselets et en une succession de petites mares où prospère un milieu naturel riche et très particulier.
On atteint ce site curieux et tout à fait charmant à partir du col de Verde, en suivant vers l'ouest les balises rouge et blanc du GR 20 jusqu'au col de la Flasca. Sur l'autre versant, le sentier bascule dans le vallon de Marmano (au passage, d'immenses sapins). Plus loin, dans la clairière de Gialgone (1h30 col de Verde), on quitte le GR 20 pour emprunter sur la gauche le sentier menant aux bergeries des Pozzi (abri rudimentaire possible), puis, une fois un ultime verrou franchi, on débouche sur les étendues marécageuses du même nom, installées sur différents niveaux (2h30 de marche de Verde). Enfin, pour ceux qui sont là l'hiver, il n'est pas inutile de savoir que, à 4 km du col de Verde, se trouve l'une des deux stations de ski de Corse.

PRUNELLI-DI-FIUM'ORBU (20243)

Magnifique village perché, à 18 km de Ghisonaccia. Ce village-belvédère offre une magnifique vue panoramique. On peut en faire le tour complet par la rue qui le ceinture.

Où manger ?

I●I *Café Buttéa :* *en plein centre.* ☎ *04-95-56-74-75. Midi et soir en saison. Fermé dim et lun soir oct-avr. Plats env 11-13 €.* Halte bien sympathique que ce café-resto-épicerie situé sur la place du village, à deux pas du musée Mnemosina. Petite carte de 4 ou 5 plats sur l'ardoise, pas de grande gastronomie mais une cuisine préparée avec cœur, comme les *sacottini* au *figatellu* ou les lasagnes. Soirées musicales parfois.

À voir

⚲⚲ *Le musée Mnemosina :* *pl. de la Résistance.* ☎ *04-95-56-73-67 ; en cas de besoin, s'adresser au* Café Buttéa *à côté. Ouv sam 15h-18h et sur rdv. Entrée : 2 € ; réduc.* Musée associatif, créé par deux passionnés, qui retrace, dans une petite dizaine de salles, la vie traditionnelle dans le Fium'Orbu, ainsi que l'histoire de la microrégion. On y apprend ainsi, entre autres, que Mussolini avait décidé la réquisition du village de Prunelli comme camp d'internement ! Visite fort intéressante et accueil très gentil.

Randonnée pédestre Mare a Mare Centre

➢ Traversée ***de Ghisonaccia à Porticcio*** en six étapes. L'itinéraire est balisé en orange. Départ sur la N 198. Si vous arrivez en bus à Ghisonaccia, demandez au chauffeur de vous arrêter au pont de l'*Abatescu* (début du sentier) et non à Ghisonaccia même (à moins que vous n'y fassiez votre ravitaillement), ce qui vous évitera de longer la nationale pendant 30 mn pour arriver au départ du sentier. Plaine du Fium'Orbu puis zone montagneuse granitique du haut Taravo, on serpente à travers les forêts de châtaigniers ou de pins, jusqu'à de larges percées découvrant un vaste horizon, avec parfois la mer au fond. Les étapes sont d'intérêt inégal, mais la variété et la beauté des paysages caractérisent la plupart d'entre elles. Arbousiers, yeuses, maquis arborescent, chênes-lièges ou immortelles, c'est aussi l'occasion de rencontrer une fleur qui ne fait pas partie de notre quotidien. Aucune difficulté particulière. Le sentier commence en douceur par l'étape la plus courte, histoire de se mettre en jambes. À vous maintenant de nous faire partager vos impressions !

➢ Le premier gîte (à 3h-3h30 de marche seulement de Ghisonaccia) se trouve à *Serra-di-Fium'Orbu.*

Gîte de Serra-di-Fium'Orbu *(20240) : ☎ 04-95-56-75-48. 06-81-04-69-49. • brunaguidicelli@gmail.com • Ouv avr-fin oct. Sur résa. Compter 20 € en dortoir et 43 € en ½ pens. Café offert sur présentation de ce guide.* Gîte communal tenu par Mme Guidicelli, une dame volubile et sympathique. Une vingtaine de places ; bien entretenu, sans plus. Cuisine américaine où l'on peut se faire la popote. Attention, il y a bien une épicerie (sans dépôt de pain) au village, mais ses horaires d'ouverture étant assez fantasques, mieux vaut ne pas trop compter dessus ! Sandwichs sur demande pour le lendemain *(5 €).* Si le gîte est complet, pas de panique ! Mme Giudicelli vous installera dans la salle des fêtes qui le jouxte.

➢ Puis 4h de marche jusqu'au gîte de *Catastaghju,* à *San-Gavino-di-Fium'Orbu.*

Gîte de Catastaghju : 20243 San-Gavino-di-Fium'Orbu. *☎ 04-95-56-70-14. 06-79-74-81-58. • paoli.colette@gmail.com • Avr-oct, tlj. Résa conseillée. Compter 17 €/pers en dortoir ; 39 € en ½ pens. Possibilité de camping 3 €/pers (douches 3 €). CB refusées. Digestif offert sur présentation de ce guide.* Gîte communal (ancienne centrale hydraulique) tenu par Mme Paoli, qui réserve un accueil vraiment chaleureux. Chambres à 4 lits, plus w-c pour personnes handicapées, et un grand dortoir où les lits sont séparés par des rideaux ou de petites cloisons à hauteur d'homme. Mais qu'importe, le tout est très bien entretenu, et l'enthousiasme de Mme Paoli est communicatif. Côté repas, c'est bon et copieux. Paniers-repas sur demande *(7,50 €)* et portage de sacs. Mais, surtout, ne ratez pas la piscine naturelle que forme la rivière à flanc de paroi rocheuse : un grand moment de bonheur pour les muscles fourbus ! Aire de jeux pour les enfants et... court de tennis à deux pas pour ceux qui ont encore de l'énergie à dépenser (et leur équipement...).

➢ Les autres étapes du parcours conduisent dans le haut Taravo : d'abord à *Cozzano* (6h de marche), puis à *Guitera* (4h), *Quasquara* (3h30) et au col *Saint-Georges* (4h de marche). Voir pour ces gîtes le chapitre « Ajaccio et sa région ». Après quoi il ne reste qu'à rallier Porticcio et, de là, Ajaccio.

ALÉRIA / ALERIA (20270) 2 010 hab.

Le village moderne, *Cateraggio,* sur la nationale, à l'intersection de la N 198 (Bastia-Porto-Vecchio) et de la N 200 pour Corte, à 48 km, n'a franchement rien de bien attractif. Mais le vieux village d'Aléria, situé sur une colline un

peu au sud de Cateraggio, est connu pour les ruines de la cité antique. N'imaginez pas trouver Pompéi. Vaut néanmoins le détour pour la puissance d'évocation du site et surtout le *musée Jérôme-Carcopino* (parking à l'entrée). Chouette *plage de Padulone,* à 2 km de Cateraggio.

Arriver – Quitter

➢ Aléria est desservie par les bus ***Bastia/Porto-Vecchio*** (voir « Arriver – Quitter » à ces 2 villes).

➢ ***De/vers Corte :*** bus mar, jeu et sam du 15 juil à mi-sept.

Adresse utile

ℹ ***Office de tourisme intercommunal de l'Oriente :*** *80, av. Saint-Alexandre-Sauli (le long de la nationale, juste après le pont sur la droite quand on vient du sud). ☎ 04-95-57-01-51. • oriente-corsica.com • En été, tlj 8h30-19h (18h sam et 13h dim). Hors saison, lun-ven 9h-12h, 13h30-17h.* Pas mal de doc et bon accueil.

Où dormir ? Où manger à Aléria et sur la côte ?

Camping

⛺ 🍽 ***Camping-bungalows Marina d'Aléria :*** *plage de Padulone, à 3 km du carrefour N 198-N 200 par la N 200 en direction de la mer. ☎ 04-95-57-01-42. • info@marina-aleria.com • marina-aleria.com • ♿ Ouv de fin avr à mi-oct. Selon période, forfait (pour un petit emplacement) env 19,80-35 € pour 2. Chalets env 210-815 €/sem et mobile homes pour 4 pers 230-1 020 €/sem selon saison. 💻 📶 Sur présentation de ce guide, remise de 5 % (camping et locs).* Au bord d'une longue plage (1 km) de sable fin et à proximité d'une petite rivière. Site ombragé sous les oliviers, les pins et les eucalyptus. 2 blocs sanitaires, eau chaude, machines à laver, resto *(de mi-mai à fin sept)*, pizzeria, 6 courts de tennis et un minimarket. Activités sportives : canoë-kayak et embarcation à pédales. Pas de piscine. Miniclub pour les petits *(15 juin-15 sept).*

Bon marché

🏠 ***Hôtel Les Orangers :*** *à 50 m du carrefour de Cateraggio, à 3 km de la plage. ☎ 04-95-57-00-31. • info@hotel-corse-lesorangers.com • hotel-aleria-lesorangers.com • Doubles 52-75 € selon confort et saison. Petit déj 7 €. 📶* M. Giudicelli tient avec bonhomie cet hôtel à l'ambiance familiale. Les chambres, simples mais plutôt agréables, avec TV et téléphone, sont d'une propreté impeccable. Une adresse que nos lecteurs apprécient.

🏠 🍽 ***Bed & Breakfast et salon de thé La Tour :*** *☎ 04-95-38-81-54. • latour@latourbravone.com • latourbravone.com • À 12 km au nord d'Aléria, au niveau de la marine de Bravone (20230, commune de Linguizetta). Panneau sur la droite indiquant « La Tour ». Ouv de mi-mai à fin sept. Studios 68-78 €, petit déj inclus. Apparts 4 pers 85-110 €. CB refusées. Café ou digestif offert sur présentation de ce guide.* Bonne surprise que ce petit endroit enfoui dans la végétation. Salon de thé la journée (bonnes tartes maison, gâteaux itou) et, l'été, pizzas le soir *(fermé mer sf juil-août).* Ambiance très cool. Juste à côté, quelques chambres en rez-de-jardin, pas trop mal même si ce n'est pas tout neuf, et très propres, avec douche et w-c, hyper calmes et, là encore, dans un cadre de verdure. La mer n'est qu'à 300 m. Également des appartements. Une adresse d'habitués qui reviennent chaque été.

De chic à plus chic

🏠 ***Hôtel L'Atrachjata :*** *100, av. Alexandre-Sauli, en plein centre de* **Cateraggio.** *☎ 04-95-57-03-93. • info@hotel-atrachjata.net • hotel-atrachjata.net • Ouv tte l'année sf de*

LA COSTA SERENA

mi-déc à fin janv. Env 49-89 € en chambre standard et 69-119 € en chambre confort. Petit déj 8 €. Parking. *Apéritif offert sur présentation de ce guide.* En bord de nationale (mais bien insonorisé), l'hôtel qui offre les chambres les plus confortables d'Aléria, plus ou moins grandes selon le standing (5 catégories de standard à grand luxe et suite). Restaurant.

Où dormir ? Où manger entre Aléria et Corte ?

Camping L'Ernella : *sur la N 200, au lieu-dit* ***L'Ernella.*** *☎ 04-95-48-82-06. 06-28-60-53-87. • francoise.mariani@nordnet.fr • ernella.fr • À env 20 km d'Aléria sur la route de Corte, à mi-chemin entre les 2. Ouv début mars-fin sept. Résa conseillée. Compter env 14 € pour 2 avec tente et voiture. Chambre 4-6 pers (genre refuge) 15 €/pers. Également un bungalow 4-6 pers 400 €. Restauration sur résa. CB refusées. Digestif offert sur présentation de ce guide.* Aire naturelle de camping plutôt sympathique, simple, ombragée, bien située au bord du Tavignano sur lequel on pratique le canoë-kayak. Accès à la cuisine commune *(supplément de 4 €)*. Vente de produits de la ferme.

Ferme-auberge U Sortipiani *(chez Xavier Corazzini)* ***:*** *pont de Piedicorte, N 200, 20270* ***Piedicorte-di-Gaggio.*** *☎ 04-95-48-81-67. • xaviercorsu@aol.com • sortipiani.com • À env 22 km à l'ouest d'Aléria, sur la nationale en direction de Corte. Congés : janv. Résa 24h avt. En camping, env 21 € pour 2 avec voiture et tente. Chambre double 60 €. ½ pens possible. Menus 19-26 €.* En pleine nature, à côté du Tavignano, où l'on peut se baigner en été, dans une maison récente et isolée (quel calme !). Bonne cuisine à base des produits de la ferme. Charcuteries maison. En outre, on y trouve des chambres à prix raisonnables, avec douche et w-c, et quelques emplacements de camping (ombragé et douches chaudes), ainsi que des mobile homes, des bungalows *(380-570 €/sem)* et un gîte. Bon sentier de randonnée autour de la propriété, passant par un site préhistorique que fouille Xavier (excursion archéo possible). Documentation sur place.

Auberge du Corsigliese (Le Banana's) : *Casaperta, 20270* ***Aléria*** *(à 10 mn d'Aléria sur la route de Corte). ☎ 04-95-57-04-87. • lebananas@orange.fr • hotel-bananas.com • Fermé dim nov-mars. Congés : fév. Doubles 60-87 €. Compter 60 €/pers en ½ pens. Menu env 20 €, compter 30 € à la carte.* Sur la nationale Aléria-Corte. Une adresse sans prétentions dans l'arrière-pays. Chambres doubles avec salle de bains et TV. Confort modeste. Fait remarquable : les prix restent les mêmes toute l'année. Au resto, grillades, spécialités corses. Piscine (couverte et chauffée en hiver), jeux pour enfants, environnement très arboré et déco « cocotiers ». Et bar où trône le Che !

Auberge San Mateu : *à* ***Pancheraccia,*** *à la sortie nord du village, sur une butte. ☎ 04-95-48-84-50/06. À 22 km au nord-ouest d'Aléria. Résas au plus tard la veille. Menu 27 €, vin compris. CB refusées. Café offert sur présentation de ce guide.* Ambiance familiale et bon accueil dans cette auberge où l'on se régale positivement : beignets aux poireaux, à la menthe et au citron, viande de porc et charcuteries (élevage maison). Une table considérée comme l'une des meilleures dans les environs d'Aléria.

LA COSTA SERENA

À voir

Le musée départemental d'Aléria Jérôme-Carcopino : *installé dans le magnifique fort de Matra, construit en 1572. ☎ 04-95-57-00-92. Ouv de mi-mai à sept 9h-12h, 13h-18h ; le reste de l'année 8h-12h, 14h-17h. Fermé dim hors saison. Entrée : 2 € ; réduc.* On y voit de magnifiques vestiges grecs et surtout romains ou étrusques retrouvés sur le site, la plupart dans des « tombes à chambre », et remarquablement conservés. Très belles céramiques (certaines « surpeintes »), quelques-unes d'un érotisme intéressant, superbes rhytons à tête de mulet et de chien, et beau *pempobolon* (vous aimeriez bien savoir ce que c'est, hein ? Eh bien, venez voir !), très beaux cratères à colonnette (pour le vin), bijoux, casques, glaives... Belle présentation qui rappelle qu'Aléria était une plaque tournante du commerce grec, étrusque (beaucoup de céramiques) et romain. Sans conteste le meilleur musée d'archéologie antique de Corse.

Le site : *à 200 m du musée. Billet commun avec celui du musée. Ouv de mi-mai à mi-sept 9h30-12h30, 13h30-18h30 ; mêmes horaires que le musée le reste de l'année.* Une partie seulement de la ville antique se visite : vestiges du forum, du temple, du capitole, ainsi que du *balneum.* Le site continue d'être fouillé et de nombreuses découvertes restent à faire.

DANS LES ENVIRONS D'ALÉRIA

L'étang de Diane : quel beau nom ! Les Romains y élevaient déjà des huîtres. Une petite île leur servait de dépotoir ; elle est recouverte d'une épaisse couche de ces coquillages formant une véritable strate calcaire. Aujourd'hui, la tradition se perpétue grâce à une *ferme aquatique* présente sur le site, où l'on peut acheter des huîtres (bonnes), des moules (délicieuses) et autres clams et praires. Essayez aussi la *poutargue,* en principe ils en ont (œufs de mulet séchés, forts en goût). Comme l'étang d'Urbino, l'étang de Diane est relié à la mer. Au sud de ce passage, une tour (restaurée).

LE GOÛT DU PAYS

Pendant son exil sur l'île d'Elbe, Napoléon envoyait en Corse, deux fois par semaine, un militaire chargé de rapporter des huîtres de l'étang de Diane. Heureusement, l'île d'Elbe est juste en face de la Corse. Il n'a pas demandé le même service quand il était à Sainte-Hélène !

Le domaine Mavela : *lieu-dit* **U Licettu.** ☎ *04-95-56-60-30.* • *domaine-mavela.com* • *Tourner sur la droite à env 5 km au sud d'Aléria sur la N 198, et continuer sur la D 343, direction Ghisoni, c'est à env 2,5 km. En été, tlj 9h-20h ; en mi-saison, lun-sam 9h-18h, dim 14h-18h et, en hiver, lun-ven 10h-12h et 14h-17h.* Une distillerie artisanale avec une grande salle d'expo-vente. Production de liqueurs (celle, entre autres, de cédrat et framboise atteint des sommets), d'eaux-de-vie et de fruits à l'eau-de-vie. Associée à la société *Pietra,* Mavela a commercialisé le premier whisky 100 % corse, *P & M.*

Pancheraccia : un village qui ne laisse pas un grand souvenir architectural mais la chapelle *A Madonna,* perchée à 500 m du village, à l'écart de la D 14, est le seul lieu d'apparition de la Vierge en Corse ! Une fillette, égarée dans le coin, aurait reçu l'aide de la Vierge, qui aurait demandé aux habitants du village d'édifier une chapelle là où elle avait fait jaillir une source pour désaltérer l'enfant. L'eau coule toujours et la vue est magnifique. Le 7 septembre au soir, procession aux flambeaux (statue de la Vierge par des femmes). Suite des festivités le 8 septembre. Si l'on vient d'Aléria, possibilité de continuer la route et de rejoindre Corte par le chemin des écoliers via le Bozio.

LA COSTA VERDE

Microrégion regroupant 14 communes, appartenant elles-mêmes à trois anciennes *pieve* (Campoloro, Moriani ou Murianincu et Tavagna) et coincée entre d'autres régions mieux connues et identifiées, la Costa Verde se fait petit à petit connaître. Ne surtout pas se limiter à sa façade maritime, l'arrière-pays propose de belles surprises.

MORIANI-PLAGE

(20230 ; commune de San-Nicolao)

Très animée l'été, la station de Moriani-Plage, desservie par les bus Bastia/ Porto-Vecchio, est au centre de la Costa Verde. C'est d'ici que Hyacinthe Paoli partit en exil à Naples, avec son fils Pasquale âgé de 14 ans (une plaque le rappelle). Les excursions dans cet arrière-pays splendide et bien trop méconnu sont d'ailleurs l'atout principal de Moriani-Plage. À part la bronzette, bien sûr.

Adresses utiles

ℹ ***Office de tourisme de la Costa Verde :*** *en plein centre.* ☎ *04-95-38-41-73.* • *castagniccia-maremonti.com* • *En juil-août, lun-sam 9h-20h, dim 10h-19h ; en juin et sept, lun-sam 9h-13h, 14h-19h, dim 9h-13h ; en avr-mai et oct, lun-ven 9h-13h, 14h-18h, sam 9h-13h ; en hiver, lun-ven 9h-12h, 14h-18h.* Beaucoup de doc sur la microrégion et les randos possibles. En saison, une navette desservant les plages part de l'office *(tlj sf dim).*

■ ***Distributeurs automatiques de billets :*** *sur la nationale.*

Où dormir ? Où manger à Moriani et dans les proches environs ?

Plusieurs adresses que nous recommandons se trouvent sur la côte, faciles d'accès depuis Moriani-Plage ; certaines, à Prunete (6 km au sud de Moriani-Plage), dépendent administrativement de la commune de Cervione.

⛺ ***Camping Merendella :*** *Moriani-Plage, 20230* ***San-Nicolao.*** ☎ *04-95-38-53-47.* • *merendella@orange.fr* • *merendella.com* • *Ouv de mi-mai à mi-oct. Compter env 25 € pour 2 avec tente et voiture en été. Loc de bungalows (290-490 €/sem pour 4) et chalets en bois 530-870 €/sem.* Vaste camping bien équipé, très ombragé. Sanitaires bien entretenus. Accès direct à la plage. Piscine chauffée. Nombreuses activités. Restaurant-pizzeria à l'entrée *(U Catagnu).*

De prix moyens à plus chic

🏠 🍽 ***Hôtel Costa Verde :*** *à 500 m au sud du centre de Moriani-Plage. ☎ 04-95-38-50-41. • contact@hotel-costaverde.fr • hotel-costaverde.fr • Ouv avr-oct. Selon saison, doubles 65-90 €. Possibilité de ½ pens. Menu 17 €. Parking fermé. Apéritif offert sur présentation de ce guide.* Chambres assez simples (avec TV) et propres. Clientèle composée en partie de randonneurs. Resto très correct où l'on est sûr de manger de la bonne charcuterie (le patron la fait lui-même l'hiver en Castagniccia).

🍽 ***A Pota Marina :*** *sur la plage de Moriani. ☎ 04-95-38-53-13. • rorodelapota@wanadoo.fr • Mars-fin oct, tlj. Formule express 11,90 €, menus 13,90-17,90 €, compter 20 € à la carte.* Un patron jovial qui connaît bien la région, car il a répertorié avec son fils toutes les églises et les trésors de la Castagniccia. Menu honnête et, à la carte, fruits de mer (moules farcies, *fritto misto*), viande, pizzas et pâtes.

Où dormir ? Où manger dans les environs ?

🏠 🍽 ***A Torra :*** *hameau de Velone, 20230* ***Velone-Orneto,*** *sur les hauteurs. tte l'année. ☎ 04-95-44-07-79. • georges.boulu@orange.fr • atorra-velone.pagesperso-orange.fr • De Moriani-Plage, direction nord par la N 198 puis suivre la D 9 jusqu'à Poggio Mezzana, ensuite Talasani et suivre direction Velone. Tte l'année. Double 90 € ou triple 105 €. Table d'hôtes pour les résidents (sur résa) 25 €. CB refusées. Apéritif offert sur présentation de ce guide.* Dans une belle maison de caractère, tout en coins, recoins et escaliers, 2 chambres, l'une avec salon-cheminée, l'autre pouvant accueillir une 3e personne, voire une 4e. Idéal pour une famille. Petite terrasse pour le petit déj. Salle à manger qui a conservé le *fucone* traditionnel. Bon petit déj. Une belle adresse.

🍽 ***Auberge A Mandria :*** *Fiume-d'Olmu, 20230* ***Talasani.*** *☎ 04-95-38-04-82. • bonavita.francois765@orange.fr • À 9 km au nord de Moriani. Prendre la N 198 direction Bastia, puis à gauche (panneau) ; l'auberge se trouve à 1,5 km de là, en haut d'une petite piste. En basse saison, ouv ven et sam soir et dim midi ; en hte saison, ouv ts les soirs. Congés : nov-mars. Résa souhaitée. Menu 30 €. Apéritif offert sur présentation de ce guide.* Une adresse qu'une aimable Corse nous a indiquée et qui s'est avérée plaisante. Jolie vue sur la mer en contrebas et copieuse cuisine corse artisanale : beignets au fromage, lasagnes au sanglier... Et bain corse assuré : les gens du coin fréquentent volontiers l'endroit.

Gîtes ruraux

🏠 ***Gîtes de Reghetto*** *(chez M. Maldonado ; Gîtes de France)* ***:*** *à* ***San-Giovanni-di-Moriani,*** *hameau de Reghetto. Résas auprès des Gîtes de France : ☎ 04-95-10-54-30/31. Fax : 04-95-10-54-38. À 10 km à l'ouest de Moriani, mais accès plus rapide par Sainte-Lucie-de-Moriani, un peu au nord de la station. Ouv tte l'année. Gîtes pour 6 pers 380-700 €/sem et 380-750 €/sem selon superficie et saison.* Dans un village typique, superbement situé sur la corniche de la Castagniccia. Dans une maison de village du XVIIe s, 2 gîtes hyper spacieux, l'un au rez-de-chaussée (92 m²), l'autre à l'étage (118 m²). Chaque gîte possède salon, cuisine et 3 chambres, salle de bains et w-c (douche en plus pour le grand gîte), lave-linge, micro-ondes. Pièces voûtées et poutres apparentes pour le gîte en rez-de-chaussée. Terrasse fleurie de 50 m² et avec barbecue pour le gîte à l'étage, terrasse plus petite au rez-de-chaussée (12 m² sans barbecue). Vue sur mer et montagne des 2 gîtes. Accueil très chaleureux. On est à 15-20 mn de la plage, des commerces aussi. Animaux acceptés.

Où se baigner ?

Entre Aléria et Moriani-Plage, la côte orientale forme une interminable plage de sable, quasi rectiligne. Nous conseillons, par exemple, la plage (immense) qui se situe au bout d'une petite route que l'on prend à la hauteur du ***phare d'Alistro,*** au bord de la N 198, à 14 km au sud de Moriani. C'est un coin relativement tranquille en été. En marchant, on peut faire des kilomètres le long de la plage, sans rencontrer trop de monde (plutôt vers le nord que vers le sud d'Alistro, où commencent les villages de vacances naturistes...).

Festival

– ***Festival Settembrinu di Tavagna :*** *1 petite sem, fin août ou début sept. Rens : ☎ 04-95-36-91-94.* ● *tavagna.com* ● Ce festival s'est tranquillement fait sa place et permet de découvrir une microrégion méconnue, la Tavagna, située entre Moriani et la Casinca. Programme éclectique mariant modernité et tradition. Des musicos du monde entier se produisent dans les villages de Peru-Casavechje, Velone-Orneto, Isolaccio, Poggio-Mezzana et Talasani. Le village de Taglio-Isolaccio est le berceau de la famille Bernardini *(I Muvrini).* Une référence.

Randonnée pédestre Mare a Mare Nord

➢ Une petite merveille que cette balade permettant de relier à pied et en 7 jours (itinéraire principal) ou 10 jours (avec une variante) la côte orientale à la côte ouest. Soit ***Moriani-Sermano-Corte-Cargèse.*** Se munir évidemment du topoguide spécialement édité par le parc régional. Balisé en orange, l'itinéraire est jalonné de gîtes d'étape que nous signalons plus haut à Corte dans « Où dormir dans les environs ? ».
Il est conseillé de téléphoner auparavant pour réserver sa place dans les gîtes (surtout en août). Période idéale : juin et septembre.

DANS LES ENVIRONS DE MORIANI-PLAGE

La microrégion permet de faire pas mal de petites balades. Demander à l'office de tourisme le dépliant « Balades entre mer et montagne », qui propose 20 boucles de 3 à 15 km. Si l'on parcourt la région en voiture (attention, routes très étroites), il est possible de faire un circuit sympa sur une demi-journée. À ***San-Giovanni-di-Moriani,*** village constitué de six hameaux, *église paroissiale de Saint-Jean-l'Évangéliste,* avec son campanile baroque élancé (33 m de hauteur, l'un des plus hauts de l'île). Une merveille. Baroque également, celle de ***San-Nicolao,*** consacrée elle aussi à saint Jean et récemment restaurée, vaut le détour, notamment pour son haut-relief où la légende de saint Nicolas est représentée. Pas mal de sentiers de randonnée dans le coin également (une vingtaine de boucles, dépliant à l'office de tourisme) et un sentier botanique *(chjassu botanicu)* à San-Giovanni-di-Moriani : départ de l'église paroissiale, pour un circuit de 3h30 environ permettant de découvrir plus de 230 plantes. Le parcours croise la chapelle de *San Mamilianu* (X^{e} s), son point culminant, où l'on faisait, le 15 septembre, un feu visible sur les îles d'Elbe et de Monte-Cristo, d'où l'on répondait par le même moyen. Entre San-Nicolao et Santa-Maria-Poggio, entre les deux tunnels de Bucatoghju, s'arrêter voir la très belle ***cascade de l'Uccelluline*** (le sentier de randonnée San-Nicolao/Santa-Maria y passe).

En remontant vers le nord, à la limite entre Costa Verde et Casinca, un parc récemment ouvert mérite le déplacement :

Parc Galea : à Taglio-Isolaccio, *1,5 km au sud de Folelli. 06-10-90-65-42. • parcgalea.com • Ouv de mi-avr à mi-mai tlj 14h-18h ; de mi-mai à mi-juin tlj 14h-18h ; de mi-juin à mi-sept tlj 10h-19h. Nocturnes en été (lun, mer, ven). Entrée : 8 € ; ½ tarif enfant (6-18 ans). ½ tarif pour ts avt le 15 juin et après le 30 sept.* Une heureuse initiative privée qui donne l'occasion, sur cette côte est un peu pauvre en visites, en dehors d'Aléria, d'aborder la Corse sous un angle résolument moderne, avec de nombreuses ressources numériques mobilisées. L'espace se décline en différents pavillons, fermés (et climatisés) ou semi-ouverts. *Memoria,* la première salle, dispose d'une dizaine d'écrans présentant de nombreuses photos anciennes. *Ethnografia,* après une parlante présentation de la formation de la Corse et de la Sardaigne, aborde un certain nombre de coutumes insulaires, avec, notamment, des films de l'INA plus ou moins longs (par exemple : *Mon village à l'accent corse*). L'espace *Naviga,* plus classique, s'intéresse à la Corse dans son contexte historique et géographique. La visite se termine par les unités *Cinema, Energia* et *Galeria,* mais il ne faudrait pas oublier les espaces extérieurs, soignés (9 ha de jardins aménagés) qui donnent une autre dimension à ce parc. Visite très agréable en famille.

CERVIONE / CERVIONI (20221) 1665 hab.

Gros bourg, surplombant la plaine orientale, très dense, aux maisons serrées de part et d'autre de rues étroites. C'est la capitale de la noisette corse : au *Cybercafé de l'Avenue,* les noisettes vous attendent sur chaque table, le casse-noisettes aussi ! Il est agréable de se balader dans les ruelles du petit centre-bourg, autour de la cathédrale *Saint-Érasme.* Elle possède un riche décor baroque et un bel orgue du XVIIIe s. Placette typique juste en face, avec son bar corse immuable.

Le roi Théodore (voir « Personnages » dans le chapitre « Hommes, culture, environnement » en début de guide) traîna ses guêtres à Cervione, où il fut en « résidence ».

Où dormir dans les environs proches de Cervione ?

Camping-Village Vacances Le Campoloro : *Prunete, 20221* **Cervione.** *☎ 04-95-38-00-20. • contact@lecampoloro.com • lecampoloro.com • Un peu au sud de Prunete, en bordure de mer. Ouv fin mai-15 sept. Compter env 17-31 € selon saison pour 2 avec tente et voiture. Loc de bungalows (2-6 pers) 250-1 320 €/sem.* Emplacements spacieux, sanitaires propres. Bar, restaurant-pizzeria. 2 piscines, espace de remise en forme. Bon accueil.

Camping Calamar : *Prunete, 20221* **Cervione.** *☎ 04-95-38-03-54 ou 04-95-34-08-44 (hors saison). • contact@campingcalamar.eu • campingcalamar.eu • À 500 m plus au nord que* Le Campoloro. *Ouv d'avr à mi-oct. Compter env 14 € pour 2. Bungalows 280-580 €/sem selon saison.* Camping tout simple, sous les oliviers, avec accès direct à la plage. Pas de piscine, donc, mais il y a la Grande Bleue et ce n'est pas rien. On est un peu les uns sur les autres (pas d'emplacements délimités), mais bonne ambiance. Accueil souriant. En revanche, épicerie à 1,5 km...

A Casa Corsa, chez Anne-Marie

Doumens : *Aqua Nera,* ***Prunete.*** ☎ *04-95-38-01-40* ● *casa-corsa1@orange.fr* ● *casa-corsa.net* ● *À 6 km au sud de Moriani, en face du moulin de Prunete, prendre le chemin à droite (en venant de Bastia). Ouv tte l'année (sur résa oct-mars). Compter env 70 € pour 2, petit déj compris. CB refusées.* 📶 *10 % de réduc sur présentation de ce guide pour 2 nuits consécutives (hors 15 juin-30 août).* En retrait de la nationale, maison récente proposant 5 chambres d'hôtes vastes, agréables et claires. Sanitaires privés. 2 chambres sont à l'étage, avec accès indépendant, la 3e étant une suite pour famille, en fait composée de 2 chambres. Également une annexe avec 2 autres chambres. Terrasse où le petit déj est servi, cuisine d'été. Plage à proximité. Accueil convivial.

Où manger ?

🍴 ***Le San Carlu :*** *à Prunete, 20221* ***Cervione.*** ☎ *04-95-38-01-65.* ● *reservation@sancarlu.com* ● *À 100 m de la mer, presqu'en face du* Camping Calamar. *Tlj mai-oct, le w-e hors saison. Menus 14,50-27,50 €. Couscous mar soir, paella jeu soir.* Cuisine sans chichis mais généreuse qui fait de ce restaurant une adresse appréciée de cette partie de la côte est. Les menus font déjà l'affaire ou bien, à la carte, on se régalera d'un *fritto misto,* de moules ou de poisson de la pêche du jour avec, par exemple, un *pastizzu* pour terminer. Accueil prévenant.

À voir. À faire

👁👁 ***Le Musée Anton Dumenicu Monti :*** *dans le village, accès par la rue qui monte à droite de la cathédrale.* ☎ *04-95-38-12-83.* ● *adecec.net* ● *Ouv 9h-12h, 14h30-18h sf dim et j. fériés. Entrée : 3 € ; réduc. Avec audioguide : 5 €.*
Musée ethnographique géré par l'ADECEC, autrement dit, c'est l'« Association pour le développement des études archéologiques, historiques, linguistiques et naturalistes du Centre-Est de la Corse ». Ouf !
Installé dans l'ancien séminaire des évêques d'Aléria, ce musée renferme, sur trois niveaux, quantité de raretés diverses, joliment présentées. Tous les métiers traditionnels sont représentés par de belles pièces (nombreux dessins explicatifs). Plus loin, les statues de santu Lisandru et santu Eramu, qui ornaient la cathédrale et devaient terroriser les pécheurs, et même les innocents. Pièce rare, la serrure du moulin à poudre de Paoli (1760). Mais on n'est pas certain de son origine... Beaux rabots et araires du tonnerre. Bref, un tas d'objets, outils ou œuvres d'art, et documents, qu'on prend le temps de regarder. Très intéressant. Si l'on peut se faire accompagner d'un membre de l'association pour avoir des commentaires, c'est encore mieux.

➢ Grimpez à la ***chapelle Notre-Dame-de-la-Scupiccia*** (accès en 1h de marche ou 15 mn en voiture, bien indiqué). On peut y voir une statue en marbre blanc de la Vierge, sculptée à Florence : le bateau qui l'emportait à Cordoue fit naufrage dans le coin, elle fut récupérée par des pêcheurs...

Fête

– ***Destination Noisette (a Fiera di a nuciola) :*** *vers le dernier w-e d'août.* Nombreuses animations pour tous les âges.

LA CASTAGNICCIA ET LA CASINCA

Deux microrégions à l'écart des grands axes et vraiment attachantes. La Casinca est un petit massif au sud de Bastia, de 10 km sur 10 km environ, coincé entre les vallées du Golo et du Fium'Alto. Quelques villages perchés, restés authentiques. La Castagniccia est bien plus étendue, elle descend presque jusqu'à Cervione et s'enfonce à l'ouest jusqu'au monte San Petrone et au-delà. Ces deux régions ont en commun d'avoir connu un riche passé, fondé sur la culture du châtaignier, et d'en avoir conservé un beau patrimoine bâti (églises baroques, grande densité de hameaux et villages).

LA CASTAGNICCIA

Que Paoli fût natif de la Castagniccia n'est pas étonnant. Car la voici, l'âme corse. Ces vallées vertes et abruptes où serpente une petite départementale, jadis chemin muletier, ces villages ou hameaux serrés, fermés, hérissés de campaniles comme des flèches vers le ciel, aux maisons couvertes de lauzes (on est en pleine Corse schisteuse), ces vaches, chèvres, porcs à demi sauvages, ces châtaigniers épais et tors, ces torrents... La Castagniccia (ou « Castagnitch' », comme le prononcent les Corses), belle toujours, riche, moins sans doute qu'autrefois mais riche quand même, riche d'elle-même, si corse Castagniccia.
Ce massif connut son âge d'or au XVIIe s : composée de trois principales *pieve* (Alesani, Ampugnani et Orezza), c'était alors la région la plus peuplée de l'île, notamment grâce au châtaignier, l'« arbre à pain », qui lui a donné son nom. C'est à cette époque que la plupart des églises baroques et des campaniles furent édifiés. Aussi ressent-on – avec les Corses – une sorte de nostalgie, du moins comprend-on la leur, leur peine à voir ces châtaigneraies abandonnées, et ces terrasses hier cultivées aujourd'hui en friche...
Mais la région reste magnifique, et s'est ouverte au tourisme vert. Et ceux qui ont choisi d'y vivre et de poursuivre ou de reprendre les activités anciennes – culture du châtaignier, élevage, ébénisterie –, ou d'en créer de nouvelles, généralement liées au tourisme, forment une population tout aussi attachante. Alors, si vous terminez votre tour de Corse à Bastia, essayez de passer au moins une nuit là-haut sous les châtaigniers (ou plus, car la Castagniccia n'est pas faite pour les gens pressés...).

LES SENTIERS DE PAYS DE LA CASTAGNICCIA

À l'initiative du parc régional, une quinzaine de sentiers de pays (boucles de 1h30 à 5h de marche) ont été ouverts en Castagniccia : ils couvrent la majeure partie

de la région, principalement dans l'ancienne pieve d'Orezza, autour de Piedicroce. On peut se procurer la brochure au syndicat d'initiative (voir plus loin), ce qui n'empêche pas de partir avec les cartes IGN de secteur (4349 OT Vescovato et 4351 OT Cervione). Très sympas, bien entretenus et accessibles à tous. On découvre alors la beauté puissante de cette région de châtaigniers, de schiste et de sites spectaculaires.
Possibilité de randos accompagnées, avec Xavier Santucci. ☎ *04-95-35-94-37.* *06-87-41-81-26. Infos : • corsica-rando-aventure.fr •*

Comment y aller ?

➢ ***Par Ponte-Leccia,*** sur la route Corte-Bastia : dans ce cas, on entre en Castagniccia par l'ouest, ou bien par la D 71, au départ de ***Cervione (Costa Verde),*** 1er village au-dessus de la plaine orientale. On peut également monter en Castagniccia en quittant la N 198, à Folelli, par la D 506 qui mène à Piedicroce (bonne route, moins étroite avec un bon revêtement) : au bout de 11 km, 2 routes, cette fois très étroites, montent, l'une à La Porta, l'autre à Piedicroce. Attention, ces routes étroites, sinueuses, sont dangereuses. Alors on roule peinard. C'est la meilleure façon de découvrir le pays. Pas de station-service, prenez vos précautions.

Adresse utile

ℹ ***Syndicat d'Initiative intercommunal de la Castagniccia :*** *Maison des entreprises,* ***Piedicroce*** *(20229).* ☎ *04-95-33-38-21. • castagniccia.fr • Ouv tte l'année. Avr-oct, tlj 9h-18h (16h, et fermé le w-e hors saison).* Bonne source d'infos, beaucoup de brochures. Le site internet offre également une très bonne présentation de la région.

L'ALESANI / ALISGIANI

Quand on vient de Cervione, la « frontière » entre Costa Verde et Castagniccia se traverse un peu avant Ortale. Pendant quelques kilomètres, les paysages semblent presque austères, puis c'est le grand jeu ! On entre alors dans la microrégion de l'Alesani (Alisgiani), célèbre pour son couvent, où fut couronné le seul roi (éphémère) que la Corse ait jamais connu.

Où dormir ? Où manger dans les environs ?

🍽 ***Restaurant U San Petru :*** *à Castagneto, 20234* ***Valle-d'Alesani.*** ☎ *04-95-35-94-74. À 16 km de Cervione en direction de Piedicroce, le long de la D 71. Fermé mer en basse saison. Congés : janv-fév. Téléphoner hors saison. Compter env 25 €. CB refusées.* Dans la grande salle typiquement corse et bien propre, ou en terrasse, on vous sert une cuisine saine et goûteuse. Du bon usage des herbes du maquis... Civet de sanglier, lasagnes à la viande. Cabri rôti ou en sauce sur commande. Service aimable et simple.

🏠 🍽 ***Auberge de l'Alisgiani :*** *dans le centre d'****Ortale*** *(le 1er village de Castagniccia quand on monte de Cervione).* ☎ *04-95-39-15-43. • auberge.chambredhote.ortale@hotmail.fr • Ouv à l'année. Tlj en hte saison (juin-sept), fermé lun et mar midi en basse saison. Double 65 €, petit déj compris. Menu déj en sem 18 €, menu corse 26 €, carte 25-30 €.* Wi-Fi *Café offert sur*

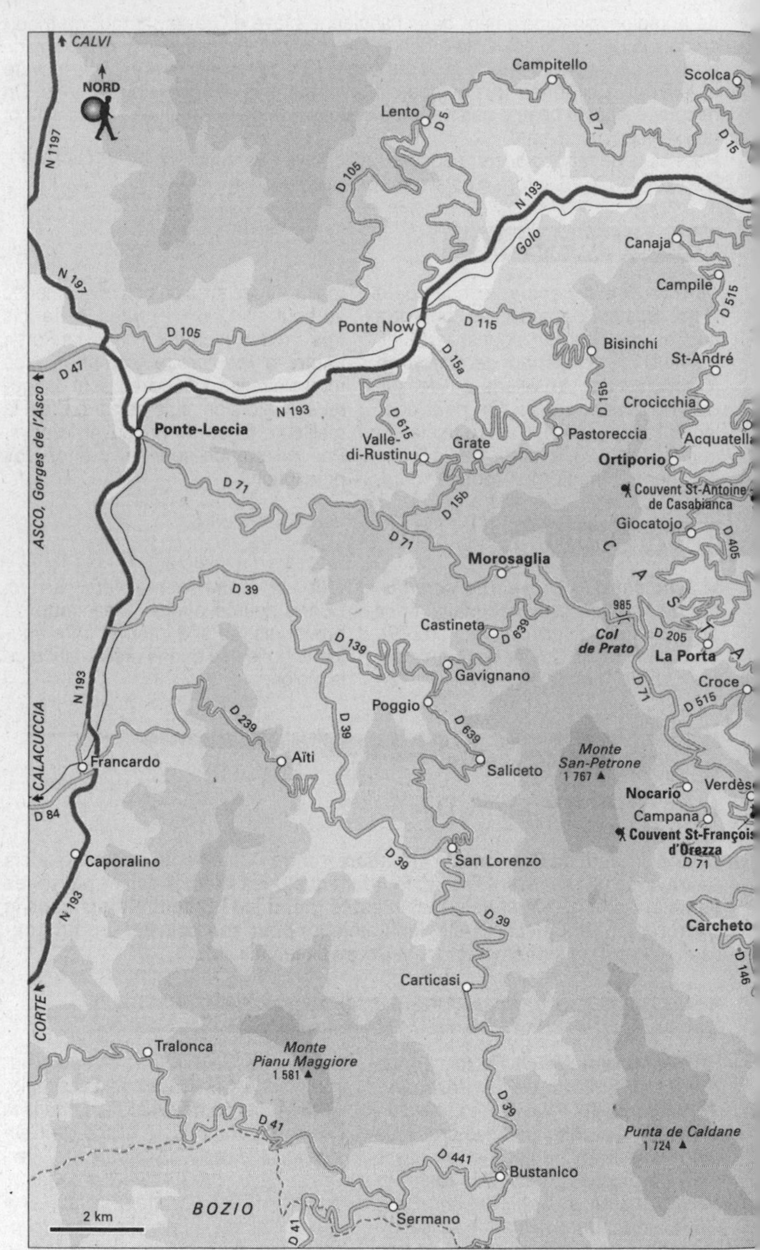
CALVI
NORD
N 1197
N 197
D 47
ASCO, Gorges de l'Asco
Ponte-Leccia
D 105
Ponte Now
N 193
Golo
Lento
D 5
Campitello
D 7
Scolca
D 15
Canaja
Campile
D 515
D 115
Bisinchi
St-André
Crocicchia
D 15a
D 15b
Pastoreccia
Acquatella
Ortiporio
D 615
Valle-di-Rustinu
Grate
D 71
Couvent St-Antoine de Casabianca
Giocatojo
D 405
Morosaglia
C A S T A
985
Col de Prato
D 205
La Porta
D 39
Castineta
D 639
D 139
Gavignano
Poggio
Croce
D 515
N 193
D 239
Aïti
Saliceto
Monte San-Petrone
1 767
Nocario
Verdès
Campana
Couvent St-François d'Orezza
CALACUCCIA
Francardo
D 84
Caporalino
San Lorenzo
Carcheto
D 146
Carticasi
CORTE
Tralonca
Monte Pianu Maggiore
1 581
D 41
D 441
Punta de Caldane
1 724
Bustanico
BOZIO
Sermano
2 km

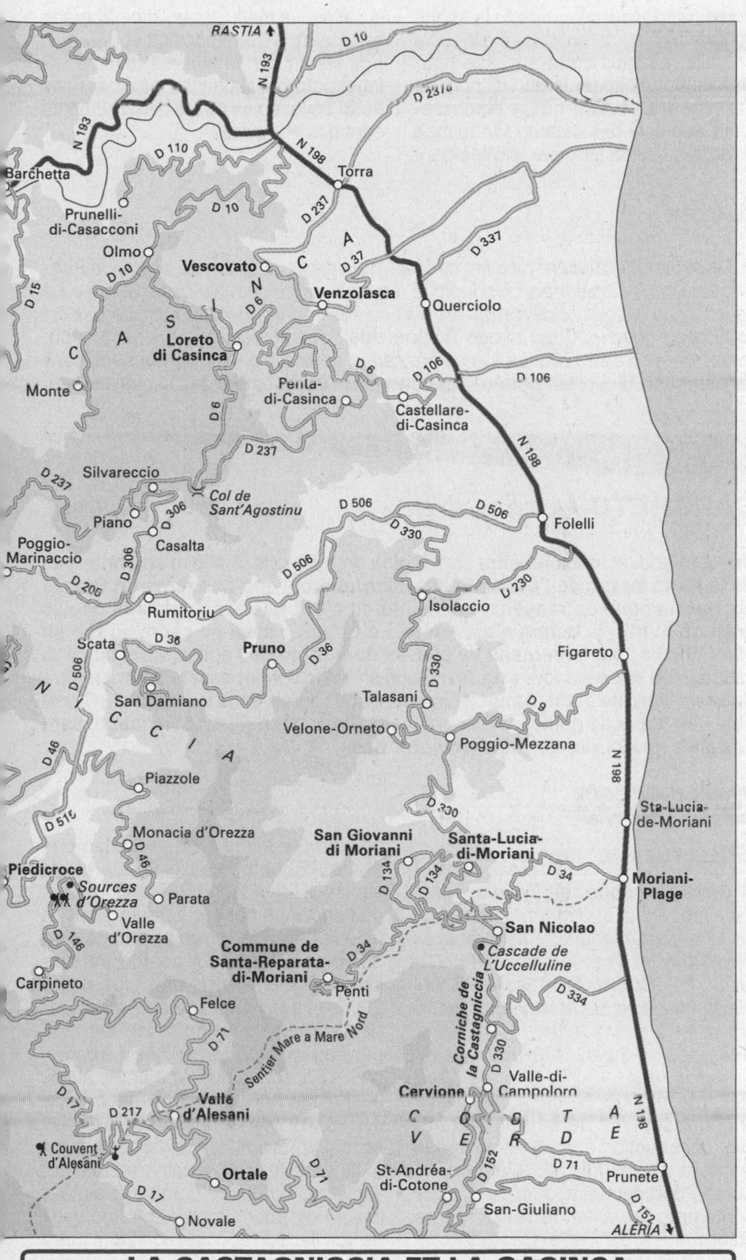

LA CASTAGNICCIA ET LA CASINCA

présentation de ce guide. Un jeune couple, Guillaume en cuisine et Lucia en salle, a repris cette adresse pour en faire une halte pour les visiteurs de passage tout autant qu'un établissement apprécié des locaux. On mange en salle ou sur la terrasse surplombant la vallée. Le menu corse, avec fromage et dessert, s'avère copieux et goûteux. Également des chambres dans le village, pour qui souhaite s'attarder dans cette belle région où les hébergements sont peu nombreux.

À voir

Le couvent d'Alesani : *à 5 km de Valle-d'Alesani et à 500 m du village de Piazzali. Totalement isolé mais bien indiqué. Le couvent ne se visite pas, mais si vous ne trouvez pas portail clos (ce qui est malheureusement souvent le cas), l'église est en principe ouverte.* C'est ici que Théodore de Neuhoff, basé à Cervione, fut couronné roi, le 15 avril 1736. La *Vierge à la cerise,* sorte d'icône qu'on peut voir dans l'église, sur la droite, est portée en procession le 8 septembre de chaque année.

CARCHETO / Carchetu (20229) 20 hab.

Une enfilade de maisons étire son échine de toits gris. À 400 m en contrebas de la route se trouve l'église Sainte-Marguerite, l'une des rares en France où, par manque de moyens, les peintures n'ont pas été modifiées depuis la fin du XVIIe s, le temps s'est arrêté. Le village a servi de cadre au roman *Mal'Concilio* : sur la dentelle de pierres du fronton de l'église, au pied de la cascade ou entre les tours de Tevola, on s'attend à voir passer l'ombre légère de Lesia, héroïne dudit roman (voir « Livres de route » dans le chapitre « Corse utile » en début de guide). D'ailleurs, son auteur, Jean-Claude Rogliano, tient des gîtes ruraux bien sympas (voir plus bas).

Où dormir ?

Gîtes ruraux

Gîtes des Tours de Tevola *(Gîtes de France) : à 500 m en contrebas de la départementale. Résas auprès des Gîtes de France : ☎ 04-95-10-54-30/31. Sur place : ☎ 04-95-31-29-89. • jean-claude.rogliano@neuf.fr • tevola.com • Ouv tte l'année. Gîtes pour 4-6 pers 230-560 € selon saison et taille. Apéritif ou café offert sur présentation de ce guide.* Dans le cadre superbe de ce hameau fortifié, construction austère et sans âge (enfin, presque : XIIIe s)... L'âme de la Corse y dort peut-être, d'un œil. L'autre contemple la vallée verte, la nature somptueuse de cette Castagniccia qui s'ouvre face à la terrasse. Dans la plus ancienne tour, 4 gîtes de 40 m², 2 à chaque étage. Séjour-cuisine (avec convertible s'il n'y a que 1 chambre) et 1 ou 2 chambres (lit double et lits superposés), douche et w-c. Bon, c'est de l'ancienne bâtisse, à murs épais et fenêtres étroites, et les pièces ne sont pas bien grandes. Le confort est suffisant. Également un gîte plus grand (54 m²), dans une maison indépendante à côté des tours. Ici, on n'est pas dans n'importe quel gîte. Le cadre, on l'a dit, est unique. Vos hôtes aussi. Jean-Claude Rogliano, l'auteur, entre autres, de *Mal'Concilio,* est une personnalité. Érudit et intarissable quant à la culture et l'histoire insulaires, « militant culturel » comme il aime à dire ; il est tout simplement amoureux de son île. Son épouse reçoit tout aussi chaleureusement, surtout les enfants, qu'elle adore. Les soirées autour du four à pain tournent donc facilement à la fête et l'on discute jusqu'à une heure tardive de Paoli, d'A Filetta ou de Jean-Paul Poletti (soirées musicales l'été). Bref, une adresse de haute certitude, exceptionnelle – mais dont le caractère peut ne pas convenir à tout le monde. Très agréable petite piscine en prime, avec vue plongeante sur la vallée. Animaux bienvenus.

Où acheter de bons produits dans le coin ?

***Marché du col d'Arcarotta :** au col d'Arcarotta, à 3 km avt Carcheto en venant de Cervione. Juil-août, dim 10h-14h.* Un petit marché de produits locaux. Y aller tôt, les bons produits partent vite !

PIEDICROCE (20229) 125 hab.

À 5 km de Carcheto. Un village à flanc de montagne, sorte de balcon dominant une région préservée, couverte de châtaigniers, qui s'ouvre aux randonnées pédestres et équestres. Superbe *église Saint-Pierre-et-Saint-Paul* avec une façade baroque datant du XVIIIe s et les plus belles orgues de Corse.

Où dormir ? Où manger ?

***Hôtel-restaurant Le Refuge :** au bourg. ☎ 04-95-35-82-65. • hotel.lerefuge@wanadoo.fr • hotel-le-refuge.fr • Ouv d'avr à mi-oct (hôtel) ; resto fermé de mi-oct à fin nov. Doubles 47-80 €, les plus chères avec vue ; ½ pens possible. Plat du jour 10 €, menu 17 €.* L'auberge est agrippée, comme les autres maisons du village, au versant sud de la montagne. Les chambres côté vallée offrent une très belle vue sur les monts boisés et les hameaux perchés. Restaurant.

Où dormir ? Où manger dans les environs ?

Campings

***Camping Les Cascades :** lieu-dit Casette, 20213 **Pruno.** ☎ 04-95-36-91-91. • cascades@wanadoo.fr • campinglescascades.fr • Sur la D 506 en direction de la Castagniccia, à 7 km env de Folelli. De mi-juin à mi-sept. Compter 16 € pour 2 avec tente et voiture. Mobile homes 5-6 pers 230-470 €/sem. Piscine. Café offert sur présentation de ce guide.* On n'est pas encore vraiment en Castagniccia, seulement sur l'une des routes qui y montent (ou qui en descendent), mais le terrain, en contrebas de la route, est bien plat, pas loin d'une rivière, et ça, c'est très appréciable avant d'aller par monts et par vaux. Sanitaires modestes. Quelques caravanes et mobile homes à louer, ainsi que des chambres bon marché. Petit déj.

***Camping à la ferme Les Prairies** (Mme Marie Fontana) **:** villa Les Prairies, Rumitoriu, 20213 **Scata.** ☎ 04-95-36-95-90. Sur la D 506, entre Piedicroce et Folelli, au lieu-dit Rumitoriu. Ouv juin-sept. Résa vivement conseillée car peu d'emplacements. Compter 16 € pour 2.* Un minicamping sympa comme tout (ne convient pas aux camping-cars). Eau chaude (douche et vaisselle) et site très agréable sous les châtaigniers. Confort minimal, mais un bien bon accueil.

Gîtes ruraux

***Gîte de M. Timothée Dainesi** (Gîtes de France) **:** à **Scata.** Résas auprès des Gîtes de France : ☎ 04-95-10-54-30/31. Fax : 04-95-10-54-38. Presque à 20 km de Piedicroce, par la D 506 qui s'enfonce à l'est dans la*

LA CASTAGNICCIA ET LA CASINCA

Castagniccia, puis à droite vers San-Gavino-d'Ampugnani, où l'on tourne à droite vers Scata. Compter 290 €/sem en basse saison, 410 €/sem en juin et sept, 570 €/sem en juil-août. Apéritif ou digestif offert sur présentation de ce guide. Dans le village, dans une maison mitoyenne typique et rénovée. Gîte de 62 m² sur 2 niveaux, séjour (avec lit convertible), cuisine, 2 chambres avec lit double, salle de bains, w-c. Mobilier rustique et bon équipement (TV, lave-linge, lave-vaisselle, téléphone). Location de draps. De la grande terrasse, vue imprenable sur la vallée d'Orezza. Cadre champêtre et boisé : châtaigneraie, bestiaux... Très bon contact avec les propriétaires, qui habitent à côté. Commerces et mer à 20 bonnes minutes.

☗ ***Gîtes de Mme Colette Routa*** *(Gîtes de France) : hameau de* ***Fornoli,*** *à 4 km d'Ortiporio. Résas (Mme Routa) ☎ 04-95-28-91-87 ou auprès des Gîtes de France : ☎ 04-95-10-54-30/31. Fax : 04-95-10-54-38. • colette.routa@wanadoo.fr • vecchju-mulinu.fr • Ouv 15 mars-15 nov. Compter selon saison 260-450 €/sem pour le gîte 2 pers et 600-1 150 €/sem pour le gîte de charme 4 pers.* Dans un très bel environnement, 3 gîtes dont l'un est labellisé « Gîte de charme ». Aménagé dans un moulin vieux de 200 ans, sur 3 niveaux (51 m²), il est constitué d'une chambre en sous-sol, d'un séjour-cuisine avec cheminée au rez-de-chaussée et d'une mezzanine avec 2 petits lits. Bon équipement : lave-vaisselle, congélateur, four micro-ondes. TV, lecteur DVD ; terrasses avec salon de jardin. Le 2ᵉ gîte (environ 30 m²) est situé à l'étage de la maison des propriétaires et partage sa terrasse avec un 3ᵉ gîte. Piscine. Excellent accueil.

Chambres d'hôtes

☗ |●| ***Chambres d'hôtes La Diligence :*** *chez Anik Lahure, 20229* ***Verdèse.*** *☎ 04-95-34-26-33. 📱 06-13-21-50-07. • ladiligence.verdese@hotmail.fr • la-diligence.net • À 9 km de Piedicroce, au centre du village. Ouv de mi-janv à mi-nov. Doubles 65-85 € selon confort et saison. Table d'hôtes 26 € (imposée en juil août, lun-ven). CB refusées. 💻 Apéritif ou digestif offert sur présentation de ce guide.* Cette grande bâtisse, relais de diligence au XVIIIᵉ s, a été joliment retapée. Anik et Raymond proposent 5 chambres très belles, 2 sous les combles (plus petites et basses de plafond) et 3 plus spacieuses. Chacune a conservé son cachet rustique (bois de châtaignier, marches en lauzes). Belle terrasse avec vue sur le San Petrone. La conviviale table d'hôtes, avec vin et apéro, prolonge le plaisir. Une bonne adresse.

DANS LES ENVIRONS DE PIEDICROCE

Le couvent Saint-François d'Orezza *(cunventu San Francescu d'Orezza)* **:** sur la route de Campana (D 71), à 1 km de Piedicroce, se dressent les ruines de ce couvent fondé en 1485, dans lequel Bonaparte a rencontré, en 1790, Pasquale Paoli à l'occasion d'une *consulte* qui réunit tous les chefs corses. En 1731 des théologiens corses y avaient décrété légitime la révolte contre Gênes. Les Allemands le firent sauter en 1943 et aujourd'hui le délabrement continue. On parle de réhabilitation... mais il faut d'abord réunir des fonds (le couvent n'est même pas classé !).

Campodonico : prendre la D 71 vers Campana ; au couvent d'Orezza, un chemin monte sur la gauche jusqu'à Campodonico. Un hameau haut perché, constitué de quelques vieilles maisons en grosse pierre de schiste. Les femmes s'y réfugiaient avec les enfants en cas de coup dur. Au pied du *monte San Petrone* (1 767 m), environné de montagnes, il offre une vue étendue sur toute la Castagniccia. C'est aussi, pour les randonneurs, le point de départ d'un sentier qui monte jusqu'à la ligne de crête et au San Petrone *(4h A/R).*

Les sources d'Orezza : *à 6 km de Piedicroce (par la D 506 puis la D 46), bien indiqué.* ☎ 04-95-39-10-00 • orezza.com • Ancien établissement thermal, où l'on soignait, entre autres, les troubles du système nerveux, les affections du foie... On connaît ces sources depuis la fin du XVIIIe s. L'exploitation de cette fameuse eau de table ferrugineuse, après une interruption de quelques années, a repris en l'an 2000. C'est une eau très appréciée, qu'on retrouve, dans sa gamme verre, sur de grandes tables. Visite guidée de l'usine possible *(lun-ven, groupes 10 pers min slt).*

MÊME L'EAU, ÇA SE TRAVAILLE !

L'eau d'Orezza est l'une des plus riches en fer au monde. Pour la rendre buvable, il faut la « defferiser », après l'avoir dégazéifiée en mettant de côté le CO_2, qu'on lui restitue à la fin du processus. Pour voir la différence, faites le test : sous le kiosque devant l'usine, on peut goûter l'eau d'Orezza naturelle, non « travaillée ». Attention : en toutes petites quantités seulement, ça coule de source !

Piazzole : *à 9 km au nord-est de Piedicroce, par la D 506 (route de Folelli), puis par l'étroite D 46.* Dans ce village de 32 habitants, l'église possède une porte d'entrée superbement sculptée (par un bandit repenti, paraît-il !).

Parata : *situé au bout de la D 46, après Piazzole et Monacia-d'Orezza.* Les quelques maisons s'accrochent au versant d'une montagne boisée, face à Valle-d'Orezza. Jolie vue de l'église San Gavino (1500). Des gens accueillants habitent ce coin perdu, si isolé que, lors de la Seconde Guerre mondiale, les Allemands ne l'avaient pas trouvé. On imagine bien une scène de vendetta dans l'unique et sombre ruelle du village. D'ailleurs, la dernière en date remonte à 1870 : toute une famille fut décimée !

Nocario : *entre Piedicroce et La Porta.* Village tapi au pied du monte San Petrone et composé d'un ensemble de hameaux. Dans l'un d'eux, *Pietricaggio (Pedricaghju),* on peut voir l'atelier *Arte E Legnu* et la salle d'exposition de Pantaléon (on dit aussi Léon) Alessandri, ébéniste. Auteur de *Terre et Gens d'Orezza,* qui lui valut le prix du Livre corse, Léon n'est pas du bois dont on fait les flûtes : militant actif des premières heures du nationalisme, sa vie fut quelque peu mouvementée. Celle-ci d'ailleurs n'est pas finie, et il est aujourd'hui un bien bon artisan qui milite pour la sauvegarde de son art.

LA PORTA / A PORTA D'AMPUGNANI (20237) 250 hab.

Noyé dans la verdure, sur les flancs du monte San Petrone, un somptueux *campanile* baroque de 45 m de haut émerge : on ne voit que lui ! Mais entièrement enduit et peint lors d'une dernière restauration, il n'a malheureusement pas conservé son aspect initial de belle pierre nue. L'orgue (1780) a une drôle d'histoire : pendant la Révolution, le conventionnel Saliceti le déménagea du couvent de Rogliano, qui allait être détruit, et en fit don, pour le sauver, à La Porta, d'où était originaire sa femme. La petite place semble sortir d'un décor de théâtre. En bas du village, petite église de Saint-Sébastien, datant de 1450, joliment restaurée par un particulier. Si vous y passez le 16 août, vous verrez que l'on y distribue les « petits pains de la Saint-Roch ».

– Fête patronale : 29 août.

Où manger ?

Restaurant L'Ampugnani : *rue Principale. ☎ 04-95-39-22-00. • info@ampugnani.com • Juin-oct, tlj ; le reste de l'année, fermé le soir (sf ven et sam) et lun. Peut ouvrir sur résa. Congés : de janv à mi-fév. Formule déj 12 €, menus 14,50-25 €.* Grande salle avec vue sur la vallée, les jardins et les maisons de La Porta. Produits frais et cuisine de saison copieuse. Plein de bonnes choses : sauté de sanglier, délicieuses truites d'élevage en rivière, viande aux herbes du maquis, beignets au fromage corse ou à la farine de châtaigne et figatellu.

Où dormir ? Où manger dans les environs ?

Stoppia Nova : *20237* ***Quercitellu.*** *☎ 04-95-39-23-91. • info@casadicornu.com • casadicornu.com • À 5 km de La Porta. Ouv tte l'année. 500-650 €/sem selon saison.* Félix, qui exploite une châtaigneraie, et Anita Tomasi ont décidé, il y a déjà pas mal d'années, de faire revivre ce hameau qui ne compte pas plus de 20 habitants l'hiver. Dans de solides maisons de pierre, ils proposent 2 gîtes de caractère pour 4 personnes avec cuisine équipée et coin salon : l'un, la *Casa Guidici,* se réserve auprès des Gîtes de France *(n° 55601 ; ☎ 04-95-10-54-30/31),* l'autre, la *Casa Valentini,* se loue directement en contactant les propriétaires. Une adresse pour amateurs de nature.

A Vigna, chambres d'hôtes chez M. et Mme Lavore *(Gîtes de France)* ***:*** *lieu-dit Crebuli, 20237* ***Poggio-Marinaccio,*** *à 1 km de Ghiocatojo, sur la D 515 (bien indiqué). ☎ 04-95-39-14-01. • avigna@orange.fr • Congés : nov. Double 65 € ; table d'hôtes 25 €. CB refusées. Apéritif offert sur présentation de ce guide.* 3 chambres confortables dans une maison moderne, située dans un site remarquable, à la tranquillité absolue. Très bon accueil de M. et Mme Lavore, qui cuisinent fort bien, par ailleurs.

U Penta Rossa : *à* ***Ortiporio,*** *lieu-dit Salimacci. ☎ 04-95-38-21-32. À une dizaine de km au nord de La Porta. Ouv tte l'année, tlj (téléphoner avt pour s'en assurer). Menus 17,50-25 €.* Connu sous le nom de *Chez Lucienne,* l'établissement a été repris par la nièce de Lucienne qui perpétue la tradition. Très classique : charcuteries, *buglidicce,* veau corse et dessert du jour sont au programme. Bon accueil.

DANS LES ENVIRONS DE LA PORTA

Le couvent Saint-Antoine de Casabianca *(cunventu Sant'Antone di a Casabianca)* ***:*** sur la route d'Ortiporio, au col de Saint-Antoine, carrefour des D 15 et D 515, c'est ici que se tint l'importante *consulte* du 15 juillet 1755, où l'élection de Pascal Paoli comme général en chef de la nation corse fut confirmée. Cet édifice, dont il reste le clocher et l'ossature, est en passe de tomber complètement en ruine...

MOROSAGLIA / MERUSAGLIA (20218) 1 010 hab.

Ne quittez pas cette belle région sans avoir vu le village natal de Pasquale Paoli (1725-1804), s'étirant le long de la départementale, avec de curieux hameaux satellites sur des arêtes rocheuses. Un peu à l'écart, statue du

grand homme, « père de la nation », et, à droite en arrivant de La Porta, sa maison natale transformée aujourd'hui en musée.

Pour des nourritures moins spirituelles, d'excellents fromages à vendre chez Dominique et Françoise Rini, dans le centre du village.

Où dormir ?

***A Curbaghja :** dans le centre de Morosaglia. 06-16-09-78-32 (la propriétaire) ou 04-95-61-11-39 (M. et Mme Santini, à Morosaglia, slt pour les résas à la nuit, hors saison). Ouv tte l'année. Loc à la sem 370-490 € selon période. Loc possible à la nuit hors saison (env 50 € pour 2).* Dans une grande bâtisse du XVIIIe s, dotée de tout le charme de l'ancien (chambres voûtées, murs épais garantissant la fraîcheur), 2 grands appartements avec 2 et 5 chambres, bien équipés, chacun avec 2 salles de bains, que le propriétaire souhaite désormais louer ensemble (capacité de 12 à 17 personnes). Cuisines modernes équipées. Convient pour 2 ou 3 familles avec enfants. De l'immense terrasse, vue magnifique.

Où dormir dans les environs ?

***Gîte de M. Tomasi Nonce** (Gîtes de France) **:** hameau d'Olmi, commune de **Gavignano** (20218). Résas auprès des Gîtes de France : ☎ 04-95-10-54-30/31. Fax : 04-95-10-54-38. De Morosaglia, direction Piedicroce et à droite au hameau de Stretta vers Gavignano. Ouv tte l'année. Compter 181-362 €/sem selon saison. Apéritif et café offerts sur présentation de ce guide.* Au village, gîte de 40 m² pour 4 personnes à l'étage d'une maison indépendante. Séjour, cuisine, salle d'eau, w-c, 3 chambres doubles, bon niveau d'équipement : TV, lave-linge, congélateur, micro-ondes... Draps fournis. Terrasse en rez-de-chaussée de 18 m², avec salon de jardin. Très joli cadre de hameau perdu et de monts verdoyants.

***Gîte de Mme Paulette Petri-Santori** (Gîtes de France) **:** hameau de Borgo, commune de **Gavignano** (20218). Résas auprès de Mme Petri : ☎ 04-95-48-43-27 ou auprès de Gîtes de France : ☎ 04-95-10-54-30/31. • corsica-paolina.com • De Morosaglia, prendre la D 639. Ouv tte l'année. Compter 340-590 €/sem.* Le gîte de 65 m² est situé au 1er étage d'une maison traditionnelle, mais offre l'avantage de disposer aussi au rez-de-chaussée d'un grand hall, d'une buanderie avec lave-linge, d'une salle d'eau avec douche et w-c et d'une cuisine d'été intégrée avec lave-vaisselle, donnant sur une grande terrasse couverte avec salon de jardin et barbecue, elle-même donnant sur un terrain clos de 100 m² avec arbres fruitiers et chaises longues (le rêve...). Le gîte en lui-même est composé d'un séjour, d'une cuisine, de 2 chambres, d'une salle d'eau et de w-c. Très bon équipement : lave-linge, lave-vaisselle, TV, téléphone, cheminée ; lit et chaise bébé à la demande. Location de draps. Propriétaires aux petits soins.

À voir

***Le musée Pasquale-Paoli :** ☎ 04-95-61-04-97. De mi-mai à fin -sept, tlj 9h-12h, 13h-18h ; hors saison, lun-sam 8h-12h, 13h-17h. Entrée : 2 € ; réduc.* Visite agréable de cette grande bâtisse au beau plancher et poutres en châtaignier, où le père de Pasquale Paoli exerçait son métier de médecin et où vivait la famille. Une maison bourgeoise, mais de cette bourgeoisie corse éclairée. Petite vidéo de 10 mn qui retrace la vie de Paoli. Documents écrits et imprimés divers, quelques lettres autographes, portraits, témoignages permettant de comprendre à quel point cet homme a compté au XVIIIe s... En bas, la chapelle familiale abrite ses cendres amenées de Londres en 1889.

DANS LES ENVIRONS DE MOROSAGLIA

Le Rustinu : une microrégion relativement peu connue, située entre Morosaglia (à 8 km de Valle-di-Rustinu par la D 71, puis la D 15) et la vallée du Golu (axe Bastia-Corte). À strictement parler, on est déjà un peu sorti de la Castagniccia, mais c'est ici, dans le Rustinu, que Pasquale Paoli passa son enfance. Pour les amateurs de vieilles pierres, de belles chapelles à voir, en particulier l'*église Santa Maria,* au lieu-dit Pieve, 1 km à l'ouest du hameau de Valle : très ancienne, construite et reconstruite entre les Ve et Xe s, elle est flanquée d'un imposant baptistère paléochrétien de forme octogonale, très rare. Autre joyau roman à Pastoreccia, à une dizaine de kilomètres à l'est de Valle-di-Rustinu : la *chapelle San Tumasgiu,* avec des fresques du XVIe s.

LA CASINCA

Un terroir corse (à 25 km au sud de Bastia), quasiment encastré dans le socle montagneux qui prolonge la Castagniccia au nord-est, mais distinct de celle-ci. C'est l'un des plus beaux jardins de la Corse : des terrasses ensoleillées plantées de vignes, d'oliviers et de châtaigniers, des villages en balcon dominant la côte orientale du haut de leurs perchoirs rocheux. Un coin facile d'accès, qui mérite un petit détour. Sympathique d'y monter en fin d'après-midi, à cause de la belle lumière à cette heure-là et des points de vue époustouflants sur la côte orientale.

VESCOVATO / VESCOVATU (20215) 2 315 hab.

À flanc de montagne, orienté vers la côte orientale, Vescovato est environné de forêts d'oliviers et de châtaigniers. L'approche de ce village est impressionnante : on arrive en contrebas des très hautes façades haut perchées, donnant l'impression de se trouver face à une forteresse. Les lauzes et le schiste accentuent l'impression de sévérité. Au centre, la place corse typique, avec ici une fontaine ornée d'un aiglon, et juste en face un bar : *L'Aiglon,* normal... Voir l'*église* baroque *San Martinu* (clés à la mairie), presque cachée par les autres maisons tellement elles sont hautes ! Dans le bourg, trois autres églises éparpillées au hasard des ruelles et des escaliers du village.
La route pour Venzolasca traverse une zone funéraire là encore typiquement insulaire : les caveaux se succèdent, familles réunies là dans la mort comme elles l'étaient dans la vie ; c'est leur maison.

Où manger ?

L'Ortu : *route de Venzolasca, à mi-chemin entre Vescovato et Venzolasca. ☎ 04-95-36-64-69. • ortubio@yahoo.fr • En contrebas de la route, un grand chalet en bois avec quelques tables en terrasse. Ouv Pâques-oct sur résa (sf juin-sept), midi et soir (sf lun et mar juin-sept). Carte env 25-30 €. CB refusées. Café (bio, bien entendu) offert sur présentation de ce guide.* Si vous avez trouvé la cuisine corse un peu riche, alors n'hésitez pas : *L'Ortu* (« Le Jardin » en corse) a en effet été la première table bio à la ferme de l'île. Ici tout est bio, sauf quelques grillades de porc (corse et bien nourri). Une bonne idée, déclinée dans un havre de paix. Bon accueil.

VENZOLASCA / VENZULASCA (20215) 1 335 hab.

À 2 km de la N 198, le village est construit sur une crête au-dessus de deux vallons. Une unique rue, bordée de hautes maisons de caractère. Superbe vue sur la plaine orientale. Au-dessus du village, facile d'accès (prendre, sur la route de Vescovato, le chemin qui se trouve à hauteur de la *Ferme-auberge U Fragnu*), le couvent Saint-François, en ruine, dont la tradition dit qu'il aurait été fondé par saint François d'Assise lui-même.

Où dormir dans les environs ?

Chambres d'hôtes Domaine de Valle : *à* **Querciolo** *(20213). ☎ 04-95-38-93-03. • domaine.valle@wanadoo.fr • domainedevalle.fr • À la sortie sud du village. Tte l'année (sur résa d'oct à mi-avr) sf vac de Noël. Doubles 70-75 €, triples 85-90 € (réduc à partir de 3 nuits). CB refusées. Apéritif offert sur présentation de ce guide.* Dans un parc agréable, au milieu des oliviers et des clémentiniers, le charme d'une exploitation agricole qui propose 4 belles chambres spacieuses et climatisées. Idéalement placé pour partir à la découverte de la Castagniccia et de la Casinca.

Où manger ?

Ferme-auberge U Fragnu : *chez Ninou et François Garelli, hameau U Campu. ☎ 04-95-36-62-33. À 300 m du centre, route de Vescovato. Slt sur résa ; en saison ts les soirs ; hors saison slt le soir jeu-sam et dim midi. Congés : oct-nov. Compter 42 € tt compris.* Belle terrasse panoramique avec vue sur les pentes et la vallée, et vieille salle à manger aux murs de pierre décorés d'anciens outils agricoles, avec, pendues au plafond, d'énormes pièces de charcuterie. Au milieu de la pièce, un pressoir à olives. Repas pantagruélique avec, en hiver, de la soupe de *bergus* (cubes de fromage frais et herbes du maquis), beignets de fromage et de poireaux, veau aux olives, flan à la farine de châtaigne... Cher mais de qualité. Tous les produits ou presque proviennent de la ferme ou des environs. Bon accueil.

LORETO-DI-CASINCA (20215) 235 hab.

Notre village préféré en Casinca. Une route étroite et sinueuse, au départ de Venzolasca, grimpe sur 9 km jusqu'à ce promontoire au pied du mont Sant'Angelo (1 218 m).
De la place du village, l'une des plus grandes places rurales en Corse, une rue traverse le bourg et mène tout au bout à un petit belvédère, un balcon où se donnent rendez-vous les jeunes de Loreto. On risque de les déranger, mais quelle vue vraiment extraordinaire sur la Casinca et, au loin, la plaine orientale et la mer !

Où manger ?

– Deux charcuteries dans le village, l'une sur la Grand-Place (*U Porcu Cappusgiu,* M. Albertini), l'autre (boucherie-charcuterie *Fieschi*) est sur la droite quand on se dirige vers le belvédère (et l'église).

|●| ***Restaurant U Radaghju** (Le Séchoir aux Châtaignes)* **:** *lieu-dit Pielaterra.* ☎ *04-95-36-30-66. Dans la partie basse du village. Ouv tte l'année sur résa, midi et soir. Menu unique 30 €, vin et café compris. CB refusées.* La famille Albertini sait recevoir, et l'on mange ici plus comme chez des amis qu'au resto. Cuisine familiale succulente et copieuse. Charcuteries, pâtes au sanglier, fromages locaux, pichet de vin.

les ROUTARDS sur la FRANCE 2015-2016

(dates de parution sur • ***routard.com*** •)

Découpage de la FRANCE par le ROUTARD

Autres guides nationaux

- La Loire à Vélo (février 2015)
- Les grands chefs du Routard
- Nos meilleurs campings en France
- Nos meilleures chambres d'hôtes en France
- Nos meilleurs hôtels et restos en France
- Nos meilleurs sites pour observer les oiseaux en France
- Tourisme responsable

Autres guides sur Paris

- Paris
- Paris à vélo
- Paris balades
  Restos et bistrots de Paris
- Le Routard des amoureux à Paris
- Week-ends autour de Paris

les ROUTARDS sur l'ÉTRANGER 2015-2016

(dates de parution sur • ***routard.com*** •)

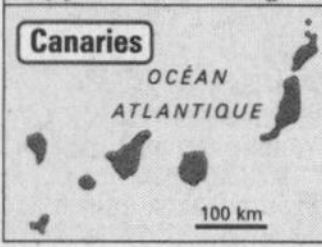

Découpage de l'ESPAGNE par le ROUTARD

Découpage de l'ITALIE par le ROUTARD

Autres pays européens

- Allemagne
- Angleterre, Pays de Galles
- Autriche
- Belgique
- Budapest, Hongrie
- Crète
- Croatie
- Danemark, Suède
- Écosse
- Finlande
- Grèce continentale
- Îles grecques et Athènes
- Irlande
- Islande
- Madère (mai 2015)
- Malte
- Norvège
- Pologne
- Portugal
- République tchèque, Slovaquie
- Roumanie, Bulgarie
- Suisse

Villes européennes

- Amsterdam et ses environs
- Berlin
- Bruxelles
- Copenhague
- Dublin
- Lisbonne
- Londres
- Moscou
- Prague
- Saint-Pétersbourg
- Stockholm
- Vienne

les ROUTARDS sur l'ÉTRANGER 2015-2016

(dates de parution sur • *routard.com* •)

Découpage des ÉTATS-UNIS par le ROUTARD

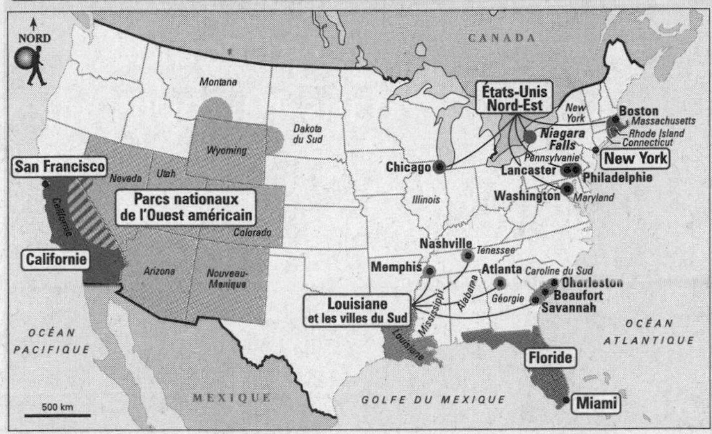

Autres pays d'Amérique

- Argentine
- Brésil
- Canada Ouest
- Chili et île de Pâques
- Équateur et les îles Galápagos
- Guatemala, Yucatán et Chiapas
- Mexique
- Montréal
- Pérou, Bolivie
- Québec, Ontario et Provinces maritimes

Asie

- Bali, Lombok
- Bangkok
- Birmanie (Myanmar)
- Cambodge, Laos
- Chine
- Hong-Kong, Macao, Canton
- Inde du Nord
- Inde du Sud
- Israël et Palestine
- Istanbul
- Jordanie
- Malaisie, Singapour
- Népal
- Shanghai
- Sri Lanka (Ceylan)
- Thaïlande
- Tokyo, Kyoto et environs
- Turquie
- Vietnam

Afrique

- Afrique de l'Ouest
- Afrique du Sud
- Égypte
- Kenya, Tanzanie et Zanzibar
- Maroc
- Marrakech
- Sénégal
- Tunisie

Îles Caraïbes et océan Indien

- Cuba
- Guadeloupe, Saint-Martin, Saint-Barth
- Île Maurice, Rodrigues
- Madagascar
- Martinique
- République dominicaine (Saint-Domingue)
- Réunion

Guides de conversation

- Allemand
- Anglais
- Arabe du Maghreb
- Arabe du Proche-Orient
- Chinois
- Croate
- Espagnol
- Grec
- Italien
- Japonais
- Portugais
- Russe
- G'palémo (conversation par l'image)

Le Routard Express

- Amsterdam (nouveauté)
- Barcelone
- Berlin
- Bruxelles (nouveauté)
- Florence (nouveauté)
- Istanbul (nouveauté)
- Lisbonne (nouveauté)
- Londres
- Madrid
- Marrakech (nouveauté)
- New York
- Prague
- Rome
- Venise

Nos 1200 coups de cœur

- France (nouveauté)
- Monde

PETITS TRUCS ET ASTUCES POUR ÉVITER LES ARNAQUES !

Un routard informé en vaut deux ! Pour éviter les arnaques en tous genres, il est bon de les connaître. Voici un petit vade-mecum destiné à parer aux coûts et aux coups de bambous. À commencer par **l'affichage des prix** : dans les hôtels comme dans les restos, il est **obligatoire** et doit être situé à l'extérieur de l'établissement, de manière visible. Vous ne pouvez donc contester des prix exorbitants que s'ils ne sont pas clairement affichés.

À L'HÔTEL

1 - Arrhes ou acompte ? : au moment de réserver votre chambre par téléphone – par précaution, toujours confirmer par écrit (ou mail) – il n'est pas rare que l'hôtelier vous demande de verser à l'avance une certaine somme, celle-ci faisant office de garantie. Il est d'usage de parler d'arrhes et non d'acompte (en fait, la loi dispose que « sauf stipulation contraire du contrat, les sommes versées d'avance sont des arrhes »). Légalement, aucune règle n'en précise le montant. Toutefois, ne versez que des arrhes raisonnables : 25 à 30 % du prix total, sachant qu'il s'agit d'un engagement définitif sur la réservation de la chambre. Cette somme ne pourra donc pas être remboursée en cas d'annulation de la réservation, sauf cas de force majeure qu'il vous faudra justifier (maladie ou accident) ou en accord avec l'hôtelier si l'annulation est faite dans des délais jugés raisonnables. Si, au contraire, l'annulation est le fait de l'hôtelier, il doit vous rembourser le double des arrhes versées. À l'inverse, l'acompte engage définitivement client et hôtelier.

2 - Subordination de vente : comme les restaurateurs, les hôteliers ont interdiction de pratiquer la subordination de vente. C'est-à-dire qu'ils ne peuvent pas vous obliger à réserver plusieurs nuits d'hôtel si vous n'en souhaitez qu'une. Dans le même ordre d'idées, on ne peut vous obliger à prendre votre petit déjeuner ou vos repas dans l'hôtel ; ce principe, illégal, est néanmoins répandu dans la profession, toléré en pratique, surtout en haute saison... notamment dans les zones touristiques, où la demande est bien plus importante que l'offre ! Bien se renseigner.

« QUI DORT DÎNE ! »

Cet adage, venu du Moyen Âge, signifie que les hôteliers imposaient le couvert aux clients qui prenaient une chambre. Déjà de la vente forcée !

3 - Les réservations en ligne : elles se sont généralisées. Par l'intermédiaire de sites commerciaux ou en direct sur les sites des hôtels, elles sont simples et rapides. Mais voilà, les promesses ne sont pas toujours tenues et l'on constate parfois des dérives, notamment via les centrales de résa telles que promos bidons, descriptifs exagérés, avis d'internautes truqués... Des hôteliers s'estiment étranglés par les commissions abusives. N'hésitez pas à contacter l'hôtel sur son site pour vous faire préciser le type de chambre que l'on vous a réservé (sur rue, sur jardin ?).

4 - Responsabilité en cas de vol : un hôtelier ne peut en aucun cas dégager sa responsabilité pour des objets qui auraient été volés dans la chambre d'un de ses clients, même si ces objets n'ont pas été mis au coffre. En d'autres termes, les éventuels panonceaux dégageant la responsabilité de l'hôtelier n'ont aucun fondement juridique.

5 - En cas d'annulation : si vous avez réservé une chambre (sans avoir rien versé) et que vous avez un empêchement, passez un coup de téléphone pour annuler, c'est la moindre des politesses. Trop peu de gens le font, ce qui rend les hôteliers méfiants.

AU RESTO

1 - Menus : très souvent, les premiers menus (les moins chers) ne sont servis qu'en semaine ou que le midi, et avant certaines heures (12h30 et 20h30 généralement). C'est parfaitement légal, à condition que ce soit clairement indiqué sur le panneau extérieur : à vous d'être vigilant et d'arriver dans les bons créneaux horaires ! Il peut arriver que ce soit écrit en tout petit. Par ailleurs, bien vérifier que le « menu d'appel », le moins cher donc, est toujours présent dans la carte qu'on vous donne une fois installé. Il arrive qu'il disparaisse comme par enchantement. N'hésitez pas à le réclamer si vous êtes entré pour ce menu précis.

2 - Le « fait maison » : cette grande « tendance culinaire » de ces dernières années s'oppose aux plats sous-vide ou congelés achetés par les restaurateurs, réchauffés sur place et « agrémentés » d'une petite touche personnelle pour noyer le poisson (ou la souris d'agneau). Depuis 2013, le label « fait maison » permet de vérifier si les plats sont réellement préparés ou non sur place.

3 - Commande insuffisante : il arrive que certains restos refusent de servir une commande jugée insuffisante. Sachez, toutefois, qu'il est illégal de pousser le client à la consommation. Mais l'on peut également comprendre que commander un seul plat pour 3 personnes peut agacer un tantinet le restaurateur. Tout est une question de juste équilibre.

4 - Eau : une banale carafe d'eau du robinet est gratuite – à condition qu'elle accompagne un repas – sauf si son prix est affiché. On ne peut pas vous la refuser, sauf si elle est jugée impropre à la consommation par décret. La bouteille d'eau minérale quant à elle doit, comme le vin, être ouverte devant vous. L'arnaque dans certains restos « pousse-conso » consiste à proposer d'emblée une eau minérale et de la facturer 7 €, voire plus... À la question du serveur : « ...et pour l'eau, Badoit ou Vittel ? » vous êtes en droit de répondre « une carafe ! ».

5 - Vins : les cartes des vins ne sont pas toujours très claires. Exemple : vous commandez un bourgogne à 16 € la bouteille. On vous la facture 32 €. En vérifiant sur la carte, vous découvrez que 16 € correspondent au prix d'une demi-bouteille. Mais c'était écrit en petits caractères illisibles. Attention au prix parfois exorbitant des vins au verre. Abus bien courant, l'année de référence n'est plus disponible : on vous sert un millésime plus récent mais au même tarif ! Vous devez obligatoirement en être informé avant le débouchage de la bouteille.

6 - Couvert enfant : le restaurateur peut tout à fait compter un couvert par enfant, même s'il ne consomme pas, à condition que ce soit spécifié sur la carte. Parfois il est libellé « Enfant ne mangeant pas », tant d'euros ! Cela dit, ce n'est quand même pas courant et ça donne une petite idée de la générosité du restaurateur !

7 - Sous-marin : après le coup de bambou et le coup de fusil, celui du sous-marin. Le procédé consiste à rendre la monnaie en plaçant dans la soucoupe (de bas en haut) : les pièces, l'addition puis les billets. Si l'on est pressé, on récupère les billets en oubliant les pièces cachées sous l'addition. Malin !

N'oublions pas que l'hôtellerie et la restauration sont des métiers de service, qui ne souffrent ni l'approximation, ni les (mauvais) écarts. Nous supprimons de nos guides tous les établissements qui abusent. Mais la réciproque est aussi valable : tout est question de respect mutuel.

Bonne route !

INDEX GÉNÉRAL

A

B

C-D

INDEX

E-F

G-H-I

L

M

N

O

P

Q-R

S

T

U-V

INDEX

TROUVER LES CARTES ET LES PLANS ?

IMPORTANT : DERNIÈRE MINUTE

Sauf rare exception, le *Routard* bénéficie d'une parution annuelle à date fixe. Entre deux dates, des événements fortuits (formalités, taux de change, catastrophes naturelles, conditions d'accès aux sites, fermetures inopinées, etc.) peuvent intervenir et modifier vos projets de voyage. Pour éviter les déconvenues, nous vous recommandons de consulter la rubrique « Guide » par pays de notre site • ***routard.com*** • et plus particulièrement les dernières ***Actus voyageurs.***

Les **Routards** *parlent aux* R

Faites-nous part de vos expériences, de vos découvertes, de
Indiquez-nous les renseignements périmés. Aidez-nous à re
Faites profiter les autres de vos adresses nouvelles, combines
un exemplaire gratuit de la prochaine édition à ceux qui no
les meilleures, pour la qualité et la pertinence des informatio
cependant :

- Envoyez-nous votre courrier le plus tôt possible afin que
tuyaux sur la prochaine édition.
- N'oubliez pas de préciser l'ouvrage que vous désirez recev
- Vérifiez que vos remarques concernent l'édition en cours e
guide concernées par vos observations.
- Quand vous indiquez des hôtels ou des restaurants, pensez à
se précise et, pour les grandes villes, les moyens de transport po
pouvez, joignez la carte de visite de l'hôtel ou du resto décrit.
- N'écrivez si possible que d'un côté de la lettre (et non recto vers
- Bien sûr, on s'arrache moins les yeux sur les lettres dactylograph
tement écrites !

En tout état de cause, merci pour vos nombreuses lettres.

Les Routards parlent aux Routar
122, rue du Moulin-des-Prés, 75013

e-mail : *guide@routard.com*
Internet : *routard.com*

Routard Assurance *2015*

Née du partenariat entre *AVI International* et le *Routard, Routard Assurance* est une assurance voyage complète qui offre toutes les prestations d'assistance indispensables à l'étranger : dépenses médicales, rapatriement médical, caution et défense pénale, responsabilité civile vie privée et bagages. Présent dans le monde entier, le plateau d'assistance d'*AVI International* donne accès à un vaste réseau de médecins et d'hôpitaux. Pas besoin d'avancer les frais d'hospitalisation ou de rapatriement. Numéro d'appel gratuit, disponible 24h/24. *AVI International* dispose par ailleurs d'une filiale aux États-Unis qui permet d'intervenir plus rapidement auprès des hôpitaux locaux. *AVI International* est un courtier reconnu qui gère lui-même ses dossiers et garantit une réponse rapide et simple. C'est aussi la filiale d'un groupe (SPB) présent à l'international. Pour toutes vos questions : ☎ 01-44-63-51-00 ou par mail • *routard@avi-international.com* • Conditions et souscription sur • *avi-international.com* •

Édité par Hachette Livre (43, quai de Grenelle, 75905 Paris Cedex 15, France)
Photocomposé par Jouve (45770 Saran, France)
Imprimé par Lego SPA Plant Lavis (via Galileo Galilei, 11, 38015 Lavis, Italie)
Achevé d'imprimer le 12 janvier 2015
Collection n° 15 - Édition n° 01
31/7778/7
I.S.B.N. 978-2-01-002749-9
Dépôt légal : janvier 2015

hachette s'engage pour l'environnement en réduisant l'empreinte carbone de ses livres. Celle de cet exemplaire est de :
400 g éq. CO_2
Rendez-vous sur www.hachette-durable.fr